中国近代
思想家文库

◎

宋俭 宋镜明 编

李达卷

中国人民大学出版社
·北京·

U0693038

总　序

对于近代的理解，虽不见得所有人都是一致的，但总的说来，对于近代这个词所涵的基本意义，人们还是有共识的。一个国家、一个民族走入近代，就意味着以工业化为主导的经济取代了以地主经济、领主经济或自然经济为主导的中世纪的经济形态，也还意味着，它不再是孤立的或是封闭与半封闭的，而是以某种形式加入到世界总的发展进程。尤其重要的是，它以某种形式的民主制度取代君主专制或其他不同形式的专制制度。中国是个幅员广大、人口众多、历史悠久的多民族国家，由于长期历史发展是自成一体的，与外界的交往比较有限，其生产方式的代谢迟缓了一些。如果说，世界的近代是从17世纪开始的，那么中国的近代则是从19世纪中期才开始的。现在国内学界比较一致的认识，是把1840年到1949年视为中国的近代。

中国的近代起始的标志是1840年的鸦片战争。原来相对封闭的国门被拥有近代种种优势的英帝国以军舰、大炮再加上种种卑鄙的欺诈打开了。从此，中国不情愿地加入到世界秩序中，沦为半殖民地。原来独立的大一统的中央集权的君主专制国家，如今独立已经极大地被限制，大一统也逐渐残缺不全，中央集权因列强的侵夺也不完全名实相符了。后来因太平天国运动，地方军政势力崛起，形成内轻外重的形势，也使中央集权被弱化。经历第二次鸦片战争、中法战争、甲午战争、八国联军入侵的战争以及辛亥革命后的多次内外战争，直至日本全面侵略中国的战争，致使中国的经济、政治、教育、文化，都无法顺利走上近代发展的轨道。古今之间，新旧之间，中外之间，混杂、矛盾、冲突。总之，鸦片战争后的中国，既未能成为近代国家，更不能维持原有的统治秩序。而外患内忧咄咄逼人，人们都有某种程度"国将不国"的忧虑。

"天下兴亡，匹夫有责"，读书明理的士大夫，或今所谓知识分子，尤为敏感，在空前的危机与挑战面前，皆思有所献替。于是发生种种救亡图存的思想与主张。有的从所能见及的西方国家发展的经验中借鉴某些东西，形成自己的改革方案；有的从历史回忆中拾取某些智慧，形成某种民族复兴的设想；有的则力图把西方的和中国所固有的一些东西加以调和或结合，形成某种救亡图强的主张。这些方案、设想、主张，从世界上"最先进的"，到"最落后的"，几乎样样都有。就提出这些方案、设想、主张者的初衷而言，绝大多数都含着几分救国的意愿。其先进与落后，是否可行，能否成功，尽可充分讨论，但可不必过为诛心之论。显而易见，既然救国的问题最为紧迫，人们所心营目注者自然是种种与救国的方案直接相关的思想学说，而作为产生这些学说的更基础性的理论，及其他各种知识、思想，则关注者少。

围绕着救国、强国的大议题，知识精英们参考世界上种种思想学说，加以研究、选择，认为其中比较适用的思想学说，拿来向国人宣传，并赢得一部分人的认可。于是互相推引，互相激励，更加发挥，演而成潮。在近代中国，曾经得到比较广泛的传播的思想学说，或者够得上思潮的，主要有以下几种：

（一）进化论。近代西方思想较早被引介到中国，而又发生绝大影响的，要属进化论。中国人逐渐相信，进化是宇宙之铁则，不进化就必遭淘汰。以此思想警醒国人，颇曾有助于振作民族精神。但随后不久，社会达尔文主义伴随而来，不免发生一些负面的影响。人们对进化的了解，也存在某些片面性，有时把进化理解为一条简单的直线。辩证法思想帮助人们形成内容更丰富和更加符合实际的发展观念，减少或避免片面性的进化观念的某些负面影响。

（二）民族主义。中国古代的民族主义思想，其核心是"非我族类，其心必异"，所以最重"华夷之辨"。鸦片战争前后一段时期，中国人的民族思想，大体仍是如此。后来渐渐认识到"今之夷狄，非古之夷狄"，"西人治国有法度，不得以古旧之夷狄视之"。但当时中国正遭受西方列强的侵略和掠夺，追求民族独立是民族主义之第一义。20世纪初，中国知识精英开始有了"中华民族"的概念。于是，渐渐形成以建立近代民族国家为核心的近代民族主义。结束清朝君主专制，创立中华民国，是这一思想的初步实现。第一次世界大战爆发，中国加入"协约国"，第一次以主动的姿态参与世界事务，接着俄国十月革命爆发，这两件事对近代中国的发展历程造成绝大影响。同时也将中国人的民族主义提升到一个新的层次，即与国际主义（或世界主义）发生紧密联系。也可以说，中国人更加自觉地用世界的眼光来观察中国的问题。新生的中国共产党和改组后的国民党都是如此。民族主义成为中国的知识精英用来应对近代中国所面临的种种危机和种种挑战的一个重要的思想武器。

（三）社会主义。社会主义作为一种模糊的理想是早在古代就有的，而且不论东方和西方都曾有过。但作为近代思潮，它是于19世纪在批判近代资本主义的基础上产生的。起初仍带有空想的性质，直到马克思和恩格斯才创立起科学社会主义。20世纪初期，社会主义开始传入中国。当时的传播者不太了解科学社会主义与以往的社会主义学说的本质区别。有一部分人，明显地受到无政府主义的强烈影响，更远离科学社会主义。直到五四新文化运动兴起之后，中国人始较严格地引介、宣传科学社会主义。但有一段时间，无政府主义仍是一股很大的思想潮流。中国共产党的成立，从思想上说，是战胜无政府主义的结果。中国共产党把在中国实现社会主义乃至共产主义作为自己的奋斗目标。此后，社会主义者，多次同各种非科学社会主义思想的信仰者进行论争并不断克服种种非科学社会主义思想的影响。

（四）自由主义。自由主义也是从清末就被介绍到中国来，只是信从者一直寥寥。直到五四新文化运动兴起，具有欧美教育背景的知识精英的数量渐渐多起来，自由主义始渐渐形成一股思想潮流。自由主义强调个性解放、意志自由和自己承担责任，在政治上反对一切专制主义。在中国的社会条件下，自由主义缺乏社会基础。在政治激烈动荡的时候，自由主义者很难凝聚成一股有组织的力量；在稍稍平和的时候，他们往往更多沉浸在自己的专业中。所以，在中国近代史上，自由主义不曾有，也不可能有大的作为。

（五）激进主义与保守主义。处于转型期的社会，旧的东西尚未完全退出舞台，新的东西也还未能巩固地树立起来，新旧冲突往往要持续很长的时间，有时甚至达到很激烈的程度。凡助推新东西成长的，人们便视为进步的；凡帮助旧东西排斥新东西的，人们便视为保守的。其实，与保守主义对应的，应是进步主义；与顽固主义相对的则应是激进主义。不过在通常话语环境中人们不太严格加以区分。中国历史悠久，特别是君主专制制度持续两千余年，旧东西积累异常丰富，社会转型极其不易。而世界的发展却进步甚速。中国的一部分精英分子往往特别急切地想改造中国社会，总想找出最厉害的手段，选一条最捷近的路，以最快的速度实现全盘改造。这类思想、主张及其采取的行动，皆属激进主义。在中共党史上，它表现为"左"倾或极左的机会主义。从极端的激进主义到极端的顽固主义，中间有着各种程度的进步与保守的流派。社会的稳定，或社会和平改革的成功，都依赖有一个实力雄厚的中间力量。但因种种原因，中国社会的中间力量一直未能成长到足够的程度。进步主义与保守主义，以及激进主义与顽固主义，不断进行斗争，而实际所获进步不大。

（六）革命与和平改革。中国近代史上，革命运动与和平改革运动交替进行，有时又是平行发展。两者的宗旨都是为改变原有的君主专制制度而代之以某种形式的近代民主制度。有很长一个时期，有两种错误的观念，一是把革命理解为仅仅是指以暴力取得政权的行动，二是与此相关联，把暴力革命与和平改革对立起来，认为革命是推动历史进步的，而改革是维护旧有统治秩序的。这两种论调既无理论根据，也不合历史实际。凡是有助于改变君主专制制度的探索，无论暴力的或和平的改革都是应予肯定的。

中国近代揭幕之时，西方列强正在疯狂地侵略与掠夺殖民地和半殖民地，中国是它们互相争夺的最后一块、也是最大的资源地。而这时的中国，沿袭了两千年的君主专制制度已到了奄奄一息的末日，统治当局腐朽无能，对外不足以御侮，对内不足以言治，其统治的合法性和统治的能力均招致怀疑。革命运动与改革的呼声，以及自发的民变接连不断。国家、民族的命运真的到了千钧一发之际，危机极端紧迫。先觉分子救国之心切，每遇稍具新意义的思想学说便急不可待地学习引介。于是西方思想学说纷纷涌进中国，各阶层、各领域，凡能读书读报者，受其影响，各依其家庭、职业、教育之不同背景而选择自以为不错的一种，接受之，信仰之，传播之。于是西方几百年里相继风行的思想学说，在短时期内纷纷涌进中国。在清末最后的十几年里是这样，五四时期在较高的水准上重复出现这种情况。

这种情况直接造成两个重要的历史现象：一个是中国社会的实际代谢过程（亦即社会转型过程）相对迟缓，而思想的代谢过程却来得格外神速。另一个是在西方原是差不多三百年的历史中渐次出现的各种思想学说，集中在几年或十几年的时间里狂泻而来，人们不及深入研究、审慎抉择，便匆忙引介、传播，引介者、传播者、听闻者，都难免有些消化不良。其实，这种情况在清末，在五四时期，都已有人觉察。我们现在指出这些问题并非苛求前人，而是要引为教训。

同时我们也看到，中国近代思想无比的多样性与复杂性呈现出绚丽多彩的姿态，各种思想持续不断地展开论争，这又构成中国近代思想史的一个突出特点。有些论争为我们留下了非常丰富的思想资料。如兴洋务与反洋务之争，变法与反变法之争，革命与改良之争，共和与立宪之争，东西文化之争，文言与白话之争，新旧伦理之争，科学与人生观之争，中国社会性质的论争，社会史的论争，人权与约法之争，全盘西化与本位文化之争，民主与独裁之争，等等。这些争论都不同程度地关联着一直影响甚至困扰着中国人的几个核心问题，即所谓中西问题、古今问题与心物关系问题。

中国近代思想的光谱虽比较齐全，但各种思想的存在状态及其影响力是很不平衡的。有些思想信从者多，言论著作亦多，且略成系统；有些可能只有很少的人做过介绍或略加研究；有的还可能因种种原因，只存在私人载记中，当时未及面世。然这些思想，其中有很多并不因时间久远而失去其价值。因为就总的情况说，我们还没有完成社会的近代转型，所以先贤们对某些问题的思考，在今天对我们仍有参考借鉴的价值。我们编辑这套《中国近代思想家文库》，希望尽可能全面地、系统地整理出近代中国思想家的思想成果，一则借以保存这份珍贵遗产，再则为研究思想史提供方便，三则为有心于中国思想文化建设者提供参考借鉴的便利。

考虑到中国近代思想的上述诸特点，我们编辑本《文库》时，对于思想家不取太严格的界定，凡在某一学科、某一领域，有其独立思考、提出特别见解和主张者，都尽量收入。虽然其中有些主张与表述有时代和个人的局限，但为反映近代思想发展的轨迹，以供今人参考，我们亦保留其原貌。所以本《文库》实为"中国近代思想集成"。

本《文库》入选的思想家，主要是活跃在 1840 年至 1949 年之间的思想人物。但中共领袖人物，因有较为丰富的研究著述，本《文库》则未收入。

编辑如此规模的《文库》，对象范围的确定，材料的搜集，版本的比勘，体例的斟酌，在在皆非易事。限于我们的水平，容有瑕隙，敬请方家指正。

《中国近代思想家文库》编纂委员会

目 录

导　言

　　李达（1890—1966），字永锡，号鹤鸣，湖南省零陵县（今属永州市冷水滩区）人。杰出的马克思主义理论家、教育家，中国共产党的主要创始人和早期重要领导人，是中国最早传播马克思主义的先驱者之一，他毕生坚持和发展马克思主义理论，为传播马克思主义和推动马克思主义中国化作出了卓越的贡献，在中国现代思想史上具有重要的地位。

　　1890 年 10 月 2 日，李达出生于湖南省零陵县岚角山镇一个佃农家庭。幼年随义父胡燮卿在零陵、江华、嘉禾等县读私塾，1905 年考入零陵的永州中学，1909 年秋考入北京京师优级师范（北京师范大学前身），两年后，因辛亥革命爆发，京师优级师范暂时停办，回到家乡，1912 年考入湖南工业专门学校，旋转入湖南高等师范学习。

　　1913 年，李达以优异成绩考上留日公费生，入东京第一高等师范学校学习理科，但不久即因病辍学回国；1917 年初，再次东渡日本，考入日本第一高等学校（即帝国大学预科），毕业后入帝国大学理科。受十月革命影响，开始学习和研究马克思列宁主义。1918 年 5 月，参加中国留日学生在东京举行的爱国集会和示威游行，抗议段祺瑞政府与日本签订的《中日共同防敌军事协议》，并率留日学生救国请愿团回国请愿。请愿失败后，于同年 6 月再赴日本，毅然放弃理科学习，专心学习和研究马克思主义理论。在一年多的时间里，他潜心研读了《共产党宣言》、《资本论》第一卷、《〈政治经济学批判〉序言》、《国家与革命》等马克思列宁主义经典著作和其他介绍马克思主义的书籍，开始成为马克思主义的信奉者。在此期间，他开始翻译郭泰①的《唯物史观解说》、

---

　　①　即荷兰社会民主党左派领袖格尔曼·果特。

柯祖基的《马克思经济学说》① 和高畠素之②的《社会问题总览》等介绍马克思主义理论的著作，比较系统地介绍了马克思主义的三个组成部分，后在国内出版。1919 年，五四爱国运动爆发后，他在上海《民国日报》副刊《觉悟》连续发表《什么叫社会主义?》、《社会主义的目的》两篇文章，介绍社会主义学说，分析了社会主义与无政府主义的区别，并指出："社会主义有两面最鲜明的旗帜，一面是救济经济上的不平均，一面是恢复人类真正平等的状态。"③ 随后，他又连续发表了《战前欧洲社会党运动的情况》等 9 篇文章，向国内介绍欧洲各国社会主义政党的情况。

1920 年夏，李达由日本回国，立即投入到创建中国共产党的活动。同年 8 月，他与陈独秀、李汉俊、陈望道、施存统等在上海共同发起成立中国共产党（后称中国共产党上海发起组），推陈独秀为书记。这是中国共产党最早的组织，此后，北京、长沙、武汉、广州、济南等地也相继成立了共产党的早期组织。11 月，上海发起组创办了《共产党》月刊，李达出任主编，这是中国共产党历史上的第一个党刊，它宣传马克思列宁主义，特别是无产阶级革命和无产阶级专政理论、马克思主义党的学说，介绍俄国十月革命的成就和经验，报道国际共产主义运动的消息，批判机会主义。李达为办好该刊作出了突出的贡献，最困难的时候，他独自承担着从撰稿、审稿到校对、发行的全部工作。《新青年》杂志自第 8 卷起改为中国共产党的公开机关刊物，李达参加了该刊的编辑工作。

在中国共产党建立前夕，李达积极投入马克思列宁主义理论的研究和宣传工作，并旗帜鲜明地与各种反马克思主义思潮、假社会主义思潮进行了坚决斗争。

李达从日本回国不久，即同陈独秀、李大钊、蔡和森等早期马克思主义者一道，投入到反对以梁启超和张东荪为首的研究系分子打着社会主义的幌子，鼓吹基尔特社会主义的论争。他先后发表了《张东荪现原形》、《劳动者与社会主义》、《社会革命底商榷》、《讨论社会主义并质梁

---

① 柯祖基即考茨基。武汉大学哲学学院汪信砚教授在《武汉大学学报》2012 年第 6 期发表的《李达传播马克思主义的重要史实勘误之一——关于李达是否翻译过考茨基〈马克思经济学说〉的考辨》一文中认为，李达并没有翻译过考茨基的《马克思经济学说》。

② 《资本论》的日译者。

③ 李达：《社会主义的目的》，载 1919 年 6 月 19 日上海《民国日报》副刊《觉悟》。

任公》等文章，用唯物史观分析社会革命的原因和社会主义代替资本主义的必然性，明确指出中国革命的社会主义方向以及实现社会主义的前提和物质基础，并把唯物史观和科学社会主义结合起来，批驳了梁启超、张东荪等提出的"马克思主义不适合中国的国情"、"中国无劳动阶级"不能提倡社会主义的观点，宣传和捍卫了马克思主义关于社会革命的原理。还从正面论述了中国绝不能走资本主义道路必须走社会主义道路，要通过暴力革命的手段达到社会革命的目的，而不能采用改良主义的方法，要实现无产阶级的彻底解放，实现社会主义，必须建立共产主义的组织等重要思想主张，在这场关于社会主义的论争中发挥了重要作用。

在反对假社会主义思潮的同时，李达又投入了对无政府主义思潮的批判。无政府主义在中国有着广泛的社会基础，其在中国的传播也早于马克思主义，在当时中国各种流派的社会主义思潮中占着优势。从1919 年到 1921 年，以黄凌霜、区声白为代表的无政府主义者，先后发表了《马克思学说的批评》、《我们反对"布尔扎维克"》等攻击马克思主义的文章，反对马克思主义的国家学说，反对无产阶级专政，反对建立有严格组织纪律的无产阶级政党，提倡个人主义，主张绝对自由，反对任何组织纪律。这种思想在信仰社会主义的人中起着很大的消极作用，成为建立马克思主义政党的严重思想障碍。早期马克思主义者以《新青年》和《共产党》月刊为主要阵地，展开了对无政府主义的批判，李达在这场论战中成为马克思主义一方的主将，他先后发表了《社会革命底商榷》、《无政府主义之解剖》和《马克思派社会主义》等文章，对无政府主义进行了系统的批判，批驳了其"一切国家都是祸害"的观点，指出各派无政府主义的共同要素"就是否认一切政府，一切国家，一切权力"①，阐述了无产阶级专政的基本原理和无产阶级专政的必要性与重要性，从理论上划清了马克思主义与无政府主义的界限，澄清了无政府主义制造的思想混乱，这场论争对于中国共产党的建立具有重要的意义。

为了划清马克思列宁主义与修正主义的界限，李达在中国共产党建立前夕，发表了《第三国际党（即国际共产党）大会的缘起》、《马克思还原》、《马克思派社会主义》等文，批判了第二国际修正主义，比较准

---

① 李达：《无政府主义之解剖》，载 1921 年 5 月 7 日《共产党》第 4 号。

确地阐明了科学社会主义的基本原理和无产阶级专政的一系列重大问题，对于即将成立的中国共产党免受第二国际修正主义的影响有着积极的意义。

需要指出，李达在中国共产党建立前夕发表的一系列论著，还没有解决把马克思主义的普遍原理同中国的具体实际相结合的问题，对中国的社会性质、中国革命的规律和发展道路还缺乏明确的认识，这是那一时期中国马克思主义者的共同局限。但他对各种反马克思主义思潮的批判，对无产阶级革命和无产阶级专政理论的阐发，为中国共产党的成立奠定了重要的思想理论基础。

李达作为中国最早系统阐述和传播马克思主义理论的先驱，他所从事的理论著述和宣传活动具有两个显著的特点：一是注重发挥马克思主义的批判精神；二是注意理论联系实际，把马克思主义的世界观、方法论、社会发展原理和科学社会主义理论运用于中国的实际。

李达不仅为中国共产党的成立做了重要的理论准备工作，也为中国共产党第一次全国代表大会的召开做了大量的实际工作。1920 年 12 月，陈独秀应广东省长陈炯明的邀请赴广州担任广东教育委员会主任，委托李汉俊代理党的上海发起组书记职务。由于与陈独秀意见不合，1921 年 2 月，李汉俊辞职，由李达接任代理书记职务，主持党的上海发起组工作，并具体负责中国共产党第一次全国代表大会的筹备工作。他与共产国际驻中国代表马林、共产国际远东局书记处代表尼克尔斯基讨论建党事宜，并在与陈独秀、李大钊联系商议后，写信通知北京、长沙、武汉、广州、济南、东京的党组织派代表到上海开会，亲自负责接待到沪的各地代表，安排代表的住处，落实会议会场。7 月 23 日至 31 日，他与李汉俊作为上海党组织的代表出席了中国共产党第一次全国代表大会，会议期间，李达负责会务工作，参与会议文件的起草，并被选举为中央局宣传主任。8 月，他担任中国共产党领导工人运动的公开机关中国劳动组合书记部委员。1921 年 9 月，李达主持建立了中国共产党的第一个出版机构——人民出版社。在极其困难条件下，李达为出版马克思主义经典著作及其他革命书籍付出了艰辛的劳动，除著译书稿外，他还经常"一人承担"编辑、付印、校对、发行工作，在一年内，出版了《共产党宣言》、《工钱劳动与资本》①、《资本论入门》、《列宁

---

① 即《雇佣劳动与资本》。

传》、《俄国共产党党纲》、《第三国际决议案及宣言》等 15 种革命理论书籍。① 在中国共产党成立初期"党内的人多注重实行，不注重研究"②的情况下，李达主持的早期马克思主义理论建设工作更具有特别重要的意义。

1922 年 7 月，李达以党的一大中央局代表身份出席在上海召开的中国共产党第二次全国代表大会。会后，他认为"马列主义理论仍须有深入研究的必要"，自己"还是去专心研究理论为好"③，"努力研究马克思学说和中国经济状况，以求对于革命理论得一个彻底的了解"④，遂离开中央机关，专心从事马克思列宁主义理论研究与宣传，"用笔杆子来作战"。

同年 11 月，李达应时任中共湘区委员会书记毛泽东的邀请，到长沙出任湖南自修大学学长。自修大学设有文、法两科，以研究马克思主义，探讨中国革命问题为中心组织教学，李达主持全校教学工作，负责"指导学友之自修，考察学友之成绩"⑤，并辅导学员学习马克思列宁主义理论，他为学员系统讲授了唯物史观、剩余价值理论、科学社会主义和社会发展史。

1923 年 4 月，李达与毛泽东一道创办自修大学机关刊物《新时代》月刊，并出任主编，《新时代》共出 4 期，每期印 2 000 份，李达在该刊先后发表《何谓帝国主义？》、《德国劳动党纲领栏外批评》（译文）、《马克思学说与中国》、《中国商工阶级应有之觉悟》、《旧国会不死，大盗不止》等文，宣传马克思主义和中国共产党的民主革命纲领。同年 8 月，他在湖南《大公报》副刊《现代思想》连载发表长文《社会主义与江亢虎》，批判中国社会党党魁江亢虎鼓吹的所谓"新社会主义"是假社会主义，是"官僚的社会主义"、"走狗的社会主义"⑥。

1923 年夏，李达由湖南至上海与中共中央领导人陈独秀就国共合

---

　　① 李达当时计划出版"马克思全书"15 种，"列宁全书"14 种，"康民尼斯（共产主义）丛书"11 种和其他理念书籍 9 种，包括恩格斯的《空想的科学的社会主义》（即《社会主义从空想到科学的发展》），这个出版计划由于条件的限制未能完全实现。

　　② 李达：《中国所需要的革命》，载《现代中国》第 2 卷第 1 期，1928 年 1 月。

　　③ 《李达自传（节录）》，见《党史研究参考资料》第 2 集，成都，四川人民出版社，1981。

　　④ 李达：《中国所需要的革命》，载《现代中国》第 2 卷第 1 期，1928 年 1 月。

　　⑤ 《湖南自修大学组织大纲》，载《新时代》第 1 卷第 1 号。

　　⑥ 李达：《社会主义与江亢虎》，载湖南《大公报》副刊《现代思想》，1923 年 8 月 14、15、17、19、21 日。

作问题交换意见。此前，1922 年 8 月召开的中共中央西湖特别会议决定了采用"党内合作"的形式与国民党进行合作。1923 年 6 月召开的中国共产党第三次全国代表大会决定全体共产党员以个人身份加入国民党，以建立各民主阶级的统一战线。李达虽然赞成与国民党建立统一战线，但他不同意"党内合作"的形式，而主张党外合作，保持党的组织的独立性。在与陈独秀的交谈中，双方发生了激烈的言语冲突，致不欢而散，李达"当时即已萌芽了脱党的决心"，并"自以为专做理论的研究与传播，即算是对党的贡献，在党与否，仍是一样"①。回到长沙后即中断了与陈独秀主持的中共中央的联系，同年秋，他在组织上脱离了中国共产党②，李达后来称这次脱党是自己"平生所曾犯的"政治上和组织上"最严重的、最不能饶恕的大错误"③。但是，他并没有因此放弃自己对马克思主义的信仰，继续致力于马克思列宁主义的理论研究与宣传，并与中国共产党组织保持着良好的关系，继续为中国共产党工作，他仍然是一位真正的马克思主义者！

1923 年 11 月，湖南自修大学被军阀赵恒惕强令解散后，李达转到湖南法政专门学校（后改为湖南大学法科）任学监兼教授。他以社会学的名义向学生讲授唯物史观，并将编撰的讲义题名为《新社会学》，1926 年 6 月，由湖南现代丛书出版社正式出版，定名为《现代社会学》。该书共 18 章，前 13 章论述历史唯物主义，后 5 章系统介绍科学社会主义理论，是中国最早系统阐述马克思主义唯物史观和科学社会主义理论的著作，在当时产生了广泛的影响，至 1933 年即印行 14 版，成为革命者和进步青年的必读之书。

国民革命时期，李达在致力于马克思主义理论研究和宣传的同时，积极参加中国共产党领导的革命活动。1926 年 10 月，北伐军占领武昌后，李达出任武汉中央军事政治学校政治教官，并一度代理政治总教官，兼任国民革命军总政治部编审委员会主席。1927 年初，出任武汉国民政府农民问题讨论委员会常务委员，并到毛泽东主办的中央农民运

---

① 《李达自传（节录）》，见《党史研究参考资料》第 2 集，成都，四川人民出版社，1981。

② 关于李达脱党的时间有不同说法：据李达在新中国建立初期重新入党时写的自传是 1924 年 9 月脱党；1956 年 3 月，李达在另一份自传中说是 1924 年初；李达在 1928 年 7 月《现代中国》第 2 卷第 1 号发表的《中国所需要的革命》一文中则说是 1923 年秋退党，此说与《汉口民国日报》1927 年 9 月 2 日刊登的《湖南李达号鹤鸣启事》关于脱党时间的说法基本一致，故取此说。

③ 参见宋镜明：《李达传记》，71 页，武汉，湖北人民出版社，1986。

动讲习所讲授马克思列宁主义理论。1927 年 3 月，回湖南担任由中国
共产党人筹办的国民党湖南省党校教育长。

　　"马日事变"发生后，李达一度避居零陵乡下。1927 年 9 月底应李
汉俊之邀至武昌中山大学任教。12 月，李汉俊在武汉惨遭国民党军阀
杀害，李达脱险后避居上海法租界，在白色恐怖下，继续坚持研究和宣
传马克思主义理论。

　　1928 年冬，李达在上海与熊得山、邓初民等合作创办昆仑书店，
出版马克思主义理论书籍和革命书籍。1929 年，李达的三部重要的理
论著作出版：一是《中国产业革命概观》，由上海昆仑书店出版。该书
援引国内外的大量统计资料，根据马克思主义的观点，分析了半殖民地
半封建社会的中国经济状况及其发展趋势，指出推翻帝国主义和封建主
义的统治，是中国产业发展的"唯一前提"。该书被认为是中国人用马
克思主义观点比较系统地阐述中国近代经济史的第一部著作。二是《社
会之基础知识》，由上海新生命书局出版发行。该书是李达分析中国社
会革命问题的又一部重要著作，通俗地阐述了马克思主义关于社会发展
的一般原理，解剖了现代资本主义和帝国主义的特征，并分析了中国的
社会性质、革命性质和前途，指出，中国的革命"一面要打倒帝国主
义，一面要铲除封建遗物，前者是民族革命的性质，后者是民主革命的
性质，其必然的归趋，必到达于社会革命，而与世界社会进化的潮流相
汇合"①。三是《民族问题》，由上海南强书局出版。该书概述了马克思
列宁主义关于民族问题的基本理论，强调民族问题是世界革命的根本问
题之一，也是中国革命的根本问题之一，分析了民族问题产生发展的历
史及帝国主义时代的民族问题，阐明了殖民地半殖民地国家的民族革命
是无产阶级世界革命的一部分，"民族解放运动，是世界革命最重要的
枢纽"②。该书被认为是中国第一本运用马克思主义民族理论研究民族
问题的著作。1930 年，上海昆仑书店还在中国首次出版了陈启修译马
克思《资本论》第一卷第一分册、李达译《政治经济学批评》③ 和钱铁
如译恩格斯《反杜林论》（上册）等马克思主义经典著作。1932 年，李

---

　　① 《李达文集》第 1 卷，558 页，北京，人民出版社，1980。
　　② 《李达文集》第 1 卷，604 页，北京，人民出版社，1980。
　　③ 武汉大学哲学学院汪信砚教授在《江汉论坛》2013 年第 4 期发表的《李达传播马克
思主义的重要史实勘误之二——关于李达是否翻译过马克思〈政治经济学批判〉的考辨》一
文中认为，李达并没有翻译过马克思的《政治经济学批判》。

达又以"王啸鸥"的名义在上海创办笔耕堂书店出版马克思主义著作，实际上编辑、出版、发行都只有他一个人。

在上海期间，李达还翻译了许多宣传马克思列宁主义的理论著作，主要有穗积重远的《法理学大纲》、山川菊荣的《妇女问题与妇女运动》、塔尔海玛的《现代世界观》、卢波尔的《理论与实践的社会科学根本问题》、河西太一郎的《农业问题之理论》、米哈列夫基斯基的《经济学入门》，与人合译的有杉山荣的《社会科学概论》、河上肇的《马克思主义经济学基础理论》、河田嗣郎的《土地经济论》、拉比拉斯等的《政治经济学教程》等。这些译著的出版，对于推动马克思列宁主义理论特别是唯物辩证法在中国的进一步传播产生了重要的影响。

1932年5月，受中国共产党上海地下党组织的委托，李达与陈豹隐、邓初民、宋斐如等到泰山给爱国将领冯玉祥和他的研究室讲授唯物史观、政治经济学、新政治学等马克思列宁主义理论，这些课程对于冯玉祥日后的政治活动产生了重要的影响。次年5月，李达又受中共北平地下党组织的委托，到张家口再次给冯玉祥授课，讲授辩证逻辑，并动员冯玉祥联共抗日，帮助其与中国共产党组织建立了联系。后来，冯玉祥在中国共产党的帮助下，建立了察哈尔民众抗日同盟军。

1932年8月，李达由上海到北平，应聘担任了北平大学法商学院教授兼经济系主任，同时还兼任朝阳大学等校教授。北平大学和中国大学因为当时聚集了李达、黄松龄、吕振羽、齐燕铭、侯外庐等一批"红色教授"，时有"红色大学"之称，而李达更被称为是中国大学"进步势力的中心人物"[①]。李达在北平期间，潜心从事马克思主义理论研究，在马克思主义哲学、政治经济学、货币学、历史学等方面，翻译和撰写了许多有价值的论著，如《社会学大纲》、《辩证法唯物论教程》（译著）、《经济学大纲》、《货币学概论》、《政治经济学教程》（译著）、《社会进化史》等。其中他与雷仲坚合译的西洛可夫、爱森堡等著的《辩证法唯物论教程》1932年在上海笔耕堂书店出版后，很快流传到延安，毛泽东认真阅读了该书，并"写下了近一万三千字的批评"，被认为是毛泽东曾经"批注文字最多的一本书"[②]。

《社会学大纲》是李达在北平期间写成的一部系统阐述马克思主义

---

① 江明：《展读遗篇泪满襟——记李达和吕振羽的交往》，载《文献》，1980（4）。
② 忻中：《毛泽东读书生活纪实》，载《社会科学战线》，1981（4）。

哲学的著作，1935 年作为北平大学法商学院的讲义刊印，1937 年 5 月
由上海笔耕堂书店正式出版。该书是李达在 20 世纪 30 年代研究马克思
主义哲学最重要的理论成果，值得关注的是，在该书第一编"唯物辩证
法"第一章"当作人类认识史的综合看的唯物辩证法"中介绍了马克思
的《1844 年经济学哲学手稿》，并引用了其中的观点，这是马克思的
《1844 年经济学哲学手稿》在中国最早的传播。① 《社会学大纲》出版
后，在国统区进步理论界和中国共产党领导的抗日根据地都产生了广泛
的影响。李达在该书出版后，立即寄送给了在延安的毛泽东，毛泽东对
该书给予了高度的评价，在给李达的信中，毛泽东称赞该书是中国人自
己写的第一本马列主义的哲学教科书。② 他还在一次中国共产党的干部
会议上讲道："李达同志给我寄了一本《社会学大纲》，我已经看了十
遍。我写信让他再寄十本来，你们也可以看看。"③

　　《经济学大纲》是李达在 20 世纪 30 年代从事马克思主义经济学研
究的重要理论成果。该书是李达在北平大学法商学院讲授经济学的讲
义，1935 年由北平大学法商学院作为教材印行，但一直没有公开出版，
到 1948 年 1 月才由香港生活书店将该书的绪论和第一部分以《先资本
主义的社会经济形态》为书名正式出版发行。李达原计划要写四部分，
但最后只完成了两部分，即"原始社会古代社会及封建社会的经济形
态"和"资本主义的经济形态"。④ 在《经济学大纲》的绪论中，李达
提出了广义经济学的概念，指出广义经济学是"研究历史上各种经济构
造的发生、发展与没落及其互相转变的法则"，"不仅是为了求得经济学
的知识才去研究一切经济构造，而实在是为了求得社会的实践的指导原
理才去研究它们。即是说，我们不是为理论而理论，为科学而科学，而
是为了经济上的实践才研究经济学"，是"为要促进中国经济的发展才
研究经济学"⑤。在第一部"原始社会古代社会及封建社会的经济形态"
中，李达运用马克思主义的唯物史观和政治经济学原理，剖析了原始社

　　① 参见《李达文集》第 2 卷，57～58 页，北京，人民出版社，1981。李达在书中译为
《经济学的——哲学的草稿》，认为该书奠定了"马克思的彻底的哲学唯物论"的基础。

　　② 参见《李达文集》编辑组：《李达同志生平事略》，载《武汉大学学报》，1981（1）。

　　③ 郭化若：《在毛主席身边工作的片断》，载《解放军报》，1978-12-28。

　　④ 1984 年出版的《李达文集》第 3 卷中收录的《经济学大纲》是根据北平大学法商学
院的教材影印的，全书分为两部，"第一部　原始社会古代社会及封建社会的经济形态"、"第
二部　资本主义的经济形态"。1985 年 9 月，武汉大学出版社出版了该书的单行本。

　　⑤ 《李达文集》第 3 卷，15、22 页，北京，人民出版社，1984。

会、奴隶社会和封建社会社会经济构造的发生、发展与没落。在第二部"资本主义的经济形态"中，李达运用马克思《资本论》前三卷和列宁《帝国主义是资本主义的最高阶段》的分析体系，对资本主义的经济形态进行了深入的分析，是中国最早全面系统阐述《资本论》原理的研究著作。《经济学大纲》也是中国人自己写的最早的马克思主义经济学教科书之一。该书印行后，李达即寄送到延安，请毛泽东指正，毛泽东阅读过此书后，在一次干部会议上说道："李达还寄我一本《经济学大纲》，我已经读了三遍半，也准备读它十遍。"①

《货币学概论》是李达在这一时期撰写的又一部重要的经济学著作，该书于 1934 年开始撰写，书稿到 1937 年基本完成，因为抗日战争爆发，当时未能公开出版，到 1949 年才最后定稿，并作为"新中国大学丛书"的一种由上海三联书店出版。该书是依据马克思的《资本论》和列宁的《帝国主义是资本主义的最高阶段》中关于商品、货币、资本和信用制度的理论来撰写的货币学著作，被认为是"三十年代中国最早系统地阐述马克思主义货币理论的一部著作"，"标志着中国货币理论发展的一个崭新的阶段"②。

在积极从事马克思主义理论研究和宣传的同时，这一时期，李达还积极投身于抗日救亡运动的洪流。1934 年 4 月 20 日，由中国共产党通过中华民族武装自卫委员会筹备会提出，宋庆龄、何香凝等 1 779 人签名，发表了《中国人民对日作战的基本纲领》，李达是 10 名领衔签名者之一。抗日战争时期，在极其困难的情况下，李达继续坚持从事马克思主义理论著述和宣传。

抗日战争胜利后，1947 年 2 月，李达回到湖南，受聘担任湖南大学法律系教授，讲授法理学课程，他在缺少参考资料的情况下，撰写了《法理学大纲》的讲义，并由湖南大学作为教材印行，分上、下两册刊印（现仅存上册，其中第三编第三章还不完整。该书于 1983 年 11 月由法律出版社正式出版）。在该书中，李达阐述了法理学与世界观及社会观的关系，强调科学的世界观是建立科学的法理学的基础，阐明了法理学的对象、任务及其研究方法，论述了法律与国家的关系、法律的本质与现象、内容与形式诸问题，还对西方从古希腊到近代各个法学流派作

---

① 郭化若：《在毛主席身边工作的片断》，载《解放军报》，1978-12-28。
② 尹进：《李达〈货币学概论〉的写作前后及出版的伟大意义》，载《经济评论》，1991 (5)。

了简要的介绍和深刻批判。该书是中国第一部运用马克思主义观点系统地阐述法学理论的专著，李达也因此被认为是中国"最早运用马克思主义研究法学的一位拓荒者和带路人"①。

李达在湖南大学任教期间，和中共地下党组织保持着密切联系。1948 年 11 月至 1949 年 4 月间，他受中共地下党组织的委托，积极参加了策动程潜起义的行动，并做了大量的工作，为促成湖南和平解放作出了贡献。

应毛泽东的邀请，李达于 1949 年 4 月 16 日离开长沙，转道香港，于 5 月 14 日抵达北平，受到毛泽东和中共中央的热烈欢迎。随即，他以无党派民主人士和社会科学家的身份参加新政协的筹备工作，出席了中国人民政治协商会议第一届全体会议，并被推选为大会主席团成员。1949 年 12 月，由刘少奇作介绍人，毛泽东、李维汉、张庆孚等作为历史证明人，中共中央批准李达重新入党，不须候补期。

新中国建立后，李达在继续从事马克思主义理论研究工作的同时，又投身于新中国的高等教育工作，先后担任北京政法大学副校长、湖南大学校长、武汉大学校长等职，被推选为中国科学院哲学社会科学学部委员、常委，中国哲学会会长、湖北省哲学社会科学联合会主席，是第一、二、三届全国人民代表大会代表和第三届全国人民代表大会常务委员会委员，第一届全国政协代表、第二届全国政协委员，中国共产党第八次全国代表大会代表。

新中国建立后，李达进入到其理论研究和学术创作的又一个盛期，发表了大量的论著，主要有《〈实践论〉解说》系列论文、《〈矛盾论〉解说》系列论文②、"历史唯物主义讲座"系列论文和《唯物辩证法大纲》等。

在《〈实践论〉解说》和《〈矛盾论〉解说》中，李达以通俗易懂的文字对《人民日报》单篇发表的毛泽东的两篇哲学著作《实践论》和《矛盾论》进行逐段详细解说，产生了很大的社会反响，不仅对于全国人民和广大干部知识分子学习毛泽东哲学思想起了很大的推动作用，也推动了马克思主义哲学和毛泽东思想的大众化。毛泽东曾致信李达表示："这个《解说》极好，对于用通俗的言语宣传唯物论有很大的作

---

① 韩德培：《法理学大纲》"序言"，2 页，北京，法律出版社，1984。

② 《〈实践论〉解说》和《〈矛盾论〉解说》分别于 1951 年和 1953 年由三联书店出版单行本。

用"，"关于辩证唯物论的宣传，过去做得太少，而这是广大干部和青年学生的迫切需要，希望你多多写些文章。""要利用这个机会，使成百万的不懂哲学的党内外干部懂得一点马克思主义的哲学。"①

《唯物辩证法大纲》是李达生前编写的最后一部著作。1961 年 8 月，毛泽东在庐山与李达的谈话中建议重新修订出版《社会学大纲》，在毛泽东的鼓励下，李达决定在《社会学大纲》的基础上编写一部 50 万字的《马克思主义哲学大纲》，并随即率助手开始了这一项艰巨的工作。到 1965 年下半年，《马克思主义哲学大纲》的上半部即《唯物辩证法大纲》脱稿，李达用四号铅字印了少量稿本送毛泽东和中央其他领导审阅，并随即开始《大纲》下半部《历史唯物论大纲》的编撰工作，1966 年初，已在北京定居的李达专程赶回武汉大学，指导助手拟订提纲，撰写初稿。然而，由于"文化大革命"的爆发，《马克思主义哲学大纲》的编撰工作被迫中断，《历史唯物论大纲》部分的提纲和初稿均被抄走。到 1978 年 6 月，书稿的上半部分以《唯物辩证法大纲》的书名由人民出版社出版。

"文化大革命"全面爆发后，李达被诬陷为武汉大学"三家村黑帮头目"、"反党反社会主义反毛泽东思想的资产阶级代表人物"，并被非法开除党籍。1966 年 8 月 24 日，李达含冤去世，终年 77 岁。中共十一届三中全会后，1980 年 10 月，中共中央书记处通过决定，为李达彻底平反、恢复党籍、恢复名誉。

李达一生从事马克思主义理论研究和宣传，著述甚丰，他不仅对马克思主义哲学、政治经济学、科学社会主义都有深入的研究，而且，在法学、历史学、民族学、货币学等领域也有较高的造诣。限于篇幅，本卷收录的是李达 1949 年以前发表或撰写的部分论著，主要包括三个部分：一是李达发表在《新青年》、《共产党》月刊、《先驱》及《民国日报》、《大公报》、《新时代》等报刊上的宣传马克思主义、介绍俄国十月革命及与各种反马克思主义思潮论战的文章，共 12 篇，包括《什么叫社会主义?》、《社会主义的目的》、《第三国际党（即国际共产党）大会的缘起》、《马克思还原》、《劳动者与社会主义》、《社会革命底商榷》、《讨论社会主义并质梁任公》、《无政府主义之解剖》、《马克思派社会主义》、《俄国的新经济政策》、《马克思学说与中国》、《社会主义与江亢

---

① 《毛泽东书信选集》，407、487 页，北京，人民出版社，1983。

虎》；二是完整收录了李达在 20 世纪 20 年代末出版的 3 部重要的理论著作，即《中国产业革命概观》（1929 年 1 月，上海昆仑书店）、《社会之基础知识》（1929 年 4 月，上海新生命书局）、《民族问题》（1929 年 9 月，上海南强书局）；三是收录了李达几部重要的研究专著的序言、导言或部分重要章节，主要有《现代社会学》的序和部分章节，包括《论社会学的阶级性》（该篇为《现代社会学》序）、《社会之本质》、《社会之构造》、《社会变革之要件》、《帝国主义与中国》、《世界革命》、《空想的社会主义与科学的社会主义》等篇，《法理学大纲》的绪论部分章节，包括《法理学与世界观及社会观》、《各派法理学的共同缺陷》、《法律与国家的关系》、《法律的本质与现象》等篇，《经济学大纲》的"绪论"和第一部第三章中的"封建的经济构造之一般特征"，《货币学概论》第二章中的"货币的诸机能与商品生产关系"。另外，收录了李达的代表性著作《社会学大纲》第一版和第四版序及第一篇"唯物辩证法"中的第二章"当作哲学的科学看的唯物辩证法"、第三章"唯物辩证法的诸法则"、第四章"当作认识论和论理学看的唯物辩证法（节选）"，第二篇"当作科学看的历史唯物论"中的第一章"历史唯物论序说"，第三篇"社会的经济构造"中的第一章"生产力与生产关系（节选）"。收录的原则是力图能够较全面、准确地反映李达的代表性论著、学术思想发展的脉络及其主要思想观点。

李达是 20 世纪中国杰出的马克思主义理论家，他留下的卷帙浩繁的论著是 20 世纪中国思想史的重要文献，研究李达的论著，对于进一步了解马克思列宁主义在中国传播的历史和马克思主义中国化的进程，对于深入了解中国共产党早期的思想理论建设，对于深入了解 20 世纪中国学术思想史都有着重要的意义，衷心地希望"中国近代思想家文库"《李达卷》的出版能对李达思想研究的深化产生积极的影响。编者对选文进行加工处理时，以存原貌为原则，仅对一些文字上的错误加以必要订正，凡原文笔误或排印错误者，用〔〕标明正字；原文脱字漏字者，用〈〉增补。

宋　俭

2014 年 12 月 9 日

什么叫社会主义？*
（1919）

社会主义是怎么呢？近来报纸里面虽然登载过了许许多多，但是看的人很有不明白的地方。我现在索性把他简简单单的写出来，给大家看看。

社会主义，是反对个人竞争主义，主张万人协同主义。

社会主义，是反对资本万能主义，主张劳动万能主义。

社会主义，是反对个人独占主义，主张社会公有主义。

社会主义，是打破经济的束缚，恢复群众的自由。

以上所写的，诸君谅来可以明白。但是有两点应注意的：第一社会主义和共产主义是不同的，第二社会主义和无政府主义是不同的。

第一，社会主义和共产主义不同点在什么地方？

社会主义是主张共同的生产及支配，共产主义是主张共同的生活。社会主义是主张全废私有资本，没有主张全废私有财产。共产主义是主张全废私有财产，各人应以财产献出给社会共有的。由实际上说起来，社会主义里头也很有人主张共产主义是社会主义终极的理想。因为社会主义既主张资本公有，若使再进一步，私有财产也可以共有的。这种的话头，不过有人在那里理想。现在社会主义的纲领，还没有主张到这个田地。

第二，社会主义和无政府主义不同之点在什么地方？

主张无政府主义的人，是根据"个人主权的哲学"上面说话的。他们的主张是说人人都是主权者，没有受政府统治的必要。本来政府这个东西，都是拘束个人的自由，结果不但没有增进个人的幸福，反是有损

---

* 原载 1919 年 6 月 18 日上海《民国日报》副刊《觉悟》，署名：鹤。

害的。若拿过去的事实做个证据，那个政府不是暴君污吏残害人的机关么。所以政府一定要废去的，一任个人自由，各人方得完全享受真正的幸福。总而言之，无政府主义全然不承认有"国家的组织"的。他里头虽分急进和渐进两派，目的却都是要打破国家政府的，所以和那社会主义是不相同。在主张社会主义的人，虽然也是不承认现在这样的国家，这样的政府，但是也要设一种代表社会的中央机关，用着他统一社会产业。由这一点看起来，社会主义也是要组织一种社会主义的政府，和那无政府主义根本打破政府组织的是不一样的。这是社会主义和无政府主义的主张不同。再就他的手段说来，也是不同的。

无政府主义里面，分了渐进和急进两派，渐进派的手段比较的稳和，急进派的手段都是公然用暴力或是用暗杀的。社会主义里，虽然也有用暴力或是用暗杀，和那无政府主义中急进派的手段一样，但是多数社会主义的人，他的手段都比那无政府主义急进派中人温和。

社会主义、共产主义、无政府主义各有各的主张，不能笼统说的。近时很有人把社会主义当作共产主义，也有人把无政府主义置在社会主义头上，实在可笑得很，又是可怜得很。……这也别怪他。我们中国人近今才有听见"社会主义"四个字，但是头脑里社会主义的思想还太薄弱。就有晓得的，也不大清楚。所以才有把这张三的帽硬送给李四戴的怪事。

社会主义的目的[*]
（1919）

社会主义是十九世纪的产物。十九世纪以前，虽然也有类似社会主义这类思想的东西，但是拿这思想当做一种主义学说，造成时代里面一种的势力，并给一般学者把他做一种研究的目的物，的确是十九世纪初期的事实。

法兰西革命，虽是推倒皇帝的专制，打破贵族的阶级，灭除寺院僧侣的特权。但所有成功只算政治的革命成功。若回头看到经济社会里面，许许多多的劳动者，实在没有丝毫受政治革命的恩泽。那资本家借了金钱和势力，压抑劳动者的辣手段，真是惨无人道咧！结果弄到贫者愈贫（这是劳动者），富者愈富（这是资本家），贫富相差愈远。这就是十九世纪政治革命成功后的文明现状。社会上受了这不平等的刺激，自然会生出近世的社会主义来了。

社会主义确是要改掉十九世纪的文明弊病，是一帖对症的良药。

社会主义简直说起来，就是救济经济上不平均的主义。但是还不止此咧。因为经济上的不平均由来很远，不但是十九世纪近代才有的，就说上古时候人家把奴隶当着家畜一样的看待，生杀予夺，一任所有主的意思。当时酋长领主的权力，和今日资本家对待劳动者是一样的。可怜下层社会的劳动者终岁劳苦，替地主资本家做牛马做奴隶，永远没有跳出火坑受经济上平均待遇的利益。不要说别事，就是那地主资本家所住高大的洋房子，人家以为它是砖头建筑的。据我看来却是劳动者血汗造成。经济上不平均，举这一桩事就可联想到百桩事万桩事了。

社会主义，虽然是救济经济上不平均的主义，但是另外还有一个重

---

* 原载 1919 年 6 月 19 日上海《民国日报》副刊《觉悟》，署名：鹤。

要的目的。

这目的是怎样呢？就是人类平等的思想，不平等的自觉。

总而言之，社会主义有两面最鲜明的旗帜，一面是救济经济上的不平均，一面是恢复人类真正平等的状态。

第三国际党（即国际共产党）大会的缘起[*]（1920）

国际共产党联盟是世界各国的共产党和急进的社会党所组织的，是世界大革命的总机关，我们大家都要知道的，所以我把他的成立的缘起记了出来，作为大家的参考资料。

我们要晓得国际共产党的缘起，不可不知第二国际工人协会堕落的历史。第二国际工人协会是一八八九年各国社会党的温和派代表在巴黎组织的。他们本来也是标榜社会革命，可是往后就变为改良主义了，他们采用议会主义，专心谋劳动者生活改善的问题，竟和资本家妥协起来了，所以在实际上并不是社会主义。他们的假面具，就是在这一回欧洲大战的时候揭破的。他们表面上很主张非战主义，看他们在一九〇七年、一九一〇年、一九一二年几次开会所表决的议案，就会知道的。就是当着一九一四年欧洲大战正要开始的时候，他们还在不律塞尔地方开会讨论对于战争的问题，他们的态度最是强硬。当时哈瑟、佐勒斯并且发表了很激烈的演说，好像各国资本家的政府一旦开战，他们立刻要革命的一样。哪晓得隔了几天的光景，就不对了。佐勒斯因为反对战争被人暗杀，姑且不提；哈瑟竟变了公然主战的人了；法国的喀特入内阁做官去了；德国的柯茨基、俄国的蒲列哈诺夫一流人，也加入资本主义战争了。他们讲什么社会主义呢！他们已经变成讲国民自由主义的人了。他们这种堕落，没有丝毫价值可言，哪能配代表各国的社会党呢！所以国际共产党，就产生出来了。

一千九百十五年九月，各国真正社会党的代表在丁麦华尔特开会，首先表明他们对于战争的态度，发表了非战主义的宣言，国际社会主义

---

* 原载 1920 年 11 月 7 日《共产党》第一号，署名：胡炎。

的真面目，到这时候才表现出来。参加这个会议的代表，由德国来的是列德布尔和荷富曼，由意国来的是拉查里和莫得克里亚，由法国来的是麦尔海姆和普登伦，由俄国来的是列宁、亚基塞尔洛特和波布诺夫等人，都是很有彻底主张、有实行能力的人物。他们所决定的议案，不仅是关于战争与和平的问题，并且议定了怎样实行世界大革命的重大案件。这时候列宁曾经指摘第二国际工人协会的堕落，提议组织国际共产党联盟，虽然当时因为机会未熟，未能即刻成就，而国际共产党组织的动机，已在这时候发端了。丁麦华尔特会议之后，有些什么举动呢？大家都知道的，就是俄国大革命。列宁派在俄国成功以后，共产党的势力一天一天的胀膨，第二国际工人协会中那些无主张无能力的分子，就没有立足的余地了。国际共产党组织的新计划也渐渐的实现了。果然到了一千九百十九年三月，这轰轰烈烈的世界共产党所组织的国际共产党大会就在莫斯科正式成立了。

第一次会议出席的，有十九国的共产党，就是亚尔麦利亚、奥大利、爱梭亚尼亚、芬兰、德国、匈牙利、列得兰、里斯亚尼亚、俄罗斯、波兰、乌克兰等国的共产党，以及挪威社会民主劳动党、瑞典社会党左派、瑞士社会民主党、美国社会主义劳动党、巴尔干革命的社会主义联盟。此外，加入团体还有三十九个，其中最有力量的，自俄国共产党（即多数派，中国人译为波尔塞维克，去年改为共产党）为始，其次为德国斯巴达他卡司团，意大利社会党，美国的 J. W. W. 及社会主义劳动党，英国社会主义劳动党及英国社会党。此次会议之后，英国方面马喀、迈纳、司包尔等非妥协的马克思主义者以及麦洛亚那样同业公会社会主义者，都联合起来，组织共产党加入国际共产党了。其余的如德国独立社会党，法国社会党，爱尔兰劳动党，葡萄牙社会党，美国社会党，英国独立劳动党，虽然还没有加入，可是都脱离了第二国际工人协会了。

国际共产党联盟的主旨，就是实行马克思的共产主义，即革命的社会主义，由公然的群众运动，断行革命，至于实现的手段，就是采用无产阶级专政。现在代表国际社会主义的权威，就是这个国际共产党。世界的共产主义者呵！我们望着这个目标前进呀！

马克思还原[*]
（1920）

马克思的社会主义，已经在俄国完全实现了。可是还有许多人正在那里怀疑，实在有替他们解释的必要，所以特意的写点出来看看。

这篇文字的大意，第一要说明马克思主义的本体，其次要说明马克思主义堕落的原因和历史，末了要说明马克思主义复活的事实，使世人了解真正的马克思。

马克思社会主义是什么？这个问题最难于简单的答复，可是这里也为省篇幅起见，特就马克思所述社会革命的原理、手段、方法及其理想中的社会，列举大概如下：

一、一切生产关系财产关系，是社会制度的基础；一切社会宗教、哲学、法律、政治等组织，均依这经济的基础而定。

二、社会的物质的生产力，发展至于一定程度时，就与现社会中活动而来的生产关系财产关系发生冲突。资本家利用收集生产物的剩余价值，坐致巨富，劳动者仅赖工钱以谋生。富者愈富，贫者愈贫，遂划分社会为有产者无产者两大阶级。

三、人类的历史是阶级争斗的历史。资本制度发展到了一定阶段，大多数的无产阶级就与少数的有产阶级互相对峙起来。劳动者发生阶级的心理与阶级的自觉，互相联合组成一大阶级，与有产阶级为猛烈的争斗。

四、资本主义跋扈，渐带国际的倾向，而无产阶级的作战，亦趋于国际的团结。于是全世界一切掠夺，压迫，阶级制度，阶级斗争，若不完全歼灭，全世界被压迫被掠夺的无产阶级，不能从施压迫施掠夺的有

---

[*] 原载 1921 年 1 月《新青年》第 8 卷第 5 号，署名：李达。

产阶级完全解放。

五、无产阶级的革命，在颠覆有产阶级的权势，建立劳动者的国家，实行无产阶级专政。

六、无产阶级借政治的优越权，施强迫手段夺取资本阶级一切资本，将一切生产工具，集中到劳动者的国家手里，用最大的加速度，发展全生产力。

七、国家是一阶级压迫他一阶级的机关，若无产阶级专政，完全管理社会经济事业，把生产工具变为国家公产以后，则劳动阶级的利益，成为社会全体的利益，就没有奴隶制度，没有阶级差别，生产力完全发达，人人皆得自由发展。国家这种东西自然消灭，自由的社会自然实现了。

以上是马克思社会主义的概观。综合起来说，马克思社会主义的性质，是革命的，是非妥协的，是国际的，是主张劳动专政的，这就可以明白了。

马克思社会主义是科学的，其重要原则有五：一、唯物史观；二、资本集中说；三、资本主义崩坏说；四、剩余价值说；五、阶级斗争说。马克思的政治学说和经济学说，均详备于此五原则之中。

马克思是理论家又是实行家，实具有二重资格。学者的马克思与实际运动家的马克思或不免略有出入的地方，马克思的门徒就因为这种关系，发生了许多误会出来。固守师说的人则拘泥不化，自作聪明的人就妄加修改，把一个马克思的真面目弄湮没了。什么正统派修正派也就发生了。

马克思社会主义的堕落，可以从两方面说明：一是从实际的方面的说明；一是从理论的方面的说明。

马克思社会主义在德国本不甚流行，可是现在一般的论者，却多指德国社会民主党为马克思社会主义的代表。所以要说明马克思主义堕落的原因，无论如何，非说明德国社会民主党的本体及变态不可。

德国社会民主党是马克思派的国际劳动协会和拉塞尔派的德国劳动协会并合而成的。当时马克思派以威廉里布克勒为代表，他们最初标榜纯马克思主义。对于拉塞尔派的国家主义，带有国际主义的色彩。所以社会主义的政策，从理论上说，马克思派较为彻底。可是从当时的实际问题上说，拉塞尔派反占有力的地位。再严格的说，拉塞尔派并不能称为社会党，只可称为自由党，他们承认国家，承认战争，承认国家的活动，而当时马克思派的主张却与此完全相反对的。可是德国民族有崇拜国家万能的根性，所以为时不久，马克思派所信奉的主义就渐呈变态了。拉塞尔派主张经济改善，须俟政治改善，以为一切社会改革非行普通选举使全体人民参政不可，所以要纠合全国无产阶级组织一个大政党。马克思派本来标榜彻底的主义，可是到了一八六九年，马克思派的国际劳动协会，组织了民主劳动党，以实现所谓自由民国为标帜。而实现这自由民国的手段，则以获得政治的自由为政纲，说政治的自由是经济的自由的基础，所以也主张行直接的普通选举。到这时候，民主劳动党所标举的政纲，已极其保守，与拉塞尔派极相接近，马克思派国际主义，鉴于周围的形势已经放弃了。两派既无根本不同之处，而合同之机运已到。所以两派于一八七五年在哥达合并，而社会民主劳动党于是产生了。当时该党在哥达所订的政纲，在理论上虽采用马克思的经济学说，而在实际政策上则采用拉塞尔派的劳动资本两阶级的协和主义了。国际主义派与国家主义派互相提携，结为一党，实是一种变态。这是马克思主义堕落的第一步。

社会民主劳动党自经俾士麦施镇压令以后，该党颇受挫折，且因受当时社会状态的影响，于是理论上与政策上的见地，于有形无形中发生变化，把该党一八九一年爱尔弗尔特政纲一看，就可知道的。该党在理论上原来反对议会政策的，从前党员被选为议员出席国会的时候，常有一种标语说，"我们到议会非参与立法事宜，乃是妨害议场并宣传主义的。"又说，"我们不是赞成资本阶级的立法，不是卖同志。"所以他们虽然做国会议员，口头上还有几分强硬态度。可是自一八九○年以后，该党不称"社会民主劳动党"，改称"社会民主党"，表明社会主义与民主主义相结合，简直要与权力阶级妥协了。威廉里布克勒简直承认了议会政策。他说："主义与战术有别，我在一八六九年本反对过议会政策的，可是在今日则事实与前大变了。"于是从前反对预算、关税、立法、军备、殖民政策的，此时却不惜加以协赞了，帝国议会书记八名中也有一名的社会党员加入了，社会党自己也提出法案了。兵士增饷的法案，施行社会政策的法案，责任内阁的法案，保险官办的法案等等，或径由该党提出，或加以协赞了。从前主张阶级斗争，此时主张阶级调和，从前反对议会政策，现在反赞成议会政策了。这是马克思主义堕落的第二步。

其次关于社会民主党的变态及堕落更堪注意的，就是该党对于战争的态度。社会民主党本来极力反对战争的。因为国际战争是资本阶级国家与国家间的战争，是资本阶级利益的冲突，劳动者是没有祖国的，国家虽亡，而劳动者除失掉铁锁以外并无他种损失的。劳动者若承认资本阶级国际的战争，就是承认资本主义，所以社会党是根本的绝对的反对战争的。可是由国际主义变而为国家主义的德国社会民主党，后来对于战争的态度也改变了。一九○七年贝贝尔在帝国议会的演说，说明对于战争应取的态度，他说："本国侵略他国的战争，本可反对，若本国受他国的侵略则须应战"，是已明白承认了战争了。这种主张，支配了社会民主党大多数人的心理，直至此次欧洲大战发生的时候，该党党员因此大中其毒。在欧战将开始的时候，该党犹装腔作势，极力非战，言论鼓吹，不遗余力，可是战端开始以后，该党的态度就大变了。战费案也协赞了，党员也从军了，并且人人都努力为国牺牲，好像殉教者一般。昨日的社会党，今日已成了国民党自由党了。欧战几年间，德国除加尔里布克勒连休修达哈艮三人及卢森布尔、克泽特金二女士外，差不多没有社会主义者了。马克思社会主义至此时已完全消失了。这是马克思主义堕落的第三步。

由以上所述考察起来，马克思社会主义，经过德国社会民主党的蹂躏，精彩完全消失，由国际主义堕落到国家主义，由社会主义堕落到自由主义，由革命主义堕落到改良主义，由阶级斗争堕落到阶级调和，由直接行动堕落到议会主义，马克思的真面目被威廉里布克勒、贝贝尔、柏伦斯泰因、柯兹基一流人湮灭殆尽了。①

这是从实际上说明马克思主义堕落的原因，而在理论上又是如何变迁附会的呢？也有详细叙述的必要，再说明于下。

依唯物史观所说，新社会的组织，是旧社会组织中各种固有势力发展的结果。资本制度发达至于一定程度的时候，必然发生一种"自身解体的物质上的动因"，资本制度自己掘自己的坟坑。可是某种社会形式中固有的生产力，若在可以充分利用发达的期限以内，决不会倒灭的。这种社会形式发展的结果，内中新生产力的利用和发达，当然要与这社会形式发生冲突。资本的独占成为生产力的桎梏。于是生产机关的集中与劳动的社会化，遂与资本主义不能两立，而新社会组织于是起来代替

---

① 威廉·李卜克内西和倍倍尔在一些策略问题上犯过错误，此文把他们与伯恩施坦、考茨基的第二国际修正主义路线并提，与事实不符。李达在次年所写的《李卜克内西传》（按：系卡尔·李卜克内西）中改变了看法，称威廉·李卜克内西为"革命的实行家"。

了。可是这里所述的"新生产力"和"资本制度自身解体的物质上的动因",究应如何解释呢?若说资本制度的解体是资本集中的结果,则由旧社会推移到新社会的途径,完全可以离却人的精神的要素和意识的行动,马克思的唯物史观就变为机械的史观了。若是这样解释,社会党无须干社会革命,只听资本主义自然发展好了。社会主义者也无须鼓吹革命,只努力去开发实业好了,国家当然可以利用,阶级当然可以调和了。因为资本集中的结果,自然要发生革命的。所以照这样说,马克思一面运动革命,一面唱这种机械史观的宿命论,不是自相矛盾吗?这是使人易生疑窦的地方,马克思派主义者的变态,未始不从这种怀疑点出发的。他们这种误入歧路的地方,早已有许多学者出来纠正了的,可是这种错误,一般普通人都可以看得出的。就是上面所说的,资本制度发达到了一定程度,资本阶级收集掠夺劳动者的血汗的剩余生产,增加自己的私有财产,劳动者仅依工钱谋生。于是社会截然分为有产者无产者两大阶级。无产阶级受了资本阶级的掠夺和压迫,久而久之,就会发生一种阶级的觉悟。有了这种阶级的觉悟,就发生一种阶级的心理。有了这种阶级的心理,就会有一种阶级的组织和阶级的运动,就自然有一种团体的结合,成为阶级斗争的行动。阶级斗争的结果,无产阶级得最后的胜利,自然要废止私有财产,推倒资本制度。所以唯物史观一方面说明资本制度发展的过程,一方面注重现社会中新兴的无产阶级的力量。若忽视这种阶级的心理和阶级的自觉,不去助长阶级斗争的运动,社会革命是不可期待的。

过信资本集中论的人,对于马克思的学说,便生出一种根本的怀疑点。因为马克思的先见,是说明资本集中的结果,一资本家压倒多数的资本家,收夺者复遭收夺。且此时应受收夺的人已非为自己作工的劳动者,反是利用多数劳动者的资本家。照这样说,马克思的革命观,当然要跟着资本制度发达的程序益增显著。可是自十九世纪中叶以后至于十九世纪末叶,数十年间,资本集中的步骤,并未证实马克思预言的确实。而且在他一方面看来,资本制度的范围扩大,公司会社日见增加,中产阶级的人数因亦增多,小资本家依然存在。资本并未集中,反形分散之象。而收夺者的收夺亦未成就。马克思的预言至此竟成空想。于是马克思派主义者,对于资本集中和社会自然革命的先见,怀起疑来,以为资本集中的学说,资本制度倒坏的学说,都是不可靠的了,于是不相信革命的必然主义,以为从旧社会到新社会的过程,只有进化而无革命，只有运动而无目的，而所谓修正派的运动，于是盛行了。加以当时思想界的倾向，在文艺方面已由自然主义转入新罗曼主义，在哲学方面已由实证主义转入新理想主义，所以社会主义也不能超过这范围独立存在。所以新理想主义，渐至代替唯物史观的位置。同时修正派运动发生"新马克思派的康德化，新康德派的马克思化"的现象，愈增显著了。于是柏伦斯泰因的修正主义，遂支配了社会民主党员大多数的心理，都放弃革命主义流而为进化主义、改良主义了。

其须最堪注目的，就是马克思派的政治运动。一部《共产党宣言》，差不多纯粹讲革命的，可是把那十大政纲看起来，却很平易而且是利用国家的。这种地方就含有所谓"二元的性质"。这种二元的性质，就被他们附会到议会主义去了。从实际上说起来，一切社会问题，不尽是一阶级的问题，也有阶级与阶级间的共通问题。这种阶级间共通的问题，关系阶级间共通的利害。无产阶级对于这种问题的解决方法，有时也无定要推倒有产阶级的必要，而且有时也可以和有产阶级携手的。所以无产阶级对于革命运动以外，凡有可以与有产阶级协同行动的，只有阶级共通的问题。这种协同的行动，就是政治运动。政治运动当然要利用国家，这也是必然的趋势。马克思派误会了这种地方，重视了这类阶级间共通的问题，专行政治运动，而且把阶级对抗的运动也附属于政治运动的范围以内了。于是社会党议会主义的大旗帜，在世界上招展起来了。马克思主义一入议会主义的范围，立刻就由革命主义堕落到改良主义，失却了本来的面目。

要推倒资本主义，必须厉行阶级争斗。所以劳动团体阶级的运动，最关紧要。劳动团体阶级的运动，决不可附属于政治的团体。马克思也曾说，劳动组合要达到本来的目的，决不可附属于政党。劳动组合若失其独立，劳动组合立即死亡。劳动组合是社会主义的学校，劳动者在这学校里和资本阶级争斗，其结果要达到社会主义。一切政党无论其倾向如何，只不过唤起劳动阶级的热狂，而劳动组合，则在劳动阶级之间造成有力而且永久的团结。所以只有劳动组合能够造成真的劳动阶级的党派，能使劳动者的势力抵抗资本家的势力。所以由这一点看起来，劳工运动是不能把来附属政党的。社会民主党也把政治运动和阶级运动并为一事，公然要借议会政策达到社会革命的目的，不过是一种梦想罢了。

以上是从理论上说明马克思主义堕落的原因的。我们从上述实际上理论上观察马克思派社会主义的变迁，就可以知道标榜马克思主义的德国社会民主党，是牵强附会的，是堕落的了。

马克思社会主义在理论上是完成了的，在事实上也可以完成。只有一事与马克思的预言略有不符，就是十九世纪后半期四五十年间，各国的资本主义虽日见扩张，劳动阶级的人虽日见增加，而劳动者阶级的心理与阶级的自觉，十分幼稚，所以劳动组织和运动，都不甚发达。当时的德国固不待言，即如英国劳动组合虽日见发达，然仍不能离去地位改善运动的范围，很带保守的倾向。这种地方是与马克思的预期相反的。一般马克思派主义者，窥见当时的形势，以为与其求速成而无效，不如取渐进主义，愈改变而愈离奇，竟弄出非驴非马的马克思社会主义来了。

可是最近二十年来，各国劳动运动的发达，一一与马克思的预言相符合了。劳动组合已由职业的组合变为阶级的组合了。劳动运动已由同业运动变而为阶级的运动了。更有一种新劳动组织，已经创造了新生产组织了。阶级的觉悟与阶级的心理，愈益增大，而阶级斗争的运动，亦日增剧烈了。"一切工业社会化!"的声浪，几于无处不闻。所以说到这里来，我们就不能不佩服马克思的先见了。

更举实例说明，就是劳农俄国的缔造。世间以耳代目的人，都说劳农俄国所行的主义是一种什么过激主义，看作蛇蝎一般。其实劳农俄国的施设，在我的眼光看起来，并无新奇的地方。就是俄国所行的，各国最怕的"劳动专政"，都是数十年前马克思所倡导、所主张的，用不着大惊小怪。列宁并不是创造家，只可称为实行家，不过能将马克思主义的真相阐明表彰出来，善于应用，这便是列宁的伟大，世人都要拜服的。

被威廉里布克勒、贝贝尔、柏伦斯泰因、柯兹基等弄堕落了的马克思社会主义，到今日却能因列宁等的发扬光大，恢复了马克思的真面目了，这是一件很重要的事实。

所以我要大声疾呼地说，"马克思还原!"

一九二〇，一二，二六，于上海。

劳动者与社会主义 *
（1920）

　　社会主义是作什么用的？社会主义是解决社会问题的。社会问题是什么？社会问题有两种解释。一种是广义的解释，就是关系于社会制度全体的问题，叫做社会问题。一种是狭义的解释，就是由产业制度发生出来的劳动问题。劳动问题是什么？劳动问题就是资本制度发达的结果产生出来的东西。自从新机器发明以来，一切物品差不多都用机器制造，从前做手工的人，到了新机器发明的时候，就变为无用的人了。这种机器价值非常高，我们无产业的人，是不能买的。资本家，有几个孳钱，能够办工厂，买机器，收原料，百般齐备，只少一件，就是使用机器的劳动者，所以不得已每天要出些少的工钱，来雇用工人，替他们制造商品，他们拿去卖了好赚钱。资本家晓得劳动者除了进工厂做工以外，不是冻死，就是饿死，所以逞威作势把劳动者百方压迫，每日只给工人些少的工钱，却要工人做几十倍几百倍的工作。劳动者每天自早到晚，千辛万苦，才能得到那些少的工钱，只能够一天的用度，虽说是可以吃饭穿衣，也不过是未冻死未饿死罢了。倘若有一天被资本家斥逐了没有工做的时候，或者是害了病不能做工的时候，就得不到工钱，非冻死非饿死不可了。劳动者做工得工钱过活的境遇，真是残酷悲惨已极了。

　　劳动者要怎样才能得不饿死不冻死呢？要怎样才能够不受资本家的压迫呢？这就是现时代最大的劳动问题，也就是有志争经济的自由和平等的人所研究的社会大问题了。这种社会问题即劳动问题，要怎样才能解决呢？这里有一个最大的根本解决方法，就是社会主义。

---

　　* 原载 1920 年 11 月 28 日《劳动界》第 16 号，署名：立达。

社会主义主张推倒资本主义，废止财产私有，把一切工厂一切机器一切原料都归劳动者手中管理，由劳动者自由组织联合会，共同制造货物。制造出来的货物，一部分作为下次再行制造的资料；一部分作为社会的财产；一部分作为自己的生活资料大家享用。这时候大家都要作工，都能得饭吃得衣穿，资本家也变为劳动者了。大家都享自由，都得平等。这是劳动问题的根本解决方法，所以劳动者非信奉社会主义，实行社会革命把资本家完全铲除不可。

劳动问题，是劳动者自身死活的问题，劳动者自己非有觉悟不可。所以劳动者若看清了资本的专横跋扈掠夺无人道，就应该组织劳动者的团体（如工会之类）去和资本家对抗。团体越巩固，势力越大。团体组织好了，首先就干同盟罢工的事情，要求减少作工的时间（每天只做四五点钟就够了），增加工钱（更多更好）。等到团体的势力加大了，然后就和资本家阶级开战，一哄把资本家铲除了，然后方能达到最后的目的。

劳动者与社会主义的关系如此，劳动者诸君的感想何如？

社会革命底商榷[*]

（1920）

一 时机的问题

社会革命！社会革命底呼声，在中国大陆一天一天的高了。有许多走狗学者也讲起社会主义来了。可是他们只是口头讲，心里未必赞成，也只是胡乱的讲，却未必十分懂，恐怕这班不久便会连口头赞成都要取消。他们不说中国人要准备知识，学会了社会主义，好行社会革命；便说要助长资本主义的发达好谈社会主义；这类的话，在最近的新闻杂志上，登载得非常的多。这种似是而非的论调，最易淆惑人心。他们是社会主义的障碍，是我们的敌人。所以我不得不说几句话纠正他们，然后把我的主张写了出来，同大家讨论。

法兰西的大革命，在现代人心理中看起来，都说是发源于卢梭的天赋人权学说。可是我试问当时巴黎数十百万参加革命的人民，都已学会了卢梭的学说吗？俄罗斯的大革命，人都说是受了马克思主义的影响，可是我又问圣彼得堡莫斯科那无数万参加革命的劳动者和兵卒，都已学会了马克思主义吗？他们不过是受了当时绝大的经济上政治上的压迫，他们求生不能求死不得，总想打破现社会的压迫，脱离现政府的铁锁，就是他们想求生存求自由方行革命的。所以卢梭、马克思的思想，人人头脑中都有的，不过首先被他们两人道破罢了。

社会构成的基础，成立在支持人类生活的物资生产和生产交换之上

---

* 此文是李达为批判假社会主义、无政府主义及第二国际修正主义而写的。原载 1920 年 12 月 7 日《共产党》第 2 号，署名：江春。

的。一切革命的原因，皆由生产交换的方法手段而生，不是人的智力发明出来的，也不是抽象的真理产生出来。简单说，社会革命不是在哲学中探求而得的，乃是发生于现社会的经济状态之变动。

"一切过去社会的历史，都是阶级斗争的历史"。不懂社会主义的人，只说中国无地主无资本家，没有阶级的区别，不能倡社会革命。其实他们不过闭着两只眼说说罢了，中国的社会中何以没有阶级呢？

"富者田连阡陌，贫者土无立锥"，这两句话不是说明中国贫富两阶级的悬隔吗？中国的田主佃户两阶级，自古以来就有的了。田主每天毫不劳力，专门掠取佃户劳力所得的结果，度最奢侈的生活。佃户无论如何含辛茹苦的劳动，他们的命运总是铸定的。他们每年劳苦所得的收获，要缴纳一半多给田主，年岁好的时候，他们还可以穿点仅仅冻不死的衣，吃点仅仅饿不死的饭，住点过风漏雨的屋。倘若年岁不好，他们不是冻死，就是饿死。每届凶荒，他们之中冻死的饿死的何止数千百万。所以中国大多数做佃户的农民，从古以来，都在这种朝不保夕生活不安的状态之中，并没有得到丝毫幸福的。他们的苦痛，有眼的人都会看见的，用不着我来描写。可是一般人看惯了，觉得他们之中也还有饿不死冻不死的，殊不知离远一点看起来，就晓得佃户阶级的贫困了。

现在再就工业一方面说：中国现在已是产业革命的时期了。中国的工业虽不如欧美日本那样发达，却是在这产业革命的时期内，中国无产阶级所受的悲惨，比欧美日本的无产阶级所受的还要大。中国劳动资本两阶级的对峙，在表面似乎与欧美日本不同，在实际上却无有不同的。

中国的资本阶级，是国际的。资本家差不多都是欧洲人美洲人日本人，也有最少数的中国人在内。那些资本家所办的大工厂，都在欧美和日本，中国各大都市中也有几处。在那些工厂中做工的，都是欧美日本人，中国人得不到工做。那些大工厂中造出的商品，输入到中国来，中国的手工制造品，受了打击，不能和他们竞争，于是手工业的人，把自己的手工废了不做，到工厂中去做工，充机械的奴隶去了。还有更甚的，就是想充一个机器的奴隶犹不可得。所以多数的家庭工业手工业和农业的生产人，现在受了资本主义生产的商品的压迫，都变为失业的人，非饿死非冻死不可的了。这种缺陷在最开通的都市中，尤其容易看得出来的。所以中国是劳动过剩，并不是没有劳动阶级。在这一方面说起来，是国际资本阶级和中国劳动阶级的对峙。

中国田主佃户两阶级的分立，是固有的；现在受了产业革命的影响，又形成了资本劳动两阶级。无产阶级和有产阶级的对抗越发显明，无产阶级的贫困增大，有产阶级的财富增加，社会革命的机会到了。

最近数年以来，中国的武人强盗，争权夺利，连年打仗，骚扰不已；川粤的高山踏成了平地；湘鄂的地皮铲出了赤土；直鲁豫晋陕甘的平原，变成了沙漠；无产阶级冻死饿死的何止数千百万；农业的工业的小生产机关，毁破了的何止数千百万；武人强盗助国际资本阶级，驱逐了中国旧有的生产机关，武人强盗掠夺搜括我们的手段，一天一天的恶辣，国际资本阶级的侵夺和压迫，也跟着一步一步的厉害。

中国的无产阶级呵！我们受了武人强盗经济上政治上的掠夺和压迫犹不算数，还要受国际资本阶级经济上政治上掠夺和压迫，我们果能得了丝毫平等和自由没有？民主主义破产了！我们的希望成了一个空，我们求生存求自由吗？我们应该怎样做？

二　生产和分配

现社会推倒之后，新社会中怎样生产怎样分配呢？这是一件最紧要的事情，首先要研究的。

社会主义的派别很多，主张复杂。我趁先提出两个主潮，就是马克思派的共产主义和无政府主义，这两个主潮，就是在生产和分配的法则上分别的。

先就生产组织说：共产主义的生产组织是集中的，无政府主义的生产组织是分散的。共产主义的原则主张把一切农业工业的生产机关，都移归中央管理，有时因生产机关的种类不同，或移归地方管理。无政府主义的原则却不然，主张破坏中央的权力，要将一切生产机关，委诸自由人的自由联合管理。在这种地方看起来，无政府主义的生产组织，有一种最大的缺点，即是不能使生产力保持均平。要使各地方各职业的生产力保持均平，无论如何，非倚赖中央的权力不可。我们可以拿现时的资本制度作比，资本主义的生产组织是无政府的状态，讲自由竞争，对于生产力绝对不保持平均，供给与需要不能相应，资本家专顾投机，增加生产力，谋生产多量的商品；一时需要减少，生产过剩，其结果资本家别谋妙法填补，而劳动者却因此受了恐慌的影响，招来失业的苦痛。这就是资本主义产业组织不受政治力支配的恶结果。所以无政府主义派主张的生产组织与资本主义的生产组织差不多，若一地方或一职业的生产力供过于求，他地方或他职业的生产求过于供，就不能使他保持平均了，供给与需要不能相应，岂不是生产组织的混乱状态么？

生产的目的在供给社会全体的消费，并不是生了产就完了的。所以由这种意味说起来，新社会的生产组织，非有中央权力去干涉不可，各地方的各职业的单位非绝对服从中央权力不可。无政府派不主张有集中的权力，那么生产力怎能调济呢？社会各员的消费生活不是有受侵害的危险吗？所以我是主张共产主义派的生产组织的。

其次研究分配制度。社会主义的分配制度，以自由平等为根据。可是共产主义和无政府主义的分配制度对于自由平等很有不同的地方。分配制度分收入和消费两项，共产主义主张用一种方法调剂各个人的收入，用货币经济，借助货币的形式，分配生产物。各人消费的物资有一定的限制，不得超过自己收入所得的价值。消费的时候，各人必须支出自己收入所得的一部分，所以各种物资都须依一定的价值单位定一个价格。无政府主义的分配制度则以各尽所能各取所需为原则，全不调剂各人的收入，并且也没有收入不收入那种观念，只是调剂各人的消费，甚至连消费都不调节的。共产主义和无政府主义都是在分配上主张平等的，不过共产主义的平等关于收入，无政府主义的平等关于直接消费，可是两者之中，更有一个区别。

先就无政府主义说，卞倍巴布福等一派人主张分配底客观的平等，说各个人在年龄男女的限界内，应当分受同质同量的物资。福里耶克鲁泡特金一派人主张分配底主观的平等，即说各尽所能各取所需。这两种主张，在我看起来都有些不妥。客观的消费平等的主张，未免蔑视各人的个性，阻碍各人的自由。又使消费的自由都得平等的主张，由正义自由平等的见地说起来似乎可行，可是非待世界的产业发达到极境的时候，不能办到。譬如今日行了社会革命，明日组织新社会，而新社会都是继承旧社会的生产力，继续发展的，这生产力是有一定的限制的，生产力既有限制，生产物当然也有限制了，以这有限制的生产，听各人消费的自由得其平等，是绝对办不到的。若果社会的生产力发达到无限制的程度，生产物十分丰富，取之不尽，用之不竭，这"各取所需"的分配原则是很可实行的。只是在生产力未发达的地方与生产力未发达的时期内，若用这种分配制度，社会的经济的秩序就要弄糟了。

再就共产主义的分配制度说，生产力既有制限，生产出来的物质当然也有制限，我们分配这有限的物质要求其平等，就不可不行使货币经济，对于各人所收入的货币额加以制限。还有一事，物质的价格不可不用一个标准来测定他，生产物对于需要的关系，若其分量比较的多，则定价从廉，否则定价从高。照这样办起来，那么在人类的道德程度没有达到至圣至神的地位时，对于有限的生产物要行公平的分配，再没有比这种制度还好的了。所以我是主张采用共产主义的分配制度的。

三　革命的手段

马克思和恩格斯两人说：劳动阶级的革命，第一步在使无产阶级跑上支配阶级的地位。无产阶级就用政治的优越权，从资本阶级夺取一切资本，把一切生产工具集中到国家手里，即是集中在组成支配阶级的无产阶级手里，于是全部生产力就可用大速度增加起来了……若照这样的发达起来，阶级的差别自然消灭，全部的生产，必然集在全国民众大联合的手中，公的权力自然失掉政治的性质。政治力本来是一阶级压服他阶级的一种组织力。无产阶级若和资本阶级战斗，迫不得已，自己不得不组织一个阶级，用革命的手段，把自己造成一个支配阶级，并且用权力扫除旧生产条件，于是阶级对抗的存在和一切阶级的自身都要扫除的，于是无产阶级的优越权也是要废除的。

社会革命底目的，在推倒有阶级有特权的旧社会，组织无阶级无特权的新社会。旧社会中有拥着生产机关的资本阶级，有特权阶级，有缺乏衣食住的资料而为他资本阶级所利用的劳动阶级。新社会中，没有资本阶级也没有劳动阶级，也没有特权阶级，生产机关为真正的生活机关，为社会全体的所共有，个人和全体都能够自由发达。我们要达到这个目的，概括的说起来，就是厉行非妥协的阶级斗争，以下专就具体的手段讨论一个大概。

社会革命底具体的手段大约可分数种：一、议会政策；二、工会运动；三、直接行动。议会政策的手段，是主张劳动者组织团体为参政的运动，劳动者要选议员，送到国会或地方议会去，参加立法的机关。这些代表劳动者的议员，可以在国会或地方议会提出改善劳动状态或抑制资本阶级的法案，务期循序渐进，解决一切社会问题。德英美等国社会党，多采取这种议会政策作为社会革命的手段。可是理想与事实相反，难以达到社会革命的目的。在现社会组织之下，资本阶级的势力最大，议会中的议员属于资本阶级的必然占绝对大多数，议会中通过法案是用多数表决的；劳动阶级没有金钱运动，得几名议员已不容易了，而今有几名劳动阶级的议员提出来的法案，当然要陷于否决的命运。所以无产阶级的议员要想在议会中成立一种除去自己阶级痛苦的法案，是断然办不到的。这时候就是不唱高调只求贯彻自己阶级的几分之一的主张，非与资本阶级妥协不可，非得资本阶级的同意不可。照这样成立出来的法案，无非哀求资本阶级政府行非驴非马的社会政策。社会革命的目的，简直成了一种空想。现在有一般承袭德国社会民主党旧计的人，主张无产阶级要求普通选举，这件事本可以网罗大多数无产阶级的人，加入这种运动，可是这也是难得好效果的。依照各国的先例看起来，大凡最初运动普通选举的时候，资本阶级的现政府，是决不许可的，不说人民"程度未齐"便说"时机尚早"，平民只管请愿，资本阶级的政府是不睬的。这时候若果无产阶级能够真正有觉悟，一致结合起来，举行示威运动，使政府晓得他们的力量，政府若依然顽迷不悟，无产阶级就可借口争自由争平等，或者可以革起命来。可是有一层，假若资本家政府能够见机行事，于革命未爆发以前，实行普通选举，那么，到这时候，无产阶级就没有口实可借了。结果又怎样呢？不过无产阶级能够选出几名议员送到国会中和资本阶级妥协，立几条使政府行社会政策的法案就完事了。要求政府行使社会政策，与要求资本家倡办慈善事业，究有何种区别呢？德国的社会民主党就是一个先例。

其次研究工会运动的得失，工会运动是劳动者想借团体的力量谋劳动阶级的解放的一种手段。其内容大概可分两种：第一种是改良的，是社会政策的，采用阶级调和主义的手段，承认现制度，谋劳动阶级地位的向上。第二种是革命的，是社会主义的，采用阶级斗争的手段，改造现制度，创立劳动者本位的社会的。工会运动的武器就是同盟罢工。可是同盟罢工之中也有许多区别：第一种所行的同盟罢工，在要求改善劳动的条件。第二种所行的同盟罢工，其目的不在改善劳动条件，而在真实的解放劳动阶级，绝灭劳动阶级对资本阶级的关系。

同盟罢工底性质，有经济的，有政治的，有社会的。政治的总同盟罢工底目的，是劳动者利用产业上的地位，在政治上贯彻一定的目的，如扩张选举权，要求立法部通过一定的法律之类。可是这种罢工在原则上是承认现社会制度的经济组织的，只可当作劳动阶级一种示威运动的手段，若想利用他行社会革命是办不到的。

经济的总同盟罢工，其目的一般在减少劳动时间增加劳动工资，与现在社会的经济组织，并无何种关系，决不能当作社会革命的手段。

社会的总同盟罢工，其性质与前二者大不相同，其目的在推倒资本本位的现社会制度，创设新社会的。这种是很彻底的，这种罢工的动机，有主张借用一种特别的事故使全劳动阶级突然罢工，使资本阶级手足无措，乘机扑灭资本阶级，从新建设无阶级的新社会，这种主张是很对的。又有主张使一般劳动者受适当的教育和训练，准备待时而发，这种主张是难于实现的。一般劳动者既有这种教育和训练，其结果当然新社会要实现的，不过百年河清难待罢了。此外还有一种理想，最初由各地方全体劳动阶级举行总同盟罢工，推而至于全国劳动阶级举行总同盟罢工，再推而至于全世界的劳动阶级举行总同盟罢工，到这时候全世界的资本阶级都要铲除了。这种理想，固然是好，恐怕非同时所能办到的，所以也只能作为一种理想罢了。

由以上的研究，归结到中国的劳动界来。中国是劳动过剩的国家，大多数都是失业者，所以中国的工会运动是不易行的。工会运动要依那一国家那一地方的经济状态为转移，假如某一地方的经济发达，工厂办得多，劳动者都有工作，这时候劳动者很可以行工会运动和资本阶级奋斗的。可是经济界不发达的地方，劳动者失业的多，要求一个卖劳力换饭吃的地方都不能得，那能够举行罢工惹起失业的危险呢？不说远了，就把日本作比，去年日本经济兴旺的时候，罢工的运动，非常流行，到今年经济恐慌的时候，工厂倒闭的非常之多，劳动界失业的不下数十百万，罢工的运动，差不多断了影子。中国的工厂本是少，而劳动者无工作，与日本劳动者失了业的是一样。所以中国多数无产阶级都是失了业的劳动者，所以工会运动在现在的中国，是不容易发达的。可是也有一种事要注意的，我们虽不能全靠工会运动行社会革命，而为增加阶级斗争的速度起见，劳动界却不能不结合一种团体和资本阶级对抗，所以工会还是要从速组织积极进行的。工会组织之后，然后开始和工会以外的无产阶级极力结合，等候时机到来，好和资本阶级开战。

直接行动是什么呢？这是一种最有效力的手段，要仔细讨论的。阶级斗争的手段，以最普遍最猛烈最有力量的为好。无产阶级，包括最广，所以革命运动，非网罗大多数的无产阶级在内不可。参加运动的人越多，力量越大，运动越猛烈，奏效越迅速。我很主张无产阶级为突发的群众运动。譬如一千八百七十一年法国地方自治团在巴黎干的猛烈运动，一九〇四年意大利工人干的突然发生的大运动，一九一七年俄国无产阶级在圣彼得堡干的大示威运动，一九一八年八月，日本无产阶级干的米荒骚乱，都是很有效力的。中国"五四""六三"两大运动在形式上也是有力量的，可惜他们走错了方面。又今年北方八省无数千万的饥民，若果自己不甘冻死不甘饿死，一致起来把经济上政治上的压迫打破了，也是很好的。中国政治上经济上的混乱恐慌，达到极点，社会上的大缺陷，随时暴露出来，可乘的机会很多。所以我主张我们要在各大都会，结合工人农民兵士及他种属于无产阶级的人，组织一个大团体，利用机会，猛然的干起大规模的运动来，把那地方的政治力，夺在我们手中，凭着政治上的势力，实行我们社会主义的建设，完全管理社会中经济的事业。所以这种直接行动，可以称为社会革命的唯一手段。

此外还有相辅而行的手段，就是宣传。宣传的办法，无论是公开的或秘密的，总要普遍，要能激动无产阶级对于有产阶级的敌忾心，亦能发生效力。

现在我简单的说几句，作为这篇文章的结论：照社会主义的原则说，社会革命在资本制度发达到一定的程度的时候，自然要实现的；然而也可以用他种人为势力——非妥协的阶级斗争——促进他的速度。英美的资本制度比俄国的要发达得十数倍；英美两国的工会，比俄国的也要发达得十数倍，何以社会革命不在英美两国发生，反在俄国实现呢？这就是因为俄国社会革命党实行的力量比英美两国的大的原故。所以我国在中国运动社会革命的人，不必专受理论上的拘束，要努力在实行上去做。

讨论社会主义并质梁任公[*]
（1921）

　　近来讨论社会主义的人渐渐多了，这确是一个好现象。因为社会主义的真谛若能充分的阐发出来，批评者就不会流于谩骂，信仰者就不会陷于盲从。而且知识阶级中表同情于资本家的与表同情于劳动者的两派，旗帜越发鲜明，竭智尽力，各为其主，而社会主义与反社会主义两方面，皆可同时发展，以待最后之决胜。所以我说现时讨论的人越多，越是好现象。

　　《改造》杂志二月号特辟社会主义研究一栏，一时知名之士如梁任公、蓝公武、蒋百里、彭一湖、蓝公彦、费觉天、张东荪一班人，均有长篇文字，表明对于社会主义的态度。他们的文字均有点研究，我读了非常感佩。但是这几篇文字之中，也有误解社会主义的，也有同情于社会主义的，也有积极赞成资本主义的，也有恐怖伪劳农主义的，我觉得这种地方，却也应该详细研究分别讨论。只是我没有许多闲暇，作从容的论辩。所以只就梁任公一篇代表的文字，讨论一个大概。

　　梁任公是多方面的人才，又是一个谈思想的思想家，所作的文字很能代表一部分人的意见，很能博得一部分人的同情。就是《复东荪书论社会主义运动》的一篇文字，虽然明明主张资本主义反对社会主义，而立论似多近理，评议又复周到，凡是对于社会主义无甚研究的人，看了这篇文字，就不免被其感动，望洋兴叹，裹足不前。我为忠实主义起见，认定梁任公这篇文字是最有力的论敌，所以借着这篇文字作一个 X 光线，窥察梁任公自身和梁任公所代表的智识阶级中一部分人总括的心理状态，试作一个疑问质询梁任公，或者对于主义上有些少的阐明补正也未可知。

　　* 原载 1921 年 5 月《新青年》第 9 卷第 1 号，署名：李达。

这也许是梁任公所说"冀普天下同主义之人有以教之"的一点反应了。

梁任公本文的旨趣，约分五层，兹摘录大概如下。

（一）误解社会主义　梁任公首先误解社会主义为社会政策派的劳动运动，所以说，"吾以为中国今日之社会主义运动，有与欧美最不相同之一点焉。欧美目前最迫切之问题，在如何而能使多数之劳动者地位得以改善。中国目前最迫切之问题在如何而能使多数人民得以变为劳动者。"因此推论中国产业不发达，生产机关极少，不能行均产主义。所以又说，"我虽将国内资产均之又均，若五雀六燕铢黍罔失其平，而我社会向上之效终茫如捕风。"于是又论到社会主义运动，说"故吾以为在今日之中国而言社会主义运动，有一公例当严守焉。曰，在奖励生产的范围以内，为分配平均之运动。若专注分配而忘却生产则其运动可为毫无意义。"此一层是梁任公误解社会主义的本质的议论。

（二）提倡资本主义，反对社会主义　梁任公又以为中国生产事业极其衰落幼稚，中国人消费所需之生产品，皆仰外人供给。而制造此类消费品的资本家、劳动者和工厂，均在外国而不在中国，中国人受不到外国资本家的恩惠，中国无业人民，又不能到外国工厂做工。中国国内未梦见工业革命之作何状，工厂绝少，游民最多，并无劳动阶级。既没有劳动阶级就不能行社会主义运动。所以说，"欲行社会主义生产方法必须先以国内有许多现行之生产机关为前提。若如今日之中国，生产事业，一无所有，虽欲交劳动者管理，试问将何物交去？"社会主义既不可行，则为改造中国社会计，当然不能防止资本阶级之发生，而且要借资本阶级以养成劳动阶级，做实行社会主义的准备。此一段是梁任公提倡资本主义，反对社会主义的立言。

（三）高唱爱国主义，排斥外国资本家　梁任公看见国内无业游民过多，贫困日甚。加以受外国产业革命影响，"我国人之职业直接为外国劳动阶级之所蚕食；而我国人衣食之资，间接为外国资产阶级之所掠夺。"所以中国生产事业，必须由中国资本家自己开发，以便造成多数生产机关，吸收本国多数无业游民使为劳动者。所以说，"中国生产事业若有一线之转机，则主其事者，什九仍属于将本求利者流。吾辈若祝祷彼辈之失败耶？则无异自咀〔诅〕咒本国之生产事业以助外国资本家张目。"了〔末〕了又说，"欲使中国多数人弃其游民资格而取得劳动者资格，舍生产事业发达外其道无由。生产事业发达，凡吾国人消费所需皆由吾国人自生产而自供给之，至少亦须在吾国内生产而供给之。"若对于本国资本家采抗阻态度"必妨害本国生产，徒使外国资本家得意而匿笑。且因此阻碍劳动阶级之发生，于吾辈之主义为大不利"。"然则所当采者为何？则矫正态度与疏泄态度是已。所谓矫正态度者，将来勃兴之资本家，若果能完其为本国增加生产力之一大职务，能使多数游民得有职业，吾辈愿承认其在社会上有一部分功德，虽取偿较优亦可姑容。"由此一段可推知梁任公爱本国、爱本国资本家劳动者之热情，故发而为排斥外国资本家劳动者之言，也许是爱国主义和资本主义结合的一种表现了。

（四）提倡温情主义，主张社会政策　梁任公既然主张用资本主义开发本国产业，而资本制度发生的恶果，当然要循外国资本制度的旧径，发出无穷的弊害。要想补救此种弊害，只有采矫正态度与疏泄态度，不可抗阻，亦不可坐视。所以说，"惟当设法使彼辈（资本家）有深切著明之觉悟，知剩余利益断不容全部掠夺，掠夺太过，必生反动，非彼辈之福。对于劳力者生计之培养，体力之爱惜，智识之给与，皆须十分注意。质言之，则务取劳资协调主义，使两阶级之距离，不至太甚也。至所用矫正之手段，则若政府的立法，若社会的监督，各因其力之所能及而已。"又说，"所谓疏泄态度者，现在为振兴此弃弊之生产力起见，不能不属望于资本家，原属不得已之办法。却不能恃资本家为国中唯一之生产者，致生产与消费绝不相谋，酿成极端畸形之弊。故必同时有非资本主义的生产，以与资本主义的生产相为骈进。"此一段是他提倡温情主义，施行社会政策的主张。

（五）误会社会主义运动　梁任公误解社会主义运动为劳动者地位改善，所以反对；又误解为均产，所以反对；又误解为专争分配，所以也反对。又误解社会主义运动为利用游民，所以说，"劳动阶级运动之结果能产出神圣之劳动者。游民阶级运动之结果，只有增加游民。"又说，"游民阶级假借名义之运动，对于真主义之前途无益而有害"，这是梁任公反对中国社会主义运动最精刻的地方。但是依他所主张的运动方法却不外以下两层：即对于劳动者，"第一，灌输以相当之智识。第二，助长其组织力。先向彼辈切身利害之事入手，劝其办一两件（如疾病保险之类），办有成效，彼辈自感觉相扶相助之有实益，感觉有团体的好处，则真正之工会，可以成立。"工会次第成立，有组织完善之工会，然后可以行社会主义运动。但梁任公所主张的工会运动，不在敌抗本国资本家，而在敌全世界资本家，所以说，"全世界资本主义之存灭，可以我国劳资战争最后之胜负决之。"又说，"谋劳动团体之产生发育强立，以为对全世界资本阶级最后决胜之准备。"他主张运动的规模非常之大，而所用的手段又非常之小。未知是否有效，实有讨论之余地。

以上梁任公论社会主义运动的大概，以下逐条讨论。

第一，社会主义是什么？社会主义运动又是什么？我以为这应该首先在这里说明。

社会主义成了现实的势力活动而来的，还是十八世纪以后的事情。瓦特发明蒸汽机关以来就引起欧洲产业革命的导火线。新机械陆续发明，归特权阶级所有与利用。家庭工业变成工厂工业。手工业者骤然失业，不得不到特权阶级的大工厂中，做机械的奴隶。新机械不须劳动者多年的练习，又不须专用男性，而吸收妇女与少年。劳力供给过多，惹起男女的竞争，助长工银的低落，占大多数的消费者无产阶级，不能消纳工厂中的生产品，资本阶级不得不向海外竞销场，于是惹起国际战争；于是惹起经济恐慌；于是贫富的悬隔愈甚；于是欧洲的劳动者觉悟他们实在是被引到错路上来了。他们觉悟他们自己的正当权利，于是觉悟到以共同生产共同消费为原则的社会主义。一言以蔽之，资本主义给了他们一个好教训——但这教训的代价不小——使他们知道以自由竞争及私有财产为根本的社会组织是毕竟要使他们陷于资本主义的迷途而把自身做他的牺牲的，要谋社会全体的福利只有把这种自由竞争和私产制度永远除去，而建设永久的共产社会。阶级由对峙而斗争，而社会主义运动的大势以成，这是欧洲社会主义运动的由来。

所以社会主义在根本改造经济组织谋社会中最大多数的最大幸福，实行将一切生产机关归为公有，共同生产共同消费。

社会主义运动，就是用种种的手段方法实现社会主义的社会。至于所采取的手段，有急进缓进的分别，然就现时最新的倾向而言，一方面在联合一切工人组织公会，作为宣传社会主义的学校，学习管理生产机关，一俟有相当组织和训练，即采直接行动实行社会革命，建设劳动者的国家。他一方面则联络各国劳动阶级为国际的团结，行国际的运动，以期扫荡全世界资本阶级。

中国现在已是产业革命的时期了。中国工业的发达虽不如欧美日本，而在此产业革命的时期内，中国无产阶级所受的悲惨，比欧美日本的无产阶级所受的更甚。先前恃丝业，茶业，土布业，土糖业，以至制钉业，制铁业谋生的劳动者，今皆因欧美日本大工业的影响，次第失业，又不能赴欧美日本大工场，去充机械的奴隶，得工资以谋生。加以近年来国内武人强盗，争权夺利，黩武兴戎，农工业小生产机关，差不多完全破坏。中国无产阶级的厄运，实不能以言语形容。所以我说中国人民，已在产业革命的梦中，不过不自知其为梦罢了。

中国旧有的小生产机关，既然受了欧美日本产业大革命的影响，差不多完全破坏，而新式生产机关又非常的少，因此之故，中国大多数无产阶级的人民，遂由手工业者变而为失业者，专成为欧美日本工业生产品消费的失业劳动者了。所以中国的游民，都可说是失业的劳动者。

我并不主张利用游民实行革命。但是劳动者不幸失业而成游民，若有相当的团体训练，何以绝对不许他们主张自身的权利？梁任公一定要他们回复到了赁银奴隶的地位以后，才准他们发言，是何道理？

至于说中国现时社会实况与欧美略有不同，这是我们所承认的。但是不同的地方，也只有产业发达的先后不同，和发达的程度不同，而社会主义运动的根本原则，却无有不同，而且又不能独异的。

所以在今日的中国而讲社会主义运动，在如何设法得以造出公有的生产机关，如何方能避去欧美资本主义生产制度所生的弊害，而不专在于争生产品的分配。梁任公既误认了这对象而主张"在奖励生产的范围内为分配平均之运动"，这明明是主张贫人丐富人恩惠以谋生的运动，只可说是乞丐的社会主义运动。梁任公这公例，我就首先不承认了。前提既然不当，以后因此前提演出来的推论，当然也是不对。

照以上所述看起来，我们晓得欧美社会主义运动，绝不是梁任公所说的"劳动者地位改善"，也不是他所说的"均产"，也不是专在于争分配了。

第二，要想为中国无产阶级谋幸福而除去一切悲痛，首先就要使他们获得生活必需的资料。要使他们获得生活必需的资料，首先就要开发生产事业。所以发达生产事业的一件事，无论是资本主义者，或是社会主义者，都是绝对承认的，只不过生产方法不同罢了！

资本主义有资本主义的生产方法，社会主义有社会主义的生产方法。今就这两种生产方法分别比较于下。

资本主义生产组织，一切生产机关，概归最小〔少〕数资本阶级所私有，最大多数的劳动者，均为劳银的奴隶，完全受资本阶级所支配。劳动者与资本家的关系是人与物的关系。劳动者制造出来的剩余生产尽归资本家，自己仅得些小〔少〕工资过活，还不能赡养一家。资本家专讲自由竞争，对于生产力绝对不谋保持均平，供给与需要不能相应，只顾盘算劳动者的剩余劳动，增加生产力，谋生产多量的商品，增加自己的私产。一时需要减少，生产过剩，其结果资本家别谋妙法填补，劳动者却因此大受恐慌，招来失业的苦痛，这就是产业组织不受政治力支配的恶果。社会主义生产组织却不是如此，一切农工的生产机关，概归社会公有，共同劳力制造生产物，平均消费。商品生产可以全废，生产物不至于压迫生产者。人与人的生存竞争完全消灭，生产消费完全可以保持均平。一人利用他人，压迫他人的事实绝对不会发生，也没有经济恐慌、人民失业的危险。所以资本主义的生产组织，是无政府无秩序的状态，社会主义生产组织是有秩序有政府的状态。这两者的利害得失，我想无论何人都容易判别出来。

世间不懂社会主义的人，把社会主义看作洪水猛兽一般，当着这社会主义潮流澎湃而来的时候，这类人就大惊小怪，好像对于项城称帝张勋复辟一样，纷纷议论顺逆的态度。他们以为一旦实行社会主义，就破坏生产机关，或者将生产机关分散，生产事业就要永远停止，人民就得不着生活资料了。梁任公误解社会主义为均产主义的说法，也就是因为忘记了社会主义更有很好的生产方法的缘故。他或者不是不知道社会主义有很好的生产方法，而以为资本主义是一个必不可免的过程。那么，我就要告诉梁先生：若忧劳动者不经过资本主义不能自觉，这是个教育的问题。若忧劳动者自己没有发达生产的资本，那时资本却在劳动者自己身上，资本家要雇劳动者，共产的劳动者只须自己出气力。若说劳动者在起初毕竟少不得金钱的资本，那么资本家的金钱本来是要归还给劳动者的。

将来社会的经济组织必归着于社会主义，我想无论何人都当承认的。中国生产事业虽十分幼稚，远不如欧美日本，然在稍远的将来，中国的社会组织必有追踪欧美日本的一日。据现时趋势观察起来，欧美日本的社会改造运动，已显然向着社会主义进行，中国要想追踪欧美和日本，势不得不于此时开始准备实行社会主义。

就中国现状而论，国内新式生产机关绝少，在今日而言开发实业，最好莫如采用社会主义。譬如我们要建造新建筑物，只好按着我们的理想去造，不必仿照他人旧式不合理想的式样暂时造出不合理想的建筑物，准备将来改造。欧美各国的经济组织，正如旧式不合理想的大建筑物一样，规模太大，转换不易，要想根本改造，实在是最难之事。请看欧美社会改造运动家，那样的努力那样的牺牲，犹然达不到改造的目的，这就是最好的实例。梁任公说"吾辈畴昔所想念总以欧美产业社会，末流之弊至于此极，吾国既属产业之后进国，正可惩其前失毋蹈其覆辙……及至今日，而吾觉此种见解什九殆成梦想。"然据我的推想，梁任公所说的不过是没有经验的"梦想"，因为他并未向着这个目标进行，并没有努力运动，又岂能期望社会主义自然实现吗？

梁任公主张要设法使中国国境以内建设适当之生产事业，以吸收失业游民使不至冻馁而死，资本阶级纵掠夺剩余生产亦可姑容。这样说来，我们的目的若果是专在使游民得衣食资料，那就有两条近路可走。第一，设法不开发工业，极力奖励旧式手工业生产，或者提倡国货，排斥外货，依梁任公所说，"凡吾国人消费所需，皆由吾国人自生产而自供给之。"照这样办，我国的生产事业也可望发达，游民可以减少，劳动阶级可以成立。社会运动得有主体，新社会亦可以实现了。第二，就是完全抛弃国家主义，主张将中国全土交各强大之资本国家共管。各国就可以用最大的加速度的生产力在中国开发产业。此时中国游民，不患不能得生活资料了。中国全国人民若尽成为劳动者，则以劳动阶级资格和世界资本阶级为最后之决战，世界的社会主义就可实现了。单凭思想，这两条办法，或者也可以试办。只有一层，就第一办法说，现在已不是闭关自守的时代，而且受不起外部的压迫，要维持旧式生产事业是绝对难办到的。就第二办法说，是爱国主义者所绝对不肯承认的。除了这两法以外，若一方面要采用欧美式资本主义，一方面要固执国家主义来谋本国实业的发展，那就是大大的烦闷了。我们有件事应当注意的，就是资本主义的背面，存有军国主义。若美，若英，若法，若德，都是资本主义最发达的国家，也是军国主义最强盛的国家。欧美姑且不说，就说新兴工业国的日本，日本的工业发展的路径，不皆是海陆军助长而成的吗？中国是万国的商场，是各资本国经济竞争的焦点，是万国大战争的战场。各资本国在中国培植的经济势力，早已根深蒂固，牢不可破。当着产业万分幼稚的时代又伏在各国政治的经济的重重势力之下的中国，要想发展资本主义和各资本国为经济战争，恐怕要糟到极点了。梁任公认此是唯一可行之道，我看这唯一可行之道，反不免是空想罢。

至于梁任公说，中国现在没有劳动阶级不能行社会主义运动，若要行社会主义运动，惟有奖励资本家生产，"有资本阶级然后有劳动阶级，有劳动阶级然后社会主义运动有所凭借。"若照这样说，简直是为实行社会主义，才造劳动阶级；为造劳动阶级，才奖励资本主义，梁先生就有故意制造社会革命的嫌疑了。

中国境内的资本家是国际的，全国四万万人——由某种意义说，都可算是劳动者。——虽然有许多无业的游民，然而都可以叫做失业的劳动者。所以就中国说，是国际资本阶级和中国劳动阶级的对峙。中国是劳动过剩，不能说没有劳动阶级，只不过没有组织罢了。

若依梁任公说，中国若是没有劳动阶级，当然就没有资本阶级了。政治方面没有贵族和平民阶级的中华民国，又没有资本劳动阶级，就可以算作无阶级的国家了。社会主义运动就是要实现消除阶级的国家，中国既无阶级，又何须制造阶级？若因为行社会主义运动才提倡资本主义以制造劳动阶级，是梁先生有意制造社会革命，就不应非难社会主义运动的人了。我有一句好笑的比喻，譬如一个天然足的女子，就用不着我们说缠足的解放。若是因为要解放伊，故意为伊缠足，使伊得着有被解放的资格，然后再替伊解放，岂不是陷于"循环定理"吗？

诚如梁任公所说，资本主义可以达到社会主义，因而我们一面去"挖肉做疮"。那么，梁先生亦觉此法迂缓否？若是梁先生不怕亡国，我看还是照我前边说的话，让外国资本家到中国来开发实业，到了程度，中国社会革命自然也可以成功的。否则，索性慷慨点，也不要讲什么主义。世界的趋势，是必须要实现社会主义，资本主义是必须灭亡的。让他们外国的资本家来到中国做逋逃薮，爝火余光，也必须熄灭的，等他将熄灭的时候，中国的劳动者一齐起来，联合世界的社会主义劳动者，同扑灭此荧荧余烬共建社会主义的天下，岂不省事！

第三，资本主义，在今日的中国并不是振救失业贫民的方策。我们要知道劳动者的失业，就是因为新机器发明产业革命招致而来的。一架机器可抵数十百人的劳力。在资本制度的社会里，新机器增多一架，就增多失业者数十百人，所以在今日产业革命正在开始的中国，若更奖励资本制度的生产，并不曾将产业革命的流弊根本除去，产业革命还是产业革命，不过将外国人的资本家变成中国人的资本家罢了。若果中国提倡资本主义生产，效力速，则一时间产业革命的影响烈，旧工业之下的失业者亦愈众。而能"丐余沥以求免死者"不过千分之一二而已，然而同时外国商业的掠夺不能说就可以抵制得了的。则又无非使中国的劳动者受一个两重的压迫罢了，救济一语还是空谈。效力迟啊，不消说了，梁先生对于资本主义所抱的希望都成泡影！要等中国的资本主义发达到一面可以和外资抗衡，一面可以尽数吸收国内的劳动者，其中要经过如何长的时日。恐怕那个时期未到，"而我中国的四万万同胞，且相索于枯鱼之肆"了！我们在这里做梦，外国的社会主义劳动者"且将嗢笑于其后"了！只有抱着国家主义的人听见自己国内也有资本家，也有兵强国富才眉飞色舞罢了。

其次讨论温情主义。梁任公既然主张资本主义，其当然的顺序，要归结于施行社会政策的。这种滑稽的办法，我们实在不敢苟同。现社会中经济的组织，不外两个大原则，就是自由竞争和私有财产。这两大原则就是现社会中万恶的根源，社会主义运动就是要把这两原则完全撤废。讲社会政策的大都不然，只主张借资本阶级的国家底立法，施行几项温情政策，略略缓和社会问题，并不是想根本的解决社会问题的。自由竞争和私有财产，还是依然存在，资本家仍可以行自由放任主义，积极的发展自由竞争，无制限的扩张私有财产。无产阶级呻吟于资本家掠夺支配之下，绝对得不到丝毫的幸福。简单说，社会政策，就是处理社会问题的结果，并不是要铲除社会问题的根本原因。梁任公正在欲实行资本主义却就提倡社会政策，在方法上已是南辕北辙。还有一层，社会政策在欧美各国说起来，是资本主义和军国主义极端发挥以后所生的必然的结果，若果在资本主义和军国主义未发达的国家说，社会政策就行不去，而且也不能一一见诸实行的。就中国说，资本主义正在萌芽时代，人民因产业革命所蒙的苦痛尚浅，若能急于此时实行社会主义，还可以根本的救治；若果要制造了资本主义再行社会政策，无论其道迂不可言，即故意把巧言饰词来陷四百兆无知同胞于水火之中而再提倡不彻底的温情主义，使延长其痛苦之期间，又岂是富同情者所忍为？资本主义是社会的病，社会主义是社会健康的标准，社会主义运动是治病而复于健康的药。只要问中国现在的社会病不病，什么病便下什么药。一定要把中国现在的病症移做资本主义的病症而后照西洋的原方用药，这种医生是不是庸医？"庸医杀人！"中国人民的元气已经丧到不能再丧了。梁任公对于资本主义所取之矫正态度说"惟当设法使彼辈有深切著明之觉悟，知剩余利益断不容全部掠夺太过，非彼辈之福。"梁先生以为靠这一句空话，资本家便能奉行，劳动者便能安乐了么？资本家若果能有著明深切之觉悟，他们一定能觉悟到他们的最后命运——就是他们终于不能存在而必须让给社会主义的世界。若是没有觉悟，他们一定唯利是图。他们宽待劳动者，无非是免得受罢工的损失，而可以安稳的扩张资本势力；换句话说，即是使劳动者安于奴隶状态而不思反抗。况且谁可以矫正资本家？国家是受资本家维持的，绅士式的智识阶级是受资本家豢养的，社会改造论者的空言是无补的，有实行力者唯有劳动家，而劳动家却被温情主义缓和了。梁任公要想在温情主义之下使劳动者觉悟，是不明社会问题的真相。要想由资本主义而温情主义而社会主义是不明欧洲社会进化的历程。

提倡某种步调与社会中事实有某种步骤是不同的。因为社会实况的中间，实行温情主义的时候，就有反对的呼声。反对的呼声，就是促劳动者觉醒的。提倡的人可不能自己反对自己。所以我说由梁任公的温情主义的主张是不能达到社会主义的。

第四，资本主义是国际的，并无所谓国界。资本主义既是侵略，所以无论何种社会主义，对于资本主义国际的势力必须采用国际的对抗方法。

资本家在各国蔑视国境并且超越国境营国际的生活。如所谓银行团国际信托等等，均有国际的生活，为国际的行动。各国资本阶级驱使劳动阶级如牛马。所以在现时资本主义国家的世界，必须厉行国际社会主义运动，支持国际的方针，和资本阶级国际的行动挑战。

劳动者没有祖国。社会党划分人类，以阶级不以国。若要假设一些纵线将国与国分开，就可另引一横线与各纵线相交，将资本阶级和劳动阶级截为两段。社会党只注重这横分线，不注重纵分线。社会党因为要增加本阶级反对别阶级的力量，想把所有的垂线取消，因为这些垂线纷乱劳动阶级的心理，妨扰劳动阶级的自觉，阻碍自己主义的进路，所以要谋国际劳动者的团结。

所以就社会主义者的立场而论，不论本国外国，凡见有资本主义，就认为仇敌，总要尽力扑灭他；也不论在本国或外国，凡见有掠夺压迫的资本阶级，就认为仇敌，总要出死力战胜他。社会主义没有国界；资本主义也没有国界。我们不能说外国资本家所行的资本主义应该反对，本国资本家所行的资本主义就不应该反对。我们不能说本国资本家对于本国劳动者有所爱护，别国资本家对于本国劳动者更加虐待。资本家务必掠夺劳动者然后方能大行其资本主义；我们不能说本国资本家的资本主义所生的弊害比外国资本家的资本主义的弊害少。外国资本家把商品舶到中国卖，席卷金钱，存在自己衣袋里；中国资本家造出商品在中国卖，席卷金钱也是存在自己衣袋里。同是一样的藏在自己衣袋里，中国的无产阶级不能向他们领取分文使用，在劳动者有什么区别？

况且就现在的资本家说，他们并不排斥外国劳动者；不但不排斥，而且非常欢迎。资本家雇用劳动者，不问国界，也不问是亡国奴或是未开化的人民，只要他们甘愿受低廉的劳银做工，资本家无不欢迎。中国的劳动者遍布世界，各国资本家很欢迎他们，而且对于本国的劳动者反不愿雇用，因为本国劳动者要求高价的劳银，并且有时不肯受虐待。总而言之，资本家是虎，我们不能说，本国的虎比外国的虎不会食人；我们也不能说，只可抵抗外国的虎，不必扑杀本国的虎。资本主义是流行世界的瘟疫，瘟疫的菌能够流播全世界，我们不能说，本国的瘟疫不可怕，而外国的瘟疫可怕；我们也不能说，只可消灭外国传来的瘟疫，不必消灭本国的瘟疫。劳动者没有祖国，所以要谋国际的团结，要扫灭全世界所有的资本主义。这是马克思的教训，要谈论社会主义或资本主义的人，至少要了解这一点；不然，就要说门外汉的话了。

第五，梁任公要谋中国劳动阶级的产生发育强立，以为对全世界资本阶级最后决胜之准备。梁先生的目的，可说是非常远大，可是所主张的手段，只说要对劳动者灌输智识，助长组织，而先从疾病保险入手以促成真正的工会，借工会以与世界资本阶级作战，以期达到那远大的目的。这种手段，如何的迂缓固不待言，而且这也并不算是什么革命的手段，实不过是改良主义的社会政策派的劳动运动罢了。我想借此机会把社会主义运动的手段略述一个大概。

社会主义运动的手段很多，我只举出最重要的三种：一为议会主义，二为劳动运动，三为直接行动。这三种手段，究竟那一种宜于中国，我想和大家讨论一下。

先就议会主义说。议会主义主张劳动者组织团体为参政的运动，想借立法机关，成立改善劳动地位或矫正资本阶级的法案，慢慢的改造社会。这种手段，没有多大的效果，我们看看德国社会民主党的先例就知道了。社会党要和作对的资本阶级在议会中妥协，试问能够得到什么利益？不过要求资本阶级的政府行使社会政策倡办慈善事业罢了。社会根本改造事业，永远不能达到。欧美各国社会党，得了多年的经验，受了俄国革命的提醒，多能觉悟到议会主义已经破产而倾向于有效的急进的方面了。

再说劳动运动。劳动运动是社会运动最大的武器。可是劳动运动是社会运动的一部而不是全部，社会党若专靠行劳动运动，不能达到革命的目的。工会本是社会主义的学校，是劳动者学习支配管理生产机关的教场，学会了组织训练，准备组织劳动者的国家。可是不能利用罢工的手段来举行革命。因为举行总罢工实行革命，劳动者非皆有相当的教育和训练不可。劳动者既然有如许的教育和训练，其结果当然要实现新社会了。然而事实上决不能与理想相合的。所以劳动运动只可作为一种必要的手段，却不能算作社会运动唯一的手段。

现在说直接行动。现代各国进步的社会党都觉悟了直接行动是社会革命的最有效的手段，都晓得采用了。直接行动是什么呢，就是最普遍最猛烈最有效力的一种非妥协的阶级争斗手段。直接行动，可分两种。一种是劳农主义的直接行动，一种是工团主义的直接行动。工团主义的直接行动，主张用突发的总罢工的手段，实行革命。劳农主义的直接行动，主张联合大多数的无产阶级，增加作战的势力，为突发的猛烈的普遍的群众运动，夺取国家的权力，使无产阶级跑上支配阶级的地位，就用政治的优越权，从资本阶级夺取一切资本，把一切生产工具集中到无产阶级的国家手里，用大速度增加全部生产力，这就是直接行动的效验。

以上三种之中，中国社会主义运动者，究应采取何种手段，我却不大留心这事。可是就我的推测而言，或者不得已要采用劳农主义的直接行动，达到社会革命的目的。因为议会主义的手段，在欧美曾经实验过，并没有多大的效果，可说是已经破产了。劳动运动的手段，只于工业国相宜，而于农业国不相宜。其理由俟有机会再行详述。所以中国将来的社会革命专恃劳动运动恐怕不甚容易。除了这两种手段以外，只有采用直接行动的一法。而直接行动的两种之中，我看或者要用劳农主义的。工团主义的直接行动，专靠总同盟罢工的武器，也只能适用于工业国，所以俄国的革命运动，就要采取另一种方式，即劳农主义的方式了。俄国是农业国，中国也是农业国，将来中国的革命运动，或者有采用劳农主义的直接行动的可能性。

所以中国社会党人，若也抱着与梁任公同一的宗旨，想组织中国的劳动阶级和世界资本主义宣战，我看还是不必去办疾病保险式的工会，不如采直接行动，和各国劳动阶级为适当之联络，共同努力运动，反为有效。我并不是不主张劳动运动，只我不过不认劳动运动为社会运动的全部罢了。

我的讨论说完了，现在我把这篇讨论文字的大旨，简单明了的条陈于下。

一、中国社会运动者，要联络中国人民和世界各国的人民，在社会主义上会合。

二、为中国无产阶级谋政治的经济的解放，作实行社会主义的准备。

三、采社会主义生产方法开发中国产业，努力设法避去欧美资本制产业社会所生之一切恶果。

四、万一资本主义在中国大陆向无产阶级磨牙吮血，则采必死之防卫手段，力图扑灭。

五、联络世界各国劳动阶级，图巩固的结合，为国际的行动，与世界资本阶级的国际行动对抗。

为达到上列的计划，采必要之运动手段：

一、网罗全部劳动者失业的劳动者，组织社会主义的工会，为作战之训练。

二、培养管理支配生产机关的人才。

三、结合共产主义信仰者，组织巩固之团体，无论受国际的或国内的恶势力的压迫，始终为支持共产主义而战。

四、社会党人不与现政党妥协，不在现制度下为政治活动，要行有效的宣传为具体的准备。

一九二一，四，八，于上海。

无政府主义之解剖 *
（1921）

一　作这篇文字的旨趣

无政府党是我们的朋友，不是我们的同志。

无政府党要推倒资本主义，所以是我们的朋友。无政府党虽然要想绝灭资本主义，可是没有手段，而且反不免有姑息的地方，所以不是我们的同志。

无政府党何以没有绝灭资本主义的手段，何以反不免姑息那资本阶级？就是因为他们所信奉的无政府主义在理论上在事实上都有许多矛盾的缘故。

近来中国大陆相信无政府主义的人渐渐多了。他们究竟有确实的信仰与否，我可以不问。可是据我的观察，他们之中多不免感情用事，他们的努力多用在无益的一方面，总不想从实际上做革命的功夫，这或者也许是各位朋友们所能原谅我的质直说话了。

我因为要约同这些朋友们加入我们的队伍里，共同对世界资本主义作战，共同剿灭世界资本制度，以便早期实现社会主义的社会，所以写了这篇文字出来和各位朋友们商量一下。并且我们希望和这些朋友们以外的兄弟们，也要先把这无政府主义的内容了解一个大概。

恩格斯在一千八百七十五年把他那部《空想的与科学的社会主义》的原意发表的时候，早已说明那含着无政府共产和有政府共产的两种主义，在理论上并不是单一的东西。又一千八百九十二年，克鲁泡特金著

---

* 原载 1921 年 5 月 7 日《共产党》第 4 号，署名：江春。

《面包略取》一书的时候，也把社会主义和无政府主义分立起来。社会主义和无政府主义，本来是有不能相合的历史。

可是我作这篇文字的旨趣，也不是故意和那些相信无政府主义的朋友们挑战，实在是因为我们的目标，是望着社会主义的社会进行；我们既然望定了这个目标，就要尽力约同大多数的同志，积极的向前猛进。所以我们务必择定那必定可以通行到这目标的道路上进行，所以我们要希望我们的朋友们，不要向着那不可通行的道路上前进，免得耗费有用的精神干那于革命无益的事。

我有一句话要声明的，我们关于主义上的讨论和批评，总要根据理论说话，不要感情用事，专闹意气。我豫料我这篇文字发表后，必定引起许多论难出来的。但是若有关于学理上的讨论，我很虚心领教，若是感情的文字，就恕我不作答复了。

还有一句话要声明的，这篇文字中各项评论，也不是完全出于我一个人的创意。我相信亚东的学者们，六根不全的居多，要想自立起来不倚伴他人的门户来做关于主义学说的评论，恐怕很少。我这篇文字所采取的材料，多系从我们同主义的别处同志的文字中得来的。这些疑难点，都是无政府主义大家的书籍中的矛盾，所以我特意的采集起来作为一个有系统的研究。

二　无政府主义之起源和派别

无政府主义，通例分为两种。一为个人的无政府主义（或称哲学的无政府主义）。一为社会的无政府主义（或称科学的无政府主义）。个人的无政府主义创始者要推斯体奈，他在一千八百四十五年著了《唯一者与其所有》一书，已经成了具有理论的体系的学说。社会的无政府主义创始者要推蒲鲁东，他在一千八百四十年，著了《财产是什么?》一书，已经明明主张了无政府主义。所以这两种无政府主义的鼻祖，就是斯体奈和蒲鲁东两人。

个人的无政府主义的特质，主张个人绝对的主权和自由，单靠完成个人实行无政府主义。所以个人的无政府主义，主张自我，主张改造内部生活，主张发展心意性格，改造内部生活、精神生活，与社会主义的本质完全不对。自斯体奈以下，埃菲特尼、择黑巴梯玛喀都属于这一派。

社会的无政府主义的特质，把思想的重心放在经济改造上。要把环境革新，实现无政府主义。在打破现经济组织社会组织这一点说起来，很与社会主义相似。希望均贫富，反对特权阶级，反对私有财产，这些地方，也与社会主义相似。只是排斥中央政府权力，并且要绝灭一切政府，这是与社会主义完全相反的地方。自蒲鲁东以后，巴枯宁、克鲁泡特金都属于这一派。

无政府主义的分派，约如上述。各分派的共通要素，就是否认一切政府，一切国家，一切权力。至于实现主义的手段，大都是不外于暗杀、破坏和暴动，可是也有主张用平和手段的。主张用平和手段的是蒲鲁东、玛喀达卡诸人，主张用激烈手段的是巴枯宁、克鲁泡特金、约翰莫司特诸人。克鲁泡特金在巴黎无政府党机关报《反逆》上，曾经说："我们的运动用笔，用舌，用剑，用枪，用炸弹，用投票纸。"莫司特在他所著的《科学的革命战术与投弹者》书上，也说："教会，皇室和宴会室都可以抛掷炸弹的。"一八八一年无政府党在伦敦会议，决议用暴动的手段比笔舌的手段为优。又一八八三年在万国劳动同盟里决议用暴动实行无政府主义的手段，作为纲领。所以把无政府主义的历史考察起来，不能说与暴动阴谋虐杀无关系。所以有人说社会主义的历史是政治运动的历史；无政府主义的历史是暴动，虐杀，阴谋的历史，这种批评也很有一些理由的。

无政府主义的共通要素和实行的手段，已经在上面说明了，以下再把各派主义学说的内容，分别评论于下。

三 斯体奈和蒲鲁东的无政府主义批评

倡导个人主义的无政府主义的人，就是斯体奈。他所创的无政府主义是极端的无政府主义，又是极端的个人主义。他否认一切政府，否认一切国家。他把自由分为三种。一为政治上的自由，一为社会上的自由，一为人道上的自由。他的自由是最高无上的自由，他连社会都要否认的。他主张用联合代替社会。他要无制限的发挥自我。这就是他的无政府主义的内容了。这种个人的无政府主义，据我看来，是非常彻底的。我要上天就上天，我要入地就入地，我为求我的最高自由，就是死了，也是实行我的主义，世界上再比这种更彻底的主义恐怕没有了。别人说人是合群的动物，我也可以说人是完全孤立的动物。我不愿在这现代的文明世界里生活，我偏要返还到原始时代的状态，这是我的自由。

我对于这种主义不愿多加批评，人类本不免有这样特别的人实行这种主义，不过不发达罢了。

其次再评社会的无政府主义者蒲鲁东所提倡的无政府主义。他本是法国空想社会主义者中最有力的分子，后来竟变了创设无政府主义的人。他在所著的《财产是什么?》书上，主张废止私有财产，行自由联合的社会组织。他主张废止私有财产，各人就平等的职业。他也曾把劳动时间看做是劳银价值正当的标准。他和四十七名的无政府党员在里昂公会决议，发表了《无政府党宣言》，始终贯彻他这种主义。但是他的学说中自相矛盾的地方很多。他在《财产是什么?》书上，明明主张了废止私有财产，可是后来又在他所著的《在革命和教会的正义》书上，却又说：他并不主张废止财产，他说他的立场并不象卢梭、柏拉图、布朗那种共产主义。于是他主张财产是不可分的东西，是集合的东西，所以一定要行集合财产制度。但是有一层，他并不是团体主义者。依黑司《政治的及社会的近世欧洲史》看起来，蒲鲁东的无政府主义明明是准据个人主义的。他这种矛盾，实在太明显了。马克思斥他是没有识见的人物，实在也说得合理。他的无政府主义是没有科学的体系和哲学的基础的。

四　巴枯宁的无政府主义批评

巴枯宁所倡的无政府主义，是团体的无政府主义。其内容可以从三方面观察。

（一）社会的方面　一切人类不是孤立的存在，乃是团体的或集合的存在。人类的社会生活，也和别的有机体一样，是有机的统合的存在。所以人在地上的各种存在物中是最有思想的最有共同性的生物，人类有了这种普遍生命，所以造成了世界。

（二）政治的方面　社会是自然发达而来的，并不由何种契约而生。社会受传统的习惯所支配，不受法律所支配。所以社会由个人自发的冲动而进步，不由立法者的思想和意思而进步。他本据他这种自然的论理来反对国家，反对政治，反对权力。说国家是共同的大墓地，妨害人的自由和生活力。说国家常为特权阶级所有，为僧侣贵族资本阶级所有。所以主张废灭"国家、教会、法庭、大学、军队、警察"。

（三）经济的方面　人既然是团体的集合的存在，所以在经济方面当然主张财产上的团结主义。一切土地农业器具及资本，均归团体所有。

以上三条是巴枯宁的无政府主义的精髓，以下逐条检讨出来。

第一条可以承认的。

第二条就有矛盾了。社会的成立，本不是立法者的功绩，这是很对的。若是因为有了立法者的原故，就说国家是害恶，这种演绎法便是错了。说"此时""此地"的国家是特权阶级的所有是可以的，若说"将来的""他处的"国家也是特权阶级的所有，这便不对了。若嫌特权阶级的国家不好，只好把特权阶级打倒建设无特权阶级的国家就好了。他死了不过四十多年，世界上国家的历史，已经变了。就是他出生地方的俄国，已经由资本阶级的特权阶级移到劳动阶级的非特权阶级的手里来了。德国也标榜是社会民主主义的国家了。所以巴枯宁所反对的那种国家，若指他所生存的时代的国家说，是可以的；若说一切国家都是特权阶级的国家，就不免是独断了。

第三条的思想，尤其矛盾。巴枯宁答萧得的话，说他所主张的团体主义决不是共产主义。那么他所主张的财产上的团体主义，虽然不否认个人的所有，然在生产手段说，至少要成为超越个人的所有，而成为团体的所有。团体的财产必定也有所有主，所有主若是团体，就有团体的意志和精神和人格，这是显然的道理。既然有了团体的意志、精神和人格，就有一种力成立起来。照这样说，巴枯宁所主张的财产上的团体主义，必然要渐渐的把生产手段集中到国家或公共团体的手里，这是自然的论理的结果。无政府主义者犯了这种惹起有政府的大弊病，可说是无政府主义的破产了。克鲁泡特金有句话批评财产上的团体主义说："这种主义必定要用一种比任何政府还要强的政府的权力才办得到"。巴枯宁无政府主义的大矛盾就在这种地方。所以巴枯宁若主张无政府就应该抛弃财产上的团体主义；不然，就应该抛弃无政府主义。无政府不能集产，集产不能无政府。巴枯宁的团体的无政府主义，在理论上不能成立。所以他的无政府主义主张，是从对于国家和教会的感情上的偏见发生出来的。

五 克鲁泡特金无政府主义的批评

克鲁泡特金是无政府主义的集大成者。他所创建的是无政府共产主义。这主义流行颇广，各地信奉的人也多，可是这许多年以来，为这主义运动的，也没有显出什么效验。能够明白了解这主义的内容的人少，能够批评这主义的人更少。我们东方同志无水君曾经做了一篇有系统的批评文字，指出无政府共产主义的根本谬误，我特意将那篇文字摘录一个大概出来。

克氏的无政府共产主义，可以从生物学、心理学、社会学、经济学、哲学、科学各方面观察。这里先把这主义内容思想大纲，举出十条于下。

（一）在人类居高位的生物界中，有相互扶助的本能，除了少数妨害者以外，都受这种本能的支配，社会中多数的人都营自由幸福的生活。

（二）人类本是依据这种相互扶助的本能营自由合意的社会生活的，可是有少数为自己欲望蔑视多数人的本性的人出来，蹂躏自由合意的生活。少数者违反多数者的意思，造出法律、政府国家和权力阶级。

（三）无论何种形式何种内容的国家、政府、中央集权都不合理。

（四）一切财富（一切物质和精神的学问发明都在内）是过去几多年代的人类共同努力生产出来，遗留于现代的人类的。所以我们人类之中，无论何人不能单独占领，也不得主张什么权利。

（五）各人的欲求是各人自己的权利。一切人无论是病人或是废疾，有生存权利，更有享乐权利。要满足这欲求，取得这权利，必须实现无政府共产主义的社会。

（六）将来在资本主义的社会里起的社会革命，非以建设无政府共产主义的社会为目的不可。

（七）无论什么性质的代议政治和劳银制度，都是维持拥护资本主义的。

（八）分配之标准依各人的欲求而定。

（九）生产的行为由各团体各部落自由合意经营。

（十）废止货币。

以上是克氏无政府共产主义的十大纲领，以下逐条严密的简洁的加以批评。

（一）克氏对抗达尔文派的相互斗争观，提供了相互扶助观，这实是学界中一个新贡献；是进化论的进步；是人类社会的福音。可是相互扶助的这种观念，也不完全是克氏的发见，达尔文自身，多少也承认了的。只是达尔文力说自然进化的要素，注重相互斗争，闲却了互相扶助的一方面。克氏把达尔文所闲却的和他的学徒所蹂躏的相互扶助的本能，特别注重详细说明，也忘却了相互斗争的一方面。于是单把相互扶助的本能，应用到无政府主义的学说上去，却把相互斗争的本能置之度外了。"和睦共同""斗争征服"这两类本能互相对立，无论动物和人类都是具备的。若说人类没有"斗争征服"的本能，怎么会产出那"少数的妨害者"？若说相互扶助是大多数人所具有的本能，相互斗争是少数人的偶发性，那么，那种偶发性不也从那大多数的心理中发生出来的么？斗争心和互助心都应该看做是人的本能，克氏本不能否定的，他所说的，"除了少数妨害者以外"的话，明明是矛盾了。

（二）既然有了矛盾的前提，就不免有矛盾的立论。他说一切国家、政治、法律、权力阶级都是蹂躏多数人自由生活的少数人造出来的，而且将来的国家、政治、法律，也是违反多数人意志而成为少数人的机关的，这话却未必然了。资本主义机关的国家、法律、政治，本是劳动阶级所痛恨的；若是社会主义的国家、政治、法律，劳动阶级就会欢迎之不暇了。

（三）克氏排斥国家、政府的名称，以为采用中央集权名称，无论在何种形式，有何种内容，都不合理。这种议论都是从大小的矛盾的前提出发而得的矛盾的结论，纵使劳农俄国的独裁政治不是多数派的独裁而为劳动者的独裁，他也是要反对的。

克氏说国家资本主义以外没有国家社会主义，也没有国家共产主义。有许多地方他非难社会主义；又有许多地方，他却用社会主义四字，说"我们社会主义"。前者所说的社会主义，当然是说有政府集产主义，同时又是国家资本主义。后者所说的社会主义，就是指无政府共产主义。

克氏把国家社会主义当做是国家资本主义，恐怕是想错了罢。劳农俄国的社会主义，克氏怎样看待呢？若说是国家共产主义，那就非常新奇了。

（四）一切财富是过去几多年代的人类共同生产出来遗传于现代的万人的，无论何人不得横领独占，这是很正当的思想。由这种思想推想起来一看，把现时资本制度撤废的时候，这一切财富也不能说归劳动阶级所有，应该要归那包括资本家劳动者的万人所共有。因为如此就要反对设立任何形态的中央集权机关，那么，他所说的"万人"，当然包括世界十五亿人民的全体，没有种族的差别。这种假定的思想，就要陷于蔑视时间空间的空想了。若是认定有种别、有国别，犹然要反对中央集权，那就更成为空想了。克氏说："我们相信不疑，私有财产制度撤废以后的社会，必然的产出无政府共产主义的组织，无政府到共产制，共产制到无政府，两者明明是近代社会革命的趋势，是平等的要求之表现。"照这样说撤废了资本制度，就可以实现无政府共产主义；那么，把现在的劳农俄国做比喻，无论如何总是做不到。克氏若说现在的劳农俄国还没有撤废私有制度的话，那就完了，不消说得了。

（五）人有生存权，更有享乐权，这种思想，人人都共鸣的。可是要实行获得这种权利，满足欲求，而必待无政府共产主义实现方能办到，这种思想，就有弊害有缺点了。从资本主义制度，一飞脚跑到社会主义制度，这种想法，未免把人类社会进化的理法看错了。这种努力是无效的努力，这种牺牲是无益的牺牲，反使民众革命的力量越发薄弱。资本主义之后，当然是社会主义，如今要跳过社会主义的阶段，直接的实行无政府共产主义，结果无非是使众人不努力绝灭资本主义罢了。实在的说起来，资本阶级并不怕人提倡什么绝对自由、绝对平等的社会那种抽象的思想，他们所怕的，还是那种最有力的具体的即时可以实现的社会主义制度。

（六）克氏说："共产主义不单是我们所期望的，实际上站在个人主义基础上的现社会，其进路不得不趋向于共产主义的"。但是事实上决不是这样的，资本阶级的独裁只能变为劳动阶级的独裁政治，资本主义社会只能变为有政府共产主义的社会，不能变为无政府共产主义，这是现时的大趋势。

（七）克氏在《面包略取》书上，说集产主义的理想有两重谬误，一方面要撤废资本制度的统治，一方面又支持代议政体和劳银制度。他又在《近世科学与无政府主义》书上，说代表的政府无论为自任、为选举、或为平民阶级独裁政府，都是没有希望的。可是他这种议论在劳农俄国出现以后，早已不能成立了。过去虽是这样，将来未必也是这样。现在劳农俄国所行的独裁政治并未拥护资本主义，大家都知道的。

（八）克氏主张把各人的要求作分配的标准，这是很对的。可是他反对货币制度，这是无政府共产主义经济方面的缺点。若不用货币制度，按着各人的要求，来行分配，势必用"物质经济"。这种办法在真正无政府共产社会实现的时候，当然可行，但是在资本制度刚撤废以后的社会里就不可望。无政府共产社会既是空中楼阁，所以经济学说也成为空理了。

（九）无政府共产主义在经济方面更有一个难点。生产行为由各部落、各团体自由合意经营，这是无政府共产社会中的事，在别的社会里就不能实行的。若说要按照各人的要求来行分配，无论无政府共产社会中人如何有程度，总不免供给和需要有矛盾的地方。克氏以为革命以后的社会，各人每日只劳动四五小时就可以满足一切欲求的。在现时的劳农俄国说，也只是每日四五小时的劳动。可是俄国不得不用中央集权管理生产的，假使俄国把中央集权撤废了，把消费委诸各人自由要求，那么，生产的自由放任，必定要遇着很大的难关。这种地方，人人都可以想到的。

（十）生产事业若是发达到了极点，取之不尽，用之不竭，这种社会，本可以不用货币经济的。不然，若要废止货币就难办到了。我不赞成废止货币的，不但是要废止资本主义和营利经济来做前提，实在说，货币还要跟着经济组织改造，或者依据理想来应用的。若是人类社会进化的理法不错，那么，资本主义制度之后，必是社会主义的社会而不是无政府共产主义的社会。所以排斥货币而用物物经济，决难办到。

以上十条之中，一、二、三三条是生物学的、心理学的方面的根本谬误。四、五、六、七四条是社会学方面的缺点，八、九、十三条是经济学方面的思想的缺点。结果十条之中能够完全赞成的是第四条的全部和第五条的前半部，其余都是迷想，空想；若不是谬误，便是含有谬误根据发生出来的缺点的思想。

要之，克氏的思想，也和那些把小我人格与大我人格合为一致的人的思想相似，一大半可以当做宗教看的。革命家不可无信教的热情，而革命的思想却不可有宗教的内容。革命思想，要有实际的理论的内容，要在现时可以彻底实行的。克氏的长处也是马克思主义的长处，马克思主义更有较多的长处。克氏的主义不如马克思主义。

六　结　论

共产主义也好，团体主义也好，都不能成为无政府主义。不特不能成为无政府主义，实在更觉得有需用政治的必要的。能够成为无政府主义的，只有个人主义。

一切无政府主义，对于人性的研究太乐观了，对于政治太悲观了。

对于人性，与其乐观，不如悲观，较为合理。实在的说起来，将来实现的新社会中与其乐观不如把悲观做基础实行建设，反为万全之策。例如就生产消费设想，假令放任就不能匀平，所以把生产和消费都归中央管理，较为稳妥。就是有许多人要规避劳动，也有设法使各人为社会作工的必要。有许多人所嗜好的物品，也要使他们习惯了为社会割爱。至于强制，程度虽有不同，而在某时期，却有行使的必要。监狱也要的，警察也要的，因为要对付反对共产主义的人。军队也要的，因为要对抗那资本主义的敌国。

所以我奉劝我们相信无政府主义的朋友们，总要按照事实上理论上去为有效的努力，不要耗费有益的精神。

一切政治的、经济的、社会的组织和各种制度，都是人类久远的历史集积而来的，并且受了合理的判断所指导、所开拓、所蓄积而成的，正所谓根深蒂固，决不是一人或数人的意见和感情表现所能颠覆、所能绝灭的。要干这种革命事业，必定要具有一种能够作战的新势力方能办到的。说到这里，我要推荐马克思主义了。

马克思派社会主义*
（1921）

一　马克思主义之分派

马克思学说出世以后，从前的空想社会主义变而为科学的社会主义，于是社会主义就为马克思主义所代表，一说社会主义，就晓得这是马克思主义了。但是近来各派社会主义发生，范畴复杂，遂有所谓马克思派社会主义和非马克思派社会主义的名称，马克思主义就不能代表社会主义了。

马克思派社会主义，究竟是包含一些什么主义，恐怕还有一些研究社会主义的人弄不清楚的。他们自己要提倡马克思派社会主义，却自己不知道，倒反指摘别人所提倡的马克思主义为过激主义，加以过激派的头衔，使别人害怕，不敢公然主张。揣他们的心理真是可笑之极，也许是不懂得马克思主义的派别所致。我觉得有就这中间的派别说明的必要，所以作一篇马克思派社会主义的文字。

从前说马克思主义的派别的人，多半列举正统派和修正派两种，至于工团主义和组合社会主义，却不当作马克思主义看的。若提到多数主义（Bolshevism，中国人多译过激主义或劳农主义，我主张译为多数主义）那更不消说了，一般人不特不承认这是马克思派社会主义，反说是无政府主义，这事正和北京政府中人说"劳农俄国"即是"无政府主义"的话，是一样的无识可笑！

所以我特在这里把马克思派社会主义分为五种范畴。即是：一、正

---

* 原载 1921 年 6 月《新青年》第 9 卷第 2 号，署名：李达。

统派社会主义；二、修正派社会主义；三、工团主义；四、组合社会主义；五、多数主义。

二 正统派社会主义

既说是"正统派"当然是纯粹的马克思主义了，但是我却不敢这样说。"正统派"的名称是在十九世纪末叶柏伦斯泰因一派倡修正说的时候才发生的。正统派的代表柯祖基，因为要保存马克思主义的本体，和修正派争论非常激烈，世上的人就是到现在都承认他确是马克思主义代表的学者。但是据我看来，我们只可说正统派社会主义中所保存的马克思主义的质量以修正派为多，却不能说就是纯粹的马克思主义。因为在正统派和修正派分裂的时候，当时的马克思主义，似乎完全变了德国社会民主党的社会民主主义，已经不是纯粹的马克思主义了。所以我说正统派社会主义不是纯粹的马克思主义，不过是马克思派社会主义中一个分派。

马克思主义的本质怎样？这一层我曾在本志①八卷五号《马克思还原》一篇文字上说明了，而且在这里也无赘说的必要，所以只就各派别发生的历史和内容，叙述一个大概。在十九世纪七十年前后，马克思社会主义输入欧洲各国，各国相信马克思社会主义的人，都很热心运动，希望社会革命的早期实现。他们要实行马克思的学说，尽最善的努力，排斥妥协，直接行动。他们晓得确认资本家特权，妨害社会主义的发展；他们晓得社会党，应该归纯粹无产阶级组织；他们的目标在根本的社会改造，不在现存制度的改良；他们的手段，是结合无产阶级，行组织的阶级争斗；所以要行革命的政治运动，在共产主义基础上，建设共产社会；所以反对温情主义，反对劳动救济的立法，反对和资本阶级提携，反对共同运动，反对工会运动。综和〔合〕起来说，这时候马克思社会主义者的运动就是要用无产阶级的直接行动，实现无产阶级的共产社会。所以这时候的社会运动者，很能彻底实行马克思主义的。

可是这里有不可掩的事实，社会革命，完全是无产阶级的事，全靠无产阶级自己觉悟，革命运动才有进展的希望。在这个时候，资本主义虽然日见扩张，劳动阶级的人虽然日见增多，可是劳动者阶级的自觉和阶级的心理，尚属十分幼稚，所以劳动者的组织和运动还没有十分发

---

① 即《新青年》杂志。

达。因为这个理由，所以当时的产业虽然进化，虽有集中的倾向，却没有照马克思的豫言那样急速成就。小产业中产业似乎增加了；农业方面的实验，也和马克思的豫言相反，地主之数不特不减少，而且增加了；商业主的恐慌，也似乎不多见了。社会主义者看见了当时的状况，不晓得自己对于促进劳动者阶级的自觉的努力不足，反以为马克思的学说不易奏效，于是就改变方向，在实行和理论上发生变化了。譬如德国的社会民主党，在这时候早就改变方针，采用了议会主义。所以在表面上德国社会民主党虽然奉行马克思主义，而在实际上已成了民主主义了。后来愈演愈进，到了十九世纪末叶，当时的马克思主义者之间，发生冲突，于是就有正统派和修正派分立起来了。正统派自然是标榜纯粹马克思主义的，在当时的人固不消说，就是现在的人也很有人承认正统派是马克思主义的嫡派。但是正统派有一种根本的谬误的地方，就是误解马克思的学说，坚守民主主义，支持议会政策。马克思主义是否采用民主主义和社〔议〕会政策，这是马克思派中一个新近发生的最重要的问题。关于这个问题的讨论，有柯祖基和列宁脱洛基两派人的著书和辩论；我想凡是研究了马克思主义，又读过这两派的著作的人，一定能够了解谁是真正的马克思主义者。

三　修正派社会主义

修正派的代表，首推柏伦斯泰因。他于一八九九年脱离正统派，关于实行社会主义的手段，主张逐渐地受国家干涉。他著了很多修正马克思学说的论文，要从社会主义内部，改革社会主义。他对于马克思的"唯物史观说""剩余价值说""资本集积说""资本主义崩坏说""阶级斗争说"都加了严格的批评，要大行修正运动。他这种主张，也得了一部分人的信仰，而尤以德国社会民主党人受影响的最多，这是不可掩的事实。

修正派运动，同时在英法两国也发生了。法国虽然有喀特一派，坚守正统说；可是又有米勒兰一流提倡改良主义。米勒兰主张实行社会主义最好要和一切政党提携；他排斥马克思派的意见，反对无产阶级共同团结，来行无产阶级革命。所以他反对喀特派，又反对梭列。梭列主张劳动者地位改善，在某种程度，虽然可以和国家妥协，却不愿社会党和别的政党携手；换句话说，他就是希望继续阶级斗争，推到中产阶级的国家。喀特也是主张用阶级斗争来实行社会革命的。

英国也是一样，正统派的社会民主同盟的势力衰弱以后，独立劳动党的势力增大起来了。独立劳动党是从费边主义产生出来的，即是修正派。

德国的柏伦斯泰因、法国的米勒兰、英国的韦卜这一流人，都把进化的思想，注入本国社会党的纲领之中，社会主义就变成了进化的或改良的主义了。

总合这些修正派的学说，虽然有种种不同的地方，可是这个进化的社会主义的特征，可分为以下四〔五〕项。（一）产业协会或消费协会之发达，（二）助成产业归市有或国有的倾向，（三）组织地位改善的工会，（四）使劳动者获得选举权，（五）由国家征收累进的所得税。

进化的社会主义运动，其目的或对象，在学说上和马克思派社会主义并无不同。即是，两派的主张，都是要推倒私有的现时个人的私有制度，把生产机关移归社会管理，来组织新社会的。但是进化的社会主义，在学说上虽然有了这个目的，而在实际上，正统派的呼声较高，修正派运动的态度，却是非常冷淡的。

到了近年来，马克思还原的呼声，一天比一天高了，这一派的学说，在事实上，已不能引起我们的注意。

四 工团主义

一千九百〇七年国际社会党在巴黎开会的时候，讨论了社会主义和工团主义的关系。当时演说的人，多指定工团主义的发生是社会主义复兴的新倾向。他们猛烈的批评那进化的社会主义或议会的社会主义，已经渐渐地消失了阶级斗争的思想；证明了真正的马克思主义已不存在，而自称纯粹马克思主义的人，都采用议会主义去了。但是工团主义是什么呢？工团主义的名词，本有劳动组合主义的意思。法国的劳动组合，最初分两派，一是改良主义，一是革命主义。前者的目的在减少工作时间，增加工银，改良劳动状态；后者的目的专在革命，并不希望减轻资本主义的弊害，而在根本的改革社会组织。但是后者比前者势力较大，到了二十世纪初期以后，就支配了法国全部劳动运动的精神。

工团主义根本的思想是阶级斗争。依工团主义者的意见，社会是由掠夺者和被掠夺者两大阶级而成。雇者和被雇者的利益完全相反。所以劳动者应当和那些握有生产机关的资本家继续斗争。但是劳动者要得经济的解放，就要凭借自身的力量，在经济上行有效力的战斗；所以按照以前的经验，信赖议会政策，专从事投票的竞争，不惜和别的阶级妥协，反失掉革命的精神。所以工团主义反对民主主义，他们不重在态度冷淡的多数，而重在有"自觉的少数"。工团主义反对生产机关集中在国家手里，以为国家是束缚个人的。

工团主义的理想，在使劳动者有自主的"自由工场"，主张劳动阶级的解放，由劳动阶级自动。工团主义反对专从事改善劳动者地位的运动，主张行自然的总同盟罢工，而不主张准备罢工基本金。

工团主义以直接行动为主，说社会常在战争状态，资本劳动两阶级间，有最大的隔阂，利害完全相反。所以劳动〈阶级〉要用一切手段征服资本阶级，继续努力奋斗，末了行总同盟罢工，一举而实现社会革命，变更一切社会组织。

工团主义一方面固可以说是马克思主义的反动，一方面又可以说是马克思主义的还原。工团主义不相信资本家社会自然的破灭，不相信社会是自己的运命的结果所产生的。只相信根本的变革，是劳动阶级多年牺牲和争斗方能做到的。马克思说，力是旧社会孕育新社会的必要的产姆。工团主义却主张把这力提早运用的。在这种地方，工团主义似与马克思主义相反，但是工团主义者却自称保存马克思主义的精髓的。据 Lagardelle 说，"阶级斗争若包含社会主义的全部，社会主义全部就包含在工团主义之中，工团主义以外阶级斗争是没有的"。G. Sorcl 也曾说过"马克思主义在工团主义的形式复兴起来了"。

工团主义也不描写理想中的社会，据法国著名的一个工团主义者说："若要将目的确定，就惹起无穷的争论，有人说，我们的目的在实现无政府的社会，或者说，我们的目的在实现善于统治善于经营的社会。这两种意见正确与否，我没有断定的责任。譬如我要到某地方去，总要等到旅行完了之后再定，到这时候旅行的目的地自然明了的"。

工团主义相信大革命的时候，劳动阶级一定要起来统治社会。劳动阶级就会要掌握从来资本家所有的一切生产机关。他们会要组织协会管理工场、矿山、铁道，各协会联合组成中央大协会，开全国会议决定许多职业和产业的关系，尽统治的责任。

工团主义的国家也有统治的人。各职业的全国会议选出代表开总会议，决定各协会会员所应受之分配额。有余裕的协会，又可以补助没有余裕的协会。

工团主义，否定政治的方法，但是依工团主义看起来，所谓"总会议"，当然要用代议制度做基础，这不是别开妥协、术数和种种政略的门径吗？而且社会上各人的结合，不专在经济一方面，必定还有行政裁判、国民教育、宗教等必要的东西，工团主义排斥政治的结合，主张经济的结合，这显然是一个缺陷。

但是工团主义主张劳动者的成功，与其依赖政治的行动，不如依赖经济的行动，所以不赞成工会受政党的利用。工团主义的新运动使产业的各国，都注意于工会的组织了。譬如英国的工会，非常萎靡不振，可是受了工团主义新精神的刺戟，也渐渐进步起来了。英国的进步的劳动者也认定产业的团结是一件重要的事情，要借团体运动要求管理产业了。于是产生了组合社会主义，这也可以算是受了工团主义的影响。

五　组合社会主义

组合社会主义与集产主义和工团主义都不相同，实在的说起来，这是把集产主义和工团主义的要点结合起来，另成一种新形式的。

组合社会主义的意义，就是用工会和国家共同经营产业的提案。生产机关归社会公有，委托工会管理。但是管理的权利，不仅属于生产者，消费者也可以经由地方团体，或中央团体发表自己的要求。生产的程序和方法，虽然归工会管理，而生产的种类和缓急，却不能决定的。组合社会主义者想把现在的工会，变成合理想的组合，使适宜于将来产业的管理，推倒工钱制度，以达到与国家共同管理产业之目的。其第一步在结合劳动者向这目的进行，和资本阶级对抗；第二步要求共同管理产业，使国家收买资本家，许组合经营产业。

组合社会主义不干涉生产者的自由，拥护个人权利。所谓组合有全国的和地方的区别。全国的组合，大概是处理物品标准之决定，商品贩卖，以及需要供给之调节等事。地方的组合在一定范围之内，行产业的自治。组合的职员，由组合的会员选举而出。全国的组合作成一个中央机关，即是组合总会；这总会是生产者方面最高的权威，和消费者方面最高的权威的国家对立的。组合总会和国家又各派代表组织共同委员会，掌管产业上最高的事务。生产者和消费者，因为这个委员会，可以时时接触，互相协议，就不至有一方面的利益和他方面的利益相冲突的事情，所以能够共同拥护全社会。

国家的收入，每年用单税法形式，按照各组合所得的纯利益提出若干充作国家的收入。国家得到这宗收入，就用来办理教育、公共道德、裁判和国际事务。

但是这里有一种反对论：在近代社会之中，各种复杂的活动，关系非常复杂，像组合主义者的主张，把国际关系委托国家管理，把生产事业委托组合管理，恐怕没有这样容易分划界限的。因为国际关系，每每含有经济的生产问题；而经济的生产问题，又每每含有国际关系，所以不能明白的分别出来。

况且组合制度，就是成立，恐怕也不能保持产业的平和。这种思想，也是一种空想。组合社会主义者，以为人性本善，过于相信人类有爱他的本能，殊不知要使人类不为利益生产而为效用生产，若没有一种强制的权力去指导，必不会达到新社会的境界的。

六　多数主义

当着多数主义初次得势的时候，世人都把这当作洪水猛兽，或以为这是无政府主义，想合世界一切暴力，去完全歼灭他的。后来看了劳农俄国的施设以后，多数主义的真相，渐渐明了；但是劳动专政一层，却惹起了全世界各方面的非难。社会主义以外的各色各派的人，无论是贵族、绅士、〈军〉阀、资本家，当然都要反对的；非社会主义的人反对社会主义，乃是必然的道理，我们可以不必计较。只是最奇怪的地方，莫如社会主义者反对社会主义，尤莫如马克思社会主义者反对马克思社会主义。

多数主义的施设，完全遵奉马克思主义，这一层我想人人都应知道的；但是马克思主义者如所谓正统派代表柯祖基一流人，却极力的攻击，不承认多数主义是马克思主义，我们却不能无疑意了。所以我想就列宁、脱洛基和柯祖基两派关于辩论"劳动专政"的著作和言论，略略的作一个质直的介绍：一面研究"劳动专政"是否出自马克思学说，一面说明多数主义的本质意义和实行的方法。

多数主义指导的原理就是劳动专政，我们要完全了解多数主义，要了解多数主义是否马克思主义，只就劳动专政一事研究清楚就很够了。据列宁、脱洛基的申说，劳动专政纯粹根据马克思学说；但是柯祖基却极力否认，并且著了《劳动专政》和《民主主义？独裁政治?》（这是

《劳动专政》书中的一部分，另印单行本的）两书，由理论批评多数主义所主张的劳动专政，不承认这是马克思的主张。柯祖基说，若没有民主主义就没有社会主义，力说社会主义非和民主主义结合不可；并且说马克思纵然主张劳动专政，但这是政治状态的劳动专政，而不是政治形式的劳动专政，即不是劳农俄国所行的劳动专政。劳农俄国所行的劳动专政，是否马克思所说的劳动专政，还须由列宁的说明来说明；至于柯祖基所说的和社会主义结合的民主主义，当然是德国式的社会民主主义了，这一层我在上面说过，我觉得这并不是发源于马克思主义的。

马克思在他所著的《法国内乱》① 一书上曾经说："劳动阶级要想达到自己阶级的目的，单靠掌握现行的国家是不济事的"。又在一八七四年著的《哥达纲领批评》② 里面说："由资本主义社会移到社会主义社会的中间，有一个政治的过渡时期。这政治的过渡时期，就是劳动专政"。又《共产党宣言》上说："劳动阶级的革命，第一步在使劳动阶级跑上支配阶级的地位。劳动阶级就用政治的优越权，从资本阶级夺取一切资本，把一切生产工具集中到国家手里，即是集中在组成支配阶级的劳动阶级手里，全部生产力就可用大速度增加起来……劳动阶级若和资本阶级战斗，迫不得已，自己不得不组织一个阶级，用革命手段，把自己造成一个支配阶级，并且用权力扫除旧生产条件，于是阶级对抗的存在和一切阶级的自身都要扫除的，无产阶级的优越权也要废除了"。这几段话，就是多数主义行劳动专政的思想的源泉，经列宁引申立论之后，凡是曾经研究社会主义的人，都是不得不承认的；无论柯祖基如何曲辩，而劳动专政发源于马克思主义一事，已有确切的根据了。

多数主义何以反对现代的民主主义，反对议会政策，而必欲实行劳动专政呢？这是因为议会政策是资本阶级社会的政治机关，和阶级斗争的思想绝对不相容。据列宁说一切民主主义都是对立的，换句话说，就是阶级的民主主义。以前的民主主义不过是一阶级的机关，资本阶级的民主主义，不过是资本主义专制的表现。所以劳动阶级的民主主义（即劳动专政）要努力把资本阶级的民主主义打破。又资本主义虚伪的主张一切阶级的政府，而在事实上却是一阶级的政府。所以劳动阶级的革命，也率直的组织劳动阶级的政府，以期实现一切阶级的民主主义。

---

① 即《法兰西内战》。
② 即《哥达纲领批判》，马克思著于 1875 年 4—5 月。

劳动阶级的意义怎样？依列宁在他所著的《国家与革命》一书上说："劳动阶级革命的独裁政治，是被压迫的人为图谋粉碎施压迫的人而造成的先锋的支配阶级之组织"。他又在他所著的《劳兵会论》上说："劳动专政是一句伟大的话。这句伟大的话不可空用，这是征服绞取者和恶人而且具有勇敢，强权的铁血支配"。他又在论社会革命的文字中说："说共产党的暴力的人，全不懂劳动专政的意义。革命的自身，是纯粹的强力的行动。专政的语义，由各国语言说起来，不过是用强力的意思。所以强力和阶级的意义在这里是非常重要的。革命的地位越是困难，专政的程度越是辛辣"。所以由列宁这些解释说起来，劳动专政的意义就是劳动阶级对于资本阶级运用的强力政治。

劳动专政的意义，在上面说了，劳动专政的本质又是如何呢？据列宁说，劳动专政的本质，即是一阶级对于他阶级而行的革命的强有力的国家。换句话说，所谓劳动专政，就是劳动者的国家。至于劳动者的国家又是什么？列宁的解释，也和马克思恩格斯的意见相同。据马克思说：国家是阶级支配的一个机关，是一阶级压迫他阶级，因此造出法律，使这种压迫继续持久，借以缓和阶级冲突的机关。又据恩格斯说：国家是一定发展阶段之中的社会的一个产物；是阶级的冲突和经济的利益不能和协的一个证据。列宁因此引用他两人的说话，演出自亡的国家观。他说，国家是阶级冲突的产物，是那些不调和性的表现，所以国家只限于在阶级冲突不能调协的时候发生的。反面说，国家所以存在，是阶级冲突不能调和的证明。所以依着发展的程序说起来，在资本阶级国家之次的是劳动者的国家；而这种劳动者的国家，已不是真正的国家，要不外是在劳动专政的形式里实现社会主义。所以资本阶级的国家是资本阶级专政；劳动者的国家是劳动阶级专政。

劳动专政的作用怎样？这也是应当说明的。据列宁说：劳动专政的目的在征服资本阶级，根本铲除资本主义的一切思想、风俗习惯和制度，确定社会主义的根基；一方面用强制的权力，破坏资本阶级压迫劳动阶级的机关，从资本阶级夺取武装，把劳动阶级武装起来，制服一切反革命的反动力，因此徐徐的经过这政治的过渡时期，巩固新社会的基础。

劳动专政用什么形式表现出来呢？依列宁说，劳动专政的形式，是成了劳动阶级和下等农民永久专政的典型的劳农会共和制度。脱洛基也说：劳农会是劳动阶级的组织，其目的在为革命的权力而战，所以劳农会又是劳动者阶级的意思的表现。至于劳农会的组织，依列宁说，一切劳动者和下等农民都包含在内，所以劳农会是劳动阶级运用主权征服资本阶级的机关，把一切立法上行政上的权力一致结合，不以地方分别选举区域，而以工厂工作场等产业的单位为选举区域的。至于劳农会组织的详细，在这里不便多为介绍，暂从省略。

七　结　论

综合上述各派社会主义而论，范畴虽有种种不同，但在社会改造的根本原则上，都是主张将生产机关归社会公有的。不过所采手段，各派各不相同，或者采用直接的适宜的手段，能够早日的达到目的；或者采用间接的迂缓的手段，愈实行而离去目的愈远。至于各派所采手段所以不同，或者因为各国国情和国民性不同所致，但是我相信近的将来，各派都要在同一的目的地会合的。

第三国际，已经可以代表各国社会党的进步派；都是赞成劳动专政，采用劳农制度的，这也可称是各国社会运动最新的趋势了。

中国何时能够发生社会革命？中国社会革命究竟采用何种范畴的社会主义，大概也是要按照国情和国民性决定的。未到实行的时候，我们也不能预先见到，所以不敢说中国应实行多数主义，却又不敢说中国一定不适宜多数主义。

一九二一，六，二

俄国的新经济政策 [*]

（1922）

自从俄国在去年四月五月六月之间发布许多法令采用新的经济政策以来，激起各国论坛上无数讨论。"俄国改变了以前的政策了"，"他们放弃共产主义了"，这些呼声，不断的从资产阶级和小资产阶级的报纸中传出。然而说俄国改变政策的，同时又是反对俄国现在政府最激烈的人，由他们的反对看来，似乎俄国还保存着与资本主义不相容的共产主义的原素在那里一样。他们似乎也不相信他们自己的话了。

俄国改变了以前的政策么？他们放弃了共产主义么？我们要从三方面研究这问题：第一，俄国共产党最初执掌政权时代所预定的政策与现在的政策的比较；第二，从他们所信的主义上观察现在政策的基础；第三，这政策实行以后的利害。现在先讨论第一问题。

一、俄国共产党执政时代预定的政策与现在政策之比较

俄国现在的政府在四月五月之间所颁布的法令是农业征税，允许自由贸易和奖励私人生产事业。其实这三件事已经是十一月革命①期内所预定的计划而且在俄国共产党执政的第一年（一九一八年）内已实行过或准备实行的。现在的改变，不过回复到以前的地位罢了。因为种种外面环境的压迫，使他们在一九一九年至一九二〇年中间不得不采取离开他们原来计划的方法，战争以后他们才有机会注意及国内的形势，他们才能取消战时的非常手段而回到以前的正路。至于他们推翻资本主义，

---

* 原载 1922 年 1—2 月《先驱》第 1、2 期，署名：李特。

① 即俄国十月社会主义革命。

建设无产阶级在政治上经济上的专政到完全实现社会主义的时期，恢复为世界战争所破坏的世界革命运动和俄国国民的经济的计划，他们以前是如此，他们现在也是一样，他们何曾丝毫改变呢？

依着一般小资产阶级、资产阶级的意思，布尔札维克的政策要象以下那样，才可谓之为不改变，就是（1）凡是生产事业都应收归国有；（2）完全禁止私人贸易，虽至合作社，亦只能隶属于粮食管理部之下，担任分配的职务；（3）国家完全专有农村经济的生产物。但这可惜不是布尔札维克的党纲了。布尔札维克所需要的只是国有大工业及运输工业。在一九一八年的初期他们下令停止由地方或中央的机关将一切生产事业收为国有的动作。同年的六月，他们又规定资本在五十万卢布（按照当时卢布的价格）以下的均停止没收。小手工业，家庭的和小资本的工业，他们均未丝毫惊动。他们的目的何曾是没收各种生产事业呢？

至于私人的或合作社的贸易，可说劳农政府从未想过废止，而且认为这是为维持几百万小生产事业所绝对必要的。他们不但不废止私人的贸易，而且在一九一八年十一月发布法令允许从前封闭的工厂复业，规定国家的任务，只是经营国有的大工业生产品的贸易，至于手工业和家庭工业的生产品的贸易他们完全放任，由私人或合作社经理。由此看来，他们也没有禁止私人贸易的意思了。

再就征收农业税观察，这也是一九一八年的年底规定了，而未能实行的。那年的十月三十日通过农民须征收物税的法令，并附有详细的实行方法，虽因为战争的原故未能实行，但因此也可见劳农政府后二年来采没收农民除自给以外的一切物品的政策是出自不得已的了。

由此看来，俄国共产党自执掌政权以来，他们的政策与现在是一样的。中间虽然经过变更，如小资产阶级和资产阶级所想象的那样，但这是他们所未及料，不惟对于他们无益，而且很有妨害。至于他们为什么在一九一九年至一九二〇年变更他们的政策呢？那就是因为受环境压迫的原故了。环境的原因约分为二种：

（一）由于一般小资产阶级的怠工。在一九一八年劳农政府已经许可私人经营事业了。但当时的小资产阶级预料劳农政府是必倒的，所以都取怠工的手段。因此法令虽然存在，而一般工厂则仍旧封锁。他们当时标语是"让我们等他们倒罢；但不要连累及我们"。劳农政府在那时不得已而自身同时担当经商人的职务和组织小工业的事业，虽然那工厂只有十数工人。只有在一九二〇年秋季以后，兰格尔打败了，劳农政府稳固的观念打入一般小资产阶级的脑中，才渐渐由私人组织小生产事业，以减轻政府的职务。

（二）由于国内战争的持久。俄国在瓦解的经济组织的基础之上已举行三年半的战争了。他养着五百万的军队。在一九一九至一九二〇年间，军火的工业是全国唯一的工业。一切需要都以他是否为战争所需要为评判的标准。因此大部分的粮食都以之供给军队和城市中军火工业的工人。但他不能由和平方法取得，所以迫而采用强制的方法征发农民的剩余粮食了。农民因反抗地主的反革命运动，不得不与劳动阶级携手，所以在那时亦忍受此牺牲。但战争时期过去，农民知道再无反革命发生的时候，他们就不能忍受这种征发。而劳农政府由战争入于和平，必须解散一半军队，使从事田间工作，所以也不象以前那样的严厉了，所以重新采用以前所定的政策，以增加农民的生产量，以缓和农民的反感。

由上看来，在这过去二年之内，俄国政策的改变，实非出于本心，完全由环境所迫而然的。但俄国共产党不是相信马克斯①主义么？马克斯主义不是主张劳动阶级专政，收生产工具为国有，实行社会主义么？现在布尔札维克许私人贸易，实行国家资本主义，不是抛弃他们的主义而专与环境妥协么？关于这一层，我们就要研究俄国现在改变政策的马克斯主义的基础。

二、俄国新经济政策之马克斯主义的基础

俄国现在实行的经济政策，无论他是原定的，或是改变的，都是含着意思与农民妥协。允许自由交换商品，就是允许自由贸易，允许自由贸易就是回复到资本主义。这不是对农民退让么，这不是对农民妥协调和么？调和是马克斯主义者认为正当的么？我们先讨论这一问题。

妥协与调和，在马克斯和因格尔斯②看来有时是必要的。关于这一点我们用因格尔斯的话证明。因格尔斯在批评"布浪基派共产主义者的纲领"里边说：

"我们是共产主义者"，布浪基派的共产主义者在他们的宣言里

---

① 即马克思。

② 即恩格斯。

说，"因为我们想直接达到我们的目的，不在这行程中间的站驿停留，反对任何的妥协，这种妥协只是展缓我们胜利的时日，延长我们的奴隶境遇"。

"德国的共产主义者是共产主义者，因为——要经过这些站驿和调和，这些站驿和调和不是他们创造的，而为历史发达的行程所造成的！他们清楚的看见而且永久的追寻一个最后的目的！废止阶级和创造一种使无有私有财产、土地和生产工具的余地的社会制度。三十三个布浪基派的共产主义者是共产主义者，因为他们想象着他们能跳过一切站驿或调和，而且他们坚信有一日事情'起大掀动'，大权会落于他们之手，'共产主义即可实行'。所以若是这不能立刻实行，他们就不是共产主义者了。"

"我们看这是如何婴孩的简单啊，——要象如此的不耐思索！"

我们看这一位科学社会主义的创造者的教训，就可以知道妥协和调和只要不是卖主义的，只要是为环境所迫，也是可以许可的了。再就日常经验而论，经过许多次罢工的无产阶级，也知道当罢工之时，他们或因缺乏经费，或因疲困之极而外面无援助者，有时毫无所得的上工，与他们最恨的压制者妥协。俄国的革命在工业不十分发达，农民占五分之四的国家成功，他们因维持政权起见当然要与这占大多数的农民妥协，所以采用许多过渡的方法，以缓和农民的反感。他们的这种精神何曾违背马克斯主义的原理呢？

至于他们所采用的方法，也是无背于共产主义的。无产阶级革命对农民问题的态度，在俄国革命未起以前，已经过无数的科学社会主义者的讨论了。考茨基，当他未变节还是马克斯社会主义者的时候，对于无产阶级革命对农民的态度也说或者无产阶级革命时，须使农民中立使其不助第三阶级。因格尔斯也说将来无产阶级对于大地主须剥夺其财产，对于中等农民或须加以扶助。俄国共产党党纲本着这原则也规定了竭力与"殷富农民奋斗，不扰及中等农民，扶助穷苦农民"，这正是本着马克斯主义而与农民的妥协。他们不扰及农民的财产，自然须许可农民自由营业，自由交换商品。由此看来他们的方法又何曾违背共产主义呢？

其次便是国家资本主义问题了，据马克斯的教义，无产阶级专政，收生产工具为国有，实行社会主义。现在自称马克斯主义的布尔札维克，他们何以实行国家资本主义呢？

怀疑布尔札维克的这种方法的人，实在毫未理解马克斯主义。马克斯在《哥达纲领批评》里，曾说过在共产主义与资本主义之间，必有一过渡的时期，这时期就是无产阶级专政。过渡是什么意义，他不是说，用在经济学里，是说在那种制度之中，有一部分是资本主义的原素，有一部分是社会主义的原素么？马克斯并未详细叙述在这过渡时期的经济怎样，他是故意如此的。因为各国经济进化的程度不一，所以在无产阶级专政的时期内，资本主义和社会主义的原素的比例亦因之不同。他所认为重要而坚持的，即是无产阶级专政，至于经济上的设施，完全应由各国的社会主义者考查各国的情形而决定。俄国当未经过十一月革命的时候，他们考查俄国的经济状况的结果，就知道俄国有实行国家资本主义的必要了。（见列宁一九一七年九月所著的《危迫的大灾祸与如何战他地》①）他们在革命后一年即准备实行国家资本主义（见列宁在一九一八年所著小册子），虽然因战争的阻碍延缓二年，但俄国的实行国家资本之有益，已是毫无可疑的了。

或许有人反对俄国，因为要实行国家资本主义，俄国的中产阶级就很够了，为什么要布尔札维克执政呢？这种反对，我们只可怜他做了名词的奴隶，而不考查实际的事情。俄国现在是谁的国家？是中产阶级的呢？还是劳动者的呢？若是他为中产阶级所有，那么国家资本主义便是压制劳动者的武器了，若是他为无产阶级所有，那么国家资本主义便是反抗家庭工业手工业、小资产阶级的唯一武器，便是加速到社会主义的过程（因为实行社会主义的唯一条件就是要有大工业，国家资本主义便是准备这种大工业）的工具，那有什么可反对的呢？人人都知道现在俄国在国内的敌人完全不是资本主义，而是想做资本家的小资产阶级和农民。为防止他们的私人企业得着势力起见，必定先要发展国家的大工业。于是就有租让政策，于是就提倡合作的资本主义了。租让政策是以一部分不重要的实业租与外国资本家开发，同时又由外国取得大机械自己开发本国实业。合作的资本主义，且兼鼓动合作的精神为将来社会主义的预备。总之俄国苏维埃政府是极力想在无产阶级专政时期内引导那不可避免的资本主义的发达，向着国家资本主义的道路，而且预备在近的将来将他变为社会主义的，不懂这个的人他只是做了一定的公式的奴隶罢了。我们现在讨论新经济政策实行开放的利害。

① 即《大难临头，出路何在？》。

三、俄国新经济政策实行以后的利害

上面说过，允许私人贸易是对于俄国农民的妥协了，但这种妥协不危及苏维埃政府的生存么？农人有剩余生产的，可以私自买卖，那么富的农民可以屯积了，可以贮存资本雇用贫民做工银劳动者了。资本制度不将重现于俄国么？并且农民得这机会，可以多多收获，他的境遇将较工人为优善，俄国工人多半是从田间来的，他们或者被引诱而抛弃工厂生活向田间去。俄国是以农立国的国家，若仅靠输出农产物与西方商品交换，即可以存活。俄国的无产阶级专政是工厂劳动者的专政，劳动者被引诱向民间去，这些都是俄国政府的难题，他们将如何解决呢？不更失却他自己的根基么？

关于第一层，俄国政府是有法防止的。因为与外人通商的结果，国家的工业可以借输入机器恢复，而且亦可得着很多工业生产品。以这些商品交换农民的生产品，农民所剩余的就很有限了。即以他所余来振兴小工业，但小工业的势力是不敌大工业的，俄国的实权不仍在国家的手中即无产阶级的手中么？政府的事业只是国有大工厂矿工业，铁路轮船运输工业，断不致国有及于小船厂，花坞和装饰铺子。聪明的无产阶级专政是在他能懂得如何利用，并且如何使别的阶级的有组织的经济能力随着主要经济的潮流流动。在现在的时候，引导国家的经济生命的是属于那所有运输工业，大工业和有政权在手中的人物呢，还是属于造鞋子的，造马鞍的，几百万种不同的家庭工业呢？不待言自是前者引导国家的经济生活了。所以即令由自由贸易而发生私人的资本主义，但他的势力微小，只于增加生产力有益，而万无危及苏维埃政府存在的危险。

再就第二层讨论。这问题也是不重要的。若政府只征收农业税，则农民因有许多粮食可以贮蓄的利益，也自然乐于耕种极多的土地了。因之农业的税收亦形增加，工厂劳动者的供给亦不虞缺乏。何至有到田间去的思想呢？而且除农业税之外，更可以享有工业生产品及农业生产品，自然劳动者底生活不亚于农民，更无去工厂而往田间的可能了。况且运输工业和政权都在苏维埃政府手中，一切通商都由政府代表，他们可以以农业产物交换大机器，农民只限于地方的自由交易，他们何能专断输出农产品只交换西方的商品呢？

但是新经济政策的实行，便毫无危险么？那又不尽然的。如若国家不能供给充分的工业生产品，那么农民便有机会大肆屯积了。若是铁路工人饥饿，农民给与他一部分的粮食，使铁路供其使用，那国家的运输就发生大纷乱了。还有一层，农民或者藏匿一部分的粮食，因之少纳税收，这都是俄国的危机。尤其又怕的便是俄国共产党或者容得渗入小资产阶级的分子引起本党的堕落。总之，倘若世界的他一国不起无产阶级革命，俄国的政策，也许是一失败了。各国的无产阶级呵，俄国的同胞，四年来为主义为世界无产阶级奋斗，已经显露他们的英勇，历尽各种艰辛支持危局了，你们还不起来救援他们么？你们还不起来推翻你们国内的资产阶级，援助俄国，兼以援助你自身么？社会革命的存亡关键就在你们身上了。

马克思学说与中国[*]
（1923）

一

中国共产党在去年曾经发表一个宣言，据那宣言看起来，他们共产党的目的是在于组织无产阶级，用阶级战争的手段，建立劳农专政，达到共产主义的社会。他们目前的政治主张是在于引导无产阶级帮助民主主义革命，和国内民主革命党派（如国民党之类）合作，共同推翻军阀的政治。

这个宣言出世以后，引起了各方面许多反响。这些反响，据我的见闻所及，大概可以分为两派。一为反动派，他们持反对的态度，说中国产业幼稚，刻下不应提倡社会革命，使中国紊乱不堪。一为社会主义派，他们赞成共产党的宗旨，却非难共产党目前的政治主张。关于这一点，《孤军杂志》，《今日杂志》，《向导周报》曾经反覆辩论过，想读者都是知道的。

这样看来，马克思学说之在中国，已是由介绍的时期而进到实行的时期了。我们研究经济学说的人，对于这样重大的事实，似有慎重研究和考校的必要，所以在这里提出"马克思学说与中国"的论题来讨论一番。

本文范围内应该检讨的约分下列三项：

一，目前的中国可以应用马克思学说改造社会吗？

二，假使目前中国可以应用马克思学说改造社会，中国无产阶级应该怎样准备？怎样实行？

---

* 原载 1923 年 5 月《新青年》第 1 卷第 2 号，署名：李达。

三，假使中国无产阶级能够掌握政权，应该采用何种政策？

二

欲研究目前的中国能否应用马克思学说改造社会，首先要晓得马克思所说的社会革命究竟是什么？究竟怎样实现的？究竟在什么时机实现？

什么叫做社会革命？据马克思唯物史观说：

> 社会的物质生产力发达到一定阶段的时候，便和当时的生产关系相冲突，用法律上的术语说起来，就是和财产关系相冲突；然而社会的物质生产力，从前却是在这财产关系里面活动发展过来的。这些财产关系算是从生产力发展的形式变成生产力的桎梏了。从此遂进于社会革命的时代。经济的基础一经变动，那巨大的上部建筑的全部，或是徐徐的，或是急剧的，也就跟着变革了。

由这段文字看起来，可知马克思所说的社会革命，就是使社会的组织完全解体的意思了。

社会革命怎样实现呢？据上述的原理剖释起来，社会革命乃是由无产阶级举行政治革命夺取政权来实现的。因为在资本主义的产业以前，是小规模的生产，劳动手段归劳动者自己所有，制造出来的物品也是归他自己所有的。到了机械工业发达以后，有产阶级便集中各个分散的手段，举行大规模的生产。这种集中起来的劳动手段本来是社会的，工厂中许多劳动者共同制造出来的产物，本来也是社会的。社会的东西应归社会所有，但当时的财产关系不是这样，这样集中的劳动手段以及制成的产物，却是归资本家所有的。简单说，社会的东西归个人所有了。有产阶级利用这种财产关系，大大的增加生产力，专以生产商品集中资本为目的。生产、交易、分配等方法果能调剂与否，是不过问的。经济恐慌，一次凶过一次，大多数工钱劳动者遂陷于贫穷失业不能自存的境地，中等阶级亦因大资本的压迫而降为无产者，于是社会划成有产无产两大阶级。到了这时候，资本主义生产方法的机器，为自己制造出来的生产力所压迫而不能运动，这便是生产力和财产关系相冲突的表现了。由是生产力和财产关系的冲突，遂变成有产阶级和无产阶级的冲突。无产阶级为自谋生存起见，就发生了阶级的觉悟；由阶级的觉悟演出阶级的斗争；斗争的结局，总是无产阶级得胜。无产阶级就利用政治的权力将一切生产机关收归社会公有，使生产方法、交易方法和分配方法都可得充分的调和；各个人的生存权和劳动权都可得充分的保障。这便是社会革命实现的过程。所以政治组织虽然随着经济基础的变动而变革，而政治组织的变革却较经济基础的变动早日完成。这政治组织变革的原动力实是无产阶级。

所以社会革命乃是由无产阶级实行政治革命，夺取政权来实现的。这是马克思的坚确的信念，他自始至终都抱定这个信念，并没有丝毫改变。读者不信，我可以举出许多例证来。

《共产党宣言》上说：

> 共产党直接的目的也和别的无产阶级党派一样：（一）组织无产者成为一阶级，（二）推翻有产阶级权势，（三）无产阶级掌握政权。

> 无产阶级第一步事业，就是必须夺取政权，就是必须起来做国民的主要阶级，就是必须以自己组成一个国民……

> 我们默察无产阶级的大势，其初只是一些私斗，末后总要爆发起来，成了公然的革命，推倒有产阶级，筑起无产阶级权力的基础。

> 共产党最鄙薄隐蔽自己的主义和政见，所以我们公然宣言道：要达到我们的目的，只有打破一切现社会的状况，叫那班权力阶级在共产主义革命面前发抖呵！无产阶级所失掉的只有他们的铁锁，得到的是全世界。万国劳动者团结起来呵！

马克思又在《新莱因新闻》上说：

> 我们不晓得什么怜悯，若是我们的天下来了，断然要行革命的恐怖政治没有什么姑息。要缩短集中旧社会死去的苦恼和新社会诞生的流血的努力，其方法只有一个，便是革命恐怖。

他又在《哥达纲领批评》上说：

> 由资本主义社会到社会主义社会之间，有一个革命变革时期。和这时期相适应的又有一个政治的过渡期，这时期的国家只有劳工专政。

我们看完上面所引用的几段文字，似乎可以看见杀人和流血的惨象，似乎可以听见阶级战争的呐喊声，枪炮声和铁锁声。社会革命历程中所必经的无产阶级政治革命，原来是没有妥协的余地的。

《共产党宣言》是马克思在一八四八年发表的,《新莱因新闻》所载的文字,是他在一八四九年作成的,《哥达纲领批评》,是他在一八七五年(在他死的八年前)写好,后来经恩格斯披露的。由此可见马克思对于"无产阶级借政治革命以实现社会革命"的根本主张,毕生没有丝毫改变。

由以上所述,我们可以知道:无产阶级欲促社会革命的实现,第一步事业便是组织起来实行政治革命。

三

现在我们再讨论时机的问题。

据《共产党宣言》考察起来,社会革命大概要经历三个时期。第一是准备时期:这个时期共产党的工作,首先要"宣传本党的意见目的和趋向",其次是"组织无产者成为一阶级"。第二是劳工专政时期:这个时期共产党的工作是(一)"推翻有产阶级权势",(二)"无产阶级掌握政权"。第三是发展产业时期:这个时期共产党的工作是,"无产阶级用他的政治优越权,渐次夺取资本阶级一切资本,将一切生产工具集中在国家的手里,就是集中在组织权力阶级的劳动者手里。这样做去,那全生产力就可以用最大的速度增加起来了。"这三个时期是社会革命必经的历程。各个时期的久暂,全靠各个社会的现状和产业的程度决定的。我们这里要讨论的,乃是第一个时期的久暂的问题。换句话说,就是无产阶级为实现社会革命而行的政治革命,究应准备若干年月的问题。据唯物史观说:

> 一个社会组织当一切生产力在他里面还有可以发展的余地以前,决不会颠覆的;又新的比较高级的生产关系,当其本身上的物质的存在条件,在旧社会母胎里尚未成熟以前决不会产生的。

照这样说,无产阶级要举行政治革命,实现社会革命,务须等待一切生产力完全发展的时候方可实行了。但是一切生产力发展的"余地"之有无,却不是用数学方法可以测量而出的。就是马克思自己对于当时社会的一切生产力有无发展余地的一点,也未能确实的测定出来。据他当时观察欧洲社会状态的结果,他断定社会革命的时机是已经到来了。《共产党宣言》上形容当时社会的经济状况说:

> 有他的生活,交换,财产关系的近代有产阶级社会,就是惹起

这般大规模生产和交换的社会，好像术士念咒召来魔鬼，现在却没有镇伏他的能力了。数十年来的工商史，只是近代生产力对于近代生产方法，对于有产阶级的生存和统治权的财产关系谋反的历史。证明这个事实，只要举出商业上的恐慌就够了：这种恐慌，隔了一定期便反覆发生，一回凶过一回，常常震动有产阶级社会的全部。在这种恐慌的时候，不但当时现存的生产品大部分破坏，连从前造成的生产力也要同一破坏。……社会突然现出回到野蛮的景象，仿佛饥馑骤至，又仿佛举世大战衣食要断绝……这全是文明过度，衣食过度，商业过度的缘故。在社会指挥之下的生产力不能再促进有产阶级财产制度的发达了……

这是一千八百四十八年当时的欧洲经济社会的情况。我们考察当时各国产业发达的历史大略可以说，英国已是纺织工业全盛的时代，其余法国、德国，还在纺织工业的萌芽时代，恐怕比现在的中国产业状况高明不多。但马克思认定当时社会一切物质生产力，已经没有可以发展的余地而主张即时革命了。照这样，中国的现在不是也可以举行革命吗？如无产业经济社会的进展，出乎马克思意料之外，资本主义竟得到别的避难所而延长生命了。我们追溯当时的景象，马克思的断定所以未中的原因，一是因为当时无产阶级还缺乏巩固的组织，革命战争的勇气未曾达到白热的高度；一是因为当时有产阶级热力谋海外的发展，夺得广大的殖民地和半殖民地，用文明方法把他们开拓为剩余商品的销场。因为这两个原因，所以当时资本主义竟能继续发展，由纺织工业而进于铁工业时代。假使当时无产阶级竟能实现其政治革命，那段由纺织工业到铁工业的历程，必在无产阶级社会之中进展无疑了。所以马克思那种"无产阶级借政治革命实现社会革命"的原理丝毫没有错误，错误的处所乃在于实际应用这原理的地方，即是旧社会中生产力究竟有无发展余地的观察，难得确定。因为这个完全要看那社会的环境和无产阶级的组织与战争的勇气怎样才能决定的。托洛次基对于这一点有一个精确的解释，现在把他引在下边。

无产阶级随有产阶级的成长而成长，并且增加力量。由这个见地说来，资本主义的发达，便是向劳工专政前进的无产阶级之发达。但政权移到无产阶级的时日，不是由经济力的资本主义的发达程度如何所能决定，乃是由阶级斗争的关系，由国际的地位，以及种种主观要素（例如传说，能战的勇气和决心等）所决定的。所以无产阶级在资本主义较未发达的后进国中，比之在发达到高度的资本主义国家中能够早日获得政治上的优势。若以为劳工专政在一国的技术的及生产的资源之间，有一种自动的相依的关系，便是用幼稚方法理解唯物史观了。这种想法，与马克思主义并无关系。

这个解释很新颖，很透彻，真得了马克思学说的精髓。为社会革命而行的政治革命必须由这种要素决定的。因为这个理由，所以俄国共产党能够借无产阶级巩固的组织和决战的勇气，趁着欧战正酣俄国帝国主义将要解体的时候，蹶然而起，打倒本国组织薄弱的有产阶级，建立劳农专政的国家。英美等国社会革命之所以难于实现，并不是什么时机未到的原因，乃是因为无产阶级组织不健全，被黄色的领袖们引错了路，决战的勇气不甚强烈，而本国的有产阶级复利用国际的优越地位，尽量掠夺海外殖民地和半殖民地人民的血肉，延长孳乳资本主义的寿命，但是他的最后的坟坑却是已经掘好了。

四

由以上所述看来，我们可以引出以下的结论：

（一）无产阶级为谋社会革命的实现，必须准备着政治革命；

（二）凡是资本主义发达的地方，共产党必须组织无产者成为一阶级，准备政治革命；

（三）无产阶级政治革命爆发的时机，完全由国际的地位和阶级决战的勇气决定。

现在再分析中国经济的政治的情形。中国自二千年前以来，纯粹是农业经济时代，建筑在这种经济基础上面的是封建的政治。二千年间，经济上没有发生重大的变化。所以政治上虽有换朝易代的波澜，而实质上都也是没有重大的变化。自从鸦片战争以后，资本主义便渐渐侵入了中国的内地，中国固有的经济状况，全被破坏，遂发生了重大的变化。从此便进于产业革命时代。直到现在，国际资本主义商品畅销全国，本国产业的状况也进到纺织工业的萌芽时代，手工业大受摧残，大多数人民遂陷于工钱奴隶和失业的地位。

政治组织建设在经济基础之上，经济基础变化，同时政治组织当然不适于经济变化的进行。换句话说，经济上既然由农业经济而进到工业经济，同时政治上亦必由封建政治而进于民主政治。所以满清末年，民主革命党人乘机起来革命，要使封建政治移到民主政治去，以便工商阶级能够殖产兴业，而抵敌外国的侵略。但是中国小工商阶级因为国际资本阶级的压迫，不能发达而成为革命的资本阶级，所以国民党在当时虽然标榜资本阶级的民主革命，而国内起来响应的人却不是革命的资本阶级，乃是一班受了卢梭自由思想的印象以及仇视满清的人们。所以辛亥革命虽然能够爆发起来，而他的本身却是建在感情的基础上面，而不是建在经济基础上面的。感情是不能持久的东西，所以辛亥革命的目的，终于被袁世凯一派封建军阀阻碍了。自是以后，民主派愈欲革命，军阀派愈欲压迫，遂以酿成今日民主派和封建军阀对抗的现象。

其次再讨论国际帝国主义与中国的关系。最近八十年来，中国外交的历史，完全是帝国主义侵略的历史。全国的金融操纵在外国资本阶级之手，全国的铁路矿山森林水运交通以及许多企业，大半都归外国资本阶级掌握。加以几次的战役赔款以及许多投资的借款，重利盘剥，中国全国的经济生命，全被他们夺去了。此外在中国掠夺的种种政治权利，更是指不胜屈，北京政府间接就被他们支配。一言以蔽之，中国就是国际帝国主义的半殖民地而已。

所以我们由上述国际的国内的政治经济现状，可以把阶级对抗的形势，列表说明出来。

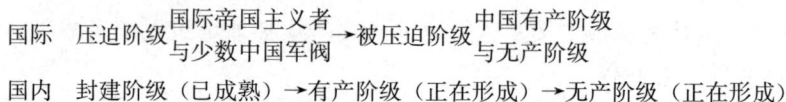

国际　压迫阶级 $\dfrac{\text{国际帝国主义者}}{\text{与少数中国军阀}}$→被压迫阶级 $\dfrac{\text{中国有产阶级}}{\text{与无产阶级}}$

国内　封建阶级（已成熟）→有产阶级（正在形成）→无产阶级（正在形成）

代表各阶级的党派是：

北洋正统→国民党→共产党

由上表看来，可知中国无产阶级经济上受本国有产阶级的压迫，政治上受封建阶级的压迫；有产阶级直接受封建阶级的压迫；而两者又同受国际帝国主义的压迫，前者是三重的，后者是二重的。

中国无产阶级处在这样的经济的政治的情形之下，中国共产党乘机起来组织无产阶级，企图社会革命，在理论上在事实上并不是没有确实的根据的。

至于中国无产阶级对于目前的政治运动，究应怎样决定，这一点马克思在《共产党宣言》上并未为中国共产党筹画，若按照目前中国国情，参照马克思在一八四八年替波兰瑞士德国共产党设下的计画，也可以定出一个政策来。据《共产党宣言》说：

在瑞士，共产党是帮助急进党的，但也要注意到这党是由法国式的民主社会主义者和急进的资本家两种相反的分子结合起来的。

在波兰，共产党是帮助那用土地革命来做国民解放主要条件的党派。一八四六年，这党曾在 Cracow 发动叛乱。

在德国，对于资本阶级有革命行动时，共产党要和他联合起来同专制的王政，封建的地主及小资本阶级战争。但一刻也不要忘记使劳动阶级明白感觉有产者和无产者敌意的对抗。必使劳动者准备利用资本阶级掌权时必然造成的社会及政治状况，来做对抗资本阶级的武器。也就是准备德国保守阶级一旦灭亡，就立刻和资产阶级本身开战。

我们熟读上面所引用的文字，就可知道中国共产党联合国民党推倒军阀政治的主张，在马克思学说上也是有基础的。只是我在这里要促中国共产党注意的地方，约有下列二项：

一，中国国民党似乎是一个社会民主的党派，有资本家、知识分子及劳动者的三种党员，共产党至好是影响他们向左倾。将来民主革命成熟时，共产党至好引导到无产阶级革命去。不然，共产党应该单独的严整无产阶级的阵。

二，共产党应注重"组织无产者成为一阶级"的工作，时时要保持独立的存在，免受他党所影响。

五

末了再讨论第一节所提出的第三个问题。

我的朋友李六如先生前天同我谈起一件事，他说：假使中国无产阶级能够掌握政权，该采用什么政策？这个问题也是我们研究经济学说的人所应当研究的，所以把他列入本文范围之内，说明一下，并质之李六如先生以为怎样？

我觉得一个国家的政策，总要根据当时产业的状况和文化的程度来决定，有产阶级的国家是这样，无产阶级的国家也是这样。马克思在《共产党宣言》上替当时各个进步的国家决定的政策是：

（一）废止土地私有权，将所有的地租用在公共的事业上。

（二）征收严重累进率的所得税。

（三）废止一切继承权。

（四）没收移民及叛徒底财产。

（五）用国家资本设立完全独占的国民银行，将信用机关集中在国家手里。

（六）交通及运输机关集中在国家的手里。

（七）扩张国有工场及国有生产机关，开辟荒地，改良一般土地，使适于共通计划。

（八）各人对于劳动有平等的义务，设立产业（尤其是农业）军。

（九）联络农业及制造工业；平均分配全国的人口，渐次废掉都会和地方的差别。

（十）设立公立学校，对于一切儿童施以免费的教育。废止现行儿童的工场劳动。连络教育和产业的生产等等。

以上十项政策，据马克思说，只有当时最进步的各国所能采用的，而且只有最进步各国无产阶级执政时所能采用的。若据我们用现在的眼光看起来，其中有些是社会政策，早已被现今各个资本主义国家采用了，而且实现了。但在当时，这些政策必须在无产阶级执政的国家才能实现，可知政策的决定，必须根据当时产业的状况和文化的程度来决定的了。所以马克思在《共产党宣言》发表之后的二十五年（即一八七二年）和恩格斯共著《共产党宣言》的序文里说：

> 过去的二十五年间，事情已是大变了，但这宣言上所阐示的一般原理，在大体上还是十分正确的。……至于这个原理的应用，无论何时何地，都依照现存的各种历史的事情而定，那第二节末了所提出的各种革命的方策，完全不足注重了。那里所说的在现在已有许多不对了。按照过去二十五年大工业伟大的发展，以及进步的无产阶级的政党组织，更按照二月革命和巴黎共产团——无产阶级开始执政两月——实际的经验，这个宣言，现在已是陈腐了。

由这几句话看来，可知马克思若在一八七二年时替各个进步国家的无产阶级决定政策，一定比一八四八年时所决定的要进步多了。所以他在一八七五年所著的《哥达纲领批评》上指摘德国劳动党所要求的各项是不彻底的。譬如"哥达纲领"关于"免费教育"及"单一的累进税"的要求，本来是和《共产党宣言》所要求的差不多相同，但二十八年以后的经济的发展，和文化的发达，已是大不相同，而且这类政策已被资本主义国家所采用，无产阶级的政党处在进步的境地作退步的要求，当然是不对的，无怪马克思要加以严格的批评了。

列宁分析俄国的经济进化的要素，别为下列五种：

（一）家长的，即程度最幼稚的农民生产；

（二）小规模的商品生产（出售谷物的多数农民亦包含在内）；

（三）私的资本主义；

（四）国家资本主义；

（五）社会主义。

按照列宁的分析来分析中国的经济情形，中国的经济社会正是上述（一）（二）（三）三种经济的要素混合存在的状况，三种之中可以作代表的当然是私的资本主义。假使中国无产阶级能够掌握政权，当然可以利用政治的权力把私的资本主义促进到国家资本主义去。那么，将来采用的政策当然可以根据国家资本主义的原则来决定了。

现在试根据马克思学说的原则和中国的产业状况及文化程度，拟定几条大纲于下：

（1）不作工者不得吃饭；

（2）平均地权，开辟荒地；

（3）银行国有；

（4）交通及运输机关国有；

（5）对外贸易国有；

（6）大产业国有；

（7）废除一切税厘，征收严重累进率的所得税；

（8）有条件的输入外资；

（9）中学以下实行免费及强迫教育；

（10）立定保工法；

（11）工人及农人的无条件的选举权及被选举权；

（12）妇女在政治上经济上社会上一切与男子平等。

以上只是大纲，至于详细项目就不另举了。

本文所要说的都说完了。末了我还要附带声明的，本文是教室内研究的文字，只是陈述我一个人的意见，至于对与不对，还望海内外同志批评、讨论。

一九二三，五，一三

社会主义与江亢虎[*]
（1923）

一

　　现任湖南教育司长李剑农君前次对本省教职员代表说：此次省政府主办的暑期学校是为了请江亢虎君到湘讲演社会主义来纠正本省青年对于社会主义的谬误观念而设的。前月暑期学校开学的时候，听说该校的办事人及其有关系的人员演说，大致也都注重这一点，也都特别的介绍江亢虎君，暗示暑期学校的目的在于讲演社会主义，借以促进该校学生的注意。

　　社会主义是反动派的人所视为洪水猛兽而不愿提起的，此次教育当局竟延聘社会主义大家江亢虎君来讲演新社会主义，可说是省政府对于社会学说的解放，也可说是自治省份的一个好现象。我们研究社会主义的逢着这个机会，那得不大谈而特谈呢！？

　　江君并不仅是空谈的社会主义家，而且是个实行家，他在民国元年曾经组织了号称四五十万人的社会党，这事想大家都是知道的。然而江君所宣传的社会主义的内容怎样，在以前我没有领教过；江君所号召的社会党的组织怎样，我也并没有研究过。我只听得有人告诉我，说江君以前所提倡的社会主义并不是社会主义，实是温情主义；江君所号召的社会党人，并不是真的社会主义者，乃是一班不懂社会主义的人（江君在山西大学的讲演也承认了）。我得了这个印象，以后就不十分注意这事了。

　　最近一两年来，江君又在国内打起社会主义者招牌来了，我们在报

＊ 原载 1923 年 8 月 14、15、17、19、21 日湖南《大公报》副刊《现代思想》，署名：李达。

纸上时常看见江君赴各地讲演的消息，不是某督军欢迎他，便是某省长优待他。我心里很怀疑，江君既是个社会主义家，何以能受军阀官僚的欢迎和优待？这固然是江君的运气大佳，但在我们却减了对于江君的估价。有许多报纸上虽也常常载着江君的演稿，譬如江君的"新民主主义"、"新社会主义"之类，题目的新鲜，固然刺戟了我们的眼帘，却因了时间的忙迫，总没有工夫继续看下去，所以我以前对于江君的学说，是没有一点研究的。

最近江君竟应本省之聘，光降到湖南来讲演了，我和江君虽未谋面，但彼此都是研究社会主义的同志，现在又是同住在一个省城之内的，那能不特别注意呢？而且暑期学校学生，多数是外县的教员，对于地方教育都负有重大责任，江君的讲演，对于他们是有影响的，这样，我更不能不注意江君的讲演的内容了。所以我特意购阅一份《暑期学校日刊》，和江君的《新俄游记》及《讲演录》，把他所发表的学说切实研究一下。

这几天来，江君的学说，大略都领教过了。于是把我研究所得的结果总括起来，对于江君下了下列两个考语：

第一，江君虽然号称社会主义大家，对于社会主义原来没有多大研究；

第二，江君虽然到过俄国，对于俄国的社会革命原来没有丝毫了解。

因为江君不懂社会主义偏要制造社会主义来欺世盗名，谬种流传，遗害决非浅鲜，我们为忠实真理起见，不能不加以纠正。

因为江君不了解俄国社会革命，偏要引用资本家攻讦劳农俄国的话来到处宣传，借以增添自己和军阀官僚接近的机会，我们为分别真伪起见，也不能不加以辩白。

因为这两点，我所以特意写出这篇文字，公开于江君的听众之前。

二

据暑期学校演讲的笔记看来，江君已经把自己的历史告诉我们了。他说：

> 有人挖苦我，或者是恭维我，说："你的社会主义是不三不四，不新不旧的江亢虎的社会主义"，这话的确是不错的。
>
> 以前讲社会主义怕人反对，现在却怕人明了社会主义的内容。

第二怕有许多知道一点社会主义，口头也赞成，拿着社会主义的名义号召，别含作用。

我昨天所说的对大家不起的话，就是我所主张的社会主义，自己奔走二十余年，至今还没有一点效果。

江君说这话，真有自知之明，我们也不须算老账了。这是我要批评的只是江君的新社会主义和新民主主义。

因为江君去年所发表的回国宣言，已说明他的新民主主义和新社会主义是改革中国政体和经济制度的唯一法门，我们只好把这两个主义作批评的对象。

大凡提倡一种主义必有理论的根据，和实行的方法，和具体的主张。譬如提倡吃饭主义，必须说明为什么要吃饭的理由，和怎样才能得饭吃的方法，和要吃甚么样的饭。马克思提倡社会主义，首先根据他的唯〈物〉史观学说，说明社会革命的发生及其经过；根据他的剩余价值学说，说明资本主义的发展及其崩坏；根据他的阶级斗争学说，说明无产阶级推倒资本阶级的方法及其手段。他同时联络共产主义分子组织共产党，领导无产阶级向资本阶级作战，并主张无产阶级专政来没收资本阶级的资本归劳动者国家掌握以及革命以后发展产业的步骤。这样才够得上提倡社会主义。江君并不是空谈社会主义，而且是实行社会主义的人。真社会主义者决不隐蔽他自己的目的和政见，江君的新社会主义所列举三事为"资产公有"，为"劳动报酬"，为"教养普及"，这三点只是一个主张，至于实行的方法和手段他却不肯说出，不知是何缘故？内容这样贫弱空泛，还够得上说是什么新社会主义吗？

大家都知道，社会主义是从资本主义的工业产生出来的，资本主义工业将来必定普遍到全世界，同时社会主义也必定征服全世界。资本主义在中国必有发达之一日，社会主义在中国亦必有实现之一日，中国将来迟早必有社会革命，任何人都不能否认。但是这种说明，社会主义者必不满足。我们若对于中国社会革命作理论的说明，必须根据中国现时的经济的政治的状态，详加分析。我们的考察是：中国数千年来的农业经济组织，自从鸦片战争以后，被欧美日本资本主义破坏了，手工业的生产品被资本主义的商品打倒了。国家愈趋于贫弱，强邻更肆其侵略，条约的束缚，利权的断送，竟使中国形成了半殖民地的状态。中国在经济上现在正是产业革命时代，外则受列强政治的压迫、经济的侵略；内则受本国武人政治的摧残，经济的掠夺。

　　统一和平是发展实业的两个要件，如今因为国际帝国主义的国家勾结本国军阀制造并延长本国的内乱，统一与和平永不可期，发展实业的两个要件完全没有。所以社会主义者们处在这个政治的、经济的状态之下，要想达到社会革命的目的，首先要组织群众竭力打倒国际帝国主义、推倒国内军阀政治，建设统一与和平，使实业有发展之可能。这样，无产阶级方能发生成长，方能促速社会革命之时机。我们要说明中国社会革命的理由，必须这样说明，方有牢不可破的根据。江君的回国宣言上只是说："回顾吾国，蜩螗羹沸，乱象环生，社会革命殆得不免"。社会革命的理由，竟是这样轻轻的提起，我们实在不大明白，那"社会革命"四字，换作"民主革命"难道就说不过去么？

　　社会革命是无产阶级来干的，社会革命以后是无产阶级专政的，这点并不曾提起，竟骤然提出社会革命以后三个政纲来，难道社会自身能来革命吗？试问这三个政纲是由无产阶级来实行呢？还是由劳资两阶级合作？依据江君的说明，江君在经济制度上主张实行新社会主义，在政治上主张实行全民政治的变相的新民主主义。这样，江君在社会革命后是不赞成无产阶级专政而主张全民政治的了。这真是天大的笑话——说到这里，我不能不转过去批评他的新民主主义。

　　历史的教训告诉我们说："国家是一阶级压迫他阶级的机关，是阶级冲突不可调和的结果"，所以在资本主义的经济组织里，资本阶级做国家的主体，所谓民主主义，毕竟是资本阶级的民主主义。在社会主义的经济组织里，无产阶级做国家的主体。所谓劳工专政，其实是无产阶级的民主主义。政体是适应经济组织而定的。资本阶级的民主主义和无产阶级的民主主义之间，并没有第三者的存在。现在英美法德等资本主义国家，都实行普遍选举，都标榜着普遍的民主主义。所谓无性别，无宗教别，无国民性别的市民平等，都是资本阶级民主主义往往约定要实现的。到底能够实现吗？江君的新民主主义，窃取苏维埃制度的形式，却加上了地主资本家两个要素在内，既不是第三阶级（资本阶级）的民主主义，也不是第四阶级（无产阶级）的民主主义，这真是"不三不四"的民主主义了。据江君的说明，新民主主义是适应新社会主义制定出来的，这明明是社会革命以后的政治组织了。我们姑且假定江君所期望的社会革命在近的将来能够在中国实现，那么，在革命以后，革命党必须召集资本家和地主的阶级来共同组织全民政治的政府了，以这样的政府来实行新社会主义上所标举的三个政纲，果然是可能的么？这里，我们首先要研究这种政治组织是什么？其次再研究实行那三个政纲的可能不可能？综合新民主主义的"选民参政"与"职业代议"两条观察起来，必须有职业而又有普通法政知识的人才有选民的希望，单有职业有国民小学智识而无普通法政智识的人，仍不能为选民，虽美其名为职业代议，而实则为知识阶级代议而已。就现在的中国（近的将来的中国也相差不远）而论，有经常收入而又有普通法政智识的人，决不是工人和兵士小农阶级占多数，必是旧来的资产阶级、小资产阶级、大农、中农和官吏占多数，这样组织的国家当然是旧来的资产阶级、小资产阶级、大农、中农、官吏占势力。试问以前这种国家，能够实行新社会主义么？这种有金钱、有智识分子散布全国，随时著书办报，鼓吹资本阶级的思想和主义，来欺骗民众，并利用势力企图反革命，转眼就会恢复旧的时代去了。江君或者要说，这是过渡时代不能免的现象，将来教育普及，无产阶级和农民方面必占势力。但是第一次组织的新政府的第一步已经行不通了，奈何？据我看来，要实行新社会主义，必须由社会革命党，励行无产阶级专政，把资本阶级、小资产阶级根本打倒才行。江君的新民主主义的政体与新社会主义的经济制度实在是十二分矛盾。至于新民主主义能实行于社会革命以前的资本主义的经济制度与否，不在本文范围之内，这里也不多说了。

现在再回转来讨论新社会主义的三个政纲的能否实行。据江君说明资产公有的一条云："产者，天产、土地、矿物、森林皆是；资者，资本、金钱、机器、商品、凡用以生利者皆是。公有者，区分资产之品类与性质，若者应为国有、省有、县有、市有、村有，总之以地方居民全体代权人或会社之所有权，其施行时，可发行债票，分期还本而不给利"。资产公有，是社会主义者普通的主张。由国家发债票收买小资产为国有，是江君独有的主张。社会主义上所以加一"新"字，大概是在这一点了。但是国家发债票收买私人资产一事，果能实行么？据江君对于资产二字的解释，凡属私人所有之土地、矿物、森林、金钱、机器、商品等可用以生利之物，都是资产，都要收为国有。照这样解释起来，资本阶级、小资本阶级的资产，大地主、中农的田地固不待言，即属手工业者的工具，小商家的商品，小农的田地都要收归国有了。中国是个农业国家，农民占居十分之七八，而农民之中居多数，小农大概都有几亩薄田，即佃户之中亦多有置田产的，纯粹的佃户，为数颇少，我们住在乡村的人，大概都晓得这是不错的。其次再说到都会。都会之中的居民不过占全国人数十分之二三，工人及店伙虽居多数，而与乡村的纯粹佃户及雇工合计起来，也不过占全国人口总数十分之四五。这里虽然没有精密的统计，但据江君的解释计算起来，有资产的人比无资产的人究竟要占多数（佃户无论怎样穷而多数总有一二亩生利的土地，工役无论怎样穷，多数总有少许放债生利的金钱，依江君所说，此项金钱、土地都要用债票收买的）。以有资产的人占特殊势力的新民主主义政府而强制实行收买占多数的有资产的人的资产，岂不是与虎谋皮。资产是有资产者自由竞争的武器，也和军阀所有的枪械是一样，假使有人提倡由国家发行债票收买军阀的枪械，这是可能的吗？

说到这里，或者有人要反问我们说："有资产者既占居多数，那么，社会主义者要想以少数无产者实行社会革命，压倒多数有产者，不是也不可能吗？"我的答案与江君的主张相反，社会主义者的主张是要谋无产阶级与农民的联合，造成一个大多数，来企图社会革命。即使革命能够实现，也只是没收那极小〔少〕数大资本家的资本和大地主的土地，对于小资产阶级的资产，在过渡的时期内不特不没收而且许其发展的。只是无产阶级与农民的国家，制定保护工人的法律，保障他们的生存权和劳动权而已。马克思派社会主义是这样的主张，在实行上并不会发生阻力。关于这一层往下再说罢。

现在我们再让一百步，丢开理论不提，而假定江君以国家公债收买私人资产一事为可能，有资产者将资产卖给国家，国家支付他们相当的金钱。那么，那班拥有资产最多的人，从公家取得金钱亦最多，资产较少的人所得金钱亦少，无资产的人连一点金钱也得不到。这样，就金钱一点来说，新社会主义的社会岂不是又发生了有金钱阶级和无金钱阶级吗？为消灭贫富阶级的区别而举行社会革命的结果，仍然产下新的贫富的阶级，岂不是奇怪现象吗？说到这里，江君必定要说，社会主义实行以后，金钱只能供消费而不能生利，决不会发生障碍。殊不知有金钱的人比无金钱的人在社会上占有优越的地位；他们利用金钱的魔力，垄断一切，取得金钱的地位，占据一切取得势力的机关，结果有金钱的可以做官发财，无金钱则与此相反。古代诸侯王公的生活穷极奢侈，取之不尽，用之不竭，他们的金钱的来源，并不是开办工厂得来的，乃是因为他们占居特别地位可以予取予求的原故。新社会主义社会中有金钱的人岂不是这样吗？所以就是抛开理论不说而假定江君的主张能够见诸实行，其结果亦没有丝毫意义。

现在再讨论"劳动报酬"的主张。社会革命以后，对于劳动报酬一层，并不分什么体力和智力的区别，这是根本的原则。但是过渡时代，从来有智识有技能的分子，自幼染受小资产阶级的思想，或不免有自私自利之心，不肯出力为社会服务，这是应有的现象。无产阶级政府为促进产业的发展起见，对于那特出的个人才能和实行能力当然是默认的。有时认为必要。或许在某一时期内，不得已替这等人设下优异的劳动条件，使他们努力从公。但这是暂时的权宜的例外的办法，等到经过了这一个时期以后，这种不平等的办法，必然要取消的。江君故意区别劳心劳力为两级而认定报酬优劣的等级为经济界的"天则"。这是逐末忘本的主张，其结果必要发生贫富阶级的现象。比方劳力的每月工洋十元，劳心的每月工洋数十元乃至数百元，这样继续下去数十年，社会上有特殊智识技能的人就是有金钱的人，无特殊智识技能的人只能自了生活而成为无金钱的人。这样，势必也要发生前面所说的贫富两阶级，使社会上又产出不安的现象。所以江君这样认定劳动报酬有差别的原则的主张与用公债收买私人资产的主张均陷于同样的谬误。

至于教养普及一事，无论任何社会主义者都是这样主张的，稍微研究过社会主义的人都想象得到。这个主张是从旧社会主义剽窃得来，不能为江君的社会主义别开"新"面，正如吃饭主义者承认要吃饭一样，没有什么"新"的意义，我们也无须特别考虑。

新社会主义的要点大概都批评过了，现在再补说我的一点感想。

日俄帝制政府为防止人民社会革命的思潮起见，曾经雇用许多御用的大学教授到民间宣传不革命的社会主义，借以缓和劳动阶级仇视资产阶级的心理。世人都说这是官僚的社会主义。

日本帝国政府为镇压社会主义起见，曾经替警察侦探开办了一个社会主义学校，使他们知道一点社会主义的常识，到民众中或明或暗的宣传似是而非的社会主义，借以减少人民社会革命的思潮，并侦探社会党人的内幕。世人都说这是走狗的社会主义。

江君的新社会主义，属于何种范畴，请读者自己决定罢。

以下再纠正江君对于俄国革命的谬误的观察。

三

"劳农俄国已经恢复资本主义，承认私有财产制度了！"这是一九二一年春季俄国实行新经济政策以后世界资本阶级的机关报纸最得意的宣传标语。这种宣传的作用，完全是因为要防止世界无产阶级革命的潮流，其意若同："俄国试行共产主义已经失败，便是你们社会党人的前车之鉴，你们何必再枉费心力呢？"但这种宣传决引不起社会主义者的注意，因为他们是懂得革命以后经济改造的步骤，胸有成竹，对于俄国实行新经济政策一事，并不觉得有什么奇怪，而且因此知道俄国的前途已趋平稳，现在已进到和平的经营产业的时期了。江君自称是社会主义者，又亲身到俄国考察过，应该和资本家报纸作另一样的报告，何以也窃用资本阶级破坏俄国革命的宣传标语，到处攻击俄国呢？我们看江君的《新俄游记》所载和他在各处对于俄国事情的讲演，竟是千篇一律的宣传"俄国共产主义失败，现在已恢复资本主义和私有财产制度了"。他对于劳农俄国不但和资本家共鸣，采取攻击的态度，而且夹杂着许多意气，对于俄政府所办的许多寻常细事都吹毛求疵，严格批评，说是不合共产主义，我竟不解这位帮助资本家攻击俄国的社会主义者江君，究竟是何用意？

我有一个去过俄国的朋友，很知道江君游俄的情形，他说：江君前次到俄国是以徐世昌的顾问兼中华社会党领袖的资格去的，俄国人因为他和徐世昌政府有关系，疑心他是到俄国做侦探，对于他很不信任，自然没有优待他，这是使江君第一扫兴的事情。前年第三国际开第三次大会，江君自充中华社会党代表要求出席，后经中国共产党代表向第三国际揭破，第三国际几乎要把他拘留起来，江君力辩与徐世昌无关系，并托人疏通，第三国际才准他列席，但只有发言权而无决议权，这是使江君第二扫兴的事情。后来俄国白党侵入蒙古，江君请愿俄政府供给军械，组织华侨义勇军，率领入蒙，俄政府以为江君靠不住，没有允许，这是江君第三扫兴的事情。

因为这样，江君对于俄国不胜愤懑，所以回国后大攻击俄国，以泄积愤。这是我的朋友说的，确实与否，我却不知道，而江君在俄未得俄政府优待，确系事实，江君在《新俄游记》上也都自白了。我听人说凡是带有侦探性质赴俄未得俄政府优待的人，一旦离了俄国，便说俄国的坏话，这或者是心理狭隘的人所常有的。江君的攻击俄国是否出于这种心理，我们也不必深究。江君的持论，在了解俄国的人看来只不过付之一笑，但在那般不了解俄国的人，和用怀疑仇恨的眼光观察俄国的人听了，却增加了反对俄国、反对社会主义的资料。反对俄国与否，与我们没有丝毫关系，只是江君自命社会主义者而不了解俄国社会革命，因而不懂得社会主义从经济的改造的步骤，反帮助资本阶级无理的攻击俄国，自鸣得意，借以为和军阀官僚往来之便，我们觉得实在是可耻的。

我没有到过俄国，但对于俄国事情却有相当的研究。我平日搜集许多书籍报章上关于俄国事情的记载，综合反对赞成两方面的言论，证以游历俄国的人的实际报告公平研究起来，觉得我所得的结论，与江君所宣传的完全相反。我不敢断言我的研究是绝对的真实，因为江君曾亲身游历俄国。我们的耳闻或不如江君的目睹，但我却很愿意发表我研究的结果，诉诸列位看官公平判断。

这里我要郑重地声明，"赞成劳农俄国与否，主张中国仿效劳农俄国与否"，与"研究俄国"完全是另一问题，这一点我希望读者们注意。

江君不满意劳农俄国是由于不了解俄国社会革命的原故，江君误解俄国的新经济政策，是由于不懂社会主义的原故，现在我就这点分为两项说明于下。

社会主义的界说是：实行将一切生产机关收归社会公有，共同生产，共同消费。社会革命就是为实现社会主义而行的革命。社会革命的步骤，根据马克思学说分析起来，可以分为三个时期。第一是准备时期；这个时期的工作，就是马克思所说的宣传本党的意见、目的和趋向；其次是"组织无产者成为一阶级"。第二是夺取政权时期；这个时期的工作，就是马克思所说的"（一）推翻有产阶级的权力，（二）无产阶级掌握政权"。第三是发展产业时期；这个时期的工作，就是马克思所说的"无产阶级用他的政治优越权，渐次夺取资本阶级的一切资本，将一切生产机关集中在国家的手里，就是集中在组成权力阶级的劳动者的手里，这样做去，那全生产力就可以用最大的速度增加起来了"。这三个时期是社会革命必经的历程，各个时期的久暂，全靠各个社会的现状和产业的程度而定的。而社会革命的本质又可区别为政治和经济的两方面。社会主义政治的革命就是劳动阶级夺取政权的意思；在形式上也和一七八九年的法国革命商工阶级从封建阶级夺取政权是一样。社会主义经济的革命就是无产阶级夺得政权以后用社会主义的原则发展产业的意思；在形式上也和十八世纪到十九世纪的英国的产业革命是一样的。前者的变化是很急剧的；后者的变化是很迟缓的。这两种性质的革命必须完全成就，社会革命才能实现。

俄国社会革命经过的步骤正是这样，我们可以拿列宁的说明来证实一下。列宁在 *The Soviet at Work* 一书上说俄国共产党有三个重大问题。第一问题是在使多数人民相信共产党的纲领和目的的正当。这个问题，他们在"沙"的时代和克伦斯基秉政时代的时期内解决了（即是我前面所说的第一的准备时期，俄国社会革命已经通过了）。第二问题是夺取政权来压制掠夺者的反抗。他们为了这个问题，耗费了不少的精力，他们最初和帝制党战，其次和社会革命党右翼战，经过了若干年月，这个问题也算是告一段落了（即是我前面所说的夺取政权时期，俄国社会革命已经通过了）。

第三问题是俄罗斯产业的组织，这个问题是现在最紧要的问题，虽是粗有端倪，而怎样经营产业，却是今后的中心问题（即是我前面所说的发展产业的时期，俄国社会革命已经踏入了第一步了）。这样看来，俄国的社会革命，只通过了第一第二的两个时期，现在刚达到第三时期。换句话说，俄国共产党只是夺得了政权，征服了反革命派，至于发展生产力的工作，现在还是正在开始的时候。所以现在的劳农俄国只是达到了社会主义的门墙，还没有走进社会主义的门里去。这一点不但我们这样说，便是列宁自己也都承认的。列宁在他的《农业税的意义》的文里说：

> 仔细研究俄国的经济状况的人，据我想来，决不会有一个人否认那种过渡的性质的。我们树立"社会主义苏维埃共和国"，只是表示我们的决心，要向到社会主义的目标做去而已，并不会把现在的经济秩序，看做是社会主义的经济秩序的。这种事实，我想共产主义者之中，决不会有一个人否认的。

所以社会主义共和国要名实相符，全靠共产党人努力经营产业，方能做到。有些脑筋混沌的略懂社会主义皮毛的人，一听见了俄国社会革命的消息，便发生一种幻想，以为劳农俄国已是社会主义的国家，万民的生活必是非常安乐，如柏拉图的《乌托邦》、富里耶的《理想乡》所描写的一样。他们为了好奇心的驱使，都存着这种幻想去实地观察劳农俄国，那知身临其地，看了战后经济破坏的形迹，和人民生活的贫窘，便大惊小怪起来，因而怀疑共产主义实行不可能。殊不知他们戴了有色眼镜的观察，本来大错而特错了。比方我们宣言要将一座旧屋改建一座很精致很合理想的房子，我们必须首先把旧屋拆毁，拆毁之后再填平地基，才好兴工建造。别的人听了这个消息，都赶快跑来要看我们的新屋，那知到来一看，见满地都是瓦砾材料，我们自己还正在忙于整理呢！这样，看客扫兴而归，也是当然之理，但是看客也要原谅我们并不是欺骗才好，因为要拆毁一座屋宇，固然容易，而修理整顿，填平地基，颇费工夫，以后兴工建筑，还要看我们的人力财力怎样，才能决定落成的时期。我们的改造还在努力之时，外人何能批评，更何能误我们欺骗呢？江君对于俄国的观察是否是这样，希望江君再加考虑。劳农俄国尚未进社会主义之门，那可以说他们已试行共产主义而失败呢？

说到这里，江君或者要说："俄国革命后没收地主土地分配于人民，复强制征取民间粮食，运到都会，由政府制造而分配于人民，这岂不是实行共产主义吗？后来农民不愿供给食粮，以致怠于耕种，广田就荒，农作物减少，俄政府遂于一九二一年改行新经济政策，恢复自由贸易，承认私有制度，采用资本主义，岂不是放弃共产主义吗？"江君若这样发问，我也承认他不为无因，但实际仍是错误。

论社会学的阶级性*
（1926）

　　真理无阶级，其信然耶？卢梭倡民约论而被逐，达尔文倡进化论而遭忌，夫岂不惧其所倡者含有打破阶级之性质哉？真理之所在，王公失其贵，豪富失其势，故新学说之触犯特殊阶级忌讳者，罔不横受摧残，不然，则必与社会秩序无关，或曲学阿世投其所好者也。社会学者，社会科学之一，其研究之目的在探求社会进化之原理；其研究之方法，在追溯过去以说明现在，更由现在以逆测将来。惟其追溯过去以说明现在，斯不能不穷究现时社会之根柢，以发现阶级对抗之本源；惟其说明现在以逆测将来，斯不能不推论未来社会之理想，以确立人类平等之原则。于是乎社会学之阶级性必然显现，而真理亦有阶级之别矣。富且贵，人之所大欲也，今倡为学说，谓"社会进化之趋势，贫且贱之阶级必将压倒富且贵之阶级更进而铲除阶级之别焉"，彼特殊阶级安有不掩耳却走，或戮其人、火其书者乎？是故每一时代流行之思想，必适合特殊阶级之利益，而盛行于当时之学说，又必皆与此思想相一致。反对派学说之必遭摈斥，乃理之当然，毋足怪者，固不问其果切合于真理否也。真理之为物，在特殊阶级视之，有危险与安全之分，凡与其阶级利益无抵触者，则视为安全真理，如云二三相乘等于六，氢氧化合变为水者是也；凡与其阶级利益有抵触者，则视为危险真理，如云私产废而共产兴，阶级灭而平等立者是也。视为安全者则遵之信之；视为危险者则拒之排之。非真理果有安危之分也，实阶级之别而已。此阶级斗争之背

---

　　* 本文为李达所著《现代社会学》一书的序言。篇名为编者所加。《现代社会学》是李达在湖南自修大学、湖南公立政法学校、湖南大学、湖南第一师范学校任教时的讲义，1926 年 6 月由湖南现代丛书社出版，1928 年 11 月，上海昆仑书店重新出版该书的修订版，其后至 1933 年，先后印行十四版。本文集所选篇目均据 1926 年 6 月湖南现代丛书社版。

景所以反映于社会学之中，而现为阶级性也。予曩者窃怪一般社会学者对于马克思社会学说异常忽视，及今思之，则又恍然大悟矣。马克思固未尝著述社会学，亦未尝以社会学者自称，然其所创之唯物史观学说，其在社会学上之价值，实可谓空前绝后。彼不仅发现社会组织之核心，且能明示社会进化之方向，提供社会改造之方针，其贡献之功实有不可磨灭者。细察现代社会学之趋势，实已由唯物论而进至唯心论，盖采取所谓社会心理学之方向者也。反因为果，倒果为因，推其极致，殆将愈使社会学趋于空化灵化而愈无补于国计民生也。予为此惧，特采唯物史观学说为根据，编著此书，虽取材不宏、择焉不精之弊殆所不免，然对于斯学之体系，自信已略具规模，学者苟循此以求之，必了然于国计民生之根本，洞悉其症结之所在，更进而改造之不难也。抑予更有言者：此书之作，聊欲应用唯物史观作改造社会科学之一尝试而已，非敢谓于社会学上自标新帜也。

李 达

十五年，六月，十三日，于湖南大学。

社会之本质[*]
（1926）

一、三大历史的社会本质说之检讨

关于社会本质之研究，旧有三大历史的社会说，即契约的社会说，生物的社会说及心理的社会说是也。此三说果能阐明社会之正确性质与否，吾人应先于此处检讨之。

第一，契约的社会说　契约说谓人类社会为一合理之人工创造物，由各个人同意缔约而成，故各种社会制度系由人类任意发明，苟经多数人同意，即能改造，家庭之成立，国家之组成，以及一切社会制度之产生，全有赖于各个人彼此之同意及适合于^①彼此之利益，且得随时改造之。此说发端于古代希腊之哲学，初期资本主义时代之法律政治思想家扩而充之，遂以造成资本阶级革命理论之根据。迨后经人类学社会学研究之结果，始发见此说之弱点，并不足以说明社会之起源。故主张此说之人，乃加以修改，谓契约虽非社会之起源，然不失为社会之正鹄，即社会之起源虽不必由于契约，而吾人则不可不以契约说为基础以组织社会。社会生活形式上之同意，在初时或非社会秩序之基础，在将来则必成为社会秩序之基础无疑。若婚姻，若家族，在往昔或非由于契约，而在将来必有赖于契约始能成立者也。是为契约说之梗概。此说过于重视意志。社会与生人以俱来，初民之营社会生活，岂有如许智力，能了解

---

　　* 本文为李达所著《现代社会学》第二章"社会之本质"，据 1926 年 6 月湖南现代丛书社版。

　　① 　1928 年 11 月上海昆仑书店出版的修订版删去了"彼此之同意及适合于"等字。

社会生活中一切规律与组织？且世无绝对独立之个人，个人之加入社会，与意志全无关系。契约说之不足以阐明社会之本质，其理明甚。

第二，生物的社会说　此说为契约说之反动，虽亦起源于希腊哲学，实由生物学派社会学者提倡之。此说谓社会非智力所能造成，乃由有机性质之盲动力所造成，即由生物的定律之作用所造成者也。社会的浑然一体与有机体的浑然一体无别。故社会为有机的组织，其发达进化概受有机的定律之支配。如斯宾塞谓社会为超有机体，非人力所能及，人虽了解社会，然不能支配之。此说过于注重社会进化与宇宙进化之真实关系及社会生活之固定性。社会既与有机体同受生物生长凋谢之法则所支配，则社会适成为自然生灭不可思议之怪物，而非人力所能左右，社会学亦将成为研究此种怪物之科学矣。组成①社会之有意识的个人，与构成生物之无知觉之细胞大异，支配生物体之定律不能适用于社会可知。要而言之，此种社会说仅足以作为拥护自由主义之工具，其不能说明社会之本质，固不待辩而自明。

第三，心理的社会说　此说起源于初期资本主义时代，实由心理学派社会学者提倡之，所谓综合以上两说而别开生面者也。此说谓社会生活之合为一体，非由于契约，非由于有机动力，乃由于各人心性相感之作用。社会即各人彼此因心性相感而成之团体生活。故社会之合为一体，系由于心性相感。心性相感非专指知识，且包含本能与习惯于其中。故社会生活实为一种心理的程序。个人之天性为了解社会改良之秘钥，而改良社会即为改良全体个人之习惯。个人之天性改良，则习惯亦改良，即社会亦随而改良。惟社会之组织与法度全系于习惯，故社会之改良仅能于自然界与人类天性之变迁所容许之范围内行之，然人类天性在人类社会最有价值，故改良社会，必先改良人类之天性。质言之，即改良社会必先改造人心是也。此说过于注重心理之要素，而心理之要素，完全随物质生活而变更，其不能说明社会之本质，已于前章言之，毋须多赘。

概括以上三说，可得一共通之点，即三者皆拥护资本阶级是也。契约说在说明社会可以由个人同意缔成，亦可以由个人同意改造，为初期资本阶级树立民治主义之政治的论据。生物说在说明社会宜任其自然发展，非人力所能支配，为资本阶级树立自由主义之经济的论据。心理说

①　1928 年 11 月上海昆仑书店出版的修订版将"组成"改为"组织"。

在说明社会改良须先改良人类天性，毋须改造经济组织，为资本阶级树立温情主义之社会政策的论据。契约说与生物说所负之使命早告完成，故二说已归陈腐，'今无取焉。心理说所负之使命尚未告终，故极为拥护现社会之学者所称道，然其不能取得改造者之信仰也，又属事理之当然。故本书为完成社会学真正之使命，特力辟以上三说之谬误，而主张唯物史观社会说①。

二、唯物史观社会说②

唯物史观社会说，在应用唯物史观说明社会之本质。据此说，社会非由契约而成，非由心性相感作用而起，亦非如有机体之受自然法则所支配，乃由加入生产关系中之各个人结合而成。盖人生而有欲望，欲望之种类甚多，大别之可分为根本的欲望及非根本的欲望二种。根本的欲望即生存欲及生殖欲是；非根本的欲望，即知识欲，审美欲，支配欲等类是。人惟有根本的生存欲，故求快乐而避苦痛，积极的寻觅食物，消极的求得衣服宫室，以避免风寒暑湿，防避毒蛇猛兽。人惟有根本的生殖欲，故能借性的关系以谋种类之存续。人类种族之所以绵延发达，皆此等根本的欲望之力也。至于非根本的欲望之能否满足，全视根本的欲望之能否满足为断。生存资料之出产苟能充分供给人类之需要，则根本的欲望容易满足，因而非根本的欲望亦容易满足，故精神的文化完全根据物质的发展而发展。概括言之③，人饥则求食，不食则死；寒则求衣，无衣则僵；避风雨则求庐舍，无庐舍则病。衣食住者实人生所必不可缺之生活资料也。地无分东西，时无论古今，人类必自有其生产方法以生产生活资料而分配之。如吾人处都市之中，决不能自耕而食，自织而衣。苟为无产工人，即不能不售其劳动于资本家④，借以取得一定之工银，然后再支出所得之货币以购买生活必需品。卖劳力以谋生，本属

---

① 1928年11月上海昆仑书店出版的修订版将"唯物史观社会说"改为"历史的唯物论之社会说"。

② 1928年11月上海昆仑书店出版的修订版将"唯物史观社会说"改为"历史的唯物论之社会说"。

③ 1928年11月上海昆仑书店出版的修订版删去了"盖人生而有欲望……概括言之"一段话。

④ 1928年11月上海昆仑书店出版的修订版将"不能不售其劳动于资本家"改为"必售其劳力于资本家"。

至苦之事，为谋生计，不得不尔，决非本人之意志所得而左右之。又如吾人处今日机械发达之世界，而欲维持自足自给之经济，亦属不可能之事，势必借分工及交换以保持今日之社会关系，决非吾人之意志所得而左右之。

吾人姑不具论现代人之生活，更溯及原始时代之人群。原始人群谋欲望之满足，亦属于"社会的"，即由群中之各个人协力而行者是也。例如食物之探求，果物之采集，以及狩猎渔捞等事，殆无一不由协力而行。原人最初之劳动，以采集自然物为限，仅知用体力采集自然物而占有之，以维持自己之生活。故原人虽完全为自然环境所左右，而此时为满足欲望而占有自然物之劳动历程，即为社会的历程，由集合的协力与集合的经验而定。可知原始人群之取得生活资料，早已发生种种交互关系，是即社会的关系。迨后经济发展，更增进步，人类协力变造自然物为生活资料，脱离自然环境之束缚，一面因分工之发达，一面因生产及交换范围之增大，而生产关系，愈趋愈杂。故人生而欲获得生活资料，势不能不参加社会的生产，互相为而工作，因而结成社会。

试以工厂为例。工厂之中，有使用机器之工人，有助手工人，有普通工人，有修理机器之工人，共立于一定之空间，同在于一定之时间，各担任工作之一部分，各耗费相当之体力，如此共同制作，互相接触，自始至终，各工人之间造出一种相关联之劳动关系，故工厂可谓为多数工人立于此等劳动关系上之结合。

社会为范围较大之工厂。例如农夫种麦，舟子运搬，工人制粉，造成面包，此一大食物工厂也。农夫种棉，商人贩运，工人纺织，造成纱布，此一大服物工厂也。木工造壁，泥工筑墙，漆工涂抹，园丁种木，造成宫室，此一大造屋工厂也。推而至于某地出米，某地出麦，某地出绸缎，某地出金铁，中国出丝茶①，美国出棉花，澳洲出羊毛，非洲出棕榈，诸如此类，自表面视之，似乎各不相属，而实际则互相为用。在世界经济成立之今日，有交通机关为之运输，有商人为之懋迁，全世界之人类，殆互相为而工作，直接间接造成极复杂之生产关系，其在物质的生产历程中，殆已形成一极大之社会矣。

是故人类为生活计，不能不取得生活资料。欲获得生活资料，斯不

---

① 1928 年 11 月上海昆仑书店出版的修订版删去了"某地出金铁"等字，并将"中国出丝茶"改为"某地出丝茶"。

能不参加社会的生产。人类之参加社会的生产，纯出于生活之驱策，与本人之意志无关。人既受生活之驱策，加入社会的生产，共同生产生活资料，则在此生产历程中，必不能不共同劳动或互相工作，而直接间接发生种种生产关系。此等生产关系之错综复合，形成社会之经济的构造。加入此等生产关系中之一切个人遂构成一社会。

社会生活之历程，即物质的生产历程，而物质的生产历程，完全受生产技术及生产力之支配。在物质的生产历程中，所谓精神文化，皆由物质的生产关系中产出，随生产力之发达而发达，随生产关系之变迁而变迁。社会之进步，亦即生产力之进步。此唯物史观的社会本质说之概要也。总括以上所述，吾人可得一社会之简括的定义于下：

各个人为谋满足欲望而加入生产关系之结合，谓之社会。①

---

① 1928 年 11 月上海昆仑书店出版的修订版将"各个人为谋满足欲望而加入生产关系之结合，谓之社会"改为"人类间立于生产关系之结合，谓之社会"。

社会之构造[*]
（1926）

一　社会构成之基础

　　吾人假定社会为一建筑物。研究建筑物之构造时，可分建筑物为基础及上层建筑两部，先研究其基础之构成方法，次研究其立于此基础上之上层建筑，最后研究其基础与上层建筑之相互关系及其作用。惟建筑物之基础为地面，其上层建筑为木材砖瓦等项，地内之地力苟有变动，地壳即不免有塌陷之虞，则建筑物之基础势必改造，因而其上层建筑亦必改造。研究社会之构造亦犹是也。社会之基础为经济关系，其上层建筑为政治法制及其意识形态，经济关系中之生产力苟有变动，则经济关系势必改造，因而政治法制及其意识形态亦必改造。兹本此理说明社会之构造于下。

　　人类相互之关系，由三种根本要素而成。第一为人与社会之关系，第二为人与共同团体之关系，第三为人与人，共同团体与共同团体，共同团体与社会，社会与社会之关系。自其性质而类别之，可分为物质关系及精神关系两类。物质关系即经济关系，精神关系即政治、法律、科学、艺术、道德、宗教、哲学等关系。此等根本关系之错综复合，构成社会生活之全部。故社会如建筑物然，此等关系皆为建筑社会之材料，就其本末轻重言，则经济关系为构成社会之基础，政治、法律、科学、艺术、道德、宗教、哲学等为社会之上层建筑，兹逐一说明之。

　　人类所以结成种种关系，实有根本之动机存乎其间。此根本动机，

---

　　* 本文为李达所著《现代社会学》第三章"社会之构造"。

即吾国先哲所谓"男女饮食"，本书所谓"生存与生殖"之根本欲望是也。盖①人之生存及活动，以一定物质之存在为前提，为条件，故人于营政治、法律、科学、艺术、道德、宗教、哲学等生活之前，必先获得衣食住之物质资料。且人之生存，不仅衣食住为必要，即在从事精神活动时，亦必需种种物质条件之充实。故经济之为社会基础，其理至浅，无俟多赘。兹更进而言社会基础构成之原理。

经济关系即生产关系。吾人欲取得生活资料必从事生产，生产须就自然物加工，又必须互相工作，故各个人必依一定之方法，被分配于劳动历程中，使用一定之劳动器具，共同操作，并互相交换其劳动。因此，各个人遂互相联络而发生一定之关系。惟其有此联络与关系，然后生产物始能完成，始能借交通机关分配于社会，供给社会消费。故生产关系实包含交通交换分配等一切经济关系，此等生产关系之总和，其成为法律的形式表现而出者，即财产关系是也。

生产关系之成立，必与社会的生产力（以下仅云生产力）相适应。两者互有密切之关系，如气候之于吾人体温者然。生产关系与生产力相适应，则生产力能在生产关系中发展，倘生产力继续发展至一定程度以上，而生产关系阻碍其发展时，当时之生产关系势必改造，生产力始有发展之余地。故两者之关系可分为两种形态：其一为两者互相调和之形态，其二为两者不相调和之形态。两者互相调和，则社会之基础安定；两者不相调和，则社会之基础动摇。

生产力即生活资料之产出力，即制造物质资料之可能性。生产力之发展，与生产方法之进步为比例，而生产方法之进步，又与劳动手段或劳动方法之变化，或与两者同时发生之变化为比例。例如某织匠使用一定之机子，每日作工十小时，能织布五丈。今欲令其以同一时间织布十丈，则彼之劳动生产力势必加倍。生产力加倍，则彼之劳动手段或劳动方法势必发生变化，或两者同时发生变化。是此时彼之劳动生产条件必生变革，换言之，即彼之生产方法，彼之劳动历程必生变革是也。故劳动手段之变化与劳动方法之变化，有因果之关系。假令劳动手段不起显然之变化，则劳动方法不能单独变化。所谓"劳动手段为劳动生产力之尺码，又为生产力或生产关系之指示器"者即此意也。

---

① 1928 年 11 月上海昆仑书店出版的修订版删去了"人类所以结成种种关系……根本欲望是也。盖"等字句。

总合以上所述，生产关系之成立，必适应于生产力，而生产力之发展必以劳动手段之变化为依归。人类一旦发明新劳动手段，即能获得新生产力，一旦获得新生产力，则必改造生产关系。生产关系改造，即社会基础之改造，则社会之全部建筑随而根本改造，此社会基础构成之原理也。

二　社会之上层建筑

社会之政治的、法律的上层建筑及其意识形态，皆依据经济关系而成立，复有维持经济关系之作用，兹略述于次。

政治组织为阶级斗争之结果，国家为阶级统治之机关。政治思想与政治方针，恒依据社会生活之情形决定之。资本集中，资本阶级则思建设强大海陆军，扩张海外大市场，而殖民政策国际战争发生。社会不安，改良主义者则思增加工银，减少时间，改良待遇，而劳动保险，国家保护，劳资妥协之政策以起。阶级对抗，无产阶级则思共同团结，夺取政权，而劳工专政之政体实现。凡此种种皆由生产关系之变革而来，是即政治依据于经济之明证。[①]

法律为保障财产之利器，为规定财产关系之章程。法律之普通观念，即在于说明所有权之范围。自形式而言，法律之任务在于社会的防卫，即在于保护生存之根本条件；自实质而言，法律之目的在谋阶级的防卫，即在于保护特殊阶级剥削下层阶级之特权。至于刑法原在防卫非人道的犯罪，而犯罪之原因皆起于社会，社会组织合理，则刑法上之犯罪自然减少。

科学为人类征服自然创造自然之工具。近代机械工业及农业，以自

---

① 　1928 年 11 月上海昆仑书店出版的修订版将此段改为："社会之政治的构造最明显之表现，为国家权力。国家权力实产生于社会裂成阶级之后。国家为社会过程中必然的产物，当社会最初发生经济利害相反之阶级，因而陷于纷乱不可解决之矛盾状态时，国家遂成为社会之机关而产生。盖社会内部经济利害互相冲突之阶级，苟不欲自身永远从事无益之斗争，不欲社会随阶级冲突而消灭，则为缓和此冲突而成之社会秩序，即须有超社会之强力统治之，此强力即国家权力也。国家之成立，基于阶级关系，阶级关系继续改编，则政治上之支配与被支配关系亦随而改编。古代国家建筑于奴隶制度之上，成为奴隶所有者支配奴隶之机关，封建国家建筑农奴制度之上，成为封建阶级支配农奴之机关，近代国家建筑于工银奴隶制度之上，成为资产阶级统治无产阶级之机关。国家随阶级对立以俱来，亦随阶级消灭以俱去。经济上人人平等之关系实现，政治上人人平等之关系亦随而实现。此政治与生产关系之关联也。"

然科学为基础，故近代生产历程即为有意识的科学之历程。新生产技术促进自然科学之进步，科学亦能发明新劳动器具，造出由国外采集生产材料之交通机关。近代生产历程要求自然科学人才举办生产事业，故近代自然科学有长足之进步，又要求社会科学人才拥护财产关系，故近代社会科学亦有显著之成绩。[①]

艺术为社会生活之神髓，为人类情感之具体的表现。人对于当代社会生活如有感想，必借艺术表出之。然人除对于人以外，决不能发生情感，人与人之关系变更，艺术自应因而改变。惟理想高尚之艺术，恒寄存于丰衣足食者之脑中，故艺术在过去社会为特权阶级所独占，成为少数有幸福者之世袭财产，无产贫民未能享受艺术生活之滋味。[②]

道德即人类之社会的本能，社会之所以存在，实由此社会的本能所维持。如为社会而牺牲，如矢忠勇以拥护社会，皆为社会的本能，此即人类最高之道德。故道德之根源在人类生活。自生产力进步，人类萌有财产观念以后，道德思想乃生变化。人与人之关系，变为物与物之关系，社会裂成互相对抗之阶级，所谓"利他"，所谓"互助"，发生根本之动摇。何谓善，何谓恶，殆无一定之标准。其结果，道德遂成为一阶级检束他阶级之空想的制裁之具。

宗教世界为现实世界之反映，与其分析宗教之神秘以发见现实之核心，不如考察各时代之现实生活关系，尤易推知天国之形态。自然力之崇拜适应于原始社会；耶稣教适应于封建社会，新教适应于资本社会。信教自由之标语，即竞争自由之别名。故宗教之神秘，仅能借现实生活以说明之。宗教之作用，自其历史而言，直为一阶级驾驭他阶级之无形武器。异日生产关系改易时，宗教之云雾必消散无疑也。

哲学之对象在理解人生与自然之根本原理。哲学上一切观念，均胚胎于物质世界。社会为人与自然之合体。社会之根基既建设于经济关系之上，则人生与自然之根本原理，惟有于经济关系中探求之。哲学之系统，系就常人之思想加以雕琢，组织而成。而思想须受环境之影响，人不仅不能以个人意志决定社会关系，实则社会关系转能左右个人之意识。故社会组织与个人思想有密切之关系。

社会中思想之流行，即为该社会经济状态之写真，且此种流行之思

---

① 1928 年 11 月上海昆仑书店出版的修订版删去了这一段。

② 1928 年 11 月上海昆仑书店出版的修订版将此段移至后文论述宗教一段之后。

想，必与当时特殊阶级之欲求相适应。故统治一时代人心之思想，常为统治阶级之思想。如此建立之哲学，即为特殊阶级之哲学。在科学昌明之今日，哲学已失其独立自尊之地位，所谓超自然不可解之神秘亦已完全揭破矣。①

---

① 1928年11月上海昆仑书店出版的修订版在后面增加了"上层建筑，由生产关系与生产力而造成，已如上述。然上层建筑又能影响于生产力与生产关系，此不可不知也。唯吾人应当注意者，社会之构造，恒受生产力之状态所规定，而其形式之变化，又受生产力之变化所规定，故上层建筑仅能成为经济之量的变化之动因，而不能成为经济之质的变化之主因也。"一段。

社会变革之要件[*]
（1926）

一、物质的条件之具备

如前章所述，旧社会组织与新社会组织之递嬗，恍如移竹接木，互相连续者然，但实际则反是。一种社会组织，非至一切生产力在其组织内绝无发展余地以后，决不颠覆；而新而较高之生产关系，当其物质的存在条件未于旧社会胎内孕成以前，亦不实现。生产力在社会组织内发展之次第，正与雏鸡在卵壳内孕育之次第同。雏鸡孕育至于一定时期，其外壳固足以成为障碍物，苟其尚有余地可以发展时，则其外壳必不至于冲破。一旦雏鸡孕成，破壳而出，卵化为雏，其形状前后不同，骤视之似乎大生变化，而不知此新而较高之生物（雏鸡）所以存在之物质条件，已成熟于旧社会母胎卵壳之内也。

社会之变革亦尤是也。雏鸡于卵壳内苟未孕育至相当程度，卵壳不能成为障碍物，则破壳一事，必不至于成为问题。若其成育至于相当程度，卵壳成为障碍物，则卵壳如何冲破，遂至成为问题。当是时也，雏鸡即破壳而出，亦能保持独立之存在。社会组织与生产力发展之程度相适应，生产力发展则社会组织亦随而变动。然而生产力在旧社会组织内，若未发展至于一定程度以上，则旧社会组织绝不灭亡，新社会组织绝不实现。例如共产主义经济组织以充分发展生产力为前提。苟一定社会之生产力若果能充分发展而超过吾人之想象以上，则社会组织自然进于共产主义，苟其生产力之发展未臻此境，则人类无论如何提倡共产主

---

[*] 本文为李达所著《现代社会学》第十章"社会之变革"之第六节"社会变革之要件"。

义，而共产主义决不实现。由此观之，可知能使社会组织发生变动者实生产力发展之物质的技术的原因，非人类之意志所能左右也。

假如一定社会组织内之生产力尚有发展之余地，而人类必欲以一己意志企图颠覆，则生产力不但不能增进，反有衰减之虞。盖生产力之继续发展为社会进步之主要条件，苟时机未至，遽欲谋社会组织之改造，适足以促该社会之退步。譬之现代资本主义社会组织，弊害固多，但生产力在其组织内如有发展之余地，则吾人无论如何努力欲企图颠覆资本主义，亦终于无成效而止。至于资本主义社会内生产力发展之极限若何，此则非吾人之智识所能精确豫断。但就过去社会观察之结果，社会变革之迟早，恒视该时期内生产力之消长如何以为断。苟生产力尚能继续发展，即为该社会尚能维持之明证；苟其生产力久在停滞之状态，即为该社会已无进步之明证。惟就今日而论，今日之资本社会果达于已无进步之境与否，甚难言也。一八四八年马克思等之发表《共产党宣言》也，一八七一年巴黎共产团之爆发也，皆以为社会革命之时机已至，而不知资本主义之尚能延长寿命于今日也。

故物质条件苟不具备，遽欲企图社会之变革，即幸而不至于失败，而其结果亦仅能成就政治革命而止耳。被治阶级纵能一举而夺取政权，取旧支配者而代之，而于社会之经济组织，终不能完全改造。何则？物质条件不具备，经济组织非权力者之意志所能一蹴而就也。海德曼有云：奴隶制度之废除也，苟其物质的条件尚未具备，则废除奴隶制度之一切运动，终归无效，即令成功，亦不过颠倒奴隶与主人之地位而止，而奴隶制度之存在如故也。故社会革命之条件，苟不具备，遽欲企图社会革命，亦终归于失败，而社会之经济构造必无显著之变化。英人梅利勃尔于其所著殖民政策讲义中，曾列举殖民地奴隶解放与生产力消长之实例，分英领奴隶殖民地为上中下三类说明之。在第一类殖民地，人口极密，农业发达，资本蓄积，旷土绝少。人口及生产之发达殆居于静止的状态，故奴隶解放之后，劳动之供给充裕，生产力继续发展，不受丝毫影响。在第二类殖民地，土地之丰沃者，均经耕种，地力有枯竭之虞，惟旷土甚多，力耕者谋生尚易，故奴隶解放之后，生产力颇见衰减，盖被解放之奴隶，尚能度其懒惰之生活，甚难强其从事雇佣劳动也。在第三类殖民地，肥沃无主之土地颇多，自然产物甚丰，故在奴隶解放之后，生产力大见衰减，盖被解放之奴隶容易获得生活资料，无人愿努力从事生产事业也。

工钱劳动制度，即资本社会之奴隶制度也。工业后进国之无产阶级，欲图社会革命，以废除工钱劳动制度，即幸而成功，亦仅至政治革命而止，无产阶级虽能代资本阶级起而执政，而其所施行之经济政策，仍不能超出资本主义之范围。所不同者，资本略受限制，劳动者之生活可得保证，较胜于资本阶级国家中劳动者受资本家过度剥削而已。苟时机未至，而遽欲强制的实行共产主义，则生产力必骤见衰减。社会革命本在于促进生产力之发展，今乃促使生产力之衰减，行见社会亦归于退化也。何也，物质条件未备，生产力在旧社会内尚有充分发达之余地也。

二、个人之努力

或曰："一种社会组织，非至一切生产力在其组织内绝无发展余地以后决不颠覆；而新而较高之生产关系，当其物质的存在条件未于旧社会母胎内孕成以前，亦不实现，信斯言也，则社会之变革，系于经济的条件，其变革也纯出于机械的作用，完全受经济的定命论所支配，非各个人意志所能左右，各个人宜若可以拱手无为，坐待社会之自然变化，今之人汲汲焉从事社会改革运动者，岂非多事乎？"曰：是不然！社会组织之历史，个人努力之结果也。

社会由有意识之各个人相集相合组织而成，社会组织之变革，一方受物质的条件所拘束，一方又必待各个人有意识的行动始能实现，故物质的条件与个人之努力二者皆社会变革之要件也。

社会变革之必要条件，固不仅个人有意识有目的之活动已也。阶级斗争，因生产力与社会组织之冲突演化而成，社会之进化，须经历阶级斗争始能实现，故个人对改造社会之努力，即系构成此冲突之因子，实于社会之变革有绝对之必要。

世之主观论者恒重视个人在历史上之活动，以为历史纯由个人创造而成，遂轻视社会发达之历史的法则；反对论者又重视社会发达之进化的历程，以为社会之进化纯系自然进化，遂忽视历史由个人创造之实事；二者皆一偏之论也。

个人能创造社会之历史，然不能任意创造之，必也依据社会历史进行之途径，应时势之要求而创造之。故个人而欲创造其自身之历史也，第一必在确实之前提与条件之下；第二其结果又常由多数个人意志之冲突而生。

特种个人根据其性质之特征之活动，能影响历史之进行，且有时能使此影响特别增大。但此种影响增大之可能性，恒受社会组织所拘束，恒受多数社会力所限制。个人之性质所以能成为社会发达之一要素者，非个人之特殊天才使然，实社会关系有以玉成之也。个人所处之地，所处之时，苟皆与社会关系相宜，则其在相当范围之内之努力，必足以促社会之发展。个人努力对于历史进行之影响，其大小如何，固视个人能力之大小以为断，然在一定时期内各个人所负之使命，仍受社会组织所限制也。

伟人之所以能成其伟大者，非因彼所秉赋之个人的特征能于历史上大放异彩也，实因彼所有之特征最能适切于当代社会的大要求故也。是故伟人者，实一切创始者之别名。伟人之所以异于常人者，以能知其大，能见其远，能解决前代社会所提供于当代之科学的问题，能发见由前代社会关系之发达所造出之社会的要求，能更进而鼓其特殊之智力精神，率先担当解决此问题满足此要求之大任耳。故曰伟人者，创始者之别名也。

时势能造英雄，英雄亦能造时势。然时势所能造之英雄，实乃时代之产儿，犹社会进化途中之挽车者也；英雄所能造之时势，实乃技工之制品，犹司启闭者之转移社会变革之枢纽也。方物质条件之未备也，个人无论如何努力，人群无论如何运动，社会之变革终不可期也；物质条件既备矣，个人或人群苟不努力以促成之，社会之变革亦不易实现也。

当十七世纪之时代，欧洲之产业革命已肇其端，工商阶级逐渐得势，而经济上则受旧时组合制度之摧残而不克自由发展，政治上则受封建贵族之压抑，而不克保护产业之安全，当时之生产力，在封建社会内已无发展之余地，所谓社会革命之经济的条件固已具备矣。卢梭等能测度历史进化之潮流，究知社会发达之趋向，故首创天赋人权之自由学说，为彼被压抑之工商阶级开一民主革命之生路，于是而民治潮流遂澎湃于寰球，而卢梭遂成为世界之伟人。又如十九世纪中叶，欧洲产业革命殆已完全成就，卢梭之自由学说化成资本阶级自由竞争之利器，自由竞争与私有制度遂成为现代社会组织之两大原则，而社会问题于以发生，阶级对立于以显著，资本集中，恐慌迭起，生产力渐有停滞之虞，而社会革命之经济的条件，似亦已具备矣，于是马克思起而创社会主义学说，为被压抑之劳动阶级造一社会革命之工具，于是社会思潮遂震荡于寰宇，而马克思遂成为世界之伟人。此非卢梭马克思之天才能创造万人所热烈信仰之学说也，实则卢梭马克思能认清社会进化之关键，能阐发万人心理之自由思想以启发众人之耳目而已矣。

希腊时代之柏拉图亦曾著书发表其社会主义思想矣，而影响全无者，以其无经济基础，类皆玄虚之谈也。十九世纪中叶，蒲鲁东巴枯宁之流亦尝唱无治主义之学说矣，而信徒绝少者，以其昧于历史的经济的演进，类皆空想之论也。

由此观之，社会之变革，一方面固须待物质的条件之具备，一方面尤赖个人之努力，始能实现。各个人不能全仗其自身之努力，任意改革社会，亦不能静待社会之自然变化而怠其对于社会之努力。生今之世，为今之人，诚宜细察社会之潮流，熟审时代之精神，创造自身之历史，促进社会之进步。不当逆反时代潮流，致为无益之努力；亦不宜放弃自身责任，徒托玄妙之空言。此个人努力对于社会革命之要件也。

帝国主义与中国 *
（1926）

国际帝国主义者侵略世界弱小民族之方式有三：第一，可独吞者则独吞之；第二，不能独吞者，则分割之；第三，不能独吞亦不能直接分割者，则以变相之分割方法处理之。中国地大物博，列强因均势之故，不能不利用第三之侵略方式，使屈伏于帝国主义铁蹄之下，中国遂以开"国际的半殖民地"之新局。

帝国主义者对于中国之侵略，可分为政治的经济的两种。经济的侵略，即在于利用金融资本支配中国，使成为彼等之商品市场原料产地与投资处所；政治的侵略，即在于利用武力或政治的优越势力控制中国以予取予求。经济的侵略，目的也；政治的侵略，手段也。海通以来，中国所受帝国主义之压迫，日甚一日，至今日而尤亟，综其大要可得而言焉。

其一，关于政治的侵略者　海禁未开以前，中国闭关自守，资本主义商品，无由侵入中国之市场，故帝国主义国家，不能不挟其武力以为输入商品之向导，中英鸦片战役，其见端也。鸦片战役失败，不平等之江宁条约成立，割香港而开五口通商，资本主义商品乃得洞穿中国之铜墙铁壁，而启帝国主义侵略之渐。自鸦片战役而中日战役而庚子战役，自江宁条约而马关条约而辛丑条约而二十一条款，中国在事实上已为国际帝国主义者所征服，丧失其抵抗之能力，列强乃利用不平等条约，行使政治上之优越势力，以宰制中国矣。如赔款之勒索，九龙台湾琉球之割让，广州湾威海卫胶州湾旅顺大连等租借地之划分，上海沙面天津汉口等租界之开辟，各处商埠之开放，外国之领事裁判权，租借地租界及

---

* 本文为李达所著《现代社会学》第十六章"帝国主义"之第三节"帝国主义与中国"。

其他中国境内之外国行政权，协定关税制及其他保护外国商品与外人经营产业之规定，外人之中国财政管理权，外国之内地驻兵权及内河航行权，外人在内地之传教权及文化之施设等项，不一而足，要皆为帝国主义者利用以控制中国使永为彼等之原料产地商品市场投资处所之工具而已。

其二，关于经济的侵略者　经济的侵略可分三项，即贩售商品，采取原料及投资是也。据一九二三年之对外贸易统计观之，输入额在十亿元以上，输出额在八亿元以上，而输入额中十分之七为工业制造品，输出额中十分之八为原料品，帝国主义列强之利用金融资本使中国化为彼等之商品市场与原料产地，即此已可概见。至列强对于中国之投资，则可分为直接投资，间接投资及中外合办事业之三种。所谓直接投资，即外国资本家直接投入其资本于中国境内以经营事业之投资，如铁路投资，矿业投资，工业投资，银行投资，航业投资之类是也。所谓间接投资，即外国资本家购入中国国债及地方公债或中国私人公司股票债票之投资，如中央及地方之政治借款，经济借款，以及对于汉冶萍公司南浔铁路之投资是也。所谓中外合办事业，即外国资本家提出资本与中国合办事业，如所谓中英合办，中法合办，中日合办，中美合办之各种事业是也。此项国际投资之数目，无虑数十百亿，其中之大部分则皆掠自中国而复投入中国，更以掠夺吾民者也。

帝国主义之为祸于中国，至今日而极矣，金铁奴我以物质，宗教奴我以文明，教育奴我以服从，勾结我国贼，制造我内乱，涂炭我人民，迹其用意，直欲永远陷中国于分崩离析万劫不复之境，以继续其掠夺宰割之政策而已。帝国主义不死，大盗不止，中国年来之国民革命运动，其殆为帝国主义侵略之反响也欤！

世界革命[*]
（1926）

一　世界革命之意义

人类之历史，阶级斗争之历史也。而民族斗争又先阶级斗争而生、随阶级斗争而已焉。^① 自古代民族之为土地与食物而互相斗争也，而征服与被征服之事实以生；自奴隶制度因民族互相征服之事实而成立也，而经济的剥削与被剥削之阶级对立以著；自民族隶属之随奴隶制度而继续存在也，而政治的支配与被支配之关系以成。是故民族斗争为阶级斗争之先驱，而阶级斗争又为民族斗争之结果。此古代民族斗争与阶级斗争之关系也。

降逮封建时代，实行政治的支配与经济的剥削者为封建地主阶级，其被支配被剥削者则为工商农奴阶级。此时劣败民族对于优胜民族之隶属关系，一与工商农奴对于封建地主之隶属关系无异也。此封建时代民族斗争与阶级斗争之关系也。

迨至近代，有产阶级推翻封建地主阶级，树立有产社会组织，建立民族国家，成为剥削者支配者之阶级，因而无产者亦由农奴转化而成为被剥削被支配者之阶级，而近代之阶级斗争以成；同时弱小民族对于优胜民族之隶属关系，亦一变而成为无产阶级对有产阶级之隶属关系，而近代之民族斗争以成。此近代民族斗争与阶级斗争之关系也。

由此观之，伊古以来，民族隶属与阶级隶属，民族斗争与阶级斗

---

* 本文为李达所著《现代社会学》第十七章"世界革命"。

① 1928 年 11 月上海昆仑书店出版的修订版删去了自"人类之历史"以下两句。

争，其变迁之形式虽不一，而其起源于经济的政治的利害之冲突，则初无二致也。

近代无产与有产之阶级斗争，为阶级斗争之最终形式；同时近代弱小民族与强大民族之民族斗争，亦为民族斗争之最终形式。无产阶级苟得解放，则弱小民族亦随而解放。阶级隶属之事实消灭，则民族隶属之事实亦必归于消灭；反之，民族隶属之事实消灭，则阶级隶属之事实亦必归于消灭。此民族革命与社会革命所以相须并进而构成世界革命者也。

二　世界革命之对象

民族革命云者，弱小民族脱离强大民族支配之谓也；社会革命云者，无产阶级脱离有产阶级支配之谓也。两者之形式不同，而其革命之对象则一，一者何？帝国主义是已。帝国主义之经济的要素为资本主义，帝国主义之政治的要素为国民主义。近代阶级斗争与民族斗争，实由此资本主义酝酿而成，更由此国民主义之助长而愈趋激烈者也。

帝国主义经济的发展之程序，可分为五种阶级〔段〕。第一，资本主义确立以后，产业之发展，一日千里，遂以促进资本之集中。资本与生产集积之结果，产业界之自由竞争乃一转而趋于独占，贫富之悬隔愈甚，而阶级之对抗益显，此阶级斗争之经济的原因也。第二，独占成立，遂促进银行资本与工业资本之融合而成为金融资本，造成金融之专制。第三，金融专制成立，则对外贸易乃由货物输出而变为资本输出。第四，资本输出成为对外贸易之主要要素以后，各国资本阶级实际从事于国际的独占之组织而分割全世界。此民族斗争之经济的原因也。第五，世界分割竣事，列强经济势力范围完全确定，遂至互相对抗，互相猜忌。此世界战争之经济的原因也。

帝国主义之政治的发展，与其经济的发展并行，亦可分为三种阶段。方其始也，资本阶级掌握国家权力，创设军队警察，以拥护其经济上之利益，镇压国内之阶级斗争，此助长阶级斗争日趋激烈之政治的原因也。其继也，创设大规模海陆军备，利用有政治意义之民族意识，以期控制其所已得之殖民地与半殖民地，此助长民族斗争日趋激烈之政治的原因也。最后，努力扩张军备及航空事业，执国民主义号召本国无产阶级，借以缓和其阶级对抗之趋势，而期制胜于世界战争，此帝国主义战争循环不已之政治的原因也。

时至今日，帝国主义已危机四伏矣。就阶级斗争方面言，各帝国主义国家，若英若法若意若美若日，其国内无产者之政党，均已次第组成，或为共产党，或为社会党，或为劳动党，皆具有不可侮之势力，其名称虽不同，而其目的则皆在于绝灭资本主义，是诚帝国主义第一大致命伤也。次就民族斗争方面言，世界弱小民族，皆有反帝国主义运动，若爱尔兰，若印度，若中国，若菲律宾，若埃及，若土耳其，若朝鲜，若摩洛哥，若波斯，若美索不达米亚，其民族运动，正如雨后春笋，愈演愈烈，虽领导此运动者，或为共产党，或为民主派，而其共同目的，则皆在反抗资本主义侵略，以谋政治的经济的独立，是诚帝国主义第二大致命伤也。彼帝国主义国家，既有阶级斗争之内讧，又有民族斗争之外患，百孔千疮，穷于应付，犹复殚精竭虑，汲汲焉准备第二世界大战，以少数帝国主义者流，而临多数反对者之大敌，如朽索之驭六马，其沦亡特旦暮耳。

三　世界革命之目的

民族革命与社会革命之对象虽为帝国主义，至其理想的目标则如何，此不难由社会进化之原则以推知之，即现代阶级斗争与民族斗争之倾向以证明之也。

世界革命之积极的提倡者虽为列宁，而其根据实出于马克思"万国无产者，其团结而起乎！"一言，此尽人所知也。至于世界革命之理想的目标果如何，马克思虽未尝详加推论，然就其文献征之，亦大略可观已。

马克思于所草《共产党宣言》中有云：

> 劳动者无祖国，吾人不能并其所无者而亦去之。劳动阶级第一步工作，必须起而为国民主要阶级，必须由自己阶级组织国民。由此言之，劳动者乃组成国民者也，然与资本家所谓国民，其意义不同。

> 诸国民之民族的分立及民族的轧轹，既已随有产阶级之发达，随工业上生产方法与其相应诸生活关系之均等，而逐渐呈现消失之倾向矣。无产阶级苟能掌握政权，则此等民族的分立及民族的轧轹，必更急速消失无疑，以各国（至少文明先进国）之共同行动为

无产者解放最重要条件之一故也。

个人掠夺个人之事苟能终止，则一国民掠夺他国民之事亦当终止；一国民内部之阶级轧轹苟能终止，则诸国民间之敌对关系亦当终止也。

此马克思对于世界革命之推论也，德人古诺氏为之训释曰：

马克思此言，系论社会进化之程序者也。商业苟愈益扩张于市场之上；诸国人民间之社交的经济的诸关系苟愈益发达；又各国因工业进步而某等特殊国家在工业上及资本上之独占停止，且其生活上各种关系愈益均等；则互相交通诸国民间之国民的特殊形相及国民的轧轹，当必逐渐消失也。尤以各国劳动阶级夺得政权之时，于促进此种机运，更为有力焉。盖一阶级压制并剥削他阶级之事停止，则一国民压制并剥削他国民之事亦当停止也。如此，则诸国家及诸国民间必努力实现同一之文化目的而有加无已。因而同一文化倾向之诸国民，必为共同文化之目的而互相提携，诸国民既构成国际的联合，则各国亦将次第丧失其所以为国民之意义矣。

由以上所述，可知世界大同社会之基础为世界经济，与此基础相适应之世界政治，则为世界社会主义联邦也。

自《共产党宣言》发表迄今将近八十年矣。此八十年间世界产业之发展，异常迅速，自然力之利用，机械之精巧，农工业之应用化学，巨大交通机关之组成，世界市场之扩大，举全世界各局部构成一有机的联络关系，全世界之人，互相为而工作，牵一发而动全身，异族杂处，天涯比邻，一切社交上经济上之关系，虽未能完全均等，然已日趋接近。故在世界经济成立之今日，实已有融合全球十五亿人口组成一大同社会之可能。然返观世界政治之现状果何如乎？由世界政治之倾向言之，各国民国际连带之感情实已逐渐增进，国民主义之色彩实已逐渐减低，乃少数帝国主义者，不惟不放弃其国民主义，且从而揠苗助长焉。彼被剥削被支配之无产阶级，其经济的利害关系，固与帝国主义者绝不相容，而帝国主义者乃极力遮掩此种利害之相反性，希图缓和社会问题之纠纷，不惜以种种方略，激动无产者对外之敌忾心，以谋帝国主义之维持与发展。曰凡尔塞会议，曰华盛顿会议，曰海牙和会，曰国际联盟，名虽为拥护世界平和，其实不过为强盗晚餐会，协商剥削世界无产阶级及弱小民族，并约定缓期举行世界大战耳。此种国际政局之状况，其与世界社会之经济的基础，不亦大相背驰耶？

虽然，吾人于此种矛盾的世界政治之反面，发见一种新政治力而可以造成与世界经济相适应之世界政治焉。此新政治力为何，即无产阶级国际主义之倾向是也。无产阶级国际主义苟有实现之一日，则世界大同社会即有实现之一日也。

四　世界革命与国民革命

民族革命与社会革命之关系之目的及其实现之手段，上文已略述其概，兹更进而专论民族革命之步骤焉。

夫民族革命之对象虽在颠覆帝国主义，而弱小民族内为虎作伥之封建阶级或帝国主义者之代表，亦在推翻之列，此为一般人所公认，固无俟余之赘论也。然领导民族革命运动者，果必为资产阶级乎？抑为无产阶级乎？此首应发生之疑问也。

民族革命者，公理对强权之革命也。强权云者，即一部分人对他一部分人实行政治的支配与经济的剥削之谓；公理云者，即铲除政治的支配被支配及经济的剥削被剥削之阶级差别之谓。以强权摧强权，则强权永存；以公理摧强权，公理胜则强权永灭。民族革命必循此以赴其鹄，始有意义。夫既称民族革命，则顾名思义，当然为全民革命之性质，惟当实行之际，作战者有勇有怯，战时之中坚分子，恒有偏于一方面之倾向。方其被强暴民族所侵略也，小资产阶级与无产阶级同处于被压迫之地位，利害有共通之点，及大敌当前或届成功之际，则各因自身利害关系，而阶级之意识以萌。近代所谓民族国家之创立也，当其始无不执民族意识以号召，一旦革命成功，国基巩固，则资产阶级即发挥其自私自利之本能，对无产阶级实行剥削支配，历史上不乏其例也。革命前执公理以相标榜，成功后则舍公理而用强权，亦犹法兰西大革命，资产阶级高唱自由平等，成功后则以不自由不平等加诸无产阶级也。如此实行之民族革命，非世界革命之性质，乃以强权摧强权之性质也。若就无产阶级之见地言，不过变更其掠夺者之国籍耳，何利之有？此种候补帝国主义者，不惟非先进帝国主义者之敌，世界无产阶级且将群起而攻之。此就进化之原则而言者也。若就今日民族革命之现状而论，弱小民族之全体人民，其最感帝国主义压迫之苦而觉知有革命之必要者，莫如工农无产分子。盖弱小民族，产业异常幼稚，小资产阶级之有势力者，大都为商业资本家，而小制造家次之。此类商业资本家，专恃贩售帝国主义商品以逐利，语其实不过为国际资本家之买办或代理人而已。买办阶级不惟不革命，且多有反对革命者。至于小制造家又多与反动派之封建阶级及买办阶级相结纳，亦乏革命精神，除欢迎排货运动以乘机扩大其事业外，固厌闲革命者也。若夫劳动者流，因帝国主义之胁威，时时感受失业之危险，即幸而得佣力求食于国际资本家之手，而国际资本家复利用其政治优越势力，得以任意宰杀鞭责之，故仇视帝国主义，实较小资产阶级为尤甚。至于农民，则直接受本国封建军阀之诛求，间接受帝国主义商品之剥削，农村生活继长增高，流离失所，随处皆是，而欲求得一佣工苟活之机会，亦不可得，故其感受帝国主义与封建军阀之压迫，亦较小资产阶级为甚。故工农无产分子虽与小资产阶级同感受帝国主义及其使者——封建阶级及帝国主义者之代表——之压迫，而后者较前者尤感利害切肤之痛，其革命精神亦特别激昂。弱小民族无产阶级所以能成为民族革命之中坚者以此。爱尔兰独立运动之中心，已由自由党而移于共产党；印度独立运动之中心已由非妥协之甘地派而移于无产阶级；朝鲜独立运动之中心已由民主派之独立党而移于共产党；中国民族运动之中心已由国民党右派而移于左派即其明证也。由此可知民族革命，虽系全民革命性质，而其中坚分子则为无产阶级而非小资产阶级也。

五　国民革命之归趋

民族革命虽由无产阶级为中坚，而其性质则为全民革命，然如此以成功之革命，将采用资本主义以发展产业乎？抑将采用社会主义乎？此应发生之第二疑问也。

民族革命之步骤，第一在树立政治的经济的独立；第二在以加速度发展其本国产业，力谋与先进国之文化相齐，以构成世界文化，形成世界大同社会之基础。夫民族隶属之事实所由生，实文化程度不齐之故，而弱小民族文化之所以不进步，实因受帝国主义之压迫不克发展之故，民族革命实在于促进文化之急速发达者也，然则弱小民族发展产业应采用进步之经济主义可知矣。依经济组织进化之程序言，资本主义成熟之后，始能进于社会主义，以弱小民族产业之幼稚，有尚在封建状态者，有尚在半封建状态者，即使民族革命实现，亦仅能开始实行资本主义，此世人所公认者也。虽然，资本主义亦有私人资本主义与国家资本主义之别焉。私人资本主义乃帝国主义之前身，即今各先进国所盛行者也，国家资本主义乃社会主义之过渡，即今俄国所采行者也。两者之性质不同，而其能促进产业之发达则一。故民族革命成功时，小资产阶级得势，则必采用私人资本主义；无产阶级得势，则必采用国家资本主义。若采用国家资本主义，则将来可以和平达于社会主义；若采用私人资本主义，则在进化途程中，必更经历一度激烈的阶级斗争也。中国今日一般人对于产业政策之见解，多主张采用劳资协调主义，期以社会政策节制资本。然社会政策苟能实行，则国家资本主义亦可实行，与其采用私人资本主义以引起将来之阶级斗争，不如径行采用国家资本主义之为愈也。且无产阶级既能成为民族革命之中坚，则在成功之后，对于经济上之建设，必不赞成私人资本主义而采用国家资本主义可知。国家资本主义乃社会主义之过渡，非即社会主义，列宁已先言之矣。故民族革命而苟能成功，必归着于国家资本主义也。

弱小民族之民族革命，既须与先进国无产阶级联络，始能实现，然欧美各国之劳工贵族果有诚意与弱小民族携手乎？反之，民族革命独不能单独行动乎？此应发生之第三疑问也。

依社会运动之原理言，劳动者无国界之可分，然劳动者国界之消除，由渐而进，非一朝一夕所能完全实现。欧战当时，第二国际违背平时非战主义之主张，参加帝国主义大战，卒因此以致瓦解，各国劳动者之觉悟分子，均相继脱离第二国际，而有第三国际之组织。此第三国际之无产分子，皆能化除国界者也。不惟第三国际已也，即复活之第二国际，对于曩时盲目爱国之行动，亦曾发生责任问题之争执，足见其尚有悔悟之心也。故劳动者国界之化除，直为程度问题而已。中国五卅运动本为国民运动之性质，然英美德法日诸国无产阶级，均曾与以精神上物质上之援助，俄国更无论矣，日本无产政党且以取消不平等条约列为党纲之一，是即先进国无产阶级与中国民族携手之事实也。前此中英中法中日乃至庚子联军之役，彼英美法德日诸国之无产阶级固未尝有此种表示也。先进国无产阶级之与弱小民族联络，随帝国主义之猖獗而日益显明，随弱小民族民族革命之进展而日趋巩固。今日英美各国劳动者所以尚未实行激烈革命而被世人目为劳工贵族者，实缘本国资本阶级尚能于弱小民族掠得超越利润，彼等犹得分润于"国民的"资本利得也。他日弱小民族反帝国主义运动日亟，则彼等亦将丧失其劳工贵族之地位，而降居同一之水平线矣。中国五卅案发生以后，广东国民政府积极反英之结果，致使英国数十年惨淡经营造成之经济侵略根据地之香港，一朝化为荒岛，帝国主义者之损失达十亿之巨，遂至迫而出威吓手段以临中国，其手足失措之状概可想见。苟印度及其他一切殖民地均能如中国南部之反英，则英国劳工贵族有不起而推翻彼国之帝国主义者乎？故先进国劳工贵族之与弱小民族联络，乃时间问题也。

若夫苟且侥幸，不与国际无产者相联络，思欲乘帝国主义者互相猜忌或互相冲突之时，一举而树独立之旗，以期脱离帝国主义之压迫，此种机会主义在理想上未尝不当，而在事实上殊难实现。此种独立运动，即使得逢千载一时之机会，幸而奏效，然其结果亦不过脱离甲派帝国主义之支配而转受乙派帝国主义之压迫，如芬兰波兰之脱离俄罗斯而受法兰西帝国主义者之庇护，如美索不达米亚诸国之脱离土耳其而受英法两国帝国主义者之支配已耳，欲永远脱离帝国主义者之压迫不可得也。此种机会主义之民族革命，较不革命尤为有害，不可不察也。

最后必更有疑问焉：民族之历史自古迄今数千年，民族意识果能因世界革命而消灭乎？

人类之言语风俗习惯乃至皮肤之色泽不必尽同，民族意识信乎其不能消灭也。虽然，民族意识即不消灭，于人类何害？所可畏者，利用民族意识以助长其政治作用，帝国主义之所以为害于人类，正因其附加政治性质于民族意识之上而发展为国民主义耳。将来民族意识苟能消失其政治的性质，亦犹乡土感情之类也。湘人之于赣人，汉人之于满人，苟不利用其乡土感情以互相斗殴，则乡土感情虽永远存在可也。然此属于数十百年以后事，吾人在今日殊无推测之必要也。

空想的社会主义与科学的社会主义 *
（1926）

　　社会主义为现代资本主义经济组织直接之产物，所以谋人类之生存幸福而以废除私产为目的者也。社会主义者图谋解决社会问题时感受暗示之思想，起源甚古。盖有经济的征服与被征服之事实发生以来，其必然之结果，而社会主义思想遂寄生于当代先觉者之头脑中，鲁里亚所谓"空想的社会主义之起源，消在古代云雾中，古代诗的形式中之社会主义，实与当时贫人最初被绞出之泪并生"者是也。中国与印度以及希腊罗马之古代哲人，大都皆有社会主义思想之人。如孔子之大同说，老子之无为说，许行之并耕说，如印度释迦打破阶级之观念，如希腊拍〔柏〕拉图之理想国，均不失为一种社会主义思想。罗马时代社会主义思想甚少，耶稣教于上帝之前倡个人平等，及财产所有平等，亦包含社会主义之主张。中世纪社会主义思想，与古代同，皆为消费方面之共产主义而非生产方面之共产主义，且含有宗教之色彩。皆根据基督教之信条或教理而生者也。

　　泊乎近世，社会主义思想，基于人道主义而生者，大都用乌托邦之小说形式，以发表其所抱负之理想。最著者为摩尔之《理想国》，康巴拿拉之《太阳都市》，哈林东之《大洋洲》，皆非根据事实之空想而已。至于稍切实际之社会主义思想家，则有毛勒里马布利华维尔巴比等一流人。

　　降至十九世纪初叶，圣西门傅立叶路易布朗阿文等相继辈出，遂为科学的社会主义之先导，其影响于世人之社会观及国家观者甚大。盖在

---

　　* 本文摘选自李达所著《现代社会学》第十四章"社会思想"之第三节"空想的社会主义"和第四节"马克思的社会主义"。标题为编者所加。

当时资本主义盛行，社会问题日益显著，故此等社会主义者之主张，颇能言之有物。圣西门之主义颇带宗教色彩，所著《产业问答》及《新基督教论》谓当时资本阶级虽推倒贵族，增高地位，而劳动者则未受实惠。劳动阶级为一切财富与进步之原动力。宗教本义，在谋此等劳动阶级精神上物质上之幸福，在增进全体人类之福利。故自由主义经济组织应当废除，各尽所能，从事劳动，准据劳动以行分配，而产业制度应化为军事组织。圣西门此种主张，颇含社会主义之精神，颇得时人之信仰。傅立叶著《新产业世界》及《国内农业公会论》等书，唱联合社会主义。彼谓一切财富原为各人幸福之根本条件，而现社会多数人反为贫困所累，自由主义更从而推波助澜，愈促贫困之增加。又当时农工业及私人经济，各自为谋，大阻害生产之进步。个人竞争互相轧轹，徒耗实力，故世人宜避去此不良之结果，共谋增进生产力，使各个人各得自由发展其实力，建设大规模之劳动。人皆有劳动之天性，此种联合苟能充分扩大，则一切必需劳动皆能任意为之，劳动效果愈大，各人愈乐于劳动。为谋达此目的，莫如由个人组织"法兰西"之共产团，共同生产，所得之产物，按资本劳动与技能三者依五与四与三之比分配之。如此则各人皆有劳动义务，皆有依其嗜好以选择职业之权利，贫富之悬隔不致过甚，而社会之贫困与不幸可除矣。此傅立叶之思想也。傅立叶之高足孔西德兰对于社会主义亦有贡献，即对于劳动权之主张是也。劳动权云者，即谓有劳动能力有劳动意志之人而不得依劳动契约由私人获得工作时，有要求国家或公共团体给以工钱劳动之权利是也。傅立叶谓劳动权非在彼所定之社会改造案实现后，不易见诸实行，而孔西德兰则谓社会苟不承认无产者有劳动权，则私有制度不能保持安全，无产者生活艰难，必起社会革命。劳动权之说影响于社会运动及社会思想不少，故路易布朗于法国二月革命时即实行此主张，承认劳动权，并设国民工场以促其实现，虽不久归于失败，而劳动权之要求，至今无产者尤力持不懈。

其次阿文之思想，颇带人道主义色彩。彼曾著《新社会论》及《新道德论》等书，谓人类之性格原为境遇之产物，故欲谋人类之发达，须努力改良境遇，开发德智。又谓贫穷之原因与社会的不幸，皆由产业竞争而来，因产业之增加而日趋于恶劣，其救济之策，在将一切生产手段收归公有，并组织生产之共同团体，故提倡新村组织。新村组织法，由五百人至三千人之劳动者结成组合，给以一千至一千五百英亩土地及其他生产资料，设共同家屋及共同食堂，以营农业为主，傍及其他事业。此等新村可由政府及城乡或个人组织之，以期推广于世界。据彼之说明，此种新村组织成立，则劳动能率增加，分配问题可不发生矣。此阿文之社会主义思想也。

上述古代中世及十九世纪前半期之社会主义，均属于道德的宗教的政治的性质。其中在法律上有根据者，亦仅对于法律之根本的权利，主张自然法的生存权与劳动权而已，未有根据生产及分配之事实举行科学的研究者。至于根据社会之物质的事实以创造之社会主义，则为马克思社会主义。学者所以分社会主义为空想的及科学的两类，而以马克思社会主义为科学的社会主义，马克思以前之社会主义为空想的社会主义者，职此故也。

空想的社会主义略如上述，兹进而述马克思社会主义——科学的社会主义。

社会主义，依其性质而类别之，可分为空想的及科学的二种。初期社会主义者，专凭一己之思索，描写对于未来社会之主观的要求或希望而止，至于实现其理想之条件果已存在于现社会与否，则不详加考虑。其理想虽高，而缺乏实现之可能性，故谓为空想的社会主义。逮马克思出，社会主义始获得充分之科学的根据，空想的社会主义遂进化而成为科学的社会主义。盖马克思之社会主义，系根据历史的社会的事实，研求伊古社会组织变迁之原因，而发见其进化之法则；次更依据此进化之法则，以观察现代之社会，决定现代社会之必然变革而达于理想社会，故谓之科学的社会主义。

马克思社会主义之内容，可分为历史观，经济论，政治论三大部分。历史观与经济论属于理论的方面，政治论属于实际政策的方面。历史观之根柢为唯物史观说，经济论之根柢为剩余价值说，政治论之根柢为劳工专政说，而贯串唯物史观剩余价值与劳工专政三大原理，使成有机的联络关系者，则为阶级斗争说。兹分别叙述于下。

一、唯物史观说　物质的诸要素中，最能影响于社会之进化而成为根本动力者厥为经济的要素。盖物质的诸要素中最能变化最能发达者，莫如经济的要素，其他如人种地理气候等类物质要素，变化甚少，变化甚少之物质要素，对于社会当不起大变化也。例如原始社会，人类所使用之器具，粗笨不适于用，故人类完全受自然环境所支配，气候地理等物质要素之变化，颇能影响于原人。惟详加考虑，此等非经济的物质要素之影响甚微，且随社会之进步而减少，于历史进化之大体无甚关系之可言。是故社会制度之形式，视生产方法及生产物之交换分配方法如何以为断。因而社会之变迁，政体之变形，实依据生产及交换方法之变化而定，非依据所谓真理正义等思想精神之进步而定，换言之，社会进化之原因，不在于哲学而在于经济之中也。

社会生产力发达至于一定程度，即构成社会之基础。依据此种基础组成社会之各个人，在生产分配之社会的历程中，恒发生种种相互之关系。各个人所分受之生产物，由此等关系定之。其结果遂以产出一定之社会形体，产出一定之社会制度。同时又产生适合此社会形体之一般心理状态及诸种道德习惯，因而该社会之哲学文学艺术遂以发生。

然流行于一定社会之思想，对于当时社会，具有强大之势力。惟其思想发源于社会的事物之环境中，而其环境又为该社会经济关系之结果，故无论为政治思想，或道德思想，或宗教思想，虽能流行社会，支配人心，而其基础根源之经济状态一朝变化，则此等思想即渐失其支配力。又如今日之阶级的社会中之流行思想，不仅为经济关系之结果，且与当时经济上占优势地位之特殊阶级之利益相适合。故在某一定社会中，常有同时流行两种互相矛盾之思想者，要不外表明两种阶级之利益而已。

但就通例而言，一社会仅有一种流行思想，盖社会之生产机关归特殊阶级所有，生产及交换之业务由彼等操之，故惟有此特殊阶级能依据自身之利益，创造当时社会及习惯。故特殊阶级既占有社会之经济势力，又能掌管社会之精神食物，社会全体因受强制力及说服力之作用，遂至受支配阶级思想所感化。

然人类具有发明力。征服自然界之生产器具继续变化。器具变化，生产方法亦生变化。自然界征服之方面，亦生变化。变化逐渐发生，新器具与新方法亦逐渐成就。然新器具中所包含之新经济力，含有不可抗之性质。新经济力之进步，其始也甚迟，其继也则以加速度进行，终至能踏过一切障碍物而突飞猛进。

新器具出现，则新政治力即已产生于该社会之中。新器具在社会经济上愈占重要，则此政治力亦随而成长。此政治力即使用新器具之阶级，而与旧日领有生产机关之支配阶级相斗争者也。

此斗争继续之中，遂产生必然之结果。经济上，获得社会必要货物之新生产方法，成为急务；政治上，运用进步的生产机关之阶级，取得优势。于是社会事物之新状态遂以发生。若其生产方法大异于旧生产方法，则与旧社会相异之新社会遂即显现。因而政治上产出新制度，宗教上产出新信仰，道德上产出新意见，艺术上产出新趣味，哲学上产出新学说。历史之潮流如此。

代表新经济力之阶级与代表旧经济力之阶级互争优胜时，新思想亦与旧思想互争优胜。新经济力愈增加，而新兴阶级之新思想，愈益排除旧思想，而输入于多数人之头脑中。惟新思想之形成甚为迟缓。其摇动多数人之心理，亦极其迟缓，然经济的变革进行之时，新思想自成为改革之要素，而为破坏旧事物之资助。盖新思想为经济的变革之反映。而其经济的变革又有社会全体进步之意义也。

故新思想恒直接间接由新经济状态产生而出，于社会进步上，于阶级斗争上，均占居重要地位。一切新阶级固不仅为自身奋斗，而同时又为社会全体奋斗者也。

二、阶级斗争说 从来政治家历史家观察政治上及社会上之事变，其能认识社会阶级所负之使命者，颇不乏人，而对于社会阶级及阶级斗争之概念，能为精确之解释，使构成政治及社会思想之内容者，则无如马克思。马克思以经济之特征为区分阶级之标准，即视各个人获得生活资料之方法如何，借以决定其所属之阶级是也。苟其主要生活手段为工银，则属于无产阶级；苟其主要生活手段为资本，则属于有产阶级。无产阶级以出售劳力为生活之渊源，有产阶级以生产机关为生活之渊源。有产无产两阶级之间，存有极大之矛盾，判若鸿沟，互相对立，由对立更进而成为阶级斗争。盖自古代土地共有制度崩坏以来，一切社会之经济的构造悉建筑于阶级对立之上，如希腊之自由民与奴隶，罗马之贵族与平民，中世纪之领主与农奴，行东与佣工，阶级对立之形态虽因时代而有不同，而各时代社会之经济的构造既建筑于阶级对立之上，则一切法制上及政治上之上层建筑，因以成立，社会的意识形态因以适应，故一切过去之历史，皆为阶级对立之历史。

阶级对立之结果，必成为阶级斗争。盖社会组织随生产力之变动而变动时，则社会组织之改造，必假手于社会内部之多数人，故一定社会组织变革时，必有一群主动者担当改革事业，而从事一定之运动。然就历史公例言之，其成为改造社会运动之中心势力者，必为现社会组织下处于不利益地位之阶级；其成为反动派之中心势力者，必为处于有利益地位之阶级。两者互相对立，相持不下，结果不免于斗争，故社会组织之改造，常借阶级斗争之形式以行之。此一切过去之历史，所以又为阶级斗争之历史。

无产阶级经历种种时期发展而成。无产阶级发生之日，即与有产阶级开始战斗之日。斗争之步骤，最初为各个工人反抗直接掠夺自己之资本家；再进一步则为一工厂工人联合反抗；更进一步则为一地方同业工人联合反抗。惟此时彼等攻击之目标乃在有产阶级之生产工具，而非有产阶级之生产方法；彼等之期望仅在于用腕力以恢复旧日手工工人之故态而已。在此时期之中，劳动者亦知缔结团体，惟精神散漫，内部一有龃龉，即行瓦解。其团结稍固者，亦非出于自动，乃因受有产阶级之利用而然。盖此时有产阶级为反抗封建势力之故，恒假借全民名义煽动全国劳动者为之后援，成则坐享其利，败则劳动者身受其害。故此时劳动者虽有较巩固之结合，而所得之胜利则皆为有产阶级之胜利。

然而产业愈发达，而无产阶级之人数愈增加，渐知结成大团体，其力量愈增，其自觉亦愈强。且以机械抹去劳动差别之故，劳动阶级之利害关系及生活状态趋于一致，而工银又逐渐降至同一低水平线。有产阶级因自由竞争造成之商业恐慌，无时不使劳动者感受生活之威胁。于是劳动者与资本家之个人的冲突，渐带阶级冲突之色彩。劳动者至此始知结成团体，一以谋劳动条件之改良，一以谋阶级斗争之持久。

此期之斗争，劳动者亦屡获胜利，然实际之效果，不在目前之利益，而在劳动者之团结继续扩大。此种团结，因近代交通机关之辅助，而远近之劳动者均得互相接触，遂集合同性质之若干地方的斗争，而团成全国一大阶级的斗争。无产者如此组成一阶级，即自然成为一政党。惟因此时劳动者与劳动者之间，常不免互相竞争，团体必时常涣散。然因实际斗争之经验，涣散者必趋于紧张，而战斗力愈益增大，遇有机会即能要求有产阶级之立法机关，承认劳动者之特殊利益，而有产阶级亦不能完全蔑视无产阶级之实力。

无产阶级之反抗愈大，而有产阶级之压迫亦愈大，其结果无产阶级斗争之目标必由经济的方向而转于政治的方向。无产阶级一方面因资本之增殖，而感知自身之利害与资本阶级绝不相容，一方面因实际运动所得之教训，而感知自身非掌握政治权力决无保障生存之望，遂不能不企图政治革命，升为权力阶级，以谋经济组织之改造。故阶级间经济的利害之冲突，非更进而唤起政治的斗争不止也。

以上为阶级斗争说之梗概。惟于此有应注意者，阶级斗争说所能适用之范围，仅限于有阶级之社会，而不能适用于无阶级之社会。有史以前之原始共产社会，无阶级之区别，资本社会以后之新社会亦无阶级之区别，当然不能应用阶级斗争说以说明之。盖资本社会中有产及无产两大阶级之对立，为阶级斗争之最终形式。阶级斗争之目标，在绝灭资本制的生产方法，以造成无掠夺者及被掠夺者之社会，经济上既无阶级之区别，斯无阶级斗争之事实。至谓一切人类之历史皆为阶级斗争之历史云者，盖以社会之历史的进行，皆以社会组织之变动为中心，而社会组织之变动，又皆以阶级斗争之形式实现，故过去之历史，皆得由此阶级的社会斗争之见地观察之研究之，因而革命未爆发以前之一段历史，又可视为酝酿革命之时代，即可视为阶级之次第发展以迄于发生自觉之准备时代，必如此观察，始得由科学的见地以观察社会之历史的进行也。

三、剩余价值说　据剩余价值说，劳动为一切商品所共通之社会本质，即制造商品时必耗费若干量之劳动是也。唯所谓劳动系社会劳动。盖为自己使用及消费而生产物品之人，乃创造生产物而非创造商品。彼为自立之生产者，与社会无关系。至生产商品之人，不仅生产货物供社会之需要，即其人之劳动亦构成社会劳动总额之一部。其劳动系属于社会内之分业，与其他部门之劳动互相为用者也。

商品为社会劳动之结晶，为社会劳动之现实化。欲以商品作为价值考察，可从此社会劳动着手。商品之有价值，乃因其为社会劳动之结晶。价值大小，仅由现实化之劳动分量决定。惟商品之价值应由其生产所必需之劳动相对分量决定，或应由工银决定，两者之间，大有差异。就实际上言之，劳动者之工银虽为生产物之价值所制限，而生产物之价值则不受工银制限。通例劳动者所得之工银，恒在其所生产之商品价值以下。故决定生产物之相对价值，与其生产所使用之劳动价值，实无关系。

以劳动分量计算商品之交换价值时，须于最后所使用之劳动分量，加入商品原料生产所使用之劳动分量，及助其劳动之器具机械建筑物上所赋与之劳动分量。苟商品之价值仅由生产上所使用之劳动分量决定，则怠惰者与不熟练者所造成之商品，决无多得价值之理。盖上述以劳动分量决定之意，系谓于一定社会状态之下，依社会平均强度之生产条件生产，且为生产所必需使用之劳动分量。如以动力纺织机械与手工纺织机械互相竞争时，手工纺织机械较动力纺织机械须耗两倍之时间，故欲以手工纺织机械与动力纺织机械相竞争，必须较前加倍工作。是此时二十小时造成之生产物之价值与以前十小时造成之生产物之价值相等矣。

是故成为商品实现而出之社会劳动分量,如支配商品交换价值,则商品生产所需之劳动分量增加,商品之价值亦增加;同样,劳动分量减少,其价值亦减少。各种商品生产所需之劳动分量苟为一定不变,则此等商品之相对价值亦当一定不变。然商品生产所需之劳动分量,随其所使用之劳动力继续变化,故劳动生产力愈增大,则一定劳动时间内所造成之生产物亦因而增多。例如纺织工人苟用旧式纱车纺纱,每一劳动日能纺棉花数百斤。此时每斤棉花所吸收之纺织劳动仅为往时数百分之一,而每斤棉花成纱以后所加之价值,亦仅为往时纱价数百分之一,纱价自趋于低落。劳动生产力愈大,一定量生产物所需之劳动愈少,而生产物之价值亦因而逐渐减小;劳动生产力愈小,一定量生产物所需之劳动愈多,而生产物之价值亦因而逐渐增大。是故商品之价值与生产所使用之劳动时间为正比例,与劳动生产力为反比例。

劳动者每日所售之物为劳动,故劳动须有价格。然商品之价格,仅将其价值用货币表现而出,亦可称为劳动价值。惟普通所谓价值之意义非成为商品之劳动价值。商品中结晶之劳动固能构成价值,但如适用此种价值观念,则十小时劳动日之价值即无由决定。质言之,劳动价值云者,即谓劳动者所售之物乃劳动力而非劳动也。劳动者受资本家之工银,而以其劳动力之暂时处分权与之。故劳动价值即劳动力价值之意也。

劳动力之价值,与一切商品价值同,亦由生产所必需之劳动分量决定。人必生存始有劳动力,故欲维持其生命,必给以必需资料供其消费。且除其自身生存必需资料外,又须养育其子孙,发达其子孙之劳动力,使为劳动者之续,故又须给以一定必需资料,供其消费。生产异种性质劳动力之费用既异,则使用于异种职业之劳动力价值亦异。故要求工银平等之呼声实属谬误。工银制度基础上劳动力之价值,与其他一切商品价值同样决定。异种劳动力价值相异,其在劳动市场亦必有相异之价格。欲于工银制度基础上要求工银平等,亦犹于奴隶制度上要求自由也。

由上所述,可知劳动力之价值,实由劳动力之生产发达与继续所需之必要品价值决定者也。

资本主义生产及其社会组织,在经济上,人与人之关系,概为买卖关系。劳动者于一定时间一定条件之下,以一定代价售其劳动力于资本家，资本家由劳动力取得商品出售于市场，因而劳动力代价之决定，遂引起劳资两阶级之利害冲突，而成为阶级斗争之根本原因。资本家售出生产物所得之利益，较支给劳动者之工银尤大，于是乃有剩余价值发生。

试举一例说明之。假令劳动者每日欲获得生存资料，须作工六小时，又假设六小时工作之成绩与银币三元相当，此三元银币即此人劳动价值之货币的表现。如彼每日六小时工作所生产之价值能购买每日所需之生存资料，则彼之劳动能维持其一己之生活。但彼为劳动者，不能不售其劳动力于资本家。彼苟能每日取得三元代价以售其劳动力，为资本家作工六小时，使资本家之原料增加三元之价值，则此价值乃彼之劳动力价值，即为工银之对等价。此时资本家并未获得剩余价值，亦未获得剩余生产物。然而问题之发生，正在于此。

资本家买进劳动者之劳动力，支给代价，犹买进商品然，即有任意消费任意使用之权利。故资本家因由劳动者买进劳动力之价值，即有终日使用劳动力之权利。夫劳动力之价值，虽由维持此劳动力或再生产此劳动力之劳动分量决定，而劳动力之使用，则受劳动者之活动力及体力所限制。故限制劳动力价值之劳动分量，决不能限制其劳动力所能为之劳动分量。因此之故资本家必欲使劳动者工作十二小时方能满意。劳动者每日工作六小时，原足以获得三元之工银，而因受资本家所强制，每日不能不多作六小时。此多作之六小时工作，是为剩余劳动。此剩余劳动必成为剩余价值或剩余生产物实现而出。即如前例，纺织工人作工六小时能使棉花增加与三元相等之价值，今也作工十二小时，必能使棉花增加六元之价值，而依此比例纺出剩余之纱。然劳动者已售其劳动力于资本家，故彼所生产之价值与全部生产物，当属资本家所有。资本家仅暂时垫出工银三元，反获得六元之价值。于是构成剩余价值。资本家并未支出相当代价，竟能获得三元剩余价值。劳资两阶级间此种交换，遂成为资本主义生产与工银制度之基础。其结果劳动者永为劳动者，资本家永为资本家。

由以上所述，剩余价值率，实由再生产劳动力价值所必需之部分与资本家强制操作之剩余劳动部分两者间之比例决定；换言之，即剩余价值率，除劳动者再生产其劳动力价值或偿还工银之劳动时间外，实由其劳动日延长之比例率决定者也。

要而言之，剩余价值，实即劳动者被资本家强制操作之劳动而已。

资本家以原料及机械等形式投入生产以内之物，复由商品价格，收入所谓不劳利得。劳动价值乃投入生产之劳动量，工银即便用于生产之劳动代价。惟劳动代价之工银，殊难满足劳动者之生活资料。此工银与劳动价值之差额，即造成剩余价值者也。故于资本主义经济组织之下，就工银制度精密言之，劳动者每日所为之劳动，仅有一部分获得工银，其余一部分为无偿劳动。此无偿劳动，实际上已成为剩余劳动与利润之基础，而形式上对于劳动全体似已支给代价。此混视劳动与劳动力两概念所致也。殊不知劳动之价值，实乃劳动力之价值，由维持劳动力所必需之商品价值决定之。若依前例，而以三元之工银视为十二小时劳动之价值，实大误也。

利润亦由剩余价值产出。依前例，平均十二小时之劳动，其实现之价值与六元相当，则六小时劳动之生产物，其劳动价值即为三元。如所使用之原料机械等物已费二十四小时之平均劳动，则其价值应为十二元。此时资本家所雇之劳动者如对于此等劳动对象又费十二小时之劳动，则其劳动价值为六元。于是此生产物之总价值，实现三十六小时之劳动，其值价与十八元相当。然资本家所支给之工银仅为三元，而对于商品价值中已实现之六小时剩余劳动，则迄未支给代价。此商品如以十八元卖出，则此三元即为资本家所得，遂以构成利润——剩余价值。故资本家即令以实价卖出此商品，亦足以构成三元之剩余价值。就此点言，利润亦可谓为剩余价值之一部。

由此可知商品价值，由商品中所包含之社会劳动总量决定。惟劳动中一部分所实现之价值，虽以工银形式支给代价，而其他一部分实未支给代价。故自原则上言，商品即不按实价以上之价值出售，而仅以实价出售，亦足以构成利润。此为剩余价值说之梗概。

四、劳工专政说　由唯物史观说得推知资本主义社会必然变革而进于社会主义社会，由剩余价值说得推知资本主义经济组织必然崩坏而达于社会主义经济组织，由阶级斗争说得推知资本家的生产方法为阶级最后之敌抗形式，而阶级与阶级斗争之必归于消灭。是故社会主义唯一目的，在将私有资本收归公有，而达到此目的之唯一政治手段，厥为劳工专政。

依唯物史观说之推论，政治组织必与经济组织相适应。资本主义社会建筑于资本主义经济组织之上，适应于此经济组织之政治为资本阶级民主主义政治，社会主义建筑于社会主义经济组织之上，适应于此经济组织之政治，为普遍的民主主义政治。介乎前两种经济组织之间，有一过渡期之经济组织，因而介于前两种政治组织之间，有一过渡期之政治组织。此过渡期之经济组织为国家资本主义，此过渡期之政治组织为无产阶级民主主义。资本社会中所称之国家为资本家之国家，所谓资本阶级民主主义，实即资本阶级专政；过渡期之国家为劳动者之国家，实即劳动阶级专政。

资本阶级国家，虚伪的主张全民政治，而事实上实为一阶级之民主主义，至于社会主义革命则质直的主张一阶级之政治，以期达到普遍的民主主义。资本阶级政治机关系以三权分立为基础之议会制度，无产阶级政治机关系结合立法行政两部分权力之劳工自治组织。议会制度下之国家纯为土地的性质，而劳工自治组织下之国家则兼有土地的性质与产业的性质。一切民主主义皆为阶级的民主主义，所谓普遍的民主主义，在过去仅成为一种观念而止。欲谋普遍的民主主义之实现，必经历劳工专政一阶段。所谓无性别，无宗教别，无人种别，无国民性别之真平等，必经历劳工专政始能实现，而在资本阶级专政期内则决无实现之可能。此两者之根本区别也。

劳工专政在以劳工自治团体为政治机关。劳动者自治团体概由劳动民众组织，资本阶级除外。如此，有觉悟之劳动者始得尽能力组成良好之大团体，以其经验训练一般民众，引入政治生活，使娴熟政治之运用，夫然后治法与治人始能一致，始能促进普遍的民主主义之实现。此劳工专政之特质也。

社会主义革命之目的，在改变资本主义经济组织为社会主义经济组织，而达到目的之手段，则在推倒资本阶级权势，由自己阶级掌握国家政权。前者谓之经济革命，后者谓之政治革命。故欲谋经济革命之完成，必先实行政治革命。社会主义政治革命，可分为三期说明之。第一为革命前之斗争期，即无产阶级对资本阶级准备夺取政权之时期。第二为革命时之斗争期，即征服有产者之时期。第三为革命后之斗争期，即镇压反革命之时期。第一期又可谓为精神的准备时期，第二第三两期，又可谓为劳工专政时期。无产阶级掌握国家权力以后，即利用政权夺取资本阶级一切资本，将一切生产手段集中于国家，同时解除资本阶级武装压服反侧。有产阶级完全被征服以后，则政治革命实现，从此遂从事经营产业，即进于完成经济革命时期。从此生产力得以加速度发达，而社会主义经济组织乃能实现，此劳工专政所以成为必要之理由也。

中国产业革命概观[*]

（1929）

编辑例言

　　要晓得现代的中国社会究竟是怎样的社会，只有从经济里去探求。现代中国的社会，已经踏入了产业革命的过程，渐渐脱去封建的衣裳，穿上近代社会的外套了，一切政治和社会的变动，都是随着产业革命进行的。在中国革命的过程中，凡是留心于国家改造的人们，必先依照这产业革命的经过，就中国经济发展的倾向作正确的分析，才能了解革命的理论，树立建设的计划。这是我所以要编这本小册子的动机。

　　在经济统计资料缺乏的今日中国，要编这种性质的书籍，实有许多不便。这本小册子所采用的材料的来源，一是从前北京农商部的农商公报，二是日本人所编关于中国经济状况的书籍，三是我国人关于这方面的编著。不过二三两类的书籍，又多以农商公报为根据，而农商公报所刊登的统计之类，又不免有些是官僚式的敷衍的调查，不实不尽的地方是常有的。编辑的人对于材料的采集，恐怕不免有陷于错误的地方，这一点只好在将来得到正确的新材料时，另行改编了。这本小册子，只是一个初稿，而且因为时间忙迫，来不及把内容尽量扩充，所以只成为一个概观而止。读者们若能加以指正，以便将来补充，这是编者所希望的。

第一章　绪　论

第一节　产业革命之意义

　　产业革命这个术语，现在已成为学术界最普遍最流行的术语了。产

---

　　* 1929 年 1 月上海昆仑书店出版，署名：李达。

业革命的意思，是指着某个时代的产业史上的一大变革说的。据查尔伯亚特说："产业革命一语的意思，是指着过去约一百五十年之间，由于那根本变化了生活资源的一切生产和分配方法，革新了社会的一切经济机能的发明发见所引起的变革说的"。又据日本山本美越乃说："产业革命的意思，就是说一国产业上的急剧的变化、即完全由新组织打破旧组织，而于该国产业的发展进路上划一新纪元的重大事实的发生"。大凡社会的历史，也和前进的水流一样，本来不能说那一天是某一时代的开始，那一天是某一时代的终结。前一个时代和后一个时代之间，实有一个因果的连环存在。所以含有大变革的意思的产业革命，并不是突如其来的事实，同时那变革的进行的倾向，也是不会停止的。而且那从过去所传承下来的当时政治和经济运动等等的遗产，也要把它们所发生的影响，在产业革命的过程中，明确的具体表现出来。因此，产业革命，结局还是渐进的，只是那历史进行的潮流，在某一个时代，现出一个大的急湍来而已。日本的《英国产业革命史论》的著者上田贞次郎所说的"历史譬如前进的水流，以产业革命为一大急湍"的话，实在不错。产业革命是促成现代社会的发生和成长的东西。社会随着产业革命的进行，渐渐脱去旧时封建制度的衣裳，显出现在这样资本主义制度的各种特征来，使得物质的生产和分配，政治的生活和经济的生活，都发生了非常的变革。现代社会中的社会问题，就是和这个大变革同时发生的。所以我们要了解近代社会的发展和它的特征，要晓得现代社会问题的真相，就必须了解产业革命过程中的各种事实。因为产业革命，产出了现代社会的各种特征：一方面是工场制度和资本主义的勃兴、农村的荒废、手工业的凋落、人口的增加、大都市的发生；另一方面是无产阶级的组织和反抗、工场法和劳动组合法的发布、经济恐慌、同盟罢工、失业问题、贫穷的增加、民主革命的胜利、劳动者的政治运动等。

依据上述产业革命的意义和特征，我们可以知道一个社会的变革，和产业革命实有真实的密切关系。我们可以说中国革命的过程和产业革命的过程，确有因果的关联，我们要获得中国社会改造的理论，惟有在中国产业革命的过程中去探求，这是我所以要编这个《中国产业革命概观》的小册子的动机。

第二节　欧洲的产业革命

中国产业革命的进路，和欧洲的产业革命，在形式上大致有些相同，但是原因和内容却有许多地方不同，所以我在这里先把欧洲的产业革命，说过大概。

欧洲产业革命的原因，可以分为近因和远因两项说明。所谓近因，即是机器和蒸汽机关的发明，这是一般学者所公认的。所以恩格斯说："普罗列达里亚的历史，开始于蒸汽机关和纺织机械的发明。这些发明，是变更了全社会的形势的东西"。所谓远因，即是印度航路和美洲新大陆的发见。美洲的发见，好望角的周航，替当时工商阶级增添了很多的发展地。东印度和中华的市场，殖民地的贸易，亚美利加黄金的输入，交换机关和物品的增多，使得当时的商业和航海业受了一种空前的刺戟，于是革命的种子，就在颓废的封建社会之中产生出来了。

在封建时代工业组织之下，生产事业由同业公会所操纵，到了这时候，已是不能应付市场的需要，而手工工场组织就起来代替了它的地位。各业行东被工场制造家阶级所推倒，各行业组合间的分工，也变成了各工场间的分工了。

自从这时候以后，市场一天天扩大，需要一天天增加，那手工工场组织，也有不能应付之势，于是生产者穷思殚虑，考求改良生产机关的方法，而各种机械得以陆续发明，尤其是瓦特的蒸汽机关出世以后，即时掀起了产业革命。从此大规模的近代产业，夺取了手工工业的地位，于是资本主义确立，工钱制度产生，工场制度的大企业组织日益发达，股份公司和银行保险交通等事业日趋繁盛，都市人口的集中，新经济都市的发生，外国贸易的伸张，经济上的自由竞争和私产制度以及契约营业继承财产等自由的原则均经确定。于是社会变成了近代资本主义的社会，裂成了有产和无产两大阶级了。这便是欧洲产业革命的过程。

资本主义制度确立以后不过数十年，整个的欧洲都资本主义化了。于是欧洲各资本主义国家的资本阶级，为谋增殖其资本起见，不能不努力向海外夺取市场，夺取殖民地或半殖民地，以为销售商品、投出资本、采集原料的处所。因欲使殖民地或半殖民地适合于其销售商品、投出资本、采集原料的目的，就不能不使殖民地或半殖民地也跟着慢慢的资本主义化。所以资本主义国家终不免要把全世界铸成和自己一样的模型，这便是经济落后的殖民地或半殖民地的产业革命的由来。

第三节　中国的产业革命

数千年来的中国封建社会，自从前世纪中叶被国际帝国主义的政治力经济力侵入以后，就开始踏入产业革命的过程，渐次脱去封建的外衣，而向着近代社会方面运动了。所以中国的产业革命，和欧洲的产业革命，就其原因和内容说，颇不相同。在大体上说，欧洲的产业革命是自力的，是因自力的充实由国内而逐渐展开以及于世界，中国的产业革命是外力的，是因外力的压迫由世界而渗入于国内。因为这两者的原因不同，所以两者的内容也是各异，以下当略加说明。

国际帝国主义者为开发殖民地或半殖民地以适合于它们销运商品、投出资本、采集原料的目的，而使殖民地或半殖民地资本主义化，就它们的利害打算，本来是自己挖自己的坟墓的勾当，但因为要增殖资本延长寿命起见，却又不得不设法毁坏中国的封建社会，逼上产业革命的大道，原不是它们愿意不愿意的问题。比方说，国际帝国主义者侵略中国的目的，第一是要销运商品，第二是要采集原料，它们要成就这两个目的，就不得不利用一班买办和洋商，做代售外货和代收原料的中间人，这样一来，中国的商业资本便形成了，商业资本家阶级便成立了。它们第三个目的是投出资本。投出资本的方式，首先是发展中国的交通，因为交通不发展，商品和原料的运送就大感不便，不易普遍于内地。因此它们便利用不平等条约，利用中国的政府，替中国发展交通事业，而由它们供给借款。要发展交通，必需要煤和铁，要取得煤和铁，必需从事开矿，于是它们就取得了路矿权，其取得的手段，也是供给借款。在供给借款一方面，又必有交涉借款的官僚，于是一班官僚便从中渔利，自肥私囊，形成官僚资本，如是便产生官僚资本家阶级。封建的国家，向来注重保守，对于通商原是深闭固拒的，但是不幸因为兵器的不良和战术的不精，终于被外力所征服了，于是一班封建的官僚，眼见得海洋大盗深入内地，吸脂吮膏，自然要挣扎起来，讲求自强之策，他们直觉的羡慕外洋的兵精和械良，便设法仿效，以为防御外寇填塞漏卮的地步，就不得不先办军事工业。但军事工业非有新式的工业技术不易成就，而技术人才即不能不仰助于外人，于是渐渐的知道新式工业的重要，所以也就渐渐的觉到兵战不如商战，而倡办起新式工业来了。可是封建社会的资产家，素来没有办新式企业的能力，不是官僚的提倡便可成功的，所以那班官僚们便利用封建国家的力量，来助长新式工业的发展，而有官督民业发生。同时，一班商业资本家也渐渐晓得组织生产，兴办家庭工业，兴办手工工场工业，更因内地的外人新式企业的刺戟，进而兴办近代工业了。此外旅居海外的侨商资本家，比较多受了一些资本主义的教训，更激于爱国的热心，而归国投资于内地，从事于新式企业了。这些都是国际帝国主义侵略中国过程中必然产生出来的事实，所以中国之因受外力压迫而踏入初期资本主义时期，原是社会发展所必经的阶段。

然而半殖民地还是半殖民地，虽然踏入了产业革命的过程，走到初期资本主义的阶段，而结果还是半殖民地。半殖民地的资本主义的发展，也只是国际帝国主义的发展的助因。所以现代中国的资本主义，一面是在国际帝国主义的卵翼之下得到了相当的发展，同时又受国际帝国主义巨大的政治力经济力所笼罩所支配，绝没有在它们的掌握中翻过筋斗的可能。虽说中国新起的民族资产阶级，可以成为国际资产阶级的小敌人，虽说中国所有的什么新制造品的国货，可以分占舶来品在国内的市场，但是中国幼稚的工业资本，壳〔算〕不上做国际金融资本的竞争者，至多也只能在国际帝国主义的政治力和经济力所不能及的时间和空间，分润一小部分的唾余而已。这种情势，本是半殖民地的资本主义的发展的必然性。所以目前中国社会的新生产力，早已受着国际资本主义生产关系所限制，而绝少发展的余地，何况还有封建势力和封建制度来障碍它的发达呢。

我们就现代中国的经济状况观察，大概可以寻出下列的几个倾向：

第一，新式的工业的确有了相当的发展，但还只是刚到粗工业的阶段，而且已经现出了停滞的征象；

第二，农业呈现破产的倾向，原料和食粮，大受限制；

第三，手工业逐渐破产；

第四，国际帝国主义和国内封建势力压迫加重，生产力已受束缚殊难顺利发展；

第五，贫困程度增加，劳动问题和农民问题，日形严重。

以上数端，是现代中国经济混乱的现象，而这经济混乱的现象，又是政治混乱的原因。中国革命，即是要打破这种经济的混乱和政治的混乱，去求得新的出路的。

兹根据上述的旨趣，特就各方面略加分析如下。

第二章　农业和农业崩溃的过程

第一节　全国耕地面积和农家户数

中国向来是一个农业国，这是任何人都能知道的事实，但这里为说明起见，不得不引用一些数字来论证。中国的统计数字，虽不完全，我们若留心的拿来作参考，却比较没有总要好些。而且在这些断片的材料之中，大致也可以看出中国农业组织及其推移的趋势。兹分别说明如下。先说全国耕地面积和农家户数。

一　全国耕地面积　中国全体的耕地面积，据前北京政府农商部的统计，有如下表①：

省别	耕地面积（单位千亩）
直隶（京兆在内）	94 397
山东	49 821
河南	348 261（?）
山西	49 821
江苏	78 048
浙江	26 994
安徽	40 646
江西	36 315
湖北	154 887
湖南	18 705
陕西	27 643
甘肃	26 499
四川	124 884
福建	22 457
广东	136 877
广西	82 474
云南	11 471
贵州	1 471
奉天	44 748
吉林	44 216
黑龙江	35 873
热河	16 278
察哈尔	11 091
新疆	10 726
总计	1 545 738

据上表，全国耕地面积共为十五亿四千五百七十三万八千亩。

二　农家户数　耕地之中，分为栽种五谷的农田和栽培桑麻茶蔬菜等的农地二类，兹列举两者与农家户数的累年比较表如下：

---

① 本文中各表内的数字，皆依原文，未作改动。——编者注

年次	农家户数	农田（亩）	农地（亩）	田地共计（亩）
民三	50 402 315	1 394 146 418	184 201 507	1 578 347 925
民四	46 776 250	1 319 511 191	122 818 497	1 442 333 668
民五	59 322 504	1 384 937 701	125 037 760	1 509 975 461
民六	48 907 853	1 218 364 436	106 821 664	1 365 186 100
民七	43 935 478	1 217 279 298	97 192 892	1 314 472 190

据上表，中国的农家户数大约由四千二百万户至五千九百万户，前年国民党农民部所调查的农家户数为五千六百万户，大致近似；又实行耕种的田地为十三亿亩以上，其未经计入的，大致是荒弃未种的土地了，关于这一点，下面再说。

第二节 农业经营的形态及其变迁

据前北京农商部第六年的统计表，中国的农业经营，以小农为最多，其次为中农。兹列其统计表如下：

省区	十亩未满	十亩以上	三十亩以上	五十亩以上	百亩以上	共计
京兆	125 013	16 534	148 337	121 823	86 060	587 767
直隶	1 364 265	1 087 109	797 417	501 655	216 315	3 966 766
奉天	335 954	357 876	401 632	336 731	254 452	1 686 641
吉林	52 475	96 891	109 775	121 901	157 856	538 898
黑龙江	24 962	30 999	57 985	67 092	14 327	324 155
山东	2 103 970	1 552 611	957 640	497 413	341 096	5 454 730
河南	1 597 265	1 568 984	1 524 916	876 726	562 524	6 130 415
山西	282 787	359 685	397 780	337 505	151 789	1 529 446
江苏	2 726 001	1 312 268	487 017	260 024	86 674	4 871 984
安徽	1 130 775	987 108	343 692	208 624	175 815	2 846 014
江西	336 326	984 819	2 174 072	507 007	62 623	5 064 847
福建	870 609	508 988	167 015	56 722	9 018	1 621 352
浙江	1 689 940	999 045	375 389	150 878	39 961	3 255 215
湖北	1 485 700	994 697	651 534	391 583	147 257	3 670 771
湖南	354 862	346 321	385 987	244 920	105 707	1 437 797
陕西	615 848	368 777	188 529	98 038	63 984	1 335 176
甘肃	284 957	221 816	162 588	125 795	69 881	865 137
广东	2 083 252	962 107	553 222	243 040	83 586	3 925 207
新疆	156 517	157 484	63 756	56 351	17 628	451 738
热河	160 120	199 199	128 146	99 722	28 250	615 437

续前表

省区	十亩未满	十亩以上	三十亩以上	五十亩以上	百亩以上	共计
绥远	7 692	10 017	13 158	15 699	18 021	64 567
察哈尔	12 833	14 129	23 627	29 065	35 847	115 411
总计	17 805 125	13 248 474	10 122 214	5 358 314	2 835 464	49 359 591

〔附记〕表中湖北湖南广东之统计不完全，四川广西云南贵州四省无报告，故未列入。

据上表，耕地未满十亩的农家，占全体户数的三分之一以上，内地各省除山西江西四川云南广西贵州六省以外，也是未满十亩的农家占最多数；其次要算是十亩到三十亩和三十亩到五十亩的农家了。至于五十亩以上农家，自耕农很少，佃农居多，百亩以上的农家户数，只占全体农家之数的百分之五。由此可知中国农业的经营是小农和中农的经营占最大势力。

兹更进而考察耕地所有的倾向，采用民六以后至民九的四年间的京兆以下十〔九〕省区的统计，表示如下：

（单位千户）

省区	年次	十亩以下	十亩以上	三十亩以上	五十亩以上	百亩以上
河北	民六	1 364	2 087	797	502	216
	民七	1 373	1 081	797	509	224
	民八	1 355	1 994	802	509	223
	民九	1 365	1 101	817	522	231
吉林	民六	52	97	120	122	158
	民七	44	98	161	132	153
	民八	138	122	174	171	175
	民九	45	107	177	131	116
山东	民六	2 107	1 552	958	497	441
	民七	2 185	1 538	933	488	208
	民八	2 390	1 503	884	439	151
	民九	2 260	1 686	896	447	199
河南	民六	1 597	1 569	1 525	877	563
	民七	1 830	1 119	799	490	392
	民八	2 560	1 652	1 086	654	359
	民九	2 532	1 630	1 088	686	358
山西	民六	283	360	398	338	152
	民七	384	394	362	337	152

续前表

省区	年次	十亩以下	十亩以上	三十亩以上	五十亩以上	百亩以上
	民八	283	360	398	338	152
	民九	283	360	397	338	152
陕西	民六	618	369	189	89	64
	民七	496	444	214	99	56
	民八	398	452	253	147	58
	民九	380	452	363	199	55
江苏	民六	2 726	1 312	487	260	87
	民七	2 315	1 294	567	271	95
	民八	2 288	1 332	500	253	87
	民九	2 224	1 257	534	282	105
安徽	民六	1 132	987	344	209	176
	民七	1 038	932	405	300	199
	民八	1 125	942	387	222	66
	民九	1 135	894	403	220	97
察哈尔	民六	13	14	24	29	36
	民七	13	14	24	29	36
	民八	124	13	12	18	36
	民九	12	13	12	19	69

据上表，十亩至三十亩以下的小农户数增加，三十亩至五十亩的中农户数也略见增加。至于五十亩及百亩以上的户数，除河北、河南、察哈尔以外，则呈减少之倾向。这些都是表示农民方面因前节所述的原因而由大农降为中农，中农降为小农的径路。

第三节　耕地分配的形态

全部农业人口中，有田地的究有多少，没有地田的究有多少，这里应当加以说明。据民国六年前北京农商部的统计，耕地的分配状态，有如下表：

省区	自耕户数	佃农户数	自耕兼佃耕户数	共计
京兆	307 874	125 348	154 545	587 767
直隶	2 890 897	523 003	552 861	3 966 761
奉天	686 281	501 731	498 634	1 686 646
吉林	351 676	165 079	122 143	538 878
黑龙江	180 698	82 098	61 368	324 155

续前表

省区	自耕户数	佃农户数	自耕兼佃耕户数	共计
山东	3 819 135	717 632	917 963	3 454 730
河南	3 453 552	1 596 927	1 079 926	6 130 415
山西	1 078 697	238 698	212 151	1 529 546
江苏	2 234 278	1 541 211	1 096 495	4 871 984
安徽	1 314 311	983 888	547 815	2 846 014
江西	1 714 401	1 241 202	1 109 244	4 064 847
福建	553 807	554 941	512 604	1 621 352
浙江	1 073 387	1 158 783	1 023 043	3 255 213
湖北	1 561 137	1 339 307	770 337	3 670 771
湖南	287 553	1 006 453	143 794	1 437 797
陕西	781 247	304 975	258 954	1 335 176
甘肃	556 780	151 554	156 803	865 137
新疆	343 998	62 606	45 134	451 738
广东	1 316 500	1 463 845	1 144 842	3 923 207
热河	416 962	95 135	103 340	615 437
绥远	35 332	14 884	14 371	64 587
察哈尔	83 099	18 822	13 490	113 411
合计	24 587 585	13 825 546	10 494 722	48 907 853

［附记］上表中湖北湖南两省之调查不完全，四川广西云南贵州四省无报告，故未列入。

据上表，在全体农户中，自耕农约占百分之五十，佃农约占百分之二十八，自耕兼佃农约占百分之二十二，在福建浙江湖南广东诸省，佃农多于自耕农，在奉天吉林江苏安徽江西湖北诸省，佃农要占三分之一。实际上所谓自耕农之中，除三十亩以下者外，不自耕的地主要占居多数。非自耕的地主亦列入自耕农之中，是前北京农商部一种含糊的调查方法，我们应加以注意。

耕地所有的实际状态，依以上各项的统计材料，大致可以看得出来。兹为具体的说明起见，特引用武汉中央农民部所调查的全国有地农民的统计表如下：

	亩数	人数	占有数
（一）小农	1～10	44％	6％
（二）中农	10～30	24％	13％
（三）富农	30～50	16％	17％
小地主	50～100	9％	19％
大地主	100 以上	5％	43％

以上的有地农民中，由一亩到三十亩的小农和中农，要占全体百分之六十六，而其所有之耕地，仅占全体耕地百分之十九，土地之集中的状态，由此可见一斑。

又据调查，中国农家的户数，约为五千六百万户，每户平均以六人计数，中国的农业人口，共约有三亿三千六百万人，其中有地的农民为一亿五千万，佃农为一亿三千六百万，无地雇农为三千万，游民为二千万。这个调查，当然是一种估计，不能说是正确，但是在大体上也不能说相差怎样远。至于说到有地农民的土地的分配状态，和上面所列举的前北京农商部的统计，又大致不差，所以这里只得这样引用了。

第四节 自耕农与佃农之消长

在农村经济破产正在继续进行的状况中，自耕农中之中小农降而为佃农，乃必然之趋势。据日本东亚同文学会所出版之中国年鉴所载，民国七八两年自耕农和佃雇的消长，有如下表：

年度	自耕农	自耕兼佃耕	佃农	合计
民七	53%	21%	26%	100
民八	49%	19%	32%	100

上表虽然是一年的比较，而自耕农及自耕兼佃农之减少，和佃农之增加，其比率已是非常可惊。这个原因天灾兵祸固然也有一部分，而资本主义的发展，总不失为一个主要的原因。比方广东，佃农之数多于自耕农，即如自耕兼佃农之数也相差不远。又如华洋义赈会所发行之《中国农村经济研究》，把这个原因也解释了出来，试看下表：

省县别	调查地总面积（单位数）	所有者家族之自耕地	使用雇农之自耕地	自耕地	佃耕地	发佃之村民所有地	由其他农村地主发出佃耕地
浙江省							
鄞县	4 764	27.0	5.6	32.6	67.4	32.1	35.3
江苏省							
仪征	4 121	41.9	10.1	52.0	48.0	10.0	38.0
江阴	14 391	28.7	1.4	30.1	69.9	58.2	11.7
吴江	4 931	19.6	4.2	23.8	76.3	18.8	57.4
江苏省							
农村平均		29.1	3.5	32.6	67.4	41.5	25.9

续前表

省县别	调查地总面积（单位数）	所有者家族之自耕地	使用雇农之自耕地	自耕地	佃耕地	发佃之村民所有地	由其他农村地主发出佃耕地
安徽省							
宿县	28 843	42.9	7.2	50.1	49.9	36.3	13.6
山东省							
霑仕	11 867	96.3	3.3	99.6	0.4	0.3	0.1
直隶省							
遵化	24 369	71.2	15.5	86.7	13.3	2.0	11.3
唐县	20 073	78.2	4.3	82.5	17.5	5.3	12.2
邯郸	25 507	70.0	27.1	97.1	2.9	0.9	2.0
直隶省							
农村平均		72.8	16.5	89.3	10.7	2.5	8.2

上表虽然是一些零碎的材料，但也可以看出一种倾向来，即是在所谓物质文明比较接近的浙江江苏安徽的农村，其佃农则多于自耕农，这个原因，或许有大部分是由于资本主义经济的关系。

自耕地对于佃耕地之比，在东部地方（江苏、浙江）为一比二，在北部地方（山东、直隶）为九比一，在中部之安徽为一比一。又东部地方耕地的四分之一至三分之一，为他村落民居住的地方的所有地，盖因此等地方都市商工业发达的结果，土地投资颇为盛行之故。

土地所有形态百分比率表（见《现代支那社会研究》）

		江苏省村落		直隶省村落	
		所有件数比率	所有面积比率	所有件数比率	所有面积比率
十亩以下	小	90.5%	41.7%	77.6%	27.5%
二十六亩以上	中	6.1	11.7	11.4	18.5
五十一亩以上	中	1.5	5.1	6.9	21.3
百亩以上	中	0.9	7.2	3.0	18.1
二百亩以上	中	0.2	3.9	1.0	11.9
五百亩以上	大	0.15	3.7	—	—
千亩以上	大	0.15	25.7	0.1	2.6

十亩以下之贫农数，在江苏省为百分之九十，在直隶省亦为百分之七十七。其所有地亩，在前者约为百分之四十二，而在后者则为百分之二十七。若以十亩以上二百亩以下之所有者为中农，这种中农，在江苏

仅占百分之八，在直隶约占百分之二十一，中产阶级为数极少，尤其是江苏，中农几于不能存在。就其所有地之面积而言，在前者为百分之二十八，在后者为百分之七十，所以直隶的中产阶级最为坚实。至于五百亩以上之所有者，若作为大地主，在江苏地方，所有件数仅占千分之三，其所有地面积则占百分之三十以上，在直隶地方，所有件数仅占千分之一，而其所有地面积，亦仅有百分之二。东部和北部之差异所以这样显著，实因东部地方的工商业发达，所以东部的农村现出崩坏的现象。就江苏省的农村说，贫农占总人口百分之九十，所有地面积的总和不过百分之四十二，中农人口仅占百分之八点七，而所有地面积的总和，约占百分之三十，至于五百亩以上的大地主，其人口为千分之三，而其所有地面积的总和，却占百分之三十。这是近代工商业发达区域的农业凋落的实例。至于北部地方，农业虽然还未到怎样凋落的程度，但以占人口百分之二十的中农，其所有地面积的总和，竟占百分之七十，而占人口百分之七十以上的贫农，其所有地面积的总和，还不到百分之三十，贫农数目的增多，已可概见。其次就土地耕种的形态说，江苏的佃耕关系颇多，而在直隶，只有百分之十的佃耕地，这也是表示东部地方的近代化。农村经济的压迫，随着都市工业的发达，渐次促进家族制度的崩坏，驱使农民化成工业劳动者。在江苏省，可以认为经济的实体的大家族制度，已经是很少了。

[附记] 关于中农减少佃农增多的倾向，还有一点零碎的统计材料可以做参考，兹列举于下：（见《耕者要有其田》）

南通	佃农的百分比
民国四年	56.9
民国十三年	61.5
民国十四年	64.4
昆山	佃农的百分比
民国四年	57.4
民国十三年	71.7
民国十四年	77.6

南通和昆山，是和工业城市相接近的区域，十年间佃农增加的比例竟是这样，也很值得注意了。

第五节　农村经济破产的现状

由以上所述，中国农村破产的状况，已可窥见一斑，如自耕农之减少与佃农之增加，如中农降为小农的趋势，都是实例，但是这里还有几件很显著的事实，特叙述于下。

（一）全国荒地面积的增加　据日本东亚同文会出版之中国年鉴所载，全国荒地面积增加的趋势，有如下表：

年次	亩数
一九一四	358 235 867
一九一五	404 369 948
一九一六	390 361 021
一九一七	924 583 899
一九一八	848 935 748

据上表，四年之间，荒地面积，竟增加到四万万九千万亩之多，农村的荒废，岂不是很可惊异么？

（二）农业人口的减少　依据一九一九年前北京农商部的统计，列成下表，可以看出农业人口减少的趋势。虽以二十二省及三特别区为单位，但一九一四年项下，缺少贵州省的统计，一九一五年项下，缺少云南省的统计，一九一六年项下，缺少贵州云南四川三省的统计，一九一七年项下，缺少贵州云南广西四川四省的统计，一九一八年项下，缺少云南贵州四川广西湖南五省的统计，一九一九年项下，缺少云南贵州四川广西湖南广东江西浙江湖北甘肃新疆奉天黑龙江绥远等十四省区（占全统计之半数）的统计。

年次	农业统计表数	户数（参考补足数）
一九一四	59 402 318	(59 592 968)
一九一五	46 776 256	(48 076 508)
一九一六	59 322 504	(66 851 779)
一九一七	48 907 853	(56 654 001)
一九一八	43 935 478	(59 644 630)
一九一九	29 548 529	(59 152 401)

（补足数字，系以所缺省分〔份〕之前年度数字补充，借以作成总计者。）

调查统计虽不完全，而农业人口之渐次减少，却是不可否认的事实。中国农业的崩坏，除农民之自由集中于都会之外，由于天灾人祸（水旱兵灾）而起者亦不少。内乱频仍，农民中的一部分，被募当兵，弃锄荷枪，解散之后复归于农者少，一旦有水灾漂没耕地，农民中即有一部分群趋都市以谋生计。在都市的工业化开始之时，农民的工业化，自然也随着增加了。

（三）进口粮食的增加　据《耕者要有其田》一书所列粮食进出口的统计表，其由民国元年至十四年间粮食入超的情形，有如下表（单位海关两）：

年次	进口总额	出口总额	进出口总价之差	入超出超	粮食入超占对外贸易入超之百分比
元年	26 693 779	10 567 192	16 226 587	入超	15.8
二年	33 252 347	11 487 246	21 765 101	入超	13.0
三年	46 429 953	18 450 185	29 179 778	入超	13.7
四年	32 747 988	9 675 494	23 075 404	入超	64.7
五年	38 839 026	4 880 551	33 658 473	入超	68.1
六年	35 743 881	8 762 329	26 981 552	入超	31.1
七年	25 806 154	16 732 145	8 385 670	入超	1.2
八年	12 119 358	39 323 518	27 204 160	出超	—
九年	11 186 823	57 765 480	46 578 657	出超	—
十年	50 894 440	33 194 893	17 690 659	入超	5.8
十一年	104 389 423	22 036 857	82 301 710	入超	28.3
十二年	140 388 750	21 368 581	118 840 236	入超	69.7
十三年	119 758 616	25 439 733	84 318 833	入超	34.2
十四年	85 487 192	29 873 738	55 612 404	入超	3.2

中国本是一个农业国，但依上表看来，粮食反要仰赖外国接济，如民国十二年且有输入超过一万万海关两之多，农村经济的破产，概可想见。

[附记] 关于粮食入超的原因，除了荒地增加一事以外，还有两点应当附带说明一下。第一是原料生产的增加。近年来帝国主义者在中国采取的原料，逐渐加多，所以有许多的耕地不栽种粮食而改种原料，如豆饼豆油的原料之豆类以及棉花烟叶之类，这是可以由出口贸易中看得出来的事实。第二是鸦片的栽种地的增加。据《拒毒月刊》所载，湖南湖北贵州云南四川河南安徽陕西福建等省，在军阀盘据的时候，大都由军队勒令农民栽种鸦片，以为搜括军饷的来源，计各省栽种鸦片的耕地由数万亩以至数十百万亩不等，各地人民因粮食生产减少以至于饿莩载道的，随处皆是。

以上三者，都是农村经济破产的最显著的现象，此外如游民失业者的夥多，乞丐流氓盗贼土匪，已是广播于全国的城乡市镇，虽然没有确实的统计，而其数目之多，却是大家可以估计出来的。

第六节　农村经济破产的原因

农村经济破产的原因很多，而其主要的原因，归结起来，可以分为下列三项说明。

第一，帝国主义的侵略。

中国本是一个农业国，在海禁未开以前，人民的生活资料，大都取之于土地以自给，但自帝国主义侵入以后，这自给的农业经济就渐被破坏，农民的苦痛也日见增加，兹就其显然的事实，逐条列举如下。

一、赔款及外债之负担　从满清末年到现在，中国对帝国主义国家所认的赔款和向帝国主义国家所借的外债，合计已达二十二亿以上，这项赔款和借款，直接或间接都是由农民负担的。

二、经济的掠夺之负担　海通以后，中国对外贸易总是入超，最近四五十年以来，每年进贡于帝国主义者的金钱，由一万万增至数万万。再加上别的方面，如孙中山先生所估算，总计每年进贡于帝国主义者的金钱，要达十二万万元。这大宗的进贡钱，也都是直接或间接由农民来负担的。

三、帝国主义商品的掠夺　帝国主义商品，由都市侵入农村，现在已是普遍的侵入于穷乡僻壤了，农民所消费的东西，除了农产物和一部分的家具之外，其他服物用品大都是由帝国主义者供给的。我是一个偏僻地方的农家子，记得二十年前在乡下的时候，穿洋布，点洋灯，用洋瓷面盆和毛手巾的，只有上等的人家，中等的人家多不用洋货，只是穿土布，点油盏，用木面盆和粗布面巾，顶多不过用点洋火柴。但到近年已是大不相同，中等的人家用这类洋货只是很平常的事，就是佃农和雇农，也要穿洋布衣裳，甚至乞丐身上也带有帝国主义商品的成分。旧式手工业破产的结果，农民只能拿农产物去换用帝国主义的商品。这类商品，又是由洋商买办经手贩卖的，经过无数曲折，运到穷乡僻壤的附近市场时，价目已经高到极度。农民拿农产物到市场出售，只得到市价以下的价格，再拿出这样得来的金钱，去购用帝国主义商品，一出一进，要受居间人的两重剥削。简单的说，农民每年劳苦的所得，除了吃一点粗茶淡饭以外，其余都换成金钱，直接或间接的送到帝国主义者的钱袋里。这种情事，是任何人都知道的，不必多说。

四、农民副业的衰退　养蚕、采茶、纺纱、织布等项，都是农民的副业，这些很可以贴补农家的家用的，但自帝国主义侵入以后，农村妇女纺纱的工作完全废止，织布的也改用洋纱，但终日劳苦的所得很少，大都也停止不做了。只有丝茶两项，虽然还可维持，但现在也大不如前。丝茶本为中国出口货的大宗，如茶一项，在光绪十二年（一八八六年）以前，出口额达三万万磅之多，差不多供给全世界的消费之用，后来印度茶锡兰茶日本茶起而竞争，出口额逐渐减少，民国四年以后每年平均不过一亿九千万磅，而且有印度茶和锡兰茶进口，其额且达三千万磅之多。其次如丝一项，在五六十年以前，殆占全世界丝业之半额，但到后来，东则见夺于日本，西则见夺于意大利，至一九一六年，生丝额已减至世界总额百分之二十七。至于丝之出口额，亦逐渐衰退，合各种丝类计算，在民国元年为三二○，七九六担，至民国十年减为二七五，七八九担，即此可以想见。农民副业的衰退，也是农村经济破产的原因。

五、农村生活的提高　农村生活提高的主要原因，也是帝国主义的侵略。最近数十年来，农产物的价格虽比较增加，而帝国主义商品价格的增高率则超乎其上。这两者的距离，在交通比较便利的大都市附近农村还小，在穷乡僻壤的农村则更大。农民用低价的农产物，换用高价的商品，其结果遂使自耕农、半自耕农、佃农、雇农的生活，愈觉苦痛，而尤以雇农为最甚。就雇农说，据我所知道的，二十年以前，我乡雇农每月的工资，虽不过民钱一千二百文，却可以买米六斗（斗米二百文），能养活三人，现在每月工资铜元钱六千文，只能买米一斗半（斗米四千文），要养活一个人还不够。即此可见一斑。

六、农村金融的困难　农民每年要进贡大宗金钱给帝国主义者，农村金融的困难，乃是必然的结果，加以封建政治的剥削，更替土豪地主引出剥削的机会，农民那能不入于枯鱼之肆呢。

第二，封建政治的剥削。

封建政治的剥削，古来也是有的，但决没有象最近几十年来这样厉害，这是因为这种剥削中含有帝国主义侵略的成分。封建阶级因为要维持自身的地位和利益，不得不承认帝国主义者所要求的赔款，不得不向帝国主义者借款，这赔款和借款，是封建阶级开销的，却要农民来偿还。而且承受帝国主义者的命令称兵倡乱的时候，更不得不向农民加紧搜括以自肥。所以农民所受封建政治的剥削之害，也可以分为下别五条。

一、苛捐杂税　关于农业方面的，有附加税、警捐、学捐、水利捐、牛捐、户籍捐、屋梁捐、沙田捐、谷米捐、亩捐、自治捐、屠宰捐等，名目繁多，不胜条举，这些都是直接取之于农民的。关于商业方面的，有种种厘金关卡，多至无穷，几于十里一关，五里一卡，这些虽是直接取之于商民的，而间接却是取之于农民。

二、预征钱粮 军阀救济财政的困难方法，莫如预征钱粮，有些省分〔份〕，现已预征至民国三十多年（如四川），也有些省分〔份〕是预征一两年的。最奇怪的，甲军阀预征钱粮之后，乙军阀如起而代之，他并不承认前届军阀预征的有效，必得从新征收起来，农民除了在以前缴纳的预征钱粮之外，还要从新缴纳一次，所以农民往往有一年缴纳钱粮两次或三次的事情。

三、勒种鸦片及鸦片税 贩卖鸦片和抽收鸦片税，是军阀搜括的最好方法。军阀的势力，有好些是靠鸦片维持的，所以有些省分〔份〕的军阀勒逼农民栽种鸦片，农民也因为有利可图，乐于栽种，且可免罪。于是所谓烟苗捐，烟灯捐，吸户捐种种奇重的捐税，无不应有尽有。好好的农田，不种五谷种鸦片，以致食粮腾贵，农民饱于鸦片而饿死于食粮的，处处皆是（如湖南之西部）。同时军阀间因互争鸦片而起战争的也很多，常常发生国内的鸦片战争。

四、银行票币倒账 发行军用票及省库券或银行券，乃军阀筹款之妙法。这类票币之发行，绝无基金可言，只是强迫人民使用，否则军法从事，军阀以之散布于市面，商民以之流通于农村。到了倒账的时候，商民中之狡黠者尚可利用特殊势力，用以完纳别种厘金税项，而农民则叫苦连天，无可如何。

五、战时的牺牲 每一次的军阀战争，受痛苦最重的莫如农民，尤其是战争区域以内的农民，田园被践踏，屋宇被烧毁，食物牲畜被抢掠，父母不相见，兄弟妻子离散。每一次战争中的损失，无虑数万万元，其大部分都是由农民担负的。

第三，土豪地主的剥削。

上述帝国主义的侵略和封建政治的剥削，在土豪和地主，当然也是不能幸免的，不过他们的资财比较雄厚，还不至影响于他们的生存，而且他们更可以利用这些原因，来加紧对于农民的剥削，把那些负担转嫁到农民身上去。他们是农村中间的大户，是绅士阶级的分子，是官吏和农民的中间人，他们或者自己充当团绅，或者和团绅相勾结，军阀政府有什么捐项要农民担负的时候，县官总是要他们去派捐。他们当派捐的时候，总故意把捐户的资格降低，把捐项的实额扩大，尽先向一般农民勒派，结果捐款已经超过预定的实额，他们便在这中间上下其手，或者故意将自身所认捐项多开一点，而实际上自己不但不拿出钱来，（即使拿出来，实数也是很少的，农民也不能指摘他们），反可以借此发一点小财。质言之，军阀逼迫农民的苛捐，土豪地主总要把自己的负担转嫁到农民身上的。转嫁的方法，还有加重佃租和重利盘剥。兹分别略述于下。

一、加重佃租　农村经济败坏的结果，农民生活困难，失掉土地的人也就多起来，失掉土地的农民，大多数都不能另觅生活（在目前都市的工厂很少，要做工人也不容易），只有仍旧向土豪地主佃种土地。但佃种土地的人是很多的，因为需给的关系，土豪地主便可以乘机增加佃租，那失掉土地的人，为了要过动物生活起见，只有承认他们的要求，母牛总要被榨取乳汁的，但有乳汁可榨的时候，这母牛总还有维持生命的饲料可以摄取，这是佃农肯出高价佃租的原因。我在乡下常常听见地主对着佃户说："租谷是不能减少的，你要知道，我现在每年要完纳两年粮饷，还要认米捐和富户捐，若再减租谷，就连完纳国课和认捐的钱都不够了。你如果真要短少租谷，我只有拨佃的一法，东村的张老二，西村的陈老九，他们情愿先付一年的押金来佃种我的田呢！"这可以说是一般土豪地主对付佃户的普遍方法。所谓"倒三七""倒二八""倒四六"的租额，就是这样弄成功的。此外什么例外的常规敬礼，竟多至不可胜数，总之，佃农该死。

二、重利盘剥　农民在好几重的剥削之下，每年的亏欠和赔累，乃是必然的结果，而尤以佃农为最苦。我们在乡下常常看见种过二三十亩田的人家，一到秋获完了的时候，谷仓中就不能存放一粒谷子，竟应了"放下镰刀无饭吃"的一句俗话。他们大约从夏历九月或十月的时候起，就要向富户借钱用，借米吃，借钱的月息照例是百分之三四十，借米的月息，照例百分之五十，有田的多半拿田契作抵押。到了春二三月，又要向富户借米吃，办谷种，办器具，俗名"下脚粮"，这种"下脚粮"的利息更重。到了五六月青黄不接的时候，又要向富户借米吃，这时候的利息，往往是对本对利，借一月要还一年的利息，俗名"纳新谷"。这样一来，等到秋获的时候，除了偿清积欠，自然没有饭吃了。所以自己有田的自耕农或半自耕农，便这样把田算给土豪地主，自己没有田的佃户，要想继续做佃户，只有卖儿女来还账，否则溜之大吉，或做游民乞丐。

以上是中国农村经济破产的主要原因。此外如农村文化的落后，耕种方法的不良，交通的阻碍等等，也是附带的原因，这里不详细讨论了。

我们看了上述的情形，中国目前土地问题之日趋于严重，也就可以了解过半了。

第三章　手工业和手工业凋落的过程

第一节　手工业的现状

农业人口之次，要算是手工业者了。手工业者之数亦不正确。以前经济讨论处的推定，中国的工钱劳动者有二亿九千五百万人，其中有百分之八十是从事农业劳动的人。这样说来，那占百分之二十的非农业劳动者当有五千九百万人。这五千九百万人之中，除了三四百万的近代劳动者以外，其余五千五六百万人要算是和手工业有关系的人了。

据山西省的人口调查，全省人口之中，有百分之五是不从事农业劳动的劳动者。又据《中国农村经济》的著者所述，村落人口中，有百分之十至百分之二十五，是不从事于农业劳动的人。（在山东和直隶，凡以工作时间的一部或全部从事于非农业劳动的人，约占百分之十，在安徽约占百分之十四，在浙江约占百分之二十四。）

手工业的种类很多，现在无论什么城市之中，还可以看见许多手工工人终日和店东师匠在店中工作，即在近代化的城市，家内工业的势力也还存在。兹将近代城市中这些手工业的种类和手工工人的概数，列举如下。

（A）上海　制衣业（50 000）、理发业（30 000）、造酱业（3 000）、制茶业（——）、榨油业（500）、制鞋业（30 000）、制靴业（10 000）、铁器制造业（5 000）、木工业（80 000）、涂漆业（15 000）、猪鬃业（10 000）、制香业（1 000）、花园从业者（5 000）。

（B）北平　绒毡业（6 800）、石硷制造业、石工、洗衣业、钟表修缮业、银匠业、漆匠业、表画业、雕刻业、建筑业、铁器业、瓦匠业、理发业、制衣业、花园业、印刷业。

（C）南京　丝织业（城内外一万一千家，劳动者60 000——工场组织七）、织布业、毛织物业（平均有六个劳动者的共六百家）、织线袜业（32家、300人）机器工、精米业（30家、200人）、印刷业、建筑业、制衣业（4 000）、制鞋业（3 000）、竹细工业（300）、石工（1 000）、漆匠（500）、染业、理发业、制纸业、细木工（1 700）、棺材业（800）、银细工业、铜锡细工业、铁器业、藤细工业、制造笔墨业、制蜡业。

（D）长沙　建筑业、磨眼镜业、制袜业（三百家、3 000）、花席制业、木版业、剃刀制造业、香料制造业。

（E）芜湖　精米业（4 000）、理发业（1 200）、建筑业、木工业（1 000）、制碱业。

又据前北京农商部的统计，中国的手工工人的统计，约如下表：

一、纺织		320 000
二、矿山		600 000
三、建筑		600 000
四、缝纫		850 000
五、茶叶		350 000
六、发网		80 000
七、帽缠		120 000
八、磁业		250 000
九、爆竹		200 000
十、理发		240 000
十一、五金		160 000
十二、鞋业		300 000
十三、造纸		150 000
十四、苦力		1 200 000
十五、盐业		420 000
十六、粮食业		240 000
十七、店员		1 600 000
（商业雇工）		
十八、船业		1 200 000
十九、印刷		60 000
二十、其他		3 000 000
总计		11 940 000 人

第二节　手工业的凋落

手工业的组织，和产业革命期以前的英国的手工业相似。手工业生产，有年期的徒弟，主要的生产都是由家内工作场举行的。工作场多在师傅的家庭或店铺，工匠和徒弟一同操作。徒弟的年期各有一定，有三年，四年，五年，七年等，在这一定的年期内，徒弟从事工作，学习手艺，不给工钱，只由师傅们供给最低限度的衣食住。徒弟修满一定年期后，可以升为工匠，可以自由从事职业。工匠在东家作工，其工作条件，大致按照手工帮之规定实行。

以上所述手工业之中，渐渐的因为简单的机械的使用，而逐渐普及，譬如各省织布的手工业，从前是使用一两元一架手机的，现在已经采用效力增加一二十倍的脚踏机，而且渐渐普遍起来了。又如有些造纸的地方，最近也仿用比较新式的造纸法，所得的利益也很大，不过工场滥设的过多，常不免遭破产的危险而已。要而言之，中国的家内工业，已经从旧式手工业踏到利用简单机器的家内小工业的过程中了。

再就另一方面说，现在外国资本在中国境内已经膨胀起来，国内资产阶级的新式企业，又渐渐发展，手工业者的生产品之被压倒，乃是当然的结果。加以旧式手工业的组织不良（如不给徒弟工钱的劳动形态之类），更是加速度的破坏了手工业组织，而集中到以自由竞争为根本原则的近代工场了。因此，那成为中国社会纽带的大家族主义，和基尔特的社会连带的道德，终于破坏，自由的劳动者阶级便发生出来，那阶级的意识也侵入于中国社会之中了。

第四章 近代企业发达的过程

第一节 军用工业之兴起

中国近代工业的历史，不过五十年。这五十年中的发展，实循着下述的过程，直到现在。近代的机械生产工业，是开始于军用工业，其次再推行于一般的生产工业。就其经营的形式说，始于官业而成为官督民业，因由外国资本举办的外人企业之参加而显受压迫，于是本国工业，乃由民业保护政策而至于民业自立，但所谓民业自立，则因外国资本之市场支配和国民经济组织的不完全，前途却是很受限制。

完成了蒸汽机关而成为近代工业先进国的欧洲各国，凭着航海术和火药制造的帮助，就向着别的大陆，从事于殖民地的征服，因而亚洲方面的印度和中国，也不免受其袭击。饱受了新式兵器威胁的满清政府，因为外患内忧的交加，痛切的感到新式兵器生产的必要，就首先在各地设置造船厂兵工厂，输入造兵机械和技术人才，始创了中国的近代工业。首创者为李鸿章曾国藩等大官僚，其经营原属于官业。

军用工业时代，始于一八六二年至一八八一年，此二十年间所设立工场，有江南造船厂、福州船政局、天津机器局、江南制造局、南京机器局、福建机器局、四川机器局、吉林机器厂、安徽军械所、苏州制炮局等。当时为养成军事工业的人才起见，一面派学生赴欧美留学，一面于天津创办水师学堂，以期养成技术的人才。

但是这类军用工业所表现的成绩，很不足观。因为技术机械，都仰给于外国，从事经营的人又是毫无能力的官僚。满清末年的腐败官僚，大都把这些厂所当做肥缺优差，搜刮敲剥，无所不至，不但对于事业的经营，毫无热心，即对于本国技术人才的养成一事，亦弃而不顾，一切操作都委之外国技师，本国人至多不过能充当下级职工而已。象这样工业的基础既不能确立，军事工业的精神也不能了解，所以不但没有好成绩，而且造出恶结果，譬如中法、中日、以及八国联军诸役，这类军事工业并没有收得丝毫的成效。辛亥革命以后，内乱不息，这类兵工厂，反成了割据军阀为恶的工具，岂不是造出了恶结果吗？

第二节　官办事业及官督商办事业时代

成为军事工业的基本工业，要算是铁工业、采煤业和铁路业，中国既兴办军事工业，当然连类而及的要兴办铁工业、采煤业和铁路业了。从一八八二年到一八九四年，正是兴办此等工业的时期。

中国最初建设的铁路是吴淞铁路（一八六七年），是由英国商人兴办的，当时上海附近人民因为这个铁路破坏了土地龙神，大起反对，后来更因行驶的火车碾死了过路人，民众就暴动起来，官府深恐酿成大事，便把这铁路拆毁，把铁轨充军到台湾，一面赔偿英商兴办这铁路的资本了事。后来李鸿章做直隶总督，为供给官办招商局的轮船和新设海军军舰的燃料起见，特建筑由唐山到北塘河间的铁路，以便运输唐山煤矿公司所采的煤块。这条铁路是在一八九〇年雇用英国人的技师完成的，最初只筑成了由唐山到胥各庄间的六英里七分，嗣后又得清室敕令许可，延长到天津，又于一八九四年延长到山海关，设帝国铁路管理局，总揽铁路事宜。

此外，汉阳创办制铁厂，广州创办炼铁所和枪炮厂，中法之役，海军败北，于是有扩张造船和制炮工场的计划，更创办金陵火药制造局和天津武备学堂。这个时期已由军用工业时代进到经济的生产时代，其经过如下。

一八八二年	李鸿章奏请在上海试办机器织布局。
一八八三年	上海商人祝大椿于上海设立源昌五金机器厂（资本金十万元）。
一八八六年	张之洞发起于广东创办缫丝局。
一八八七年	张之洞奏请于广东设立机铸制钱局及银元局。

续前表

同　　　年	李鸿章于天津机器局购机铸制钱，定名"宝津局"，又于保定设厂。
一八八八年	贵州省镇远府青豁县设立官商合办之制铁厂。
一八八九年	张之洞在广东奏设织布局及制铁厂，向英国定购熔矿炉二具。
一八九〇年	上海设立官商合办之上海纺织新局（即现在之恒丰纱织新局）。 又张之洞将前年在广东所定购之织布机械及熔矿炉，移到武汉，设汉阳铁政局（即今之汉阳铁厂）。 又于汉阳设立枪炮厂（即今之兵工厂）。
一八九一年	上海道台唐松岩于上海设立官民合办之纺纱局。
一八九三年	张之洞于武昌设立织布纺纱制麻缫丝四局，后改名湖北纺纱织布官局（今由楚兴公司租办）。 李鸿章发起建设之上海机器洋布局，于前年竣工时被毁于火。
一八九四年	盛宣怀由李鸿章奏派募集民间股本，重办洋布局，因股少改设华盛纱厂（即今之三新纺织厂）。 又，是年湖北成立聚昌盛昌等火柴公司，官股占大部分。

官营工业的结果，和军事工业一样，同是失败。官僚和绅士，对于产业的经营和工业的管理，多无常识，只要看看当时张之洞所述官营事业之不经济的奏章，就可知道。这个时代的工业中，生命比较长久的，要算是汉阳铁厂和招商局。大官和乡绅所总办的官营工业，完全委诸外国技师经营，外国技师绝无诚意，对于华人干部多所排斥，因此助长外国资本的流入，种成了中国企业界普遍的祸根。湖北纺纱织布官局，经营既不得法，重以外资流入，逐以形成现时的局势。已成功的招商局，则为英国资本所侵入，汉阳铁厂则为日本资本所侵入。这是官督商办或官商合办事业的过去情形，中国近代工业所以迟不发展的原因，这也是其中的一种。

第三节　外资侵入与民业萌芽时代

自一八九四年之中日战役起，至一九〇四年之日俄战役止，属于这个时期。

一八九四年中日战争的结果，中国的积弱情形，完全暴露出来，于是欧美各国积极的向着中国大陆开始那攫取殖民地的竞争，最初的目标是要瓜分中国，至少也要把中国当做公共的殖民地。譬如特权的要求，借款和铁路的经营，势力范围的划分等等，都是各国竞争的对象，都是瓜分中国的前提。在铁路方面，比利时（当时俄国的傀儡）攫取京汉线，美国攫取粤汉线，俄国攫取中东线，德国攫取胶济线和津浦线的北段，英国攫取京奉线和津浦线的南段，此外英国以长江流域为势力范围，法国以云南两广为势力范围，中国的大动脉，完全归诸外人掌握了。重要的商埠，各国都设有专管的租界（上海、天津、汉口、广州、苏州、杭州、长沙、福州、厦门、汕头、镇江、重庆等）。直到一九〇〇年的义和团的事变为止，这种趋势还是继续着。

其他利权如主要矿山，也被外国人抢去。如抚顺煤矿归于俄国，开滦煤矿归于英国，大冶铁矿受日本资本所侵入，山东山西各矿山，受德国资本所侵入。

一八九六年中日《马关条约》规定："日本人民得在中国从事各种制造业，输出各种机械"，于是确认了外国人在通商口岸有工业的企业权，外国人在中国境内利用中国廉价的劳力和原料，从事中国人所需要的商品的生产，市场既然广大，利益特别增加，所以日英德美诸国，就在中国办起工厂来了。一八九五年，上海商办的纱厂，有裕源纱厂和大纯纱厂，裕源纱厂在一九一八年卖给日本人，改为上海纺织第一厂，大纯纱厂设立后不久，也卖给日本人，改为内外棉第九厂。其他如东华，日华等日本纱厂，都陆续在上海设立起来了。

英国人设立的有"怡和"和"老公茂"，德国人设立的有"瑞记"，美国人设立的有"鸿源"（曾卖与英国人，后又由英人卖与日本人，改为日华纺织第一厂）。此外英国人又在上海设立"瑞镕机器轮船工厂"。在北方的大煤田，则有英国会社的开平公司和中国会社的滦州公司，合组开滦矿务局，英国的势力，就伸张到全部煤田了。又日本在这时候和大冶铁矿缔结了十年的买矿契约。列强如此争夺中国的富源，而来迟了一步的美国资本家，却怂恿自国政府提倡中国之机会均等和门户开放主义，以期牵制列国，自己在中国的外交上取得了有利的地位。一九〇〇年，义和团事变发生，列强贪求无厌的帝国主义的野蛮侵略，虽然遭遇了非常的打击，可是列强却反而利用这个机会，进行剥削中国的巧妙计划，支配了中国的财政权，把关税权完全抢去，遂以确立了通商上的不平等。

义和团事变，也曾使得帝国主义者觉悟到它们露骨的剥削政策的不利，所以从这时候起，它们就改变方针，由瓜分政策变为投资政策了。当时成为势力核心的借款的铁路建设契约，就协定了一个办法，其已经建设的各铁路，完全作为中国国有的铁路，归中国所有，归中国经营。（即仿照比利时财团对于京汉线的办法办理，如英国之对于沪宁线，俄法财团之对于正太线，英德之对于津浦线，皆其实例。）

外国人在中国经营企业，当然要刺戟国民拥护利权的热心，所以民间经营的企业便渐有起色，从前官办的事业，也渐渐移归商办了。但这时的商办事业，在最初也和官办事业一样的失败，因为商办事业只虚有其名，举办这种事业的企业主，多是罢职以前的官僚，实际担负经营责任的人，又多是他们的亲戚故旧，所谓账房师爷之类，多半是无能之人，对于新式企业经营既无常识，当然不免于失败。

苏州的苏纶纱厂成立以后，移归宝通公司承办；上海的"大纯""裕源"纱厂，又移归日本人之手。无锡"业勤"纱厂成立以后，移归福成公司承办；杭州"通益"纱厂成立以后，改为鼎新公司；上海"裕通"纱厂成立以后，移归宝丰公司承办。各地商办纱厂共计有十五处，锭子有五十六万五千，但成功的却是没有，不是变更经营的人，便是倒闭。

张之洞向满清朝廷所上奖励民业的奏章很多，如主张撤废西式造兵各种设备撤废各炮台各机械制造局，如主张将造船厂和机器局等移归商人承办，如主张划出奖励民业的资金，开设制丝纺织等工场，诸如此类，皆多所建白。所以清廷废除了对于机制品的课税法，宣布了振兴土货的方策，发表了新学新法奖励法和发明品奖励法等等。

"奖励新学新法"的规定，凡发明军用机械和船舶者，给以五十年的专卖权，并给特别赏赐；发明日用新器具者，给以三十年的专卖权，并授工部郎中之职；仿造西洋器具而成功者，给以十年的专卖权，并授工部主事之职。

第四节　收回利权运动和保护民业时代

这个时期，自日俄战争之一九〇五年起至清朝灭亡之一九一一年为止，其间共有七年之久。

一九〇五年日俄战争的结果，使东亚各民族受到显著的刺戟。中国对于以前列强侵略的反感，具体的表现出来，变成收回利权运动，越发促起政府对于民权的保护和奖励。由现在看起来，最近五十年中间，中国产业的前途，要算这个时期是很有希望的。

就铁路一方面说，官僚以外的人民，也认识了铁路的利益，即如对于国营的铁路，人民也因为政府借外债举办的缘故，恐怕利权外溢，情愿由民间募款兴筑。譬如一八九八年萍乡煤矿铁路，是由本国技术家和资本家完成的，完全没有仰赖外人的援助，便是一个实例。象这样的经验，确是可以增高人民的自信力，所以当时各省的绅士们，都愿意拿出资本来创办铁路公司，实行测量工作，募集民间股本，要求政府解除和外国人所缔结的铁路借款的豫备契约。自民间获得政府许可完成潮汕铁路之时起，接着广东人民便筹集四千万元资金买回粤汉铁路豫备线的美国的利权，设立粤汉铁路公司，于一九一一年完成广东境内一百英里之工事。又一九〇六年，广东之新宁，江西之南浔，安徽之芜湖广德间，浙江之沪杭甬各铁路，均由各地方人民计划兴筑；一九〇七年，福建之漳厦铁路，北满之齐昂轻便铁路，一九一〇年，洛潼铁路川汉铁路等，也都是由民间计划兴筑的。

新宁线是纯粹由中国人自办而且最初通车的铁路，南浔线是凭借于日本的资本和技术兴筑的，现在还受日本的资本团所监督。沪甬线是取消中英公司的豫备契约而由江浙两铁路公司兴办的，但中英公司拿豫备契约胁迫满清政府，以致民间资本和英国资本发生激烈的竞争，结局满清政府为英国外交所屈服，事实上虽归中国民间建设，而英国资本仍然许可参加，终究把这条铁路的利益送给了英国人。至于川汉铁路，虽经地方人民热心集股兴筑，但因满清政府违背民意的结果，终于引起辛亥革命的导火线。

从大体上说，在这个时期，绅士阶级挽回利权的运动，对于中国产业发展，确是很有希望的，无如国内的经济组织，被外国资本所侵略所扰乱，被不平等条约所束缚，依然是日增疲弊，加以满清政府因为财政的破产，支配力日趋微弱，虽然力图变法自强，却也只是砂上楼阁，毫无实效，而国际帝国主义的魔手，依然是得寸进尺，压迫着中国人民，所以新式产业，不能得到发展的机会。

这个时期中，满清政府也曾做过一些奖励民众的事情，譬如设立商部，订定商律，颁布公司注册章程，发表奖给商勋章程，新器制造奖励章程，商工科进士称号章程、考验游学生章程，华商办理实业爵赏章程等等。此外清廷的商部，又于北京、天津、武昌等地设立商品陈列所，于天津设立工艺总局、工业学堂、考工厂、实习工厂；于北京设立高等实业学堂，于工艺局附属工厂设置十二科；其后宣统二年，又于南京开过南洋劝业博览会。

这个时期民间所举办的事业，纺织业方面，在一九〇五年，设有振华纱厂（在上海，初为中英合办，后归华人独立经营）、振新（在无锡）、裕泰（在常熟）、和丰（在宁波）等；在一九〇七年，设有济泰（大仓崇明）、大生第二（南通）、九成（上海）等；在一九〇八年，设有利用（江阴）、同昌（上海，后卖与日本人，称上海纺绩第二厂）等。从一九〇五年起至一九一四年止，中国的纺织业，各地共有工厂十七，锭子九十七万。其他如船舶机械，在上海有求新厂，在汉口有杨子机器公司，在武昌有车辆铁器制造工场的计划。又大冶设有水门汀工场，山东及江苏有若干玻璃工场，南洋兄弟烟草公司，也在这时候创立。江南造船厂改为官督商办，景德镇官窑，委诸商办瓷器公司之手，制造品免除厘金课税。

至于外人企业，在奉天有本溪湖煤矿公司，由日本的大仓组和中国的政府合办，汉冶萍煤铁有限公司，先由日本兴业银行借入资金三百万元，后又由三井、兴业、正金三银行及大仓组借入资金六百万元，这是日帝国主义者后来要夺取汉冶萍的张本。又上海商务印书馆，在这时候亦由中日合办，其后一九〇五年将日本人方面之股份完全买回，成了纯粹华人的公司。

第五节　杯葛运动与工业自立的萌芽时代

在民办川汉铁路运动进行之时，满清政府指导不得法，理事者的中饱又暴露出来，所谓民办事业，受了一个打击，于是国际帝国主义者便乘着机会，用四国借款团的名义来挟制满清政府，劫夺权利，满清政府又提倡铁路国有主义。因此激起民众反抗，诱发辛亥革命，满清政府终于倒了。

一九一二年在南京组织的革命政府，确立了铁路国有的原则，又树立了建设铁路的计划。此外关于实业方面的功绩亦有足述者，不过也只是短期间的事业而已。

南京革命政府曾设置实业部，后来政府迁到北京，实业部曾分为农林工商两部，不久又归并起来改为农商部。当时农商部曾经计划棉铁政策，但未实现。工业保息费章程是在这时发布的。此外又设置劝业委员会、商品陈列所、工业试验所、实业协进会等，以期促进工商业的发展。

这时候天津创办直隶省立模范纺纱公司（资本四十万元）和革新纺纱公司（资本百万元），上海的南洋兄弟烟草公司改为有限公司，求新厂由中法合办。上海总商会设商品陈列所，江苏实业厅开全省物品展览会。

自从一九一四年欧洲大战开始以后，欧洲各国对于中国的投资暂时停顿，中国产业界渐有活泼气象。一九一五年，京张铁路延长到丰镇，一九二一——二年连结到归化，一九二二年延长到黄河上游之包头镇，完成了百多英里的铁路。

欧战期中，新设的铁路线虽然停顿，但国有铁路间的连络营业，颇著成绩。第一，数理计算法式一定，今世中国国有铁路的会计报告的完全，可算是世界上少有的。其他车辆互用等种种的改良，打破了由铁路别和国别的色彩所生的困难，打破了中国人固有的陋习，使其变为适合于近代企业精神的经营方式，这都是进步的现象。

欧洲大战所及于中国铁路的影响，要算是中东铁路和山东铁路收回的两件事。中东铁路和山东铁路是国际帝国主义侵略中国的模范的体现。中东铁路，自旧俄帝国崩坏以后，由中国收回，暂与俄国旧党合办，后来复与苏俄合办。山东铁路，自旧德帝国参加欧战以后，曾经日本帝国主义者用暴力夺去，后来经过华盛顿会议的一番交涉，才由中国收回。于是中国境内的铁路之中，由外国资本和外国人所经营的，只有南满铁路和云南的铁路了。

在铁路方面虽然有一点发展，但在其他企业方面，自从辛亥革命以后，军阀混战不止，民力无由伸张，即如满清末年助长产业发展的政策，也遭破坏，资产阶级不但不能发展，而且还要受军阀的压迫，以致产业陷于疲弊的形态，稍或能够维持旧状的，只有租界方面华人的企业而已。

但是欧战发生，却使中国产业得到发展的机会。中国市场，是欧美日本资本主义生产品的销路，战争的结果，欧美的商品的输入杜绝，只有日本的商品的输入日益增加，但当时物质的缺乏依然未减。兹将一九一一年到一九二二年的贸易统计列举如下：

年　次	输入（单位两）	输出（单位两）
一九一一	471 503 934	377 338 166
一九一二	473 097 031	370 520 403
一九一三	570 162 557	403 305 546
一九一四	569 241 382	356 226 629
一九一五	454 475 719	418 861 164
一九一六	516 406 995	481 799 366
一九一七	549 518 774	462 931 630
一九一八	554 893 082	482 883 031
一九一九	646 997 681	630 809 411
一九二〇	762 250 230	541 631 300
一九二一	906 122 439	601 255 537
一九二二	945 049 650	654 891 933

这个时期中，中国工业资本家虽然遇到了工业自立的机会，却因中国市场早受外国商品所蹂躏，缺乏了发展工业的基础，以致日本的商品独占了中国的市场。幸而当时工业输出品的贸易价格增高，银价暴涨，能使中国资产阶级的金融得到良好状态，因而他们的企业热旺盛起来，又因反日运动的结果，提倡国货之声，甚嚣尘上，于是许多大小的制造工场便如春笋一般的簇生出来了。

欧战以后，扬子江流域所发达的企业，计有发电所二十六，运输业十八，农业企业十八，纺纱工场十六，商业公司十五，矿山工业十二，渔业公司三，及其他八种，总资本达一亿五千万元。

现时中国的近代工业，在纤维工业方面，有纺纱、织布、制丝等业；在食品工业方面，有制粉、制糖、制酒、罐头食品等业；在化学工业方面，有火柴、制纸、制革、制油、制肥皂、造玻璃、制蛋粉、制水门汀、制纽带、制珐琅铁器、制洋伞、制草帽、制缝针、制石棉等业。这些工业品，能够作为外国货的代用品，即如日本输入中国的粗工业品，也受打击不少。但是这类新兴工业，和中国的土地人口比较起来，还是在萌芽时期，中国的工业化，在国际资本控制之下，前途是很辽远的。

中国人口约有百分之七十五，从事于农业及其他原始产业，至近代产业劳动者为数不过三百万，所以中国近代工业的现状，实在是很贫弱的，而且从外国贸易上看起来，输出贸易额之中，有百分之七十是原料品的土产，而输入贸易额之中，大部分都是加工品。即就贸易总额说，和国土人口比较，也是很少的。这明明是自然富源没有开发和产业没有近代工业化的实证。

第五章　近代企业的现状

第一节　煤铁及铁工业

资本主义文明的基础在于近代的工业组织，近代工业组织的核心在于机械，而煤和铁在近代工业中的地位，却和太阳一样。所以我们要说明中国近代企业现状，应当先说煤和铁，其次说铁路船舶的状态，其次说近代的主要工业。还有一事要特别注意的，中国工业的经营者和资本，由外国来的非常之多，所以虽说是中国的工业，实际上却完全是资本主义最后阶段的帝国主义的投资。这里先说煤铁和铁工业。

中国的矿产，煤居第一，铁次之，这是将来发展工业的先天的基础。其他则有锑（产额为世界第一）、锡、金、铅银等矿，一九二一年当时的矿区面积为三，七三八，一七八平方里（约六〇，二九四平方英里）。兹先说煤铁及制铁业，并附带的说到煤油和锑矿。

一、煤

中国煤的埋藏量，据一九二一年地质调查所的测定，深度千米以内煤层一米以上的埋藏量，有无烟煤六十二亿五千二百万吨，有烟煤一百七十一亿八千三百万吨，全部埋藏量当有五百亿吨。若用限时消费额每年约二千万吨计之，可以支持二千年，若用现时美国消费额每年平均八千万吨之比例消费，将来只能支持七十年。

现时中国实行近代的采煤的地方，有奉天、直隶、山东、河南、江西各省，此外山西和湖南，虽亦采用近代的采煤方法，但大部分还是旧式采掘法，还须依赖于新式工业和铁路的发展。

兹将主要煤矿的推定埋藏量和一九二三年的产煤额，列表如次：

煤矿名	埋藏量推定	一九二三年产额煤	所在地	经营主体国籍
开滦矿务局	400 000 000	4 495 692	直隶	中英
抚顺煤田	600 000 000	4 782 200	奉天	日本
本溪湖煤铁公司	190 000 000	379 110	奉天	中日
淄川煤田（鲁大）	300 000 000	558 043	山东	中日
焦作煤田（福公司）	700 000 000	694 143	河南	中英
临城煤田	300 000 000	217 652	直隶	中国
井陉煤田	300 000 000	600 231	直隶	中国
峰县煤田（中兴）	110 000 000	729 960	山东	中国
六河沟煤田	115 000 000	444 441	河南	中国
萍乡煤田	200 000 000	666 939	江西	中国
中原公司	—	568 404	河南	中国
保晋公司	—	311 048	山西	中国
大同诸煤田	1 100 000 000	238 245	山西	中国

萍乡煤矿，在一九二一及一九二二年，产煤曾至八十万吨以上。大同诸煤〈矿〉，只有运输火车的数量的统计，其用骡马运输的数量，殆亦相同。

至于全国最近数年间的出煤统计，约如次表：

年次	数量（吨）	年次	数量（吨）
1917	17 205 224	1921	19 871 728
1918	18 033 367	1922	19 954 529
1919	19 387 427	1923	22 681 327
1920	20 381 060	1924	23 711 000

又每年煤之输入额约如下表：

年次	数量（吨）	价格（两）
1920	1 341 519	15 524 038
1921	1 426 171	14 420 525
1922	1 208 149	11 347 528
1923	1 366 108	—
1924	1 610 016	—

煤之输出额约如下表：

年次	数量（吨）	价格（两）
1920	1 989 290	12 417 172
1921	1 921 555	11 641 413
1922	2 421 828	15 385 041
1923	3 108 682	—
1924	3 202 352	—

和每年出煤量相比较，这煤的输出超过的现象，实含有中国工业尚未发达的意义。

如前表所示，近代的采煤矿区的主要地方，也和铁矿一样，其利权亦在外国资本家的掠夺范围之内，这是要注意的，再观下表，更为明了。

经营别	一九一六年	一九二〇年
外国及中外合办企业所产之煤	7 993 010（吨）	9 485 416（吨）
对于近代的企业出煤总额的百分比	81%	66%
对于全国产煤的百分比	50%	46%

再由企业资金观察其资本与国别，有如下表（一九一六年）：

国别	资本（银元）	出煤能力（吨）
中国	46 950 000	6 330 000
英国	22 000 000	2 800 000
日本	24 500 000	3 415 000
德国	6 350 000	940 000
比国	600 000	150 000
合计	100 400 000	13 635 000

英国资本之中，在开滦公司方面含有比国资本，在福公司方面含有法比两国资本。一九一六年统计中含有德比两国利权之山东临城及直隶井陉两矿，由中国收回，又山东淄川及博山两矿，则移归中日合办之公司，故不见于一九二〇年之统计中。

国别	资本（银元）	出煤能力（吨）
中国	50 900 000	7 100 000
英国	22 000 000	4 000 000
日本	27 500 000	4 500 000
合计	100 400 000	15 000 000

由前表看来，中国近代的煤业和现在出煤量，都有百分之五十，是归英日两国资本支配着。同时中国自身的近代工业，数年来在国际资本支配之下，亦略有发展的倾向，这也是不能忽略的。

二、铁矿及制铁业

A. 铁矿

中国铁矿没有正确调查，综合多数外国人的推定，而依据一九二一年地质调查所的发表，铁矿和生铁含有量的统计，约如下表：

省名	矿石（吨）	生铁含有量（吨）
直隶	91 479 000	45 434 000
奉天	387 580 000	105 205 000
山东	29 920 000	14 138 000
河南	3 400 000	1 640 000
安徽	50 000 000	25 000 000
江西	18 060 000	8 671 000
湖北	52 660 000	29 780 000
甘肃	35 000 000	17 500 000
福建	7 500 000	3 650 000
浙江	2 300 000	1 050 000
合计	677 899 000	252 068 000

据上表，已推定的铁矿吨数，约为六亿七千七百万吨（相当于美国的四分之一，德法的三分之一，英国的五分之四），此外未经调查的区域亦有相当之额，据推定全国铁矿埋量或有十亿吨。

以上述数字为基础，合全国人口计算，每人当有铁矿两吨半，有生铁一吨又四分之一，若和美国每人每年生铁消费额四分之一吨相比较，中国的铁矿，还不能说是丰富，但在亚洲各国之中（印度铁矿未经调查，荷领印度八亿吨，澳洲三亿五千万吨，菲律宾二亿吨，英领南洋二亿五千万吨，日本八千万吨），中国铁矿的埋藏量，要算首屈一指了。至于各主要铁矿埋藏地，现在都经测定，如湖北之大冶（通称一亿吨）与象鼻山矿（湖北矿务局），奉天之鞍山岭（通称一亿五千八百万吨），本溪湖之庙儿沟矿（八千万吨），直隶之龙烟烟筒山及其他（于一九一八年成立五百万元之官商合办公司），山东之金岭镇（称八千万吨），江苏之凤凰山，安徽之桃冲（称五千万吨）等。

关于这些铁矿，我们要注意考察它们和日本的关系。日本是铁矿很少的国家，要维持其帝国主义的生命，只有抢夺中国的铁矿一法，所以它对于中国铁矿的攘夺，确是唯力是视的。一九一一年以后，汉冶萍公司，曾经几次和日本订立契约，成立借款一千二百万元，规定在四十年之间，卖与日本以矿石千五百万吨，生铁八百万吨。（该公司曾有中日合办计划，在五七条约中，更加确定了日本对于该公司的权利。其后该公司所欠日本帝国主义者的借款，长期的短期的合计，截至一九二二年底止，共为三三，二○六，六四八元，后来又成立了借款五百万元。）本溪湖煤铁公司，是东三省政府和日本大仓组的合办事业，桃冲煤矿，由裕繁公司（中日实业公司出资）经营，其矿石两部，均与大冶矿同送枝光制铁所。金岭镇由中日合办之鲁大公司经营，鞍山矿由中日合办之振兴公司经营，全部矿石，均供给南满铁路局经营的鞍山制铁所之用，凤凰山矿与中日合办之华宁公司有关系。这样看来，中国主要矿山的大部分，都要受日本帝国主义者的支配。

兹将近代的工业下所经营的主要矿山出矿统计，列举如下：

主要矿山别	省别	一九二○年	一九二一年	一九二二年	国籍别
大冶矿山	湖北	824 491	650 000	580 000	中国
象鼻山	湖北	45 667	161 575	45 439	中国
宝兴公司	安徽	44 389	54 565	34 583	中国
桃冲山	安徽	81 810	160 920	224 360	中日

续前表

主要矿山别	省别	一九二〇年	一九二一年	一九二二年	国籍别
金岭镇	山东	128 164	88 204	25 745	中日
庙儿沟（本溪湖）	奉天	105 239	67 435	停止	中日
鞍山	奉天	136 000	169 940	143 364	中日
合计		1 365 760	1 352 439	1 153 491	

B. 制铁业

（一）制铁所

（甲）汉阳及大冶

沿革　一八九一年，张之洞于汉阳设立铁政局，一八九六年改为官商合办，一九〇八年合大冶铁山与萍乡煤矿，成立现在的组织，资本金为二千万元，后因经营困难，借入日本资本，直到现在，日本的资本约达四千万元。

就生产能力说，汉阳有七十五吨炉二具，和二百五十吨炉一具，外有旧式三十吨炉七具，但旧式炉及七十五吨炉，今已不复用。每年生产能力，汉阳为 234 000 吨，大冶为 920 000 吨，事实上一日只出三百吨。钢铁制炼完全停顿，到最近为止，生产统计，约如下表：（单位吨）

	一九一九	一九二〇	一九二一	一九二二	一九二三	一九二四
生铁	166 096	126 305	126 496	148 424	73 018	26 977
钢	4 850	42 800	—	—	—	—

最当注意的，是汉冶萍公司和日本的关系。该公司成立之后，因经营不良，以致资金缺乏，日本因铁矿之供给缺乏，乘机向该公司总办盛宣怀交涉，借给款项，订立卖铁矿与日本的契约，限期为四十年，自一九一一年起，四十年之间，应卖出矿石 15 000 000 吨，生铁 8 000 000 吨（矿吨当二～三元，生铁吨当 0.24 两），其后日本虽有要求合办的计划，因遭舆论的反对作罢，一九一五年之五七条约，竟确定日本的权利，日本的投资，到最近达四千万元。近来因时局不定，经营不良，殊无继续之希望。

（乙）杨子机器厂（六河沟煤铁公司经营）

合象鼻山铁矿与六河沟煤矿二者而成。有百二十吨炉一具，每年生产能力为 43 000 吨。生产统计，在一九二〇年为 7 624 吨，在一九二一年为 15 248 吨，在一九二二年为 19 248 吨。

（丙）本溪湖制铁所（由中日合办之本溪湖煤铁有限公司经营）

此制铁所归奉天省政府与日本资本家大仓组合办，合庙儿沟的铁矿与本溪湖的煤而成。有一百四十吨炉二具，二十吨炉二具，每年生产能力为一一五，〇〇〇吨，其生产统计如下：

一九一八年	44 992（吨）
一九一九年	78 871
一九二〇年	48 824
一九二一年	30 869
一九二二年	停止
一九二三年	24 338
一九二四年	51 950

（丁）鞍山制铁所（南满铁路公司经营）

铁矿为鞍山磁铁矿，所用之煤为本溪湖煤和抚顺煤。鞍山矿山归中日合办，大振公司有采掘权。矿石所含之质颇为贫弱，不到百分之五。有三百五十吨炉二具，现时产额每年二十万吨，在中国要占第一位。刻正在计划每年要出产五十万吨。从前之生产统计，在一九二〇年为七四，八九五吨，在一九二一年为五七，一八五吨。

（戊）石景山制铁所（在河北之北平北郊，归龙烟制铁公司经营）

矿区以京绥线宣化驿附近之烟筒山为中心，其质良而又丰富，用煤豫定由河南之六河沟供给，是一九一八年在北京北郊之石景山设立的，后因欧战告终，铁价大跌，没有开炉。有二百五十吨炉一具，一年生产能力为九万吨。龙烟公司为官商合办之有限公司，资本五百万元。

（己）浦东制铁所（在上海，由和兴公司经营）

规模极小，有三十三吨炉一具，十二吨炉一具，一年出产能力为一万六千吨。

（二）中国铁的消费

以上各制铁所的出产能力若能完全发挥，中国每年当可生产百万吨之生铁，但在实际上，自欧战告终以来，铁价低落，生产因而大受限制。又因经营上发生种种困难，兼之内乱不已，所以每年的出产额是很少的。据最近统计，一九一八年为十八万吨，一九一九年为二十七万吨，一九二〇年为二十五万吨，一九二一年为二十三万吨，一九二二年为二十六万吨，一九二三年为二十六万吨。

这些生铁的大部分，都是运出国外，供中国工业用途的部分极少。就输出统计看，一九二〇年为一二，〇六五，三六五担，一九二一年为二，六四八，一〇二担，一九二二年为三，三六二，五三一担，其价格约为一千万元。反之，铸钢的输入，其量甚少，殊不足道。

一九二三年生铁的生产额不过二十六万吨，但对日本须履行条约上的义务，每年要对日输出十六万吨至二十万吨，所以中国境内所消费的铁量很少。据 F. R. Tegengren 氏所推定，中国近代铁工业的生产约为二十五万至三十万吨（其中有十六万吨至二十万吨要输送于日本），铸钢和生铁的输入为三十万吨，旧式铁工业的生产约十七万吨，若照这样计算，中国境内每年铁的消费额约为五十五万吨至六十万吨。拿这个消费额和欧美各国比较计算，美国每人每年要用二百五十公斤的铁，英国每人百三十公斤，德国每人百三十公斤，瑞典每人八十五公斤，俄国每人三十公斤，日本每人十四公斤，中国每人只用一点四公斤。就中国的人口数而论，每年大约应当要七百五十万吨的生铁。这七百五十万吨的生铁，大约要一千五百万吨的矿石才能做得出来。中国铁的埋藏量即算是有十亿吨，也只有六十六年的寿命。若是和美国那样的消费，只能支持五年。

但是中国境内竟不能销纳这些铁，铁矿的大部分，反要输送到日本去，兹列举最近输出入统计表如下：

年次	一九二〇	一九二一	一九二二	一九二三	一九二四
输出	682 660	514 888	671 220	727 603	846 833
输入	20 102	5 992	1 366	3 084	1 575

附注　日本所以百般计算要夺取中国的铁矿，是因为本国铁矿的缺乏。日本每年铁的消费额约为一百五十万吨，但现时该国每年的生产只有六十五万吨。除了它在我国东三省所生产的十五万吨之外，还须生产五十万吨。这五十万吨铁的生产，须用矿石一百万吨。但日本国境内的矿石的生产，每年只有二十五万吨，还缺少七十五万吨以上的矿石，所以不能不取给于中国。日本铁矿的埋藏量为八千万吨，若要供给现下的铁消费量，不出二十年便要用尽。这便是日本所以要抢夺中国铁矿的由来。

三、煤油

中国油田的调查很不充分，兹略举其已知者如下。

陕西的油田，据说是很有希望的，一九一四年，美国美孚公司曾经投出二百万美金，取得了试掘权，但就其所公布者而言，油脉在地下二千英尺以上，可以用于工业，现在没有打算开采。试掘的地方只限于陕西省的西北部，全部共有七个，在三千英尺以内。由该地区的延长，农商部试掘井开采，则已证实数年间可以出油。

陕西以外，由甘肃之西北部至于北土耳其斯坦之倾斜部，有油床的地质分布。新疆之迪化地方，曾经产出小量的石油，但未试掘。四川秦岭的南部，从盐井中可以看出产石油的地质。自流井附近由一千英尺到四千英尺的盐井，有一千以上，石油的产额每年有五十吨。

油页岩的分布在热河，尚未着手。最近在抚顺曾计划着手此项工业。其埋藏量之推定如下（含有 4%～10%，平均 5.5%）：

100 呎以下	255 000 000 吨
200 呎以下	505 000 000 吨
500 呎以下	1 223 000 000 吨
1 000 呎以下	2 380 000 000 吨
4 000 呎以下	5 500 000 000 吨

日本之南满铁路公司已着手于此，这是中国境内最初的石油企业。

附注　世界的煤油产额，据一九二一年的统计为七五九，〇三〇，〇〇〇（单位 Bar，即六吨），其分布如下：

美国	469 639（Bar）	墨西哥	195 064（Bar）
俄国	28 500　（同上）	兰领印度	18 000（同上）
波斯	14 600　（同上）	罗马尼亚	8 347（同上）
印度	6 864　（同上）	日本及台湾	2 600（同上）
波兰	3 000 000（箱）	秘鲁	3 000 000（箱）

四、锑矿

锑之为物，虽非重要工业，但中国锑之产额为世界第一（占 44%），当然不免于外资的侵略。

锑的出产，湖南占第一。板溪锡矿山即其主要者。此外广东，广西北部，云南东部也有锑矿区。

第二节　铁路与船舶

一、铁路

中国的铁路问题，在政治上、经济上、外交上，都有很重大的意义。

中国现有铁路运行哩数，约有七千哩，就人口和面积比较，实在是很贫弱的。单就人口和本部二十二行省面积来比较，平均每二百五十六方哩每人口五万三千人，只有一哩的铁路，若要做到象日本那样每十六方哩每人口八千人有一哩铁路，象美国那样每十二方哩每人口三千八百人有一哩铁路，在面积上实有增加到十五倍至二十倍的必要。

A. 中国铁路的赢益

铁路是现代交通的根基，中国铁路交通的不发达，于现时混乱的局面有很重要的关系，这是人人都知道的事实。这铁路网的设立，于中国国家的建设上，实在是先务之急。中国铁路营业的赢益很多，假使国内的治安能够维持，铁路的企业，可以断定它一定能够发展。丰富的土产的移出，销路广阔的加工品的移入，一切都要仰赖于铁路的交通，以中国今日已成铁路哩数的短少，营业的赢益之多，乃是当然之事。过去数年间国有铁路六千九百八十三千米区间的收益，有如下表：

年次	总收入（元）	营业费	营业收入	营业费率	纯收益
一九二〇	91 443 932	42 780 106	48 663 825	46%	40 788 087
一九二一	96 450 836	53 967 045	42 483 790	56%	28 701 065
一九二二	99 559 229	56 659 483	42 896 745	57%	24 237 261

注：平均每一千米之收入为六千九百元。

根据上表和欧美各国铁路经营的状态比较起来，在欧洲各国，铁路营业大收其利益的时代已经过去了，比方美国铁路的营业费率现为百分之八十，而中国铁路的营业费率，则平均只有百分之五十三。又美国铁路每千米之收入为美金五千元，而中国国有铁路则有六千九百元；再就对于修筑铁路原价的纯赢益率说，在美国只有百分之四，在中国则有百分之七点九（若单就收益最多的京奉线说，每千米的平均收入为一万二千八百元，其赢益率竟有百分之一六点七）。中国铁路投资的有利，于此可见，也无怪帝国主义者垂涎了。假使中国没有内乱，国有铁路能够经常的转运，铁路的营业必更有起色，所欠的外债，必定早已还清无疑了。

B. 中国铁路的投资者

铁路总营业的距离，自一九二二年以来，共约七千哩（一一，九九七千米），其中有四千三百六十四哩（六，九八三千米）属于中央政府交通部直辖的国有铁路，包括本部主要干线约二百八十哩，属于官督商办的铁路，事实上与交通部同办。又有四百八十哩为省有铁路或私有铁路。以上总算是在国家经营的名义之下经营的。此外有二千三百七十二哩，则归外国人经营，这是中国所独有的现象。兹将外国所办铁路与国别及其资本等，列表示之于下：

铁路名	经营者	资本金	营业哩数	备考
中东铁路	中俄合办	66 239 400 磅〔镑〕	1 374	
南满铁路	日本	442 000 000 元	684	包括安奉线
滇越铁路	法国	6 200 000 磅〔镑〕	293	
广铁路	英国	不明	21	广东九龙间英国租借地之部分
总计		442 000 000 元 72 439 800 磅〔镑〕	2 372	1 166 398 000 元

以上外国人所办的铁路，对于中国国家并不担负丝毫义务，而且在铁路附属地带，还取得行政权及防备权，这岂是我中国人所能忍受的？

C. 中国铁路上之国际资本

在国有铁路名义之下的公私铁路，其大部分的资本是外国资本。国有铁路修筑原价五亿六千三百万元之中，含有五亿二百万元的外债，单就这一点，也可以窥知国际帝国主义者对于中国铁路的关系。外国资本对于中国铁路投资的经过，即是表明中国化为国际殖民地的过程。用开发中国名义而提倡的铁路建筑，最初是由英国商人发起，由英国技师建设，由英国金融业者投资的。中日战争以后，列强乘着机会，以瓜分中国为根柢，设定了势力范围地带，列强对于这势力范围的划定，是以自国资本所建筑的铁路为中心的。上表所述列强所有的各铁路线，固不待论，所谓借款的铁路的建筑，列强为确实保证其投资的利益计，势非夺得那铁路的管理权和营业权不可。自从一八八七年以来，十余年之间，英国对于京奉、沪宁、道清三线（九百七十哩），投资六千二百万磅〔镑〕；俄国对于中东、正太二线直接投资，对于京汉线则隐藏于比利时财团之内，与法国均有关系，其投资总额为七千一百二十三万九千磅〔镑〕（千六百九十五哩）；德国领有山东铁路，投资二百七十万磅〔镑〕（二百七十七哩）；比利时对于京汉线投资五百万磅〔镑〕（八百二十七哩）；又英国对于粤汉线投资八百万磅〔镑〕（八百哩）。各国合计投资九千四百万磅〔镑〕（即一亿元）。路线长五千三百哩。

中国人民对于列强这样露骨的政治的经济的侵略，就发生了一九〇〇年的义和团事变，于是列强的投资的形式也略加改变，所谓铁路投资，也止于建设借款，不复要求管理权了。从前已投资而没有兴工的铁路借款契约，也改用了新的条件（如京汉、正太、粤汉等）。在这个时代，各国因为投资竞争过于激烈的结果，消极方面渐渐趋于共同投资的倾向，日俄战争以后，日本也来参加了。这个时代的投资，英德两国对于津浦线投资八百万磅〔镑〕，在京汉线则有英法日的五百万磅〔镑〕的共同投资，建筑成功以后，铁路的管理和营业权归诸中国。英国单独对于广九、沪杭两路，投资二百万磅〔镑〕，日本继承俄国经营中东铁路的南段，长四百八十哩，合安奉线一百五十哩，及吉长、新奉二线一百十六哩，投资约七百万元。

国际帝国主义者因为对华的投资竞争之故，深恐资本的赢益率之减低，并为防制某一国垄断了中国财政的支配权起见，越发感觉有协同行动的必要，就成立了英德法美的四国借款团。这可说是对华投资界的一个转换期。（一九一一年）列国共同投资机关成立，而民间收回铁路自办的事业，亦多失败之点，满清政府乃断然决定铁路国有的政策，基于国防财政产业等等的见地，不论已成未成的铁路，其干线系统，概归国家经营，惟于地方铁路，许可民间经营。这个政策，虽成为辛亥革命的导火线，但民国成立以后，仍然未变。

民国成立以后，孙中山先生曾经树立了全国铁路开发的大计划，后因袁世凯专权恣肆，未能见诸实事。自此以后，北京政府基于财政上的见地，滥结铁路借款契约，于是又显出了铁路借款的竞争时代。这个时代借款的铁路总哩数为八千二百哩，总借款额达八千三百万磅〔镑〕。计英国供给沙兴、浦信、宁湘、广厦诸线的借款为三千万磅〔镑〕（九百哩），法比两国供给同成、钦渝、陇海诸线的借款为七亿法郎（三千五百哩），德国供给高徐、顺济的借款（五百哩），其他美国供给株钦的借款，俄国供给滨黑的借款，日本供给满蒙五铁路的借款等等，都属于这个时代。这个时代，各国对于供给借款的主要条件，在能确实保证铁路建筑及投资所得的赢益，只要求任用外人技师长及会计主任为止。不过这些借款，不久因为欧战发生，中国内乱不已，不是建筑铁路的时机，所以上述各契约，只由各借款国提交预付的数目并保有其权利而止，实际上连一条铁路也没有进行。这个时期实行建筑了的铁路，只是陇海路中段汴洛线的完成和延长，以及满蒙四铁路之一的四洮线的完成而已。

同时以前成立之四国银行团，后因日俄两国参加，变为六国银行团，后又因美国脱离，变成五国银行团，这五国银行团，在欧战以后无形瓦解，后来更因美国发起组成英美法日四国新银行团。这四国新银行团，关于铁路既设线以外的权利即同成、浦信、株钦、沙兴等诸线，均移归于新银行团。只有日本坚持所谓满蒙特殊地位，对于满蒙方面的未设线，亦主张保留其权利。但近十余年以来，内乱不息，新银行团在事实上只变成了防止借款的机关。却有日本在东三省方面单独活动，先后完成了四洮线的七十哩和郑家屯洮南间的百五十哩，其次于洮南齐齐哈尔间建筑一百五十哩。同时吉会线一部分的吉林敦化间的百余哩，亦将次第告竣。其他，京奉线之锦州朝阳间支线完成七十哩，又完成吉会线之南部天图轻便铁路，所谓关东州内之六十哩金福铁路，亦已兴工。东三省铁路新设哩数已达六百哩，都由日本经营，日本欲在东三省成立铁路网之野心，行将实现，东省早已岌岌可危了。

二、航运船舶

A. 外国贸易上之船舶

一九二〇年度，从事外国贸易的船舶为 61 798 只，吨数约二千八百八十五万吨，其贸易额约十三亿八千万两；从事内国贸易的船舶为148 811 只，总吨数为七千五百万吨，其贸易额为十五亿四千七百万两。外国贸易比内国贸易不如，于此可见。至于从事此项贸易的航运业，则可于下表看出。

种别国别	中国	英国	日本	美国	其他各国
外国贸易	9％	38％	37％	8％	15％
内国贸易	42％	41％	13％	2％	2％

由上表看来，外国贸易，英日两国共占百分之七十五，中国仅占百分之九。太平洋上并没有一只挂中国旗的船，一切都在外国船舶的蹂躏之下。

B. 内国贸易上之船舶

就内国贸易说，在别的国家，均由本国船舶独占，但在中国，外国的船舶要占居过半数。这个现状的由来，一因帝国主义者夺去了内河航行权，许多通商埠都是被压迫而开的，所以外国船舶得以航行于内地，一因中国人缺乏关于航海贸易的智识，所以外国船舶占得了优胜的地位。

最近统计上中国船舶在本国贸易全体上所占的地位，有如下表：

年次	总吨数	中国籍船舶吨数	百分比
1918	80 247 706	21 782 704	27％
1919	95 725 935	27 089 762	28％
1920	104 266 695	27 653 309	26％

本国船舶吨数，仅占四分之一，航运上的利益，大部分为外国资本所夺去。

在外国贸易一方面，欧洲航路、南洋航路及美国航路，或以上海香港（大连）为起点，或在此等地方寄泊而专事装载中国贸易之货物的船舶都是外国船舶。在内国贸易上活动的外国轮船公司，有英国的怡和太古两行和日本的日清轮船公司。太古洋行怡和洋行和日本邮船会社大阪商船会社，都是这些公司的支持者。中国和那三个外国公司对抗的，只有招商局。招商局成立于一千八百七十一年，由李鸿章所倡办，资本百万两，定为官商合办，后来购得美国轮船公司旗昌洋行的船舶十八只，至一八九八年，改为商办，增加资金五百万两。只因办理不得其法，又要和那三个外国公司竞争，又要受内乱的影响，以致营业不佳，不得不仰赖英国银行的资金救济，这是中国航业前途最不良的现象。兹将上述四公司之现状列表比较如下。

公司名	创立年	资本金	所有船只	总吨数
招商	1871	8 000 000 元	35	34 683
怡和	1875	1 200 000 镑	52	58 841
太古	1875	1 000 000 镑	47	60 495
日清	1878	16 000 000 元	12	25 807

此外有小数船只之公司，如下表所载，其活动范围很受限制。

公司名	国籍及本店所在	船只数	总吨数
开滦矿务局	中英（天津）	6	6 042
宁绍公司	中国（上海）	5	4 941
政记公司	中国（大连）	5	4 097
戌通公司	中国（哈尔滨）	——	——
大连汽船公司	日本（大连）	5	
禅臣洋行	德国（上海）	4	2 483
美最时	德国	6	6 790
平安公司		1	——

C. 港湾

中国的港湾，大部分是自然的河港，海港仅有香港和大连，香港归英国经营，大连归日本经营，至于河港，自上海天津汉口为始，各港的筑堤，都在外国的专管租界由外国人建设，其属于中国人所支配的，只有广东的筑堤。河川港湾的管理经营，由外国人所支配的海关港务部司掌其事，以前中国政府交通部中的船政局，并没有做过积极的工作。奉天省的葫芦岛（连山湾）、山东省的芝罘、江苏省的海洲等处，虽有筑港的计划，迄未实现。只有广东的黄埔（广东的外港）筑港，算是在进行之中。

第三节　近代工业——纤维工业、金属工业、化学工业、食品工业

中国的近代工业自立的曙光，始于欧战之后，现在正在发达之中的，在纤维工业方面，有纺纱业、织布业、丝织业等；在金属工业方面，有精炼业（铁和锑）、机械、船舶、车辆、兵器、货币制造业等；在化学工业方面，有火柴、纸类、蜡烛、肥皂、皮革、化装品、蛋粉、豆粉、火药制造业等；在食料品工业方面，有制粉、制糖、制盐、制罐头食品、酿造业等；在建筑工业方面，有士敏土、玻璃工业等。兹就各业之中择其一二种为代表，略述其大概如下。纤维工业中，以纺织业为代表，金属工业中以造船业为代表，化学工业中以火柴工业为代表，食品工业中以制粉业为代表。

一、纤维工业（纺织业）

按照近代工业的历史，蒸汽机关发明以后，交通机关便发达起来，纺织机械发明以后，手工业便崩坏下去，这种产业革命序幕的经过，于引导现代中国的产业革命，是一件很有兴趣的事实。

中国的铁路，是因为受了资本主义成熟期的国际帝国主义者的刺戟，才通行于中国大陆的，其主要的任务，在运进外国的商品和输出中国的土产。以中国市场的广大和工钱劳动者的供给充分，乃是工场工业自然发生的条件。中国纤维工业之首先发生和发达，并不是奇怪的事情。

纺织工场，首先创设于上海租界，作为官办，由官吏经营。其后外国的资本家（尤其是日本资本家）就利用不平等条约，到中国来设立工场，因此中国商家也受了刺激，先后出资来经营斯业，现在成为唯一的代表的工场工业了。

今日纺织业的现状，据华商纱厂联合会民国十六年的调查，中外各公司合共有一百十八个工场，有三百七十多万锭子，有二万四千多架织机。其投资资本为一亿五六千万元，每年消费的棉花为一亿一千余万磅，劳动者的人数二十余万。若和欧美亚三洲其他各国比较，尚属幼稚，英国的五千六百万锭子，自然要居首位，其余如美法德俄意捷克印度日本等，都在中国之上。兹就印度日本和中国比较如下：

国别	锭数	棉花消费额（磅）
印度	6 870 000	157 640 100
日本	4 645 000	180 320 000
中国	3 705 836	111 930 000
计	15 220 836	449 990 000

中国境内的棉花原料还能自给，纺织品在国内的消费也很广大，这是中国境内纺织业前途尚有发展希望的地方。再就纺织企业的投资关系看，和别的企业一样，大受外国资本的侵略。兹依据一九二七年华商纱厂联合会的调查，列表如下：

国别	工场数	锭数	织机数	工人数
中国	72	2 208 568	13 689	131 063
日本	42	1 291 948	5 929	45 628
英国	52	205 320	2 863	19 000
计	118	3 705 836	22 477	195 691

由上表所示，全部锭数中，约有百分之四十一，是归外国资本经营的，中国方面所有的锭数，虽然差不多要占外国方面的锭数的一倍半，却因经营上颇多困难，在势力上并不一定要大过一倍半。现在和中国纺织业竞争最力的，要算是日本。兹再根据一九二三年华商纱厂会的调查，比较中国和日本两方面斯业发展的经过情形，列表如下：

年次	中国人经营者			日本人经营者		
	工场数	锭数	纺织机数	工场数	锭数	纺织机数
1891	2	65 000	—	—	—	—
1895	—	—	—	1	20 392	376
1900	—	250 000	—	2	45 872	886
1910	—	450 000	—	—	—	—
1911	—	—	—	4	78 336	886
1916	—	570 000	—	—	—	—
1917	—	—	—	6	170 336	886
1918	—	—	—	8	250 328	1 636
1919	19	659 752	2 650	10	321 320	1 636
1920	37	856 894	4 540	14	399 936	2 136
1921	51	1 238 902	6 650	25	695 592	2 136
1922	64	1 593 034	7 817	—	—	—
1922	55	1 493 671	8 581	—	—	—
1924	72	2 112 154	13 689	41	1 218 544	5 925

把上述数字,再和中外全体的发展统计(很不完全)比较观察,有如下表:

年次	工场数	吨数
1896	12	417 000
1902	17	565 000
1911	32	831 000
1916	42	1 145 000
1918	49	1 478 000

在外国人企业一方面,日本简直以莫大的势力和他国相竞争。再就中日两国的发展状态观察,到一九一六年的时候为止,日本的工场到底比不上中国方面的,但自欧战以来,纺织业获利很大,日本便乘机到中国来发展这项事业,并且大见发展,这是因为日本工银增高,日本政府在通货政策上又奖励海外投资,而且日本输入于中国的大宗棉布和棉纱,可以在中国就地直接生产,所以日本斯业界在大战当时决定到中国来图发展,日本资本家所得的利益很多。

中国方面的企业,因经营多不得法,以致不能利用欧战当时的机会以求充分的发展,犹幸当时土产输出的价格增高,银块行市暴腾,遂得以提高经济的地位,始有今日的发展。但工场经营和金融机关,颇多缺陷,仍未能和外国资本竞争,这也是帝国主义支配下的中国产业上必然的现象。兹再就纺织业在中国各地的分布状态,表示如下(根据一九二四年一月的调查):

地点	中国人经营的		外国人经营的		合计	
	工场数	锭数(已运)	工场数	锭数	工场数	锭数
上海	24	665 789	30(日)	538 992	59	1 455 297
江苏	20	388 228	5(英)	250 516	20	388 228
河北	9	308 288	—		9	308 288
湖北	5	247 896	—		5	247 896
河南	4	118 840	—		4	118 840
浙江	3	49 760	—		3	49 760
山东	12	58 000	14(日)	218 000	16	276 000
湖南	1	40 000	—		1	40 000
安徽	1	15 200	—		1	15 200
江西	1	15 360	—		1	15 360
山西	1	12 800	—		1	12 800

续前表

地点	中国人经营的		外国人经营的		合计	
	工场数	锭数（已运）	工场数	锭数	工场数	锭数
陕西	1	15 000	—	—	1	15 000
奉天	1	20 000	4	96 360	5	116 360
计	73	1 769 318	45	1 194 144	118	2 963 462

中国纺织业的中心，以上海及其附近为第一，其次是山东的青岛，湖北的汉口，天津（中国工场有六），河南的郑州。

其次，关于棉纱的消费，就一九一二年至一九二二年之间，列举其输入的棉纱和输入国别表如下：

年次	英国纱（担）	香港纱	印度纱	日本纱
一九一二	10 965	13 713	1 295 578	949 801
一九一三	5 128	9 682	1 330 567	1 300 921
一九一四	4 310	12 715	1 137 224	1 331 739
一九一五	370	1944	1 179 360	1 445 345
一九一六	—	92 739	1 068 328	1 351 006
一九一七	1 863	19 130	30 556 278	29 086 944
一九一八		14 336	16 396 036	35 358 884
一九一九	6 199	14 336	41 605 501	30 525 207
一九二〇	1 258 867	21 872	39 237 334	34 725 217
一九二一	1 069 616	24 113	24 995 739	37 733 960
一九二二	3 218 002	2 854	16 203 586	43 472 474

前清光绪初年（一八七五年），印度纱的输入不过一万担，以后印度纱便支配了中国的市场；光绪二十年（一八九五年），日本纱的输入也不过一万担，以后日本纱也渐渐增加，到一九二二年，已增至四千万担以上，近来更有增加之势，中国纺织品市场之受外国所支配，于此可见一斑。

就中国纺织业的发展的趋势说，大概可以作下面的说明。纺织业的发达，要以一九一六年至一九二二年为最盛时期，其原因是由于欧战期中，输入棉货最多的英国牵入了大战的漩涡，国内资本家受了这个刺激，乘机大举兴办这种事业，更因五四运动之故，日本纱的输入颇受限制，所以能够发达起来。但是欧战终熄以后，欧洲的资本家又陆续到来，挟其大资本的势力来压迫中国的幼稚的纺织业，加以内乱不息之故，于是斯业的前途急转直下，大起恐慌，一时原有的工厂，或者消灭，或者改头换面，其减少的数目，且达二十余厂之多。至其原因，据华商纱厂联合会在民国十六年所发的宣言看起来，第一是因为外国资本家在中国境内享有经营工业权和采集原料的特别利益，如外国资本家在中国境内采买棉花，可以使用三联单，免纳厘税，中国的资本家却不然；第二，棉花原料，中国虽能自给，但因内乱之故，交通停滞，内地的棉花，不能完全运出，而且质料较好的棉花，还是要仰给于美国和印度，中国资本家又不能直接购用外棉，结果不能不受外国资本家所操纵；第三，农村经济破产，购买力日趋薄弱，棉纱的销路大受限制。这都是中国纺织业前途的大问题。

二、金属工业（造船业）

铁工业是近代工业的核心，但中国铁工业的经济地位，还没有超出纤维工业之上，这也是现在中国产业界自然的现象。

全国铁工业中最主要事业，除上述尚未发达的制铁业以外，有铁路工场和军用工业的兵工厂。铁路工场，自京奉线的唐山工场、京汉线的长辛店工场、粤汉线的武昌工场、津浦线的天津工场等为始，有制造工场二十二处，修理工场九处。兵工厂有上海、汉阳、德县、奉天、广州等数处。铁路工场中，除日本人所办的南满铁路公司的沙河口工场以外，其余只能修理车辆和制造一部分的用具。兵工厂大都也只能制造枪械子弹等。此外属于金属工业的，还有造币厂五处。

兹再就造船业略述于下。

中国近代工业中的特别现象，要算是造船所最近的活动。造船业的中心是上海和香港。香港的造船业是英国人办的，也和大连的造船业由日本人办理的一样。上海的造船业，有些是中国人办的，有些是外国人办的，还有中外合办的。此外汉口的造船业，也可注意。

A. 上海　（一）江南造船厂是在一千八百六十五年根据曾国藩的主张设立的，到一九○五年，划归海军部管辖，一九○八年，替美国政府造成轮船十二只，于是名声大震。雇用英国技师最多，职工约二千五百人，干船坞五百六十呎，可容八千吨级之船，最近拟新设一万吨级的造船台四处。一九○五年以后所完成的船只计三百余只，总吨数达七万吨。

（二）耶松老船厂，是英国人设立的，以前曾经独霸斯业，后因竞争者继起，才于一九○五年改为现时之组织。资本五百五十七万两，船渠六处，有机械工场在浦东，技师都是英国人，职工三千人。

（三）瑞瑢造船所，设立于一九○○年，是英国人办的，到一九一九年，增加资本七十五万两，在浦东设有两工场，总工场的干船坞为五七七呎，推为上海第一，能容一万三千吨级之船，造船台各一，营业成绩极佳。

（四）中法求新造船厂，设立于一九○四年，最初是中国人办的，欧战以来，因为扩张过大，经营颇感困难，乃改为中法合办，资本金增至一百二十万两，干船坞在建立中，造船台四百呎，设有机母工场，熔铁工场，冶铁工场，造炉工场，火油引擎制造处等。

（五）老公茂铁厂，设立已有二十余年，是英国人办的，在浦东和南市设有三工场，最大船坞二百六十呎，能造一千吨级之船。

（六）东华造铁股份公司，自一九○九年兴发荣铁厂的改组为始，到一九○八年，变为中日合办，资本为三十五万元。在杨树浦设有船坞，能造一千吨级之船，能修理三千吨级之船。

B. 香港　香港之造船所有三处，都是英国人设立的。（一）为黄浦造船厂，有造船台十二，船坞三，最大的长为七百二十呎，建造船最大的为八千吨级四一二呎，劳动者四千。（二）太古造船厂，大船坞长七百八十七呎，是在一九○○年创立的。（三）为 Bailcy and Co，能造二百五十呎之船。

C. 大连　有日本人经营之满洲船渠株式会社，船坞之长为四百三十呎。

D. 其他　直隶省的塘沽设有大沽造船所，福建的马尾设有福州造船所，都归海军部经营。汉口有扬子机器制造公司，厦门亦有私人经营的造船所。

中国造船业之现状，外国资本之势力，已可概见。

三、化学工业（火柴业）

中国所用的火柴，素来仰给于日本和瑞典，欧战以后，日本的火柴，独霸了苏伊士河以东的市场，其生产额八十五万吨之中，在该国境内消费的只有十五万吨，运到中国来的，却有三十五万吨。火柴工业是最简单的工业，火柴的原料价格很低，黄磷的使用又是自由的，而且中国的工钱又很贱，所以中国的火柴工业也就渐渐发达起来，直到现在，几乎快要把日本火柴在中国的销路，完全堵塞了。兹根据海关统计，表示外国火柴输入数量逐渐减少的趋势如下：

年次	输入数量（罗）	比率	价格（海关两）
一九一二	30 090 020	100	6 985 146
一九一三	28 448 155	95	6 341 158
一九一四	23 935 776	80	5 628 888
一九一五	20 970 934	70	5 278 231
一九一六	20 620 717	69	6 975 886
一九一七	15 594 320	52	5 555 443
一九一八	13 340 821	44	4 605 427
一九一九	16 589 943	55	5 435 345
一九二〇	8 484 296	28	2 965 925
一九二一	4 306 879	14	1 678 134
一九二二	2 702 696	9	1 225 580

至于外国火柴输入数量渐次减少的原因，是由于中国火柴生产费的低廉，汇兑关系以及课税办法上，都于国产有利，而且贩路也在国内，所以国内的火柴企业能够发展起来。现在国内制造工场有五十一，工场总资本六百万元。兹列举资本金一万元以上（最大的二百万元）的工场逐年增加的统计如下：

年次	数	年次	数	年次	数	年次	数
一八九三	1	一九一一	2	一九一六	—	一九二一	—
一八九六	1	一九一二	3	一九一七	2	一九二二	2
一九〇八	1	一九一三	8	一九一八	1	计	51
一九〇九	1	一九一四	4	一九一九	5	日本人工场	11
一九一〇	4	一九一五	4	一九二〇	12	总计	62

兹再列举国内火柴工场的省别表如下：

中国方面的工场				日本方面的工场	
四川	6	山东	4	青岛	2
甘肃	3	安徽	1	济南	2
陕西	1	江西	1	天津	2
河南	3	江苏	5	吉林	2
山西	1	浙江	4	大连	1
直隶	5	福建	2	长春	1
奉天	4	广东	8	广东	1
吉林	1	湖北	1	计	11
湖南	1	计	51		

四、食品工业（制粉业）

中国境内的制粉业，以俄国人在东三省所经营的为最早，当时洋粉已经渐渐输入，每年约有数百万包。近年以来，国内资本家继续设立制粉厂，和洋粉竞争销路，直到现在，各省都有制粉厂，旧式磨坊已是不能存在了。

北方的主要食物是面粉类，小麦的生产颇多，制粉业所以能够发达起来。兹为说明制粉业发达的经过起见，先将最近十余年来面粉输出入的统计列举如下：

一、输出统计

年次	数量（担）	价格（海关两）
一九一一	669 889	2 523 789
一九一二	637 484	3 261 968
一九一三	139 206	610 112
一九一四	69 932	339 839
一九一五	196 596	697 032
一九一六	288 747	1 141 017
一九一七	798 031	229 382
一九一八	2 011 899	8 410 557
一九一九	2 694 271	19 872 318
一九二〇	3 960 779	18 251 722
一九二一	2 047 004	9 366 254
一九二二	593 225	3 654 810
一九二三	131 553	782 788
一九二四	157 285	713 963
一九二五	288 060	1 303 191
一九二六	118 421	533 377

二、输入统计

年次	数量（担）	价格（两）
一九一一	2 183 042	8 708 451
一九一二	3 202 501	12 693 839
一九一三	2 596 821	10 300 612
一九一四	2 166 318	9 016 589
一九一五	158 273	795 137
一九一六	223 464	1 174 544

续前表

年次	数量（担）	价格（两）
一九一七	678 849	2 818 576
一九一八	4 552	19 846
一九一九	271 328	1 242 285
一九二〇	511 021	2 330 215
一九二一	752 673	3 503 511
一九二二	2 060 838	9 497 740
一九二三	4 012 716	18 668 478
一九二四	6 657 162	30 097 693
一九二五	2 811 500	14 904 833
一九二六	4 285 124	23 712 503

据上表，当一九一一年及一二年（民元）之时，输入的面粉为二百余万担，输出为六十余万担，欧战以后，输入大减，输出大增。输出之数以一九二〇年为最多，达三千九百十六万担[1]，价格达一千八百二十五万海关两；输入之数以一九一八年为最少，减至四千五百余担，仅值一万九千海关两。但是一九二二年以后，输出忽然大见减少，输入却大见增加。直到最近之一九二六年，输出竟减到十一万余担，不及一九一一年的六分之一，输入却增至四百二十八万余担，较一九一一年增加一倍有余。国内的面粉业竟有一落千丈之势了。

面粉业所以不振的原因，大概可以归结于下列各项。

（一）农业因受内战影响，以致小麦歉收。

（二）美麦侵入中国市场，如一九二二年美国输入中国之麦竟增至八十七万余担，超出其由美国输入英国的数量。同时美麦又输入于日本南洋一带，和中国出口的面粉相竞争。此外由日本输入的面粉年约数百万包，价格且比较中国面粉为低。

（三）关税不能自主，政府未设法救济，以致不能抵制外国麦类的输入。

由以上所述看来，中国面粉业的前途，已是岌岌可危了。

第六章　中国境内资本主义之发展

第一节　国际资本的侵入

我们看了前面所说的中国近代工业发展的沿革和现状，就可以知道：中国近代产业的大部分是直接间接受了国际资本主义的支配，同时

---

[1]　原文如此。——编者注

和这个对抗的本国人自己经营的近代工业，也渐渐的发展起来了。

国际资本主义的中国侵入，成了清末以来外交史的根本线索。土地的割取，专管租界和租借地的设定，利权的夺取，势力范围的划定等等，这是国际资本主义国家夺取殖民地的旧形式；借款政策，借款铁路的敷设，关税协定，商埠的开设，市场的开拓等等，这是它们经营殖民地的新形式；它们这样的侵略和经营，终于把中国的国土和人民，变成了它们投出资本，采集原料，贩售商品的对象了。

最初英国占领香港，开放长江各埠，把南部一带和扬子江流域，划作它的势力范围，法国占领安南，把云南划作它的势力范围；俄国雄据中东铁路辽东半岛，支配着东三省和外蒙，德国雄据山东，要想进窥中原。后起的日本，因甲午战役，夺去了台湾和朝鲜，因俄日战役，把南满和福建划作它的势力范围，十年以前复趁欧战机会，夺取德国在山东所侵夺的势力和地位，更把山东和北满外蒙划作它的势力。美国来迟了一步，要想参加于铁路借款而失败，所以高唱对华门户开放和机会均等，以谋外交上的胜利，一面努力于对华贸易，终于获得了第三者的地位。

国际资本的侵入，可以分为工业，银行和外债三方面。关于工业的方面，前面已经说过，本节只就银行和外债两方面说明如下。

一、银行

国际资本主义侵略中国的原动力，当然要依据银行。在中国的外国银行，同时又是中国政府的债权者，有左右中国财政的势力，所以外国银行是帝国主义政策的典型的东西。

最初在中国设立外国银行的是英国，英国于一八四五年在香港设立一英国银行支店，其后一八五三年复于香港设立查打银行，至于香上银行是在一八六四年创的。日本在中日战役以后，于中国设立正金银行支店。从此以后，英国的有利银行，俄国的华俄银行，法国的汇理银行，德国的德华银行等，都在上海设立支店，庚子之役以后，美国的花旗银行，荷兰的荷兰银行，日本的台湾银行等，都继续在中国设立起来，直到现在，在中国的主要外国银行已有二十个，中外合办的五个，兹列表如下（系依据一九二二年之调查）：

银行名	国籍	本店	支店所在地	资本总额	在中国发行的纸币额
汇丰银行	英	香港	北京上海天津汉口广州外四处	20 000 000 元	41 833 655 元

续前表

银行名	国籍	本店	支店所在地	资本总额	在中国发行的纸币额
麦加利银行	英	伦敦	北京上海天津汉口广州香港	3 000 000 镑	2 063 418 镑
有利银行	英	伦敦	上海香港	3 000 000 镑	290 626 镑
花旗银行	美	纽约	北京上海天津汉口广州香港外二处	5 000 000 美金	4 536 628 美金
美丰银行	美	上海		425 370 美金	984 000 美金
正金银行	日	横滨	北京天津上海汉口香港外七处	100 000 000 圆	5 832 576 圆
台湾银行	日	台北	上海广东福州九江厦门汕头	60 000 000 圆	停止
住友银行	日	大阪	上海汉口	70 000 000 圆	无
三菱银行	日	东京	上海	50 000 000 圆	无
三井银行	日	东京	上海	100 000 000 圆	无
朝鲜银行	日	京城	上海天津大连外二处	80 200 000 圆	无
中法实业管理公司	法	巴黎	北京天津上海汉口香港	10 000 000 法郎	停止
东方汇理银行	法	巴黎	北京天津上海香港广州	72 000 000 法郎	不明
华比银行	比	不律塞	北京天津上海汉口	100 000 000 法郎	1 679 019 法郎
荷兰银行	荷	安多华布	上海香港	60 000 000 库尔达	无
大通银行	美	纽约	上海	2 000 000 美金	无
菲律宾银行	美	马尼拉	上海	10 000 000 拍索	无
安达银行	荷	阿姆斯特坦		35 000 000 法郎	无
大英银行	英			5 000 000 镑	无
华俄道胜银行	法	巴黎	北京汉口哈尔滨外十处	55 000 000 卢布	停止
天津银行	日	天津	北京	5 000 000 圆	无
哈尔滨银行	日	哈尔滨		2 000 000 圆	无
辽阳银行	日	辽阳		500 000 圆	无
中日银行	日	铁岭	开原大连	1 000 000 圆	无
正隆银行	日	大连	奉天长春外七处	20 000 000 圆	无

续前表

银行名	国籍	本店	支店所在地	资本总额	在中国发行的纸币额
奉天殖产银行	日	奉天		500 000 圆	无
吉林银行	日	吉林		300 000 圆	无
远东银行	日	莫斯科	北京哈尔滨等		无

注：正隆银行和华俄道胜银行，名义上虽是中外合办，但实际并无中国资本。

又中外合办的银行表如下：

行名	合办	本店	支店	资本额	兑换券发行额
懋业银行	中美	北京	天津汉口哈尔滨上海外三处	5 000 000 美金	不明
华义银行	中义	北京	上海天津	1 200 000 元 4 000 000 里拉	不明
德华银行	中德	柏林	北京上海汉口青岛天津	20 000 000 元	停止
华威银行	中诺	北京	上海	10 000 000 元	5 000 元
汇业银行	中日	北京	天津上海汉口	10 000 000 圆	不明
大东银行	中日	北京	天津上海青岛	2 500 000 元	无
北洋保商银行	中日	天津	北京	6 000 000 元	不明

注：北洋保商银行名义上虽为中国银行，实际上由中德日三国资本合组而成。

外国银行，最初只是贸易决算的机关，但中国为被征服国，须赔款于各帝国主义国家，于是各国便把这笔赔款拿来放在自己的银行，其后又供给借款于中国政府，受自国政府的保障，越发和外交政策发生关系，并且管理借款担保的税源，立于监督中国财政的地位，明明表示成了帝国主义侵略的模范机关。今日国人自办的银行虽多，但资本过少，仍须受外国银行的支配。（上述外国银行的资本概计为五亿四千万镑，一千一百万美金，一千三百万法郎，一亿八千万银元，五千万银两，一千万基尔登，一亿四千万日金。）

二、外债

中国政府的外债沿革，可以分为三期。第一期自清末左宗棠征伐回教徒借款充军费之时起至中日战役赔款之时止，此期所借之款，尚有适当之整理政策，还没有成为问题。第二期自中日战役以后至日俄战役时为止，为列强从事瓜分中国的时代，成了瓜分中国的伏线，可说是强制的非经济的借款的时代，此期对日本的赔款为二亿三千万两，对八国的赔款为四亿五千万两（连利息计算，约达十亿元），清朝的财政因此陷于危境，丧失了关税自主权，形成所谓国际管理的一个原因。第三期为庚子之役至现在的时代，列强因中国人的觉悟，乃采共同投资的方针，组织所谓借款团，后因欧战发生，日本乃实行单独供给借款，此类借款都是政治的借款，北洋军阀恃此以为倡乱之资，于是便促成了列国共同管理的趋势。

上述三期中中国政府所负债务的概数，为二十三亿（其一部分化为官僚资本），兹表示于下：

	借款数	借款额（元）	利率	担保
第一期	14	612 000 000	4％～5％	关税、盐税、厘金
第二期	赔款 2	1 061 000 000	4％～5％	关税、盐税、厘金、烟酒税
第三期	21	623 000 000	5％～8％	盐票、崇文门盐税、酒税、铁路、林矿、电、国库券
计	37	2 296 000 000		

截至一九二二年末为止，现在各国对华债权概数，有如下表。

国别	各该国币额	他国币借款额
英国	19 452 247 镑	1 200 000 元 15 726 228 镑
法国	165 291 325 法郎	634 100 元 768 867 镑
日本	162 486 103 圆	7 688 867 镑 1 579 866 元
美国	12 338 698 美金	2 517 959 镑 830 000 元
俄国		27 019 467 镑 887 904 元
德国	4 481 185 马克	102 000 镑 136 917 两
奥国		16 610 公法两 4 266 314 镑
比利时	10 000 法郎	1 855 356 镑 80 000 元
意大利		5 822 046 镑

注：其他庚子赔款中，西班牙占二万四千五百六十五镑，葡萄牙占二万三百八十六镑，荷兰占十四万一千九百八十四镑，及关于共同投资的四款，计有一亿六千四百四十三万八千二百九十法郎，四千三百六十六万三千六百镑。

又至一九二二年为止，以前财政交通两部之有担保及无担保的内外债，有如下表：

以前财政部所管内外债务

内债	有担保	207 409 592 元
内债	无担保	130 400 000 元
内债	右利息	2 160 000 元
内债	其他有期债务国库券等	116 450 000 元
	共计	456 419 592 元
外债	有担保	992 684 575 元
外债	无担保	220 932 251 元
外债	右利息	19 000 000 元
又	改定奥国借款债务	5 200 000 元
	共计	1 237 816 826 元

对于上项债务，每年由关税收入中约支出九千四百万元，此外尚须支付无担保借款之利息每年四千万元。

以前交通部会计为特别会计，其借款亦另行计算。兹将以前所管之内外债列举如下：

内债	79 807 533 元
外债	515 280 102 元
共计	595 087 636 元
（上两项中，无担保债务约有 187 000 000 元）	

以上财政交通两部的借款，合计约达二十三亿，以言债务额，还不算奇怪，就中国丰富的资源和人口比较，还算负担很轻的债务国，但就债务的内容看，却陷于很危险的状态。因为有一半的债务，是只供军阀官僚挥霍，并无生产的事迹，而对于投资的利息，却又不能不付，且以其为无担保债务之故，无法整理，结果不能不转嫁于民众负担。

国际帝国主义者侵入中国的结果，不但破坏了清朝的国家组织，并且使得中国社会组织的根柢也大受影响，中国民族因此陷于灭亡的危险。十九世纪中叶中国的经济组织，大部分是农业的都市经济的社会，只有家内手工业一部分发达而已。无端被国际资本主义国家用武力杀到中国来，便打破了从前的锁国主义，逼着中国社会去受资本主义的洗礼，铁路建筑和开采矿产的大规模机械工业从此开始，大量生产的货物的侵入，于是手工业者首先受其影响而流离破产，其次外人经营的工场生产组织下的无产工银劳动，随而发生。至于农业方面，因受机械生产的压迫，渐形凋落，加以天灾内乱，民不聊生，所谓政府亦不能为之设法救济，农业人口多变成了产业的预备军。于是中国境内的外国资本家，开始在中国市场集积其资本，更因不平等条约，造成安全自由投资的势力范围，占领铁路矿山等利权，至今根深蒂固，已是牢不可拔。列强对华外交，都以本国资本家的利害为出发点，而中国政府因受不平等条约所拘束，无力对抗。于是中国初期资本主义生产的赢利，完全归入了外国资本家的贪囊。

第二节　国内资本集积过程

一、官僚资本之形成

在外人独占近代企业的赢利的期间，本国人的企业，也逐渐发生了。中国的近代企业，开始于军事工业，委诸官吏之手作为官业经营，其后军事工业的生命虽然继续存在，但最初的国防的目的，终于失败，到现在化成了军阀私斗的工具了。农民经济组织的崩坏过程中，军阀和土匪日益横行，遂致阻碍了产业革命的进行，徒然增加消费而已。

当中日战役和义和团事变的时期，清廷的财政基础，因两次的大赔款而破坏，迫不得已将一切企业作为国有事业，委诸官吏经营，而一切企业资本又不得不仰给于外国借款（因为要借外债，只有用国有的名义才能博得信用），尤其是铁路。铁路的建筑，在封建阶级，只晓得有军事上的必要，而外国企业家却视为很好的投资的目的，所以列强争谋夺得铁路的建筑权，一面准备作为它们势力范围的根干，一面便于生产货物贩路的扩张和工业生产原料的来路。于是中国的官僚和外国资本家便发生联络，同时一班富商也在官督商办的事业经营之下，变为政商，和官僚结合起来了。

从来担任铁路的敷设经营的官僚，在满清为邮传部，在民国为交通部。从来政府的财政，分为财政部和交通部的两方面，关于铁路电政等项，归交通部支配，以铁路收入为担保，发行国债，募集外债，掌握财政的一部分。所谓交通系就是这样形成的，这就是所谓官僚资本家的一派，在以前由盛宣怀所代表，在以后为梁士诒所代表。梁士诒曾有财神的称号，他曾以交通银行为根据，包办国债，包办国政，并能够左右军阀。

官僚资本家，又把地方军阀所搜括的民膏民脂，化为生产资本。现代少数较大的商工业企业，多是直接或间接和官僚军阀有关系的。这些有力的官僚军阀，一面发行机关报纸，一面又握有机关银行，譬如梁士诒之于交通银行，于新华储蓄银行，于五族商业银行，王克敏之于中国银行，张作霖之于东三省官银号等类。此外他们和外国资本合办事业而投出的资本，亦复不少。官僚资本的特征，和外国资本是不可分离的。

二、商业资本之畸形的发展

因国际资本的侵入而诱起的中国的资本集积状态，其借款投资的一部，经过官僚的剥削，便变形而成为一种特别的官僚资本，同时在贸易上因处理商品的输入和原料的输出而从中渔利的买办，便一跃而成为商业资本家。在国际帝国主义侵略中的中国，工业资本的集积虽然遇到许多困难，而商业资本的集积，却是比较容易得多。所以现在的资产阶级，大都是在商业一方面发展着。譬如中国近年来虽然内乱频仍，国家疲敝，而进出口贸易仍是逐年增加，不受丝毫影响，这便是商业资本容易发展的明证。至于工业资本所以不容易集积起来的原因，据一般人的观察，说是由于中国资本家缺乏经营企业的才能，但是据我看来，他们即使有经营企业的才能，而在国际资本支配着的目前的中国，也是非有大宗资本不能战胜的。所以一般资本家，与其从事于没有确实把握的工业投资，反不如从事于商业投资，比较是现实的，而且获利也比较要多些。譬如就上海一处说，中国资本家所经营的近代纺织事业很感困难，而欧美式的百货大商店，成绩却是很好，这便是一个实例。

每年贸易统计上的输入超过，都是最大消费者和原料生产者的农民阶级负担的，农民阶级虽然疲敝不堪，而商业资本阶级的利益，却是增加不止。所以现代中国的资本集中，可说是集中在商业资本阶级之手，这是商业资本畸形的发达的过程。

此外侨商资本，这里也应当分别说明一下。侨商的资本，也是在商业方面集积起来，他们在帝国主义直接统治之下的外国，充分的感着工业企业的重要，所以他们回到中国来，多愿意从事工业投资，和上述官僚资本商业资本采取另一方向。这是他们所以努力赞助民族革命的原因。

三、银行资本之形成

中国的国民经济成立与否，还是问题，至少在资本集中过程中，还未曾脱离地方经济的领域。钱铺钱庄虽然逐渐扩大而成为新式银行，而资金的周转，还没有离开地方的市场以外，即如从前称为中央银行的"中国""交通"两银行，各地的支店，在原则上只是把该地方做营业范围，所发行的钞票，只通用于该地，甲地纸币不能在乙地无条件的兑现。所以国内分散的资本，不能向着工业所要的大企业方面投资，而只能利用来做小规模的地方的商业投资，或者吸收地方的官僚资本做投机事业，买卖政府公债等等，总不外于商业的性质。有时即令结托地方的财阀或军阀，募集内债，而所得的资金，也只是资助政治的投机或政治的活动，并不向着生产方面投资。所以往往一遭失败，便完全破产而没有恢复的能力。

兹将欧战以后的钱庄和新式银行的关系，依统计表示于下：

年次	银行业		钱业	
	数	缴入资本（元）	数	资本额（元）
1912	50	36 254 919	4 661	75 098 312
1913	44	27 301 526	4 761	86 628 664
1914	59	19 726 716	4 491	53 110 635
1915	43	24 136 426	4 274	64 463 021
1916	48	37 803 690	3 424	246 229 262
1917	58	46 072 611	3 186	171 457 373
1918	60	34 685 195	3 058	169 327 736

商业金融机关，自古即已存在，至于新式银行，是在中外通商以后仿照外人创立的。新式银行创立增加的趋势始于一八九六年，其后八年前清户部银行设立以来，二十余年之间，其发达颇为显著。欧战期间，交易所勃兴，到民国十一年发生恐慌，于是企业便急速下降了。

兹将民国成立以来之新设银行统计，列举如下：

年次	新设	资本总额（元）	缴入资本（元）
1911 以前	7	34 739 000	17 509 000
1912	7	75 146 000	26 651 000
1913	1	5 000 000	1 306 000
1914	3	8 000 000	3 000 000
1915	3	26 000 000	24 500 000
1916	5	3 420 000	1 739 000
1917	7	13 778 000	9 900 000
1918	11	14 400 000	5 046 000
1919	12	32 165 000	8 167 000
1920	19	56 290 000	24 542 000
1921	28	46 153 000	15 503 000
以后	3	12 578 000	5 989 000
计	106	327 693 000	144 066 000

附注：最近四五年来新成立之银行（如新近成立的中央银行、国货银行等）未及列入。

据以前北京政府经济讨论处的调查，一九二二年增加十八行，一九二三年增加十五行，一九二四年增加八行，一九二五年上半期增加五行，到一九二五年七月止，新式银行共一百四十一行，资本总额三亿七千五百十五万元，已缴资本额一亿五千八百十六万四百七十一元。

新式银行发展起来以后，外国银行和中外合办银行的势力，已是渐渐缩少了，这也算是土著资产阶级发达的一个显著现象。外国银行，在中国经济组织幼稚的时代，原为该国人的金融机关，后来供给中国借款的时候，又成为外交政策上的主要势力，能够左右中国政府和该国的外交政策了。至于在商业方面，外国银行则吸收中国人的存款，因为它们比较确实可靠，尤其是一般搜括民脂民膏准备作亡国奴的军阀官僚，最喜欢将金钱存放在外国银行，所以外国银行，几乎成了中国新式银行的总银行，但近年来一般普通商人多感着存款于外国银行的不便，而移归于中国人办的银行，所以国内经济界的中心势力，已逐渐转到中国的银行了。例如通货，其银条虽由外国银行供给，而送交造币厂铸造银元流行市面的事务，是由中国的银行处理的。政府对于借款和财政整理等事宜，当然不能蔑视银行公会的意见。

但是就各银行的实力说起来，拥有一千万元资本以上的银行，只有十来个，五百万元以上的银行只有十三个，百万元以上的银行六十一个，实际上还是贫弱之至，它们在国内的财政界，金融界的活动，也只是在外国银行独占的市场中分占一小部分的利益而已。

要而言之，在欧战以来中国产业的状况，可以作下述的简单的说明：第一，小农破产，生产的倾向趋于出口原料的一方面，在全体上收获却是渐渐减少了；第二，旧式手工业受了很大的打击，新式小工业起而代之，渐渐发生资本集中的趋势，第三，小商业被大商业资本所操纵而失掉独立性，而大商业资本又依赖于外国资本而发展，显出了国外华侨投资于国内的曙光；第四，旧式金融业者逐渐采取集中倾向，新式银行事业，多是包办政府公债，带有投机的性质，还未能供给资金于大企业，其结果只表示商业资本的畸形发展而止。工业的发展不能和商业的发展并行，农民失业的速度不能和工业发展的速度一致，失业农民不能变成工钱劳动者而形成广大的失业者群，加以军阀割据，兵匪不分，越发助长了这种趋势，生产事业不但不能发达，反而要受其桎梏，消费随欲望而增大，官僚资本商业资本又倾向于政治的投机，以致生产企业迟不发达，国内依旧陷于混乱状态。

四、工业资本之形成

欧洲战争，是养成中国近代资产阶级的摇篮。外国商品输入的中断，促进了中国幼稚工业的发达，所谓国货因此日见增加，新式小工业也勃兴起来了。其中能够列于首位的，当然要算纺织工业，其次火柴工业虽然是小工业，但工场很多，已能防止进口货的半额。尤是各种棉织物的输出入，比较欧战以前，已经呈现相反的趋势了。

年次	1913	1921	1922
输入	21 091 000 匹	11 367 000 匹	13 483 000 匹
	2 685 000 担	1 250 000 担	1 192 000 担
输出	98 115 匹	333 892 匹	415 639 匹
	49 333 担	101 665 担	103 424 担

此外麦粉，纸烟，皮革，毛布，针织品，肥皂，蜡烛，化装品等，亦多由国内生产，不但输入减少，而且输出增加，这也可以看做是工业资本的集积的。兹分别表示如下：

货物名	输入价格（海关两）减少统计		
	1913 年	1921 年	1922 年
毛巾	957 853	241 199	159 184
针织品	1 913 703	1 786 177	1 345 621
毛靴	467 439	392 061	—
丝带	516 493	153 658	148 980
脂粉	896 692	584 500	609 420
洋伞	1 457 800	912 667	947 372
其他杂费	10 282 533	9 148 855	8 789 146
计	22 832 421	14 897 252	13 220 502

货物名	输出价格（海关两）增加统计		
	1913 年	1921 年	1922 年
纸烟	364 681	13 407 608	10 170 933
面粉	516 997	9 366 254	3 654 810
皮革	4 086	117 566	179 366
肥皂	5 981	622 427	166 175
工场制纸	532	90 997	87 043

此外如机械和原料品输入的增加，也可证明工业发展的趋势。但原料品之中，半加工品居多，而且此项半加工品的原料品，最初又是从中国输出的，这种事实，就是说明工业过程还没有完全的意思。兹表示

如下：

	1913 年	1921 年	1923 年
纺织机械	643 000 两	5 109 000 两	2 395 000 两
农业机械	113 000	2 192 000	695 000
其他机械	3 700 000	26 732 000	18 247 000
机械附件	50 000	931 000	634 000
计	4 505 000	34 964 000	21 971 000
火柴材料	496 000	2 281 000	2 857 000
棉花	3 017 000	35 967 000	41 956 000
总计	8 018 000	73 112 000	66 754 000

中国新式工业的公司，据以前北京农商部的统计，截至一九二四年为止，已经登记之公司和资本额，约如下表：

制造品别	公司数	资本额
棉制品	129	99 994 420 元
绸缎	23	4 625 000
面粉	97	25 839 000
榨油	21	4 336 000
火柴	66	6 821 000
皮革	11	5 425 000
蜡烛肥皂	35	2 098 000
砂糖	4	10 720 000
纸	13	9 475 000
瓷器	10	1 270 000
砖瓦	10	564 000
石灰洋灰	7	4 925 000
铁工	23	23 205 000
玻璃	6	1 770 000
樟脑	4	155 300
精盐	4	2 489 000
曹达	4	900 000
烟草	20	8 540 000
蛋粉	5	325 000
酿造	9	2 800 000
化学药品	14	2 963 929
杂业	50	5 585 800
总计	565	224 143 449

上项统计，决不是完全的，因为有许多省份的新式公司，不一定都向那农商部去登记，我们只要由这统计中看出工业资本集积的趋势就够了。

兹再比较农业和商业公司的统计如下：

年次	农业公司		商业公司	
	公司数	已缴资本额（元）	公司数	已缴资本额（元）
一九一二	171	6 351 672	131	13 427 249
一九一三	142	6 009 962	151	7 955 998
一九一四	129	4 950 209	201	2 688 830
一九一五	129	6 241 075	202	17 957 880
一九一六	133	9 791 489	225	20 579 181
一九一七	132	10 663 456	169	22 347 334
一九一八	191	9 498 309	150	92 043 645
一九一九	102	12 468 804	131	24 091 630

上项统计，自一九一五年以后，亦不完全，可以看做是现实数的二分之一。

由前列各统计看来，工业企业和农业企业比较，工业资本集中的程度约增加二倍，商业公司，和工业亦略有同样程度的发展。至于公积金一方面，农业二倍有奇，工业为二倍半，至于商业则为五倍，这是可以注意的。

第三节　中国产业的前途

由以上所述看起来，中国的产业虽然踏入了初期资本主义的过程，但还是停顿在粗工业的阶段，中国的工业资本，处在国际帝国主义政治力经济力的宰割之下，要想努力挣扎起来，真是一件不容易的事情，而且从他方面说起来，中国的工业资本家，因为要和外国资本竞争起见，不能不把资本结合起来，显出了资本集中的趋势（如华商纱厂联合会的组织即是新的嘉①的雏形）。但是这种集中了的工业资本，在国际帝国主义所盘踞的中国市场里，只不过是沧海一粟，压倒国内小资本的力量是有的，若要和国际帝国主义竞争，力量却是渺乎其小。譬如一九一八年之间，据统计所载，纺织工厂出品虽略有增加，而始终不过五六千万元，国外棉织物的输入，却在一亿元以上（近数年来已增至两亿）。近据纺织专家推算，中国如谋纱布自给，至少要增加四百万的锭子才行，

---

① "新的嘉"即辛迪加，垄断组织形式之一。——编者注

由此可知每年还有四百万锭以上的纱是由外国输入的了。但是纺织工业，由前章所述的情形观察，自从欧战终熄以后已现出倒退的趋势了。纺织工业是中国占第一位的工业，犹然如此，别的更不消说了。

商业资本的作用，比较工业资本要大一点。因为国内的新式工业不甚发达，商业资本家所经营的，不是批发洋货，就是蒐买原料去供给国际资本家。他们在帝国主义之下做中间人，所得的利润高于工业的利润，同时他们又能联络全国小商人，牵动全国经济的脉络，使地方的小商业亦随着发展，所以形成了目前商业资本畸形的发展的现象。但这种商业资本之畸形的发展，其作用也只是替国际帝国主义做剥削中国农民的中间人，于中国的经济，有百害而无一利。

侨商资本和欧洲最初的商业资本相似，所不同的地方，是在于侨商出国求利时，已经遇到了先进的资本主义，而且国内市场早已被帝国主义所盘踞，等不到他们在国外发了财以后再回到国内来组织生产而渐进于工业资本。但是他们的经济实力比较国内商业资本家究竟要高一等，这是值得注意的。

新式银行资本，是适应着近代的都市生活的需要才发生的，但不能周转于全国的大市场，更不能供给工业以资本，只能利用分行经营商业投资，吸取官僚的存款而已。它们之中的大部分，大都专营投机事业，买空卖空，甚至拿政治官职做投机的目标。因此他们在中央便包办政治性质的内债，作政治的投机；在省会便造出了地方财阀勾结军阀的现象。

由以上所述，我们可以就中国经济的现状中，抽出下述的倾向。

一、农村经济破产，特种农产原料虽稍有发展，而食粮的生产大受限制。

二、旧式手工业衰落，新式手工工场工业虽略见发展，却是不易发达。

三、新式工业虽然渐渐发达，而显出资本集中的趋势，但生产力已大受限制。

四、大商业发展颇快，但要依赖于外国资本。

五、银行事业富于投机性质。

六、商业偏畸的发达，工业进步之速度较缓。

七、失业的人民增加，形成了广大的产业预备军。

八、生产事业困难，不生产事业却过度发展，显出有资本而无生产的现象。

九、基于六、七、八三种现象，更造出了多余资本作政治投机，失业者变为兵匪的现象。

以上各项，是中国经济混乱的原因。这经济的混乱，助长帝国主义侵略中国的势力，促进内乱战争的延长，结果又影响于经济，因而生产事业更趋于衰落。

要谋中国经济的发展，必须排除上述经济的混乱，要排除经济的混乱，必须打破政治的混乱，求得中国民族的独立，实行政治的改造。

第七章　怎样发展中国产业

第一节　打破国际帝国主义的侵略

由以上各章看起来，中国目前还在产业革命的过程中。就农业说，已是逐渐趋于凋落，现出了农村经济破产的现象；就手工业说，已是逐渐失其效用，而由新式工业起而代之；就新式工业说，已是开始踏入了初期工业资本主义的阶段了。但从大体上观察，中国的新式产业，目前还停顿在粗工业的时期之中，还没有向前发展的曙光，并且显出了新生产力颇受障碍的现象。这一点我们只要看以前北京农商部所登记的新式工业公司的统计，就欧战前后分别观察，就可以知道。

年　　次	公司数
一九一四截止	242
一九一五	33
一九一六	30
一九一七	18
一九一八	19
一九一九	21
一九二〇	70
一九二一	61
一九二二	46
一九二三	14
一九二四	11
欧战后合计	323

据上表，新式工业公司的数目，以一九二〇年为最多，到一九二一年以后，就逐渐减少了。再就一九二〇年到一九二四年公司数和所投资

本加以比较，也可以看出同样的趋势。

年　次	公司数	资本额
一九二〇	70	33 189 000
一九二一	61	39 291 000
一九二二	46	26 320 420
一九二三	14	3 036 929
一九二四	11	724 000

自民国四年（一九一五年）到民国九年（一九二〇年）为止，中国工业，受了欧战的影响，呈现空前好况，但到一九二一年，却入于反动时期，新办工业公司的数目不特逐渐减少，而且已经成立的事业，都不免于破产，就是占第一位的纺织业，也蒙了莫大的打击（据民国十六年华商纱厂联合会宣言，纱厂减少者已有二十余家）。这是因为欧战告终，欧洲各帝国主义的经济侵略复席卷而东，而国内的战乱，亦无已时，所以中国工业顶兴旺的时代就过去了。

就已往的经验说，中国新式产业所以能够有一点些少的发展，还是受了欧战之赐，即是在欧洲各帝国主义者暂时停顿了一部分经济侵略的时候所得的机会。而且我们仔细的把中国现有的新式产业检查一下，如纺织业、榨油业、制粉业、火柴业、烟草业、肥皂业等等，还只是一些粗工业的生产部门，就是这些部门以内集积起来的工业资本，为数也不过三万万元，实在有限得很。我们在这里大概可以下一个断语，中国的产业，虽然达到了初期工业资本主义的时代，但是新的生产力已明明受了障碍而不能顺利发展了。中国产业迟迟不能发展的原因在那里？我们必得说明出来，然后才能决定怎样发展中国产业的方案。

中国产业迟不发展的原因，可分为主要的和附带的两大类。所谓附带的原因，如资本之缺乏、企业者智识能力之缺乏等是；所谓主要的原因，如国际帝国主义之侵略、封建势力和封建制度的存在是。本书对于那些附带的原因，暂且不说，这里只说主要的原因。

先说国际帝国主义的侵略。国际帝国主义侵略中国的工具，是全部不平等条约，兹就其中列举其障碍中国产业发展之最显著者于下。

（一）领土权之侵夺　领土权的侵夺，可以分为三种。一种是割让地，一种是租借地，一种是租界。

割让地有香港、澳门等处。租借地有胶州湾（名义上现在虽经收回）、旅顺、大连和南满铁路附近地带、广州湾、九龙、威海卫等处。

租界有上海、厦门、广州、福州、汉口、九江、重庆、镇江、天津、牛庄、杭州、苏州、安东、沙市等处。割让地之为各帝国主义者实行侵略中国之根据地，已为显然之事实。次如租借地，事实上亦与割让地无异，同为国际帝国主义者侵略中国之根据地，如以前德国之凭借青岛以宰制山东，进窥中国北部，今日日本之凭借大连以经营满洲，进窥蒙古，都是实例。再次如租界，俨然和帝国主义者的领土一样，它们在租界中具有无上的政治的经济的特权，一切经济侵略的机关，无不应有尽有，同时中国工商业家之在租界内从事企业者，政治上要受它们所管辖，经济上要受它们所支配。此外在内地搜括剥削而起家的土豪劣绅贪官污吏富商大贾，无不视租界为天堂，把所有的资产都寄在于帝国主义的金融机关，致使内地的金融枯竭，人民生活日趋艰窘。

（二）关税权的侵夺　关税主权和国内产业的发展有极密切的关系，这是尽人都知道的事实。欧战以前固不待说，即在欧战以后，各帝国主义国家，无不尽量高筑关税的障壁，以谋本国资本的发展，就是素来主张自由贸易的英国，也变更了旧日主张，采取了保护政策。但我国关税主权，现在仍被国际帝国主义者所把持，关税概从协定，进口税率极低，其影响于中国的工业和对外贸易者甚大，固不仅止于影响于财政上的收入，这一点毋庸多论。

（三）工业经营权之侵夺　帝国主义者在中国夺得经营工业之权，实始于《马关条约》，以后其他各帝国主义者，都根据最惠国条款，要求利益均沾，夺得了工业投资权。工业投资权的侵夺，其影响于中国产业发展的约有七端。第一，生产上的工场位置的重要条件，被帝国主义者所均分；第二，帝国主义者利用了不平等条约，在中国采集原料，较之中国人尤为容易，而且耗费也较为低廉，单就采集原料一层说，中国资本家也不能和外国资本家相竞争；第三，国内市场既被舶来商品所侵占，又被中国境内的外国工业资本家的商品所侵占，而本国工业资本家的商品的市场，就不得不缩少；第四，中国初期的工业资本，远不及国际资本之雄厚，国际资本家挟其雄厚的资本到中国境内来和中国的贫弱的资本相竞争，谁胜谁负，不言可喻；第五，中国劳动力的供给充分，价格低廉，是中国产业发展的一个很好条件，现在外国资本家亦可以利用；第六，企业的能力和技术，中国资本家远不及外国资本家；第七，中国政府对于本国工业制造品，虽曾有许多减税特典，但是外国资本家却可以凭借最惠国条款，要求和中国人受同样的待遇。这样看来，在生产的条件上，中国的工业资本家，已有许多比不上外国的工业资本家，中国的产业那能有发展的曙光呢？

（四）领海及内河航行权的侵夺　航业亦为产业之一，而一国航业的发展，实与自主的航行权大有关系。中国的领海及内河的航行权，自中英《南京条约》和中日《马关条约》成立以后，已被国际帝国主义者所操纵，它们就挟其巨大的资本，在中国扩张航业，就第四章所述航运船舶一段看起来，中国领海及内河的航业，中国人所经营的仅占四分之一，而国际资本家所经营的却占四分之三，中国航业之横受国际资本之压迫，已是非常明显。

（五）国际投资　国际帝国主义在中国的投资，大约可分三项。第一是直接投资，如铁路投资，工业投资，矿业投资，航业投资，电信投资，银行投资是。第二是间接投资，如供给中国政府之借款，供给地方团体之投资，供给私人团体之投资是。第三是对于合办事业的投资。以上的投资额，除供给的借款和银行投资外，尚无确实的统计，单就日本在满蒙方面的投资数目说，已不下三十余亿圆。若一总计算起来，必达到非常可惊的数目，这是无容置疑的。以中国这样幼稚的产业，受着这样大量的国际投资的压迫，那能还有多大的发展的余地呢？

总而言之，处在国际经济侵略之下的中国，幼稚的新式产业决没有顺利发展的余地，即使稍有发展的机会，也只限于国际经济侵略所不能及的时间或空间而已，然而发展的可能性却是很有限的。

由此可知帝国主义的侵略不打破，中国的产业是没有发展的可能的。

第二节　廓清封建势力及封建制度

封建势力和封建制度的存在，是发展新式产业的大障碍。自从满清末年以来，中国的产业因受国际资本主义工商业的刺戟，踏进了产业革命的时期，这在前面已经说过了。但满清的封建政治，并未能保护并促进新式产业的发展，同时封建的剥削，如厘金杂税杂捐之类，名目繁多，反成为障碍新式产业发展的桎梏。辛亥革命的结果，不幸终于流产，徒然造出了虚名共和的军阀割据局面，把满清旧式大军国，改为无数对立的小军国，所谓民国法制，虽似乎焕然一新，而其实则只是虚有其表，换汤不换药，其侵害新式产业的发展，较之满清，只有过之而无不及。军阀跋扈，残民以逞，兵灾频仍，饥馑荐至，十里一关，五里一卡，苛捐杂税，百出不穷，十余〈年〉以来，几无秩序与和平之可言，那里还有助长新式产业发展的可能性？虽然从前的政府，也曾颁布过公司保息章程，植棉制糖牧羊奖励条例等等，然不过一纸空文，并没有切实实行过，其稍为差强人意而见诸实行的事情，要算是对于国内机制商品的减税特典了。但这种减税特典，中国境内的外国工业资本家也可以利用不平等条约要求同样待遇，所谓助长本国工业发展的地方，也是很有限制的。所以封建势力和封建制度的存在，对于新式产业的发展是大有妨碍的，兹就其最显著之点，分别说明于下：

一、国内战争的影响

秩序和平与统一，是产业发展的前提，封建势力存在，那争夺地盘的战争总是要继续发生，战争继续发生，秩序和平与统一就没有了。国内没有秩序和平与统一，试问还成一个什么景象，人民要生存犹且不能，那能还说得上产业的发展呢？民国十余年来，国内战争及于产业上的影响，约有下列数端。

（一）交通机关的破坏　中国的交通机关已经是不发达的了，一旦战事发生，战区以内的铁路交通就完全中断，轮船也被扣去运兵，货物的转运就即时停止，国内的市场既因战事的影响而扰乱，货物的生产就随着减缩。譬如往年奉直，皖直，江浙，国奉诸役，小则二三月，多则五六月，战区以内的交通机关完全停顿，甚至桥梁炸毁，车头损坏，车辆缺乏，轮船破毁，有延长到一二年还不能恢复原状的。就这种情形说，已经发展的产业，要想维持现状犹不可得，还能望它发展么？

（二）军事借款　战事刚要发生的时候，战区以内的大小军阀，照例总要向当地的工商业界勒借军饷数万或数十百万不等，就各地的情形而定。等到战争的胜负快要决定，失败的军阀，还要勒借一次，才把军队开拔到别地方去，那得胜后来的军阀，也要照例的勒借一次。象这样勒借的军饷，总是有借无还的。此外还要发行什么军用钞票和省库券之类，一发行就是几十百万，强迫工商业界购认，据已往的经验，这类军用钞票和省库券，各地方的当局，从没有切实收回过，大部分都由各地工商业界担负了。

（三）兵匪之骚扰　军阀的军队，平时本已骚扰人民，一到战事，更肆无忌惮，一切军事供给，都向民间虐取，败军临去，大劫而走，胜军来了，也有公然劫掳，然后出示安民。此外土匪也是一样，到了战时，乘正式军队不备，四处抢掳，象这样兵匪不分，人民救死不暇，还有什么产业发展可说？

（四）百业荒废　历年国内战争的区域，小则二三省，多则七八省，在这些区域之中，一切大小工商业，以至于农业无不因战争的影响而停顿，损失之大，尽人皆知，据一般人的调查，往年江浙战争之役，民间直接的损失，不下六千万，间接的损失还不在内，其余可想而知了。

以上数端，都是产业发展的障碍，而其原因，实由于军阀之存在，军阀互相对立；必发生战争，军阀不消灭，战争必然继续，国内就永远没有秩序和平和统一，产业永远没有发展的机会。

二、苛捐杂税的影响

苛捐杂税，是封建制度的遗物，如厘金，杂捐，杂税之类，都是满清时代所造出的封建的剥削，民国成立以后，不但未曾裁减，而且愈加愈多，确是产业发展的大障碍，兹分别列举于下：

（一）各省厘金局卡数　各省厘金局卡数据中国年鉴所载，约如下表：

河北	15	山东	10	四川	20	江西	47
奉天	34	河南	32	福建	45	湖北	25
黑龙江	31	安徽	42	广东	29	云南	44
甘肃	43	陕西	20	广西	30	江苏	58
新疆	11	浙江	42	吉林	27	贵州	44
山西	42	湖南	34				
总计	537						

（二）各省杂税的项目　据中国年鉴所载，各省杂税的项目，约如下表：

湖北	木税，斗税，渔税，捕鱼船捐，皮毛花布果品等杂税，洋灰公司之货税。
奉天	木植税，渔税，参税，房号税，苇税，纲亮税，枪印捐，沙河船捐。
吉林	斗税，木税，参药税，石灰税，羊草税，鱼草税，渔课，磨课，以及零星杂税。
黑龙江	交涉，木植税，渔业税，渔船税，鱼网课，鱼捐，羊草税，牧畜税，刨石税，柳条税，旱獭税。
山东	硝课，硝税等。
河南	五项杂税，如牙税，老税，活税，盈余税，新增税，等是。此外如契税，当税之加收。亦称为杂税。
山西	包裹税，商税，木税，木筏税，石膏税等。
江苏	驴税，商税，陆杂税等。

续前表

安徽	花布税（灵璧，阜阳，太和三县行之），船税（歙县行之）。其余各县杂税，收数甚微。
江西	米谷税，商税，贾税，牛税，鱼苗税，鱼油税，铁炉税，矾税，硝磺税，滑石税等。
福建	炉税（分为铁炉，锅炉两种）。渔船税（霞浦，福安，宁德，漳浦，海澄，诏安，莆田等县有之）。枋税（系征造船木料，汀漳等处有之）。外如夏布税，鱼池税等。
浙江	牛税，灰税，葛渣，塘鱼，蕈菌等杂税。碓税，港税，季钞款（征诸春笋，丝茶，秧鱼，蚕桑，蔬菜之类按户分季抽收，性质类似牙税）。
湖北	纱麻丝布税，膏盐税，商税等。
湖南	商税，牛驴税，于牛马羊等畜类，卖买典质时课之，约课价格百分之一。
陕西	商税或商捐。此外有杂货税（包括物产，商品两种），及就地筹款之零星杂税，与某项杂税之附加税。
甘肃	甘省杂税，名为行用者，如皮毛行用是，名为课者，如金课，磨课，商课是。此外如山货税，关门税，药税，西税，集税等。
新疆	油税，窑税，炭税，葡棉税，房租税，苇湖税，木料税等。
四川	鱼课，碾榨磨课，油税，食物税，用物税，药材税，丝布税，木植税，营业税，杂项税，契底税。
广东	渔业税，商税，市税，厂税，桂税，铁税，船税，渡税，椰税，牛税，鱼税，鱼苗税，鱼油税，鱼卤税，盐鱼税，山坡税，及各县之零星杂税。
广西	商税，竹木税，药材税，米谷税，油榨税，及八角税（八角菌制之油税）等。
云南	窑税，锅税，芦税，板税，槽税，商税，碗花税等。
贵州	木税，油税（油课），鱼课，砂课，黄蜡课，洋沙银，以及各县所征之杂税杂课等。
各特别区域	（一）热河杂税，如量税及附税是。 （二）察哈尔杂税，如缺税，油税是。 （三）川边杂税，如常税是。 （四）绥远杂税，不分别种目，统括一项。

（三）各省杂捐的项目　各省杂捐的项目，约如下表：

河北	火车货捐，车捐，船捐，妓捐，戏捐，茶捐，鱼捐，晓市摊捐，码头捐，亩捐，花生捐，肉捐，以及生产销场等地各货之杂捐。
奉天	亩捐，车捐，船捐，货床捐，菜市捐，客店捐，户捐，质捐，验牲捐，戏捐，乐户捐，女伶捐，卫生捐，盐梨鱼花捐，盐摊捐，木排捐，煤炸捐，窑捐，渔捐，网捐，渡捐，桥捐，驮捐，青苗捐，菜园捐，车头捐，墙房照捐，银元经纪捐等。

续前表

吉林	硝卤捐，缸捐，车捐，船捐，戏捐，妓捐，渔网捐，船站捐，商捐，脚行捐，旅店捐，窑捐，摊床捐，柴炭捐，银市捐，卫生捐，报效捐，驮捐，以及俄国车捐，韩民旅捐，规费，戏费等。
黑龙江	斗秤课（斗秤零捐），车捐，船捐，窑捐，戏捐，妓捐，五厘捐，警学粮捐，警学车捐，油榨捐，碱锅捐，大犁捐，柴炭捐等。
山东	商捐（性质似营业税），枣捐（性质似出产税），斗捐（性质似牙捐）等，收入甚丰。此外有花生捐，船捐等。
河南	豫省杂捐，分为两种，（一）由前清认解中央之费而筹设者，须尽征尽解，如各属之斗捐，城捐，会捐，花捐，布捐，桐油捐，牲口捐等是。（二）各属就地筹款，自行抽税者，如戏捐，花生捐，车捐，瓜子捐，枣捐，猪捐，羊捐，柳条捐，铺捐（又名商捐），漕串捐，丁串捐，煤窑捐，粮行用捐，丝锅捐，米车捐，煤车捐，油捐，石捐，亩捐，柿饼捐，煤油捐，火柴捐，棉花捐，册书捐，庙捐，芝麻捐，盐店捐，渡日捐，产行捐，门捐，车驴捐等。
山西	晋省杂捐，推行较广者，如斗捐，车捐，铺捐（又名商捐），粮捐，戏捐，骡马捐，差徭捐，地亩摊捐，药商票捐等是。此外如油捐，肉捐，妓捐，丝捐，炭捐，麻捐，花布捐，商船捐，米行捐，毛皮捐，岸口捐，渡口捐，羊油捐，桥梁捐，契底捐，串票捐，地丁底捐，盐店底捐，羊毛口袋捐等，名目繁多收数甚微。
江苏	苏省杂捐较著者，如车捐，串捐，布捐，鱼捐，戏捐，妓捐，积谷捐，车驾捐，码头捐，埠工捐，河工捐，塘工捐，石屑捐，沙船捐，炭窑捐，钱业捐，茶社捐，肉担捐，花袋捐等是。
安徽	皖省杂捐较他省简单，其收入较丰者，如粮米捐，房铺捐等。他如木捐，本行捐，收数甚微。
江西	赣省杂捐之有名者，如街捐，铺捐，车捐，船捐等是，他如京果行捐，枋板捐，花行捐，夫行捐，牛行捐，厂捐，摊捐，窑户捐，船埠捐，药业捐，鱼捐，蛋捐，火腿捐，板鸭捐，谷米捐，麦豆捐，油捐，薄荷油捐，煤炭捐，棉花捐，夏布捐，布匹及布带捐，麻捐，靛捐，纸捐，香粉捐，竹布捐，白泥捐，洲捐，桥捐，路捐，戏捐，妓捐等。
福建	闽省杂捐，名目甚繁。其收数稍多者，如随粮捐，贾捐，铺捐，纸木捐，柴把出口捐，炭捐，水果捐，砖瓦捐，竹木捐，铁路随粮捐，契尾捐，木排捐，米谷捐，戏捐等，均属省有地方税之性质。其收数较少者，如炮船捐，随排捐，鱼捐，布捐，炭捐，靛捐，笋捐，羊捐，油捐，会捐，碗捐，船照捐，海埕捐，纸箔捐，红柴捐，油车捐，粮串捐，埠租捐，官渡捐，牛皮捐，香菰捐，水仙花捐，花桥捐，钉麻行捐等，均属县有地方税之性质。此外之杂捐，收入甚微。
浙江	浙省杂捐，列入国家预算。而收入较多者，如纱捐，花捐，绸绉捐，杂货捐，船货捐，房警捐，渔网捐，钱当业捐均是。此外有粮捐，契尾捐，及各属之另〔零〕星杂捐等。

续前表

湖北	鄂省杂捐中，收入较多者，如竹木捐，串票捐，税票捐，夫役捐，学捐，米捐，船渡捐等。其余之车捐，房铺捐，轮渡捐，市廛捐，钱业牌照捐，戏园乐户捐等，只限于商埠或一地方行之。
湖南	湘省之米谷捐，为杂税中收数最多者。次则为船捐，茶箱用捐，他如车捐，戏园捐，门市捐名目虽繁，收入甚绌。
陕西	秦省杂捐，种目繁琐。如油捐，警捐，斗捐，炭捐，货捐，较为通行于各县。此外就地筹款之杂捐，如乡捐，秤捐，木匠行捐，肉架捐，花行捐，靛行捐，杂息捐，粮行捐，布行捐，药行捐，票行捐，铁行捐，纸行捐，皮行捐，车行捐，麻行捐，估衣行捐，山货行捐，干果行捐，丝铺行捐等，颇通行。
甘肃	甘省杂捐有名者，如大布捐，皮毛捐，木料捐等，其性质与厘捐相似。此外各县就地所筹之杂捐，名目琐屑，款项零星。
新疆	新疆杂捐，如草捐，斗秤捐，矾山捐，炭山捐，山价捐，地摊捐，磨房捐，铺面捐，皮张捐，洗羊毛捐等，收数较多。此外各县属就地所筹之杂捐，奇零细碎，为数极微。
四川	川省杂捐，如亩捐，货捐，及各县就地筹之零星杂捐，名目虽不繁，而收入颇多。
广东	粤省杂捐，如船捐，车捐，戏捐，祝捐，庙捐，妓捐，粮米捐，房铺捐，花艇捐，销磺饷捐，小押店饷捐等，收数甚巨。余如各县特设之捐项，名目零星，收入琐碎。
广西	桂省杂捐，如行政盐捐，番摊山铺票捐，以及牛捐，车捐，戏捐，饷押捐，客栈牌捐等均是，此外尚有各县所征之杂捐。
云南	滇省杂捐，惟迤东迤西之驮捐，收数较丰。其余各种零星杂捐，章制不一，收数有限。
贵州	黔省杂捐，名目繁多，如木捐，纸捐，摊捐，戏捐，肉捐，鸭捐，米捐，谷捐，斗息捐，榨房捐，客栈捐，铁炉捐，白布捐，柴炭捐，场费捐，水银捐，清油捐，以及油行捐，靛行捐，苕行捐，麦行捐，豆行捐，棉花行捐，洋纱行捐，盐米行捐，竹木炭帮费等，或通行若干县，或旅行于一县及一处。此外各县杂捐，其收入多寡不一。
各特别区域	（一）热河杂捐，未分种目，合并开列。 （二）察哈尔杂捐，如斗捐，车捐，果捐，商捐，油榨捐，粮石捐，各局票车驮煤炭捐，及其他杂捐。 （三）绥远杂捐，合并开列，未分种目。 （四）川边杂捐，合并开列，未分种目。

由以上所述，可知封建势力若不扫除，封建制度若不廓清，中国的产业就没有顺利发展的希望，这是任何人都能知道的。

第三节　考虑中国社会问题的特殊性

打倒帝国主义的侵略，廓清封建势力和封建制度，是中国革命的唯一对象，同时又是发展产业的唯一前提。我们可以说，中国革命的目的是在于解决大多数人民的生活问题，而解决大多数人民的生活问题的方法，就在于发展产业。所以帝国主义和封建势力是产业发展的两大障碍，又是中国革命的两大对象，这是不须多说的。所要说明的事情，就是那两大障碍物扫除以后，必须采用何种经济主义来发展中国的产业？

采用什么主义发展中国产业，这是半殖民地的中国革命的特殊性所命定的，也是半殖民地的中国社会问题的特殊性所命定的，用不着多所讨论，即如国民党的领袖孙中山先生也早已把非资本主义的民生主义指示出来了。简捷的说，中国革命是为了解决那一部分人民的生活问题？那一部分人民能为中国革命而奋斗？我们只要了解这两点，就可以知道中国发展产业所必须采用的主义了。因此我在这里把中国社会问题的特殊性略加考察，因为中国的社会问题是和中国的产业革命同时发生的。

资本主义产出了资本阶级和无产阶级的对立，产出了贫富悬隔的现象，因而产出了社会问题。所以有资本主义存在的时间和空间，那社会问题就必然随着发生和扩大。中国的社会既然踏入了初期资本主义的阶段，社会问题自必随着发生和成长，这已经成了社会发展的法则了。但是我们要注意的，中国社会是个半殖民地的社会，半殖民地的资本主义的发展，和先进国的资本主义的发展，具有不同的特征（前面已经说过），同样，半殖民地的社会问题的内容，和先进国的社会问题，也具有不同的特性。假使忽略了这个特性，就不能了解中国的社会问题，结果必定要说中国产业劳动者不过二百多万（见下列的统计），在四万万人当中，那能发生多大的影响呢？但这种见解实在是错误的。

中国的社会问题，大概可以分为下列五种：

一、产业劳动者问题；

二、农民问题；

三、手工工人问题；

四、商业店伙问题；

五、失业者问题。

上列五项之中，除了第一第二两项以外，或许有人要说三、四、五各项，不能算作社会问题的罢。的确，后面的三项问题，严格的说起来，本不能算是现代的社会问题，因为手工工人的问题，和产业劳动者问题不同，商业店伙问题和欧美各国的商业劳动者问题不同，失业者问题也和欧美各国的失业者问题不同。但是我们要知道，中国在数十年以前原是封建社会，上述这些问题素来是不成大问题的，自从被国际帝国主义者所征服变成半殖民地以后，渐渐的踏入了产业革命的过程，走上初期资本主义的阶段，农业的崩坏，手工业的没落，商业资本的发展，工业资本的形成，这些问题就成为社会问题了，这原是殖民地的中国的资本主义化的征象。我们虽不能说中国完全变成了资本主义国家，但是可以说整个的中国经济，都被国际资本主义所笼罩，一切的一切，都打上了资本主义的火印了。这是我所以要把这些都列作社会问题的原因。兹特就各项略加说明如下：

第一，产业劳动者问题　中国的产业劳动者，自从满清末年以来，就已经随着国内资产阶级的兴起而发生了。及到欧战发生，国内的新式产业逐渐发达，而此等产业劳动者的人数也跟着增加起来，这里特依据英文中国年鉴所载并斟酌前北京农商部的统计，列表如下：

一、纱厂	280 000
二、丝厂	160 000
三、矿山	540 000
四、海员	160 000
五、铁路	120 000
六、运输（码头）	300 000
七、五金	50 000
八、建筑	200 000
九、电气	80 000
十、交通（邮电）	90 000
十一、市政	250 000
十二、盐业	250 000
十三、烟草	40 000
十四、粮食业	60 000
十五、印刷	50 000
十六、其他制造业	120 000
总　计	2 750 000 人

据上表，中国的产业劳动者共有二百七十五万人，和全国的人口比较，固然是一个小数目，但若连他们的家属一起计算（每人的家属平均定为五人），应当包含一千三百七十五万人。这包含一千三百七十五万人的问题，就不能不承认它是一个大社会问题了。在中国的广大的产业预备军之中，他们居然能够取得了产业劳动者的地位，以维持其卑劣的存在，把他们和那些无业者比较起来，自然要算较胜一筹，但是我们却不能因此忽视产业劳动者问题的重大。

中国的产业劳动者，有一部分是在中国境内的外国资本家之下工作的，有一部分是在本国的资本家之下工作的。那班外国资本家，利用中国的劳动过剩和工钱的低廉，利用在中国境内所取得的工业经营权，纷纷到中国来经营工业，雇用工人替他们创造剩余价值。他们帝国主义者对于这班工人的待遇，完全使用宰制殖民地的法律和行动，来压迫在他们工厂中作工的中国工人，中国的工人终日在他们鞭扑枪弹之下工作，生杀予夺之权都操在他们的手里，无时不感受生命的危险，和失业的威胁，其地位和境遇，实是非常悲惨的，这是显明的事实。其次中国的工业资本家对于工人的待遇，也是非常残酷，因为他们刚刚出世，就碰到了外来的强敌国际资本家，他们的资本和企业能力，他们的生产条件等等，都远不及外国资本家，本国的政府又不能援助他们对于外国资本家的竞争，所以他们只有凭借封建势力加紧对于工人的剥削，以图取得一点利益，政府又没有工场法范围他们。因此在国内资本家之下作工的工人们，他们的劳动条件，也是非常不利，生命的危险（如有反抗雇主行为即被军阀压迫）和失业的威胁，也是同样感受的。加以近年来生活程度增加，低微的工资多不能养家活口，政府又没有劳动法保障他们。这样一来，中国的劳动问题，也就显出了半殖民地的半封建的特殊性，中国的劳动运动，也只有根据这种特殊性去理解它。

中国的劳动运动，从民国七八年以来，日见发展，这是和国内资本主义的发展相并行的。这十多年之间，各处的产业劳动者的同盟罢工层出不穷，直到最近，还是一样。中国劳动运动的性质，一面是经济的同时又是政治的，他们迫于生活的困难，不得不要求经济的地位的改善，迫于民族生存的威胁，不得不从事反对帝国主义和封建势力。（最显著的如二七运动，是反抗封建势力的，五卅运动和省港罢工运动是反抗帝国主义的，他们在过去的历史上，已经表示他们确是中国革命的急先锋，是反抗资本主义最激烈的战士。）这种趋势，和先进国家的劳动运动，必须经历数十年的经济运动然后转换到政治运动的趋势，截然不同。这可说是帝国主义时代的半殖民地的半封建的社会中的劳动运动的特殊性。欲谋中国产业的发展，就必须解决这产业劳动者问题，然欲谋解决这产业劳动者的问题，就必须针对中国劳动问题和劳动运动的特殊性，打倒帝国主义和封建势力，发展民众的国家资本主义。

第二，农民问题　农民问题的发生，是农村经济破产的结果。农民问题的现状，在第二章中已经详细说明，再总括起来说，全国农民三万万三千六百万人之中，已有二万万人以上因受资本主义和封建势力两重压迫和剥削的结果，失地的失地，失业的失业，生活的困难，已是达于极点。就近年来全国农民运动的形势说，有组织的农民曾发展到数千万之多，尤其是粤湘鄂赣等省的农民，已经表现着反抗帝国主义和封建势力的大力量，表现着为革命而奋斗的功绩，而其运动的目的，是在于为自己求出路。

农民问题的中心，是土地问题，土地问题不解决，农村经济没有复兴的可能，新式产业也没有发展的可能，占人口过半数的农民生活问题，便不能解决，孙中山先生在过去三十年以前即已列举平均地权的政纲以为革命的鹄的，真是洞悉了中国社会的症结所在。

第三，手工工人问题 在手工业没落的过程中，手工工人问题的重大，乃是社会的事实（手工工人的数目，依第三章所述，约有一千一百万人）。手工工人本是由封建社会到近代社会的过渡阶级，近年来手工业的兼并，已有多数手工工人陷于失业的境遇，加以帝国主义和封建势力两重压迫的影响，生活程度日见增高，手工工人所得工资不能糊口，更加感受着生活上的威胁，于是便形成了手工工人的问题。这手工工人的问题含有资本主义侵略的成分，所以手工工人为维持自身生存而实行的运动，也采取了同盟罢工的形式，如近年来各地方的罢工统计中，手工工人的罢工也占有不少的件数，而且参加过反帝国主义和军阀的运动的。这本是半殖民地的半封建的社会中所必不可免的现象。

就近代产业的发展的趋势说，手工业终于要被淘汰的，手工工人的问题，只有更趋于重大，要解决这个问题，只有由国家的力量发展国家资本，把手工工人改编到国家产业的部门内去工作。

第四，商业店伙问题 在商业资本畸形的发展的中国，商业店伙必然也随着畸形地增加，商业的经营和帝国主义有不解的因缘，因为在商业资本主义之下的商业店伙，也发生了生活上的问题。在商业方面，过去本无显著的社会问题，因为过去的商业，规模极少，雇主和店员之间，保存一种家族的情谊，店伙的生活有最低限度的保障。而且店伙的工作，多是智力劳动，和普通劳动者不同，他们的地位缺乏固定性质，很容易变成独立商人，所以他们不易发生阶级的自觉，没有组织团体对抗雇主的事实。但是近年以来，商业的规模扩大，商业的经营也变成资本主义的，于是中小企业者渐形困难，商业店伙所受的待遇和所处的地位，颇与劳动者相似，加以商业资本超过工业资本之故，生产事业未能发达，人民谋生不易，外间之欲候补为店伙的大有人在，因而店家往往用停止工作的口头禅来威吓店员，店员的收入不易增加，而生活程度继长增高，又苦于不能维持，所以店伙的生活问题也成了社会问题。近年来各大都市中的商业店伙因为生活的困难，常有组织团体对店家罢工的举动，并且参加于反抗帝国主义和军阀的工作，报纸上常常记载着，这是产业革命过程中的必有的现象，也是商业资本畸形的发展的结果。要解决这个问题，只有迅速发展国家资本，打破目前畸形的商业资本的发展。

第五，失业者问题　农业崩溃，手工业没落，新式产业停顿的结果，无数的人员被改编于失业者群之中，形成了广大的产业预备军。他们进不能卖力于工厂，退不能自寻生活的途径，终于徘徊于城乡市井，流离失所，这就是匪盗游民充满于全国的原因，也就是失业者问题成为严重的社会问题的原因。要解决这个问题，也只有发展国家资本。

基于以上各节所述，可知怎样发展中国产业的问题，实是中国革命的根本问题。简单的结论是：要发展中国产业，必须打倒帝国主义的侵略，廓清封建势力和封建制度，树立民众的政权，发展国家资本，解决土地问题。

社会之基础知识 *
（1929）

小　引

　　去年年底，新生命书局计划出版《社会科学常识丛书》，我所担任编辑的，是《社会的基础知识》。但是，《社会的基础知识》，这是何等广泛的题目！若真个依着题目做起来，也决不是这本小册子所能写得尽的，所以我接受了这个题目以后，曾经过很久的踌躇。

　　依据《社会科学常识丛书》所标出的各种书名看起来，关于社会科学的各个部门，似乎已经有一定的分划，这《社会的基础知识》一部门似乎是指着社会学一科说的。因此，我基于这个见地，计划出我的编辑方针来。我以为要获社会的基础知识，第一应当了解社会进化的原理，其次要应用那原理来解剖现代的社会。现代的社会剖开以后，再来检查现代社会内部的病态，即是研究社会问题和民族问题。社会问题和民族问题研究清楚了，末了再来推论它们的解决的方法，以及世界社会的将来究竟是怎样的。照这样去研究社会，总可以获得社会的基础知识了。这是我编这本书的旨趣。

李达识

十八年，三月，三十一日。

---

　　* 1929 年 4 月上海新生命书局发行，署名：李鹤鸣。

第一篇　社会进化之原理

第一章　社会是什么?

一　社会的系统观

社会是包括人类间一切经常相互关系的系统。一个人活在社会上,他的一举一动,都要和社会发生许多相互关系。吃饭,穿衣,住房子,固不消说,他要取得吃饭穿衣住房子的物质资料,就要和社会上的人发生无穷无尽的相互关系。走路,求学和娱乐,也是一样,路是社会上许多人修筑起来的,求学和娱乐,也要一定的场所和一定的物质资料。他要达到这些目的,就直接间接和社会上发生许多相互关系。他若是一个农夫或工人,他做一天工作就可产出一些物质资料供给社会消费,他和社会的相互关系更多。他若是一个商人,他在市场上和社会发生的相互关系,更是不可数计。他若是一个党员,他去参加开会和演说,或者执行政务,他的一举一动,小则影响于一国的政局,大则影响于世界的政局。他若是一个革命的领袖,他的言动要影响于一国或数国。总而言之,一个人从出生到死亡,无论是在农界、工界、商界,或在学界、军界、政界,他对于社会的影响是很多的,虽或因为地位不同,而所生的影响有大有小,却总不能没有影响。他总是要和社会发生无数的相互关系。人类间这些相互关系是经常不间断的,所以社会的存在也是经常不间断的。社会实是包括人类间一切经常相互关系的系统。

二　社会关系的性质

人类间一切经常相互关系,要以哪些经常相互关系做基础呢?这里我们须得比较分析一番。人类间一切经常相互关系之中,可分为三部分:一是个人与个人的;二是个人与社会,个人与共同体(如国家政党之类)的;三是共同体与共同体,共同体与社会,社会与社会的。而各部分的经常相互关系之中,又可以分为经济的,政治的,法律的,道德的等数种。这数种经常相互关系之中,又要以哪一种经常相互关系为基础呢?我们可以不踌躇地答复:是以经济的相互关系做基础的。何以见得?因为社会是受"自然"所围绕的,社会能否存在,就看社会能否适应自然环境。社会要维持生存,首先要从自然界取得生活资料。要向自然界取得生活资料,那人类在经济范畴内的经常相互关系便成立起来,其他政治的法律的道德的种种经常相互关系,才能有所依据。我们可比方地说，现在的世界，可说是文明很进步而极其光辉灿烂了，但若假定经济的经常相互关系都忽然停止，那时的景象怎样，我们不难想到，那时必定一切工作停顿，一切生活资料的来源也都断绝，所谓光辉灿烂，立刻变为黑暗沉寂，纵有很好的政治法律道德等，也会失掉作用。所以离开食衣住行等的享受，便没有文化，质言之，便是没有社会，这是很明白的。由此我们可以知道，经济实是社会的基础。总括起来说，我们可以下一个社会的定义：社会是包括人类间一切经常相互关系的系统，在这个系统中，一切经常相互关系，都以经济的经常相互关系做基础。

第二章　社会之发达

一　社会的环境

人类的生活，都以物质资料为前提。这类物质资料，都要向自然界采取。自然界是社会的营养环境，人类决不能脱离自然界而生存。自然界把无数的生存资料供给人类，人类便利用这些生存资料，加以工作，使适合于自己的目的。自然界把一切自然力来压迫人类，人类便利用这些自然力来制造生活资料，使适合于自己的目的。所以人类不断地和自然界奋斗，并且利用自然的法则。

在一定的时间和空间，自然的状态，大有影响于人类社会。譬如差别的气候（湿度、风、温等），地表的状态（山谷、水的分布、河川的性质、金属矿物等各种天然的富源），海岸的性质（曲折、长短等），水陆的分布，特产的产生等等，都是影响于人类社会的主要动力。人类的劳动，都随着自然状态的差别，而有不同的配置。

二　社会与自然的关系

社会的系统变化的原因，当求之于社会和自然环境的相互关系中。社会发达的过程，完全系于社会和自然的相互关系。社会的变化，完全系于社会和自然两者关系的变化。至于社会和自然间相互关系之变化的原因，就在于社会的劳动的领域。

人类社会要能存在，必须向自然界吸取物质的势力。吸取的物质势力越多，社会越能适应自然；吸取的物质势力的量越是增大，社会便能发达。

社会与自然接触的形式，即是劳动过程。社会与自然间直接的接触（即从自然界吸取物质势力），是一个物质的过程，即是人类生理的势力与自然物质的势力相交换的过程。所以劳动过程，构成社会与自然间相互关系中的根本关系。

社会要继续存在，生产过程的车轮便要不断地转运。生产过程的循环反复，即是再生产过程。要开始再生产的过程，便要把一切物质的条件再生产出来。例如生产织物，必须生产织机；要生产织机，必须生产钢铁；要生产钢铁，必须生产铁矿与煤；要生产铁矿与煤，必须生产交通机关；要生产交通机关，必须有仓库，有工场设备等。简单地说，这些就是种种复杂的物质的生产物一个系列。这些物质的生产物，有许多在生产过程中要被消耗的东西，又必须加以补充才行。

就生产物的立场来观察全部生产过程，劳动手段（如器具）和劳动对象（如原料）两者，成为生产手段表现出来。劳动自身，成为生产的劳动表现出来。

人类支出生理势力，交换自然界的物质势力，为社会所同化（消费），以为支出下一次生理势力的准备，如此便回转了再生产的车轮。

社会的生产过程，是人类社会对于外的自然的适应。同时这个适应，却是能动的适应，即是使外界适应自己。这是人类社会和动物社会不同的所在。

三　社会发达的原动力

社会的发达，由社会的劳动之支出，或其生产能力所决定。所谓劳动的生产能力，是指已获得的生产物之量和已经使用的劳动之量两者的关系说的。换言之，劳动的生产能力，即是劳动时间每一单位的生产物之量。例如说一时，一日，一月，一年间的生产物之量。对于一劳动时间的生产物之量，若是增加了二倍，那生产力就增加了二倍；生产物之量若是减为二分之一，那生产力便减半。不过计算生产力的时候，那耗费在劳动器具上的生产力是不计算的。

所以，自然和社会的关系，要由社会劳动的生产能力表现出来，即是由那已生产的有用的势力之量和社会的劳动之消费两者的关系表现出来。

社会的劳动之消费，分为二部：一是生产手段中所包含的劳动，二是活的劳动力的消费。我们若由物质的构成部分的见地来观察劳动生产能力之量，可以分为三项：第一是生产物中所包含的劳动量；第二是生产手段（劳动手段与劳动对象）中所包含的劳动量；第三是活的劳动者的人数。这三项有相互依存的关系，实际上我们只要知道第二第三两项，便可以看出那社会的生产物。所以生产物要受生产手段和劳动者状态所规定。但我们若再深刻地加以考察，又可以知道劳动手段能决定劳动力。譬如若有一部单式印刷机械，必有相当的熟练的印刷工人。于是在这劳动过程中协作的各种要素，必成为互相关联、互相影响的系统。劳动手段是能动的部分，有某种劳动手段，必有某种劳动对象和某种劳动者。所以社会的劳动手段的系统（社会的技术），是决定社会和自然间相互关系的精确的物质标准。

四　社会发达的过程

人类向自然界取得的物质资料越多，社会越能适应自然。人类取得的物质资料除供给社会消费而有余之时，社会方得发达。因为必须物质资料有余，人类才能有余裕去发展其他的文化。

假使一个社会，因为要满足那必要的欲望，必须耗费全体的工作时间。那么，这个社会所能造出的生活资料，恰好供给消费，必无赢余。这个社会，既没有制造别的新生产物和扩充新欲望的闲暇，就会停顿在同一的贫弱的水平线上，当然没有发展别的文化的可能，因为全体工作时间都用去生产同一的生产物了。所以这个社会是不能发达的。

假使这个社会因为有别的原因，只须耗费从前一半的工作时间，就可以造出必要的生存资料。那么，这个社会，就有从前一半的工作时间的余暇，便可利用这余暇去采取新原料，造出新工具或者做精神的事业。于是，新的欲望可以扩充，新的精神文化可以发展。而且这样下去，那造出必要生存资料的工作时间，更可以减少，因而采取新原料、发明新工具以及做精神事业的时间就愈多。因此新的欲望更扩充，新的精神文化更发达，社会就大大的发达起来了。

再反过来说，假使这个社会因为有别的原因，必须耗费从前两倍的工作时间，方能造出那社会所必要的生存资料。那么，这个社会，若不能找得别的出路，势必退化。即使有无数复杂的生产事业，即使有高尚的精神文化，却因为不能支配现成的生产技术机关，或者复用旧时的工作方法，把全部的时间都耗费在必要的生存资料制造的方面，那高尚的精神文化，也不得不凋谢下来，那复杂的生产事业，也就不能不停顿一部分。换句话说，这个社会，便要退化了。

所以社会的发达，以经济为基础。经济发达，社会才能发达；经济不发达，社会也不能发达。

第三章　社会之构造

一　社会现象之类通性

我们要测定社会发达的程度，究竟应采用怎样的标准呢？据多数学者的意见，有采用"肥皂的消费量"做标准的，有采用"国民的教育"做标准的，有采用"报纸的销数"做标准的，有采用"技术"做标准的，有采用"科学的发达"做标准的，甚至有采用"便所的形式"做标准的。实在点说，这几种标准，都可以拿来测定社会发达的程度。因为任何时代的各种社会现象之间，都有类通性，可以连类而及。各种社会现象，都是互相调和地存在着。至于它们怎样连结，怎样调和，那是另一问题，容后研究。人的年龄，可以用体格、骨节、颜色、毛色、经验、言语、思考法等等来测定；同样，社会的发达，也可以用前述种种标准来测定。由此我们可以知道，各种社会现象间的连结，明明是互为条件的。

封建时代没有社会主义，二百年以前没有蒸汽机关，百年以前中国没有社会主义，冰带的野蛮人不能发明无线电机，热带的野蛮人不能制造皮衣。诸如此类，都是表示各种社会现象是互相调和地存在着。所以各种社会现象是互相关联、互相适应的，质言之，各种社会现象之间是互相均势的。

二　社会的三个要素

社会是人与自然的合体。社会是人类的系统，但就广义说，物也是社会之中的一部分。就现社会举例，各大都市、大土木工事、铁路、港湾、机械、房屋，都是社会之物质的——技术的机关。任何物质（如机械）离开人类社会只是一块自然物。譬如，一个新式的完备的大轮船，假使沉没在大洋当中，便是离开了社会，便是失掉了社会的意义，便是不和人类直接接触的自然物了。同样，现实的技术，是社会的技术，假使技术离开了社会，便失掉它社会的存在，便不是社会的技术。所以就社会说来，社会在其社会的存在之中，实包含物的系统，尤其包含社会的技术的系统。

物的系统中，当然以生产手段为主体，但不属于生产手段的物质，对于生产也有关系。我们试就社会中之物的部分，分别列举，如书籍、地图、图表、博物馆、绘画陈列所、天文台、研究所、测量器具、望远镜、显微镜、试验管、蒸馏器等等，这些虽然不属于社会的技术，但这些物质的任务，人人都能明白，即是这些并不是单一的外的自然，而是有"社会的存在"的东西。

社会是人类的系统，上面已说过了。但社会不仅是人类的物理的肉体的系统。人又是有思想有感情的。所以人与人的关系，不仅是物质的关系，又是心的"精神的"关系。社会不仅生产物质的财货，还生产"精神的价值"（如科学艺术等）。质言之，社会不仅生产"物"，还生产"观念"。这些观念一生产出来，便互相适应而成为观念的系统。

所以社会之中有三个要素，即物、人与观念。社会的系统中，含有物的系统，人的系统，和观念的系统。这三个系统，互相关联，互相影响，构成社会的系统。

这三个系统，又是互相调和互相均势地存在着。换言之，这三个系统若不是互相适应地存在着，社会便不能存在。

三 社会之经济的构造

我们观察社会现象的时候，当从物质的生产力，社会的技术出发。

社会的技术，是表示社会进化阶段的指针，又是决定人类间生产关系的根本要素，所以我们说明社会之经济的构造时，应先说明社会的技术的意义。

社会的技术是劳动手段的系统。所谓劳动手段的系统并不是劳动工具的堆积，乃是说，散布在一个社会内部的一切大的、小的、单纯的、复杂的作工器具，都依着一定的秩序排列着而互相影响、互相结合的意思。本来一个社会内部的作工器具，有些是很紧密的排列着，有些是很松懈的排列着，但是在某一刹那间，当人类间用劳动作媒介而互相联合时，这一切作工器具，无论大的、小的、单纯的、复杂的、用手操作的、用机器转运的，也都循着一定比例、一定关系，互相结合起来，而构成一个系统。所以一个社会的技术，实是该社会内部一切劳动手段的系统。

全社会的技术系统，其构成的各成分又各自成为一个小系统。各小系统之间，固然是要循着一定比例、一定关系，互相结合、互相影响。即如各个小系统的各成分之间，也要按着一定比例、一定关系，互相结合、互相影响。譬如现代市民的社会的技术系统，分成各种产业部门的技术小系统；各个产业部门的技术小系统，又分成各种更小的技术系统。小系统与小系统，小系统与大系统之间，都是循着一定比例、一定关系，互相结合、互相影响的。

社会的技术系统，决定人类相互间生产关系的系统。某一时代的技术，决定某一时代的生产关系。技术和经济之间，是有一定的均势的，所以社会的劳动手段的系统和社会的劳动组织之间，也是有一定的均势的。

总括起来说，社会的技术，是决定人类间生产关系，决定社会的经济的根本要素，所以我们说明社会之经济的构造时，必须从社会的技术出发。人类相互间生产关系的系统，基于社会的技术的系统而成立的，有怎样的社会的技术，便有怎样的生产关系，即是有怎样的经济的构造。

我们依据上述的旨趣，再具体的说明一下。我们知道，支持社会生存所最必要的东西莫如食衣住行的享受。而食衣住行的享受，必须以物质资料为前提。人类取得这些物质资料时，便发生许多经常的经济关系。比方我们吃饭，首先要有米。这米是怎样得来的呢？我们知道，米是农夫耕种出来的。农夫在土地上从事耕种，要经过犁锄、施肥、播种、培植、灌溉、收获等等的程序。在这程序当中，农夫必须直接间接和社会上发生无数的关系，方能造出谷米来。谷米造出之后运到都会时，又要经过舟轮车马肩挑背负的程序，而在这程序当中，人与人之间，又要发生无数的相互关系。可知我们要取得米来做饭时，人与人之间的经常相互关系是很多很多的了。我们默想这整个的相互关系，已可知道有无数的人在一根线上联络起来了。而这个联络线，是由社会的技术织成的。推而至于蔬菜果实肉类的生产上的相互关系上面，也是照样把无数的人联络起来。所以我们单就吃的一件事情说，已有无数经常的经济关系错综复合，把人类都联络在那上面。同样，在食衣住行各方面，也各有同样的错综复合，把人类分别联络在那些上面。于是食衣住行四项的范围内，各有无数的经常经济关系的错综复合，依据经济界的法则，重重叠叠，把一切人都联合起来，一切人因此便发生了有机的联络关系，如是便形成了社会之经济的构造。

经济的构造，随社会的技术而变迁，而社会形式，又随经济的构造而变迁。所谓原始社会，古代社会，封建社会，近代市民社会等形式，就是这样划分的。至于阶级的社会，是渊源于阶级的经济构造，而阶级的经济构造，又是由于阶级的生产关系而成的。

四　社会的政治制度与观念体系

社会的基础，是社会之经济的构造；政治、法律、道德、宗教、艺术、哲学等是社会的上层建筑。兹将上层建筑分别说明其大略如下。

（1）政治

社会之政治的构造最明了的表现，是国家权力。国家权力，是社会有了阶级以后才产生出来的。在原始社会中，生产技术幼稚，生产力很不发达，没有剩余生产物，也没有独占剩余生产物的事实，所以生产关系中没有阶级关系，即是在经济上人人平等的。这个时候，人类用的是气力不是权力，即使处理公共事务，维持生产秩序，保障生产机关，也没有使用强制的权力的必要，也没有一部分人支配他一部分人的事实，即是在政治上也人人平等的。

但是生产技术进步，社会上有了剩余的生产物，于是便有一种特别的个人，得以独占这剩余生产物，因独占剩余生产物，便要独占生产手段，于是社会上便有独占生产手段的和没有生产手段的阶级区别了。社会既然发生了阶级的区别，必然就有阶级的利害冲突，于是特殊阶级便利用种种特殊势力，创设公共权力来维持社会秩序，拥护生产手段。于是国家便成立了。

国家是社会过程中必然的产物。国家的成立，以经济关系为基础。经济关系中的阶级关系不断地改编，同时政治上的支配被支配的关系，也随着不断地改编。所谓古代国家，封建国家，近代代议国家，就是这样形成的。

将来，经济上人人平等的关系果能实现，那政治上的人人平等的关系也随着实现。政治上果能真正人人平等，国家也失其所以为国家的意义。总之，经济的发展达到最高限度，阶级不但没有存在的必要，同时国家也没有必要了。

（2）法律

法律是规定财产关系的章程，是保障财产关系的利器。法律的普通观念，即在于说明所有权的范围。从形式上说，法律的任务在于社会的防卫，即在于保护社会生存的根本条件；从实质上说，法律的目的，在谋阶级的防卫，即在于保护阶级的剥削的特权。至于刑法，原在防卫非人道的犯罪，但犯罪的原因，都起于社会，社会组织合理，刑法上的犯罪，自然就减少了。

法律的变迁，由于所有关系的变迁，而助长法律变迁的人工的发动力，则由于阶级的对立。人人平等的经济关系实现，人人平等的政治关系也实现，这时候，国家既然要失掉那所以成为国家的意义，那成为国家的附庸的法律，也将失掉它原来的意义了。

（3）道德

一切动物，对于自然环境，都要实行生存竞争。要想防卫自身，维持种属，只有具备最有效力的特殊器官而又最能适应自然环境的，才能继续存在。一切动物，为了行生存竞争，都营共同生活，于是蓄卫自身繁殖种属的本能，就日益发达。人是动物的一部分，若不营社会的共同生活，便不能存在于自然界，所以人类的社会的本能，就非常发达。所谓社会的本能，即是为社会献身的牺牲心，拥护社会的勇敢心，遵从全体意志的服从心，以及感知毁誉褒贬的名誉心，等等。此等社会的本能，都要道德的要素，适合于社会的要求，所以当社会关系继续着的时候，这些社会的要求反复发生作用，有命令个人遵守的力量，而化为道德的规范，日积月累，就变为人类生活的习惯。所以道德规范和社会的要求有着密切的关系。社会变化，道德也随着变化。不同的社会状态，要求与它相适合的道德规范，于是发生了道德的变化。

（4）宗教

宗教是现实世界的反映，起源于原始人类不能理解自然的迷信，所以宗教和经济有关系，又是随着经济变迁的。原始人类的生活资料，完全仰给于自然界，所以非常崇拜自然力，如太阳、天、山川、树木及其他动物之类，都是他们崇拜的对象。后来生产技术进步，进到宗法社会，长老的智识经验，极为社会所尊敬，死后也为社会所崇拜，于是便有祖先教。到了国家发生以后，人类除遵守祖先教以外，兼受君长所支配，自然神乃一变而为拟人神了。

封建社会，多阶级递相隶属，于是宗教便变为等级教，神道之中，也有等级分别出来。

近代生产技术更进步，科学日益发达，市民阶级①，已不相信宇宙间有比他们还要大的力量，所以他们就对神灵独立。他们已经站在自由的地位，所以提倡信教自由。欧洲的宗教革命，便是这样发生的。

资本主义发达过度，社会的阶级冲突日益激烈。欲察知此种冲突现象，势不能不凭借抽象的神灵来解释，于是拟人神或等级神，已经没有存在的余地，就用仁、慈、爱等抽象观念来代替，宗教也就愈趋于灵化空化了。

总括起来说，宗教的起源，是由于"不可理解力"支配人类而起。这个不可理解力，在古代是自然力，在后来是社会力，到了现在，自然力固不能引起人类崇拜，就是社会力也不能引起人类崇拜。所谓"不可理解力"，既不存在，宗教也将化归乌有了。

（5）艺术

艺术是"感情之社会化的方法"。人是有思考的动物，也是具有情

---

① 即资产阶级。——编者注

感的动物。人不但会想，也还会感。以想为基础而成立的东西是科学，以感为基础而成立的东西是艺术。

我们无论在什么时刻，总不会停止所谓感的。总是应着事，接着物，抱着或是苦，或是乐，或是懊悔，或是悲哀，以及其他抽象的语言所表的感情。我们日常的生活，几乎可说是这类感情无穷的连续，无穷的错综。但我们在应事接物上有着喜怒哀乐等感，那也仅能说是感情在动。我们有了那样的生活，还是没有艺术存在。要有艺术存在，必须把那些活动的无数错综的感情，加以一定的组织，并且用一定的技术的形态，把它客观地表现出来。譬如用言语的技术，把它表现为诗歌、小说、戏剧；用音律表现为音乐；用色彩表现为绘画；用运动表现为跳舞；用物材表现为雕刻建筑之类。虽然那用技术的形态所表现它的方式，在各种艺术之间大不相同，但在组织感情，并用技术的形态给它以一定的客观的表现这一点，各种艺术之间却没有不同的。这所谓组织感情，给它以客观的表现的这种作用，就是所谓"感情社会化的方法"，就是艺术。

艺术的起源，是跳舞和音乐，这在人类生活还没有脱离动物境界的时代，也已经有了萌芽，可以认识出来。其次是绘画，雕刻和诗的发生。跳舞和音乐的原始的目的，是要对于行动（劳动及其他各种集团的行为）给以统一的气芬〔氛〕，招致调和的景象，并给以准备的情调，如劳动歌和"会议跳舞"、"战争跳舞"，即是实例。原始的绘画，是从用作说明的描写的行为发生的；原始的雕刻，是直接从生产技术发生的；原始的诗，是从口传的故事和叙述等发生出来的，而它的渊源，又和集团的劳动活动不能分离。这些就是最古的艺术。

到了封建时代，在经济的政治的组织上，专制君主是神样的万能；封建诸侯，也是高不可攀的强大；普通的民众，在他们的目前，只不过是卑劣的存在，成为封建阶级的权威的垫脚物。所以封建时代的艺术的特性，一是极端的权威的东西；二是非个人的民众的创造物；三是有量的伟大的东西。封建社会所由成立的政治的经济的基础，在这种艺术中很明显地表现出来。

近代的市民社会，是个人主义的商品主义的社会，所以这时代的艺术形态，正反映出这样的社会的事实。这时代的艺术的特色有三：一是艺术的专门化、商品化；二是艺术的游离化；三是艺术内容的个人主义化。基于这三种特色，那艺术的生产者的艺术专门家，也显出了贵族化的现象，因为艺术被少数的几只技术的手所把握了；同时艺术的享受者，却显出了民众化的现象，因为艺术变成了商品了。

然而反映那市民社会的内部的冲突而在反对方面发生出来的艺术，就有民众艺术的抬头，这是艺术的社会化的征象。

（6）哲学

哲学是把知识的总体，建立秩序，使其成为体系的学问，即是科学的科学。譬如把社会现象的各种知识，建立秩序，使其成为体系的学问，便叫做社会科学；把自然现象的各种知识，建立秩序，使其成为体系的学问，便叫做自然科学。至于哲学，是把知识的总体，建立秩序，使其在一个观点一种见解之下成为一个体系的学问——即是科学的科学。

在各种专门科学没有分化没有发达的时代，哲学也曾处理过各种纯粹的科学问题，凡是关于人生和自然的断片的知识，也是包括在哲学之中的。但是后来人类的各种知识渐渐整理起来，各种科学也分化而出，成为专门的东西了。此后只有各种科学的共通的普遍的事情，成为哲学的范围。

这共通普遍的事情，即是我们自身认识的问题，我们自身的认识与世界的关系的问题，和精神与物质的问题，即是思惟与存在的问题。这些问题，对于一切科学虽都有重大的关系，却不是某一种自然科学或社会科学所特别研究的。特别研究这些问题的，即是哲学。所以哲学以各种科学的知识为基础，解决这些普遍的根本的问题，因此而把一切知识建立秩序使其成为体系。

换句话说，哲学是统合各种科学的知识的有组织的世界观。

哲学是立于人类精神活动最高顶点的东西，它对于生产力状态的依存关系，自然是很复杂的。

哲学依存于生产力状态的复杂形式如下：

哲学的基础　各种科学的状态　社会的心理　阶级的配置和阶级存在的一般条件　社会经济上的阶级状况　生产力状态。

上面的关系，虽然复杂，而其结局仍可以追索到生产力的状态，这是我们研究哲学时所不能忽略的。

原始社会，没有严格意义的哲学或世界观，因为那时还没有有体系的知识或观念存在。换言之，当时人类的观念或知识，相互间没有联络，而是分离存在的。这分离存在的观念或知识，只是和那有直接联络的劳动过程或生活事实相结合而已。

但是，原始人的思考，也有一个体系化的基本的特征。第一，他们的思考中，只觉得自然是一个活动着的世界；第二，他们只觉得自身和他们的种族，是不能分离的。

原始人哲学的见解，不过如此，所谓体系的哲学，是没有的。

哲学的体系化，始于希腊时代。

古希腊的哲学，以自然哲学为内容，其任务，在发见宇宙森罗万象的自然的根本。例如达列斯（Thales），以宇宙之本原的实体是水，万物皆生于水而复归于水，即其一例。后来希腊社会的生活，日趋复杂，于是哲学便由自然哲学的范围进到人生哲学的范围，直到现在。

人要建立一个有组织的世界观时，第一步当然发生了下列的问题，即是：

"我"与"非我"的关系如何的问题；

"认识"与"存在"的关系如何的问题；

"精神"与"实在"的关系如何的问题。

这个问题，在希腊哲学的发展期，已成为哲学上的根本问题，直到现在，还是一样。

人类在其哲学的努力上，造成了种种哲学的体系，对于这个根本问题，给了无数不同的根本解答。

通观各种哲学对于这个问题的各种解答，可以分为两个范畴。

（1）以客观、自然、实在为出发点的解答：即是说自然或实在为根本，离开人类而独立存在；精神或思惟，是自然或物质世界的产物。

（2）以主观、精神、思惟为出发点的解答：即是说，精神、思惟为根本，离开自然而独立存在；自然、客观，是思惟或精神世界的产物。

（1）是唯物论；（2）是唯心论（观念论）。把唯物论和唯心论调和起来的见解，是折衷论。

哲学的历史，简直可说是唯物论和唯心论的对立或斗争的历史。

哲学的唯心论的创始者，是柏拉图。柏拉图说真的存在的东西，只是观念。一切能知的物体和现象，不过是观念的影像。这是主观的观念论。中世纪时代，哲学家便把柏拉图所说的观念拿来当作上帝创造有形物的原型。近世英人巴克列说存在的东西只是精神，其他一切只是表象，越发使主观的观念论发展起来。到了黑智儿，就想到本原的客观的理性的存在，说是辩证法的自己的发展，万物都是辩证法的发展的暴露，展开了唯心的辩证法。唯心论的形貌虽然复杂，但到黑智儿要算是达到了最高点。

唯物论的见解起源于古希腊哲学家的 Ionia 学派。到费巴哈要算达到了顶点。于是辩证法的唯物论，便成为革命的阶级的哲学。

辩证法的唯物论，是把哲学上的唯物论和辩证法结合起来，克服了唯心论的革命的阶级的哲学。

先说哲学上的唯物论。哲学上的唯物论，可由下列九个命题作公式的说明。

（1）只有自然是实在的；

（2）自然离主观（精神）而独立；

（3）精神是自然的一小部分；

（4）先有自然而后有生命，先有物质而后有精神；

（5）精神是在依一定方法组成的物质出现时才发生的；

（6）精神无物质不能存在；物质无精神可以存在；

（7）认识是由经验发生的；

（8）意识由外界所规定；

（9）现实是唯一的认识对象，所以我们的知识，只有和现实（存在）一致时，才真是客观的。

总括言之，"观念世界是在人类的头脑中改造了的翻译了的物质世界"，即是：精神只是物质在某种条件之下的作用。

其次再说辩证法是什么？

辩证法一语，是由古希腊哲学家创出的，即是指演说法，讨论法说的。譬如各人争论之时，甲说某事，乙说否定某事之事，于是从这个争论之间，便产生包含甲的议论和乙的议论之一部分的综合的真理。这即是辩证法。这个虽是讨论的方法，同时却是吾人思惟事物的思惟方法。黑智儿采用这辩证法和唯心论结合起来，创出唯心论的辩证法，说客观的理性，是依着辩证法的（正，反，合）法则而成就自己发展的东西。即是"于事物的运动中，于变化中，于生命中，于相互的关系中观察事物"的东西。

依辩证法的唯物论，辩证法是矛盾的发达的法则，是物质的运动变化的法则，是自然和社会的运动变化的法则，这个表现，即是思惟过程。因此，辩证法的思考法，是可以把握自然中内在的辩证法的唯一方法，所以它是唯一的科学的而且正当的方法。

　　唯心论的哲学，于思惟中求真理的规律；反之，辩证法的唯物论，则坚持实践。唯心论专以离开生活的抽象为事，唯物论则以生活实现为第一。所以唯心论和唯物论，是两个阶级的意识的表现形态。即唯心论的一方面是离开了直接的生产过程，生产的实践的阶级的世界观；反之唯物论是生产阶级，生产实践的阶级的世界观。

　　第四章　社会之变化

　　一　社会的变化与生产力

　　由前章所说的看起来，社会的构成的内部各要素之间，是有一定的均势的。即是有怎样的经济的构造，就有和那构造相适应的政治制度，法律制度，和一定的意识形态。但是社会是不断地进化着，所以社会的构成，也是不断地变化着。社会的各种变化的过程是和生产力状态的变化有关联的。生产力的变动以及和它有关联的各要素的变动与改编，实是社会的均势之不断地扰乱和恢复的过程。譬如生产力有进步的变动时，那社会的技术和社会的经济之间，就必须发生矛盾，经济的构造中必至失却均势。生产力发展了，生产的人员，必然要开始改编，然后经济的构造中才能成立新均势，因而那矛盾也就解决了。但经济的构造中的人员的改编，以社会之政治的构造中的人员的改编为前提。因而那法律的道德的及其他一切规范，也必然随着变化。因为只有这样，那矛盾才能解决，人们的组织和这些规范体系的均势，才能恢复。

　　社会的均势的恢复，有徐徐进行的，有急剧进行的，前者称为进化，后者称为革命，这是社会的变化的两个形式。这是历史的事实。

　　因此我们可以知道，社会的变化的过程，是和生产力的发达有关联的。社会之经济的构造内部若是发生了变化，这社会必由一种形式变化为另一种的形式。

　　二　生产力与社会的＝经济的构造

　　社会由一种形式变化到他种形式的原因，应当从生产力的状态和经济的构造间所存的矛盾去说明。我们就现代市民社会的生产力的发达说，那随着生产力而发达的经济过程中的人员，已经显著地改编过了。旧的中产阶级被融化下去，手工业凋落下去，劳动者增加起来，巨大的企业簇生出来了。社会的经济网，正在不断地变化着。这类变化，实是表明生产力和经济关系的不断的冲突。生产力一发达起来，就和手工业状态发生冲突，均势便被破坏，手工业经济早已不能适应那正在发达的技术了。但是那破坏了的均势，也早已在新的基础上恢复过来，因为那适应于变化着的技术而形成的新经济，也是和它平行地成长的。

生产力状态和经济关系间的矛盾的解决，依上所述，是采取进化的和革命的两种形式的。若是采取革命的形式解决这个矛盾时，其结果，第一必然显出和从前不同的政治的权力，其次必然变更以前生产过程中的阶级的地位，变更生产手段的分配，而这生产手段的分配和阶级的地位又是有直接的关系的。

所谓经济关系（生产关系），用法律上的术语表示起来，即是财产关系。因为经济关系即是财产关系，所以一小部分以现存经济关系于自身有利益的阶级，就努力利用经济的优越势力，运用支配的政治的组织，来巩固这种经济关系。一方面生产力的发达，到了感受现存经济关系的障碍而和它发生冲突的时候，那在这种经济关系处于不利地位的他一大部分的人们，越发陷于不利的地位。于是这种在经济上被压迫的人们，便渐渐的意识着这种冲突，发生了阶级的意识。基于这阶级的意识，便发生了阶级的冲突。于是被压迫的阶级，要想解决这个冲突以谋生产力的发达，以谋解决自身的生活问题，就不得不努力去改造那现存的经济关系，而其主要的方法，就是同一阶级同一意识的被压迫的阶级，努力团结起来形成现实的势力，和那支持现存经济关系的阶级争斗。争斗的结果，若是被压迫阶级胜利了，他们就必然取得政权，把现存的经济关系从新改造，于是立于新的经济关系上面的政治制度和法律制度，便建树起来了。

三　社会的变化与意识形态

当生产力和经济关系相冲突之时，成为物质的生活的反映而出的东西，便是意识形态上的新旧的冲突。因为社会的阶级若为解决那物质的冲突而演出了激烈的斗争，就要发生必然的结果。在经济方面，获得社会必要货物的新生产方法，成为急务；在政治方面，运用进步的生产机关的阶级，取得优势。于是，社会事物的新状态，便发生出来。若是那生产方法大异于旧生产方法，那和旧社会不同的新社会自必显现，因而政治上产出新的制度，宗教上产出新的信仰，道德上产出新的意见，艺术上产出新的趣味，哲学上产出新的学说。质言之，政治制度和法律制度以及意识形态，都是随着经济的构造的变化而变化的。

第二篇　现代社会之解剖

第一章　现代社会的本体
一　解剖的出发点

前章所述社会的构造和变革的过程，是对于社会之纵的研究；本章所述现代社会之解剖，是对于社会之横的研究。

现代"市民的社会，是生产最发达而且最复杂的历史的组织体"。我们要理解现代的政治，法律，宗教，哲学，科学，艺术等一切文化，惟有从现代市民社会的经济结构中去探求，我们要洞悉现代社会问题，民族问题，国际战争等发生的原因及其症结之所在，也唯有从现代市民社会的解剖入手。所以现代市民社会的解剖，实在是社会的基础知识之一。

我们着手解剖现代市民社会的时候，必须要把商品来作我们解剖的出发点。人类因为要继续生存，无论怎样，总须从事劳动，制造物质。倘若人类停止了劳动，不出一年，任何国民，都不能存在。人类又是具有种种的欲望的，所以社会全体的劳动，因为适应这些欲望而生产各种不同的生产物，又必须按着一定比例分配于各种生产部门。这是一个自然法则，在人类生存于这个地球上的限度以内，对于任何社会组织都是适用的。至于随着社会组织不同而变化的东西，只是这个自然法则所采取的现象形态的表现方式而已。

就现代的社会说，人类生活必需的物质生产，也是继续耗费劳动的。这些社会的总劳动，都按着一定比例配分于制铁、造船、纺织、农业、矿业等生产部门。但是成为社会生产的生产物，一切都作为商品生产而出，社会的生产，都依商品生产的方法举行。换句话说，上面所说那个自然法则，在现代的社会中，是采取商品生产的特殊现象形态表现出来的。所以说"资本家的生产方法所支配着各种社会的财富，成为一个庞大的商品的集大成表现出来，而个个的商品，又成为这种财富的本原形态表现出来"。

这个事实是现代社会中人个个都可以看见的外的现象，就是小孩子也都知道。现在社会上所生产的财富，种类很多，数量无限，样样都是商品，只要支出代价，就可到手。所以"资本家的生产方法所支配着的各种社会的财富，就成为一个庞大的商品的集大成表现出来了。"所谓商品集大成的意思，就是说一切东西都是商品，只要有钱，就可到手，全部生产物都当作商品收集了。这也并不是从古以来就是这样的。在商品生产没有充分发达的时候，即使想买什么东西也没有卖那东西的人，所以人们不得已自己生产自己所消费的东西。但到资本主义的生产渐渐得势，许多生产物却渐渐采取商品的形态了。这种事实，在地理上只要从乡村走到都市一看就可以知道。在资本主义的生产没有充分侵入的乡村之中，有些东西比较的不出钱买也可以行，若到了资本主义的生产方法树立了支配的势力的都市，无论什么东西非用钱买不可了。只要有钱，什么也可以买得着。譬如我们走到百货商店去，就看见"商品的集大成"横在我们面前。

因此，资本家的社会的财富，成为"一个庞大的商品的集大成"表现而出，而个个的商品，又成为社会的财富的细胞表现而出。人们的身体，是由无数个个的细胞构成起来的，同样，资本家的社会的财富，是由无数个个的商品构成起来的。这也是任何人都能看清的事实。你若是走到店铺里去要买些物事，那些物事上都挂着价目的卡片，即使没有卡片，店员自会告诉你。无论是什么，凡是在那种陈列着的物事，样样都是商品，这是大家一见就知道的。所以说"个个的商品"，成为资本家社会的财富的"本原形态显现出来"。所谓"显现出来"，即是说成为外的现象，成为现象形态映入我们眼帘的意思。这种外的现象，即是我们解剖市民的社会的出发点。

二　商品与货币

（1）使用价值与交换价值

不供自己使用专为交换而生产的生产物，叫做商品。商品是由使用价值和交换价值两种对立物的统一而成的。阐明商品的这种矛盾，是本章全部研究的根本问题。

任何商品，凡作为消费品或生产手段都有用处的东西之中，都有使用价值。象水和空气，虽然不是商品，却是供人们使用的东西，也有使用价值。某种劳动生产物若成为商品，固然要有使用价值，但是它采取商品形式与否，于使用价值并无关系。所以资本制度，对于使用价值，并不注意。

交换价值，是可以和任何商品相交换的能力。商品所以有交换价值，不是由交换行为发生的，也不是因为它的有用的性质，乃是因为这些相互交换的商品之中，有一种共通的性质存在着。这所谓共通的性质，就是投入于这些商品生产的人类的劳动。

两个商品互相交换时，它们的比例，是由各个商品所有交换价值的大小而决定的；而商品交换价值的大小，又是由那商品中所含的劳动分量决定的。至于劳动分量的计算，以劳动时间为标准。不过在这里要注意的，决定交换价值的劳动，不是个人的劳动，乃是社会的劳动。即是所谓社会的必要劳动。决定那劳动分量的劳动时间，不是个人的劳动时间，乃是社会的必要劳动时间，即是在一定社会之标准的生产条件之下，在劳动之社会的平均熟练程度及社会的平均强度之下，产出某种使用价值的必要劳动时间。所以懒惰工人或不熟练工人化费过多劳动时间所造成的商品，决不至有过多的交换价值，因为他所化费的过多的时间不是社会的必要劳动时间。例如一百枝纸烟，若用手做成，要费一点钟，若用机械做成，只费五分钟。这手做的纸烟的交换价值，当然不会比机械做的要大十二倍。因为一百枝纸烟所代表的交换价值，只和五分钟相当。这五分钟的劳动，即是决定一百枝纸烟的交换价值之社会的必要劳动分量。这个劳动分量，当然不是永久不变的。新的发明，工程的改良，劳动生产力的增加等等的结果，那商品生产所必要的工作分量就要减少，因而那商品的交换价值也就减少了。

所以劳动是交换价值的泉源，而商品的交换价值，是由那生产所耗费的社会的必要劳动所决定。

（2）价格与货币

商品的价格，是用货币表现了商品的交换价值的东西。换言之，价格是对于一种商品卖出后所得的货币分量。价格的多少，是由交换价值决定的，但也因需要供给的关系而略有变动，不必一致。

一切商品所有者认为评定他们所有一切商品的价值的东西，即是货币。货币是价值之一般的尺度，是交换之一般的手段，因为有它的媒介，任何商品都能交换。

古代人民曾经用过兽皮、家畜、贝壳等类的货币，后来因为这类货币不合交换的目的，就改用铁铜锡等物，最后又改用了金银。金银比较别的金属，更具有三大重要的性质，所以变成价值之一般的尺度，即是货币。所谓有三大重要性质，一是因为金银在任何形态都不失掉那同样的性质；二是因为金银容易分合并且不至减少价值；三是因为金银量少而价高。在发达了的商品社会中，除金属货币以外，还使用纸币。

货币除了做一切商品的价值的尺度以外，在资本主义社会中，还有三种任务。一是流通手段；二是支付手段；三是蓄积手段。所谓流通手段的意思，即是说，货币在商品的流通过程中，成为媒介物，借以演出流通手段的任务。因为商品不是单纯的和别的商品相交换的，乃是先和货币相交换，然后再以货币来交换别的商品。所谓支付手段的意思，即是说，货币不仅表现商品的价值，还表现一切种类的义务和勤劳。因为货币可以和任何东西相交换，所以对于政府的纳税，对于劳动的报偿，都用货币来支付，货币就变成了支付的手段。所谓蓄积手段的意思，即是说，人们借着货币的资助，可以蓄积任何种类的价值。因为人们要贮藏蓄积自然的价值（如肉、乳、铁、煤等），是非常困难的，只有蓄积货币，才能达成蓄积的目的。

（3）劳动力的价值与价格

劳动力的商品化，是现代社会的特征。劳动力在劳动市场中，也和一切别的商品一样，是买卖的东西。资本家雇用工钱劳动者，即是购买这种"劳动力"的商品的意思；劳动者从事工钱劳动，即是出卖这种"劳动力"的商品的意思。

劳动力既是一个商品，当然也适用一般商品所适用的原则。劳动力也有价值和价格的。资本家付给劳动者的工钱，即是劳动力的价格。劳动力的价格也是依据于劳动力的价值决定的。劳动力的价值，是劳动力的生产所需要的一切衣食住及教育等生活资料的价值的总和。"商品的价值，是由那商品的生产所消费的社会的劳动来决定的"，这个原则，在这里也完全适用。所以在劳动力的商品一方面，不同的劳动力有不同的价值（如铁工劳动力的价值，和印刷工劳动力的价值是不同的），因而各种劳动者的工钱价格，也是不同。

工钱，是劳动力的商品的价格。价格由价值决定，是一般商品的原则，劳动力的商品的价格，也是同样。劳动力的价值，是劳动力的生产所需要的生活资料的价值之总和，所以劳动力的价格，是由那生活资料的价值之总和决定的。质言之，工钱即是劳动者购买生存所必要的生活资料的代价。

就一般商品说，由于需给的关系，价值和价格不完全一致；同样，由于劳动力的需给关系，工钱（劳动力的价格）和生活资料（劳动力的价值），也不完全一致。但在大体上，也可以看做是一致的。

（4）劳动力的剥削

劳动力虽是商品，但是它的使用价值，和别种商品的使用价值有一点不同的地方。因为劳动力是存在劳动者的身上的，劳动者把劳动力卖给资本家以后，资本家由劳动者身上的活的劳动所得的使用价值，比较由别种商品所得的使用价值，分量很多。这种活的劳动的效用，不仅可以偿还劳动者的生活费用（即工钱），还可以造出多余的价值。这种剩余价值，归那买了劳动力这种商品的资本家所得。例如劳动者为资本家作十二点钟的工作，他可以用六点钟的工作生产自己的交换价值（即工钱），其余六点钟工作，是创造剩余价值的。这种剩余价值，就变为利润，归资本家得去。资本家所以要购买劳动力这种商品的原因，就是如此。

三　资本之生产过程

资本是生产手段和工具或货币，是它们的所有主因为要雇用工钱劳动以收回不劳所得而使用它们时的名称。也可以说资本是生产剩余价值的价值。假使握有生产手段和工具的人，不用它们来雇用工钱劳动以收得剩余价值，而只是用来维持自己的生活，就不能叫做资本。

资本的形式最初是商业资本和贷借资本，后来发达而为工业资本和金融资本。商业资本，是对于希图取得利润而买卖的商品的支付手段。贷借资本，是资本家用金银商品的贷借形式以取得利润的资本。工业资本，是投资于生产方面以希图取得剩余价值时，为买进劳动力而支出的资本。金融资本，是在市民社会中发达到最高形态的贷借资本。

资本的构成分有二，一是不变资本，二是可变资本。不变资本，是在生产过程中不变更分量的资本，指生产手段、原料、燃料、建筑物等说的。可变资本，是在生产过程中变更分量的资本，指工钱（即为买进劳动力而使用的资本）说的。可变资本，是生产剩余价值的东西。

剩余价值，是雇主把劳动时间延长到必要劳动时间以上所收得的一部分的价值。所谓必要劳动时间，即是收回工钱所必要的劳动时间。

剩余价值，是由于劳动力的使用而形成的。譬如资本家要开办一个工场，他除了用金钱建筑工场，购买机械、原料、燃料、补助原料等物以外，还要雇用劳动者才能开始营业。但工场机械原料燃料和补助原料等物，都是不变资本，在生产的过程中，分量上没有变化，这时候假使劳动者也只是做一部分仅足维持他们生活所必要的时间的工作，资本家就不能得到一点利益。所以资本家就不能不把劳动时间延长到必要劳动时间以上。于是劳动者除了必要劳动时间以外，就不能不替资本家再做多余劳动时间的工作。对于那必要劳动时间，劳动者虽得到了工钱，而对于那多余的劳动时间，却是一文也得不到。这多余劳动时间的结果，便形成了剩余价值，归资本家所得。所以剩余价值，是从劳动者的多余劳动时间得来的，是在生产过程中造成的。这样看来，劳动者替雇主服务了的劳动时间，有一部分是得到报酬的，有一部分是没有得到报酬的。这有报酬的劳动和无报酬的劳动的相对关系，质言之，这工钱和剩余价值的关系，叫做剩余价值率。剩余价值率，表示劳动者的〈被〉剥削的程度。

剩余价值，还有绝对的剩余价值和相对的剩余价值的区别。绝对的剩余价值，是资本家因延长劳动时间而取得的剩余价值。相对的剩余价值，是资本家因增进劳动的强度（即增大对于一定时间的劳动的强度）而取得的剩余价值。

四　资本主义的矛盾

以上各节，算是把现代市民社会的本体解剖完了。现在再把那已经解剖出来的各重要部分检查一下，看看现在社会的病状怎样，好下诊断。

资本主义的致命伤很多，这里先举出几个重要的，来说一说。

第一，在资本主义之下，商品的生产和分配，一切都是无组织的，即是盛行着"无政府的生产"。资本家间自由竞争的结果，生产与分配不相调和，便产出"生产过多"的现象。商品山积，无人购买，因为大多数变了穷人，社会上的购买力，自然要缺乏了。于是"经济恐慌"就按期袭来，工场就陆续锁闭，工人就陆续失业了。但所谓"生产过多"，并不真的生产过多，实际上大多数人还没衣穿，没饭吃呢！

无政府的生产的影响，国内资本家间固然要发生争夺市场的冲突，即国际资本家间也要发生争夺市场的冲突。国际资本家间争夺市场的冲突之具体的表现，就是国际战争，上次欧洲大战就是这样演成的。

其次的矛盾，即是阶级冲突。市民的社会，既然裂成两大利害相反的阶级，阶级间的冲突必然要发生的。可以说，世界凡是发生资本主义的地方，莫不有阶级冲突的事实存在。这是现代市民社会的大致命伤。

以上只是异常简单的说出了资本主义的矛盾。至于资本主义，究竟还有若干年月的运命，若要作最后的诊断，还得要把资本主义进化的经历，检查一番才行。

第二章　资本主义的进化

一　大生产与小生产之争斗

现在我们可以看见许多大工场，备有多数巨大的机械，雇用成千成万的工人。这些大工场，都是在手工业和小生产衰灭之后陆续出现的。为什么有这样的大规模生产出现？这明明是私有财产和自由竞争的结果。

所谓竞争，即是资本家间对于市场的竞争，对于买手的竞争。在竞争中能够得胜的人，即是很懂得竞争的手段的人。所谓竞争的手段，就不外于用廉价把商品供给于市场。能够用廉价把商品供给市场的人，就是大生产者，因为大生产者所用的生产费，比较小生产者要少些。这一点，在大生产者是非常有利的。大生产者拥有大量的资本，能够购置最新式最精巧的机械和器具，能够从事大量的生产；小生产者资本很少，只能从事小量的生产，只能采用大生产者已不使用的旧式的机械和器具。所以后者所生产的商品，当然就不能和前者所生产的商品相竞争了。质言之，生产越是大规模的，技术越是能够精巧，劳动越是经济，生产费越是减少，这样生产出来的商品，自然价廉物美，可以取得胜利，小生产者自然要失败了。

德国和美国的大工场，大都自设科学实验所，专事工业上的发明和发见，使科学和工业紧密的结合起来。这类的发明和发见，除对于企业家有关的范围以外，大都严守秘密，也只有大工场才能专利，小生产者当然没有这种能力。

此外，大生产的优点是分业的利益。因为大规模生产，有着无数复杂的新式的精巧机械和器具，所以能有复杂精细的分业，所以分业的段数越多，生产的成绩越大，商品越能价廉物美，这也是小生产者所不能做到的事情。

总之，大生产的优点是：一切都是"经济的"，一切都是"有利的"。小生产之被大生产所压倒，实是必然的结果。

在资本主义之下，大生产与小生产的斗争，不仅限于工业方面，即在农业方面也是一样的。这里为篇幅所限，不加说明了。

二 失业与劳动预备军

（1）失业

在资本主义之下，降为工钱劳动者的群众，逐渐增加。殁落了的手工业者、家内劳动者、农民、商人、小资本家等，都被资本所驱逐而降入无产阶级之列，财富越是集中，他们越是化成工钱奴隶。中间阶级之不断的崩坏，劳动者之数便超过资本的需要，因此劳动者就不能不忍受一切痛苦，努力为雇主工作，以维持卑劣的存在，否则就有别人来代替他的工作。

劳动者所以成为工钱奴隶的原因，除了中间阶级崩坏，劳动者人数增加一事以外，又还有别的原因。即是雇主们把剩余劳动者排斥出来，造成劳动预备军，增加资本的支配的权威。因为工场主要努力减少生产费起见，即不能不设备新式机械。机械是代替劳动力的，新式机械的采用，即是开除若干劳动者的意思。工场主永远的继续采用新式机械，即是永远的继续把若干劳动者变为剩余劳动者编入劳动预备军。所以在资本主义之下，"失业"成为恒久的状态。

（2）浮浪的无产者群

劳动预备军，产出卑鄙、贫穷、饿死、犯罪等事。长久失业的人，往往借酒浇愁，因此就不免投入流浪的群，终于变成乞丐。所以现今各大都市中，都有一种"浮浪的无产者群"存在。他们都是赤贫者，是资本主义的产物。

（3）妇女劳动与幼年劳动

机械的采用，又产出妇女劳动与幼年劳动的雇佣来。他们的工钱低廉，于雇主们是很有利益的。机械抹杀天才，不需多大的技术和熟练，只要拼命运动手脚就行了。有些机械，连小孩子都能转运。所以机械发明以后，女工和童工便多起来。女工和童工的工钱低廉，而且比较柔顺，没有反抗雇主们的勇气，所以雇主们都欢喜用他们，有时还用他们来代替男工。这即是无产者家庭生活所以破坏的原因。但是他们女工和童工的待遇，总不免有些不合人道，而且也不免要被打落在劳动预备军之列，卖淫者人数之增加，就是这个原因。

三　竞争与恐慌

（1）竞争

前面也曾说过，一切工场主间对于买手的"竞争"是很激烈的，这原是现代社会的构造中必然发生的现象。大资本并吞小资本，也和大鱼吃小鱼一样，以前成千成万的企业家互相竞争着，到后来竞争者的人数就渐渐减少了。但是竞争者的人数虽然减少，而竞争的程度却是增大，却是更形狂暴。世界受着很少数的资本家所支配，所谓资本家团和资本家团的竞争，就形成国与国的竞争，它们不仅在价格上竞争，而且在武力上斗争，因而演成世界大战，所以竞争的趋势，就由平和的而转成破坏的。

（2）恐慌

竞争的结果，必然演出恐慌。因为互相竞争，生产和分配不相调和，就要发生某种商品生产过剩的现象，于是物价下落，资本家堆栈中充满了商品，无人购买，劳动者当然没有购买力，于是某种产业部门的中小企业就首先倒坏，接着大企业也受影响。此外和这些企业有关系的其他企业，也不能不受影响。结果，工场关门，工人解雇，劳动群众的生活，更形悲惨，社会上顿呈了暴风雨的现象。经过了这番暴风雨之后，多量的生产物被破坏了，小规模生产被扫灭了，而受苦最甚的，还是劳动群众。一次恐慌终熄，产业界经过了三五年或十年的整理，才能恢复原状，但到恢复了原状而向前再进的时候，又遇到了以前同样的障碍，恐慌又来了，所以恐慌的袭来，周而复始，在私有财产和自由竞争两原则存在的期间，恐慌是决不能幸免的。

四　劳动者解放运动

（1）阶级冲突

如前所述，现代市民社会中，有两个根本的矛盾，第一是无政府的生产，第二是两大阶级的对立。这两个矛盾，实是资本主义所以要破灭的原因。贫富悬绝的结果，无产者和资本家两大阶级的隔离愈远，由于这社会的不平等，便引起了阶级的冲突。

阶级，是由那在生产上所占共通的地位结合起来，对于他阶级具有共通利害和连带关系的社会的一部分。社会上有了阶级发生出来，就必有阶级冲突，这是历史上的事实。不过冲突的程度最剧烈的，要算是现代市民社会中的阶级冲突了。

（2）劳动者解放运动

劳动者解放运动，最初是要求增加工钱减少工时的争斗。这种争斗，是经过了若干年月的。后来资本愈集中，财富愈集中于少数人，贫困愈集中于多数人，于是劳动阶级的人数更增加，因而阶级的意识也扩大。劳动阶级就知道组织劳动组合，作为争斗的机关，更进一步，便是组织政党，以为争得政权的手段。于是劳动者解放的运动，便由经济的变为政治的。政治的斗争的结果，势必要变更现社会的经济组织，而用新的代替它。

五　资本的积聚与集中

资本积聚，是资本因继续的蓄积而增大的意思。资本越是增大，资本家所收得的剩余价值额也越是增大。资本家为扩张生产计，再行投资，于是剩余价值额再行增大，资本因而继续增大。

资本集中，是逐渐增大的资本越发集中于少数资本家之手的意思，是指资本家人数和这些资本家所有资本额的增加说的。所以资本集中的意思，和资本集积的意思不同。

资本家的人数减少和资本集中于少数资本家之手，乃是自由竞争的结果，是大资本并吞小资本的结果，同时又是资本在公司、新的加[①]、托拉斯等形态上结合于少数人手中的结果。这样的资本积聚和资本集中，在金融资本的阶段上，随着资本家的新的加和托拉斯的普及扩大，就达到了最高程度。

资本积聚和资本集中的结果，劳动阶级的人数便增加起来，同时劳动群众也随着积聚于大资本家的企业和大工业中心地这种事实，越发促进劳动群众的团结，促进劳动运动的发展，加强劳动斗争的力量，因而短缩了现代市民社会的运命。

第三章　金融资本与帝国主义

一　金融资本

（1）股份公司

前章已经把资本主义进化的第一阶段检查完了。本章再检查资本主义的最后阶段的最重要的金融资本之支配。前章说过，企业家之间，是不断的实行对于买手的争斗的，这种争斗的结果，胜利必归于大企业家。于是多数小资本家破灭，资本和生产，都积聚于大资本家之手。十九世纪最后二十年以前，已经显出过非常的资本集中。所谓股份企业的股份公司，就代替各个企业所有者而起了。因为用小额的资本开始企业，在竞争场中是不能取胜的，所以新的事业的基础，就非使它巩固不行。要巩固这种基础，只有集合具有多额资本的人们，才能做到。股份公司，就是由于这种必要才产生的。股份公司的要点，即是少数大资本家利用小资本家的资本和中间阶级（事务员、自耕农及官吏等）的积蓄。股份公司的构成，即是由一般有钱的人出钱认股，领受股票，由公司分受若干红利。象这样把许多零星股份募集起来，便造成了"股份资本"。

公司企业较之个人企业，有很多优点。第一，股东是公司企业的东家，不是企业家，对于企业行为，不拿自己的财产负责任；第二，公司的股东不比个人企业家那样去冒险，向公司取得的收入较少，所以能够用廉价卖出商品；第三，公司企业比较个人企业，能够运用较大的资

---

① "新的加"同前文"新的嘉"，即辛迪加，垄断组织形式之一。——编者注

本，能够向银行借用较多的资金，并有发出新股扩大资本的能力。这些优点，都是公司企业胜过个人企业的原因。

（2）资本家的联合

比股份公司更为有力的，是资本家的联合。这大概是两三个不同的产业部门的结合，其一方为他方生产原料和燃料，例如纤维工业方面之纱厂、布厂和染厂的结合之类。

这种联合的优点有三：第一，省却几个企业间的买卖，可减少生产费；第二，在竞争和恐慌发生时，比较没有结合的企业，基础要巩固些，而可以安稳的获得利润；第三，因数企业统一于一个复杂企业的便利，越发便于分业，可以实行技术上的改良。这些是有结合的企业比较无结合的企业更有利益的地方。

（3）加迭尔①、新的加与托拉斯

加迭尔、新的加和托拉斯，是程度不同而多少带有永久性质的资本家的企业之种种联合。在这种联合之中，有包含许多企业或许多种类的企业的。

加迭尔和新的加的不同之点，只是联合是否较为巩固的程度上的不同。至于托拉斯，比较它们的联合更要紧密些。

在加迭尔和新的加一方面，各个掌握企业最高权的人，互相协约，结成定期有效的特别契约，由各企业共同遵守。依据契约加入加迭尔或新的加的企业，虽然失掉从前那样完全的独立，但形式上还保留某种范围的行动自由。契约期间终了，再成为独立企业，联合即归于消灭。

在托拉斯一方面结合起来的企业，就永久失掉独立和行动自由，而完全融合于一个资本的企业。

加迭尔和新的加组成的目的在抬高商品的价格，限制市场的竞争，以增加各企业的利润；托拉斯组成的目的，在提高生产力以增加利润。

以上是关于加迭尔、新的加和托拉斯的大概。

（4）银行资本

银行是吸收游离资本的金融机关，资本的集中的速度越快，大宗资本的需要越大，同时游离资本越多，于是银行便更形重要。不愿意把金钱游离的资本家，就拿来存入银行，银行就把这金钱借给需要金钱的资本家。这借钱的资本家，便利用这项金钱来剥削剩余价值，提出收入的

---

① 即卡特尔，垄断组织的形式。——编者注

一部分作为利息付给银行。银行就把利息金的一部分发给存款人，其余就作为银行利润，所以银行的机关便不断的运动起来。银行所吸收的资本越大，就越发把大宗资本投到产业方面，于是银行资本便在产业界继续活动，变成了银行资本。于是产业便受银行资本的支配，银行资本和产业资本就合为一体，这便是资本的另一形式的金融资本。所以金融资本，即是结合于产业资本的银行资本，下面再略加说明。

（5）金融资本

金融资本，依着银行的媒介，比较企业的直接结合，更促进紧密的一切产业部门的联合。银行能够把一切企业的联合，打成一片，放在自己的管理之下，便开始握到了产业部门各个系统的完全统御权。银行能够任命可以信托的人，支配托拉斯或新的加的各个企业，于是全国的产业就合并于新的加、托拉斯的复合企业，一切都由银行结合起来了。一国全部经济生活的头脑，都归大银行家的小团体所支配，所谓政府当局，不过是执行这些银行主和托拉斯主人的意志而已。

二 帝国主义

（1）新的加托拉斯之无政府的生产

掌握市场的支配权的新的加托拉斯（资本家的独占）出现，在资本主义的历史上划分了一个新时期。资本家的独占，在资本家的经济各部门之间，在资本主义各国之间，虽然是把竞争减少了，但资本家的独占发达的结果，对于资本主义中所固有的竞争和无政府的生产，不仅没有完全除去，而且反把竞争的程度更加激烈化，不过斗争的舞台由国内转到国际罢了。在世界经济成立的今日，国际间经济的依赖日趋紧密，因而各国资本的独占各自形成一个国家资本主义的组织，于是各国国家资本主义的托拉斯之间的斗争越发猛烈起来。小鱼被并吞了之后，剩下来的只是一些大鱼，竞争者的数目虽然减少，而彼此间的斗争，却都变为大规模的。国家资本主义托拉斯间的竞争，在平和时代，是采取军备竞争的形式，结局终要引起掠夺的战争来，所以金融资本虽能停止各国国内的竞争，但是发达起来以后，就要演出国际间猛烈的斗争。

（2）关税政策的真意义

在国际的斗争上，各国政府为保护本国资本起见，采用关税政策，作为斗争的手段，这本来早已实行了的。不过关税政策的真意义怎样，我们还得要研究一番。现在举一个例来说明它。譬如某国的织物工业，被新的加或托拉斯独占了。这时候若抽收进口税，这些资本家就可以一举两得，既可以加害于外国的竞争者，又可以把商品的价格增加和关税同额的数目。这种办法，若在产业没有新的加化的时候，因为国内资本家互相竞争的原故，必然要把价格减低下来；但在新的加支配着一国的产业时，那外国竞争者，就被关税的障壁驱逐于市场以外，国内的竞争也因为产业的新的加化而终止了，所以价格就容易提高起来。到了这时候，进口贸易越是增加，国家的收入越是加多，同时新的加的资本家，因为价格的提高，可以获得附加的剩余价值。新的加的资本家，利用这些剩余价值，把商品运到外国去，并且因为要排除那一国的竞争者起见，所以把价格减到原价以下。比方我们在日本国内买某种商品，价钱是一元，回到中国境内买那同样的日本商品，价钱却只要六角，这就是一个实例。但照这种办法做去，新的加的剩余价值的多寡，要看关税地域的广狭而定，而关税地域的广狭，又要看领土的广狭而定。换言之，领土越广，该国新的加的剩余价值越多，领土越狭，剩余价值越少。所以现今各国的新的加或托拉斯主人为谋增加剩余价值起见，就不得不努力扩张政治的领域，如殖民地之类。而扩张领土的手段，只有准备战争。所以新的加或托拉斯的支配，必然要和侵略战争合为一体了。新的加或托拉斯主人的关税的政策，和他们世界市场的政策，相须并进，就诱导了猛烈的冲突。

（3）资本之输出

生产的进步，不断地促进剩余价值的蓄积。在资本主义已经发达的国家，过剩资本的量，继续增加。这些资本，在发达较迟的国家中，利润率较高，所以有些国家，因为过剩资本的蓄积越大，对于资本输出的努力也越强。这输出资本的目的，因为关税政策的作用，更加容易达到。原来进口税的增加，消极上虽能妨碍外货的进口，而积极上却能促进外资的输入。因甲国资本家的货物既不容易输入于乙国，即不能不去另想方法，把资本拿到乙国境内去做投资的事业，譬如德国资本家对俄国的投资，即其一例。甲国资本家这样的投资，是乙国关税政策所不能阻碍的，而对于乙国资本家在本国境内所能掠取的剩余价值，却可以利益均沾。至于输出资本的形式，当然有种种不同，这要看被投资国的实力怎样而定。被投资国若是强国，投资的条件当然不会苛刻；若是弱小国家，那条件就非常厉害，或者指定某处富源作担保品，甚至要监督财政。今世各资本主义国家的对外投资，都是很多，大致是采取这一类的形式的。

资本的输出，更发生重大的结果，即是列强对于被投资的地方或弱小国家的竞争。因为把大宗资本输出于外国，危险性比较商品的输出更大，所以投资国的资本家们，势不能不设法攫得被投资的弱小国家的政治的支配权，而其方法就是利用海陆军的势力做后盾。于是发生了列强对于弱国的竞争，结果还是列强互斗。所以资本的输出，能够引起国际战争。

（4）原料和市场的争夺

由生产的独占，必然引起原料产地的独占和市场的独占，因而诱致原料和市场的争夺，这是前世纪末叶新的加托拉斯发达以后的现象。原料和市场的争夺战，随着金融资本的发达而更趋于激烈，终至于酿成猛烈的争斗。

在十九世纪最后二十五年之间，列强略取了无数弱小民族的土地。从一八七六年到一九一四年之间，所谓列强，已经合并了一千万平方哩的地域，全世界都被它们所分割。许多弱小国家，都变成了它们的属国，变成殖民地，变成奴隶。这都是国际资本家争夺原料和市场的结果。

（5）帝国主义

列强对于弱小各国的侵略，也和机械工业对于手工业的斗争一样，后者是必遭破灭的。因此大国家托拉斯，灭掉了无数弱小国家，并夺取他们的一切。

列强把全世界合并终了时，它们自己的队伍中，又起了猛烈的斗争。掠夺者们为了战利品的争夺，为了世界的再分割，又开始猛烈的斗争起来。金融资本为争夺商品市场原料产地和投资处所而实行的侵略政策，叫做帝国主义。

帝国主义是从金融资本发生的，正和猛虎无肉吃不能生存一样，金融资本没有侵略政策、掠夺、暴力和战争，不能存在。各金融资本主义国家的托拉斯的志望，就是世界的支配，质言之，就是要实现世界的帝国，支配各国的资本，榨取一切的劳动力。他们所谓实现"大英国"、"大德国"、"大俄罗斯"、"大日本"等的迷梦，就是这样形成的。而实现这个"大"字的目的，无非是不要廉耻地去剥削别的国民。所以金融资本，必然要驱使一切人类，卷入血腥战争的旋涡。上次世界战争的真相，就是这样。

（6）军国主义

银行王和托拉斯主人的支配，还产生了"军国主义"一个重要现象。大规模的海陆空军备和空前未有的军事费，就是基于军国主义而后生产的。列强今日所以必需励行军国主义，其目的不单在镇压殖民地和国内无产阶级，还在于抵抗其他强国。所以列强中若有一国发明新的兵器，计划新的战斗方法，或采用新的军队编制而增加其战斗力时，他国必想出同等的方法从事军备竞争。于是狂热的军备竞争开始，而有所谓兵器生产的托拉斯大企业发生。这些兵器托拉斯，勾通本国的参谋部，制造兵器，借以取得莫大的利润。这些兵器托拉斯，原是要在打仗时发财的，所以利用自己的机关报来鼓吹战争，以便做这宗好买卖。这是上次世界大战开始以前的资本主义列强的狂态，现在还是一样。

三 世界战争的说明

一九一四年到一九一八年的世界战争，原是欧洲资本主义列强间（英法与德国）的经济的斗争的结果。他们因为不能用和平方法解决殖民地和半殖民地的剥削范围的纷争，不能解决中欧煤和铁的分配的纷争，不得已才诉诸武力来解决。实际上，列强既已实行着上述的帝国主义政策，迟早必然要引起世界战争。只有这类帝国主义政策，才是战争的真实原因，说什么"谁有罪，谁无罪，谁是戎首，谁是祸魁，谁是侵略者，谁是防御者"的话，都是虚伪。

帝国主义的战争，一旦发生，必然立即要变成世界战争。因为整个的世界，已被列强所分割，列强已经直接结合于全世界的经济组织之中，牵一发而动全身，所以少数几个国家的战争，必至把全世界一切的国家都要卷入战争的旋涡。这原是不足惊异的事情。

上次世界大战的结果，死伤的人数，非常可惊。据调查说来，到一九一七年三月底为止，死伤者以及生死不明者，合计达二千五百万人；到一九一八年一月一日为止，死者共有八百万人。假定平均每人的体重为一百五十磅，那么，国际资本阶级，从一九一四年八月一日起到一九一八年八月一日止，简直是在市场上卖掉了十二万万磅的人肉。此外因战争而变成的废人和病人，还有数百万。至于在战事中经济的损失，据调查说起来，战前各国民的财富总计达一万四千亿元，在战争中破坏了一半以上，即七千二百亿元。死伤的人口，大都是无产阶级，破坏的财产，全是世界无产阶级和弱小民族的劳动的结果。一旦战事告终，"死者已矣"！而资本阶级在战争中财产的损失，还是要向世界无产阶级和弱小民族取偿，所以近年来前者对于后者的剥削，更是有加无已。

第四章　大战以后的资本主义世界

一　大战后世界资本主义的趋势

大战以后，世界资本主义的趋势，大概可以分为三个时期。

第一期是世界资本主义的危险期。在这个时期中，如一九一七年俄国的二月革命和十月革命起，其次是一九一八年三月的芬兰革命，八月的日本的米骚动，十一月德国和奥国的革命；一九一九年三月的匈牙利革命和朝鲜暴动，四月的巴维利亚的苏维埃政府成立；一九二〇年土耳其的民族革命，九月的意国工人的工场占领；一九二一年德国的三月事件。这些都是世界资本主义的致命伤。直到一九二三年秋季布加里亚和德国无产阶级的败北，才终结了这个时期。

第二期是世界资本主义的半安定期。在这个时期中，各国革命的阶级已由攻势转为守势。如英国的总罢工和煤矿罢工，即其实例。可以说这是各资本主义国家的生产力的恢复期。

第三期是世界资本主义的安定期。在这个时期中，各国资本主义因为技术的改良和经济组织的改革，增大了它的生产力，同时那内在的矛盾也随着增大了。这就是现在的时期。

二　世界资本主义的近状

最近二三年来，世界资本主义的状况，可以要约为下列数点。

第一，资本主义的安定，以金本位的回复和货币的安定为先决条件。因此欧洲各国均竭全力以谋金本位的回复和货币的安定，这一步完成了，相应而生的即是资本主义安定的完成。

第二，产业合理化的成功。产业合理化的目的，第一在求生产力的增大，第二在求商品生产的增加，第三在谋生产费用的减少。要达成这些目的，首先要谋技术的改革，以增大劳动力和增加生产物；其次要改善企业的组织，一面增高生产力，一面节约生产费。因为有了这样的改良和改革，所以资本主义的集中形态，就由水平的集中加迭尔进到垂直的集中孔瑾恩（Konzern），产业的合理化，总算是已经成功了。但是产业合理化的成功，一方面虽然促进了企业界国际的集中，一方面却又形成生产过剩和市场的再分割的危险以及恒久的失业状态。

第三，最近的世界贸易，已经恢复到大战以前的水准。其次如钢铁和煤的生产额，也和大战以前的差不多。但是现在世界资本主义之经济的中心，已由欧洲移到了美洲，由大西洋移到了太平洋，而其霸权者亦已由英国移归美国了。这种情势，除了表示着英美的对立以外，还包含着很大的矛盾。因为大战以后，民生凋敝，国内市场日趋狭隘，使资本主义的发展，永久受到了限制。结果各帝国主义者之间，便造出了空前未有的激烈的市场竞争，将成为下次大战的导火线。

第四，恒久的失业状态。失业问题，是资本主义国家最难解决的问题。自从前次大战以后，这个问题不但不能解决，而且更趋严重。因为产业合理化节减劳动力的结果，使得失业问题，更带有恒久的倾向，这是否定帝国主义存在的前提。

三 资本主义之崩溃

世界资本主义的现势，是生产的增大与过剩，是资本集中的尖锐化，是失业状态的恒久化。目前虽说已经进到资本主义的再建期，而由这些情势所发生的资本主义内在的矛盾和危险，却是更加尖锐化，因而发生了资本主义的新的对立。

这种新的对立，从两个要素发生。第一，因为生产增大，而狭隘的市场，对于这种生产早已达到了饱和点，势必引起获得商品市场，原料产地，投资处所的大斗争。此种大斗争中新的对立，必至引起第二次世界大战。第二，因为国际的托拉斯的增大，各国资本家团对于世界的剥削的斗争，也趋于尖锐化，也势必掀起第二次世界大战，以谋全世界市场的再分割。

目前帝国主义列强间的新的对立正在发达，军备竞争的激烈，战争技术的更新，无日不在准备第二次世界大战的新形态。新的世界战争的危险，已是日见增大了，所谓"世界和平"和"国际弭兵"的呼号，只不过是准备第二次世界大战的手段而已。帝国主义列强间若果准备完成了，那时候在世界被压迫阶级的面前必然要提出下列的问题来：

世界战争呢？被压迫阶级与弱小民族的革命呢？

第三篇 社会问题

第一章 社会问题之性质

一 社会问题之发生

社会问题，是现代市民社会组织内部的矛盾所酿成的大多数人民的生活问题。因为产业革命的结果，人们的生产，使用动力，应用机械，资本主义于是产生；工钱制度于是成立；工场制度的大企业组织，日见发达；股份公司和银行保险以及交通等事业，日趋繁盛；都会人口的集中；新经济都市的发生；外国贸易的伸张；经济上的自由竞争和私产制度以及契约营业继承财产一切自由的原则，都经确定。于是市民社会分裂为有产阶级和无产阶级，前者剥削后者的剩余劳动以增殖自己的资本，后者佣力谋生，受尽生活的苦痛，社会问题就发生出来了。

劳动者最感受苦痛的，是境遇的不安定。他们靠力营生，用手糊口，专赖劳动所得做唯一的财源，来支持自己和家属的生活。他们卖力，也和卖货一样，职业的得失，工钱的多少，完全由劳动的需给关系所决定。劳动力市场的需给关系，是随着经济界的景况决定的，而经济界的景况，又由紊乱无常的生产交换状态发生，所以劳动力市况的不定，乃是当然的道理。照这样，劳动者能否卖出他们的劳动力，能否得到几多的工钱，自己都不能知道，他们对于生存既然没有安定的希望，就自然对于生活怀起疑虑来。劳动者处在这种不安的状态中，既不能得到相当的生活资料，又不能享乐家庭的生活，疾病老衰，都没有一点准备，几乎连自身都保不住，境遇的不安定，也就可知了。

此外威胁劳动者的生活的，是劳动人口的过剩。因为机械使用的结果，一方面虽能促进生产的增加，而他方面生产技术上劳动的需要减少，这简直是把劳动者驱逐于生产界以外，造成了劳动预备军。劳动预备军越是增加，工钱就越是减少，那机械就变成资本家压迫劳动者的武器。机械能夺取劳动者生活的资源，生产物也变为奴使劳动者的工具。劳动过剩，工人失业。财富愈集中于少数人，穷困愈集中于多数人。富者越少越富，穷者越多越穷。于是多数人民的生活问题越发不能解决。这是社会问题的由来。

二 社会问题的内容

社会问题的内容，可就劳动者的问题，把它分为三大项说明出来。

第一，劳动条件的苛酷。劳动对于机械工业，与其说是使用机械的人，还不如说是机械的奴隶，他们的劳动非常简单，容易发生疲倦，他们的工作，随着机械的转动而继续运用他们的体力，机械越是转动不止，他们越是劳力过度。而且机械工业和工场工业，与从前的手工业和家内工业不同，需要大宗固定的资本，企业家尽自己力量的所能做到的事情，利用自己的资本以增殖利益，旧机械的效用减少了，就弃掉旧的去改用新的，机械昼夜转动，劳动时间越延长，劳动者的疲劳也愈甚。

劳动力既然成为商品，没有资产的劳动者，任从资本家所宰割，加以机械工业减少劳力的需要，分业的应用，促进工作的单纯，于是妇女青年，也能胜任。所以企业家争用不熟练的工人，以谋节省生产费，一般成年劳动者，就不能不甘屈服于低廉的工钱之下，以图苟活。于是劳动预备军成立，工钱就降到最低的水平线。加以工场设备不完全，妨害卫生，以致酿成国民卫生上恶劣的结果，又因妇女青年午夜工作的原故，把劳动者的家庭生活都破坏了。这便是劳动条件苛酷的一斑。

第二，地位的降低。产业革命以前，也有过不少的佣工自食的工人，但没有象现在这样的多数。而且以前所谓劳动者的徒弟和职工，往往可以升到店东的地位，然在市民的社会里，企业集中，中小企业次第减少，资本的所有和经营的自由，都集于少数者的手中，大多数失掉了以前独立的地位，不得不降到工钱劳动者之列。于是这些占多数的劳动者，依着产业的分布，被逼迫着过团体的生活，就发生了一种自觉，利害相同，感情一致，独自构成一个阶级，去和资本阶级对立。这两者的对立，形成了市民社会最显著的社会现象，两者的地位，随经济的发展而越发增大。

第三，生活的恶劣。劳动者不仅感受物质上的痛苦，而且还不免于精神上的堕落。自由主义既成了经济组织的原则，旧日一切拘束就完全打破，有产者取得产业的自由，劳动者只取得饥饿的自由。在所谓自由契约上协定的工钱和别的劳动条件完全给劳动者以不利，他们劳动所得的收入，不能维持动物的生活。他们的劳动力横受剥削，毫无限制，一朝力竭身毁，就视同草莽，旧日雇佣间的家族温情关系，已被自由的美名，完全破坏，劳动者终于伤病老废以死，散失了生存的保障，他们救死还不能做到，那还能顾到精神上的堕落呢？

三　社会问题的种类

社会问题的种类，向来有广义和狭义两种解释。所谓广义的社会问题，就是和社会制度全体有关系的问题；所谓狭义的社会问题，就是产业制度中的劳动问题。世人往往拿社会问题和劳动问题相提并论，但就狭义来解释社会问题，即是劳动问题。于劳动问题以外，再加入妇女问题，即是广义的社会问题。兹采广义的解释，就各种问题分别略加说明如下。

社会问题的特征，因经济发展的程序而有不同。市民社会中最显著的劳动问题，实为产业劳动者问题，其次为农商业劳动者问题。产业劳动者问题，在前面已经说过，现在略说农商劳动者问题。

农业劳动者问题，在农业未经资本主义化以前，还没有产业劳动者问题那样显著。"因为在农业方面，地主中有大地主中地主小地主和佃农雇农的分别，而以劳动者兼为地主的自耕农，也是不少，所以地主和劳动者的区别，不易明了。而且地主和劳动者之间，因为土著的关系，还保存多少情谊，所以农业劳动者的生活，还不象产业劳动者那样恶劣。"自从农业资本家挟着资本的力量，应用农业机械，雇用多数劳动者开办大规模的农场，于是资本家和劳动者的关系大不相同，所谓农业劳动者问题就发生了。

至于商业方面，在以前也没有显著的社会问题。因为商业的规模，不容易发生阶级的自觉，所以没有组织团体对抗雇主的事实。而且他们工作的种类，多是属于智力劳动，和从事力役的普遍劳动者不同；他们的地位，也缺乏固定的性质，可以因缘时会，有成为独立商人的希望，不比产业劳动者要终身固定于劳动阶级。还有，在小规模商业时代，雇主和店伙之间，保存一种家属的情谊，店伙的生活，可得最低的保障，所以没有显著的社会问题。到了市民的社会，商业的规模，随着经济的进步，扩大起来，中小企业者的独立，渐感困难，商业店伙的地位，也象产业劳动者有固定的倾向，随着自由竞争的盛行，失掉生活的保障，就形成了商业劳动者问题。它的程度，虽不如产业劳动者问题那样厉害，而其同为一种社会问题，却无可疑。

末了再说妇女问题。妇女问题可分两种：一是普通妇女问题，一是妇女劳动问题。普通妇女问题，是妇女要求社会承认她们和男子享受同等权利的问题；妇女劳动问题，是从事劳动的妇女拥护她们做劳动者的利益的问题。前者以要求除去社会生活上男女差别的待遇为主旨，属于人格问题，后者以要求劳动的解放为主旨，虽同属于人格问题，而其重心却在于经济问题。所以两者的问题大不相同，应当分别加以说明。

普通妇女问题的发端，也在于要求自由。因为启蒙运动的结果，能诱致一般文化的进步，促进个人的觉悟，因而人格的自由，和权利的尊重，就为社会各方所倡导。但当时的妇女在家庭和社会上的地位，比较男子非常低劣，妇人在家庭中做妻子、做母亲，不但不受社会所尊重，而且大受自由的束缚。结婚的选择，完全受父母所干涉，在家庭是父母的所有物，出嫁后，是夫婿①的所有物。当着这个时代潮流之下，妇女们不愿意受苛虐的待遇实是必然之势。所以有一种先觉的妇女，就起来

---

① "婿"古同"婿"。——编者注

从事女权运动，要求社会上、法律上、政治上、经济上的男女平等，更进而要求解放家庭的束缚。并且处在产业革命的时期，工场工业代替了家庭工业，家庭以内的生产业务，逐渐减少，妇女的家庭劳动只限于消费方面，而以前从事生产事业的妇人，她们的劳动力也大有余裕。妇人对于这种有余裕的时间，怎样消遣，是有很重要的意义的，所以当时觉悟的妇人，不愿跼促在家庭以内，徒费光阴，而出去从事社会的运动。这是普通妇女问题的由来。

妇女劳动问题，是由于产业革命的影响发生的。普通妇女问题，差不多是一种广义的文化运动，所以多是由中流以上的妇女来指导。至于妇女劳动问题，却属于经济问题，所以由劳动妇女去主持。产业革命以后，家庭生产事务趋于闲散，中流妇人出去参加女权运动，消遣光阴；下层妇女出去从事工钱劳动，弥补家用。机械工业，可以减少熟练劳动的价值，资本家方面，反以低廉的妇女劳动更有利，因此妇女劳动者之数增加，劳动的供给丰富，结果劳动时间越延长，工钱越低落，保护救济等施设越不完全，妇女劳动者更难忍受，于是妇女劳动问题发生。所以妇女劳动问题，虽是对于男子的特别问题，同时又是和劳动者共通的问题。妇女劳动者，一面要求同等劳动的同等工钱，要求保护产妇，要求男女劳动组合的平权；同时又和男劳动者共谋劳动条件的改善，更以阶级的意识，协谋经济组织的改造。所以妇女劳动问题，在根本上是和男子劳动问题相同的。

四 社会问题与社会运动

如上所述，社会问题，是现代市民社会组织内部的矛盾所酿成的大多数人民的生活问题。这种社会问题若不从速解决，社会不但不能进化，且将陷于土崩瓦解的境地。但是社会问题必须怎样解决？必须由什么人来解决？这确是一个很大的关键。由现代各国所实行的解决社会问题的方法说来，大约不出两种，一是由感受社会问题的切身利害的阶级自己起来解决问题的方法，一是由国家或资本家企谋解决社会问题的方法。前者是社会运动，后者是社会政策。这里先说社会问题和社会运动。

社会运动，以谋社会问题的解决和无产阶级的解放为目的。要达成这种目的，必先谋得物质的解放；要谋得物质的解放，必先脱离资本的支配；要脱离资本的支配，必须改造个人主义的经济组织。但是要改造个人主义的经济组织，必须有一群的主动者担任这个事业，从事一定的运动，而成为这个运动的中心势力，又必是在这社会组织下处于不利益地位的阶级。不过现社会组织下处于不利益地位的阶级要从事社会改造时，同时那处于优胜地位的阶级，也必反对社会改造。一方主张，一方反对，于是乎社会问题的解决，就不能不借阶级对抗的形式表现出来。那由无产阶级起来自谋解决社会问题和改造社会组织的运动，即是社会运动。

社会运动的派别很多，政策也各有不同，但就各派的共通手段说，大都从组织劳动者的团体开始，进行劳动组合运动，把无产者组成一个阶级；其次便更进一步，组织无产者的政党，进行政治运动，企图取得政权，以为解放无产者的准备。所以社会运动，最初是经济的，其次为政治的，即是所谓方向的转换。因为就无产阶级说，要谋自身的解放，要解决社会问题，自身若不取得政权，是不能达到目的的，这就是各国社会革命的由来。

五　社会问题与社会政策

在市民的社会中，无产阶级为谋解决社会问题而从事社会运动时，阶级间的利害冲突越发显著，国家或资本家阶级，为谋缓和阶级间的冲突起见，不能不想法去解决社会问题。国家或资本家阶级解决社会问题的方法，即是实行社会政策。

就社会政策的理论说，私产制度和自由竞争两大原则，是市民社会经济发达的前提，那由贫富悬绝所发生的弊害，是由于这两大原则毫无限制的结果，不是这两大原则本身的罪恶。所以社会政策论者，以为社会问题不是改造社会组织所能解决的，只要在特别的范围中限制那两大原则所发生的弊害就够了。他们以为若果绝对承认自由竞争，那微弱无力的劳动者，决不是资本家的敌手，在双方缔结劳动契约时，势必要受资本家所操纵而屈服于不利的地位。所以他们主张由政府依据权力去做双方的仲裁，一面抑制资本家的权能，一面伸张劳动者的势力，使双方得以对等的地位缔结劳动契约，那劳动者就可以免除因劳动契约发生的弊害。譬如工场法，就是这样制定的。

其次社会政策论者对于私产制度的见解，以为无限制的私产，固然可以引起社会问题，却不应完全否认私产制度的根本原理。所以他们主张对于独占事业的私有加以相当限制，或进一步把独占事业移归国家或公共团体经营，以期防止弊害的发生。譬如铁路国有，电车市有等设施，就是这样成立的。

以上是社会政策的大概，质言之，就是在承认自由竞争和私产制度两大原则之下，由国家或资本家阶级设法解决社会问题的。这种解决社会问题的方法，毕竟是温情主义的方法而已。

第二章　中国的社会问题（略）①

第四篇　民族问题（略）②

第五篇　世界之将来

第一章　帝国主义命运之诊断

基于上述数章的解剖和检查，可以在这里作一个帝国主义命运的诊断书如下。

一，帝国主义列强的金融资本之经济的支配，以及依据它而成立的金融寡头政治的万能，已经完全暴露了独占的资本主义的寄生虫的性质，使得社会问题更趋严重，使得无产阶级反抗资本主义的力量更趋强烈，因而夺取政权的问题变成了他们的现实问题。

二，帝国主义列强对殖民地和隶属国输出巨大的资本，因领土和势力范围扩大的结果，世界分割已经完结，于是世界资本主义向着金融资本之世界的支配组织而发展，加紧的向着占世界人口最大多数的殖民地人民横施压迫。这些事实，使得各国的国民经济和民族的领土，在世界经济上面构成了一个铁锁上的连环；同时又使得地球上的住民分成压迫民族和被压迫民族两大营垒。

三，势力范围和殖民地之独占的领有，帝国主义列强间之不均等的发达，以及他们想要一再分割世界的帝国主义战争等，使得列强相互间的战线日趋紧张，使得无产阶级战线和弱小民族战线得以在反帝国主义的战线上结合起来。

基于第一项，无产阶级因不能忍受资本主义发展所给与的苦痛和压迫，就组织起来以谋夺取政权，形成了社会革命运动。基于第二项，弱小民族因不能忍受帝国主义者所给与的压迫和剥削，就组织起来反抗帝国主义以求得自由平等，形成了民族革命运动。基于第三项，帝国主义

---

① 本章内容与本卷所收的《中国产业革命概观》第七章第三节"考虑中国社会的特殊性"基本相同，故从略。

② 本篇与本卷收入的《民族问题》一文基本相同，故此处从略。

列强因前次大战以后逐渐即于安定的资本主义的发展，不能不设法抢夺输出资本、采集原料、贩卖商品的处所，就努力扩张军备以从事第二次的世界再分割，传播了第二次世界大战的预报。第二次世界大战一旦爆发，世界无产阶级的社会革命和弱小民族的民族革命，就要结合起来，猛烈的反抗帝国主义。于是帝国主义的命运告终。

第二章　帝国主义战线之观察

一　列强的现状

大战以后，德国奥国俄国都脱离了帝国主义列强的地位，全世界只剩下了英美法日四个独立的帝国主义了。这里先把这四个帝国主义的现状略说一番。

一，美国　美国是世界中最强有力的资本主义国家。它的煤油产额占全世界的百分之七十一，生钢产额占百分之五十一，铁产额占百分之四十九，煤产额占百分之四十五。资本的输出额，在一九二二年时还和英国的相同，到一九二五年，每月平均输出九千一百万美金，比英国的加增一倍。它的重要投资地域，是加拿大，墨西哥，中美和南美。至于它放出的外债，达到异常可惊的数目，全体资本主义世界，都是它的债务者。世界外债总额为一千九百亿马克，其中却有六百零十亿马克的债权是属于它的。它已变成了欧洲的主要的债权者，所以它对于欧洲所感的利害是很大的。因此它对德实行道威斯计画，显然和英法及其他欧洲列强处于对立的地位。此外它还掌握着世界最大的原料的独占权，简直是成了全世界的绝对的支配者。

二，英国　它领有的属地和殖民地，占地球表面百分之二十八的面积，包含世界人口百分之二十五，由这一点说，它实是站在世界的第一位。它占有世界贸易中的最大部分，商船的吨数也很大，同时它还是全世界的银行家。它在前次大战以前，无疑地是世界列强中的第一个。但自前次大战以后，它的地位却被美国抢去了。它的属地加拿大，澳洲，南非洲，新锡兰，纽芬兰，已取得成为国家的自治权，并且经过了广大的资本主义的发展，虽说是属地，却已变成了和它相对立的东西。属地和本国联络的切断，只不过是时间的问题。此外如印度，埃及，斯丹，东非洲等，也是它的殖民地，各受不同的统治，而其中印度，和埃及，也已经显然地成就了资本主义的发展。它为着支持它的帝国主义的命运计，努力的利用海军根据地以谋支配属地和殖民地。因此它在地中海方面和法意相冲突，在亚洲和日美相冲突，在加拿大南美洲，及澳洲又和美国相冲突。此外它在印度，阿富汗，和中国的利益，又因受俄国的影响而受威胁。所以它的势力虽大，却不能不陷于殁落的状态。它的殁落的原因，一方面因为那成为它的经济基础的煤的输出减少，他方面又因为受它的压迫的各民族发生了独立的运动，而国内的阶级的冲突又日趋剧烈。所以它的帝国主义的命运，已有岌岌不可终日之势。

三，法国　法国已经由高利贷的国家进到广大的工业国家了。铁和钢，支配着法国的政策。但这个发展的倾向，受着煤的缺乏的影响。所以它努力的结果，终于一九二三年夺取了鲁尔地方的产煤区域，成就了它的工业化。

前次大战的结果，法国在中欧造出了许多势力范围。如捷克斯洛伐克，罗马尼亚，由哥斯拉夫，和波兰等"独立"民族国家即是（但英国为谋进攻苏俄计，最近在波兰取得了巩固的地位）。此外如比利时，也算是它的属国，因为比国是它发展经济所必须要使其成为属国的。它在非洲，有关系的殖民地的领域，达一千二百万平方基罗米突①，为和这些殖民地取得联络起见，不能不贯串地中海，因此它就和英国起了利害的冲突。所以法英两国对于地中海附近各国的操纵，极其勾心斗角的能事。

四，日本　日本是前次大战以后的暴发户，是新兴的帝国主义者，到最近它的金融资本的集中，金融资本家和政府结合的巩固，已显示日本帝国主义到了最高的顶点。它有大宗的丝类输出于美国，依赖美国资本的流入，它的原料的采集和商品的贩卖，依靠于中国和它的殖民地。然而从它的经济的基础说起来，却是建筑在中国全体民众的血汗上面。所以它为延长孳乳它的帝国主义生命起见，就不得不努力牵制中国，其次更于太平洋沿岸及其他地带保持它的商品的销路。它为达成这个目的起见，第一就要锐意扩充军备以对付太平洋的其他霸权者美国，其次是联络苏俄以谋减少它并吞满蒙的障碍。就这点说，它是侵略中国最迫切最厉害的帝国主义国家。中国要谋出路，非先把日本帝国主义打倒，决无希望。然而日本帝国主义者也已经走到了绝路，经济的恐慌，劳动运动的激烈化，都是它的致命伤，中国的革命势力若是发展起来，它的命运就必然告终。

英美法日的四个独立的帝国主义者的现状，略如上述。此外我们还

---

① 英文 kilometer 的音译，即千米（公里）。——编者注

要注意的，是德意志帝国主义的将要复活。洛加诺，更夫，多安利的所谓协调政策，已使得德法两国接近起来了。但在这种情形，德国却把英法的对立做基础，巩固了自己的地位。最近的将来，德国或许可以变成独立的帝国主义的势力吧！

二　各国的对立

基于上节所述的情形，各国相互间便发生了许多的对立，这些都是下次世界战争的火药线。兹分别略加说明如下。

第一，英美的对立。它们的对立的根据，可分为下列七事：（一）英建立新嘉坡军港，美则建立芬色卡海湾对太平洋防御的中心；（二）非洲，里比利亚的橡皮战；（三）美国势力扩张于加拿大，澳洲，和新锡兰；（四）煤油战、海运战的激化；（五）和平公约中所表现的破绽；（六）海军问题的紧张；（七）美国势力侵入中国，影响于英国对中国的侵略。

第二，日美的对立。他们的对立的事实，可分为下列五点：（一）日本以满蒙的特殊地位为口号侵略中国，美国以门户开放为口号侵略中国；（二）美国企图为太平洋之独占的支配者；（三）日本力谋中美结合的破裂，美国力谋驱逐日本在中国的势力；（四）美国力谋日英同盟的解体，日本却力谋日英续盟，以协谋中国；（五）华府会议中之美国于关岛建筑军港问题。

第三，英法的对立。它们的对立的根据，可分为下列四事：（一）争夺欧洲的霸权；（二）争夺地中海的霸权；（三）法国陆军扩大，激起英国海军的扩张；（四）法有斯拉夫之小协约，英则与希腊、意大利联合。

第四，法德的对立。它们的对立的根据，可分为下列四事：因德国经济的发展，德法的对立随而尖锐化；（二）德国人口激增，二倍于法国；（三）莱因的撤兵问题和赔偿问题；（四）德国的复仇战争，和法国安全的二重保障。

第四[①]，法意的对立。它们的对立的根据，可分为下列三事：（一）英国怕法国陆军雄厚，特与意国携手以牵制法国；（二）地中海贸易的冲突；（三）意国垂涎法国所属的殖民地。

此外还有英俄的对立。英为反俄之中心，造成了反俄的战线；俄则英国属地脱离英国。

以上那许多的对立，没有别的方法可以解决，所谓和平公约，也不

---

① 原文如此，应为"第五"。——编者注

过是一张废纸，没有解决这些对立的效力，将来唯一的解决方法，便是诉诸武力，即是第二次世界大战。

第三章　反帝国主义战线的检阅

一　被压迫民族与被压迫阶级的崛起

地球上的人口，总数是十九亿五百万，其中有十一亿三千四百万，是被压迫的殖民地和半殖民地的人口。再除去属于苏俄联邦的一亿四千三百万和中间各国的二亿六千四百万以外，统计帝国主义国家的人口，不过三亿六千三百万。质言之，即是占全球人口不过百分之十九的帝国主义国家，统治着占百分之六十的殖民地和半殖民地。而且实际上三亿六千三百万的帝国主义国家的人口中，至少有百分之九十是劳动者和农民，也是被压迫的阶级，所以真正的帝国主义的资本阶级，其人数在全世界人口中不过数百分之一而已。以这样少数的帝国主义的资产阶级，竟对占最大多数的弱小民族和劳动阶级，肆行野蛮无耻的压迫和剥削，这岂是人们所能忍受的，所以被压迫民族和被压迫阶级，终于要起来反抗帝国主义了。

目前世界帝国主义，已经走到绝路，其内在的矛盾日趋于尖锐化和深刻化，帝国主义者对于劳动阶级的压迫和剥削，是空前的强烈，对于弱小民族的压迫和剥削也是空前的横暴，同时它们为要延长帝国主义的残喘，还是正在竭力的挣扎，预备第二次的世界大战。处在这样的现状中，同时被压迫的弱小民族和劳动阶级，必然能够起来制止这无意义的野蛮的战祸，推倒帝国主义而求得自身的解放，这是毫无疑义的。

二　被压迫民族和被压迫阶级的联合战线

被压迫民族的革命的目的，在打倒帝国主义和封建遗物，求得自由平等，以反帝国主义的精神从事经济的政治的建设。被压迫阶级的革命的目的，在打倒帝国主义的资产阶级，求得劳动的解放，以社会主义的精神从事经济的政治的建设。所以两者共通的革命的对象是资本帝国主义；两者的经济的政治的建设，虽然所依据的经济的基础有先进和后进的区别，而其精神总是反帝国主义的。由这点说来，被压迫民族和被压迫阶级实有结成联合战线的可能，而且也必须结成联合战线，帝国主义才能推倒。

在世界资本主义发展到帝国主义的阶段以后，各帝国主义国家的劳动阶级的革命运动日趋高涨，而且有些国家已经占到胜利，这是眼前的事实，无须赘说。帝国主义存在的时期中，被压迫阶级的革命运动，总是要进行不已的。至于世界被压迫阶级的联合战线早已结成，形成了国际运动的不可侮的现实势力了。

其次弱小民族的解放运动，自前次大战以来，几乎风起云涌，各帝国主义者莫不相顾失色，现在亦在进行不已。至于弱小民族革命运动的国际联合战线，也有具体的表现，远如七年前的东方民族会议，近如前年在比京不律塞①所开的第一次反帝国主义大会，都是国际联合的组织。将来这种国际联合战线，亦必形成现实的大势力无疑。

这两大国际的联合战线，若果能够联合起来，组成整个世界的反帝国主义的联合战线，世界帝国主义的丧钟必然大撞起来了。

第四章　中国的出路

中国是世界社会的一个局部，必然要跟着社会进化的潮流前进。我们知道，中国是国际帝国主义的半殖民地，在世界帝国主义将要没落的今日，已成为向来所拥抱着的一切世界经济的矛盾之清算者和新局面的打开者了。但中国一面是半殖民地的民族，同时又是半封建的社会。所以为求中国的生存而实行的中国革命，一面要打倒帝国主义，一面要铲除封建遗物，前者是民族革命的性质，后者是民主革命的性质，其必然的归趋，必到达于社会革命，而与世界社会进化的潮流相汇合。

这里我们无暇去讨论中国革命的问题，只能根据社会进化的原理和解剖现代社会的结果，考察目前中国的出路，只有民众起来来打倒帝国主义，铲除封建遗物，树立民众政权，建设国家资本，解决土地问题，以求实现真正自由平等的新社会。

---

①　指比利时首都布鲁塞尔。——编者注

民族问题[*]
（1929）

小 引

民族问题，是世界革命的根本问题之一，也是中国革命的根本问题之一，要了解世界革命和中国革命的理论和策略，就必得研究民族问题。这本小册子的内容，都是根据一般大实践者的指导原理写下来的，我自己并没有参加什么意见，虽然为篇幅所限，不能详细发挥，而民族问题的轮廓总算是粗具了，虽然只就一般的民族问题立论，而中国民族问题的大体也可说是包括在内了。在巨著的民族问题书籍还没有介绍出来的今日中国，这本小册子或许可以供研究者的参考的。至于书中的错误处，我很希望读者加以指正。

编 者

第一章 民 族

第一节 氏族，种族，民族的区别

人类是社会的动物。人类社会在其与自然的斗争过程中，是适应其技术与经济状态而发生变化，因此，人类社会的组织形态是与各种经济发展阶段一致的。技术愈低，则生存于其社会的人类愈少，在狩猎时代，只可容二十至五十人的地方，在牧畜时代，可容二三百人，在农业与牧畜混合时代，可容一万五千人，现在居住六百万人口的纽约，在狩

---

* 上海南强书局 1929 年 9 月出版，署名：李达。

猎时代的当时，不过数千的印度人①而已。

生产发展的历史，同时是一切人类统一的历史。在狩猎时代的氏族组织，为着要保持自己经济活动的地域，拥护自己的经济利益，与其他的氏族，经过激烈的斗争，彼此互相隔离对立，形成一种封锁状态。但是经过相当的时期以后，人对于自然的斗争手段发生变化，技术日益进步，经济利益日益发展的时候，社会组织也自然跟着发生变化，原始农业及牧畜遂发生于氏族组织破坏之中，氏族的规定、习惯与封锁主义遂归于消灭，氏族制度的上层构造也终于扫除了。在氏族时代，只许在一氏族中结婚，现在成为反对的规定。从前氏族之神，现在不能不让位于一种新的神了。所谓种族组织，遂于此时发生。现在各国之中，还有这种组织，有的是在巩固的状态，有的是在发生或崩坏的阶段。在苏俄联邦内，例如北"喀富喀斯"后进国民之中，有"巴尔喀尔"种族（约四万人）及"喀拉齐夫"种族（约五万人）。在他们的生活中，还残留着氏族组织，例如氏族个别的生活，氏族墓地，氏族的结婚仪式等。这种事实很可证明种族组织的起源。

社会的分业日益发展，遂产生交换关系，但是这种交换关系，被氏族的封锁主义所束缚，自不能不冲破种族组织的狭隘范围以求发展，同时，因商业资本的发生，种族组织与新的经济又发生冲突。于是各种族中，遂发生一种统一运动。新的生活的认识，新社会组织的概念，对于种族的封锁主义等斗争之结果，民族组织遂应运而生。往昔的犹太人，在其商业资本时代，有回教徒十二种族的统一运动。六七世纪之时，亚刺伯种族中与现在苏俄联邦内部的"其尔基斯"种族中的统一运动，也是属于此例。民族无论其发生于何时何地，此种统一的新形态，是生长于资本主义所产生的新经济的相互关系之上。

如上所述，氏族、种族、民族的区别，可概括如下。

一，氏族、种族、民族是与人类各种经济发展阶段相适应的人类社会的各种形态。

二，植物的收集、渔猎、某种植物的耕作及动物的牧畜，是氏族经济的基础。

三，封锁的自然的牧畜经济、农业经济，或两者的混合经济，是种族经济的基础。

---

① 此处"印度人"似应为"印第安人"。——编者注

四，在商品经济基础上发达的交换及其以后的资本主义经济，是民族经济的基础。

第二节　民族的特性

一、常住的共同体　民族是一定人们的共同体。所谓常住的共同体，不是人种共同体，也不是种族共同体。现在的意大利民族，是由罗马族、日尔曼族、爱多拉斯罕族、博里斯族、亚刺伯族等所构成；法兰西民族是由罗马族、哥尔族、布里多族、日尔曼族等所构成；英吉利民族，德意志民族，亚美利加民族，也由各种人种及民族所构成。因此，所谓民族，不是人种的，也不是种族的，而是历史构成的常住的人们共同体。

不待说，古代西拉斯王国，亚历山大王国，虽由于历史的不同的人种所构成，但因其是一时偶然的结合，故不得称为民族。所谓民族，是历史的常住的人们共同体，不是一时偶然的结合。

二、言语的共同体　常住的共同体，不限定常常是民族。国家虽是常住的共同体，但不能说是民族的共同体，例如德意志，日本，虽是常住的共同体，但不是民族。民族共同体与国家共同体的区别，在什么地方呢？国家共同体，没有共同的言语，是可以存在的，但是民族共同体，没有共同的言语，是没有存在的可能。例如日本的朝鲜民族，世界战争以前的奥地利亚的捷克民族，俄罗斯的波兰民族，虽各有其独自的言语，然对于日本，旧奥，旧俄的存在，毫无妨碍。不待说，此处所谓言语，是指民族日常所用的言语，不是指国家所用的标准语。因此，言语的共同体是民族的第二个特性。

三、地域的共同体　不同的民族有不同的言语，同一的民族有同一的言语，那是不待言的，但是同一言语的两个或两个以上的共同体，可以存在于不同的地域。例如英吉利人与北亚美利加人，虽有同一的言语，然其居住地域不同。挪威人与丹麦人，爱尔兰人与英吉利人，其言语虽同，其居住地域各异。这些民族，何以不能形成同一的民族呢？这是由于他们的言语虽同，而居住地域各异的缘故。民族的形成，要有长期间的共同组织与共同生活，然没有共同的地域，长期间的共同组织与共同生活，是不可能的。英吉利人与北亚美利加人，从前同住的时候，虽形成一种民族，以后因资本主义的勃兴，亚美利加的发现，英吉利人的一部移住于新大陆，遂形成与英吉利民族不同的一种新民族。因此，民族的第三个特性是地域的共同体。

四、经济的结合　几多的异种族，互相独立，彼此没有内部连系，或其连系亦很薄弱的时候，是不能形成一种民族的。彼此发生关系，互相融洽，是形成民族必要的条件，然何以能使彼此发生关系，互相融洽呢？那一定要有一种经济的结合。英吉利与北亚美利加因为缺乏经济的结合，所以不能形成同一的民族。假如北亚美利加不因商品生产、分业、交通机关的发达，与各地方结合为经济的单一体，亦断不能形成同一的民族。地域、言语的共同体，亦一定要有商品生产、分业、交通机关的发达，就是说要有经济的结合，才有可能。

封建制度的时代是自给自足的经济，当时各种族互相独立，分为多数诸侯。以后商品生产的发展，特别是资本主义的商品生产之发展，自给自足的封锁经济，遂因此而破坏，封建诸侯的孤立状态，亦因此而崩溃，新的单一的经济组织，至此才成立起来，真正意义的民族，至此才发生起来。因此，经济的结合是民族的第四个特性。

五、心理的共通性 以经济的结合为基础所形成的地域、言语、常住的共同体，必然的形成心理的共通性。这种心理的共通性表现于民族文化之中，但是这种心理决不是神圣不可侵犯的，是因生产关系的发展不断变化的。这种心理的共通性对于民族的发展，有很大的影响。因此，表现于文化的心理共通性，是民族的第五个特性。

如上所述，民族的特性，可以概括如次。

所谓民族，是历史所形成的常住的人们共同体，并且是因共同的言语，共同的居住地域，共同的经济生活及表现于文化的共同心理而结合的人们共同体。

第三节 民族的发生与发展

民族的端绪，开始于资本主义的最初阶段商业资本主义时代，推进种族到民族的原动力，是在种族中发展的生产力。这种生产力，产生商品生产，商品生产经过的地方，破坏种族的封锁主义，唤起民族的统一运动。例如六七世纪之时，回回教宗教统一运动的基础，是建筑在当时亚剌伯各种族间发展的商业资本上面。这种商业资本发展的结果，自然促进民族统一运动，废除种族之神，创造民族之神，这是它最显著的表现。这种运动的推动力，是当时小商业的资产阶级，谟哈默德成为这种运动的指导者，支配往来于麦加与麦齐那间经营队商商业的企业者，决不是偶然的现象。

但是在商业资本主义时代，商品生产关系还没有成为主要的生产关系，等到介在交换过程的资本把握了生产过程，由商业资本转变为产业资本的时候，商品生产才成为资本主义的商品生产，真正的资本主义时代，才产生出来。

一般的商品生产，特别是资本主义的商品生产，破坏从来封建的封锁经济，排除种族的分裂状态，废除各地方言的差异，创造统一的民族言语，建设民族的共同心理，提高民族的文化程度，在客观上，是一种进步的现象。

于此，可知资本主义发展的过程，同时是民族发展的过程。民族不仅是一般历史的范畴，而且是某一定时代之历史的范畴，即是资本主义时代的范畴。

第四节　民族统一运动与民族国家的形成

近代资本主义的勃兴，促进民族统一运动与民族国家的形成。新兴的资产阶级，为着要建立资本家的生产关系，不仅要废除种族时代的生产手段、财产及人口的分散状态，并且要集中人口，集中生产手段，集中财产于少数人之手，集中政治的力量，建设一民族，一政府，一民族的阶级利益，一关税境界。

新兴的资产阶级对于封建主义胜利的时代，世界到处进行民族统一运动。这种运动，决不是由于自由的理想，是由于"资本蓄积"的发展。商品经济要想得到完全的胜利，不能不首先征服国内市场，并在同一言语的人口之领土内，排除一切的障碍，使言语能够统一及其顺利的发达，因为言语的统一及其顺利的发达，是近代资本主义商品流通最重要的条件，是人民自由的结合与买卖的接近不可缺乏的要素。然资本主义要想满足这种要求，一定要形成民族国家。这种民族国家的形成，是一切民族运动的倾向，这种深刻的经济要素，是促进民族国家的形成，在西欧各国，都是经过这种过程。英吉利人、法兰西人、德意志人、意大利人等，在某个时期，都是与征服封建阶级的资产阶级相适应，形成一种民族。这种民族的形成，同时就是独立的民族国家的形成。例如英吉利、法兰西等各民族，同时就是英吉利、法兰西等各国家。爱尔兰的情形，要算是例外，不能变更一般的局面。

东欧的情形稍异，东欧各国是由多数民族构成的，如奥地利亚、匈牙利、俄罗斯，是其一例。奥地利亚的德意志人，在政治上占有优越的势力，统一奥地利亚各民族形成一国家。匈牙利的马查尔人，是匈牙利各民族中的精锐，有组织国家的能力，遂统一匈牙利。在俄罗斯，大俄罗斯人进行民族统一运动，建筑自己的基础，组织贵族的官僚政治。这种多数民族国家的形成，是由于封建制度尚未完全肃清的缘故。

当时资本主义在东方各国亦开始发达，商业及交通机关的发展，大都市的勃兴，各民族的经济，发生了很大的变动。资本主义侵入到被压迫民族，破坏他们的平稳生活，使他们奋起为民族运动，同时，新闻杂志的发达，议会、国会的行动，更足以促进民族感情的高涨。一般智识阶级，也醉心于民族思想，向着这方面前进，但是可惜自觉被压迫民族，到了此时，遭受压迫民族种种压迫与反对，早已不能形成为独立民族国家。

如上所述，可知民族的结合，即是民族的统一运动与民族国家的形成。其发生与发展，是与资本主义发生与发展的时期及地点一致的。其阶级的原动力，是资产阶级。

第五节　民族是进步的现象呢，还是退步的现象？

关于这个问题，可以分做两方面说明。

在资本主义发生的时代，资产阶级为着自己阶级的利益，与封建农奴的组织，封锁的自然经济，政治的排他主义，分治割据主义等，作继续不断的斗争。在这个时候，民族在客观上，是负担了历史的任务，表现了进步的现象。其所创设的新民族社会，助成国民经济生产力的发展，使广大的群众，参加社会的斗争，适应技术的新形态，提高一般国民的新文化。

但是资本主义发达的结果，由资产阶级所创设的新社会，与新经济形态的利害关系，便发生矛盾。一国的资产阶级，为着追求自己的利益，把自己的活动范围扩大到他国或其他的世界；金融资本冲破资产阶级以前所创设的国家范围，于是产生世界经济的各种要素，民族的社会遂成为新的世界经济发达的障碍物。铁路的发达，船舶的辐辏，把世界一切的国家都紧紧的联系起来了。例如英国的工厂，加工于印度所产生的木棉。北海沿岸各国，使用俄罗斯的材木，制造船舶。美国制造的汽车，驰骋于亚非利加与亚细亚的大陆。总而言之，技术进步、经济发达的结果，把现在的国家或民族所划分的区域，都联系到世界经济组织之中。

到了世界经济发达的时代，民族由革命的要素，变为反动的要素。由助长人类生产力发展的要素，变为束缚其生产力发展的要素。

第六节　民族存在之历史的限界

如上所述，我们可以知道民族是商品经济的产物，特别是资本主义时代的产物，于此，我们就可以看到民族存在之历史的限界。因为资本主义自身也不过是一种暂时的历史的社会形态，那末，民族更不用说了。同时，世界经济是发生于资本主义社会的根底，是要求人类之世界的社会的组织，与分成民族的人类，采取对立的形态。因此，以世界经济为目标的斗争，以被压迫阶级的国际社会为目标的斗争，不能不在资本主义构造的根底中发生、发展并组织起来。

世界经济虽有这样的发展，但是国家的限界与民族的限界依然存在。各国的资产阶级，除以帝国主义武力合并以外，绝对没有排除国家的民族的限界的思想，与以前封建诸侯的割据，关税境界的划分，阻止社会生产力的发展一样，现在社会的生产力，亦为帝国主义国家与民族的限界所阻止。不仅如此，地方资本主义的生产关系，有统一民族的倾向，同时，在民族自身之中，亦形成两个对立的阶级。所谓"各民族之中，互相对立、抗争"，就是支配的剥削的民族部分与被支配被剥削的民族部分，就是资产阶级与无产阶级两大营垒。

不待说，资产阶级不仅是支配剥削其所属的民族，并且要与他民族的资产阶级斗争，以图支配剥削他民族，才能继续维持他的存在。被压迫阶级则不然，如果不打倒一切的支配阶级，不克服自民族与他民族的资产阶级，是不能得到解放的。资产阶级为追求利润与剥削，努力于民族统一与民族国家的树立，更进而征服合并其他的民族，以掠夺更广大的领土。世界经济的发展，不是他们意识的企图。被压迫阶级是以社会主义经济为目标，把社会主义经济的基础，建设在世界经济上面。因此，无产阶级是世界经济发展的担当者，并且是其意识的担当者。

被压迫阶级联合起来的这个口号，是粉碎在各民族之间，在各民族被压迫阶级之间所建设的障壁之武器，是打倒阻止生产力向世界经济方面发展的障碍之武器，是被压迫阶级与压迫阶级斗争的武器。被压迫民族与被压迫阶级的联合，是世界帝国主义制度的发展，世界资本之平均利润率的实现，世界工人阶级劳动条件的平均化等所引起的一种必然的结果。

被压迫阶级胜利的结果，民族国家主义必随而消灭，未来的新社会必随而建立于世界经济基础之上，单一的世界人类必随而出现于世界人类的历史。

第七节　拥护帝国主义的人们对于民族的解释

拥护帝国主义的人们对于民族的解释，是主张民族带有永久性，与私有财产、国家、资本主义的带有永久性一样，他们否认民族是历史的现象，不承认民族是商品生产时代的产物，更不承认民族是资本主义时代的产物。他们对于这种事实，或故意的暧昧含糊，闪铄〔烁〕其辞，以隐蔽事实的真相。

在他们看来，以为民族性是永久不变动的，是神圣不可侵犯的。在他们看来，以为他们自己所属的民族，是高尚的德性之所有者。例如在日本资产阶级的学者看来，以为大和民族是有仁义勇武的德性，中国民族是有利己心、残忍性与不洁性。在俄皇时代的御用学者看来，斯拉夫民族是信仰很深的民族。在德意志资产阶级的学者看来，德意志民族是富有创造力的国民，是为世界各民族之冠。在西欧帝国主义各国的资产阶级的学者看来，只有西欧的各种民族是受过基督教的洗礼的洁白而高尚的民族，是受了上帝的付托，有支配东方及亚非利加的野蛮蒙昧的民族而"善导"之的使命。在东方各国新兴的资产阶级的学者，其主张恰恰相反，以为西欧及北美的各种民族，是中了物质文明之毒的机械的唯物的民族，只有东方各种民族，才有负有普及"精神文明"于世界的使命的理想主义的民族。

同时，他们主张民族是不内包社会矛盾的集团，不承认在各民族之中，有支配剥削的民族部分与被支配被剥削的民族部分，不承认资本家、地主与工人、农民的对抗。就退一步说，他们是承认这种阶级对抗的事实，但是他们以为这种事实，是别的民族压迫的结果，不是民族固有的现象。例如日本资产阶级的学者，以为日本阶级斗争的激烈化，是由于人口过剩，而人口过剩的原因，是由于大帝国主义各民族排斥日本民族的结果。

民族与人种的区别，原来是很明显的。人种是受了气候、空气的润湿，居住地带之物质的构造，以及原始人所居住的自然条件的影响等所形成的人们的外观的特征之总计；民族是出现于社会生产力发展的一定阶段的人们联合体。生产力发展，各人种接触与混合的结果，人种的区别遂次第发生变化而至于消失。但是，拥护帝国主义的人们却有意的或无意的把民族与人种混合起来，以为民族的运命是由其本来的性质所预定，是有永久不变的特征。例如日本资产阶级的学者说："中国苦力的抵抗力是非常之强，可以负日本人二倍之重"；又说："满洲苦力的工资，每日是二角至三角，他们还要贮蓄一半。以一角至一角半，维持生活，就是过猪豕生活，也毫不介意"。这些资产阶级的学者，却把日本帝国主义侵略的根据，求之于中国民族固有的性质之中，想从理论方面拥护这种侵略政策。但是中国的苦力，负过重的货物，过猪豕的生活，却很明显的是帝国主义长期间侵略剥削的结果。

总而言之，拥护帝国主义的人们，把民族的历史性与过渡性，埋葬于若有若无之中，暗暗里承认民族的永久性，这是与他们的阶级利害一致的，是要拥护帝国主义的侵略战略，是要分裂无产阶级的营垒，以确保帝国主义者永远的统治的。

第八节　民族问题的发展阶段

如上所述，很明显的，民族是存在于资本主义社会之组织中，民族之发生与发展，是与资本主义之发生与发展一致的。在资本主义的发生时期，新兴的资产阶级，为资本蓄积的要求所驱使，为民族统一运动与民族国家建设运动的担当者，出现于历史舞台之上，与阻止其发展的封建阶级相斗争。但是资本主义发展的结果，民族由生产力的发展形态，一变而为阻止其发展的桎梏。

资本主义发展最后的阶段，是帝国主义时代。帝国主义在其胎内已准备了世界经济之社会主义的发展，加紧了被压迫民族阶级的解放运动，加强了少数的压迫阶级与大多数的被压迫阶级两营垒的对立。被压迫民族与被压迫阶级的革命运动，对于资产阶级的民族政策，发生了反作用，而获得变革的力量。同时，被压迫民族解放运动，亦发生重大的质的变化，在其与资产阶级斗争的过程中，排除民族的区别，成为被压迫阶级的革命有力的同盟军，成为形成社会主义的单一世界人种的要素。

民族问题的发展阶段，可以分为三个主要时代。

（一）新兴的资本主义时代，民族统一运动与民族国家形成。

（二）帝国主义时代，世界经济与民族的区别、矛盾的发展。

（三）被压迫阶级世界革命的胜利，民族的区别与压迫的消灭。

在各个时代，我们可以看到民族问题有各种的意义，在资本主义社会进行斗争的主要力量有各种相互关系，因此，我们想研究无产阶级与无产阶级的民族问题及其政策，有从各个时代加以观察的必要。

第二章　帝国主义前期的民族问题

第一节　帝国主义前期的民族问题有两个时期

这个时代，是包含资本主义的最后阶段——帝国主义时代——以前的资本主义之发生与发展的全历史。在这个时代，资产阶级经过两个内容不同的时期，因而他们所采取的民族政策，也有所不同。

第一时期，是在封建主义支配下勃兴的资产阶级，对于封建贵族进行阶级斗争的时期。资产阶级因为资本之蓄积，自然要求广大的商品贩卖市场、原料品市场、劳动力市场，其必然的结果，自然要排除隘狭的种族限界，诸侯的割据状态，政治的分权，关税境界等。可是妨碍资产阶级这种要求的障碍物，是封建势力的支配，因此，革命的资产阶级，不得不领导农民、都市小资产阶级、幼稚的无产阶级，对封建支配阶级进行阶级的斗争。在这时期，资产阶级的民族政策，是在于建设单一的民族，以对抗封建的诸侯制度。为动员广大的群众参加这种斗争，就创造民族的科学、民族的文化、民族的艺术；同时，对于其他新兴的民族，却努力保护自己的市场活动范围。

第二时期则不然，资本蓄积的过程，同时是资本的反对物无产阶级生长增大的过程。在这时期，无产阶级出现于阶级斗争的舞台，民族分裂为支配剥削的部分与被支配被剥削的部分。资本蓄积的过程；不仅是国内生产关系资本主义化的过程，同时是国外市场征服的过程，是资本主义侵入外国特别是后进国的过程。对于封建主义进行阶级斗争的资产阶级，他们确立自己阶级的支配，掌握政权以后，就抛弃他们的口号——"民族的自由"，"民族的问题"，压迫属于同一民族的无产阶级，同时，蹂躏他民族的自由，开始进行其侵略政策。例如德意志建设统一的国家以后，以武力夺取丹麦的西勒期卫希；法兰西大革命以后，拿破仑征服西班牙、意大利、德意志、奥地利亚等各民族；意大利的资产阶级建设统一的民族国家以后，袭取地中海沿岸的弱小民族。于此，我们可以看到在第一时期的单一民族国家，到了第二时期，转变为内包民族的矛盾、压迫、对立的多民族国家。

在第二时期，阶级的相互关系，发生变化，资产阶级对于民族政策，亦完全丧失其进步的革命的态度，资产阶级对于无产阶级的斗争，反利用民族政策，以为支配压迫无产阶级的武器，资产阶级散布"民族"，"祖国"的口号于无产阶级群众之间，使其发生内部好象没有矛盾的民族与祖国的幻想，以麻醉无产阶级的阶级斗争，同时，使其对其他民族的侵略主义正常化。

资产阶级又挑拨他民族间的恶感，援助一民族，以压迫他民族，使许多的弱小民族，分离破碎，以便自己乘机建筑自己的支配权于其上；同时，挑拨压迫民族的无产阶级，对于被压迫民族的无产阶级，发生一种轻视侮蔑的观念，以实现其分裂各民族与国家的无产阶级的政策。

资本主义在第一时期所设立的民族国家的范围，到了第二时期，又由同一的资本主义冲破了，于此，就发生所谓"殖民政策"。所谓殖民政策，是资产阶级向着自己的民族及国家的境界以外，实现其阶级利益的新形态。

资产阶级在帝国主义前期的民族问题，大概如上所述，以下，我们更加以详细的分析。

第二节　何谓国家主义

国家主义是资产阶级为要使一民族与他民族分裂，彼此发生敌对关系时对于国民群众所施行的一种政策。这种政策具体的表现，或强制他民族使用自己的国语，自己的文化，自己的风俗，或依自己的支配机关及教育机关（学校、新闻、书籍、戏院等），使国民群众对于祖国的爱慕与民族的夸张，对于他民族的敌视与憎恶，或与他民族为争市场、原料、劳动及投资而斗争。这种国家主义，因两民族间的资产阶级竞争的尖锐化，遂变成一种爱国主义。此外，又有所谓同化政策，资产阶级想获得他民族所构成的市场，而该民族的资产阶级，没有力量为敌对的行动，又没有其他强有力的竞争者，于是采用一种同化政策。所谓同化政策，是消灭他民族所有民族的特质，而使其同化于自民族的言语与文化的政策。例如旧俄罗斯的资产阶级，想扩大自己的势力于东方，对于撷巴西人及齐冷人，施行一种同化政策，因为这两种民族的资产阶级，没有何等敌对的行动，同时，又没有侵入其市场的强有力的竞争者。因此，旧俄罗斯的资产阶级，得以"平和的"同化的方法，进行国家主义政策，其具体的表现，是基督教正教的传播，和俄罗斯的学校、书籍、语言等。但是我们在这里应当注意的，就是资产阶级对于采取侵略政策的地方，在其政治的征服以后，无论如何，是不能以一贯的武力政策镇压到底的，为要巩固其势力与指导权，以兼并被征服的民族，非得采用同化政策不可。

两个相斗争的民族资产阶级，因其相互的实力关系不同，他们的国家主义，亦有守势与攻势之区别。攻势的国家主义，常常与在经济方面采取攻势的资产阶级的利害一致的，或制定特别的立法，以制限民族的权利，以达到资产阶级经济进攻的目的，或努力于爱国主义的煽动与强制的同化，或准备侵略的战争。守势的国家主义，或因其过于微弱，或经济与政治都受压迫，对于攻势的国家主义，既没有对抗的经济力，又没有对抗的适当的国家机关，努力于保持自己之"民族的精神"，自己的宗教，自己的风俗，以与世界隔离断绝。例如亚尔麦尼亚人与鞑靼人之间，在其竞争激烈之际，两方都采取攻势的国家主义，彼此不许有何等的接近，甚至于直接诉诸武力。但是旧俄罗斯的资产阶级，以雄厚的资本与强大的武力进攻的时候，亚尔麦尼亚的资产阶级与鞑靼的资产阶级，都采取防御的国家主义。旧俄罗斯的资本，资产阶级、店员、军队等，侵入土耳其斯坦的时候，新兴的乌阻伯克资产阶级，亦采取防御的国家主义，以保持自己民族的学校、风俗、服装等，以为抵制进攻的俄罗斯资本唯一的手段。但是旧俄罗斯的资产阶级，一方面，统治地位的强夺，与地方统治机关的斗争，大俄罗斯住民居住的都市与乡村的建设，宣教师的派遣，与地方学校的斗争，采用许多攻势的国家主义的直接行动，他方面，利用地方商业高利贷的资产阶级，使他们为旧俄罗斯的资本与乌阻伯克的农村，其尔基斯的游牧民团之间的媒介机关。为要达到这种经济的胜利，就制造适合于民族的嗜好与需要的商品如莫斯科的纺绩业，制造土耳其斯坦绘画所用的材料，某铁工厂制造土耳其斯坦特有的茶具之类。

同一的民族资产阶级，有同时采用两种国家主义的形态，对于一民族，进行经济的攻击，对于他民族，实行经济的保守，例如新兴的鞑靼资本主义，与强大的旧俄罗斯冲突之际，在统一言语，文化等基础上，维持与自国民的关系，采取锁国政策。但是对于较弱的乌阻伯克的资本，采取攻势的态度。在他们活动之中，可以看到许多积极进攻的政策，例如鞑靼的高等法官、教师、书籍的输入等。

民族资产阶级的科学所制造的民族特性，是直接反映资产阶级之阶级的利害。例如旧俄罗斯的民族学，关于鞑靼人的特质，是胆怯、虚伪、诡诈；可是在乌阻伯克人或其尔基斯人的乡村，关于鞑靼人的特质，是胆大、傲慢、压迫者。于此，我们很可以看到旧俄罗斯对鞑靼是采取攻势的国家主义，鞑靼对于乌阻伯克等，亦是采取攻势的国家主义。

同一民族之中，因其阶级的利害与其在斗争中相互的实力关系发生变化，可以表现两个相矛盾的民族特质。例如波兰的资产阶级，当旧俄罗斯以非常强大的资本进攻的时候，表示猛烈的敌对行动，甚至于暴动，以求建设统一独立的民族国家。但是旧俄罗斯的资本，改变方针，使波兰的资产阶级为经济的隶属，使其利用俄罗斯的市场，特别是使其利用俄罗斯的地方（西伯利亚，罗精工厂）。势力的相互关系发生变化的时候，波兰的资产阶级，就采取守势的国家主义与顺应主义。

守势的国家主义，在其斗争过程中，资产阶级意气阻丧陷于绝望的时候，亦有完全抛弃自己民族的特质，发生守势的同化的倾向。例如犹太的资产阶级，为旧俄罗斯与波兰的资产阶级所压迫，不徒不排斥旧俄罗斯的文化，反而尽可能的与之同化，信仰正教，抛弃自己民族的特质，最后与旧俄罗斯的资本，完全结合，采用反犹太主义。这种同化倾向的反面，又有空想的民主主义的形态，"西阿主义"是这种空想主义最典型的形态。所谓"西阿主义"，是犹太人想在他们的"故乡"（二千年以前的）巴勒斯坦，建设犹太人国家的计划，这种倾向，在其阶级的基础上，是资产阶级的认识，是想以自己的劳动力，以自己的原料为基础，建设自己的产业。这种认识是反映犹太人的资产阶级因受旧俄罗斯，波兰，亚美利加的资本之压迫而一切的或主要的经济都陷于绝望。

如上所述，国家主义的种类是很复杂的。资产阶级在其与自己的竞争者的斗争，虽是适应实力的相互关系，采取某种的国家主义形态，但是一切的国家主义（攻势的国家主义，守势的国家主义，积极的或消极的同化作用，国家主义的空想主义），总不外是反映资产阶级想建筑自己的市场，依国家主义的宣传，隐蔽阶级的矛盾，麻醉无产阶级的阶级意识，以拥护其阶级的利益。

第三节　资产阶级在其对外政策怎样利用民族问题呢？

"政治是经济之集中的表现"。资产阶级一切对外政策的基础，不外是资本家的扩大再生产之集中的表现。资本家因为要扩大再生产，必要有更加扩大的商品贩卖市场、原料品市场、劳动力市场，因此，资产阶级国家的对外政策，是以拥护资产阶级原来获得的市场与掠夺新的市场为目标。

资产阶级怎样才能达到这个目标呢？他们因为要对抗那与他们自己为敌的资产阶级，一定要团结同一民族或相似的各种民族于自己的周围，所谓泛斯拉夫主义，泛日耳曼主义，泛意斯拉姆主义①，泛亚细亚主义，以及门罗主义等，都是为这个目标而利用的。俄罗斯的资产阶级与地主阶级，在革命以前，提倡泛斯拉夫主义，他们说："一切斯拉夫人，都是同胞，一切信仰基督正教的斯拉夫人，都是上帝的选民"。俄罗斯的农民，为泛斯拉夫主义，与土耳其战斗，不知牺牲多少人于枪林

---

①　即泛伊斯兰主义。——编者注

弹雨之中。属于斯拉夫民族的保加利亚与塞尔维亚，从谟罕默特解放出来，成为俄罗斯工业资本家的市场。德意志的资产阶级，在中欧各国德意志人之中，提倡泛日耳曼主义，因为德意志资本主义的发展，一方面要大量的生产商品，他方面，要获得贩卖市场于德意志帝国主义旗帜之下，因此，非驱逐英吉利资本主义于中欧日耳曼民族之外，并麻醉无产阶级的意识不可。提倡泛日耳曼主义的目标，就在这一点。土耳其提倡泛意斯拉姆主义，主张凡是土耳其人，都要统一于一个国民，这种运动的目的，特别要团结被压迫民族的阿富汗与土耳其斯坦于土耳其资产阶级阵容之下。这个主义，在"凡是谟罕默特教徒，都是同胞"这个口号之下，有长足的发展，扩大到广大的地域，拥抱中央亚细亚，印度等处的谟罕默特教徒，为土耳其资产阶级的利益，形成很巩固的市场。亚美利加的资产阶级，也有他们的口号，他们说："亚美利加是亚美利加人的亚美利加，外人不能干与"。这种泛亚美利加主义，其现实的社会意义，是北美合众国对于全亚美利加大陆之资本化与独占化，以与欧洲在南美的资本相竞争。日本的资产阶级虽属后进，主张排斥西欧白色民族的"物质文明"，发扬东洋民族的"精神文明"，也提倡"东洋人归东洋人"的口号，以排斥在中国、朝鲜、蒙古等处的日本资本的竞争者，使日本的资产阶级，得以独占其所谓"特殊利益"。其实，"东洋归东洋人"这个口号的内容，就是"东洋归日本资产阶级"的代名词；物质文明的排斥，就是西欧北美资本主义文明的排斥；精神文明的发扬，就是日本资产阶级文明的发扬。因此，对于欧美资产阶级要求撤废人种差别的日本资产阶级，仍对朝鲜人、中国人，极端施行人种差别的政策。总而言之，这些主义，都是资产阶级对外政策的武器，他们利用这种主义，以压迫剥削国外他民族的劳苦群众，以麻醉国内自民族的革命精神。

泛斯拉夫主义与希腊正教相结合，泛意斯拉姆主义与谟罕默特相结合，这些泛民族主义与宗教宣传的结合，对于资产阶级的民族政策，特别有重大的意义。为"民众的鸦片"之宗教，在经济的侵略与政治的支配前后，一定要有精神上的麻醉。例如俄皇政府时代，对于亚剌伯宣教师学校的组织，投下巨额的费用。在亚美利加资本主义的前后，美国的宗教师，手持圣经，侵入到未开化的民族之中，建设麻醉的教会学校与欺骗的慈善事业。在西班牙葡萄牙的商业资本主义支配的时代，有天主教的宣传队。在日本资产阶级的海外发展时代，有"本愿寺"的布教师，最后通牒二十一条款中所载的"有布教自由"的一条，谁都能够记忆。宗教的宣传，在主观上，或许有善意的，但是在客观上，差不多没有例外，都是资产阶级剥削政策的手段。这一点，在民族问题方面，特别明显。

资产阶级对于自己的竞争者，固然用尽一切的手段与方法，与之对抗，同时，他们又嗾使被压迫民族，对于压迫国，发生叛乱，以削弱自己的竞争者的力量。德意志帝国主义者，援助波斯资产阶级的反英运动，供给波斯革命民主党的武器，即其一例。这种事情，很明显的，是资产阶级利用各种民族的对立，以巩固其政治的支配与经济的势力。

第四节 资产阶级在其对内政策上怎样利用民族问题呢？

资产阶级的对内政策，与对外政策一样，因为要确立与继续其剥削与支配，亦利用民族问题。资产阶级对于自民族，赋与以政治的经济的特权，使自民族的劳苦群众，分担民族的压迫之责任，以分裂自民族与他民族的劳苦群众，特别是两民族间的无产阶级的团结。但是资产阶级对于自民族赋与以政治的经济的特权，不仅是因为要对于他民族实行压迫，并且是使自民族的劳苦群众隶属于资产阶级的一种手段。

在俄皇主义时代，官吏差不多都是大俄罗斯人，波兰人及其他的民族，不能在俄罗斯的国家机关供职。奥匈两国在一九〇七年所颁布的新宪法，虽规定普通选举，但是实际上，多数的议员是由特权民族中选出来的，议会的代表五一六名之中，德意志占二三三名，捷克人占一〇七名，鲁西那人占三三名。日本对于朝鲜、台湾，现在还没有颁布普选制度，朝鲜虽有中枢院的机关，台湾虽有总督府评议会，也不过是一个空空洞洞的谘议机关。

以上所述，是资产阶级对于自民族赋与政治的特权之实例，他们在民族问题的经济政策，亦有同样的性质，即是对于自民族，赋与以经济上的特权，或稍减轻其剥削的程度，以分裂他民族与自民族的团结。现在就农民问题的领域来讲，支配阶级的地主，往往没收弱小民族农民群众的土地，例如在俄皇时代，地主从克里米、土耳其斯坦、西比利亚、阿富汗的鞑靼人及巴西其尔人，夺取广大的土地，以特权的条件，贷与自民族的农民，使几百万土著的弱小民族，都因此而陷于贫穷与饥饿的苦境。同时，又从其尔基斯人、乌阻伯克人、北阿富汗人没收广大的土地，实行移民政策，以图解决本国的农民问题。

资产阶级对于他民族的劳苦群众，比较自民族的劳苦群众，常与以很难忍受的劳动条件。例如在满洲的日本工人，在比较好的劳动条件之下从事于劳动，中国的工人，在苦力的名义之下，无论工作场所或劳动条件都相差很远，一日的工资，至多不过二三角，其生活的恶劣可想而知。日本资产阶级的御用学者，却以为这是由于我国人的"体质"与遗传不同，毫不言及这种"体质"与遗传，是日本资产阶级剥削的结果。

以创造特权民族为目的，资产阶级所采用的手段非常复杂，但是压迫民族对于他民族的轻视、傲慢、威胁的感情，到处都是一样。在印度的英吉利人，对于在他旁边经过的印度人，只要是他踏了英人地上的影子，即可以随意鞭挞。在俄皇时代，马车之中，分为两部分，一是俄罗斯人坐的，一是土著民坐的。在上海租界内公园，有"犬与华人不许入内"的揭示。

资产阶级利用民族政策，以图获得本民族的农民群众，特别是富农的拥护。小土地所有者很容易接受资产阶级的国家主义的宣传，资产阶级对于他们，不仅要使他们对于他国之敌，成为自己的防卫组织，并且更进而剥削他们的保守性与落后性。资产阶级又可以利用这种民族问题，破坏工人与农民间的同盟，使小土地所有者向无产阶级进攻。例如波兰的资产阶级，因为要防卫自己的阶级之阵营，利用民族问题，又因为要镇压无产阶级的革命，亦利用民族问题。

总而言之，资产阶级对于自民族的特权赋与，对于他民族的权利剥夺，一方面是使无产阶级及劳苦群众感觉资产阶级的民族压迫政策的利益，成为资产阶级支配的支柱，他方面，使被压迫民族与劳苦群众脱离国际的阶级战线，消灭两者的阶级意识。

第五节　何谓殖民地政策？

非资本主义各国，因商业资本主义的发展，对于资本主义各国，提供广大的"本原的蓄积"的领域。因此，已经发展到资本家的生产方法的各国，都侵入到阿非利加，亚细亚，亚美利加，澳大利亚等处，占领各地，采用资本主义的生产方法。因为要继续发展下去，占领非资本主义各国的统治各国，叫做"本国"；被资本主义国家征服的先资本主义各国，叫做"殖民地"。殖民地不一定要是本国民移住的领域。从经济方面说来，殖民地是本国商品贩卖市场，同时，是供给本国产业所要的原料与低廉而无组织的劳动力之来源。本国对于殖民地，怎样去完成这种任务，是决定一切殖民地政策的主要本质。关于殖民地政策的意义，在下面略加说明。

（一）本国的资产阶级，极力阻止殖民地产业的发展，使其不致于工业化，以保障本国商品的贩卖市场，借以获得巨大的"超越利润"。例如三面环海的印度，虽有天然的好港湾，但是印度的造船材料，却被输入到英吉利，在泰姆士河畔，投下巨大的费用，建筑造船所。保护俄罗斯的纺织业者的俄皇政府，不许在土耳其斯坦，建设纺织企业，而土耳其斯坦所产生的棉花，却被运到中央俄罗斯，制成棉纱，再运到相隔几千俄里的土耳其斯坦、布哈拉、希巴及北部波斯去发卖。

（二）本国的资产阶级，产生商品必要的原料，是仰给于殖民地，因此，在其租税政策上，常使用许多手段，使全殖民地变为本国所需的原料生产地。例如埃及、印度变为单一栽培制（主要的是一种的栽培）的国家。使用这种方法的结果，本国的资产阶级，原料得到保证，使全体的住民，完全隶属于本国的产业，完全陷于极端的穷困。例如印度的饥馑，比最近二世纪间世界中所有的战争，还要牺牲好几倍的生命，都是由于这种政策的结果。

（三）独占的支配殖民地的市场，是使本国的资产阶级对于殖民地贩卖的商品以及购买的原料，有单独的决定价格的可能。在殖民地商品贩卖的价格，比在本国商品贩卖的价格，非常昂贵，因为在本国有顾虑他的竞争者的价格之必要。反之，在殖民地购买原料的价格，非常低廉，因为本国是唯一的购买者。本国的资产阶级，采用这种独占的方法，比较投资于本国的企业所得的利润，可以获得过分的利润，这就是所谓"超越利润"。

（四）这种超越利润，能使本国资产阶级在和他国资产阶级竞争时，利用以为补助的手段。例如对于在欧罗巴市场竞争的商品，可以减低其利润率，有减少恐慌力的可能性，又可以弥补由恐慌所发生的损害。本国的资产阶级，又由殖民地所得的超越利润，支付较高的工资，造成贵族工人。这种贵族工人，依附于这种资本家，指导工人阶级。在无产阶级革命之时，资产阶级借他们的力量，以阻止革命的发展。英吉利的资产阶级，以从殖民地所得的超越利润，收买工人阶级的上层分子，使其反抗革命，现在他们在工人阶级的阵营中，还建筑很巩固的基础。

（五）本国的资产阶级，想巩固在殖民地的政治与经济的基础，常移殖其人民于殖民地。本国的政府，没收土著民的土地，分配于本国的农民、工人及官吏，赋与他们以特权的地位，使他们成为特殊的"殖民地开拓者"。他们利欲熏心，对于殖民地的劳苦群众，表示一种憎恶与轻视的观念，并且常常以非常的手段，灭绝该地的劳苦群众，进行经济的剥削。

英吉利的资产阶级，使工人农民参加到殖民地的利得分配的共通制度之中，以腐化他们的阶级意识，使他们变成自己柔顺的工具。俄皇政府没收巴西其尔的土地，使本国资本家，有建设工厂的可能，招致大俄罗斯的工人，到这种工厂工作。这些工人，成为小所有者，成为殖民地开拓者，常常与农民之殖民地开拓者，共同掠夺巴西其尔的劳苦群众，为拥护大俄罗斯的地主与在巴西其尔的资本家之阶级的利益，镇压巴西其尔人的暴动，他们就成为直接的指挥者。英吉利的资产阶级，利用在印度三万本国的殖民地开拓者，以压迫剥削三亿印度人的劳苦群众。法兰西的资产阶级对于摩洛哥与阿尔塞里亚，荷兰的资产阶级对耶巴岛，都是采取同样的行动，其他这种实例，不胜枚举。

（六）本国的资产阶级，找到土著的商人及高利贷，使他们参加到剥削殖民地住民的共通制度中，再从土著的掠夺者，找到批发商人或代理人的下层分子及推销资产阶级商品的小商人，以为补充队。生长在殖民地的买办阶级，熟悉地方的方言，地方的风俗，介在本国与被剥削的殖民地的广大的农民群众之间，为本国的资产阶级所利用，对于殖民地的剥削与支配，是更加容易达到目的。在还没有发展到高利贷的商品资本阶级的殖民地，就利用封建的上层分子，或种族民族的贵族，作本国资产阶级的媒介者。

（七）本国对于殖民地的行政政策，是适应于在殖民地的经济政策，从差不多完全自治的澳洲以至于以野蛮的形式被支配的黑奴，都是适应于其社会政治的状况，施行统治政策。本国对于殖民地统治问题的根本方针，是在于剥夺住民的权利与废除地方的自治。但是本国的资产阶级，为殖民地革命运动所压服，不得不稍微让步，变更这种根本方针。例如印度到最近止，地方的智识阶级，完全不许其在国家机关中占有地位，但是英吉利及殖民地当局，为革命运动的威胁，不得不实行某种的让步，即许可印度人开民族大会，总督府的评议会也许可印度人参加若干人，但到这时止，印度人还是没有为军队士官的权利。

（八）在文化方面的殖民政策。资产阶级对于被征服地的国民教育，不仅阻止其向上的发展，务必使其停留在最低的水准。因为文化水准的提高，对于民族的压迫，容易感觉耻辱与惹起反抗斗争。日本对朝鲜，台湾，现在还没有施行义务教育，台湾人学习罗马字，亦被禁止。"尊敬"异国的宗教、风俗，贫农对于地方的富农贵族族长的隶属状态，以及妇人被压迫状态等，都载在资产阶级统治殖民地纲领之中。保存这种"尊敬"之阶级的利害，是很明显的。这种蒙昧的支配，与原始的剥削形态的支配，对于剥削殖民地的超越利润是更加容易。前德意志皇帝威廉，于"尊敬"土耳其之余，在战争勃兴以前，着东洋的服装，礼拜谟罕默特教之神，但是变更土耳其为德意志殖民地的计划，已由德意志的帝国主义布置妥贴了。

在先进的资产阶级各国所禁止的鸦片以及酒精、卖淫、毒菌等，竟在政府公然保护之下，大量的输入到殖民地。资产阶级及其政府，因鸦片的专卖，一方面，获得莫大的利润，他方面，麻醉殖民地群众的反抗意识。英吉利的资产阶级，在十九世纪中叶，对于我国，强制的贩卖鸦片，我国加以拒绝，遂炮击香港，虐杀我国几万民众，强迫通商，使我国陷于半殖民地的地位。

（九）本国的资产阶级，由欧罗巴人组织军队，以镇压殖民地的反抗，同时，又组织土著民的军队，利用以镇压本国的工人与欧洲的革命。法兰西所组织的黑人军，英吉利所组织的印度兵，在帝国主义战争之际，已经被利用过。

以上所述，是殖民地政策之根本的特质，这些政策，都是建筑在苛酷的剥削、支配与文化的衰退上面。

第六节　何谓"东方"？其落后的原因何在？

在资产阶级的文献里面，"东方"这两个字，往往有特殊的意义，是表示一种怠惰狡猾而染有恶癖的国家。资产阶级的学者，对于这种"特质"，想与以"科学的"说明，他们以为气候的酷热与热带的自然，是产生这特质的原因。在这些说明中，认为"东方"的特质，是永久不变的，因为阶级的利害关系，隐蔽着发生这种特质的真正的原因。

但是我们对于这个问题，只要稍微加以思索，就知道资产阶级学者所主张的错误。在根本上，就没有什么统一的"东方"。在东方这个地方，有帝国主义的日本，有殖民地的朝鲜，又有半殖民地的中国。这和在地中海的周围，没有两样。在地中海的周围，有帝国主义的法兰西与意大利，有殖民地的阿尔塞里亚与摩洛哥等。

其实"东方各国民"其落后的原因，不是因为他们住在东方，也不是因为气候的酷热，而是由于世界资产阶级活动的结果，是由于这些国家已经变成了殖民地或半殖民地的原故。这些国民特殊的经济，特殊的社会构造，特殊的文化状态，都是由于世界资本主义"过度剥削"的结果。这些国民向前的发展，是被欧美的资本主义所束缚，所以这些国民，在殖民地压迫政策影响之下，要保存原来的宗教、习惯、法律、统治方法等，有时变成一种狭隘的爱国主义者。资产阶级的学者所称的"东方"，即是我们所说"殖民地的世界"，无论东西南北，到处都存在，欧美资本主义剥削与压迫的结果，使这些国民不能走上资本主义的道路。

这些国民落后的原因，不是由于人种的差别，太阳与自然的关系，实是由于世界资本主义的过度剥削与殖民地政策。在绝望与奴隶的支配之环境中，鸦片流行；在破坏紊乱的家庭之环境中，男色流行；在对于征服者充满憎恶观念的环境中，有欺骗他们、使用诈术的权利。

这些事实，才是"东方"真正落后的原因，决不如资产阶级的学者所主张的那样，实际上和气候、自然或人种的差别，完全没有关系。

第七节　民族解放运动的发展

如上所述，资本主义的发展，是破坏种族的封建的生产关系，由封建诸侯的支配，解放各民族，以促进单一民族国家的形成。在他方面，资本主义的发展，在被统一的民族之中，又促进支配的剥削的民族部分与被支配被剥削的民族部分，资产阶级与无产阶级的对立抗争。资本主义更进一步的发展，即超出所谓"国民经济"的限界，树立世界经济的形态，同时，使支配民族资产阶级与被支配民族劳苦群众的对立，更加尖锐化。被支配民族的新兴的资产阶级，因为他们自己想建设资本家的支配剥削关系，对于支配民族资产阶级，表示反抗。民族解放斗争，最初，特别是在资本主义的发展时期，为民族资产阶级所领导，成为一般的资产阶级德谟克拉西的斗争之一原因。这种民族解放运动，虽是由资产阶级所领导，只要是对于阻止被压迫民族生产力发展的支配的民族资产阶级，进行斗争，还是有进步的革命意义。

十九世纪中所发生的民族解放斗争，一般的是有这样的意义，是构成社会民主主义运动之一部。波兰的独立运动，爱尔兰的排英运动，巴西其尔、阿富汗及土耳其斯坦的反俄罗斯政府斗争，"布亚"战争等，都有民族解放的意义。

资本主义发展到最后阶段即帝国主义的时代，不仅是资产阶级对无产阶级的阶级斗争，更加激烈，并且被压迫民族，因为民族的压迫之深刻化，对于帝国主义资产阶级的解放斗争，为扩大的再生产。到了帝国主义时代，不仅是量的方面，发生变化，到了被压迫阶级的世界革命，已经上了世界史日程的时代，民族问题由国内的问题，变为国际的问题，成为无产阶级世界革命重要的枢纽。

第三章　帝国主义时代的民族问题

第一节　帝国主义时代民族问题的意义

帝国主义是社会革命的前夜，在这个时代，资本主义社会的各种矛盾，更加激烈，解决这种矛盾的要素，也更加发展。在帝国主义前期的民族斗争，到了帝国主义时代，成为白热化。支配的资本主义国家在其发展的过程，因为征服并压迫他民族的结果，由单一民族国家变为多民族国家，独立的弱小国家与弱小民族，成为互相角逐的帝国主义各国侵略的对象，因此，民族斗争，无论在帝国主义国家的内部或外部，都不能不激烈化了。被压迫民族的解放斗争，为新兴的资产阶级所领导的时候，也足以促进帝国主义世界经济的形态，动摇帝国主义列强间的均衡，在帝国主义本国的阶级斗争，也更加尖锐化，无产阶级的团结，天天只见巩固，于是帝国主义的运命，遂濒于绝大的危机。

在另一方面，世界经济的发展，促进各民族的混合，几百万的劳苦群众，由南欧移到西欧，由旧大陆移到新大陆，资本主义的大都市，聚集世界中所有的人种与民族，在同一的工作场，在同一的工厂，在同一的产业，共同工作。世界经济，在这种情形之下，发展于帝国主义之中，促进各民族的混合。

无产阶级的阶级斗争，打破帝国主义所建筑的民族的限界，于是国际被压迫阶级的战线，与国际帝国主义的战线对立起来了。

帝国主义的资产阶级，一方面想把帝国主义的形态，限制在民族主义的限界内，但是在另一方面，却不管他们的意志怎样，世界经济的形态依然是向前进展。帝国主义想以征服并合并他民族的手段，来解决资本主义的生产与世界经济的矛盾。而国际被压迫阶级因为要发展为民族的限界与资本主义的生产所限制的生产力，却不得不打破民族的限界，以推进世界经济。并且殖民地及殖民地的被压迫民族的解放斗争，也是向着打倒帝国主义与解放民族的压迫之方向前进，遂成为国际被压迫阶级最有力的同盟军。

因此，帝国主义时代的民族问题，有以下的特质。

（一）全世界分成压迫民族与被压迫民族两个阵营。被压迫民族的解放斗争，在反对世界帝国主义制度与民族的压迫上面，有很大的作用。

（二）民族的差别与憎恶，因世界经济的发展，被消灭了，同时，促进各民族的混合。

（三）国际被压迫阶级，在世界革命的途上，以被压迫民族解放斗争为其同盟军。因此，民族解放运动由资产阶级德谟克拉西的问题变成为无产阶级德谟克拉西而斗争之重要的要素。

第二节　民族问题与殖民地问题之间的关系

所谓民族问题，是一定国家内各民族间相互关系的问题。所谓殖民地问题，是各国间相互关系的问题。资产阶级的民族政策与殖民地政策，都是以获得商品贩卖市场、原料的生产地、低廉的劳动力及投资的处所为目的。因此，民族问题与殖民地问题，其阶级的本质是相同的。殖民地政策不过是资产阶级发展到金融资本主义时代的一种扩大了深刻化的民族政策。换句话，民族问题是在帝国主义前期发展的阶段；殖民地问题是在帝国主义时代发展的阶段。而殖民地问题，实具有世界规模的民族问题。

一九一四年至一九一八年的帝国主义战争，把殖民地政策真实的本质很明显的表示了出来。譬如对于战败国的德意志的政策，就是要把德意志变成殖民地，破坏德意志的生产力，粉碎德意志的民族与国家。在"民族的再兴"，"斯拉夫人从德意志解放出来"等口号之下，由巴黎条约所产生的许多小国家，例如波兰、捷克斯拉夫、南斯拉夫、奥地利、匈牙利、日斯托尼亚、里斯亚尼亚、勒多尼亚及巴尔干半岛一切的国家，对于英法都有一定隶属的关系。这些国家，不过名义上享有独立国的权利，而其经济、预算、内外政策等，都是在伦敦、巴黎、纽约决定的。

这种殖民地政策，是帝国主义对于苏俄根本的政策。想把苏俄变为殖民地，是帝国主义国家根本的问题，是现在帝国主义国家最严重的问题。

现在的世界，很明显的，是分成两个营垒，一方面，是对于世界的帝国主义进行独立斗争的苏俄，他方面，是英吉利，法兰西，北美合众国，意大利，日本的帝国主义世界。其余的全世界是隶属于这四五个帝国主义列强的殖民地及半殖民地的世界。

第三节　资本输出与被压迫民族

资本输出是帝国主义最重要的特征之一，对于殖民地问题与民族问题，不仅与帝国主义前期的商品输出，有同样的重要，并且有更大的意义。帝国主义依资本的输出，使后进国及殖民地的民族，都与帝国主义列强发生密切的关系，使殖民地半殖民地广大的劳苦群众成为帝国主义资本剥削的对象。

资本输出，有两种形态，一种是借款，例如一九二〇年，国际借款团对于中国成立的新借款团。参加这种新借款团的银行及公司，美国占三七，英国七，法国九，日本一七。这种巨大的借款团，完全支配中国金融界，中国自己的小银行，完全在英国银行支配之下。以前的英国，虽掌握中国金融界的霸权，但是现在北美合众国，拥有雄厚的资本，咄咄逼人，已握得了新借款团的牛耳。此外，还有政治借款，一九二五年，北京财政部所发表的外债，有担保的，共四一三，九六二，二〇〇元；无担保的，三五四，〇一八，六一二元；其中确实没有担保的外债，本利合计，有三一二，五八一，八三二元。这种外债，很少用于教育及建设事业，多半是流用于军费。

一种是直接投资于铁道、工厂、农场等的生产事业。照一九二四年的调查，英吉利在中国经营的纺织工厂有四个，投资额有六，八五〇，〇〇〇海关两，日本在中国经营的纺织工厂有四十五个，投资额有五，四〇〇，〇〇〇海关两。仅就上海一隅而论，英国的纺绩工厂四，日本的纺绩工厂三二。占中国无产阶级主要部分的纺绩工人的大多数，是怎样为帝国主义列强剥削的对象，就可以知道了。再就中国的铁道而论，一九二五年，全国铁道总投资额，共五亿六千三百五十万美金，外债有三亿美金，占全额五分之三。

帝国主义的资产阶级，以借款的方法，使后进国的政府，成为帝国主义列强金融资本的代理人，同时又获得几多特权，以为借款的代价。后进国的民族，经过租税、关税及其他的权利，成为帝国主义列强剥削的对象。资本输出采取直接投资的形态，比较先进国的劳动力，可以剥削更低廉的劳动力，较之一般借款，更能获得高率的利润。

资本输出的结果，在世界大战以前的土耳其，变为德意志的半殖民地，波斯变为英吉利的半殖民地，中国变为英日美等列强的半殖民地，南美各国变为亚美利加合众国的半殖民地。同时，殖民地半殖民地的劳苦群众，急速的无产阶级化，这种无产阶级与广大的农民群众，成为民族运动阶级的推动力。

第四节　隶属国及殖民地的阶级分化与民族解放运动

在资本主义最后阶段的帝国主义时代，因资本的输出，使隶属国及殖民地根本的变成资本主义化。这种封建的、家长的、农民的民族，因资本主义化的结果，其阶级的成份〔分〕，也跟着发生了变化。

所谓"本来的蓄积"，用那激烈的强度，涉及广大的范围，在强大的帝国主义的权力拥护之下，越发向前进展。于是隶属国及殖民地，就因商品输入的商品流通，因资本输入的商品生产，与货币的流通，同时普遍被压迫民族之间，破坏了封建的、家长的、农民的生产关系，以及物物交换、租税及其他用现物缴纳租税的制度，使得广大的农民群众，很迅速的贫穷化。土地直接由帝国主义的权力，间接由家长、酋长、封建诸侯的压迫，被压迫民族的资产阶级所夺取。在隶属国及殖民地的被压迫民族中，占最大多数的农民，就陷在封建土地所有制，资本家的剥削，及民族不平等三重压迫之下。

这种封建的土地关系重重的压迫，使得隶属国及殖民地的农民，对于帝国主义，不能不发生无限的憎恶与反抗。这种农民运动，是决定民族运动阶级的性质，成为民族运动中一个巨大的推动力。民族运动之社会的意义，是一般德谟克拉西的问题，在以前，虽多少是各民族的资产阶级竞争的问题，但是到了这个时代，这个问题，已决定的成为过去的事实了。民族问题已经由一个地方的国内的问题，成为世界的问题，成为隶属国及殖民地的民族对于帝国主义斗争的问题。支配的民族之帝国主义者，剥削并压迫群众，特别是剥削并压迫从属国及殖民地的农民群众，依这种剥削与压迫，只有使这些群众，对于帝国主义，进行坚决的斗争，只有使这些群众，成为被压迫阶级革命的同盟军。

因为商品与货币的流通而由非资本主义的生产关系解放出来的，土地被没收的从属国及殖民地的人口之一部分，更因帝国主义的资产阶级资本的输出，遂很快的陷于无产阶级化。在帝国主义的前期，即工业资本主义时代，就资产阶级看来，把殖民地及隶属国作为广大的商品贩卖市场及原料品市场，是有意义的，因此先进资本主义的资产阶级，对于隶属国及殖民地的工业化，一般是采取反对的态度，因为隶属国及殖民地的工业化，对于本国资产阶级的商品及其所需要的原料，是一个很大的打击。

然而到了金融资本与帝国主义时代，帝国主义的资产阶级，因为资本主义发展之内在的必然性，对于非资本主义领域，即隶属国及殖民地，不能不断行资本的输出，使非资本主义领域工业化。土著的无产阶级，特别是在世界大战的时期，推动隶属国及殖民地，向工业化的方面前进。印度及中国纤维工业的发达，土著的无产阶级数量的增加，在世界大战中，尤为显著。土著的无产阶级之劳动条件，是非常恶劣的。被压迫民族的这一部分人口，在民族解放运动上所负担的使命，很快的增加了重大的意义。但是被压迫民族，如果没有无产阶级与农民群众巩固的同盟，想从帝国主义的支配解放出来，那是不可能的。

除以上所述的劳苦群众以外。隶属国及殖民地，还有因工业化而产生的土著资产阶级与以封建的土地关系为基础的地主。

土著的资产阶级，起初，因为与帝国主义的资产阶级，发生利害上的冲突，积极的参加全部被压迫的劳苦群众反帝国主义民族运动，取得其领导权，但是随着民族运动的进展，就害怕起来，极力妨碍民族运动走向民族革命，要使其停止在改良主义的范围以内，结果，投降到帝国主义的资产阶级的阵营，出卖民族革命，毫不容情的屠杀成千累万的农工的革命份〔分〕子，以图博得帝国主义资产阶级的欢心。

帝国主义时代的民族运动，已由资产阶级德谟克拉西的运动转变为被压迫阶级世界革命的一部分，民族解放运动的领导权，早已不是资产阶级，而是无产阶级与农民了。

第五节　被帝国主义征服的国家之民族运动状况

一切社会改良主义者，都有一个特殊性，就是忽视革命的民族运动，即被压迫民族的斗争。其实，这种运动，在世界革命历史上，是占有很重要的地位，是世界革命的一部分。不过这种运动，已如前所述，在其发展的过程上，自有其阶级的矛盾，时常有动摇不定的政策。必须详细观察了民族运动的状况，才能正确的认识革命的策略。现在略就民族运动的状况说明如下。

一、拥有三亿以上之人口的印度，那土著的国家主义的资产阶级，领导着广大的农民运动，在世界大战以后的最近十年间，资本主义的企业，有了迅速的发展。同时，英国资本对于印度的输出，也建设了很多的大企业，如铁道之类。其必然的结果，是促进无产阶级数量的增加，职工会的组织，阶级斗争的尖锐化，和土著无产阶级的组织。从反帝国主义斗争运动，以至于为夺取农民群众领导权的斗争，这便是印度现阶段的内部斗争之阶级的内容。现在这种运动指导的优越权，虽是在国家主义的资产阶级的手中，而这种运动本身，仍然能够削弱英帝国主义在印度的势力，使英帝国主义对于印度的支配，到处都碰到经济上政治上很难解决的问题。

二、拥有四亿以上的人口的中国，其斗争的情形，与印度相仿佛。近年来中国革命的民族运动的显著，这是我们大家都知道的事实，可以不必絮说了。

三、由基玛尔领导的土耳其反帝国主义运动，当其与联合国及希腊战争之际，完全是进步的革命的。但是到了土耳其内部发生反基玛尔运动，基玛尔就因为要镇压工农的革命运动，终于投降到西欧帝国主义的阵营。这种动摇无定的政策，是土耳其解放运动全历史的特征。

四、波斯民主主义的政党，努力想发展在自己指导下的农民运动，但是波斯无产阶级的发展，非常微弱，因此，商业资产阶级的政党，还具有很大的势力。波斯的资产阶级，虽与苏俄缔结商业关系，但还是时常动摇无定的。

五、独立国阿富汗斯坦，到底是变成英帝国主义的殖民地呢？还是对于英帝国主义，进行革命的独立战争呢？现在正徘徊莫定。

六、埃及和阿剌伯的运动，阿非利加的摩洛哥和阿尔齐里亚殖民地战争，都是带有革命的国家主义的性质。

这些运动的势力和这些运动在世界革命过程上的意义，都使得帝国主义的欧罗巴，大大的感觉不安。总而言之，革命的国家主义运动，是历史必然性的发展，在对抗帝国主义的斗争上，是占有很重要的地位。

资本主义，是自掘墓穴呵！这种殖民地政策，使几亿被征服的殖民地及半殖民地的劳苦群众，走上了坚决的革命的斗争道路了！

第六节　各主要帝国主义国家间的殖民地和半殖民地的分配状况

一九一四年至一九一八年帝国主义战争的结果，把世界重新分割一次。德意志的殖民地，完全为战胜国所瓜分，大战以前的许多独立国，都变成了他国的"势力范围"，或变成半殖民地。现在把列宁在他所著《帝国主义论》里，从一八七六年至一九一四年的期间中，帝国主义的国家领有的殖民地及半殖民地表，以及一九二〇年的殖民地领有表，揭示于下。

	殖民地				本国		合计	
	一八七六年		一九一四年		一九一四年		一九一四年	
	地域（单位百万平方基罗米突）	人口（单位百万）	地域（单位同）	人口（单位同）	地域（单位同）	人口（单位同）	地域（单位同）	人口（单位同）
英吉利	22.5	251.9	33.5	393.5	0.3	46.5	33.8	440.0
俄罗斯	17.0	15.9	17.4	33.2	5.4	136.2	22.8	169.4

续前表

	殖民地				本国		合计	
	一八七六年		一九一四年		一九一四年		一九一四年	
	地域（单位百万平方基罗米突）	人口（单位百万）	地域（单位同）	人口（单位同）	地域（单位同）	人口（单位同）	地域（单位同）	人口（单位同）
法兰西	0.9	6.0	10.6	55.5	0.5	39.6	11.1	95.1
德意志			2.9	12.3	0.5	64.9	3.4	77.2
合众国			0.3	9.7	9.4	97.0	9.7	106.7
日本			0.3	19.0	0.4	53.0	0.7	72.7
六强国合计	40.4	273.8	65.0	523.4	16.5	437.2	81.5	960.6
其他各国（比利时，荷兰等）的殖民地							9.9	45.3
半殖民地（波斯，中国，土耳其）							14.5	361.2
其他							28.0	89.0

第二表（地域单位百万平方基罗米突，住民单位百万人）

	殖民地		本国	
	地域	人口	地域	人口
英吉利	39.917	429.600	0.314	46.60
法兰西	12.490	54.800	3.935	38.80
日本	0.294	22.015	0.382	55.96
合众国	0.310	11.790	9.386	106.07
意大利	1.634	1.550	0.32	37.50
比利时	2.420	17.500	0.030	7.65
荷兰	2.026	49.500	0.034	6.95
葡萄牙	2.080	8.800	0.092	6.45
西班牙	0.312	0.650	0.502	2.095
丹麦	0.880	0.014	0.149	3.30

从以上的表看来，我们知道一个英国人，都有九个殖民地奴隶及七十二"特些齐"殖民地领土。

英吉利的殖民的土地面积，比本国土地面积要大一百三十倍。法兰西的殖民土地面积，比本国土地面积要大二十四倍。比利时的殖民地土地面积，比本国的土地面积要大八十一倍。

地球的全面积一亿三千三百九十万平方基罗米突之中，在一九一四年，有八千九百四十万平方基罗米突，即全球约三分之二，是殖民地及半殖民地。地球的总人口，在一九一四年，是十六亿五千七百万人，隶属国家的人口，占九亿二千九百九十万人，在一九二〇年，全人口十七亿二千万人之中，隶属国家的人口，占十四亿五千万人。

从这些数目字看来，很可以知道帝国主义对于广大的劳苦群众剥削与压迫的程度。

仅仅这几个国家的资产阶级来统治全世界，这是帝国主义世界的形态。

第四章　苏俄的民族问题

第一节　苏俄民族问题的意义

苏俄是由多民族构成的国家，在其构成中，约包含有百种的民族，经济的发展阶段，社会的相互关系，各色各样，极其复杂。在俄皇统治时代，大俄罗斯民族，有种种特权，资产阶级与地主，一方面要造成强大的大俄罗斯民族，使成为压迫者，一方面要使经济文化落后的民族，成为被压迫民族，曾在经济文化和统治各方面，施行了不少的政策。

在苏俄各民族中，凡属人类社会所有的经济的和政治的发展阶段，——具备，上自用最新式的技术建筑的工厂，下至农村中原始时代的手磨石臼，上从资本主义相互关系的地方，下至原始牧畜社会，上从建设社会主义的国家，下至掠夺婚姻的民族团体，都是应有尽有。因此，苏俄要使工人与农民结成巩固的同盟，以完成社会主义的建设，对于这些民族社会的经济的相互关系，非得有严格的精算，是不可能。

在另一方面，苏俄约有六百万的无产阶级，约有一亿的农民，对于资本主义的共同斗争，要使无产阶级与各民族中的农民，有亲密的结合，非得有一种政策，使被压迫民族的农民群众，消灭其对于压迫民族的无产阶级不信任的心理，也是不可能。

这样看来，苏俄的民族问题，其所有的意义，是很明显的。苏俄的民族问题，假使不能得到正当的解决，不仅不能结合苏俄内各民族间的无产阶级及半无产阶级，并且不能组织工农的同盟。苏俄的民族问题，其阶级的本质，要在以前有势力的民族的无产阶级与以前被压迫民族的农民之间，决定正确的相互关系。

第二节　苏俄的民族构成

苏俄的民族构成，极其复杂，已如上述。有七千万人以上（一半以上），是大俄罗斯人，其他的民族，一共有六千五百万人，其中乌克兰、欧俄、亚赛尔伯查及阿尔麦尼亚的小部分，颇占重要的地位。因为这些地方，在某种程度，已经走上产业资本主义时代，这些民族约共有三千五百万人。同时还有乌阻伯克、亚赛尔伯查、都尔克的大部分，鞑靼、巴西其尔等民族，这些民族完全没有走上产业资本主义时代，不过是在商业资本的形态。此外还有一千五百万的民族，这些民族的经济，是在农业耕作的初步，是刚由游牧的状态，进到土著的状态，这些民族，是其尔基斯，印克西，撅切次，巴尔喀尔次，喀尔米卫克，阿拉打，次尔克麦那人。

最后，在北部西伯利亚，还有很多的种族，其发达的程度，更加幼稚。

第三节 苏俄的民族根本政策

（一）苏俄对于民族问题的根本政策，是承认各民族的民族自决权，即是承认与本国分离，有独立的国家存在权。关于这个问题，有以下的决定，（A）关于民族一切压迫的形态，绝对不承认。（B）建设自己的国家之际，承认国民的平等与确信。（C）国民巩固的结合，是建筑在互助与任意原则上。（D）这种结合的实现，只有全权的民族，才有可能。

俄皇主义的俄罗斯化政策，在俄皇主义与被压迫民族之间，划分了巨大的鸿沟，惹起了被压迫民族的民族运动。少数派与社会民主党的政策，也促进民族间的广大群众反对克伦斯基。多数党的政策，得到反对俄皇主义及帝国主义俄罗斯的资产阶级的广大群众的拥护，并且在偏僻的落后的地方，也变成建立苏维埃政权的根基。

（二）在俄皇主义及支配的资产阶级的时代所造成的民族之不平等，还残留在苏联内。一般的法律，对于大俄罗斯人，常给以权利与特权的保证。苏俄政府现在已把这些民族间的不平等扫除了。

（三）在经济、文化方面，因俄皇政府及资产阶级实行过很多不平等的政策，要想一时废除这种事实上的不平等，是很困难的。俄皇政府对于其他的民族，不徒不提高文化，反而加以束缚，不许其向前发展。苏俄政权的本质，是一切民族的工农联盟，使一切的民族一律平等，参加经济及国家组织。苏俄政府为废除事实上的不平等起见，所以要使这些后进民族有追上先进民族的可能，要使他们发展而且巩固与这些国民的民族形态相适合的国家，使他们自由使用自己的语言，使熟习住民的生活、心理的人们，构成裁判与行政，建筑自己的政权，并设置学校、戏院、俱乐部、出版物及一般文化启蒙机关。

以上是苏俄民族问题的大概。

第五章　民族问题几个根本原理

第一节　被压迫民族革命与被压迫阶级革命

被压迫阶级革命运动，有三个重要的原理。第一个原理，是暴露金融资本之支配、资本输出与独占资本之寄生的性质。独占的金融资本的重压，使帝国主义国内的被压迫阶级必然的团结自己的力量，为推翻资本主义的统治而斗争。因此，第一个原理所得到的结论，是资本主义国家内被压迫阶级革命危机的激烈化。第二个原理，是被压迫民族解放运动的原理。对于殖民地半殖民地的资本输出、"势力范围"及殖民地的扩张，大多数民族为少数"文化国家"之金融的奴隶化，殖民地的压迫，全世界之资本主义化，——这一切都是由第二个原理暴露出来的。因此一方面，形成了世界经济的系统，他方面，全世界形成了两个营垒——即压迫并剥削从属国殖民地广大领域的少数"先进"资本主义的营垒，与想从帝国主义的重压下解放出来而决死斗争的大多数从属国殖民地的营垒。第二个原理所得到的结论，是殖民地从属国的被压迫民族反帝国主义斗争的激烈化。第三个原理，是暴露帝国主义列强间为掠夺殖民地而进行的激烈斗争乃是不平衡的发展，而其恢复平衡的唯一手段，即是帝国主义战争的不可避免性。这种帝国主义列强间的战争，必然的使他们衰弱，而促成被压迫阶级革命与被压迫民族解放斗争的联合。第三个原理所得到的结论是：帝国主义时代的战争是不可避免的，为打倒帝国主义而形成的被压迫阶级革命与殖民地革命之间的联合，也是不可避免的，因此，形成了世界革命的国际联合战线。

这样看来，民族解放运动，在被压迫阶级革命中所占的地位，就很明白了。民族解放运动，是世界革命最重要的枢纽，是资本主义支配全部的问题，是与打倒帝国主义及被压迫阶级革命相关联的问题，决不是孤立的单独的问题。西欧无产阶级革命的胜利，假如没有民族解放运动直接的同盟，就不能实现。

第二节　民族自决权

民族自决权要求，决不是自治权的要求，要限制民族自决权在自治权狭隘的范围内，那当然是错误的。若要把民族自决权，曲解为文化的自治权；把政治的权力，依然委诸压迫民族的党中；而只把文化的设备（教育机关）、宗教等归之被压迫民族，把被压迫民族斗争的武器，变为压迫民族支配的工具，这种主张更是错误之至了。所谓民族自决权，实是殖民地和隶属国对于帝国主义的本国，完全脱离的权利，是被压迫民族要求独立国家存在的权利。这种民族分离权和建设独立国家权，不是法律的问题，不是帝国主义宪法范围的问题，不是"民族平等"的声明书和宣言的问题，而是实际斗争的问题，即是以被压迫民族的实力对付帝国主义列强的实力的问题。

但是民族自决权，不是绝对的，不是牺牲被压迫阶级革命可以单独来主张的。这一点，必得切实注意，否则真正的民族解放，决谈不到。

第三节　民族问题几个原理的总括

（一）世界分为两大营垒——有全权的少数压迫剥削民族与没有权利的大多数被压迫被剥削民族。

（二）后者是前者之力的源泉。

（三）被压迫民族反帝国主义的民族解放运动，是从剥削与压迫解放出来的唯一道路。

（四）压迫民族中被压迫阶级革命与压迫民族解放斗争，对于反抗帝国主义资产阶级，有形成共同战线之必要与必然，没有这两种共同战线，两者的胜利，是不可能的。

（五）被压迫阶级不积极援助被压迫民族的解放斗争，就不能形成这种共同战线。

（六）只有民族的结合与协助，才能建设单一世界经济。

（七）民族的结合，不是合并，而是由于各民族的自由意志与相互的信赖。（完）

1929 年

法理学与世界观及社会观*

（1947）

第一节　法理学与世界观

法理学原是法律哲学。法律哲学，是一种特殊哲学，是哲学中的一个分支。特殊哲学与哲学，具有密切的关系。各派法理学，都采用一种哲学作为理论的根据。各种法理学，都是一种特定的哲学在法律领域中的应用和扩张。

哲学的种类很多，派别也很复杂。法理学所以有许多派别，主要的是由于那些法理学的哲学基础不同。这里我们无须说明那些哲学的派别，只把本书所采用为根据的一种哲学，作一个简要的说明。

本书所采用的哲学，是一个科学的世界观。科学的世界观，是研究整个世界的发展的一般法则的科学。它是人类知识全部历史的总结论。

科学的世界观的根本论纲是："存在规定意识。"这个论纲，认定世界是离开人类意识而独立的客观的实在。这客观的实在，即是存在；客观的实在在人类头脑中的映像，即是意识。映像依存于被映像的对象，并受它所规定；同样，意识依存于存在，并受存在所规定。所以存在规定意识，意识不规定存在。关于这一个论纲，还有一方面的意义。意识受存在所规定，这是意识的受动性；但意识对于存在，也有一种反作用，这是意识的能动性。所以人类认识了世界以后，能够改造世界。

＊ 本文为李达所撰《法理学大纲》第一篇"绪论"之第一章"法理学与世界观及社会观"。《法理学大纲》是李达 1947 年在湖南大学法律系任教授时所撰写的讲义，当时曾由湖南大学分上下两册石印，但下册佚失，只留下上册的三篇共十二章，其中第三篇第三章"法律的属性"还不完全。本文集收录的相关文章均选自法律出版社 1983 年出版的《法理学大纲》。

科学的世界观，基于上述论纲，认定世界一切事物都是运动着，同时又都是互相联系。世界一切事物的联系，是运动中的联系；一切事物的运动，是联系中的运动。科学的世界观，认定世界存在的根本形态是运动。物质世界，是物质运动的复杂的具体形态之统一。运动不仅是同一物的单纯位置的变化，而且是发展，变化，由低级形态到高级形态的推移。发展的根源，不在外部的原因之中，而在发展着的世界的自我运动之中。这自我运动的渊源，是矛盾，是一切现象中内在的互相结合互相排斥的矛盾。一种事物，转变而为与它自身相反的事物，由于量的蓄积所引起的质的变化而显现，由于特定的关联之断绝而显现。旧事物之转变为新事物，常循一定的方法，表明旧事物的否定，同时表明旧事物在比较高级形态上的改造。所以科学的世界观，是研究世界发展的一般法则的科学。

科学的世界观之构成，完全借助于人类知识全部历史的成果。客观的世界，最初反映于我们直接的直观上，出现为混沌流动的总画面。为要认识这总画面内部各部分的各种相互联系及各种发展法则，而把它们统一为一般的发展法则，我们首先要认识构成这总画面的各个部分，然后对于这总画面才能有明了的观念。换句话说，我们先要认识这总画面各部分的特殊发展法则，然后才能在论理上把它们综合为一般的发展法则。

世界分为自然与社会两部分。研究这两部分的特殊发展法则的科学，是各种自然科学与社会科学。各种自然科学与社会科学，各把特殊的自然现象或社会现象作为研究对象，而发现各种特殊发展法则。所以哲学要认识世界而发现世界发展的一般法则，就必须利用一切个别科学的结论，把那些特殊发展法则，实行论理的综合，才能得到适合于一切特殊领域的一般法则。只有这样，世界各部分现象之一般的联系的发展法则，才能从直接的直观，转变为由思维所媒介的综合，即是在思维上再现出全体世界的形像，形成为统一的世界观。

科学的世界观之论理的构成，既是个别科学的结论的普遍化，它必然能成为个别科学的方法。从分析与综合的关系上说来，个别科学是相对的分析的科学，哲学是相对的综合的科学。综合以分析为前提，分析受综合所指导，因而个别科学受哲学所指导，即是说，哲学是贯串于个别科学的一般的方法论。因为哲学上所处理的一切原理、范畴与法则，是各种个别科学所处理的特殊的原理、概念与法则的普遍化。而各种特殊的原理、概念与法则，是一般的原理、范畴与法则在各个特殊领域中所采取的特殊姿态（即个别化与具体化）。在这种意义上，哲学可说是个别科学的代数。个别科学，必须适用哲学的思维法则，才能正确地理解对象。

基于上述简括的说明，可见哲学是科学的世界观与科学的方法论之统一。它研究的对象，是整个世界发展的一般法则，是自然、社会与思维的发展的一般法则。它是理论与实践的统一，它是人类知识全部历史的总结论。

法理学是哲学的一个分支，是科学的世界观的构成部分。这科学的世界观在法律领域中的应用和扩张，就构成为科学的法律观——这就是法理学。

第二节　法理学与社会观

法理学所研究的法律现象，是世界万有现象中的一部分，同时又是社会现象中的一部分，所以法理学不但是科学的世界观的构成部分，同时又是科学的社会观的构成部分。从世界观到社会观、到法律观的推移，是顺次由普遍到特殊的推移。法律观被包摄于社会观之中，直接由社会观所指导，间接由世界观所指导。在这种意义上，法理学是通过社会观而接受世界观的指导的。于是法理学与社会观的关系，比较它与世界观的关系，更为具体而直接。所以这里更进而阐明社会观与法理学的关系。

科学的社会观与科学的自然观，同为构成科学的世界观的两大部分。两者又都是科学世界观之具体的表现。

科学的社会观，是科学的世界观在整个社会领域中的应用和扩张。它是以研究社会发展法则为对象的科学。

科学的社会观的根本论纲是："社会的存在规定社会意识。"所谓社会的存在，是指人类社会的现实的生活过程，是指人与人在生活资料的生产过程中发生的相互关系，即一切经济关系，即社会的经济构造。所谓社会意识，是指一定社会阶级、职业等集团所具有的未组织或已组织的感情、情绪、思想或学说。简单点说，社会意识，是社会的存在之映像，受社会的存在所规定。社会的存在是根本的东西，社会意识是依存于社会的存在而发生的东西。如没有社会的存在，便没有社会意识。但是社会意识虽受社会的存在所规定，而社会意识也能影响于社会的存在，如主义或学说之能促进社会的变革，即其例证。不过这种主义或学说所以有促进社会变革的力量，仍然是由于反映了社会现实生活过程的法则，那种力量仍然是潜伏于社会的存在之中的。

科学的社会观的研究对象，可作如次的极简括的说明。

第一，科学的社会观，把社会当做特定历史发展阶段的经济构造去理解，阐明其固有的机能与发展法则，更进而探求那些与这经济构造相适应的政治的与意识形态的上层建筑，说明其内在的关联，以达到基础与上层建筑的统一，以形成一定的社会构成形态之生动的形像。

第二，科学的社会观，把社会当做客观的合法则的发展过程去理解，阐明各个特定阶段上的社会特殊发展法则，阐明社会由低级形态到高级形态的特殊发展法则。

第三，科学的社会观，把社会全部历史划分为先阶级社会、古代社会、封建社会、现代社会、未来新社会这五个顺序发展的阶段，指出人类社会发展的一般的进行与特殊发展阶段上的特殊形态之统一，指出历史过程的统一与联结，发现历史发展之一般的正确法则。

简述起来，社会学的研究对象，是在最一般的大纲上，说明人类社会之历史的客观的发展过程及其发展法则，阐明各种社会构成形态的特殊发展法则，及由低级形态到高级形态的特殊转变法则。

所以科学的社会观，是在最一般的大纲上，反映出统一的社会史的发展过程及其发展法则，反映出特殊的各种社会形态的发展及其转变的根本法则的理论。

科学的社会观，是社会发展的理论，同时又是社会认识的方法，是社会科学的方法。这方法的主要点如下：

（一）在社会的存在与社会意识的正确关系上，去理解各种历史的社会的现象。这就是说，要把特定社会形态的物质的生产关系，当作一切历史之现实的物质基础抽取出来，把一切历史的社会的现象，当作与特定历史阶段上的生产关系相联系的现象去理解，去考察。

（二）在全体的关联上去理解各种社会的现象。社会是包摄生产关系总体、国家形态、法律制度与意识形态的系统，而生产关系总体是这个系统的基础。同时，基础与上层建筑间，上层建筑相互间，又有极复杂的相互作用。并且，社会的基础，是生产力与生产关系的对立的统一。对于这对立的统一之认识，是理解各种社会现象的关联性的基础。

（三）在发展过程上去理解各种社会现象。一切社会现象，都是发展的。一切社会现象的发展，都是内在的对立物的冲突，归根结底，是生产力与生产关系的冲突。所以研究一切社会现象的发展时，必须深入的暴露其发展的根本动力，由此以探寻其发生、发展及其殁落的趋向。

科学的社会观，不单是社会认识的方法，同时又是社会实践的方法。理论不是教条，而是实践的指导。各种理论的命题，如果移到现实生活方面，并根据它改造现实生活时，这理论就有直接的现实性。社会的实践，是人们要变更社会的客观现实性，而使它适合于自己目的的种种有计划的行动。人们如果得到社会发展的理论，反映出社会的发展法则，就能够指出对于社会现象预见的可能性。这种预见，与社会的实践相结合。只有在理论与实践的统一上，才能反映社会发展的法则，预见社会的将来，人们才能有计划的从事社会的实践。所以科学的社会观，是社会的理论与实践的统一。

科学的社会观，是社会科学的方法。各种社会科学，必须根据科学的社会观，去认识其所研究的社会现象及其发展法则。单就法理学来说，法理学必须接受科学社会观的指导，把法律制度当作建立于经济构造之上的上层建筑去理解；阐明法制这东西，是随着经济构造之历史的发展而发展，而取得历史上所规定的特殊形态，阐明其特殊的发展法则，使法律的理论从神秘的玄学的见解中解放出来，而构成为科学的法律观。

各派法理学的共同缺陷*
（1947）

各派法理学所以都未能构成为一个科学的法律观，据我的考察，是由于各派都有下述四个共同的缺陷。

第一个缺陷是：各派法理学的哲学基础，都是观念论。古代哲学派、中世神学派、自然法学派、德国哲学派、社会哲学派等，都是观念论的流派。历史派的哲学观点，是黑格尔的观念论。分析学派的哲学观点，是功利主义和实证主义，都是观念论。比较学派的哲学观点，是实验主义，也是观念论。社会学派的哲学基础，是实用主义或社会的观念论。一切观念论者，都主张思维规定存在，在法律领域中应用起来，就是从主观的构思中，假设一个标准作为考察法律的根据，而使现实的法律生活与其头脑中的假想相符合。这种玩弄观念的法律观，既可以粉饰现实，化腐朽为神奇，又可以用精制的公平原则，供做市民立法者的参考。至于自己的学说有无科学的根据，那是在所不计的。因为他们宣称哲学不是科学，用不着科学的称号。

第二个缺陷是：各派法理学都没有历史主义的观点。各派学者完全不懂得人类社会的历史，不懂得国家是社会发展过程中必然的产物，因而也不懂得法律与国家的关系，以及法律与国家随着社会的发展而发展的过程。他们大都把国家看做和社会是同一的东西，把法律看做和社会规范是同一的东西。自然法学者虽然假想着把人类社会史划分为自然状态与国家状态，而其所假想的自然状态，纯属虚构而缺乏历史的根据。历史学派虽标榜历史的方法，但也只限于研究法律的历史，而专从罗马

---

* 本文选自李达所撰《法理学大纲》（法律出版社 1983 年版）第二篇"各派法理学之批判"之第六章"各派法理学的总批判"之第二节"各派法理学的共同缺陷"。

法旧籍中去探求民族的法律确信，并不能理解法律的起源。社会法学派虽然宣称法律现象是社会现象的一部分，而其所根据的市民社会学，并不能说明国家与法律的起源及其发展的过程。这一切法理学者，因为缺乏历史主义的观点，所以主张国家和法律是观念或精神——神、上帝、观念、"自然"、绝对理性、世界理性——的产物，而应用其抽象的逻辑，以演绎法律的原理。他们甚至应用现代市民的法律观念，以推论市民社会以前各个历史阶段上的法律，甚至推论原始茹毛饮血，穴居野处的时代也曾有法律存在。这样建立起来的法理学，当然没有科学的性质。

第三个缺陷是：各派法理学都缺乏社会现象互相联系的观点，不懂得法律在社会诸现象中所处的地位。他们不懂得法律与国家的正确关系，也不懂得法律和国家两者同经济生活的关系。例如近代私法的绝大部分，都是规定财产关系的，其他公法的大部分，也与财产有关。这明明表示着法律与经济的关系是十分密切的。但他们认为研究法律而涉及经济，便是粗陋的说法。他们只主张法律是意志的表现，而与经济没有关系。至于阶级关系的问题，他们便三缄其口。即使有人率直的谈及法律与经济的关系及阶级关系，他们却认为浅陋，予以抹煞或鄙视。他们所讨论的是一般权利与义务的问题、法律的公平正义的问题，最大限度也只是说起个人的及社会的利益或法益的问题。对于市民国家的社会立法，则用抽象的社会的公平原则，因为发挥其抽象的不着边际的议论，表示其学说的渊博与精深。但若对于他们的学说，仔细加以考察，仍只是巩固市民秩序的论据。法律原是随着现实的社会生活的变化而变化，但他们却不愿意理解现实社会的真象，而与社会的现实相隔离。

第四个缺陷是：各派法理学都是站在不公平的基础上去觅求公平的。柏拉图和亚里士多德，双脚踏在奴隶的背脊上，大叫法律是正义，是公平。中世纪神学的法理学家，站在农奴制的基础上，宣称法律是正义，是公平。近代法理学家，站在雇佣奴隶制的基础上，提倡法律是正义，是公平。所以各派法理学家所寻求的法律公平或正义，只是不公平中的公平，不正义中的正义。

总起来说，市民的法理学，只是想把自己阶级的意志加入于统治万人的法律之中。他们的意志之根本的性质与方向，是受他们的阶级的存在之经济条件所决定的。

法律与国家的关系[*]
（1947）

第一节　国家的目的与法律的作用

一、各派法理学的国家观与法律观

本篇就法律作论理的考察，研究法律的概念，阐明其本质与属性，借以探索法律的发展法则。

在从事于法律之理论的考察时，有一个先决问题，必须予以解决，才能进行研究。这个问题，就是法律与国家的关系如何的问题。法律与国家，具有不可分离的有机的联系，离开国家，法律就不能存在。关于这种联系，我在绪论中，曾经提出如下的论纲：

> 法律制度与国家形态，是一体的两面。国家是法律的形体，法律是国家的灵魂。法律是实现国家目的的工具，是发挥国家机能的手段。法律是附丽于国家而存在的。有国家必有法律，有法律必有国家。历史上没有无国家的法律，也没有无法律的国家。世界上有什么样的国家形态，必有与之相适应的法律制度。

从上述论纲一看，可知法律与国家的联系的密切。若果切断法律与国家的联系或不能正确的理解两者的关联，对于法律的性质与功能，也就无从理解。

从来各派的法理学者，在描写其法律本质论时，大都先叙述其一定的国家观。从这一点说，也足以证明：如果离开了关于国家的考察，就

---

　　* 本文选自李达所撰《法理学大纲》（法律出版社 1983 年版）第三篇"法律之论理的考察"之第一章"法律与国家的关系"。

不能阐明法律的概念。

这里，先检讨各派的国家观与法律观，然后再展开上述的论纲。

从来法理学者的国家观与法律观，大致可归纳为下述四种。

第一种是神学的国家观与法律观。神学的国家观，主要的说明世界是神所创造的，国家也是神所创造的。神为了支配国家，特为遣派了代理人做国王。这个观念，是初期国家时代的人们的观点。在西方不但中世纪基督教徒这样主张，即古代希腊学者，也曾这样主张。中国古代所流传的"天生民而立之君"以及所谓"天子者，天之子也"这一类话，都是神学的国家观。这样的国家观，中世纪神学的法律学者，做了有系统的说明，如第二篇所述奥古斯丁之类便是。国家既是神所创造的，国家的法律当然是基于神意所制定的。所以奥古斯丁说，国家与法律，是上帝用以惩罚人类的罪恶的，原是不得已的恶事。这是宗教的国家观与法律观，是统治者的神道设教，其荒唐无稽，用不着加以批判。

第二种是绝对主义的国家观与法律观。这种国家观，是主张君主即国家的学说。欧洲中世纪末叶，市民阶级逐渐得势，但羽毛尚未丰满，他们不能不仰仗于封建的君主，使国家脱离教会而独立，使王权升高到教会权力以上，并把当时分立的封建诸侯的领土并合起来，建立一个强有力的民族统一国家。这种国家，比较中世纪神权的国家，是能够适合于当时市民的要求的，所以那时的法律学者布丹（Jean Bodin，1530—1596），主张君主国体是最好的国体。"臣民遵守君主的法律，君主遵从自然的法律，这样，臣民的本来的自由与财产就得到保证。"这样的主张，正是反映十六世纪当时法国市民的要求，而期望法国那样世袭的国王，变为保护市民的自由与财产的国王。其次，霍布斯说："国家是由一社会中各人相互间的契约而集结他们的意志为一体的一个人格，这个人格，为了社会的秩序与和平，得自由行使社会中一切的权力。"他所说的国家人格，即是"机械化绝对化的君主人格"。国家既然即是绝对主义的王权，法律当然也是君主的命令了。法王路易十四所说的"朕即国家"，以及当时所流行的"王之所欲即为法"、"君言即法"的谚语，正是这种国家观与法律观的具体化。

第三种是民约论的国家观与法律观。这种国家观，是市民阶级革命的国家理论，是绝对主义国家观的否定。十七、十八世纪以来，市民阶级势力已经壮大，有掌握国家权力的能力了。他们感到绝对主义的政治障碍着资本主义的自由发展，并使他们的生命自由与财产得不到保障，所以市民的法理学者，就向着另一方向去探求国家的起源，而从"人类的自然状态"的假设出发，引出了社会契约说，作为国家成立的根据。社会契约说的集大成者是卢梭，这在前篇中已经述说过了。依据这一学说，国家的构成，是由人民互相同意缔结契约而来的。所谓国家权力，即是在人民的直接政治中发现的普遍意志。法律正是这个普遍意志的产物。这个国家观与法律观，虽然已经由法兰西革命把它实现了，但那学说本身，既不是历史的，也不是论理的。它只是市民的权利宣言。

第四种是玄学的国家观与法律观。这种国家观，是德国黑格尔所创造的，可说是因为不满意于契约说的一种相反的学说。如同前篇中所述，这种国家观主张国家是"绝对理性"的最高发展阶段，是"伦理的观念的实现"，因而法律就是"实现伦理的观念的国家规范"。这是法国革命的德国理论。

以上各种国家观与法律观，其发展的路线，是从天上到地下，从神意到人意，从君意到民意、到绝对理性，可说是逐步前进的。这些学说，各有其时代的背景，各各反映其各时代的特殊阶级的利害。神学说反映古代和中世纪的统治阶级的利害，绝对主义反映当时势力薄弱的市民阶级的利害，契约说反映革命的市民阶级的利害，玄学说反映十九世纪初期德国市民阶级的利害。但这玄学的国家观与法律观，为市民阶级的国家与法律加上了神秘主义的外套，而其内容是精炼了的宗教的与伦理的化合物。这可说是市民的国家观与法律观的最高峰。

上述各派的国家观与法律观，虽是各该时代的产物，虽是反映着各时代特殊阶级的利害，但从理论的角度看，它们都是主观的，不是客观的；是玄虚的，不是科学的。并且，这些学说，不曾理解国家与社会的区别，也不能阐明国家的本质，因而不能阐明法律的本质。以下，我想略述科学的国家观与法律观，指出法律与国家的正确关系，然后再进而检讨各派关于这一问题的议论。

二、科学的国家观与法律观

依据晚近社会、历史学说的研究，国家是在氏族社会崩溃以后才产生的东西，是人类社会史发展过程中必然的产物，是社会分裂为阶级以后阶级冲突不可调和的结果。私产的形成，阶级的分裂，是国家产生的根本的前提条件。当社会分裂为独占生产手段的阶级与丧失生产手段的阶级对立之时，阶级间必然因经济利害的关系而引起阶级斗争。斗争发生以后，丧失生产手段的阶级，势必侵犯生产手段的独占，因而有破坏社会既成秩序的危险。于是独占生产手段的阶级，为谋确保其经济上的利益，就不能不利用其特殊的势力，建立国家这种权力机关，借以镇压那些占人口多数的直接生产者的阶级，把阶级斗争固定于经济的领域，即所谓合法的形态。所以历史上一切的国家，都是阶级统治的机关。古代国家，首先是奴隶所有者统治奴隶的机关。其次，封建的国家，是封建领主统治农奴及隶农阶级的机关。近代的代议制国家是市民阶级统治勤劳大众的机关。

成为社会发展产物而出现的国家，是阶级社会之政治的上层建筑，其基础是阶级的经济结构，即阶级的生产关系之体系。一切政治的上层建筑，结局总服务于生产，结局由当时社会的生产关系所规定。从根本上说来，国家的目的，就在于保障特定的阶级的经济结构。

国家为要保障其特定的阶级的经济结构，必须履行两种基本的任务。第一种基本任务，是对内镇压被统治阶级的叛乱（即镇压内乱），防止经济结构的破坏，而把其他一切经济上的利害冲突，纳入于国家秩序的界限之中。第二种基本任务，是对外防卫外来的侵略（或准备对外开疆拓土的侵略），以维护经济结构的安全。

国家为要完成上述两大基本任务，首先必须有一定的物质力的强制装置。这种强制装置，即是公权力。这公权力的内容，即是军队、宪兵、警察、法庭、监狱等一类东西。在社会没有分裂为阶级以前，即在氏族社会时代，为防卫外来的袭击，全社会的人员都自动的武装起来。这是氏族人员自治的武装组织。但是进到了阶级社会，那种自治的武装组织，就改变为阶级的武装了。权力的独立化的真实背景，就在于武装性质的阶级化。

国家为要掌握公权力，就必须有行使公权力的人的机关。这行使公权力的人的机关，即是由官吏们组成的政府。官吏享有特权，站在社会之上，与民众相隔绝。他们具有无上的权威，不可侵犯，还强使人民尊敬他们。文明国家中最低的警吏，具有比氏族社会的一切机关的总和还要大的权威。但文明时代最有势力的王侯，却比不上最微弱的氏族长老所能得到的人们自发的尊敬。

国家为要组织公权力和行使公权力的政府，就必须有维持公权力的物质手段和人的手段。于是赋税与徭役就成为必要。国家向人民征取租税以及租税的种类和分量等等，都受社会经济发展的特殊性所决定。至于徭役的制度，也因时因地而有所不同。

国家为要组织公权力和掌握公权力的各级政府机关，以行使其统治权，就必须厘订各种组织的规则。这些规则，与以前氏族社会的规则不同。在氏族社会中，没有公权力，只有其所属人员的自动的武装组织，由各氏族人员全体参加，一切都按照传统的习惯等组织而成。至于国家，是以领土区分人民的，和氏族之以血统关系区分其所属人员的方法不同，而是按照地区规定所出兵额的。并且最初担任兵役的人，只是自由民一阶级，奴隶是不许武装的（往后才容许被解放了的奴隶参加）。至于宪兵、警察、法庭、监狱等一类，完全是新设的东西。所以在组织公权力一方面，国家必须厘订出种种新的规则来。其次，行使公权力的政府机关，也与从前氏族的共同机关完全不同。氏族社会的各级机关，由氏族人员全体参加，对内对外的一切共同事务，由氏族人员共同推选氏族长或种族长去处理。至于国家的各级政府机关的组织，却与氏族的机关不同。从古代希腊的初期雅典国家来说，一切权力，都掌握在所谓元老院手中。元老院的分子，都是所谓贵族。他们是在氏族社会末期独占了生产手段的特殊的氏族长老（如希腊雅典国家成立的初期，各氏族长都是元老院的分子，他们都被称为贵族）。一切官职就任权，都归属于他们。国家的元首，也都由他们拥戴出来。所以政府各级机关的组织，以及统治权行使的各种规则，都完全是由新成立的国家拟定出来的。

再次，就要说到国家保障阶级的经济结构的各种规则了。阶级的经济结构，是在氏族社会崩溃时形成的。在此以前，主要的生产手段即土地，属于氏族公有，因而经济是平等的。自从社会被分裂为独占生产手段与丧失生产手段的阶级以后，形成了阶级的生产关系，随着也就发生了与它相适应的私有制的新习惯，而与旧日公有制的旧习惯相对立。于是利害相反的两阶级互相冲突。独占生产手段的阶级以新习惯为利益，丧失生产手段的阶级以旧习惯为利益。冲突的结果，胜利归于前者，新习惯战胜了旧习惯。国家成立以后，就以确认私有制、保障阶级的经济结构为目的，因而就把那些新习惯制定为种种规则。基于保障阶级的经济结构的目的，对于从来的其他社会习惯，分别取舍，凡属适合上述目的的东西，就拟订容许的规则；凡属违反上述目的的东西，就拟订禁止的规则。

国家所拟订的上述种种规则，就成为人民行为的准绳。人民的行为，如果逾越了那些规则的范围，国家又用另行拟订的许多规则来处置他们，其后盾就是公权力。

以上种种规则的总和，就是国家规范——法律。所以法律的功用，从根本上说来，就是实现国家的目的。法律是附丽于国家而存在的。

第二节　各派关于法律与国家的关系的曲解

一、混同国家与社会的谬误

关于法律与国家的关系之正确的认识，是理解法律的本质之重要的关键。各派法理学者，既不能理解国家与社会的区别，却凭主观的空想描述其国家观；既不能理解国家的本质，却又妄谈其法律的本质论。这种流弊，在最近的法理学著作中，表现得更为明显。那些著者，局限于法律的领域中，专凭主观的见解，论述法律与国家的关系，从而展开其法律本质论。这类错误的见解，实有予以纠正的必要。

第一种错误的见解，是把国家与社会视为同一，把国家规范与社会规范视为同一。例如：

宾登格（Binding）说："有法律则有社会。"

斯达穆拉说："有社会则有法律。"

佐摩洛（Felix Somlo）说："我们把服从特定规范的人类团体，叫做社会。"

比尔林（Bierling）说："如果人与人间的相互行为，依法律而规制，则不问其人数为多为少，或不过二三人，又不问其行动的规律之为继续的或为一时的，这里必定形成了共同生活——即人类社会。"

美浓部达吉说："所谓有社会即有法律的格言，实为贯通千古的真理。社会与法律，殆如形影之相随。"又说："凡有社会的地方，不能不有法。如家族有家族的法，学校有学校的法，公司有公司的法。此外，无论为议会，为政党，工场，交易所，亦各有其特有的法。即如商人、伶人、力士等等，亦各有其内部的法。又如围棋、象棋、以及棒球、高尔夫、扑克、麻将等游戏，在其实行之时，亦不能没有法。不但如此，即在国家所禁止的不法社会，如赌徒、暴力集团、秘密结社等，其内部亦有严格的法在规范着。"

上述那类见解，显然是混淆了国家与社会两个范畴，因而混淆了国家规范与社会规范两个范畴，把两者视为同一。这是很严重的错误。依据前节的研究，我们已经知道，国家是社会发展过程中的产物，是在氏族社会的废墟上长成起来的东西。国家是社会的上层建筑，并不就是社会。在氏族时代及其以前的数十万年历史中，都是没有国家状态的社会。至于有国家状态的社会，迄今不过四千年左右。国家是和社会截然有别的东西。国家并不就是社会。我们要把有国家状态的社会叫做政治的社会，那是同义异语，没有语弊。若把许多个人组成的团体叫做社会，因而把国家叫做许多社会中的一种社会，或把它看做最高形式的社会，那是市民的形式社会学的虚构。现代许多法律学者和政治学者，把国家和社会视为同一，都是受了市民社会学的影响，或与市民社会学有同一的渊源。其最大的作用，无非是把国家看做万古长存的东西。但在历史上，社会是万古长存的，而国家却是社会发展过程中一定阶段的产物。

至于所谓"有社会则有法律"那类格言，在历史上说来，也纯属虚构。原始社会初期，人类茹毛饮血，穴居野处。当时他们果然有过法律么？再就原始社会后期即氏族社会来说，当时的秩序是专靠传统习惯维持的，决没有象文明时代所说的法律。习惯是社会规范，法律是国家规范，两者并不是同一的东西。在没有国家状态以前的社会中，只有社会规范，没有国家规范。在有国家状态以后的社会中，除了国家规范以外，还有社会规范。就一般的方面说，各个阶段的社会中，各自有其一定的风俗、道德、习惯、宗教等等的规范。就特殊的方面说，乡有乡约，社有社约，族有族规，家有家规，行有行规，帮有帮规。这些社会规范，与国家规范并不相同。又如现代社会生活，非常复杂，自然人所组织的团体，日见增多。这些团体，如果依法组织，就成为法人。法人依法制定规则，当然有拘束其团体成员的效力，并可受到法律的保障。但如果法人违反法律而制定规则，那便是违法，还得受到法律的取缔。所以，团体内的规章之能够具有其拘束团体成员的效力，是因为那规章合法，或者至少不违法，却不是规章本身可以成为法律。至于学校的规则，其所以有拘束学生的效力，是因为那法则合于教育法令，也不是那规则本身可以成为法律。又如商人间所通行的规则，或者依据于商事法规，或者依据于商务习惯。商务习惯如不与法律相抵触，当然有效。习惯之具有效力，由于它不与法律相抵触而又经法律所承认，并不是习惯本身即是法律。此外如各种游戏团体的规则，那是属于社会规范，决不能称之为法。

象美浓部达吉等一类学者，想不至于不懂得法律的涵义，为什么偏要滥用法律的概念呢？他们不但把游戏团体的规则看做法律，甚至还把赌徒、窃贼、强盗等集团的规则，也都看做法律。这样滥用法律的概念，无非是想借以证明其"有社会则有法律"之观念论的虚构，但在另一方面，却暴露了自己对于人类社会历史的无知。

二、法律的拘束力与国家的权力之关系

从来的法理学者，大都不能正确的理解法律与国家的关系，说国家有国家的权力，法律有法律的权力。至于国家权力与法律权力的关系如何？这大概有三种解释：第一种解释，主张国家的权力属于主权者，法律是主权者的命令，即法律的权力是由主权者得到的。如霍布斯与奥古斯丁等，是这样主张的。第二种解释，主张国家的权力与法律的权力是互相对立的。国家创造出法律，自己却又服从法律。这样，国家一方面是超法律的组织而成为法律的前提，同时国家又服从法律而以法律为前提。这是近代法律学的传统观念。第三种解释，主张法律的权力即是国家的权力，或者说国家的权力符合于法律的拘束力。所谓"法人国家"学说、"法治国家"学说、"法律主权"学说，都属于这一类。

上述各种学说的主要错误，是由于没有理解国家的产生及其发展的过程，没有理解国家之历史的性质及其使命，因而不能认识法律与国家的真实关系。国家是特殊阶级统治另一阶级的机关。所谓国家权力，即是公权力，即是统治权，亦即近代所说的主权。所谓统治者，即是掌握公权力的特殊阶级（或其代表），即是所谓主权者。至于法律，是统治者为保障阶级经济结构而拟订的种种规则，是凭借公权力强制人民遵守的国家规范。法律本身是没有什么权力的。要说法律有权力，那是它背后的公权力。法律如果没有公权力做后盾，它只是一纸具文。所以法律的拘束力（或者说法律的权力），是从公权力发生的。

历史上一切的国家，都是独占生产手段的阶级统治丧失生产手段的阶级的机关。一切国家的法律，都是适合于特殊阶级的利益而制定的。古代希腊和罗马的国家，都是奴隶所有者统治奴隶的国家。奴隶所有者阶级，在希腊方面，有贵族和普通自由民的阶层；在罗马方面，有贵族和平民的阶层。由于那些阶层的势力的消长，出现了所谓君主制或民主制的政治，其形态虽然复杂，而国家的本质并无变化，即仍是奴隶所有者的国家。这类国家的法律，是适合于奴隶所有者的利益的法律。其最主要的特征，是确定私有制，保障奴隶制的经济机构。其法律的制定者，在民主制之下，由奴隶所有者各阶层共同制定；在君主制之下，由君主及其官僚所制定。而法律的基础，仍是奴隶制经济。

封建国家，是封建阶级统治农奴或农民的国家。封建阶级因其所领土地的大小，分为许多等级。其政治形态，也有中央集权的君主制与地方分权的民主制。封建的法律，是保障封建的经济结构的法律。各级领主，各自制定统治其所属领地人民的法律。最大的领主——国王，设有中央集权的统治机关，对于所辖各级领主，有一定的规定支配与服从的法律，并经由领主而间接的统治其人民。

到了近代，由于市民阶级经济势力的成长，民族统一的国家的形成，于是绝对主义的政权，变成了由封建国家到市民国家过渡的形式。这种政权，建筑在贵族僧侣与市民阶级的均势之上，专制的君主具有最高无上的权力，出现了"朕即国家"的现象。布丹等人所倡导的主权学说，正是这种状态的反映。当时的国王即所谓主权者，一面利用市民阶级以压抑贵族的势力，一面又和宫廷贵族制定种种不利于市民的新法律，显出了法律是主权者的命令的现象。实际上，在历史的发展过程中，市民阶级在当时已从旧日被统治的身分〔份〕，跻升于三级会议，而加入于统治阶级之列了。可是当时国家的法律还不能适合于他们的利益，他们的财产还受到法律的侵害。所以他们很热烈的要求把国家的主权转移到他们的手中。卢梭的人民主权学说，就是当时市民阶级意志的表现。由于一七八九年的大革命，市民阶级掌握了国家的权力，他们变成了主权者。新国家的法律，名义上是基于所谓"普遍的意志"，实际上只是市民的意志。法律仍然是主权者所制定的。但在所谓立法权属于全体人民而行政权属于政府这个意义上，国家的权力和法律的权力，仍然采取对立的形式。

降逮十九世纪后期，市民社会进到了帝国主义阶段。由于资本的集积与集中，许多独占团体的组织，如卡特尔（Cartel）、辛迪加（Syndicat）、托拉斯（Trust）、康采恩（Konzern）之类，在各帝国主义国家中，象雨后春笋一般，到处林立。随着独占主义的发展，产业资本与银行资本相融合，就形成了金融资本，引起了金融寡头政治的支配。金融资本，操纵着一国的政权，变成了国家的事实上的主人。国家权力，变成了金融寡头政治的集中化的力量之表现，变成了这个寡头政治独裁之表现。金融资本与国家机关的紧密的融合，改变了市民国家之政治的外貌，金融资本豢养着议员和大官，操纵着国会和政府，操纵着一国的舆论。金融资本的意志，通过国会而成为法律，交由政府去执行。所以金融资本集团的权力，事实上超出于国家之上，不过利用国家机关以贯彻其意志而已。所谓法人国家学说等，实际上是说明国家也和独占团体一样，同属于法人的范畴。社团是一个法人。这即是说，社团是权利义务的主体，它的人格，是经法律所承认的。国家也和其他团体一样，也是一个法人；因为它也是经法律所承认的。所以国家不在法律之先，它和其他法人一样，是依存于法律的。国家从法律得到合法的权力，国家的权力适合于法律的拘束力。但是法律为什么有拘束国家的权力呢？依据这种学说，法律之所以具有拘束力，是由于法律乃人民的正义感情和正义意识的表现。人民的正义感情和正义意识，是通过国会议员表现出来的。这类学说的实际内容，结果仍只是证明"法律是正义"。可是从今日市民国家的国会来看，那些议员们，都是由金融资本豢养着的（例如美国）。他们在国会中所表现的"正义感情"和"正义意识"，结果仍是金融资本家的"正义感情"和"正义意识"。

近代国家，都是资产阶级的国家。就政权的形式说，虽有民主立宪与君主立宪的区别，而国家的权力总是掌握在市民阶级的手中。市民国家的法律，是适合于市民的利益的法律。法律的拘束力，仍是由公权力产生的。上述那些学说——所谓法律隶属于主权者、所谓法律与国家互相对抗、所谓国家权力服从于法律权力——只是曲解法律与国家的关系，借以展开其主观的法律本质论而已。

法律的本质与现象 *
（1947）

一、从法律的现象到法律的本质

任何对象，都是本质与现象的统一。关于对象的认识，就在于理解其现象与本质之统一。

现象与本质的统一，是矛盾的统一。两者的统一，是同一，又不同一；两者相适应，又不相适应。现象能完全显出本质，也不完全显出本质。但穷其究竟，现象由本质所规定。

现象是对象内部各方面的联系的表现形态，本质是现象中所蕴藏的根本的联系。现象以本质为媒介而存在，本质通过现象而发展。没有离开现象的本质，也没有不具本质的现象。现象代表对象的发展，本质代表对象之相对的安定。

现象与本质的矛盾，是科学的认识的前提，现象如果完全与本质一致，科学便变为无用的长物了。

现象是对象在感觉上直接的反映，本质却潜藏于现象的深处，要靠思维能力才能发现出来。所以认识对象，不能停滞于现象的表面，而要透入于现象的深处，发现其潜藏的本质。从现象中发现本质，这是科学的认识的始点。

现在，依据上述的提要，考察法律的现象与本质的关系。

所谓法律的现象，即是人类的社会关系在国家规范领域中的表现形

---

* 本文节选自李达所撰《法理学大纲》（法律出版社 1983 年版）第三篇"法律之论理的考察"之第二章"法律的本质与现象、内容与形式"之第一节"法律的本质与现象"。

态。简单点说，法律现象，即是法律关系的表现形态。所谓法律的本质，即是法律现象的各种形态中所潜藏的根本关系。为要发现法律的本质，必先考察法律的现象。

最初一看，法律的现象，表现为个人自由的保障。在宪法上，一切公民都享有人身自由、居住自由、工作自由、财产自由、意见自由、集会自由、结社自由。在民法上，一切自然人都享有各种自由权利，各人在法律范围内，都可以自由追求物质的及精神的幸福。一切法律行为，都以意思自由为基础。权利和义务，都是自由意思表示后的报酬和负担。各人的人身权和财产权，如果受到不法的侵害，自由便受到了侵害，那侵害者便要受到法律的制裁。所以，从表面上这个角度看去，法律是实现个人自由的。

再看一看，法律的现象，表现为人人平等的实现。在宪法上，全体公民，无分男女、宗教、种族、阶级、党派，在法律上一律平等。任何人民，都享有基本的权利，都应尽基本的义务。任何人都不能享有特权，都不能免除公民的义务。在民法上，一切自然人，都一律平等。任何自然人都享有人身权和财产权。凡属侵害他人人身权与财产权的人，无论是谁，都不能逃避法律的制裁。所以，从表面上这一个角度去看，法律是实现人民的平等的。

总起来看，法律的现象，表现为自由的保障与平等的实现。这正是所谓："一人的自由，与他人的自由，依据一般规则，互不侵害"（康德语）；"平等的人享受平等的待遇"（Bodenheimer 语）。这正是所谓"正直生活，不害他人，各得其所"，而符合于罗马法学家所说的"法律是善良公正之术"。法律即公道——这是我们在法律现象上所得到的感性的认识。

但从上述感性的认识，稍加反省，看是如何？

第一，法律果然是实现一切个人的自由的么？我们知道，法律是规范各个人的社会关系的。法律好象是一张网，罩在社会关系之上，那一个个的网孔，即是各个人的行为的范围。各个人的行为，在那些范围以内是自由的，若跨出那些范围之外，便是不自由的。所以法律替一切个人划定了自由和不自由的界限。个人的自由，只能是法定界限以内的自由。

更进一层，把自由的内涵分析一下，便可看出，自由有形式的与实质的两种。宪法上所赋予人民的自由，如人身自由、居住自由、信仰自由、意见自由、集会结社自由等，都是形式的自由，是人人所同有的。只有财产自由，才是实质的自由，是一部分人所专有的。形式的自由，要有实质的自由，才有内容，才有意义。但财产自由，只是有财产者的自由，至于无财产者却是不自由的。其次，就民法上的自由权利来说，人身权是形式上的自由权利，财产权是实质上的自由权利。财产权是人身权的基础，人身权是财产权的担当者。但有财产权的人，同时是有人身权的人；而有人身权的人，却不尽是有财产权的人。照这样，有财产权的人，是有实质的自由权利的人；无财产权的人，是只有形式的自由权利的人。在前者，财产权与人身权结合为一体；在后者，财产权却离开了人身权。所以在法律行为上，有财产权的人，表意是自由的；无财产权的人，表意是不自由的。

第二，法律果然是实现一切个人的平等的么？依照上述同样的分析，平等的内涵也有形式的和实质的两种。宪法上所规定的人民的平等，只是法律上的平等。并且，由于财产权的保障之规定，间接的确定了经济上的不平等。法律是形式，经济是内容。在两者的关系上，形式上虽然平等，而内容却是不平等。民法上所规定的人身权是一切自然人所平等享有的，而财产权则反是，它并不是一切自然人都能平等享有的。这即是说，民法上也是规定形式的平等与实质的不平等的。

依着上面的考察，法律的现象中，又潜藏着个人的不自由与个人的不平等的规定，因而所谓"法律是善良公平之术"的定义，显然有了破绽；所谓法律即公道的说法，也不是颠扑不破的真理了。我们也可以这样说：用抽象的思维能力去考察，法律是实现不自由基础上的自由、不平等基础上的平等，因而是实现不公道基础上的公道的。

让我们更深入的把法律关系分析一番。法律关系，可以分为两个方面。第一个方面，是国家对人民、人民对国家的关系。这是公权上的关系。国家的公权，是立法权、行政权、司法权等等；人民的公权，是自由权、参政权、行为请求权等等。公权上的关系，是统治与被统治的关系，即是政治关系。第二个方面，是自然人与自然人、自然人与物的关系。这是私权上的关系。自然人与自然人的关系，是债权关系；自然人与物的关系，是物权关系，债权关系与物权关系，是基于财产权而发生的关系，是财产关系。公权上的关系，是基于私权上的关系而成立，并且保障私权上的关系的。公权关系的体系，即是国家形态。

法律上的财产关系，即是经济上的生产关系，并且是基于生产手段的私有而结成的生产关系。生产手段私有，是阶级社会的前提。基于生产手段私有而形成的生产关系体系，即是特定社会的阶级的经济结构。这样说来，法律上的财产关系体系，即是特定阶级的经济结构在法律术语上的别名了。因此，法律关系中最根本的关系，即是阶级关系。如前章所述，国家的目的，是在于保障特定的阶级的经济结构，而法律是实现国家目的的手段。这便是说，法律是国家的统治者用以保障特定阶级的经济结构的许多规则之总和。因此，我们可以知道，法律的本质，即是阶级关系，即是阶级性。而法律的功用，是保障特定阶级的经济结构的。

二、法律的本质的显现过程

现在，我们来说明法律的本质的显现过程。在社会的历史上，阶级的经济结构，经历了古代奴隶制、中世纪封建制及近代资本制三种顺序发展的阶段。法律的本质，在古代是奴隶所有者与奴隶对立的阶级性，在中世纪是封建领主与人民对立的阶级性，在近代是资本与劳动对立的阶级性。那三种阶级性，分别包含在奴隶制、封建制及资本制三种经济形态之中。基于这三种经济结构性质的差异，法律的本质所显现的形态也随之而各不相同。

在奴隶制社会中，生产手段归奴隶所有者所独占，奴隶被主人当作牲畜一样，过着牛马一般的生活，象役畜一样为主人作生产的劳动。主人与奴隶之间的生产关系，即剥削与被剥削的关系，十分单纯而透明。所以奴隶所有者的国家（如希腊罗马的国家），赤裸裸的表现着是奴隶所有者统治奴隶的国家。国家的公权力，对内是镇压奴隶的叛乱，对外是防卫外敌的袭击（或对外实行掠夺的战争），以保障其奴隶制的经济结构。奴隶是主人的财产，不但不被当作市民看待，并且不被当作人看待。所以奴隶绝对没有人身权、财产权和公民权。国家的法律，是奴隶所有者阶级划分财产范围与政治权利的章程，对于奴隶全不适用。不要说保护人身的其他法律，就是关于杀人的法律，对于奴隶也不适用。因为对奴隶的生杀予夺之权，完全操在奴隶所有者之手。所以古代法律的阶级性是很显然的。可以说，这种法律的本质与现象是同一的，是互相适应的。

其次，在封建制社会中，作为主要生产手段的土地，归封建领主所独占，人民被束缚于领主的土地之上，成为农奴或隶农，从事于农业和手工业，对领主缴纳地租并履行各种义务。封建阶级与人民之间的生产关系，即剥削与被剥削的关系，也比较单纯而透明。所以封建国家也直接的表现为封建阶级统治人民的国家。封建的公权力，是对内镇压农民叛乱、对外防御外敌侵袭（或对外开疆扩土），以保障其封建的经济结构的。农奴或隶农，是半解放的奴隶，比较奴隶是稍有自由的，在封建的法律上，也具有一定限度内的人身权与财产权，却没有政治上的自由权利。并且封建时代人民的人身权与财产权，也没有确实的保障。因为封建的法律是君主或领主的命令，是官僚处理人民的民刑事件的备忘录。那种命令，君主或领主可以依照自己阶级的利益而随时改变，对于人民的生命与财产，具有生杀予夺的最高威权。所以封建法律的阶级性，仍是很明了的表现着。法律的本质与现象，仍是同一的，并且是互相适应的。

近代资本主义社会，是历史上最进步的阶级社会。生产手段归市民阶级所独占，劳动大众却是一无所有。资本主义原是商品主义，一切的东西都是商品化了。人与人的关系，出〔表〕现为物与物的关系，即商品关系。所以市民阶级与劳动大众间的生产关系，即剥削与被剥削的关系，采取了商品关系的形态，并不象古代和中世纪的生产关系那样单纯而透明，确是不容易透视的。因而法律现象也和商品交换的现象一样，隐藏着人与人之间的真实关系，使人们不能容易透视出法律的本质。可是无论市民国家的法律现象怎样与法律的本质相矛盾，而法律的本质，仍然要通过现象而发展，并且明白的表现出来。

近代市民阶级对于封建国家革命的胜利，是资本制经济结构对于封建制经济结构的胜利，是市民的所有制对于封建的所有制的胜利，是民主政治对于专制政治的胜利，因而是市民的法律对于封建的法律的胜利。在这里，只以市民的国家与法律为问题，借以表明市民法律的本质的显现过程。

民主主义的根本原则，是所谓"自由"与"平等"。这自由与平等两原则，在市民国家的宪法中，当作人民的基本权利被规定了的东西，是所谓法律上的平等以及参政权与自由权。市民阶级依据这些形式上的自由和平等的原则，实行国家的改造，使一切市民都站在平等的地位。不论个人有多少资本，有多少土地，或者是一无所有，全无关系，一切人在法律面前完全平等，法律用同一方法保护他们。市民阶级依据这种形式上的平等，宣称现代社会已不是阶级社会了。但在实际上，市民阶级只废除了奴隶制与封建制时代中身分〔份〕上的差别，却并不曾废除社会阶级的差别。所以法律面前的平等，决不能掩蔽市民社会的阶级的差别。

其次，市民国家所揭举的自由，原是废除封建的压迫的意思。但一切的自由，要以所有权的自由做基础。人们如果没有所有权的自由，其他一切的自由，都只是形式的。市民国家的宪法，把所有权的自由和其他形式的自由并列着，这不啻表明了：有了所有权的自由的人们，可以取得一切的自由；缺乏所有权的自由的人们，就不能实现一切的自由。这便是表明着市民阶级的自由与勤劳大众的不自由。

市民国家宪法所宣布的自由和平等，虽是基于资本制的自由和平等，但和封建时代的人民全无自由并处于被压迫的不平等身分〔份〕的那种状态比较起来，确实是一个很大的进步。在市民国家之中，任何人已不能公然把别人当作奴隶或农奴看待，任何人都不被束缚于封建领土之上，而有身体、居住、迁徙等自由了。这是市民革命胜利带给勤劳大众的幸福。这可以从法国革命后的《人权及公民权宣言》知道的。但在当时曾经参加革命的勤劳大众，却不满意于这种形式上的自由和平等，而要向市民阶级争取所有权上的自由和平等，并不断的向前奋斗过。可是这个斗争，因市民阶级和封建残余的勾结，终于失败了。于是法国市民的国会，就在所谓《人权及公民权宣言》中，于自由平等两个原则之外，更加上了"财产既得权确认"的原则，并且还规定了所谓"积极公民"与"消极公民"的差别。往后一七九一年的宪法，更规定了财产的等级选举制。一七九三年三月，市民国会又通过了《私产制神圣不可侵犯》的议案，凡是企图颠覆私产制的人，都处死刑。同年八月十日，国会又颁布新宪法，从新宣告私产制的神圣不可侵犯。这些史实，表明了市民国家对国民所约定的自由和平等是以私产制为基础的，凡属侵犯私产制的一切自由和平等，国家是用权力去禁止的。一八〇四年的《法兰西民法》，就是法国市民国会根据上述原理所制定的。《人权及公民权宣言》是近世公法组织的基础；《法兰西民法》是近世私法组织的基础。今日各市民国家的宪法和民法的精神，和前两者并没有多大的差别。

十九世纪以来，以法国的宪法和民法为蓝本的市民各国的法律，大致可以分为一般的与特殊的两方面。一般的方面，是万民所适用的法律。市民和勤劳大众一样，一律享有公法上的自由和私法上的人身权。

特殊的方面，是市民所适用的法律，他们享有公法上的参政权（财产的等级选举制的结果）和私法上的财产权。所以市民国会所制定的法律，可说是这两个方面的混合物。于是市民国家的法律的本质，显现为市民的自由与大众的不自由，显现为市民的平等与大众的不平等。

降至十九世纪后期，资本主义发展到了帝国主义阶段，阶级的矛盾日趋于尖锐化，无产者普遍的厉行经济斗争与政治斗争，大有摇动市民国家的国本的趋势。于是市民的国家为客观的情势所迫，不能不对无产大众让步，实行了社会政策的立法，即在不损伤资本制的范围内，实行改良主义。同时，市民国家又容纳大众的要求，取消了财产等级的选举制，实行了普遍选举制，让勤劳大众选举代表送进国会。于是市民们宣称实行了议会制和普选制的国家，已是自由的国家，是代表一切人民利益的国家了。但帝国主义阶段上的市民国家的权力，早已由国会移到了行政机关，一切国策和立法方针，专由金融贵族决定，国会不过是议员们唇枪舌剑的战场。不管国会议出了什么议案，行政机关却是另一样的行使其统治权。在民事法方面，市民们也宣称有了很大的原则上的改变，如所谓契约自由原则的限制、过失损害赔偿原则的变更，以及所有权行使的限制等，好象是表示着市民国家的法律有了飞跃的变化。但我们稍微注目一下，就可以知道这是假象。特别是所谓所有权行使的限制，是从所谓"社会职务说"而来的。这种说法，认为财产权是根据于所有者的一种"社会职务"，因而享有财产权的人们，有运用其财产的义务。一九一九年德国的宪法规定着"财产负有义务"。于是法律就认为财产是一种义务而不是权利了。这便是说，资本的所有，对于资本家只是义务而不是权利，资本家是为了对社会尽义务才去剥削劳动者的剩余价值的了。这些，明明是一种假象。假象也是现象，仍是表现本质的。

所谓契约自由的限制，所谓无过失的赔偿，都是改良主义的推行；所谓财产负有义务，也只是规定有产者应尽量运用其资本以增殖财富而已。法律的本质仍是不变的；其在现象上的表现，仍是自由与不自由、平等与不平等、公平与不公平、正义与不正义。

经济学大纲（节选）

绪　论

一　经济学的对象

经济学的对象是什么

　　我们着手研究经济学，先要把经济学的对象作一个大概的规定。

　　一种科学，是与别种科学有区别的。各种科学所以互相区别，都由于它们的研究客体即对象各不相同。各种科学，都各自研究一定种类的对象，研究现实世界的特定一方面。所以科学的对象的规定，在开始研究那种科学时，是一件很重要的工作。因为，第一，我们如不把所要研究的科学的对象加以规定，就不能确定这一科学与别种科学的差别，当进行研究之时，就会不知不觉侵入别种科学研究的领域，陷入于反科学的混乱。第二，科学的方法，与它的对象有密切关系。方法是客观的东西，它反映现实，反映现实本身中所固有的根本特征。因而研究一切现象的一般的科学的方法，在各种具体的对象中应用起来，就反映出这对象的特征。所以科学的对象如不规定，就不能正确的应用科学的方法，去发现对象的规律性。以上两点，是我们所以先要规定经济学的对象的理由。

　　然则经济学的对象是什么？

　　我们知道，经济学是社会科学的一种。社会科学，是以各种社会关系为对象的。社会关系，即是在社会中形成的人与人的关系。这种关系，具有重大的意义，人人都能知道。人是社会的动物，人如果离开社会就不能存在，这也是人们所知道的。但是人类的社会关系，非常复杂,有依据物质生活而结成的关系,有依据阶级或政党而结成的关系,有依据财产权而结成的关系,有依据信仰、学术等而结成的关系,还有其他种种的关系。经济学究竟研究那一个种类的关系呢?要答复这个问题,还得要根据科学的社会学的结论,说明社会构造内部各部分的关联,借以指出经济学的对象在社会构造中所占的位置。

依据科学的社会学的指示,社会分为基础与上层建筑两部分。社会的基础,是生产关系的总体,是社会的经济构造;社会的上层建筑,是法律的政治的上层建筑与意识形态。法律的政治的上层建筑,立脚于经济构造之上,而意识形态又与经济构造相适应。因而社会形态,就是处于特定生产关系总体、以及由它所生的特定政治的法律的上层建筑与意识形态之下的社会。并且这个社会,是一定历史发展阶段上的社会,是有其特殊的固有的质的社会。

这样看来,人类的社会关系,包含着生产关系、政治的法律的关系、与意识形态的关系等部门。这些部门的社会关系,成为各种社会科学的对象。意识形态的关系,是哲学、文学、艺术等科学所研究的对象,政治的法律的关系,是政治学法律学两部门所研究的对象,而生产关系即经济构造,是经济学所研究的对象。

于是我们知道,经济学的对象,是社会构成过程中的生产关系的总体,即社会的经济构造。特定的经济构造是特定社会的基础,因而研究经济构造的经济学,是其他各种社会科学的基础。

经济构造究竟是什么?现在来加以说明。

> 劳动力与生产手段

人类社会为要继续存在,第一件根本事情,是取得物质生活资料。要取得物质生活资料,人类首先要到外部自然界去采取并变造外部的自然物。这种到自然界去采取并变造自然的存在物的行为,就是劳动。劳动是人类求生存的第一个前提。"不要说一年,就是几个星期,如果停止了劳动,任何国民也都要死灭,这是小孩们也都知道的事情"。

劳动是人类与自然之间的物质交换的过程。劳动过程,有三个要素。第一个要素是劳动力。劳动即是劳动力使用的状态。劳动力是寄存于人类身体中的种种能力的总和,当人类变造自然物为有用物时,就把它使用出来。所以劳动力由劳动的人所代表,他的劳动,是有意识有目的的劳动,即是把所采取的自然物实行加工以供消费之用的劳动。人类社会为要取得物质生活资料,首先就要有这样的劳动。

但是单只有了劳动力，还不能向自然界取得物质生活资料。人们劳动时，决不能用一双空手去与自然斗争。他在这种斗争中，不能不使用人工的器具即劳动手段，把自己武装起来。这劳动手段，是劳动过程的第二个要素。

劳动手段，是介于劳动者与劳动对象之间，传达人的活动于其对象的一物或诸物的复合体。人们利用劳动手段的机械的物理的化学的性质，改变别种物体的性状，使适合于自己的目的。

人类社会的劳动手段，是就自然物加以变造而成的。只有原始人，使用自然界所供给的现成的东西（如石子、树枝等）去劳动。至于现代人，却用自己手造的机器去工作。人类用人工的器具向自然界斗争，不仅使自己适应于自然，并且积极的使自然适应于自己。他征服自然力，变造自然力，同时又改变了自己的性质，改变了他与自然斗争的方法。因而劳动手段，也从原始的石制器具进化到现在复杂的机器了。

有了劳动力与劳动手段之后，还必须有劳动对象，才能造出物质资料。这劳动对象，是劳动过程的第三要素。

劳动对象，是劳动过程中所能加工的一切对象。劳动对象，可分为天然存在的与人工的两种。例如人们可以从水中取出的鱼，可以从原始森林中采伐的木材，可以从矿脉分割出来的矿石等，叫做天然存在的劳动对象。至于天然存在的劳动对象，经过人类的一番加工之后，就成为人工的劳动对象，又叫做原料，例如已经从矿脉分割出来而要加以洗涤的矿石即是。所以一切原料都是劳动对象，而劳动对象却不一定都是原料。劳动对象，只在它已经发生由劳动所媒介的变化时，才是原料。随着劳动手段的发展与改良，生产过程中所能加工的劳动对象，也因而发生变化。

劳动力、劳动手段与劳动对象，是劳动过程中决不可缺的要素。人类社会如要与自然相斗争，这三个要素必须互相结合起来，才能发生生产的活动。即是说，人类只有使用劳动力结合劳动手段与劳动对象之时，才能开始生产过程，才能取得满足欲望的必要生产物。

在生产过程中，劳动力出现为生产的劳动力，劳动手段与劳动对象两者出现为生产手段。

生产力与生产关系

当劳动力、劳动手段与劳动对象结合为一，而参加于社会对自然的斗争时，就造出特定社会中的生产力。所以在生产过程中，劳动力、劳动手段与劳动对象，成为生产力的三个要素。这三个要素，不能互相分离而存在，它们如果各自分离的散乱的存在着，就不是生产力的要素，这是要注意的。实际上，劳动对象，如果不为活动状态中的劳动力所左右，它不是现实的劳动对象，因而也不是生产力的要素。同样，劳动手段，如果脱离生产过程，也不是现实的东西，因而也不是生产力的要素。至于劳动力，也必须常与劳动手段及劳动对象相结合。劳动力如果与劳动手段及劳动对象相分离，它就不是生产的东西，不能发挥生产力。例如现代的失业的劳动者，虽有劳动力，却不能进到工场去操纵机器，变造原料，他仍然什么也不能生产。并且，劳动力本身的发展程度，也还要由生产手段（劳动手段与劳动对象）的发展程度所规定。

所以特定社会的生产力，是人类利用劳动力去结合劳动手段与劳动对象之时所发挥出来的制造物质生活资料的能力。这三个要素，只有在生产过程中统一的、能动的结合起来，才是生产力，因而生产力并不是这三个要素的机械的总和。换句话说，生产力只有在其运动中，在生产过程中，才是现实的。

但生产常是社会的人类的生产。人们为要把一切生产要素结合为一而开始发挥其机能，人类就不仅与自然发生关系，他们相互间也不能不发生关系。人们如不互相联结，生产不会发生。人们“为要生产，必须结成一定的关系，只有在这种社会关系之内，他们才能作用于自然，才能生产”。人们在生产过程中发生的种种关系，叫做生产诸关系。

生产诸关系，含有许多种类。因为现实的生产过程，是综合的生产过程。这综合的生产过程，包含着生产过程、分配过程、交换过程及消费过程四个方面。这四种过程，在综合的生产过程中，形成为不可分离的统一。因而人们在综合的生产过程中结成的生产诸关系，包含着生产关系、分配关系、交换关系及消费关系。这四种关系在综合的生产过程中，也是不可分离的统一着。

所以我们所说的生产关系，不单是指着本来意义上的生产关系，并且还包含着分配、交换及消费等的关系。为什么把分配、交换及消费等的关系，也包含于生产关系之中呢？这是因为生产是一个综合的过程，而生产、分配、交换及消费，是这综合过程中各个成分，“构成一个统一体中的各种差别”。生产之与分配、交换及消费，都有密切的相互作用，但四者之中演着主导作用而能统制其他诸要素的活动的东西，只是生产，所以我们把这四大类的关系，总称为生产关系。

简括的说来，生产关系，是在社会的生产总过程中发生的人们相互间的关系，即在生产、分配、交换及消费的过程中发生的人们相互间的关系。

> 生产力与生产关系
> 的统一＝经济构造

生产力是什么？生产关系是什么？上面已经简单的说过了。现在我们更进一步去说明两者的关联。

生产力与生产关系，形成为对立的统一。这个统一，是内容与形式的统一。生产力是生产关系的内容，生产关系是生产力的运动及作用的形式。如上面所说，劳动力与生产手段（即劳动手段与劳动对象），要进到生产过程中，在人们的一定联系（即生产关系）上结合为一，才能成为社会的生产力；而生产过程中人们相互间的关系，必须适应于生产力的一定发展阶段，才能成立。关于这一点，还得稍微说明几句。

如上所述，生产力是劳动力与生产手段结合为一而发挥的能力。劳动力是属于人类（即劳动者）的东西，生产手段也是属于人类的东西。因而劳动力与生产手段的结合，即是劳动力所有者与生产手段所有者的结合。人的劳动力与人的生产手段相结合，就发挥出生产力；劳动力所有者与生产手段所有者相结合，就形成生产关系。这样看来，这两种结合实是一种结合的两个方面，前一方面是内容，后一方面是形式，而内容与形式，形成为对立的统一。

劳动力与生产手段相结合的方法，叫做生产方法。这种生产方法，是与生产力的发展阶段相适应的。而人类的生产关系，又与一定的生产方法相适应。

人类在生产过程中，不断的生产出进步的生产手段，不断发展自己的劳动力，因而促进生产力不断的发展。随着生产力不断的发展，而结合劳动力与生产手段的生产方法，也随着改变。生产方法改变了，生产关系也适应于它而改变。所以生产关系本身，常随着生产力的发展而改变。形式中产生出新的内容时，这个形式就适应于新内容而改变为新形式。换句话说，生产关系，是适应于生产力的发展而发展而改变的。

在说到生产关系适应于生产力的发展而发展之时，我们就不能不说到生产关系与财产关系的关联了。如上所述，劳动力与生产手段的结合，一方面是人的结合，一方面是人的所有物的结合。这两种结合，是在社会之中实现的。于是适应于生产力的生产关系，不但具有物质性，并且具有社会性与历史性。在原始社会时代，生产手段属于社会公有，劳动力的所有者与生产手段的所有者是一致的，因而人与人之间的生产关系，绝不含有敌对性或阶级性。但是进到奴隶制社会之中，生产手段归奴隶的主人所有，奴隶只是一个劳动力，这时的生产关系，是主人剥削奴隶的关系。再进到封建时代，主要的生产手段即土地，归领主所有，农民只有劳动力，不能不做领主的农奴，为领主耕种土地，这时的生产关系，是领主剥削农奴的关系。其次，进到现代即资本主义时代，生产手段归资本家所独占，劳动者失去生产手段，只剩有劳动力，不能不出卖劳动力于资本家，为资本家生产剩余价值，这时的生产关系，是资本主义的生产关系。将来，生产力发展的结果，社会主义的生产关系，又起而代替资本主义的生产关系了。这便是生产关系的社会性与历史性。

生产力与生产关系的统一，即适应于生产力的各种发展阶段的生产关系之总体，就是社会的经济构造。

社会的经济构造之历史的形态

如上所述，社会的经济构造，是生产力与生产关系之对立的统一。在这个统一中，生产力对于生产关系，具有优越性，生产关系对于生产力，具有积极性。

所谓生产力的优越性，即是说，生产力是生产关系的内容，而生产关系适应于生产力而形成。因为生产力是生产关系的内容，生产关系这种形式，就必须适合于它的内容，内容如果发展了，变化了，形式必然的要随着发展和变化。正因为生产关系适应于生产力而形成，当生产力发展到一定程度之时，人们就不能不接受这已发展的新生产力而变革他们的生产关系。换句话说，生产力不断的向前发展，必然要冲破它的形式，冲破旧有的生产关系。这是生产力的优越性。

但生产关系决不是受动的东西。生产力对于生产关系虽然占居优位，而生产关系对于生产力却是本质的东西，对于生产力具有能动的积极的作用。生产关系的这种积极性，存在于它与生产力的矛盾之中。生产关系在一定时期，能促进生产力之发展，譬如当新的生产关系（例如代替封建的生产关系而起的资本主义的生产关系）成立时，新的财产关系代表人就利用一切可能的手段，努力的发展生产力。但在另一时期，这种曾经助长生产力发展的生产关系，却障碍生产力的发展，譬如以资本主义生产关系为有利的阶级，因为要维持从来的财产关系，就不惜利用一切权力，障碍生产力的发展。不过生产关系的这种积极性也有一定限度，因为对于现存生产关系感到生存威胁的阶级，结局要推翻这种生产关系，使生产力向前发展。

生产力与生产关系的矛盾，发展到成为拮抗即敌对状态时，社会的经济构造，就发生质的转变。这是社会的经济构造所以发展的原因。

因为经济构造是生产关系与生产力的统一，所以以经济构造为对象的经济学，不但研究生产关系，并且研究生产力发展的社会形式，它指出生产力与生产关系的矛盾，暴露特定经济构造由于这个矛盾而发生发展，以及由一种形态转变到别种高级形态的法则。

二　经济学的范围

> 历史上各种经济形态的特殊性与共通性

经济学是研究社会的经济构造、即适应于生产力的发展阶段的生产关系的发展法则的科学，这在上面已经说明了。但是生产关系，在它与生产力的矛盾的统一中，是不断的变化、发展的，即是说，特定的生产关系，发展了又消灭，而转变为新的生产关系。因而常常存在着的东西，只是历史上特定的生产关系，它的形态和特性，是与历史上特定的生产方法相适应的。

在人类的历史上，我们看到了五种质不相同的生产方法：即原始社会的生产方法、古代的（奴隶制的）生产方法、封建的生产方法、资本主义的生产方法以及在苏俄发展着的社会主义的生产方法。适应于这五种生产方法，出现了五种生产关系的体系，即五种经济构造的形态：

一、原始社会的经济形态；

二、古代社会的经济形态；

三、封建社会的经济形态；

四、资本主义的经济形态；

五、社会主义的经济形态。

历史上既然出现了五种生产关系的体系即五种社会经济形态，然则以生产关系或经济构造为对象的经济学，究竟要研究那一个种类的经济形态呢？它或者把这五种经济形态都拿来研究呢？如果经济学要把这五种经济形态都拿来研究，它们的发展法则是相同的呢？或是不相同的呢？或是它们有一个共通的发展法则呢？这是关于经济学的范围的问题，也是关于广义经济学与狭义经济学的区别的问题，同时又是关于科学的经济学与非科学的经济学的分界的问题。

历史上各种经济构造的形态，以生产力与生产关系之特殊的一定的结合为特征，以两者间的矛盾之特殊的一定的形式为特征。因而各种特殊的经济形态，各有其固有的特殊性，各依从于其特殊的法则而发展。换句话说，各种经济形态，各有其特殊的发展法则。

历史上各种经济构造的形态，当然有一些共通的标帜，共通的规定。但我们如要依靠这些共通的标帜，共通的规定，去认识历史上的一个现实的经济形态，却是不可能的。我们能够说资本主义的经济，和原始时代的经济，是依从相同的法则而发展的么？我们能够说社会主义经济与资本主义经济是依从相同的法则而发展的么？这种见解，只有想把资本主义看做万古长存的个人主义经济学者们，才当作金科玉律去崇奉。实际上，每一种历史的经济形态，都有其固有的特殊发展法则。当一个阶段上的经济形态，发展到一定高度而转变到次一阶段之时，就开始受另一种发展法则所支配。各阶段上的经济形态的发展法则所以各不相同的原因，从根本上说来，是由于物质生产力的不断的发展。因为人类一旦获得了新的生产力，生产关系就随着改编，而支配这新生产力与新生产关系的新发展法则，就代替过去的发展法则而支配新的经济形态了。所以适合于一定经济形态的法则，决不能适合于别种经济形态。即是说，无条件的适合于一切经济形态的发展法则，只是一个抽象。

不但各种经济形态各有其特殊法则，并且从一种经济形态到他种经济形态的转变法则，也是特殊的东西。例如从原始的经济形态到古代的经济形态、从古代的经济形态到封建的经济形态、从封建的经济形态到资本主义的经济形态、从资本主义经济形态到社会主义经济形态的各种转变的法则，也都是特殊的法则。这些转变法则的特殊性，根源于各种经济的特殊发展法则，即根源于各种生产方法的特殊性，即根源于生产力与生产关系的特殊性。例如由资本主义的经济形态到社会主义的经济形态的转变法则，与由封建的经济形态到资本主义的经济形态的转变法则是各不相同的。后者的转变，是封建形态中孕成了的资本主义的生产力与封建的生产关系相冲突的结果；前者的转变，是现代社会中发展了的生产力与资本主义的生产关系相冲突的结果。两者的特殊性，在法国革命与俄国革命中，具体的表现了出来。

如上所述，历史上的各种经济形态的发展法则的特殊性，以及顺次由一种形态推移到次一形态的转变法则的特殊性，是科学的经济学所要集中其注意力的焦点。只有个人主义的经济学，为了讴歌资本主义，才去抹杀各种经济形态的特殊性，把资本主义的法则说成一切经济形态永久不变的法则。例如正统派的经济学者，把原始时代的猎人的弓箭和渔夫的钓竿看成资本，把他们看成资本家，想借此证明资本这东西是从初民时代即已存在，因而在千万年以后也是长存的东西。因此他们所视为万寿无疆的资本主义经济的法则，就被当作通用于一切经济的时代的永久法则了。

广义经济学的意义　　然则历史上各种经济形态中，究竟有没有共通的一般的法则呢？科学的经济学认定这种一般的法则，在各种经济形态中确是存在的。但是这一般的法则，是各种形态的特殊法则抽象得来的。例如说，生产力与生产关系的矛盾，是社会的生产力的发展的最一般的法则。生产力的这种一般的发展法则，对于各种经济形态都是共通的东西。各种经济形态的发生发展和消灭，都受这一般的法则所支配。任何经济形态，都含有生产力与生产关系的矛盾，它是这个矛盾的统一，由于这矛盾的发展而发展，而转变为新的形态。这便是一切经济形态的共通的一般的发展法则。但是这一般的法则，在各个特定的经济形态中，显现出特殊的姿态，特殊的相貌。我们想要全面的理解一个形态的真相，必须具体的研究这个形态，把捉其特殊的丰富的内容，树立一般与特殊的正确关系，才能发见这一形态的特殊发展法则，才能把捉住具体的真理。真理是具体的，抽象的真理决不存在。

历史上各种经济构造既然是依从于特殊法则而发展，经济学的任务，就不能研究某种固定了的、现实上不存在的经济构造，而是要研究历史上可变的经济构造，这是很明白的。因此，经济学的任务，在于暴露各种经济形态的发生、发展及其转变的特殊法则。"所以经济学，在其自身的本质上，是历史科学。它所处理的东西，是历史的材料，即不断变化的材料。经济学首先研究生产及交换的各个发展阶段的特殊法则"。

科学的经济学，就其范围来说，可分为广义经济学与狭义经济学两种。

广义经济学，研究历史上各种经济构造的发生、发展与没落及其互相转变的法则；狭义经济学，单只研究商品＝资本主义经济的发生、发展及没落的法则。这种狭义经济学，并不是完全离开广义经济学而独立存在的科学，而是广义经济学的构成部分。

我所讲授的这部经济学，是广义的经济学。我的研究所以要采取广义经济学的立场，不仅是具有纯理论的意义，并且还具有实践的意义。因为广义经济学，并不仅是为了求得经济学的知识才去研究一切经济构造，而实在是为了求得社会的实践的指导原理才去研究它们。即是说，我们不是为理论而理论，为科学而科学，而是为了经济上的实践才研究经济学。

广义经济学中最重要的部分，是目前世界中两种经济体系——资本主义的与社会主义的——之研究，尤其是资本主义经济之研究。

> 资本主义经济研究的必要

为什么说资本主义经济的研究最为重要呢？这有下述三点理由。

第一，现时世界上居支配地位的还是资本主义社会，多数人被资本主义社会的发展法则支配着。要从资本主义社会的必然飞跃到未来社会的自由，就必须暴露资本主义社会的发展法则，然后才能顺着这个法则，从事于这个飞跃的实践。资本主义社会是人类社会经历了几千百年的发达过程而完成的最进步的历史的组织，它受资本主义的生产方法所支配。若果理解了资本主义社会中所表现的各种社会关系的范畴，理解了这些社会关系的编制，同时可以洞察过去一切已经没落了的各个社会形态。同时，我们又可以理解大众所生活着的资本主义社会组织，是历史的过渡的暂时的东西，决不是永久不变的东西。它又和它的成立发展曾是必然的一样，它的没落，它的向高级社会的推移，也是必然的。所以资本主义社会之肯定的理解中，同时又含有它的否定的必然没落的理解。这即是资本主义社会的发展法则之理解。

第二，资本主义社会的生产诸力，在历史上是很进步的东西。适应于现代很进步的生产力而成立的社会关系是很复杂的，因而反映了这很进步的生产力和很复杂的资本主义社会的发展法则，就具备了过去各种社会的发展法则所未有的特殊性。我们必须理解资本主义社会发展法则的特殊性，才能理解过去各种社会的发展法则（即社会的全面的理解），才能使那批判资本主义社会的主体获得在资本主义社会中的阶级意识，而从事于从必然到自由的飞跃的实践。

第三，资本主义社会中直接生产者阶级与非生产者阶级的对立，随着社会的存在之往前发展，日趋于普遍而尖锐。这个对立的扬弃，必然就是无阶级的人类社会，而在这个对立的扬弃过程中，一切阶级都要被扬弃，因而资本主义社会也必然被扬弃。而负担着批判资本主义社会的历史的使命的主体，必然是在资本主义社会中因其内在的必然而被否定的阶级，是必然要否定这个否定的阶级，是被逼迫着要否定"自己的否定"的阶级。但是他们要扬弃自己，就不能不扬弃自己的生活条件，要扬弃自己的生活条件，就不能不扬弃资本主义社会中一切非人的生活条件，因而扬弃一切阶级差别和阶级的对立。

所以关于资本主义经济的发展法则的暴露，在目前实是"人类的最高问题"。

社会主义经济研究的必要

在目前的世界中，与资本主义经济体系相对立的东西，有社会主义经济体系。社会主义经济体系，是在占地球六分之一的地面上成立的。广义经济学，在阐明了资本主义经济的发展法则以后，必须进而研究社会主义经济的发展法则。

社会主义经济与资本主义经济的对立，在我们面前表现得十分明了。我们看到，在资本主义社会中，经济的总危机，正在表现为政治的总危机了。社会的阶级的矛盾，已经普遍化，尖锐化了。自从前次世界战争终结以后，各帝国主义国家为了恢复资本主义经济，曾经尽了最大的努力，截至一九二八年为止，虽然也得到暂时的稳定，但到了一九二九年的秋季，笼罩全资本主义世界的世界大恐慌就爆发了。工业、农业、金融等等一切经济部门，都被卷入恐慌的漩涡中。无数的工厂停工，无数的农场减少生产，无数的银行和商店倒闭，无数的工人被解雇被抛弃于街头。这是从来所未有的大混乱。各帝国主义国家，为了脱离大恐慌的难关，曾企图试行种种的手段，想出了种种的经济统制的计划，希图解决生产与消费的矛盾，但结果仍是徒劳。虽然在一九三四——一九三五年，各国因为废除金本位，实行通货膨胀，扩大海陆空军事工业等等，也曾呈现过暂时恢复的现象，但是距离一九二九年的经济发展的水准，却是相差很远，并且昙花一现，那种暂时的恢复也消失了。直到现在，足有七年之久，经济的破绽，更是有加无已，帝国主义列强除了诉诸第二次世界大战，把世界从新宰割一番之外，再没有别的途径。但这个途径，却明明是一条死路。

转眼去看另一个世界——社会主义世界，究竟是怎样呢？在那里，完全出现了相反的现象。苏俄自从实行新经济政策以后，经济发展的速度很快，社会主义要素逐步的克服资本主义要素。在第一五年计划实施以后二三年，工业社会化的范围扩大，农业的集体化已普遍于全境，资本主义要素的富农已被清算，社会主义的基础工事逐渐完成，直到一九三〇年苏俄已经进入社会主义时代了。从那时以后，社会主义经济日益繁荣滋长，第一五年计划很迅速的在四年之内完成，现在第二五年计划也快告竣了。在那里，一切工场都在加速度的生产着，工人失业的现象早已绝迹，大众的生活水准日益增高。这一切现象为什么完全与资本主义世界相反呢？要答复这个问题，我们不能不研究苏俄社会主义经济的法则。不但在理论上，并且在实践上，都得要知道社会主义经济的法则。只有理解了这种法则，担负改造经济形态的使命的人们，才能得到行动的指导。

但在这里，却发生了一个问题，即社会主义经济的发展有没有法则呢？关于这问题，苏俄的经济学界，曾经有过很大的论争。布哈林一派主张社会主义经济没有发展法则，因而不需要研究它的经济学。他们说，经济学是单只研究商品＝资本主义经济的发展法则的，"资本主义商品社会的告终，同时是经济学的告终"。他们以为在资本主义经济中，价值法则发生盲目的作用，它是离人类意识而独立的，因而人与人的关系采取物与物的关系的形态。所以商品经济中的生产关系，极其复杂而暧昧，必须有一种经济学去分析它的本性，究明它的法则。至于非商品社会，生产关系不采取物的关系的形态；这种生产关系的构成，是人们的意识作用的结果，极其单纯而透明，不需要特别的科学去研究它。所以对于社会主义经济（即非商品的经济），只要有记述科学和应用科学就可以包括它，此外无须作理论的研究，因为它没有规律性。象这样主张社会主义经济没有规律性的见解，是非常错误的。这种错误，现在已经订正了。

社会主义经济是有规律性的。一切的经济形态，都是生产力与生产关系的对立的统一。生产力与生产关系的矛盾，在任何经济形态中都存在。这种矛盾采取什么形态？生产力向着什么方向，用什么速度发展？因而生产关系如何适应它而改变？这些问题，在社会主义经济中仍是存留着。不过这些法则，在商品社会中，是自然的发生作用，并支配着人类；但在非商品社会中，经济法则，都是通过人类意志而实现的法则。这在社会主义经济中，更其是这样。但经济法则，虽通过人的意识而实现，而它的本身仍是客观的存在着。所谓经济计划，就是依据于人们所发见的经济法则而订定而实施的。为要发展计划经济，就必须尽可能的去认识经济法则，所以苏俄的现在的经济学界，最注重于社会主义经济的法则之理论的研究。苏俄社会主义经济法则之理解，是后进国家的大众所不能忽视的。

先资本主义经济形态研究的必要

广义经济学，不单是研究上述两种经济体系，并且还要研究先资本主义的诸经济形态——原始的、古代的及封建的经济形态。因为先资本主义的经济形态的遗物，在现代的全部世界中，到处都存在着。在现实上，我们看到，世界有许多后进的民族，现在还在原始的、古代的或封建的经济形态中生活着。并且，那些先资本主义经济形态的遗物，在资本主义经济形态中，还当作一种经济制度存留着，而错杂的被编入于资本主义的生产关系之中。甚至在社会主义经济的初期时代，也还有那些遗物存在。所以，为要全面的理解世界经济的各种形相，为要具体的认识资本主义的经济形态，都不能不研究先资本主义的经济形态。

为要详细的说明这一层，还得要把经济形态和经济制度的差异的问题，加以解释。经济形态，即是社会的经济构造，它由特定的生产方法所规定。我们已经知道，历史上经济形态的发展，顺次经历了五个不同的阶段。但各种经济形态，都是继承先行的经济形态的积极的结果发展起来的，因而先行的经济形态的遗物，在一定时间的限度以内，仍在后继的新经济形态中当作旧时代的经济制度残留着。例如原始经济的遗物，遗留于奴隶制的经济形态中；往后奴隶制的遗物又连同原始的遗物一并遗留于封建的经济形态。到了现代，封建的遗物又连同奴隶制的、原始的遗物而在资本主义经济形态中遗留着，变成为各种错杂的经济制度，而处于资本制的生产方法的支配之下了。所以各种经济制度，能在特定经济形态中杂然并存。不过那些代表旧时代的经济制度，受新时代的生产方法所支配，而变成被支配的东西、附属的东西了。

在现实的历史上，我们看到，资本主义经济在封建经济的母胎中孕成以后，就逐渐的克服封建的手工业及手工农业的经济，以至于最后竟然把封建社会改变为资本主义社会，而未经克服净尽的手工业及手工农业，虽然受着资本主义的统治，却依旧还有生存的余地。所以现实的资本主义社会中，杂存着旧时代的各种经济制度。我们为要具体的全面的理解资本主义经济，理解手工业及手工农业的崩溃的倾向，理解农民手工业者所以要反抗资本制的社会的根据，就不能不研究先资本主义的经济形态。

先资本主义的经济的遗物，并且在过渡期的经济中，也还存留到相当的时期。现实上，我们看到，苏俄在一九一七年革命的当时，资本主义经济，与先资本主义经济互相交错着，社会主义经济还不曾存在。自从把资本及土地收归国有，并依据社会主义原则实行经济改造以后，社会主义的生产才开始发芽。最初的时候，大的资本主义企业虽被推翻，而小的资本主义企业，以及手工业和手工农业的生产，仍存留了十余年之久，直到第一五年计划实施以后，这些旧时代的经济的遗物，才被克服，被清算，被改革为社会主义。这些都是我们所亲见的事实。所以我们为要理解先资本主义的经济如何被改造，被推进于社会主义的过程，也不能不研究先资本主义经济。

目前整个的世界，除了苏俄以外，其余全部都处在资本主义的支配之下，这是我们所知道的。但是在资本主义宰割之下的、拥有十二亿人口的许多殖民地的落后民族，却仍然过着先资本主义时代的经济生活。这许多落后民族的落后经济形态的崩溃倾向（即发展法则）究竟怎样？它们能有什么有希望的出路？它们为要找到出路究竟要怎样去努力？——这些问题，都属于广义经济学研究的范围。

最后，广义的经济学，还必须研究中国现代的经济。

> 中国现代经济研究的必要

为什么要研究中国现代的经济呢？要答复这个问题，先得说明我们为什么研究经济学的问题。我们不是为了研究经济学才研究经济学，而是为要促进中国经济的发展才研究经济学。但研究经济学的我们，是现代的中国人。我们不仅生活于现代的资本主义世界，并且生活于资本主义世界中的现代的中国。我们研究经济学，能够只知道注意于世界经济，反而忽视了中国的经济么？我们能够说中国现代的经济，和欧美各资本主义国家的经济一样，因而认为没有研究的必要么？这种谬误，在稍有现代的常识的人们都是知道的。

"经济学，对于一切国民，对于一切历史的时代，都不能是同一的东西"。这个理由，我们在前面已经说明了。谁都知道，目前的中国，是国际帝国主义的殖民地，是资本主义列强的附庸。单就这一点来说，已经可以理解中国经济的特殊性。

中国现代的经济，不是原始的或奴隶制的经济，不是社会主义的经济，也不单纯的是封建的或资本主义的经济。中国现代的经济，虽然处在前面所说的经济形态的历史的发展过程中，却不能成为一个阶段上的独立的经济形态。大体上说来，中国现代的经济，还停滞在由封建经济到资本主义经济的过渡状态中，但是深深的烙上了国际帝国主义殖民地的火印。

中国经济，在五口通商以前、即大约在一八四○年以前，还是封建的经济。自从五口通商以后，资本主义一步一步的侵入中国经济的领域，撼动了二千年来根深蒂固的旧社会的基础。从那个时期起，中国开始变为各帝国主义者销售商品、采集原料及投出资本的场所了。中国旧有手工业及农业经济，就以加速度的步骤崩溃下去。大约从前世纪末叶以来，帝国主义者利用一切不平等条约，在中国境内陆续设立资本主义的工场及银行，直接剥削中国的劳苦群众，宰制中国的金融命脉，于是大规模的、直接和间接的、经济的和政治的侵略中国的过程，便很快的发展了。另一方面，中国的民族资本，也在这过程中形成，而民族资本主义工业也开始成立了。民族资本的工业，在满清末年到民国初年之间，由于技术的落后与资本的薄弱，不能与帝国主义国家的工业相竞争，直到第一次世界大战发生以后，才稍有一点起色。因为当时欧洲各帝国主义国家卷入了战争的漩涡，没有东顾余暇，对于中国经济的压力稍见松懈，国内的市场，除了日美等帝国主义的商品以外，还有民族资本主义商品扩大的地盘，所以民族工业能够成就了空前的发展。但是这种繁荣终不能长久保持，大战终结以后，欧洲各帝国主义挟着极大的威力，猛烈的榨取东方殖民地与落后民族，以期医好在大战期中所受的创伤。结果民族工业受到莫大的打击，首屈一指的纺织工业逐渐衰落下去，其他各工业更不待说了。尤其是从这次世界大恐慌发生以后，中国不久也卷入于漩涡之中，而帝国主义列强，又用尽种种可能的方法向中国加强榨取，使中国工农业陷于总破产的状态。更其厉害的事情，邻接的帝国主义者，希图独吞中国，猛烈的经济侵略与凶狠的领土的侵略，双管齐下，中国北部都处于它的控制之下。整个中国的生存，都有朝不保夕的危险。中国的殖民化的程度已经日益加深了，处在现状之下的中国人民，究竟应当怎样去图存呢?!

就中国经济的现状稍微观察一下，就可以看出三个互相交错的过程：帝国主义侵略的过程、民族资本萎缩的过程和封建农业崩溃的过程。这三个过程中，第一过程占居统制的地位，这是不待多言的，第二过程已是第一过程的附属物，第三过程虽然被第一第二过程所统制着，却仍然表现顽强抵抗的力量，仍在困苦状态中挣扎着。换句话说，封建的手工农业虽被压榨着，而占全人口总数百分之七十以上的中国农业，却仍依靠这种农业的生产而生活。这种状况是现代各帝国主义国家所没有的。所以现在的中国经济，是处于帝国主义宰割之下的、工农业陷于破产状态的经济。这种经济，可以说是国际资本主义殖民地化的经济。在这种特殊的经济状况下挣扎着的中国国民，究竟应怎样寻求自己的生路呢？这不仅是一个经济问题，而是整个中国自求生存、自求解放的问题。要解决这个问题，必须有正确的客观的理论做实践的指导，才能成立民族解放的战线，才能进行民族解放的工作，才能提起中国经济改造的问题。但要获得那种客观的正确的指导的理论，就必须把捉住一般根本路程上的经济的进化之客观的法则，同时具体的考察中国经济的特殊的发展法则，以期建立普遍与特殊之统一的理论。"一切国民，都将到达于社会主义，这是一个必然性。但它却并不是一切都精密的循着同一路线而到达于社会主义的"。这种必然性的实现，因为各个国民的经济的政治的种种特殊性，就会刻印着各自的特色。

从来的中国的经济学，或者只是研究资本主义经济，或者并行的研究资本主义经济和社会主义经济，但对于中国经济却从不曾加以研究。这些经济学专门研究外国经济，却把中国经济忽略了。我认为这是一个严重的错误，是极大的缺点。因此，我主张广义经济学，除了研究历史上各种顺序发展的经济形态以外，还必须研究中国经济。只有这样的研究，才能理解经济进化的一般原理在具体的中国经济状况中所显现的特殊的姿态，特殊的特征，才能得到具体的经济理论，才能知道中国经济的来踪和去迹。这是我所以主张我们所研究的广义经济学必须研究中国经济的理由。

总括起来说，把经济构造作为对象的经济学，要研究那种与生产力的特定发展阶段相适应的特定生产关系的运动法则，即暴露历史上各种经济形态的发生、发展及其转变到次一形态的特殊法则，并阐明现代中国经济的特殊性。

封建的经济构造之一般特征

封建经济与奴隶制经济的区别

封建的经济构造，是在奴隶制社会的母胎中产生，又是与奴隶制的经济构造完全不同的东西。"奴隶所有者与奴隶，是最初的阶级的大分裂。奴隶所有者，不仅占有一切生产手段、土地和器具（这种器具，当时自然是很贫弱、很原始的），而且还占有人。这个集团，叫做奴隶所有者，而那些自己劳动或为他人劳动的人们，叫做奴隶。历史上继续这种形态而来的其他形态，是农奴制度。奴隶制度的发生，在许多国家，都转化为农奴制度。社会基本的分裂，是农奴所有者＝地主与为农奴的农民。他们之间的关系的形态变化了。奴隶所有者，把奴隶看作财产，法律也固执这种见解，把奴隶看作完全属于奴隶所有者的物品。但是，对于为农奴的农民，阶级的压迫和隶属虽然照旧存在，而为农奴所有者的地主，却不算是当作物品看的农民的所有者——他们只有对农民要求劳动的权利，强制农民履行一定的义务"。

封建的经济构造，是比奴隶制经济构造进步的历史形态。就对于劳动的刺激的见地看来，奴隶的剥削制度，对于劳动生产性及强度的提高，不能给以任何决定的刺激，而封建的剥削形态，在某种程度上，却可以给以这种刺激。因为第一，农奴是劳动工具的所有者；第二，他的劳动时间的一部分，是为自己劳动的。这样，农奴在为自己劳动的时间内，便可以尽量的提高劳动生产性和强度。

因为直接生产者的农民，除了为领主劳动的时间之外，其余的劳动时间，是由他自己支配的。在属于自己劳动时间中所造出的生产物，都归他自己所有。所以他可以利用生产上进步的经验和技能，提高劳动的生产性。劳动生产性提高以后，他们生产的生产物就增加起来，必然的产生新的物质的欲望，更为了满足这类新欲望而努力生产。同时，因为剩余生产物增加的结果，就可以把它拿到市场中交换别的生产物。当作商品生产出来的生产物增加的结果，商品的市场就扩大起来。市场的扩大，使得直接生产者利用劳动力的事实，更得到确实的保证，因而刺激他努力生产的动力就加强起来。由于这种种原因，农民的劳动生产性，就继续发展起来。这种劳动生产性的提高，并不仅限于农业的部门，并且推及于农村的家内手工业的部门。这样一来，经济发展的可能性就增大了。这是封建经济所以高出奴隶经济的重要原因。

封建经济与资本主义经济的区别

封建经济与资本主义经济，在劳动者把剩余劳动的生产物，无偿的给与生产手段的所有者，而自己只领受必要劳动的生产物一点上，两者是一样的。这两个体制的根本的区别，在于以下的三种关系："第一，农奴经济，是自然经济；资本主义经济，是货币经济。第二，农奴经济的剥削手段，是劳动者紧缚于土地及土地的分配；在资本主义经济之下，作为剥削手段的，是劳动者由土地中解放出来。农奴所有者的地主，为了取得所得（即剩余生产物），必须把占有分割地或农具家畜的农民束缚于自己土地之上。无土地、无牛马、无所有主的农民，在农奴制的剥削上是无缘的对象。反之，资本家为了取得所得（利润），却必须拥有无土地、无所有主的劳动者，即在自由的劳动市场出卖自己劳动力的劳动者。第三，分得土地的农民，人格上隶属于地主；因为农民占有土地，所以只能借某种强制去使他们替主人作工。于是从这种经济体制中，产生出'经济外的强制'、农奴制、法律的隶属、及限制的权利（农民权利之身分制的限制）等等。反之，'理想的资本主义'，是自由市场的——所有者与无产者之间的——最完全的自由契约"。

这样看来，我们可以知道封建经济的剥削，具有三种标帜，即第一，封建经济，是自然经济；第二，封建的农民是所有者，换句话说，他们是生产手段中的生产器具的所有者，他们从地主手中分得土地；第三，封建的农民，对封建领主＝地主陷于经济外的隶属关系。在这里，严格的说来，这就是封建剥削的本质。

封建的经济构造之基本特征　封建经济，是特殊的社会＝经济的构造。和其他一切构造一样，规定这种构造的出发的旗帜，是生产方法，是支配阶级在生产上从直接生产者吸取剩余劳动的剥削形态。现在，我们就从这种观点出发，把封建的经济构造之特征，分作如下的概括的说明。

第一，一切的土地，几全为封建领主所占领，形成大土地所有。而大土地所有，就是封建领主和地主——农民的剥削者——的支配之基础。恩格斯说明土地集中于封建领主之手的过程如下："一方面，诺曼人侵入的扰害，国王们不断的战争以及最有势力者的内乱，促使自由农民争相要求有势力的保护者；他方面，最有势力者的贪婪与寺院的欲求，加速了这种过程。他们用欺诈、束缚、胁迫和暴力，使许多农民与农民所有地，都隶属于自己的权力。不论在那种情形之下，农民的土地，都变为领主的土地了"。

第二，直接生产者的农民，在人格上隶属于封建领主。他们从领主领受土地及其他生产手段，经营农业，向地主缴纳地租，终身束缚于领主的土地之上，成为土地的附属物。所以，中世纪封建剥削的源泉，不是居民的土地被收夺，反之，是居民被束缚于土地。并且还必须用劳动或自然物，替自己的主人尽义务。

第三，农业经济，主要的是自然经济。农民的生活资料，大部分是自己生产；领主的生活资料的大部分，也是由农民缴纳自然物去供给（有由领主自己的耕地上供给的）。但其他的生活资料，仍不能不仰给于外部，所以商业仍是存在的。

第四，农民所耕种的面积，是小块的土地。农民在小块的土地上，应用低级的、停滞的农耕技术，独立的经营小规模的农业，农民在人格上虽隶属于领主，而这种小经营，却归农民所有。这就是所谓"大土地所有与小生产的结合"。

第五，领主的土地，大部分分发给农民，领主自己通常留存小部分的土地，用农民的义务劳动经营农业；所得的收入，用以赡养自己的家族及武士家臣之类。

第六，农民是半解放的奴隶，除对领主缴纳地租及履行一定义务劳动以外，其余的劳动时间，是从事家内手工业。所以在封建制度之下，农业与家内手工业互相结合。

第七，农民对地主所担负的主要义务，是缴纳劳役地租与现物地租。此外，农民还得要缴纳各种苛捐杂税，其名额任凭领主决定。

第八，地主的人物，最大的是国王，以下是公侯伯子男卿大夫等，等级非常复杂。其名称在欧洲与亚洲各不相同。大概地主的等级，与其所有土地的大小相适应。封建政治的等级制度，与地主的等级制度相适应。

第九，封建领主，对于农民厉行超经济的强制。"这种强制的形态与程度，从农奴状态起到农民权利的身分限制为止，能有许多复杂的种类"。

总而言之，在封建的剥削上演着重要作用的东西，是农民被束缚于土地，是人身的隶属关系，是直接的支配与隶属的关系及所谓超经济的强制。这是基本的封建的生产关系，阶级关系。

封建的地租形态

封建的剥削形态，即是封建的地租。依照历史的程序，封建地租，分为劳役地租、现物地租与货币地租的三种形态。

（一）劳役地租。依据劳役地租的制度，农民的劳动时间要分为两部分：一部分在地主的土地上劳动，另一部分在自己的土地上劳动。所以农民在时间和空间上，都采取不同的形态，把剩余劳动供献于地主。譬如法兰西佃农的徭役是：用自己的马，耕种主人的田地，刈取和收割主人田里的农作物，在主人家里或酿造场里劳动，用自己的马作各种事务，伐木掘沟，及履行其他种种义务。这些事务，每周需要三、四天的时间。

（二）现物地租。依据现物地租的制度，农民可以用全部劳动时间耕种所领受的土地，只把生产物的一部分，作为地租交给地主。如十五世纪诺弗哥罗贵族，除使用自己奴仆的劳动，耕种自己的土地外，还要农民把一定量的谷物、肉、卵、牛酪等送给他。现物地租与劳役地租，在剥削的本质上相同，只是它的形态上有区别。因为封建领主不是在自己土地的直接劳动形态之下占有剩余生产物，而是在农民向他缴纳一定量的生产物的形态之下占有剩余生产物。不过，现物地租，表示农民的劳动生产力已较有进步，农民已比较自由的支配自己的劳动了。

（三）货币地租。货币地租是封建地租的最后的形态。依据这种地租制度，农民所支出的地租，不是生产物而是货币。由现物地租到货币地租的转变，以商业的发达与商品＝货币关系的发达为前提。并且货币地租，在小生产者出卖自己的生产物，而用货币形态把剩余部分交给地主一点上，又以小生产者有极大自由为前提。这种地租的发生，是封建的生产方法已趋崩溃的朕兆，而孕育着资本主义的因素了。

封建地租这三种形态，表现封建经济发展的三个阶段。上面说过，封建的剥削，比较奴隶制的剥削，是进步的形态。奴隶制的剥削，不含有提高劳动生产性的刺激，而封建的剥削，却比较的能提高劳动生产性。就劳役地租说，农民为要迅速的做完地主土地上的工作，不能不增加劳动生产性，这对于自己是有利的。又就现物地租说，农民如能提高劳动生产性，所得的生产物就能够增加，因而除缴纳地租以外而剩留在自己手中的部分也增加了。

但是，由一种地租形态到他种地租形态的转变，农民的利益固然随着劳动生产性的提高而增加，但封建地主对农民的剥削也必然因而加重，有时甚至剥削农民的全部剩余产物。这种情形，在封建经济行将崩溃时，即在榨取货币地租的阶段，特别厉害。

封建制与农奴制的同一

关于封建制与农奴制是不是同一的经济构造的问题，在讨论社会的经济构造的许多学者中，曾有一种异论。这种异论，主张封建制与农奴制是截然不同的两种经济构造，而各有其截然不同的生产方法。这种异论的根据是这样的："在封建制之下，农民占有生产的基本手段和基本农具的使用权。农民在自己的经济上，生产必要生产物与剩余生产物。农民把这些剩余生产物的大部分，用现物地租的形态缴纳于封建领主。在农奴制之下，以徭役的生产为基础，在这种徭役的生产下面，农民只是徭役经济的附属物。在封建制与农奴制之下，有不同的生产方法及生产关系"。依照这种见解说来，封建制的特征是土地所有者榨取现物地租，农奴制的特征是榨取劳役地租，因而把现物地租和劳役地租的形态看作区别封建制与农奴制的特征，并主张两者是截然不同的经济构造。这种见解，是非常错误的。

劳役地租、现物地租与货币地租，是封建的基本的生产关系＝剥削关系之表现形式。上面说过，这三种地租都是封建的地租形态，表现在封建的经济构造的发展阶段。这些地租形态的发展，适应于封建时代的生产力的发展状态而变化。一般的说来，在封建时代的初期阶段，农民的劳动生产性比较幼稚，土地所有者，为实行有效的剥削，不能不利用超经济的强制力，使农民紧密的隶属于地主，主要的是强制农民提供剩余劳动，使在自己经营的土地上从事种种劳动。所以在这个时期，土地所有者，主要的是向农民榨取劳役地租。往后，农民劳动的生产性比较进步，农民独立经营农业的能力比较充分，因而土地所有者对于农民榨取现物地租也比较确实可靠。所以，这时的土地所有者，主要的是向农民榨取现物地租了。这是表示出封建的生产力显然进了一步。最后进到封建时代的后期，商品＝货币经济发展起来，农业经济趋于商品化，而土地所有者又迫于货币的需要，于是在货币地租的形态上向农民榨取地租了。

从封建的生产力的发展状态说来，劳役地租、现物地租与货币地租，形成为封建的经济构造的三个阶段。但是这三种地租形态，也不是完全截然各个的形成为一个阶段。

因为在劳役地租成为主要的剥削形态的时期，农民的剩余生产物，仍然被土地所有者所剥削。其次，在现物地租成为主要的剥削形态时，劳役地租也并不是完全没有。最后在货币地租时期，现物地租与劳役地租也是遗留着。如果严格的拿一种地租作为封建经济各个阶段的特征，必须要以封建的生产力发展的状态为前提。在这种前提之下，土地所有者所榨取的主要的地租的形态，能够区别封建经济内部的各个发展阶段。

从上面的说明看来，那种把农奴制看成与封建制截然不同的经济构造的主张，固然是重大的错误，并且把榨取劳役地租的制度看做农奴制的主张，也是一种错误。农奴制本身就是封建制。封建制的特征（在上面已经说明），对于农奴制是完全适合的。就农奴制的这种制度说，农奴所有者就是封建的地主，他们有向农民要求劳动的权利，强制农民履行一定的义务。"这所谓要求农民劳动和强制农民履行义务"，主要的是向农民榨取劳役地租和现物地租。所以那种主张把榨取劳役地租作为农奴制的基本标帜一层，显然是错误的。从生产方法和生产关系看来，封建制和农奴制并没有区别，农奴制实是封建制的生产关系之特征。

| 变相的封建制 | 所谓变相的封建制，就是指着"亚细亚的生产方法"说的。"亚细亚的生产方法"，首先是敌对的生产方法，这种敌对的性质，是与封建社会及封建

国家相结合的。所谓"亚细亚的生产方法"，含有封建社会中特征的劳动力与生产手段的结合方法的意义。生产之基础的土地，归于支配阶级所有，直接的生产者，虽有微小的生产手段，但是被强制着去耕种封建领主的土地。适应于这种生产方法的剥削形态，自然是封建的剥削形态。因为支配阶级，不仅用超经济的方法去占有直接生产者所生产的剩余生产物，而且占有其必要生产物的大部分。并且东方的专制国家，不外是封建领主对于隶属的直接生产者的支配机关。"地租，在历史上（在达到最高发展阶段的亚细亚各国也是一样），显现为剩余劳动的、即无偿劳动的一般形态。在这里和在资本家的情形之下不一样，剩余劳动的取得，不是以交换为媒介。并且取得剩余劳动的基础，就是社会的一部分对于另一部分的强力的支配，因而是一种直接的奴隶制、农奴制或政治的隶属关系"。

由上所述，可知"亚细亚的生产方法"，在其本质上，与封建的生产方法，并没有根本的区别。所不同的地方，就是亚细亚诸国的几个特殊经济条件。即是说，所谓"亚细亚的生产方法"，即是附加几个特殊经济条件的封建的生产方法。

所谓特殊的经济条件，就亚细亚诸国说来，有下述几种：第一，对于土地的统治权，集中于最大的土地所有者国王之手。第二，土地私有制之确立。在封建领主之下，有民间地主经济。第三，关于农业方面的水利灌溉等社会的事业，是由国家组织的。第四，土地所有者的国家，

干涉人民的经济生活。第五，土地所有者的国家，向农民征取的租税，与封建地租有同一的经济的内容。第六，亚细亚各国，是土地所有者的独裁国家。以上这些条件，都是亚细亚的特殊经济条件。这些条件，明明是和封建社会及封建国家相关联的。就其基本的生产关系说来，"亚细亚的生产方法"，只是封建的生产方法之特殊的形相，即是封建的生产方法的变种。

货币学概论（节选）

第三节 货币的诸机能与商品生产关系

一 货币的诸机能的总括

货币的各种机能——当做价值尺度、流通手
段、储藏手段、支付手段、世界货币等看的诸机
能，我们在上面已经全面的研究过了。现在再就
货币的各种机能，作一个总括的说明，并借以说
明它们与商品生产关系的关联。

前面说过，货币的诸机能，都是从货币的本质发生的。而货币的本
质，并不是它的各种机能的总计。但货币的本质，存在于商品生产关系
之物的表现形态中，所以货币的诸机能，都表现商品生产关系。

当劳动生产物成为商品而出现于市场时，个人的劳动被社会公认为
社会的劳动，其生产物被公认为商品，因而各商品的价值的大小就由社
会的劳动来测量。这时候发挥价值尺度的货币，就把各商品生产者间的
生产关系对象化了。但商品生产者的生产关系，在实际上又必须实现出
来。于是各商品生产者互相出现为卖者与买者。买者与卖者间的这种关
系之物的表现形态，即是发挥流通手段的机能时的货币。这时候，各商
品生产者，以货币为媒介，互相交换其商品，实现他们之间互相依赖的
关系，因而完成他们的生产与消费。他们为要完成其生产与消费，又必
须有一种准备的手段，而能够充当为准备手段的东西，即是储藏货币。
于是商品生产者，又成为货币储藏者，成为可能的购买者，而与社会发
生特殊的关系。这种特殊关系，体现于储藏货币的机能之中，如果离开

这种关系，就不能有货币的储藏。最后，当作支付手段看的货币的机能，是债权与债务两方的商品生产的关系之物的表现。

所以货币的这些机能，各有其固有的特性。在发挥价值尺度的机能时，货币出现为"在表象上存在的观念的货币"。在发挥流通手段的机能时，现实的金银货币，可由货币的符标所代表。在发挥其他的各种机能时，金银货币不能单只出现为观念上的货币，也不能由符标所代表。这时候，需要现实的金银货币。于是货币成为"本来意义上的货币"而发挥机能。"本来意义上的货币"，又是与当作价值尺度、流通手段看的货币有区别的东西。

货币的这些机能，虽然互相区别，同时却又互相关联，互相制约，一方的机能，基于他方的机能而成长而发展。这一切机能，都以商品及其内在矛盾的发展为基础而发展。货币的各种机能的关联与相互作用，表现出商品生产关系的各方面的关联与相互作用。流通手段的机能，以价值尺度的机能为前提（因为商品之现实的交换，包含着价值的测定），储藏手段的机能，直接从流通手段的机能发生；另一方面，储藏货币是流通的贮水池。但货币的储藏又是价值的体化物的储藏，所以储藏货币又以价值尺度的机能为前提。至于支付手段的机能，又以其他一切机能——商品评价时的价值尺度、债务移转时的流通手段、债务支付准备的储藏货币——为前提。所以货币的诸机能的互相关联，表现出商品生产关系的各方面的互相关联。

商品生产关系的发展，表现于货币机能的发展之中。货币机能的发展，表现商品生产的矛盾的运动形态。

> 货币机能的发展与
> 商品生产的发展

货币的一切机能，在商品生产的比较低级的阶段上，已经互相关联的存在着。这些机能的发展，各与商品生产的发展阶段相适应。

货币的两个基本机能——价值尺度与流通手段，表现着交换发展到成为人的联系的支配形态的商品经济发展阶段。单纯商品经济的这个阶段，与自然经济分解及商品关系普及的时期相适应。在这个长久的时期中，生产者的直接目的，还是生产者的消费的满足。交换只出现为解决这种任务的方法。在这里，商品的矛盾，显现于最单纯的形态，即商品与货币的对立之中。这种矛盾，在当作价值尺度与流通手段看的货币之中发见它的解决。

随着商品生产与交换的更进的发展，商品的矛盾就成长起来，达到新的发展阶段及新的形态。于是，生产的直接目的，是价值的生产，是货币的追求。于是流通过程中的贩卖过程（W—G）与购买过程（G—W′）就必然分离起来。两者的分离，就要求保存价值的手段。这个发展阶段上的矛盾，在当作储藏手段看的货币中得到解决。

货币的储藏手段的机能，从交换的幼稚阶段起早已发挥着。但随着商品生产与流通的发展，这种机能也发展起来，储藏货币的蓄积也增大了。但在资本主义经济中的货币的蓄积，已不单是储藏手段的蓄积，而变为资本的蓄积，发生新的作用了。

商品生产的发展，与生产力的发展及生产关系的复杂化相结合。生产的种种条件，引起各个商品生产者在市场上的条件的差异。购买或消费，已不能专只依靠现存的购买手段。社会的生产与个人的占有、生产与消费的矛盾，就更加深刻化了。这种矛盾，只有在信用中得到解决。信用是从货币的支付手段的机能发生的。生产与消费的矛盾，虽因支付手段的机能而解决，同时却又在更扩大的规模上发展起来。这种机能，在货币的诸机能中取得重要性之时，就是商品生产发展到资本主义的生产阶段之时。在商品＝资本主义的阶段，信用契约变为契约的支配的形态，所以货币的支付手段的机能得到最大的重要性。

最后就世界货币来说，我们也可以看到世界市场与世界货币早已在其萌芽形态上存在过。譬如原始社会末期的种族共同体相互间的商品流通，是世界市场的萌芽形态；这时交换的媒介使用生金或生银，这是世界货币的萌芽形态。到了资本主义时代，世界经济各部分间的联系愈趋紧密，一直进到帝国主义阶段，帝国主义者输出资本征服他国，世界货币的机能更成就最高的发展。所以世界货币的机能，比较支付手段的机能的普及，是更高级的东西，因而世界货币的重要性的增大，又以资本主义的较高发展阶段为前提。

从上面所说的看来，货币的各种机能，虽然各自的与商品经济的各个发展阶段相适应，但这并不是说：在某一阶段上出现的货币的某种机能，随着那一阶段的消灭而消灭。"特殊的货币形态（单纯的商品等价物、流通手段、支付手段、储藏手段、世界货币），由于各种机能的范围的差异及相对优势的不同，指示社会的生产过程的不同阶段。"但这些形态，在商品流通的比较低级的发展阶段上，都能够成立；这是在经验上可以知道的。某一种机能的普及及其相对的优势，与社会的生产过程某一发展阶段相关联。因为商品生产关系的各方面，体现于货币的机能之中。在商品生产的各个历史的发展阶段上，生产关系的某一种类演着支配的作用。因此，社会的发展的种种阶段也互有区别。在特定的场合，支配的生产关系的某一种类，体现于与它相适应的货币机能之中，因而这种机能就比较普及，比较占居优势。

所以我们对于货币机能的发展的考察，纵令不能与货币机能之历史的发展恰相吻合，但在其根本倾向上，却反映出货币机能在商品生产的各阶段中发展的顺序。在这里，我们可以看到：研究之论理的顺序，反映着现实的历史的发展。

二　货币与资本

> 货币的资本化

我们已经知道，商品是不断运动的。商品的运动必然的产生了货币。而货币由于媒介商品的运动，自己也运动起来。货币的运动即是货币流通。随着商品生产与商品流通的发展，货币也发展起来。所以货币的发展，反映商品生产的全面的发展过程。在商品生产的全面的发展过程中，商品的生产发展到一定的水准，就超出单纯商品经济的领域而转变到资本主义的生产的领域。这样的转变，由流通的新形态即资本形态所显现。于是货币就转变为资本。

我们观察商品流通在其中显现的经济形态时，就看到货币是单纯商品流通过程的最后的产物。"商品流通的这个最后的产物，是资本的最初现象形态。在历史上，资本无论在什么地方，首先在货币形态上，当作货币财产、商业资本、高利贷资本，与土地所有权相对立。""各种新的资本，首先当作货币，当作由一定过程转变为资本的货币，登上市场（商品市场、劳动市场或金融市场）的舞台"。

资本虽然从货币发展而来，并且在市场上采取货币形态，但资本与货币并不是完全同一的东西。

"当作货币看的货币，与当作资本看的货币，最初只由两个不同的流通形态所区别。商品流通的直接形态，是 $W—G—W'$，即是由商品到货币的转变以及由货币到商品的再转变。换句话说，是为买而卖。但与这形态相并行，还看到与它特别不同的第二形态。它是 $G—W—G'$，即是由货币到商品的转变以及由商品到货币的再转变。换句话说，是为卖而买。运动的时候，画出后一种流通的货币，转化于资本，变为资本，在其性质上已是资本"。

W—G—W′是单纯商品流通的形态；G—W—G′，是资本的一般的公式，是资本主义的流通形态。这两种流通形态，乍看起来，好像只是货币与商品的位置的颠倒上的差异，但实际上却有根本的差异。后者是为卖而买，前者是为买而卖。例如农夫把米卖给米商，把所得的货币向织匠买布之时，商品流通采取 W（米）—G—W′（布）的形态。这时农夫卖米的目的，在于取得布的使用价值；而米店用货币买米，再卖给消费者，他只注意于米的交换价值；至于织匠的目的，在于把布换取货币，以便用货币买进其他必需品。这时的货币是体现交换价值的东西。所以 W—G—W′的流通形态，是以货币为媒介的商品与商品的交换，两极的商品是使用价值不相同的东西。

但 G—W—G′的流通形态，是以商品为媒介的货币与货币的交换，两极的货币，必须是量不同的东西，因为货币在质的方面没有差别。因此，投入于流通中的货币额，必须变为比较增大了的货币额而从流通界脱离出来。换句话说，终点上的 G′必须大于始点上的 G，否则两种同额的货币互相交换，就全无意义。G′大于 G 的部分，我们用 g 表示它。于是上述的公式可改写为 G—W—G′（G＋g）。这公式中的 g，叫做剩余价值。这剩余价值是由资本所产生的东西。货币，在它产生剩余价值之时，开始变为资本。所以"当作货币看的货币"，是不产生剩余价值的货币，它和产生剩余价值的货币，即"当作资本看的货币"，是不相同的东西。

剩余价值的源泉　　当作资本看的货币，为什么能产生剩余价值？这剩余价值究竟从什么地方发生？

乍看起来，这问题好象很简单。人们或许以为这剩余价值是由于买卖商品得来的，即是从流通过程得来的。但剩余价值，不能从买者在价值以下买进商品的事实发生，也不能从卖者在价值以上卖出商品的事实发生。因为各人都互相成为买者与卖者，买方的损失是卖方的利益，卖方的损失是买方的利益，因而两个场合中的各人的利益与损失，就互相抵消，决不能得到剩余价值。所以就资本家阶级全体说来，价值的增加决不因这种流通而显现。

人们或许又以为剩余价值是从欺骗得来的。但欺骗者虽能因牺牲他人而致富，但欺骗者与受骗者双方所有的总价值，即流通价值额一般，却决不因此而增大。而事实上资本家阶级的财富却是日益增殖，这便是剩余价值不是从欺骗的买卖发生的实证。所以"一国的资本家阶级全体，决不能因自己欺骗自己而赚钱"。

价值的增殖，既然是不能由商品的流通而显现，而各国资本家阶级全体却逐年因占有剩余价值而致富，这究竟是什么原因呢？于是我们又回到剩余价值从什么地方发生的问题。为要理解这个问题，就不能不在资本家所购买的一切商品中去探寻那种能使价值增大的商品。而这种含有使价值增大的可能性的商品，首先必须是活的商品而不是死的商品。资本家必须取得这种活的商品来消费，靠它创造新的价值，增大最初商品的价值，才能得到剩余价值，这是自明的事情。这种能够使价值增大的活的商品，只有劳动力一种。劳动力寄存在劳动者的活的人格之中，只有劳动者才能增大那种被投入流通界的货币的最初价值，造出剩余的价值。货币的最初价值的这样的增大，就是劳动者所创造的剩余价值的实现。

资本家买进劳动力这种特殊商品，拿来放在生产过程中消费，才能把最初在工资形态上投下的货币的价值增大起来。劳动者为了得到货币（工资），才把劳动力卖给资本家，替他劳动，替他创造剩余价值。这剩余价值，是劳动者在工资形态上得到报酬的时间以上的劳动所创造的，而劳动力这种商品的价值，低于劳动者所造出的商品的价值。

所以货币转变为资本，要有一个根本的前提条件：这个条件，即是失掉了生产手段而仅有劳动力这种商品的劳动者之存在。在自有生产手段而使用自己的劳动力去生产的单纯商品经济之中，货币不能转变为资本。货币只有在把劳动者所创造的剩余价值添加于最初商品的价值之中的场合，才转变为资本。换句话说，货币只有在购买劳动力用以创造剩余价值的条件之下，才变为资本。劳动力变为商品，是在资本家与劳动者的阶级关系已经存在的社会中，才成为普遍的社会现象。资本买进劳动力，是因为要使用它来创造剩余价值；劳动者出卖劳动力，是因为缺乏生产手段，只能以工资维持生活，被逼迫着为资本家生产剩余价值。因而劳动力与生产手段相结合，只有在劳动力变为商品的条件之下，才是可能的。所以剩余价值的源泉，不存在于流通过程之中，而存在于资本的生产过程之中。（我们把资本的一般公式即 $G—W—G'$（$G+g$）分析起来，即是 $G—W\cdots W'—G'$（$G+g$）其中的 $W\cdots W'$ 是生产过程，剩余价值是在 $W\cdots W'$ 过程中形成，不过在 $W'—G'$ 的过程中实现而已。）

从上述各点看来，我们可以知道"货币和商品，其本身不是资本，而资本也不是单纯的货币和商品"。

由于上面的说明，所谓货币产生剩余价值的谜，即 $G—W—G'$（$G+$

g）的谜，也就可以解开了。

下面我们进而说明货币的阶级性。

三　货币的阶级性

古代货币的阶级性

现在我们再提出货币机能与生产关系的关联的另一方面，来说明货币在历史上的各种阶级生产关系中所演的作用，即说明货币在各种社会中的阶级的作用。

前面说过，货币是资本的最初的现象形态。就历史上看来，资本之最原始的形态，是高利贷资本及其孪生兄弟的商业资本。这两种形态的资本，在资本制生产方法的很久以前即已出现，并且是各种经济的社会形态中都存在着的东西，两者都"属于洪水前期的资本形态"。

当社会的生产物至少有一部分转变为商品，而货币随着商品交易的发达而发展其种种的机能时，高利贷资本、商业资本就能够存在，此外不须有其他的条件。我们已经知道，货币出现以后，必然的发生货币储藏。因为在商品生产比较不发达的阶段，货币这东西，与使用价值中的财富表现形态相对立，它越发出现为一般的财富。货币储藏是在这种处所形成的。但货币在采取支付手段的形态时，又是出现为商品的绝对形态。货币的这种支付手段的机能，又是促使利息的发生与货币资本的发达的东西。因为人们在购买商品或偿还债务之时，必需要现实的货币、即当作货币看的货币。但若向货币储藏人借取这样的货币，就不能不给付利息。于是货币储藏，在高利贷业方面，就"开始变为现实的东西，实现其梦想。货币储藏人所要求的东西，不是资本，而是当作货币看的货币。但这种储藏货币，通过利息，转变为自己满足的资本。即，它转变为掌握剩余劳动的全部或一部，同样又掌握生产诸条件本身（它名义上虽尚为他人的所有物而与它相对立）的一部的一种手段"。所以这高利贷业本身，沁入于生产的气孔之中。"当商品形态还没有发展为生产物的一般形态时，人们要取得货币，比较困难。所以高利贷业者，除了需要货币的人们的抵抗力即支付能力以外，绝对不知道什么限制"。

"高利贷资本，没有资本制的生产方法，却有资本制的榨取方法。"它寄生于各种生产方法之中，使生产方法穷乏化。它不使生产方法发展，反而使它麻痹。它使各时代的小生产者或直接生产者俯伏于它的权力之下，听它宰割。这是货币的阶级的作用之表现形式。

就古代奴隶制社会的情形来说。古希腊时代的雅典，在其建国的初期，贵族的支配已经确立。"而其压迫一般的自由的主要手段，实是高利贷与货币。"贵族们兼营海外贸易与海贼行为，集中了货币财产，作为剥削一切生产者的工具。"发展中的货币经济，恰如破坏的硝酸，侵入了以现物经济为基础的村落的旧生活状态。"贵族的货币支配，发展了许多新的习惯法，保障债权，保障货币所有者对于小农的榨取。阿替喀的田野中，充满了土地抵押的标柱。田地的大部分，都因为抵押满期而不能赎取，或积欠利息而不能偿还，而归于贵族高利贷业者所有。小农民所有的土地的卖价如不够偿债，或因没有抵押品的借债而无力偿还之时，他们自身和儿女，就被贵族高利贷者没收为奴隶。

又如"罗马的贵族，用战争毁灭了平民。平民因为被强制着要服军役，不能把自己的劳动诸条件再生产出来，以致陷于穷困状态。但同一的战争，却用战利品的铜（当时货币）充满了贵族的仓库和地窖。于是贵族就不把必需品的谷物和牛马直接交给平民，却把自己所不用的铜贷给平民，乘着这样的状态，勒索了法外的高利"。这是罗马平民没落的主因。

大体上说来，在古代社会中，奴隶制的生产是奴隶所有者致富的手段，所以货币所有者就在高利贷资本或商业资本的形态上投下他的货币，换取奴隶与土地等物，借以占有他人的劳动。货币所有者照这样投下货币，是当作资本利用的，因而变为生利的东西。

高利贷形态上的货币资本，最能发挥破坏生产方法的机能。这种资本的特征的形态，分为两个种类：第一个种类以豪奢上流者们（本质上是土地所有者）为榨取的对象；第二个种类以小生产者们（农民及手工业者）为榨取的对象。高利贷业者促使土地所有者没落，并吸尽小生产者的膏血。结局，高利贷业者一跃而成为社会的上层分子，变为奴隶所有者，变为土地所有者。

> 封建时代货币的阶级性

高利贷资本在封建时代的末期，即在资本之原始的蓄积时代，由于剥削封建领主与农民，腐蚀了封建的生产方法，造出了资本制生产方法成立的前提。

由于货币经济的发展，封建领主们在其购买手段与支付手段的准备上，愈不能不依赖于商品资本，尤其依赖于高利贷资本。领主们取得货币的方法，最初是把在地租形态上取得的农产物卖给商人，换取货币；最后是把现物地租改为货币地租，向农民征取货币。但领主们的豪奢生活及其财政的、武备的支出上，单靠从农民榨取地租，往往是入不敷出的。于是就不能不向高利贷业者借入货币。而借款的条件，是把封建的特许权交与供给货币人，此外就用土地作担保。欧洲中世纪的许多封建领主，都在高利贷资本的权力之下，因为不能支付高额的利息，而逐渐没落下去，这些都是历史的事实。同时，领主们因为高利贷的压迫，不能不多方设法榨取农奴，而农奴的负担因而加重，间接也陷于破产。

其次，高利贷资本与商业资本，对于小生产者的压迫，更是悲惨。农民们因为要用货币缴纳地租及租税，不能不拿农产物卖给商人。商人是货币所有者，一切的商品及商品生产者，不能不俯伏于他手中的货币之前。任何使用价值的财富形态，和货币比较起来，都只是一个假相。因此商业资本就操纵农产品的价格，买贱卖贵，农民们劳动的结果的一部分，就被商人所骗取。如果小生产者一旦需要借取货币而落在高利贷者手中之时，他们的生活资料的一部分，就不能不在利息的形态上被高利贷者所并吞。结果，小生产者或因此丧失其生产条件，或因此而不能以同样的规模继续其再生产。于是他们逐渐的丧失其生产手段，而转变为自由劳动者。

"高利贷业，在生产机关分散的处所，集中货币财产。它并不变化生产方法，反而成为寄生虫，附着于生产方法，使它变得悲惨。它吸尽生产方法的膏血，使它的气力衰弱，使再生产不能不在愈益惨淡的条件之下去实行。"但在资本之原始的蓄积时代，这样的高利贷资本，却成为资本制生产方法的前提（但资本制生产方法并非由高利贷资本所创造，这是要注意的）。

货币的作用，能使一方没落，使他方富裕，这是货币的阶级性。货币的阶级性，是从货币的机能发生，这在前面已经说明了。货币原是由商品经济所组织了的社会的劳动的生产物。这样的货币，在货币经济中，变为特殊阶级征服其他阶级的重要武器。

货币经济，是分化农民的基本的杠杆，它使农村人口分化为两个对立的阶层：第一阶层是富农，第二阶层是贫农及劳动者。两阶层之间的中间物是中农，其中一小部分有转变为富农的可能性，大部分有转变为贫农的可能性。富农的目的，在于经营商业的农业，以期收入大宗货币。至于贫农单靠经营农业，不能维持生活，必须出卖自己的劳动力。于是贫农不能不屈服于货币权力之下。他们因为要出卖劳动力以取得货币，所以他们的会计中的货币部分，越发演着重要的作用。他们越是贫穷，货币越是不进到他们的手中，因而就不能不永久的受货币所支配，即不能不永久的受农业资本家所支配。所以货币变成了农业资本家征服贫农大众的手段。货币经济的这种特性，不但在封建社会末期是这样，并且在现代社会中也是这样。

现代社会中货币的阶级性

货币的阶级性，在现代资本主义社会中，表现得异常明显。占世界人口最大多数的勤劳大众，都被资本家手中所有的货币征服着，这是无须赘说的。我们在这里只提出资本主义最后阶段上的货币流通的法则性的问题，借以指示现阶段的货币之阶级的作用。

现代资本主义的货币流通，主要的以流通的信用手段为基础。其货币流通的法则，可以简要的列举于下：

一、一方面，各个企业的票据，由各个银行所结算，这是信用货币流通的情形；他方面，巨大的独占的银行，通过这种行为，支配产业资本，因而发展为"银行与大工商业之私的联合"。

二、一方面，票据在各个独立的诸企业家之间，发生作用；他方面，在由"参加"制度所结合的诸企业之间，发出票据。

三、资本主义国家的中央发券银行依存于多数个别的企业家与银行家；他方面，拥有数十亿货币的金融寡头支配、利用发券制度以谋自己的利益。

四、一方面，发券银行以保证准备的形态，握有巩固的国家的有价证券；他方面，金融资本的最重大行为，即有价证券之发行，浸透于一切银行事业，必然的依靠种种间接的（或直接的）方法，从那里吸取发券银行的资源。

五、当作斗争手段看的货币制度，编入于世界再分割的斗争之中，因此弱国的货币制度就隶属于强国的货币制度，各帝国主义国家之间，为了要利用这个杠杆，就发生斗争。

六、由于上述事实，资本的输出，取得更进一层的意义。这种资本的输出，其目的在谋被压迫国家的货币之安定，而在其本质上，使被压迫国家越发隶属于帝国主义列强。

七、资本主义的危机的成长，金利生活的发达，放款资本的过剩（因不能充分投资于生产）的部分，非常的加强放款资本的可能性，而成为摇动资本主义本位货币的安定性的契机。

八、货币流通中所表现的帝国主义的特征，决不含有关于货币流通的计划性的意义。反之，金融寡头支配对于货币流通的利用，资本主义的不平衡的发展与资本主义的危机，使货币流通的本源性愈趋激化，引起了帝国主义下的货币制度的危机。这货币制度的危机，是资本主义生产的固有的矛盾激化的结果。

从上面各点看来，我们大略可以知道，在资本主义的最后阶段上，货币这东西，是帝国主义者宰割世界弱小民族、征服世界勤劳大众的工具，同时货币运动法则反映出垂死的资本主义的生产关系。关于上述诸命题的详细的展开，留待后面各章说明。

最后，货币这东西，在社会主义国家中，现时也还存在着。不过，社会主义国家中的货币与资本主义国家中的货币，其性质全不相同，并且货币之阶级的作用，又具有另一种意义。

社会学大纲（节选）[*]

第一版序

本书是前著《现代社会学》绝版以后的新著，内容完全不同了。本书的原稿，是在最近三四年以内逐渐写成的。全书分为六篇，已经写成的，只有前五篇，并且第五篇分量较少，稍欠充实。第六篇未曾着手，而我的研究工作重心，已移到经济学货币学方面，因而预定的第六篇，最近实无暇编写，我无时不在惦记着。

全书虽说尚未完成，而积存的原稿，已达四十余万字。如果照旧把它搁置箱箧中，听凭老鼠们咬了去，不免对自己也欠忠实。所以我考虑的结果，决心把它付印了。

关于第六篇中国社会的研究大纲及材料等项，都已有了准备，只是无暇整理。但研究所得的结论，也不妨在这里略提几句。本书前五篇，是研讨世界社会的一般及特殊发展法则的。至于中国社会，却自有其特殊的形相和固有的特征，决不是一般原理之单纯的例证。我认为中国社会，不是资本主义社会，也不是封建社会，而是帝国主义殖民地化过程

---

* 《社会学大纲》是李达在国立北平大学法商学院任教授时所撰的著作。1935 年由北平大学法商学院作为讲义首次印行，1937 年 5 月由上海笔耕堂书店首次出版，同年再版三次。毛泽东将该书称为"中国人自己写的第一本马列主义哲学科教书"。1948 年中原新华书店根据毛泽东的意见重版此书时，曾将有些术语改为了通用译语。1981 年人民出版社出版《李达文集》时，以 1937 年版为蓝本，将该书收入《李达文集》第 2 卷，并保持了初版的原貌。《社会学大纲》共分五篇，分别是：第一篇：唯物辩证法；第二篇：当作科学看的历史唯物论；第三篇：社会的经济构造；第四篇：社会的政治建筑；第五篇：社会的意识形态。本文节选自 1981 年人民出版社出版的《李达文集》第 2 卷，限于篇幅，仅节选了其中第一版序，第四版序，第一篇的第二、三、四章，第二篇的第一章和第三篇的第一章的部分内容。在《社会学大纲》第一篇第一章第二节第三目"唯物辩证法的生成"中第一次介绍了马克思的《1844 年经济学哲学手稿》。

中的社会。现阶段的中国人，必先认清自己的历史使命，就是要使中国从这种过程中解放出来。为要完成这种使命，必须实现民主的统一，发展国民经济，改良农工生活。全国人民，要一致团结起来，集中一切力量，准备民族奋斗，以求得中国之自由平等。这必须是现代全中国人的第一目的。

关于本书编纂经过，及所用参考书名称，留待跋文中叙述。本书内容，虽没有新的创见，但基于数年的研究，自信还有一些新的收获。至于不充分及欠妥当之处，留待他日补充修改。

李 达 一九三七.四.一

第四版序

中国社会已经踏进了伟大的飞跃的时代，我无数同胞都正在壮烈的牺牲着，英勇的斗争着，用自己的血和肉，推动着这个大飞跃的实现，创造着这个大时代的历史。这真是有史以来空前的大奇迹！可是，战士们为要有效的进行斗争的工作，完成民族解放的大业，就必须用科学的宇宙观和历史观，把精神武装起来，用科学的方法去认识新生的社会现象，去解决实践中所遭遇的新问题，借以指导我们的实践。这一部《社会学大纲》是确能帮助我们建立科学的宇宙观和历史观，并锻炼知识的和行动的方法的。因此，我特把这书推荐于战士们之前。

李 达 民国二十八年四月

第一篇　唯物辩证法

第一章　当作人类认识史的综合看的唯物辩证法（略）

第二章　当作哲学的科学看的唯物辩证法

第一节　辩证唯物论的一般特征

一　哲学的根本问题之解决

> 哲学上根本问题

前章我们考察了唯物辩证法的前史及其发生发展的历史过程，从本章起我们开始说明唯物辩证法的内容。当说明唯物辩证法的内容时，我们必须提起哲学上的根本问题。因为哲学上的根本问题之解决，是唯物辩证法的出发点。

一切哲学上的根本问题，是我们的意识与环境的关系如何的问题。这个问题，用别种术语来说，就是所谓自然与认识、客观与主体、物与我、外物与内心、物质世界与观念世界、存在与意识、存在与思惟等的关系如何的问题。再用平易的术语来说，即是物质与精神的关系如何的问题。

随着对于这个根本问题的解答不同，一切流派的哲学，都被分裂为两大派别、两大方向——唯物论与观念论。

所以物质与精神的关系如何这个根本问题之解决，是规定各种哲学学说的本质的唯一标准，是划分一切哲学为两大派别的唯一标准。但现代的观念论的哲学家，为了粉饰自己的观念论，而中伤唯物论，故意回避这个根本问题的解答，主张这个问题在哲学史上早已解决，不能成为划分哲学的派别的标准。还有一种折衷主义的哲学家，为了粉饰其二元论的立场，也故意回避这根本问题，另外提出别的标准来代替它。例如机械论者，主张用因果性的原理来鉴别哲学上的唯物论与观念论；即是说唯物论是主张因果论的，观念论是主张目的论的。这个标准也是不正确的。因果论与目的论的区别，是由上述那个根本问题的解答的不同而来的。并且观念论哲学，也主张所谓观念论的因果论。所以，因果性的问题，不但不能成为划分唯物论与观念论的标准，反而涂抹了两者的真实的界线。

现代唯物论哲学家，为要划分唯物论与观念论的界限，排斥一切妥协折衷的主张，为了表明自己的立场而与观念论相斗争，首先要提出哲学上的根本问题来说明，严正的分别自己和敌人的营垒。

唯物论与观念论究竟怎样解答上述根本问题

> 唯物论的根本论纲

呢？先就唯物论方面说。

唯物论主张世界先有物质，后有精神；物质是本源，精神从物质产生。

世界是物质的关联的统一体的发展过程，有精神有意识的人类只是整个物质世界的一小部分，并且物质世界，在有精神的人类出现以前，早已存在。在人类社会的历史中，也是先营物质生活而后营精神生活。

人类的精神，是物质世界的一极小部分，它附丽于人类的肉体，它是人体中最高物质的脑神经系统的作用和机能。所以物质生产精神，精神因物质而存在，而物质之存在却与精神无关。即是说，物质是客观的实在，是离开精神而独立存在的。

依据日常的经验，我们知道物质世界是存在于我们意识之外的。譬如山川草木虫鱼鸟兽等东西，离开我们和我们意识而独立存在，当它们和我们的感觉相接触时，我们就觉知它们的存在。这是各人每日看见过的无数次经验的事实。又如工人用机器和原料工作，农人用农具耕种土地，他们绝不怀疑那些机器、原料、农具和土地等是离开自己独立的客体。又如自然科学家，当研究各种物质的物体而探求其因果关系及法则时，虽然使用自己的感觉和思惟，却绝不怀疑物质的物体是离开自己意识而独立的，也绝不怀疑自己所发见的各种自然法则只是各种物质的物体本身所固有的东西，并不是自己凭空想创造而移入于客体中的东西。即是说，他们明白承认物质界及其固有的发展法则，都是客观的东西，而科学的认识（意识）只是这种客观的物质的映像。

精神、意识，是客观的物质世界之映像。映像（意识）依存于被映像的东西（物质），而被映像的东西不依存于映像，这是很明白简易的事实。所以精神依存于物质，而物质不依存于精神。

这种原理，在社会现象的方面也是适合的。社会生活也分为物质生活与精神生活两部分。精神生活是物质生活的反映。物质生活是本源，是基础，精神生活是从物质生活产生的，精神文明以物质文明为基础。物质文明发达了，然后精神文明才随着发达起来，并不是精神文明先发达了，然后物质文明才随着发达的。

所以唯物论的根本论纲，简括起来，就是：存在规定意识，意识不规定存在。这个根本论纲，在社会——历史的领域中应用起来，就是：社会的存在规定社会意识，社会意识不规定社会的存在。

全部唯物论哲学，都是说明这个根本论纲的。

| 观念论的根本论纲 | 然则观念论对于上述哲学上的根本问题究竟怎样解答呢？ |

观念论的解答，与唯物论完全相反。

观念论主张世界先有精神，后有物质；精神是本源，物质从精神产生。

依据观念论的主张说来，世界是精神的总体。在世界存在以前，早有造物主存在，例如大观念论哲学家黑格尔所说的"绝对理性"；"绝对精神"存在。在人类社会的历史中，也是先有各个人的意识的结合，然后才能营物质的生活。

依据观念论的主张，物质世界原不存在，存在的只有意识，即物质存在于精神之中。譬如山川草木虫鱼鸟兽等东西，并不是当作物体反映于我们头脑之中，而是当作表象进到我们的头脑之中，它们只是许多表象的组合。即是说，我们所感觉到的东西，是存在于我们的意识中，于我们的思惟中。在我们的意识中思惟中存在的一切东西，便是世界。又如工人在用机器和原料工作，农人在用农具耕种土地以前，他们必先研究那些机械、原料、农具和土地，然后实行工作，实行耕种。科学家所研究的物质的物体，只是科学家头脑中的一些表象，因而所发见自然现象的法则，也只是存在于那些表象之中，即是意识的产物（例如说原子只是思惟的构成，动物界的发展，受目的论的原则所决定）。并且科学家认识自然现象时，必须有天才的头脑和思惟能力，然后才能成就科学的发明。科学是变造物质的发动力。所以人们的认识不能超出意识的界限，而必须研究意识的界限与本性。所谓客观世界，原是假相，所谓客观世界的发展过程及法则，只是哲学家的绝对精神在假相方面的表现。即是说，精神先变化了，发展了，世界才随着变化和发展。

观念论的这种理论，不但浸透于自然科学的领域，并且还浸透于社会科学的领域。例如黑格尔把人类的全部历史，看作绝对精神发展的表现。观念论者主张人类的历史也和一切自然物一样，都是意识的产物。社会是心理关系的总体。社会之所以发生变化，是由于意识的变化而来；社会之所以发展，是由于道德的完成而起。所以人类的精神是社会发展的原动力。

概括起来，观念论的根本论纲是：意识规定存在，存在不规定意识。这个根本论纲在社会——历史领域中的应用，就是：社会意识规定社会的存在，社会的存在不规定社会意识。

任何观念论哲学，都是说明这个根本论纲的。

关于哲学的根本问题的解答，只有唯物论与观念论两种。在这两种解答以外，还有在表面上好象是属于第三者的解答，这就是所谓折衷论或二元论。折衷论或二元论的哲学，主张调和唯物论与观念论，想要建立不偏不党的、公平无私的新哲学。这种哲学流派，宣称物质和精神同是本源，或主张在认识的特定领域，物质或精神之一方占居重要地位。这种结合唯物论与观念论的哲学学说中，结局不是唯物论的原理占优势，就是观念论的原理占优势。即是说，这种折衷论或二元论的哲学，不属

折衷论或二元论

于唯物论，便属于观念论，不能成为一贯的哲学。

所以一切哲学的潮流或学说，因对于哲学的根本问题的解答不同，就分裂为唯物论与观念论两大阵营。全部哲学的历史，是唯物论与观念论的斗争和发展的历史。

〔哲学的阶级性〕哲学的历史，是人类社会的历史的一部分；哲学上唯物论与观念论的论战，是历史的集团斗争的反映。哲学的学说，是在具体的人类社会之中发生并发展的；创造哲学学说的人们，属于特定社会的集团；他们的学说，受当时的社会环境所左右，并反而影响于当时的社会环境。任何哲学学说，都反映所属的时代的经济生活状况，反映当时自然科学知识的程度，并表现特定社会集团的利益和希望。所以唯物论与观念论的论战的历史，即是敌对社会中社会集团斗争史的反映。

在哲学的历史上，观念论常代表保守阶级的意识形态。保守阶级常利用观念论作为镇压进步阶级的精神的武器。反之，唯物论常是代表进步阶级的意识形态。进步阶级总是利用唯物论作为对抗保守阶级的精神的武器。不过，就社会的历史看来，人类的精神的遗产，也和物质的遗产一样，总是掌握在保守阶级的手中，支配着当时社会的人心，一般后起的进步的生产的阶级，最初在知识的灌输上，不能不受保守阶级的意识形态所熏陶，有了先入为主的观念。所以这种进步阶级一旦觉察自身的地位和利益，敏锐的认识世界的新方面而建立自己的新哲学学说时，往往不能完全脱去观念论的影响。这可以说是未成熟阶级的未成熟的哲学学说。当作例外看，进步阶级也有用观念论表现自己进步的要求的（例如十九世纪初期的德国观念论，自然法学说等）；保守阶级，也有用唯物论表现自己的希望的（例如十七世纪的贵族的唯物论）。此外，同一的进步阶级，也有在反抗保守阶级时采取唯物论，而在其本身取得势力以后，就转变为保守阶级，同时放弃唯物论而采取观念论。这样的阶级，就是近代的布尔乔亚。只有现代的新的进步阶级，始终不渝的拥护唯物论并与观念论作不断的斗争。这样的阶级，是普罗列达里亚。

前面所述唯物论与观念论对于物质与精神的关系之说明，究竟那一方面是正确的？真理在唯物论一方面，这是不待言的。人类实践的历史与科学的历史，都证明唯物论的正确，并暴露观念论的谬误。社会的生产越是发达，科学的进步越是暴露自然的秘密，唯物论的基础就越发巩固。

二　观念论的克服与辩证唯物论

观念论之社会的根源

观念论的见解之与宗教相通而与科学相反，这是无容怀疑的事情。但是观念论在现代科学昌明的时代，却还能支配一部分人的头脑，这固然是由于它代表特殊阶级的意识形态，但除此以外，也还有其特殊的根源——即社会的根源与认识论的根源。所以唯物论为要有效的克服观念论，必须进一步暴露观念论的根源。

观念论成立之社会的历史的根据，在于精神劳动与肉体劳动之分离，在于社会之阶级的分化。

在原始社会时代，物质的生产力非常幼稚，精神劳动与肉体劳动不能分离。往后生产力稍见发达，物质的生活资料稍有剩余，社会中就发生了一种分工。这种分工，发展起来，就出现为精神劳动与肉体劳动的分工。大部分人从事于生产的劳动，小部分人从生产劳动解放出来，而专做精神劳动了。精神劳动与肉体劳动的对立，虽然日趋深化，但在生产力贫弱的时期中，两者还不至完全分离。

到了私有财产出现，社会被分裂为阶级以后，精神劳动就变为支配阶级的特权，而肉体劳动就专由被支配阶级负担了。由于社会的利害与个人的集团利害的矛盾，客观世界，就被精神劳动者改变为歪曲的幻想的形态了。这类的精神劳动者，大概是僧侣、卜筮者一流人。他们不事生产劳动，仰赖肉体劳动者所生产的生活资料以为生。因此，他们离开了生产活动，不与现实的世界相接触。他们的意识，与当时实践者的意识不同，已不能正确的反映现实世界。从这个时候起，他们的意识虽不与现实世界相接触，却要说明现实世界，表现现实世界。从此，他们的意识，就局限于想象的领域，而在思惟上去构成所谓观念论的世界观了。

在这种社会的基础上发生了的世界观，由于一切精神活动被支配阶级所掌握的事实，更趋于发展而加强其力量。这种精神劳动者觉到自己是特殊的人物，是知识的代表，把思惟看做最高的绝对的东西。所以观念论可说是寄食的支配阶级的生活方法的产物。正因为这种寄食的支配阶级独占着一切精神的食物，当然不会忘记自己阶级的利益，而使哲学与自己的利益相一致，使哲学成为精神的支配的工具。古代奴隶所有者阶级的哲学，中世纪农奴所有者阶级的哲学，以及现代特殊阶级的哲学，都是一脉相传的观念论。

观念论之社会的根源，是社会之敌对的组织，是社会力对于人类的支配。观念论在原则上是支配阶级的世界观。观念论的生殖力，观念论对于一切文化的侵蚀力，都可以从这个根源来说明。

观念论之认识论的根源

观念论虽是反科学的离开现实世界的世界观，而现今许多有科学的素养的学者们，却受观念论所影响，从心坎里相信观念论是真理。这是什么原因呢？固然，观念论的流传太久，传播太广，所以人们不觉潜移默化，不能脱去观念论的束缚。但这还不是根本原因。观念论所以抓住人心的根源，是在人类的意识中，在人类的认识中。观念论的这种认识论的根源，正是它所以采取虚伪科学的假相而侵蚀人心的根本原因。

第一，观念论绝对的夸张意识的能动作用，并否定意识的受动作用。

人类的意识，具有能动作用与受动作用两个成分。人类在其实践上，受环境所左右，这是受动的来源；同时，人类又要改造环境，这是能动作用的来源。在意识是客观环境的映象这一点说来，这属于意识的受动作用，在意识是实践的产物这一点说来，这属于意识的能动作用。意识的能动作用与受动作用，不可分离的结合着。人类的意识，一面反映环境，一面又改造旧环境，创出新环境。在这种处所，意识的能动作用，对于受动作用，占居优位。但是观念论者，完全否定意识的受动作用，只夸张意识的能动作用，并把它提高到绝对的地位，因此主张意识不受环境所影响，而环境倒反存在于意识之中，成为思惟的产物。所以观念论者主张意识是完全自由的，思惟是最高无上的，整个的世界只是天才哲学家的头脑的产物。因此，观念论者把意识的这一方面（即能动作用）夸张到绝对地位，并利用它作为说明一切现象的空想的工具了。

第二，观念论分离概念与现实的关系。我们认识客观世界，就在于发现客观世界的发展法则。我们在认识的活动上，把客观世界给与我们的表象结合起来，实行诊理的加工和再建，借以表现客观世界的发展法则，并在社会的实践上加以检察。所以人类的认识，是客观世界的法则的反映过程。并且这种反映是不断的随着客观世界的发展而发展，决不是固定的东西。我们的思惟形式（概念），是人类数千年来实践的发展的总和。

我们在进行认识世界之时，不能不使用概念，否则我们便不能思惟。但是概念的构成，是就外部世界所得的感觉和经验实行论理的加工的结果，是感觉和经验的普遍化的结果。概念的本身，即是现实的客观世界的反映，是客观与主观的统一。如果在使用概念去进行思惟之时而蔑视概念与现实的正确关系，那就会曲解现实，掩蔽真理。因为概念只能反映现实的某一特征，某一方面，决不能完全把捉现实的全部丰富的内容。只有随着实践的发达，概念才能比较近似的比较正确的反映现实。观念论者把反映现实的某一特征某一方面的概念，化为完全的一般的原理，使概念从现实完全分离出来，变为纯粹主观的东西。观念论者拘泥于主观的概念的领域，结合概念与概念，造出新的概念，创造主观的真理。他们所创造的概念或真理，是否和现实的对象相一致，那是全不过问的。因此，与现实相隔离的观念论者，否定认识是客观世界的反映，反而主张客观世界只是他们的绝对精神的向外表现。他们主张，这种精神包含一切的真理，只有研究这种精神的哲学，才是正确的哲学。

所以观念论哲学，把精神看做本源，看做世界的创造者，宇宙的神。观念论所崇奉的这种绝对精神，与宗教上所主张的上帝，是恰相一致的。因此，我们更进而说明观念论与宗教的关系。

观念论与宗教的关系

观念论所说的绝对精神、绝对自我与纯粹理性之类的东西，简直是完全和宗教所说的精神与上帝相同。实际上，观念与宗教是一个来源。这个来源，是原始人类的蒙昧无知的观念——万物有灵论。万物有灵论主张万物都有灵魂，主张灵魂不灭。这种灵魂不灭的信仰，后来又与卜筮等魔术结合起来，发展为图腾主义，出现为崇拜祖先的宗教，往后又演变为崇拜自然、崇拜种族神的宗教，最后又演变为一神教。所谓回教、基督教、佛教等宗教，都是这种一神教，都是从万物有灵论脱胎而来的。

观念论与宗教，是直接相遇的。观念论只是被陶熔了的、被蒸馏了的、被精制了的宗教。观念论所主张的先物质世界而存在的精神、为万物所从出的本源的精神，只是用科学的假面具罩住了的宗教上的神或上帝。观念论与宗教在表面上不相同的地方是：宗教的世界观是独断的，是迷信的，譬如所谓上帝在六日之中创造天地万物的神话，即是一例；观念论的世界观，却采取科学的假相，不便直接宣传"创世纪"的无稽之谈，而只是宣传离开物质、创造物质的精神，并在人类的意识中与认识中去建立它的地盘。我们可以说，观念论是从宗教的观念发展而来的，它造出理论的躯壳，通过认识的一个方面到达于宗教的结论。所以观念论由宗教的发展所准备，它一经发生之后，更促进宗教的发展。宗教为观念论准备精神的地盘，观念论为宗教设置理论的基础，观念论与宗教深相结合，造出了神学。

宗教之社会的根源，与观念论相同。两者的本质一致，在社会上所起的作用也相同。两者同是历史上特定社会的支配阶级所利用的镇压下层阶级的精神武器。支配阶级之利用宗教，正与利用观念论相同。因为无论在什么时代，直接生产者的大众开始想到穷困的根源时，支配阶级总认为是不妥的事情。支配阶级为使这般大众离开地上的物质生活的注意，不能不利用观念论；为使他们把现世的愤懑移转于来世，不能不利用宗教。因此，观念论与宗教的结合，由于社会的必要，在表面上常常采取不同的姿态。有时观念论直接表现为宗教，只成为替宗教树立合理的基础的一个方法（例如在中世纪黑暗时代）；有时观念论假装科学的形态，对宗教表示冷淡（例如科学的发展促进资本主义繁荣的时期）；现在，观念论又大声求救于宗教，要求回复到中世纪时代，再充神学的奴仆。所以现在观念论已是赤裸裸的和宗教缔结同盟了。

观念论之扬弃与现代唯物论

在科学极其幼稚的时代，人们当然不能把反映在感觉上的客观世界，作科学的分析和综合，去发现世界的发展法则，以建立科学的世界观。

因此，观念论的哲学家，为了建设一个世界观，不能不凭自己的空想，替复杂错综的客观世界设定一定的秩序。当他们一旦离开客观的物质世界而仅凭思惟去建设空想的世界的秩序时，就把思惟夸张到绝对的地位，而主张思惟、理性是物质世界的本源了。所以观念论虽然在历史上代表着特殊阶级的意识形态，但在科学还未发达的低级的阶段上，却也自有其存在的根据。

但是到了现代，科学已经非常发达，人们已能用科学的方法认识物质世界而树立科学的世界观了，无论在自然现象的领域，或社会现象的领域，早已没有离开物质的精神存在的余地，没有超自然力的神或上帝存在的余地。科学早已证明：我们的认识的源泉是外部客观的物质世界，而不是思惟或意识；我们要认识外部世界，只有在社会的实践上能动的反映外部世界，把所得的表象加以分析和综合，在思惟上再造出外部世界，才能得到正确的认识，才能促进认识的发展。观念论的原理，在科学之前是完全崩溃了。代之而起的，是现代唯物论，即辩证唯物论。

辩证唯物论是人类知识的历史的总计、总和与结论。辩证唯物论当着与观念论斗争之时，要求把观念论作批判的克服，决不简单的干脆的把观念论一切理论的内容当作字纸篓里的知识去抛弃。所谓批判的克服，就是暴露观念论之社会的基础及其认识论的根源，揭穿观念论体系之内在的论理，摘发观念论对于哲学问题的解决之偏狭性与主观性。

观念论固然是错误的，但它在人类认识过程中具有其根源。观念论固然是宗教的偏见，但它是经由人类认识的一个方面而到达于宗教的道路。人类对于世界的认识，是无限的循着螺旋状的曲线运动的历史的发展过程，而观念论却把这曲线的任意的断片转变为独立的完全的直线（即是把认识的许多方面的一方面夸张为绝对的东西，把意识看做是离开物质而存在的东西）。人类的认识，是生动的、发展的、结实的、客观的树木，而观念论却是这株认识树上开出来的一朵虚花。

所以辩证唯物论，并不是形而上的否定一切从来的哲学历史，并不是单纯的粗笨的否认一切观念论的存在，而只是在辩证法的意义上去扬弃一切观念论。观念论的哲学，在现在科学非常发达的时代，确是阻碍人类知识的发达的东西，但在从前的全盛时代，也曾以神秘的姿态促进了知识的发展。所以辩证唯物论，要在观念论的神秘的外套中，寻找合理的、贵重的东西，把它继承下来，并在唯物论的基础上改造它。即是说，辩证唯物论要保存那株生动的发展着的人类认识树，切去在它上面所开的虚花和所起的赘瘤；要粉碎一切观念论的哲学体系，却不斩断这株认识树，反而促进它的健全的发展。

辩证唯物论与旧唯物论的差异

辩证法的唯物论，对于哲学上的根本问题即物质与精神的关系的问题，是主张物质是本源的。在这一点，辩证法的唯物论，当作唯物论看，与从来一切形态的唯物论相一致。但辩证法的唯物论是辩证法的，在这一点就克服了从来一切形态的唯物论。

辩证唯物论是把离意识独立存在的、在时间空间中无始无终的物质世界，作为自己的体系的出发点的。

在辩证唯物论看来，世界的存在的根本形态是运动。物质世界，是物质的运动的多样的具体形态的统一。运动不仅是同一物的单纯的位置变化，而是发展、变化、由低级形态到高级形态的推移。发展的根源，不在外部的原因之中，而在发展着的世界的自我运动之中。这自我运动的源泉，是矛盾，是一切现象中内在的互相结合互相排斥的诸对立物的斗争。一种事物到它自己的对立物的转变，由于飞跃、由于量的蓄积所引起的质的变化，由于连续的中断，由于特定的关联的断绝而显现。旧事物到新事物的转变，常以某种方法，表明旧事物的否定，同时表明旧事物在比较高级的形态上的改造。

世界是物质的诸形态的转化的过程。物质世界在其由低向高的发展上，构成了把当作思惟的存在者看的人类包含在内的有机物质。思惟也是运动形态，是物质世界的特殊的性质，是这个世界的发展在社会的人类头脑中的反映。世界的发展的辩证法，把世界在思惟上的反映过程，也当作自己的特殊运动形态包含着。

辩证唯物论不但适用于自然的领域，并且适用于社会——历史的领域。例如研究资本主义时，不但把资本主义当作客观存在的社会制度去考察，并且把资本主义看作发生发展及其必然没落的过程，指出资本主义之历史的起源，及其由内在的阶级矛盾而发展，而必然的由其掘墓人所推翻，必然的由新的社会制度所代替。

辩证唯物论是唯一的科学的世界观。它反映现代社会中一切矛盾的社会生活的真相，反映现代的一切科学上的进步，反映进步的社会阶级的要求，综合人类知识的全历史。

三　物质的概念

　　　　　辩证唯物论继承哲学上的唯物论的方向，首先解决
物　　质　关于物质与意识的关系的哲学上的根本问题，主张世界
　　　　　先有物质，后有意识；物质是本源，意识从物质产生。
所以物质规定意识这个论纲，是辩证唯物论的基础。

然则物质究竟是什么？这是一个先决问题。

人们在其社会的实践的过程中，每日无数亿次接触于自然界的千差万别的物质的物体。这些物质的物体，在其质的构造上各具有其特殊性。但在这些千差万别的物质的物体中，我们可以发见一个极普遍的规定：即它们都是离开我们的意识而独立存在的，同时它们又都是我们感觉的源泉。我们从一切物质的物体中，单把这一方面的"属性"抽象出来，把其他一切质与量的区别抽象出去，由此就可以到达于关于这一切物质的物体的最单纯最一般的规定。这最一般的规定，就是：物体的总体，客观现实性全体，都离开我们的意识而独立存在，同时又是我们感

觉的源泉。辩证唯物论把这种属性，叫做物质。若用一个定义来说：

"物质是表明离开我们感觉独立存在，并在感觉上给与我们而为感觉所摄取所反映的客观实在性的哲学的范畴"。

更明了的说来，物质是哲学的概念，表明物质是客观的实在，即是在意识以外，并离意识独立存在而为意识所反映的东西。

辩证唯物论照上述那样去规定物质时，明白的指示了哲学上的物质概念与自然科学上的物质概念，是显然有别的。如果忽视了这两者的区别，就会陷入于观念论的深渊。

哲学上的物质概念与自然科学上的物质概念，不是两个互相矛盾的概念，而是物质现实性两个不同的关系的规定。哲学上的物质概念，在客观与主观的关系上规定物质，说明"物质是作用于感官而引起感觉的东西，是在感觉上给与我们的客观实在性"。自然科学上的物质概念，依据物理学的知识所到达的水准观察客观世界的构成，规定物质构造的特征。

哲学上的物质概念，是物质之最一般的规定。在这个物质概念中，包括了最高组织的物质的属性即意识。即是说，意识也是物质的，有意识的人类本身也是物质的一种显现。所谓意识与物质的对立，是有条件的，即只是在认识论上提起这问题时，才有意义。换句话说，意识被统一于物质之中，我们在认识论上把意识和物质对立，就是把认识的物质与被认识的物质对立。如果超过认识论的范围，而由自然科学的见地去分离精神与物质并使两者互相对立，就会陷入于二元论的立场。

哲学上的物质概念，是绝对真理。反之，自然科学上的物质概念，却常只是相对真理。因为自然科学上的物质概念，随着物理化学的进步而不断进步，而愈趋于正确。例如在十八世纪时代，物理学把物质的构造规定为它的分子的构造。因而分子在当时是物质的可分性的最后的界限。往后，人们知道分子是由原子组成的。于是从来关于物质的分子构造的物理学说，虽是客观的真理，却只有相对的意义了。现在，物理学更显著的深入自然的深处，发见了物质之电子的构造，知道原子又能分解为电子了。电子说的出现，当然并不是意味着自然的认识就停顿不前。因为物质本身是无限的，同样电子也是无限的。所以物理学在其种种发展阶段上，关于物质的规定，只是相对的规定；而这种相对的规定，常是与物质构造的各种性质相结合，常是注重物质的可分性的界限。

至于哲学上对于物质的规定，却是不同，它只是"在认识论上说明离人类感觉独立存在而为感觉所反映的客观实在性"。关于物质的这种规定，是决不能变动的。

哲学上的物质概念与自然科学上的物质概念，是决不许混同的。现在有许多物理学家，不知道这两种概念的区别，每逢科学上有新的大发见发生之时，动辄要陷入于神秘主义与观念论的泥沼。譬如电子的发见，只是证明从来人们所确定的"物质是原子的总和"这个规定的相对性，但物理学者们却非常狼狈，宣称物理学的危机到来了。他们的论文和演说，都高呼"物质消灭了！""物质变为非物质了！""物质被科学清算了！"于是物理学者们在其理论的思惟上，踏入了观念论的领域。同时，一切观念论哲学家，就抓住这个机会，大声嚷叫：物质消灭了，因而唯物论哲学也要消灭了，从此世界只留下精神了！这种叫嚣是无意义的。物质消灭了，精神能够独立存在么！？姑无论物质被分解为电子，而电子仍是离人类意识独立而为意识所反映的客观的实在。因而唯物论哲学对于物质的规定，仍不能有丝毫动摇。那些理论的物理学家，不能理解电子的发现只是说明从来关于物质可分性的相对界限的消灭，却误以为是物质的消灭，因而否定物质。这完全是因为他们不知道辩证法才演出错误。所以自然科学如不接受辩证法的指导，就容易迷入于观念论。

现代机械唯物论者的主要错误，就是因为不知道哲学上的物质概念与自然科学上的物质概念的区别，并把两者视为同一，用后者代替前者，因而主张用自然科学代替哲学。至于少数派观念论者，虽然重视这两者的区别，却不把辩证唯物论所规定的物质，看做是存在于现实性自身之中的东西，而把物质看做纯粹思惟的范畴，是纯粹思想的产物。哲学上这两个偏向，都是由于不理解物质的一般规定（哲学的规定）与特殊的规定（自然科学的规定）之差别及其统一而起的。

哲学上的物质概念，与辩证唯物论有固结不解的关系。自然科学上的物质概念，在物质构造的具体知识的发展过程中是不断变化的。随着生产力的发展与科学及技术的发展，人们关于物质构造的理解就日益进步。因而唯物论就不断的吸取自然科学的成果，改变其形态，丰富其内容，使物质观更趋于深化和完成，更接近于物质之全面的认识。但是辩证唯物论关于物质的规定，关于客观实在性的存在之承认，无论自然科学对于物质构造的理解如何进步，它仍是不变的。

运　动

在讨论物质的概念时，要更进一步的讨论物质的存在形式的问题。即考察运动、时间与空间的问题。先说运动。

物质的存在形式，首先是运动。运动是物质存在的根本形式。物质与运动，是不可分离的结合着。"无运动的物质，和无物质的运动一样，同是不能想像的"。这个命题，指示了世界的客观实在性的运动，是运动的物质或物质的运动。这个命题表明了：绝对不运动的物质或绝对静止的物质，都是没有的；离开了物质，就不能说起运动；并且物质的运动，是非常复杂的。

"物质是运动的物质。没有运动就没有物质，没有物质就没有运动。但物质的运动，是物质的自动。物质自动的源泉，是物质的内的矛盾、对立物的斗争。这种见解，排除了物质运动由于外力的作用，由于超自然力（或神力）的作用的一切谬见。"

从来形而上学的观念论的见解，认定自然界是永在绝对静止的状态，一般是没有什么发展的。但辩证唯物论却不承认绝对的静止。辩证唯物论承认静止是运动的一个要因，一个特殊的形态。物体的静止只是相对的静止，相对的均衡，而物质的运动却是绝对的。所以辩证唯物论承认："物体的相对静止的可能性，暂时的均衡状态的可能性，是物质以迄于生命的分化之根本条件"。

观念论哲学中，也有采取运动的见解的哲学（例如黑格尔的哲学）。但这种观念论，从物质分离运动，把运动转化为精神或神灵。这种离开物质去考察运动的见解，正是观念论与神秘主义的根本的本质。此外还有一批物理学的观念论者，如皮尔逊、马哈、亚勃纳留士之类，只说起运动，考察运动，至于这种运动究竟是什么东西的运动，他们是不过问的。这种离开物质去考察的运动，当然是无物质的精神或神灵的运动了。

还有，在唯物论的阵营中，除辩证唯物论以外，形而上学的或机械的唯物论，也承认物质的运动。但机械唯物论所主张物质的运动，只是一种性质的力学的运动，即只是承认机械的运动。机械唯物论把宇宙一切运动都还原于力学的运动。这是运动的单纯化、机械化的主张。辩证唯物论认定物质的运动形态是异常复杂的。"物质的运动，不能单只还原于机械的运动，单纯的移动；物质的运动，同样是热与光，电气及电磁气的张力，化学的化合及分解，生命，最后是意识。"（恩格斯：《自然辩证法》）物质在其运动上，展开种种性质，呈现复杂的形态。又如社会，也是物质的运动形态的一种，在其运动上也展开其固有的本质，呈现其不同的形态。所以哲学上说及物质的运动时，必考虑物质及运动的各种具体形态，考虑物质及运动的一般形态与特殊形态的正确关系。

> 时间与空间

但是物质的运动，离开时间和空间，不能显现。时间和空间，与运动一样，同是物质的根本的存在形式。

离开时间和空间，不能有物质，也不能有物质的运动。"世界除运动的物质以外，没有别的东西。而运动的物质，在时间和空间以外，不能运动"。

人们通常把空间想做贮满物质的空虚的箱子，而物体是在这空虚的箱子中运动的；同样，又把时间想做空虚的长度，可以用钟表的分秒来测量，因而在思惟上把物体放在这空虚的长度中，说物体是在时间上变化的。关于时间和空间的这种错误的表象，也是过去唯物论哲学所支持的。但辩证唯物论却说明这种从外部把物体装进去的绝对空虚的时间和空间，是绝对没有的。时间和空间是物质存在的形式。物质的运动是时间，物质的延长是空间。如没有物质，不能说起运动；同样，如没有物质，也不能说起时间和空间。

时间和空间，和物质一样，是离开人类意识独立而为意识所反映的客观的实在。时间和空间的表象，是客观的实在的时间和空间在人类意识上的反映。客观的实在的时间和空间，是不断的发展着，变化着，因而反映于人类意识上的时间和空间的表象，也是相对的，发展的。这些相对的表象的日趋发展，就日益接近于客观的绝对的真理。正如关于物质构造的学说的可变性不否定物质之客观的实在性一样，关于时间和空间的表象，也不否定两者之客观的实在性。

观念论者，否定时间和空间的客观性，主张时间和空间只是主观的概念。例如：康德派把时间和空间看做主观的形式；黑格尔派把发展着的时间和空间看做是接近于时间和空间的绝对理性的东西；马哈主义者把时间和空间看做是"感觉的系列"或纯论理的概念。这种主张，与否认物质的客观性的主张是一致的。

我们体会了辩证唯物论关于时间和空间的解释，就可进而解决下面的问题，即物质在时间和空间上是有限或无限，或有始或无始的问题。从来的宗教或观念论，主张世界是由上帝或绝对精神创造出来的。在这一点，显然的承认时间和空间是有始的，有限的。但宗教和观念论所说的上帝或绝对精神那东西的存在，却又是无始的，无限的。在这一点，又把时间和空间的无始和无限，寄托于虚构的上帝或绝对精神之上了。

这种虚构是很无聊的东西。辩证唯物论认定物质在时间和空间是无始的，时间和空间无始也无终。这些都是自然科学所能证明的。

若把物质，运动，时间和空间这四个范畴联缀起来，加以说明时，我们可以说：物质是在时间和空间的形态上运动、并离开我们意识独立存在而又为意识所反映的客观的实在。

第二节　唯物辩证法的对象

一　当作世界观与方法的统一看的唯物辩证法

> 当作世界观看的唯物辩证法

唯物辩证法，首先是世界观，是研究整个世界的发展的一般法则的科学。哲学上所处理的原理、范畴及法则，不单适合于特殊现象的领域，并且适合于一切现象的领域，具有极普遍的性质。但这些一般法则，必须经过思惟的媒介，才能在科学上、论理上去理解它们。

客观的世界，最初反映在我们的直接的直观上，出现为混沌流动的总画面。为要认识这个总画面内部各部分的各种相互联系及各种发展法则，而把它们统一为一般发展法则时，首先要认识构成这个总画面的各个部分，然后对于这个总画面才能有明了的观念。换句话说，我们先要认识这总画面的各部分的特殊发展法则，然后才能在论理上把它们综合为一般的发展法则。

世界分为自然与社会两部分，研究这两部分的特殊发展法则的科学，是各种自然科学与社会科学。各种自然科学与社会科学，各把特殊的自然现象或社会现象作为研究对象，而发见各种特殊发展法则。所以哲学为要认识最初在直观上给与着的世界总画面，而发见全体世界的一般发展法则，就必须利用个别的科学的结论，把那些特殊法则，拿来比较对照，舍弃那些法则的特殊性，把它们概括起来，才得到适合于一切特殊领域的一般法则。于是世界各部分现象之一般的联系及发展的法则，就从直接的直观转变为由思惟所媒介的综合，即是在思惟上再现出全体世界的形相，形成为统一的世界观。因而哲学上所处理的一般的原理、范畴及法则，是各种个别科学所处理的特殊的原理、概念及法则的普遍化；而各种特殊的原理、概念及法则，是一般的原理、范畴及法则在各个特殊领域中所采取的特殊姿态（即个别化或具体化）。

概括个别科学的结论而形成的世界观，必然是理论与实践的统一。

因为自然科学所发见的自然法则与社会科学所发见的社会法则，都是社会的实践的结果。所以在个别科学的研究上，认识只有实践的直接作用于客体，才能取得认识的材料，发见客体的法则；并且认识的真理性，也只有实践的直接作用于客体，才能证明。所以实践在个别科学的研究上，是认识的出发点，又是认识的终结点。因为科学的认识与人类的实践是统一的。至于哲学，是概括个别科学的结果，而在思惟上再现出外部世界的全体形相的。在这种意义上，实践通过个别科学而间接的成为哲学的基础。哲学的真理性，也必须通过个别科学而由实践所证明。所以说，哲学不只是解释世界，而是变革世界。这样的哲学，是理论与实践统一的哲学。

其次，概括个别科学的结果而形成的世界观，必然是唯物辩证法的世界观。第一，这种世界观首先是唯物论的。因而个别科学的认识是客观的实在之反映，其认识的真理性已为实践所证明。所以哲学所概括的个别科学的范畴及法则，原是个别科学关于外部世界的长期的探求及考察的结果，原是过去人类由无数次的实践所证明的认识。哲学通过个别科学，与客观世界相联系，因而哲学上所处理的一般的范畴及法则，原是客观的世界之映像。即是说，哲学把在直观上给与着的世界的总画面，通过个别科学的认识，把这总画面转化为思惟上构成的世界观。所以这种世界观，必然是唯物论的。即是说，这种世界观承认存在是本源，思惟是存在的映像。至于观念论的哲学，却不知道个别科学的认识原是发展着的客观世界的映像，不知道个别科学反映客观世界的认识原是哲学上概括个别科学的前提；因此颠倒存在与思惟的真实关系，并使认识从客观分离，使概念从对象分离，而片面的把思惟夸张为绝对者；因此把范畴与范畴、法则与法则的组合，看做是客观世界。正因为这样，所以观念论把精神看做本源、把客观世界看做是精神的外化。这样的世界观，实是无世界的世界观。

第二，唯物论的世界观，必然是辩证法的。现代自然科学与社会科学，暴露了自然与社会的发展都是辩证法的发展。自然的辩证法与社会的辩证法，是客观的辩证法；客观的辩证法在思惟上的反映，是主观的辩证法。唯物论的世界观，把现代的个别科学所反映的客观世界各部分的特殊的辩证法，综合起来，概括起来，形成全体世界的发展的一般辩证法。所以唯物论的世界观本身，即是唯物论的辩证法。

唯物辩证法是总括的理论，它已站在最高的阶段，通过个别科学，分析的研究世界的各部分，再综合为一个全体。在社会实践的发展上，个别科学不断的反映世界的新方面，对于辩证法供给更丰富的材料，因而概括个别科学的成果的唯物辩证法的哲学，也更趋于丰富和发展。所以唯物辩证法，是一般与特殊、直观与思惟、理论与实践、经验科学与理论科学之辩证法的综合。同时，这种哲学本身，也是辩证法的；它是一个流动的发展的世界观。

当作方法看的唯物辩证法

如上所述，世界观是个别科学的诸结果的概括，它与个别科学的发展水准有极密切的关系。在个别科学还没有发展到高级水准之时，科学的世界观是不能成立的，例如十八世纪机械的唯物论所以不能成为科学的世界观，是因当时的个别科学还在搜集材料的阶段，自然科学对于辩证法的证明，还不能供给充分的材料。在十八世纪以前，自然科学诸部门中比较进步的东西，是力学和数学，机械唯物论主要的是依据力学的知识去说明世界的，所以这种世界观必然是机械论的。

但个别科学纵令发展到了高级的阶段，若在观念论的基础上概括个别科学的成果，也不能成为科学的世界观。例如黑格尔的哲学，虽然概括了当时已经发展的个别科学的结果，但他的哲学是观念辩证法。他认定客观世界是精神的产物，客观辩证法是主观辩证法的产物。这个哲学，虽然依据辩证的方法说明了自然界、历史界及精神界发展的过程，但对于世界的现实表象，却充满了观念论的内容。在其辩证法的方面，世界是当做不断的变化、运动、发展的过程去考察的，而在其观念论的体系上，世界的变化、运动及发展，却因黑格尔的绝对真理之发现而终结。并且黑格尔的体系，因为颠倒了事物的真实关系，所以在其世界观的构成上，"含有许多的补缀、文饰和虚构，即发生了谬误。黑格尔的体系，当作体系看，是大大的流产——并且是同种类的最后的流产"。

从来一切形而上学的观念论的哲学，无论是自然哲学、历史哲学或一般哲学，都是与现实相隔离的哲学，所以在其自然观、历史观或一般世界观的构成上，都用思辨的、幻想的一般范畴和一般法则，代替实在的、现实的一般范畴和一般法则。虽然这些哲学也有过不少天才的发现和预见，但对于客观世界之歪曲的反映，仍然充满了这样哲学体系的内容。同时，社会的实践之发展与现实的认识之发展，却日益暴露这类哲学的"补缀和虚构"。所以当着人类的认识一旦与现实世界相接触之时，当着发展着的个别科学表明自己所研究的客体（世界的各部分）在全体世界中所处的地位，表明对于全体世界的认识的关系之时，于是从来一切"补缀和虚构"的世界观，一切僭称为"科学的科学"的独立哲学，便失其存在的根据。于是唯物辩证法的新哲学，就代替从前的哲学而起；而从前的哲学就被唯物辩证法这种哲学所扬弃了。所谓扬弃，即是"被克服并被保存"。"由它的形式说，是被克服；由它的真实内容说，是被保存着。"

所以由从来的哲学遗留下来的东西，就是"从人类的历史的发展之考察抽象出来的最一般的诸结论的概括"，即是历史的诸科学的结论的概括，即是唯物论的辩证法。这个辩证法，是"关于发展的科学，是关于自然、社会与思惟的运动及发展的一般法则"的科学。

唯物辩证法把存在规定思惟、把反映存在的思惟依从于与存在相同的同一法则而发展、并与存在相一致的事实，作为思惟的前提。因而认识所依以发展的思惟法则，即是自然与社会的发展之正确的反映。主观辩证法即是客观辩证法的映像，是客观世界的发展在意识上的映像。在这里，唯物辩证法是世界观。但这个世界观之论理的构成，既是个别科学的结论的概括，它必然能够成为个别科学的方法。即是说，唯物辩证法是世界观，同时又是方法论。因为唯物辩证法，在其起源上，在其内容上，都是客观世界的一般映像，所以它能指导研究各个具体对象的方法，使我们能够容易的正确的把握在感觉上给与着的对象之客观的真理。

在分析与综合的关系上说来，个别科学是相对的分析的科学，哲学是相对的综合的科学。分析是受综合所指导的，因而个别科学是受哲学所指导的。即是说，哲学必须是贯串于个别科学的一般的方法论。因为哲学上所处理的一般的原理、范畴与法则，是概括个别科学的结论而来的，所以能够适合于特殊现象的领域。在这种意义上，唯物辩证法可说是个别科学的代数学。个别科学，必须适用辩证法的思惟法则，才能正确的把握对象。

从来的个别科学，在其理论的思惟上，往往感受形而上学的影响，而成为观念论产生的地盘。所以个别科学为要正确的把握对象的真理，必须接受辩证法的思惟法则的指导，才能成就。辩证法原是论理学，个别科学没有论理学的指导，一步也不能前进。在这种意义上，辩证法是人类认识自然、社会及思惟的一般方法论。

辩证法不单是认识的方法论，同时又是实践的方法论。认识由实践而生，为实践所证明，而又指导实践。所以辩证法不单是思惟的方法，认识的方法，同时又是实践的方法，改造世界的方法。在理论与实践的统一上说来，唯物辩证法是以实践为基础的认识的方法论。

根据前面的研究，我们知道：当作世界观与方法的统一看的唯物辩证法的对象，是整个世界的一般的发展法则，即是自然、社会及人类思惟的一般发展法则。关于唯物辩证法的对象的这个规定，揭破了一切观念论诸流派关于哲学对象的神秘见解，纠正了机械唯物论关于哲学对象的错误解释。因为，第一，唯物辩证法认定它自身也和别的科学一样，有它自己的研究对象；并且这个对象，是物质的现实的世界（包括自然，社会与人类思惟），并不是空想的神秘的王国。第二，唯物辩证法的对象是整个的现实的世界，与研究现实世界的特殊部分的个别科学的对象不相混同；前者研究整个世界的一般发展法则，后者研究一部分的世界的特殊发展法则。第三，唯物辩证法是"从人类的历史的发展之考察抽象出来的最一般的诸结论之概括"，是从世界认识的历史得来的总结论。

一切观念论的诸流派，都主张思惟规定存在，因而否定物质的现实世界，另在头脑中创设空想的世界作为哲学的对象。例如，马哈主义把感觉作为"世界要素"，把感觉所由发生的现实世界作为超经验的东西，因而主张把从感觉而生的经验世界作为哲学的对象。康德主义把超经验的世界解释为论理的东西，想依靠思惟的反省去理解其内容。黑格尔主义把现实世界以前的所谓"世界精神"作为哲学的对象，而只是思辨的去理解它。总之，这一切观念论的流派，都是在物质世界以外，虚构空想世界作为哲学的对象，使哲学化为神秘的东西。

至于唯物辩证法的阵营中，也有所谓机械论与形式论的两个流派，都曲解了唯物辩证法的对象。机械论者主张用自然科学代替哲学，说唯物辩证法应解消于科学之中，不能有其独立的研究对象。形式论者使哲学与具体的个别科学相分离，因而主张把一些从具体科学分离出来的概念作为哲学的对象，说哲学只是研究概念的科学。前者把自然科学的一般结论的总计作为世界观；后者把概念的总和看成与客观世界相一致的东西，并把唯物辩证法归着于方法论。前者干脆的否认哲学，后者接受黑格尔主义，事实上等于放弃唯物辩证法。这两派的错误，都是由于不理解上面所说唯物辩证法的对象的规定。

二 辩证法、认识论与论理学的同一性

三者的同一性问题之提起

以物质世界的一般发展法则为对象的唯物辩证法，是认识论，同时又是论理学。因此，在这里，特别提出辩证法、认识论、论理学的同一性的问题来说明。

从来僭称为"科学的科学"的独立哲学，其处理的对象甚为复杂，因而哲学被分裂为许多互不联络的部门，如认识论、本体论、论理学、数理哲学、自然哲学、历史哲学、社会哲学、宗教哲学、美学、伦理学之类。但到现代，各种自然科学与社会科学日益发达，除了认识论、本体论、论理学等哲学的部门以外，其他都在各种经验的科学之中解消了。

二元论哲学家康德，首先企图把哲学划分为互不联络的认识论、论理学及本体论的几个部门。在认识论的部门中，研究人类认识的界限及能力，研究认识的源泉及形式。在论理学的部门中，研究人类思惟的发展法则，研究概念、判断及推理等的思惟形式。在本体论的部门中，研究客观世界的本性。

康德哲学中，把认识论、论理学与本体论作为互相对立的东西，而其主要的企图是在建立认识论的基础。可是康德认识论是形而上学的。他想建立在认识本身以前、在认识过程以外另有其根据的认识论，即超历史的从人类社会的历史分离了的认识论。他认为物本体是不能认识的，如果超出认识的界限，就要舍弃认识过程。他不考察认识的发生和发展，分离认识内容与认识形式，而专只研究完全孤立的、无内容的、纯粹论理的形式。所以康德体系的二元论，即形式与内容、"物本体"与"我们之物"、本质与现象的二元论，是从这种处所发生的。

黑格尔批判康德的错误，首先在观念论的形态上，理解了认识论与论理学的同一性。他主张认识论与论理学，在历史上在实践上都是一致的。黑格尔主张认识论的基础，是认识的历史、认识的实践。他对于康德建立认识论问题的方法，认为是错误的。他认为要规定认识的能力，必先研究认识在实践上的作用，研究认识的历史。同样，论理学的基础，也是认识的历史。我们要研究认识的形式、概念判断及推理等形式，就必须研究这些形式在认识的历史上是怎样被适用的，研究这些形式怎样的随着认识的发展而发展。所以黑格尔的哲学，由历史主义所贯串着。他所理解的认识论、论理学即辩证法的同一性，其原因就在历史主义的基础中。

黑格尔所主张的辩证法、认识论、论理学的同一性，固然要根据认识的历史去研究，但三者并不单纯的归着于认识的历史。"认识的历史，在论理学（即辩证法）及认识论方面，都是当作全体、当作普遍化的东西，从认识的结果及总计的见地去采取的。在这种场合，历史的东西，是从论理的见地、即从一般的结果的见地去采取的。这样得来的论理的东西，虽是同一的历史、同一的过程，但并不因为细目而使事情趋于复杂，而是在一般的过程上给与着，一切没有意义的偶然的偏差都被排除了。"（米丁）

黑格尔关于辩证法、认识论、论理学的同一性的见解，比较康德的见解确是显著的进步。但黑格尔的哲学是观念论的，因而他所主张的三者的同一性，带有观念论的性质。因为他主张历史从属于绝对精神之论理的发展，而历史的现实的运动，是论理的运动的产物。

创始者们对于这问题的解决

创始者们关于辩证法、认识论、论理学的同一性的见解，无疑的是黑格尔的见解之唯物论的改造。在黑格尔方面，三者的同一性，根据于存在与思惟的同一性，当作观念论的同一性处理的。反之，在马恩两氏方面，三者的同一性，以哲学的唯物论为前提，三者都是认识的历史的结果。在黑格尔方面，认识的历史，成为绝对精神的自己发展的过程，与物质世界发展的历史、社会的实践的历史相分离。反之，在唯物论方面，认识的历史，是人类在其物质的实践上认识的客观世界发展史在人类头脑中的历史的反映。

马氏本人，留下了《资本论》的论理学。他在《资本论》之中，把资本主义作一般的理论的分析，同时又把资本主义生产关系发展的历史作普遍化的概括。他说："当作布尔乔亚的财富的要素形态看的商品，是我们的出发点，是资本发生的前提。在另一方面，商品如今又当作资本的生产物出现。我们的叙述的这种循环，同样也与资本之历史的发展相一致"。恩氏也要约《资本论》的方法论，力说《资本论》中历史的东西与论理的东西之统一。在这种处所，表示着辩证法、认识论与论理学的同一性。所以，伊里奇的《哲学笔记》中这样写着："在《资本论》之中，论理学、辩证法及唯物论的认识论（三个名称是不必要的，三者都是同一的东西），都在一个科学上适用着。唯物论的认识论，把黑格尔的贵重的东西，都摄取出来，并使这些贵重的东西发展了。"

其次，恩氏对于辩证法、认识论、论理学的同一性，有比较详细的说明。他说："只有论理的方法，是唯一的适当的东西。但这实在也是同一历史的方法，不过只是排除了历史的形态与扰乱的偶然性"。又说：
"现实性的叙述开始时，独立的哲学存在的理由就消失。能够代替他的
东西，至多只是从人类之历史的发展的考察抽象出来的最一般的诸结论
之概括"。"于是由从来的哲学遗留下来的东西，是关于思惟法则的学
问——论理学与辩证法"。

　　在恩氏说来，我们只有一个哲学，即是辩证法。这辩证法，同时是
论理学，又是认识论。

> 伊里奇对于这一问
> 题的展开

辩证法、认识论与论理学的同一性，是由于
它们都是认识历史的结果——这个根据，已由唯
物辩证法的创始者们所指明了。但是把这个问题
详明的展开出来的人，要推伊里奇。

　　伊里奇所处的时代，是帝国主义时代，是 Klassen kampf① 尖锐化
的时代。这个时代，在哲学论战的阵营中，呈现混乱的趋势，在布尔乔
亚哲学方面，观念论的反动占得胜利。许多变种的观念论，如马哈主义
与新康德主义，都深入劳动运动的领域中，几有压倒唯物辩证法的势
力。马哈主义在德国与奥国的社会民主党之中，得到了许多的信徒，往
后在俄国也成为最有力的潮流。新康德主义对于修正主义，给与了很大
的理论的影响，一八九七年公然出现的柏伦斯泰因的修正主义，是以新
康德主义做理论的根据的。马哈主义的哲学是经验批判论，复活巴克列
的主观观念论来攻击唯物辩证法。新康德主义从右方来批判康德的二元
论，使康德哲学变为纯粹的观念论，用以攻击唯物辩证法，还创造了所
谓"伦理的社会主义"，"康德派社会主义"，欺骗劳苦群众。新康德派
为要把观念论扩张到"上方"，不能不在"下方"就认识论领域来与唯
物论挑战。所以康德主义的复活，首先是把哲学局限于布尔乔亚认识论
的领域。简单点说，在这个反动时代，辩证唯物论被一切变种的观念论
当作俗流唯物论来攻击，而其所采用的有力的武器，就是所谓物理学的
观念论或观念论的物理学。至于辩证唯物论的领域中，当时的硕果当然
要推普列哈诺夫。但普列哈诺夫分离了理论与实践，不能在具体的研究
上应用辩证唯物论，也不能把辩证法应用于认识论。如伊里奇所批判，
普列哈诺夫虽然写过约有一千页的哲学（辩证法）的著作，而"对于当
作哲学的科学看的本来的辩证法，一句也不曾说起！！"此外，还有波格

---

　　① 即阶级斗争。

达诺夫，虽曾采用辩证法的一小部分，用以说明知识的相对性，但他的哲学（如"经验—元论"），还是马哈主义的支流。

总之，在伊里奇的时代，一切反动的哲学，根本上不承认辩证唯物论是哲学。新康德派说起哲学时，大都以修正了的（从"右方"批判了的）康德的认识论为问题。最奇怪的就是在辩证唯物论的阵营中，也有人主张辩证法不是认识论。例如德波林在一九二三年之时，还主张辩证法是与认识论相对立的（在他所写《马克思与黑格尔》一论文中，曾说过"当作与认识论相对立的方法论看的辩证法……"一句话），其他是不必再提了。

伊里奇熟知当时哲学论战的阵势，为应付一切观念论的攻击，拥护战斗的唯物论，展开辩证唯物论的认识论，给与了认识的历史之辩证法的说明，因而击破了敌对的观念论的阵线，解释了当时物理学上的危机，使唯物辩证法发展到哲学上的新阶段。

哲学上的伊里奇的阶段的主要特征，就是展开了辩证唯物论的认识论，展开了"当作认识论看的辩证法"的思想，阐明了辩证法、认识论、论理学的同一性，指明了对立统一法则是辩证法的核心，分析了辩证法的诸要素。这一切思想，都贯串于他的大著《唯物论与经验批判论》和《哲学笔记》之中。

伊里奇首先指明了，哲学上的根本问题即思惟与存在的关系的问题，就是"从古以来的认识论的问题"，是"认识论上的根本问题"。这哲学上的根本问题之唯物论的解决，就成为唯物论的认识论。而认识是存在到思惟上的反映，我们头脑中的概念，即是"现实事物的反映"。这种唯物论的反映论，即是唯物论的认识论。但是唯物论的认识论必然是辩证法的。形而上学的唯物论，"不能把辩证法应用于反映论，于认识的过程及其发展"。所以伊里奇特别指出认识论必须是辩证法。他说："和其他一切科学领域一样，在认识论上，也要作辩证法的考察。即是说，不要把我们的认识当作完成的不变的东西，而是探求怎样从不知产出知识，并使不完全不正确的知识变为较完全较正确的知识"。又说，"依据马克思和黑格尔的见解，辩证法把现今所称为认识论的东西包括于自身之中。认识论也同样在历史上考察自己的对象，必须研究认识的发生与发展、由无知识到知识的推移，并且概括它"。在认识的历史的概括这一点说来，辩证法和认识论是同一的。所以他说辩证法正是认识论，并且展开了当作认识论看的辩证法的思想。

当作认识论看的辩证法，是把认识的历史，当作普遍化的东西，从认识的结果及总计的结果见地去采取的，即是说，历史的东西是从论理的见地去采取的（见前）。这样得来的论理的东西，是"排除了历史的形态与扰乱的偶然性"的同一的历史的过程。所以伊里奇说："论理学的范畴，是'外的存在与无数个别性'的简约"；又说："范畴是分离的诸阶段，即世界认识的诸阶段，是资助认识并把握网的网的结孔"。"人类实践的活动，无数亿次在论理学的定式上引致人类的意识。这样一来，这些定式，就得到公理的意义"。这就是说，论理的东西，也同样是认识的历史的普遍化。因而当作认识论看的辩证法，即是论理学。所以说，"论理学不是关于思惟之外的形式的学问，而是关于'一切物质的、自然的及精神的事物'之发展法则的学问，即是关于世界一切具体的内容及其认识的发展法则的学问。换句话说，论理学是世界认识的历史的总计、总和与结论"。

总括伊里奇的见解，辩证法、认识论、论理学的同一性，是"建立在哲学的唯物论的前提之上的。这个同一性，在唯物论的基础上给与着。只有从存在与思惟的问题之唯物论的解决出发，立脚于反映论之上，才能彻底的解决辩证法、论理学及认识论的问题"（米丁）。三者都是"世界认识的历史的总计、总和与结论"。

关于辩证法、论理学、认识论的同一性问题，

> 这一问题的概括

在上面大致已经述说过了。现在，为使初学者容易了解起见，不避重复的再就这个问题作一个简括的说明。前节说过，唯物辩证法的对象，是整个世界（自然、社会与思惟）发展的一般法则，即是外界（自然与社会）与思惟的发展的一般法则。思惟的发展的一般法则，是外界发展的一般法则的反映，两者在其内容上、本质上都是同一的。两者不同的地方，就是，外界发展的法则，由无数偶然性和盲目的作用错综着，而思惟的发展法则，却随着认识的发展，排除了前者的偶然性及其盲目的作用。所以两者在表现形式上是不同的。辩证法是从认识的历史的见地考察外界发展法则及为其反映的思惟发展法则之同一内容与相互关联。

其次，认识论的对象，是认识的发展过程及认识的发展法则。依据唯物辩证法的反映论，认识是外界在人类思惟上的反映，因而认识的发展法则，即是外界发展法则的反映，即是思惟发展法则。所以认识论也包括着外界发展法则的研究，也同样的从认识的历史的见地，研究外界

与思惟的发展法则之同一内容及其相互关联。所以辩证法和认识论的对象是同一的。

这样说来，辩证法与认识论，同是以当作外界发展法则之思惟的反映看的思惟发展法则为对象的。而以思惟发展的一般法则为对象的科学，又是论理学。所以就对象相同这一点说，辩证法、认识论与论理学是同一的科学。

然则外界及思惟的发展的一般法则是怎样构成的呢？如前段所述，这是从个别科学的成果的概括抽象出来的。人类在其数千年、数万年的社会的实践的过程中，不断的认识各种自然现象及社会现象的法则，应用于社会的实践之上，更由社会的实践所订正，所发展。在认识与实践的辩证法的发展过程中，人类造成了许多个别的科学，形成了认识的历史。至于哲学，就是从社会的实践及知识的水准，把一切个别科学的历史即认识的历史，作普遍化的概括，抽象出外界及思惟的发展的一般法则，并发见其内部的关联。所以哲学家要把认识的历史作普遍化的概括，必须研究一切个别科学的历史。"哲学的历史、知识全体的历史、知识的领域、各个科学的历史、婴儿之智的发达史、动物发达史、言语加心理学加器官加生理学——这一切是认识论与辩证法所由构成的知识的领域。"

所谓认识的历史之普遍化的概括，就是从论理的见地去采取历史的东西。这样得来的论理的东西之展开，与其所反映的现实的历史，大略一致。论理的东西与历史的东西相并行。当作世界认识史的概括看的论理的东西之总体，同时是当作世界发展史的略图看的一般发展法则之映象。因而阐明论理的东西之相互关联的辩证法，就是认识历史的内的关联之阐明。所以辩证法与论理学是一致的。

所以辩证法、认识论与论理学是完全一致的，三者同是"从人类的历史发展之考察抽象出来的最一般的诸结论之概括"。

第三节　世界的发展与世界认识史的概观

一　世界的统一及其发展

物质的构造的领域之研究

前节我们已经说明了唯物辩证法的对象，知道唯物辩证法是研究世界发展的一般法则的科学；而世界发展的一般法则之构成，是概括自然诸科学及社会诸科学的诸结论的结果。但世界的发展是历史的过程，随着人类对于世界、即对于自然与社会的认识，也是历史的过程，因而唯物辩证法这个哲学的科学，是人类关于自然与社会的认识史的总计、总和与结论。唯物辩证法一面综合世界的认识史，形成统一的世界观，同时又指导自然科学与社会科学更深刻更正确的暴露世界的新的方面、新的辩证法，证实唯物辩证法的正确，充实它的内容，使它不断的发展为更高级的统一的世界观。

现在我们再依据前面的原则，具体的说明唯物辩证法这个统一的世界观的形成过程。

所谓统一的世界观，即是物质世界的统一的发展观。我们在本章第一节之中，已经说明唯物辩证法的物质的概念，主张物质是在时间与空间的形态上运动，并离开我们意识独立存在而又为意识所反映的客观的实在。这个概念，是哲学上最高的概念，它是和自然科学上的物质的概念不同的东西。哲学上的物质的概念虽只规定物质之客观的实在的性质，而对于物质的构造的领域的研究，却是看得非常重要的。因为这个领域的研究，是哲学上的统一的世界观形成的基础。

唯物辩证法主张世界是物质的统一体，意识只是物质世界的一小部分（是物质发展过程中的产物，是高等物质的属性）。在物质世界中，一切的东西都是运动着，发展着，同时又都是联系着。物质的一切种类及形态，只有在其联系的运动上，才能认识。这种运动形态的认识，即是物质的认识。所以唯物辩证法，是物质世界的统一的发展观。

唯物辩证法关于世界之物质的统一与运动的考察，与机械论或形式论的考察不同。机械论把物质的统一还元〔原〕于物质的一部分的属性或一个方面，把具体的复杂的运动形态还元〔原〕于单一的或机械的运动形态。于是，在机械论的考察中，物质的复杂性完全消失，而运动也变为循环的运动了。其次，形式论又用运动这概念的"自己运动"的学说，去代替具体的运动形态之研究。于是，在形式论一方面，物质解消于观念之中，而运动只成为观念的运动了。但在唯物辩证法一方面，关于世界之物质的统一及运动，是在其内的复杂性上去考察的。世界之物质的统一是具体的复杂性之统一。

物质世界的统一

世界是物质的统一体。物质是永久存在的。物质是永久的东西，它虽能变更其形态与色香，也能由固体转化为液体或气体，但它的本身仍然存在。物质不能由无而生，也不能转化为无。这是物质的永远性或不灭性。物质又具有能力。物质的能力，是物质的性质，是物质本身起作用的能力。物质不灭，能力不灭。所以无机自然界中作用着的能力，即机械力及其补充物的所谓潜能力、热、辐射（光线以至放射热）、电气、磁力、化学的能力等，即是宇宙的运动的各种现象形态。至于生命，也是物质，意识也和能力相似，只是物质的一种性质。归结起来，宇宙万物，都是由物质构成的。

物质是从非常小的并且行着种种色色的运动的无数各别的微片成立起来的。这种微片，叫做分子。构成同一物质的一切分子，在形态上，在重量上，以及在构造上，都是同一的。在这种基本形态上的物质（分子），它的直径，在一英寸的一万万分之一以下。这些分子，在固体物之中，好像紧密地结合着，没有互相运动的余地，但实则各个分子各自行着震动的运动。在液体里面，分子和分子的结合虽然也紧密，却还能够互相前后地震动，所以在液体之中，各分子不仅有震动的运动，并且还可以自由移转，不固定在一定地方。在气体里面，分子运动的范围更大，各分子间的间隔更大。在普通温度和气压之下的空气，它的分子运动的速度，平均每一小时约为一千英里。分子的运动，是向一切方向进行的。这些分子不断的互相冲突的结果，常变更它运动的方向。分子已是很小的东西了，但它又是由几个更小的微粒构成的。这更小的微粒，叫做原子。分子中的原子虽互相保持若干的距离，但这些原子之间，却有很强的牵引力，使它们相互间不能超过这距离。氩、钠、水银等的分子，只是由一个原子组成的，在这种情形，分子和原子是同一的。氧、氢、氮等的分子是由两个原子成立的。大概无机物的特征，是由具有少数原子的分子成立的；有机物的分子，是由更多的原子成立的。种种物质间分子的差异，不仅由于构成那分子的原子之量的差异，并且是因为原子的质的差异。原子的种类，全部共有九十二。这些原子的差异，主要的虽是重量上的差异，但化学的性质也大不相同。一切形态的物质，无论是固体液体或气体，依据目前的自然科学的研究，一切都是由九十二种类的原子成立的。物质的差异，由于构成各物质的分子的差异；分子的差异，又由于分子中所含有的原子的种类和数的差异，又由于这些原子在分子内部所占的位置的差异。

原子已是最小的东西了，但依电子说，它还是一种空虚的空间球，球中有几个粒子，这些粒子是笔墨所不能形容的小东西的概念，就叫做电子。电子的直径，被认为和氢原子的约六万五千分之一相当。电子在原子之中是结合在一块儿的。因此可以推定，原子之中，有带阳电的中心核，所带阳电的分量，和电子所有阴电的总量相当。而这中心核的直径，比较电子的直径，当然更小，可以把它看做是单单几何学上的点。电子大概是绕着中心核的周围，在一个圆形轨道上回绕着。这样，原子就好像是一个小小的太阳系，各电子绕着中心核的运动，就好像各行星绕着中心引力的运行了。若照这样，无限小的东西，和无限大的东西，都好像是完全在同一设计之下造成了。

总括由以上所述而得的物质的概念，我们可以知道，物质这东西，分析到最后，结果只是由电子和中心核而成的小小太阳系构成的了。九十二种原子，是由电子之数量的增加所引起的质的差异产出的。这些原子，依种种的结合，便产出种种的分子，再由这些分子，造出一切的物质。总之，依据现代科学的水准，存在物最后的而且不能变化的单位（但将来还是能够变化的），是电子。电子为种种色色的结合，因其结合的方法不同，产出了质不相同的种种原子。这些原子，结合起来，产生分子。这分子中的某种分子，有包含非常多的原子的东西。这些复杂的分子，又实行复结合，产出更为复杂精巧的物质，如称为蛋白质的物质。这些蛋白质又结合而成为体系。这些蛋白质的体系一集合起来，又形成一种新物质，即原形质。一旦形成为原形质，化学的构造，就更加极其复杂精巧，和普通在实验室所见的单纯反应完全不同。于是这些反应的总和，就是被称为生命的东西。更进一层，原形质的分子，更实行复杂精巧的结合，而发生一种和它不同的新的种类的反应，就是被称为意识的东西。

物质世界的统一，上面已经说明了。但这个统一，并不是单纯的机械的统一。物质的存在形态是运动，而运动的形态是极其复杂的。所以我们对于世界之物质的统一及运动，必须在其复杂性上去考察，因而世界之物质的统一，是物质的具体的复杂性的统一。

科学不但证明物质的永远性，且说明了宇宙

| 太阳系生成的原理 |

万物所以能从物质构成的过程。依据科学的研究，我们知道，宇宙是包括恒河沙数的星体的无限空间和无限时间的总称。其间形状如云而发光的星云，为数在十万以上。星云的初形，好像是极稀薄的气体，焕散如火雾，其中质点互相吸引，所以凝缩固结，发出光热。这凝缩的气质，渐渐开始旋转，股流分歧，各复自结为中心核。全体的构造成为一个漩涡状，中心质最密，股流中各有若干凝缩质的结核。这是漩涡状星云的大致的性质。太阳系就

是从这样的漩涡状的星云进化而来的。这星云因引力或周围以太压迫的关系，各分子都向内凝缩，于是初时的不规则形渐渐变为圆形，依着中心轴加速的旋转，而成为平圆轮形。像这样旋转迅速，其外缘所伸出之股，因而掷出。这些被掷出的大小无数的部分，因互相碰撞并合，到最后形成为行星及卫星等团聚于太阳周围之太阳系（行星及卫星可假定由同理而成）。凝集之时，因各分子愈互相逼近，冲撞愈烈，所以热度大增。星云块中最小的最易凝缩，卫星、小游星、陨星等最先凝缩。如同地球的卫星月球，早已死灭，即其实例。行星凝缩较缓，太阳更缓。所以由太阳分出的几个星云块，在它自身也分出卫星以后，就凝缩为球形。但这时还是白炽气体，其面上的热度，约有摄氏表一万度。这样，环绕太阳回转的行星或地球，又复各自有其卫星或月球。其中月球很小，凝缩最快，最先经过各种时期，即起初由星云气体凝为固体而发光，后来渐渐衰老而至于死灭。其余的星体，依着体积的大小，也会经过同样的过程。太阳系的生成，大概是这样。它是一个过程，它发生、发展、死亡，将来或许互相碰撞而复返于星云状态。因为由星球化为星云，由星云化为星球，这是宇宙中常有的事（据郭尔的计算，这样的事实，平均每年有两次可以窥见）。

地球生成的原理　　在太阳系生成的过程中，力学的物理学的运动，显现在前面。像上述那样生成了的各种星体之上，最初支配着的东西，是我们所称为热烈的物质的运动形态。所谓元原素的化学的化合那样事情，在今日太阳那样高热的温度之中还不能有。因为据近代天文学所说，当星云凝缩时的某期热度最高，足使原子分解为电子。但在那样高热的温度中，热之转化为电气或磁气的事情，是可以依据对于太阳的观测而被证明的。所以太阳上发生着的力学的运动，专由热与重力的抵触而起，这在今日已成为确定的事实。随着星体的冷却和收缩，互相转化而成的物理学的运动形态的交互作用就显现出来。经过此时期以后，便开始进到化学的作用的领域。地球进化的经过，就遵循着这样的历程。地球自从中央星云块分出之后，一时还是白炽体质，因为受了周围以太的压迫，不得不渐渐凝聚，但它的组织既不匀整，有的地方比别的地方浓厚，这浓厚的地方就成为中心点，周围的地方都向它凝聚，因而渐渐变成了球形。这球形自己旋转，一面又绕着它的母体旋转。随着凝缩的进行，内部分子的震动很快，并且因为凝缩作用，各分子互相接近，冲撞愈烈，热度大见增加。这时候，仍然处于力学的物理学的运动的范围，原子自然分解为电子。过了这时期以后，热度逐渐减退，于是电子复行凝聚，变成了种种化学的原质。种种化学原质构成以后，较重的金属向中心沉下，轻的气体浮于上层，而较重的气体就介居两者之间。这时的地球，恰与今日的太阳仿佛相像。所以地球进化史的第一期，是化学原质构成的时期。

地球进化史的第二期，是月球产生的时期。月球之从地球产生，与地球之从太阳产生相似。其不同之点，即前者是由于所谓潮汐作用。今日的月球对于地球的洋面能够发生影响，可知当时离地球九千二百万里的太阳，对于尚在火热液体状态的地球，也能发生相似的影响。因为当时地球依中心轴而自转的速度，比现在要快五六倍，并且又因太阳的吸引力关系，向着太阳的一面，常有隆起的大浪。在旋转极速之时，这隆起的大浪的离心力太大，向心力不能把它牵住，就一时把它掷出了。这被掷出的大浪，最初离地球尚近，一面自己旋转，一面向地球旋转。它的体积较小，凝缩最快，不久即成为固体，旋转的速度也渐减，同时又渐渐与地球远隔起来（现距地球二十四万里），这就是月球。

从此以后的地球进化史，只是一段冷凝史。它由白炽而黄而红，终至热度减少到五百度以下，不能放光。随着凝冷的进行，凝成的化学原质，轻的东西变为蒸气，浮游于空间，变为空气；重的东西，凝为液体，沉淀于中心（这时的地球，恍如为火炙溶液的热水洋所覆盖）。液体渐凝渐厚，变为岩浆；久之渐厚渐坚，变为岩石，就构为地壳，从此渐渐进于地质学的时期。外壳凝固以后，于是逐渐收缩，因内部的热的膨胀力更大，地壳外部发生凹凸状态。于是由内热发散出来的蒸气，被冷却而成冰；汇聚于地壳凹部的水，成为江湖海洋。那凸出的部分，就成为丘陵山岳。在有限的面积内，海常变为陆地，陆地也常变为海。于是地球便由气水陆三者而构成我们所住着的地球。

地球未来的命运怎样，现在无从悬揣，但据科学家的推测，说地球有三种可以引起灭亡的原因，第一是自发的地震与火山爆裂；第二是地球与其他星球相撞；第三是太阳的消灭。这三个原因是否确实，现在也不必去追求，我们只知道在无限的天空中，有无量数的世界，有的正在发生，有的正在成长，有的已经衰老，快要死亡，种种色色，不一而足。可知地球也有死亡的一日。

生命形成的原理 地球上的生命是怎样发生的？是在什么时候发生的呢？依据科学的研究，动植物的生命的组织，是由一种叫做原形质的东西构成的。这种原形质的形成，即是生命的起源。原形质是一切化合物中最复杂的化合物，它不是单一的固定的化合物，而是一些构造稍微不同的物质的集合。组成这种集合物的元素，主要的是碳、氧、氢、氮、硫、磷、钠、钾、氯、钙、镁、铁等等。原形质的成分中，最主要的是蛋白质，而蛋白质的分子，非常复杂，是由几百到几千的原子构成的（现在还不能决定它的分子式）。我们要推知生命的起源，就必须推知组成原形质的那些元素被形成的时候。依科学的研究，地球上的原子共有九十二种（现在已发见八十七种），这原子世界，也是受着自然淘汰的，当着各星体的热度和太阳一样的时候，生命这东西是不存在的。原子的世界因受着自然淘汰，在与它不适合的环境之下，不会形成。依据分光器的分析，在进化初期的星体上面，只有单纯的轻的元素，如原生氢、原生铁等等，而且比地球上最单纯的元素氢还要单纯。进化往前进行，星体渐渐变冷，原子的种类和数目，才随着增加起来。到了星体变成和地球的温度相同时，才会有和我们所知道的极相类似的种种物质很丰富的发现出来。所以我们要追溯原形质形成的起源，即是追溯生命的起源，应从这个时候开始。

原形质的形成，必须具备三个条件：第一，空中的空气，对外能障蔽日光强烈的辐射，对内能障蔽地底热力不平衡的辐射；第二，地球冷却时，有些原质凝结成液体；第三，碳、氧、氢三种原素已经和别种重滞并妨凝生命的元素分离，而浮游于空气中。具备了这三个条件，于是在包涵大地的海洋底里，或是海洋的沿岸，就能由无机物中半流质的化合物，经过发酵作用而变成蛋白质，由蛋白质而构成原形质。生命的萌芽，就是这种原形质的原始的微点。

生命的萌芽发生之后，不知经过若干年月，蛋白质就在一定的可能的条件之下，由于核及细胞皮的形成就发生了最初的细胞。但因为这细胞的发生，全体有机的细胞，就得到它的形态构成的基础。于是没有细胞的或由细胞而成的原生生物的无数种类就发生出来了。这类原生生物之中，渐渐分化，先变为最初的植物，次变为最初的动物。这里撇开植物不说，单就动物的历史说，在经过了地质学的许多时代之间，动物是由无脊椎动物而进到脊椎动物；再在脊椎动物之中，又由水栖动物而水陆两栖动物，而陆栖动物，由爬虫类分化而为哺乳类；又由哺乳类分化而为类人猿，最后再进化到人类。

从生命的演进的程序说，我们若假定地球的年龄为十万万年，爬虫类时代就应该定为从约二万万年以前开始，共继续了一万万年以上。假定哺乳类的时代是从五千万年以前开始，那么，由猿猴到人类的进化只是极近代的事，大约在五十万年以前。总起来说，生命是一个对于原形质的若干性质的名称。原形质是和其他较单纯的物质一样，受着进化的作用的。原形质种种变幻不可思议的形态，只是它内部的很奇妙的分子所具的复杂性质向外表现。

动物出现于地球以后，就有附随于动物生命的反射运动。这反射运动是构成所谓精神作用的东西。随着动物的神经组织由最低级进到最高级，其精神作用也由最低级进到最高级。由于最高级的人类这种生命的出现，就出现了人类的意识。人类的神经系统及其意识，是数千百年的社会生活的产物（详述于第四章）。

由于人类的出现，世界就出现了物质的最高级的、新的存在形态即人类社会。

依据上面的说明，我们已能明了世界实是物质的统一体的发展过程。

二　世界认识史的概观

> 世界认识的发展

基于前段的说明，我们可以知道，全体的世界，形成为无数物体的总关联的一个体系。这无数的物体，是从天体到电子、到以太的微分子的一切物质的存在物。这无数物体，在交互的关联中，行着一定的交互作用。这交互作用，即是运动。"最普遍的意义上的运动、即当作物质的存在形式、当作物质的内在属性（性质）理解的运动，包括着宇宙中所发生的一切变化与过程、即从单纯的场所变更到思惟为止的一切变化与过程"。

大体上物质世界发展的顺序，是从最低级最单纯的运动形态进到比较高级比较复杂的运动形态去的过程。人类对于世界的认识，从科学发达的历史考察起来，也是由最低级最单纯的运动形态的研究进到比较高级比较复杂的运动形态的研究去的过程。在这一点上看来，物质从低级形态到高级形态的前进运动过程，决定着与它相适应的科学的认识之前进的发展过程。

依照运动形态发展的顺序，把科学分类排列起来，可用下表来表明。

运动形态的种类	科学的种类
机械的运动形态	力学
分子的运动形态	物理学
原子的运动形态	化学
生命的过程	生物学
社会的过程	社会科学
思惟的过程	哲学

上面那个分类，主要的根据恩格斯在《自然辩证法》上的说明，只不过大体上表示运动形态的顺序与关于运动性质的研究的顺序（当然这个分类，只是相对的。在科学的研究的专门化的今日，上表中每一运动形态的研究，都分化为许多科目，分别的研究某一运动形态中各项目）。

大体上说来，科学的从属关系，不但反映实在的运动形态的从属关系，并且反映科学本身的历史发展过程。最复杂的运动形态（例如社会现象），在自然科学没有发达到一定水准以前，不能作科学的研究。并且，一般的形成为科学发达的原动力的东西，是实践，是人类之实践的物质的要求（这在最初是直接的）。所以，如恩格斯所说明，关于运动的形态及性质的研究，必须从最低级最单纯的运动形态出发，然后才能理解较高级较复杂的运动形态。科学发达的历史，表示出这种过程。科学发生的次序，最初是力学，其次是物理学，再次是化学，再次是生物学，最后是社会科学。

物质世界的运动形态，顺次由低级进到高级，由单纯进到复杂。各种运动形态之间，又互相推移，互相联系。并且低级的单纯的运动形态，都顺次被统摄于高级的复杂的运动形态之中。所以低级的单纯的运动形态的科学，是研究较高级较复杂的运动形态的科学的先导；同时后者的发达，又能促进前者的进步，两者互有区别，却又互相联系。例如十九世纪以来，化学的运动、光、电、磁等的研究之发达以后，天体运动的研究又依据上述诸研究而成就长足的进步。同时，社会现象之科学的说明——历史唯物论——发生以后，自然科学才能开始理解其发展的真正原动力以及思惟本身的辩证法。

科学的认识日趋发展，各个知识部门就愈趋于专门化。所以科学的高度的发展，使世界认识愈趋于深化，愈益渗入事物的深处；同时又发生了结合各种个别科学以建立更深刻的互相联系的必要。

世界认识史之直观
的阶段

现在我们更进而说明世界认识史的阶段，以说明科学的世界观的发展过程。在人类认识的历史的发展过程中，认识的初期阶段，是直观的阶段。

"当我们考察一般自然，人类历史及我们自身的智的活动时，我们就首先看到一幅画面，在这画面中，任何事物都不保持同一形状，不停止同一处所，不保存同一性质，常是运动着，变化着，消灭着，而各种相互关系和相互作用，都是无限的错综着。所以，我们最初的看到这个总画面，那些个别的部分，多少还残留于后方。我们在看到那运动，推移及关联的事物本身以前，多是先看到那种运动，推移及关联。这种原始的，素朴的，并且实在正确的世界观，就是古希腊哲学的世界观，这是赫拉克里图首先明白论述了的东西。他说：'万物存在又不存在，因为万物流动，常在生灭之中'。"（恩格斯）

"但是，这种世界观虽能正确指示现象的总画面的全体性，却不能充分说明构成那总画面的细目。在不能说明这细目以前，我们对于那总画面仍不能有明了的观念"。因为赫拉克里图的时代，自然科学与历史科学还很幼稚，还不能从自然或历史的关系分离出各个事物，而"个别的去考察其性质及其原因结果等等（即不能理解构成总画面的细目）"，所以赫拉克里图等的唯物的世界观，也只能大概的在直观形态上去认识现实世界之辩证法的发展。这种世界观，可说是直接的直观的结果。然而这已是唯物论的辩证法萌芽。

自然科学与历史科学，"在古代希腊，首先是搜集关于那种研究的资料"，其地位"是很低的"。严格的说来，"确实的自然研究的端绪"，还是"由亚历山大时代的希腊人所展开的"，所以在"说明构成那总画面的细目"的知识的科学还在搜集材料的阶段上，要建立科学的统一的世界观，当然是一件不可能的事情。

世界认识史之形而
上学的阶段

于是，人类的认识，由直接的直观的领域进到形而上学的思惟的领域，而原始的素朴的不充分的世界观，就让位于观念论的世界观。这观念论的世界观，是由苏格拉底、柏拉图、亚里士多德等人建立起来的，其历史的背景是希腊的奴隶制度已濒于没落的境地，因社会的不安所引起的诸问题，已成为当时特殊阶级学者们所关心的东西。因此，认识的领域由地下（自然认识）而上升到天上。苏格拉底首先在人类思惟领域中，探求普遍概念，作为思惟的准则。他把普遍概念作为个别的感性现象的基础，而以探求这普遍概念为认识的目的。这是形式论理学的始点。往后，柏拉图在认识领域中，排斥感性的直观，把思惟作为认识的第一源泉。于是思惟从现实游离出来而转变为空想了。亚里士多德综合了从前的知识的历史，建立了形而上学的哲学体系，其方法论就是形式论理学。他建立了同一律，矛盾律和三段论法，在观念论的表皮中，包含了从前唯物辩证法的要素。不过，亚里士多德的这种包育了辩证法要素的形式论理学，往后失掉了使其合理的发展的社会条件，经过中世纪的长期黑暗时代，被许多神学的哲学家所支解，其中所包含的辩证法要素湮灭无存，造成了名副其实的"形式的"论理学了。

历史的车轮进到近代，思惟又由天上降到地下，与自然的认识相结托，而亚里士多德的形式论理学在近代的形式上展开了。近代形式论理学展开的根源，存在于工场手工业时代的社会条件及科学的发展的状态之中。由于工场手工业的发展，工商阶级势力的长成，以及自然科学的发达，筑成了近代形式论理学的基础。

由于资本主义的生产方法所支配着的工场手工业之发展以及世界商品市场的扩大，引起了一系列的自然科学的知识的长足进步。例如力学、数学、天文学、物理学、化学、生物学、生理学、医药学等等，都以不断的速力向前进步。这些自然诸科学的知识，对于近代形式论理学，提供了非常丰富的意德沃罗基的材料。不过，上述自然诸科学，在工场手工业时代比较完成了的东西，只有力学和数学，至于其他自然诸科学还是在大工业发达以后才被完成的。所以其他自然诸科学，在工场手工业时代，还是在"搜集科学"的阶段。

工场手工业时代的科学形态，是形式论理学展开的意德沃罗基的条件。当时自然科学中最能影响于哲学的东西，是数学和力学。数学的方法被移入于哲学中，就促进了形式论理学的生长。力学的方法被移入于哲学中，就构成了机械论的世界观。而机械论的方法论是形式论理学的。所以力学的方法之移入于哲学，就成为形式论理学构成的条件。

形式论理学的展开的最重要的根源，一般的是因为科学还在搜集材料的阶段。在这个阶段中，"人类关于自然的知识之最大的根本条件，就是把自然分解为个个的部分，把种种的自然过程和自然物分类为明确的种别，把生物体内部的种种形态作解剖的研究。但这种研究方法传给我们的遗产，就是使我们习惯于把自然物及自然过程从全部的总关联分离出来，而实行个别的观察。即是说，不在其运动上观察自然，而在其静止上观察它；不把它当作根本变化的东西观察，而把它当作固定不变的东西观察，不观察于其生，而观察于其死。这种见解（正是抽象的同一性的见解），经培根和洛克从自然科学移入于哲学时，就产生了十八世纪特有的偏狭思想，即形而上学的思惟方法。"（恩格斯）

培根在形式论理学的展开上，曾经开辟了新的途径。他是经验论的唯物论的流派的鼻祖，是归纳法的论理学的创始者。"然据他的学说，感觉是没有错误的东西，是一切知识的源泉。科学的经验科学，它对于感性的映象，适用合理的方法。归纳，分析，比较和实验，是合理方法的主要条件。"他提倡归纳法的论理学，反对从来演绎法的论理学，使思惟与自然研究相结合；主张从客观世界探求客观法则，反对从来由先验的思惟法则去观察客观世界。但培根的学说只是格言的形式，并不曾贯彻他的理论。他所主张的由分析各个事物而归纳出真理的方法，比较演绎法虽是进了一步，但他并不曾理解客观世界全体内部的关联及其发展法则。所以他仍然拘泥于事物的形式，支持抽象的同一性的法则。

洛克的经验论哲学的基础，也是分析的方法。如黑格尔所说："认识最初是分析的。它所处理的对象，是在孤立的形态上被表现出来；而分析的认识的活动，越向于把所认识的个别的东西还元〔原〕于一般的东西。在这种处所，思惟只是意指着抽象，或形式的同一性之肯定，这是洛克及其他经验论者的见地。"

概括起来，在科学的"搜集的阶段上，当研究各个事物时，从具体的全体的诸侧面中，抽象其一部分，舍弃其他部分，于是就这一部分加以分析，引出抽象的法则和概念。所以搜集的科学的立场，是分析的方法。而分析是借助于抽象而实行的。在这个范围内，因分析而得到的规定，仍然是抽象的。为要使具体的个体在思惟的媒介上成为生动的东西，就必须把所分析的一部分和他部分结合起来，总括起来，并建立秩序，才能成为科学的知识。但这样的知识，在搜集科学的阶段上是不可能的。由于这样的理由，在搜集的科学阶段上有其根源的形式论理学，是抽象的思惟的论理学"。

基于上面的考察，我们可以知道，形式论理学这种形而上学的思惟体系，是工场手工业时代的社会经济状况的产物，是个别的、分散的、固定不变的考察事物的一般习惯的产物，是认识历史上的一定阶段上的产物。

"这种思惟方法，在我们看来，非常明白。这就是所谓健全的常识。这种健全的常识，在其有限的家事的领域中，虽是一个极可尊敬的伴侣，而一旦走进学问研究的大海，就冒犯可惊的危险。所以形而上学的思惟方法，依其研究题目的性质，在相当范围以内，是可以承认的，也是必要的，不过早晚到达于那个界限而超出那界限以外时，就立时变成偏见，变成浅见，变成抽象，并陷于不可解决的矛盾。"（恩格斯）

世界认识史之辩证法的阶段

当思惟一旦脱离形而上学阶段进到辩证法阶段，而探求客观世界的内在关联及发展法则时，形而上学的思惟体系的形式论理学，就被唯物论的辩证法所扬弃了。正如直观阶段的认识被形而上学阶段的认识所否定一样，形式论理学现在更被这种辩证法所否定了。

前面说过，形而上学的思惟体系之形式论理学，是搜集的科学阶段的产物；同样，科学的思惟体系之辩证法，是建立了秩序的科学阶段的产物。"自然是辩证法的证明"。十九世纪以来，数学、力学、物理学、化学、生物学等各部门的自然科学，都建立了一定体系，准备了辩证法之意德沃罗基的材料。这些科学，对于辩证法，"供给极丰富的日见增加的材料，因此证明了自然界结局不是形而上学的，而是辩证法的作用着。即自然并不老是演着同一的循环运动，而是创造现实的历史"。"辩证法是把事物及其思惟的模写（即概念），在两者的关联、连锁、运动、生成及消灭上，作本质上的理解的，所以前述自然界的诸过程，都证实辩证法的独自的运动方法。"因此，"关于宇宙及其进化，人类的进化，以及那些进化在人心中的反映的严密描写，只有依靠辩证的方法，只有依靠对于成长与消灭，进步的变化与退步的变化之普遍的相互关系不断的考察，才能成就。"

辩证法论理学，在历史上先行于形式论理学。古代赫拉克里图原始的唯物论之中，早已包藏了辩证法的胚种。亚里士多德的形式论理学中，也"考究过辩证法的思惟的最根本的形式"。近世归纳法的创始者培根的学说，也包含了辩证法的成分。后来的新哲学，"虽然也有过辩证法的显著代表者（例如笛卡儿和斯比诺莎），但是特别受了英国（经验论）的影响，渐渐固定于所谓形而上学的思惟方法"。至于辩证法的哲学，还是由德国的大哲学家所建立的。康德和裴希特的哲学中，包藏了很多的辩证法学说。但是能够综合过去一切知识的全历史的结果的辩证法哲学，还是黑格尔的哲学。"自然界，历史界，精神界的全部，在这个黑格尔的哲学上——这是黑格尔的一个大功劳——开始当作一个过程，即当作不断的运动、变化、变形、发展的过程去考察，因而要论证这种运动及发展的内的联系的企图也发生了。"

不过黑格尔的辩证法哲学是观念论的，并且还受了他自身的和当代的知识范围所限制，所以他的观念论的并且仍然是形而上学的辩证法，"把一切事物弄得颠倒，把世界的真实关系完全倒置了"。

至于在唯物论的基础上，扬弃黑格尔的观念论的辩证法，而使辩证法更加发展的哲学，是唯物辩证法。唯物辩证法是包含自然、社会及人类精神的统一的世界观，是理论的思惟之一切先行发展的最高产物。而唯物论的辩证法，即是在思惟科学意义上的唯物辩证法。

唯物辩证法"不是关于思惟的外部形式的科学，而是关于一切物质的，自然的及精神的事物之发展法则的科学，即是关于世界及其认识的具体的全内容之发展的科学。它是世界认识的历史之总和、总计与结论"。

第三章 唯物辩证法的诸法则

第一节 对立统一的法则

一 对立物的统一及斗争

根据前章的研究，我们已经知道，唯物辩证法是关于自然、社会及人类思惟的一般发展法则的科学。但是说到发展的原理，在哲学的历史上，却有两个不同的观点：形而上学的发展观与辩证法的发展观。

形而上学的发展观，否定自然和社会中的普
> 形而上学的发展观
> 与辩证法的发展观

遍的运动和变化，无视事物间的互相联系，并不承认运动形态的变化。就形而上学说来，在自然和社会之中观察到的事物和现象，正与这些事物和现象在人类头脑中的反映（即概念）一样，同是不变的、凝固的、一次给与了的、单纯的东西，事物及其概念，无论何时都与自己同一的、不变的。各个事物，互相独立，其间没有联系。一种事物即使与别的事物相接触，也只是表面上的接触，没有本质上的联系。十八世纪的机械唯物论或自然科学家，对于运动或发展的见解，都站在这样的立场。

形而上学的发展观的根本特征，就是承认万物的不变性、静止性。所以形而上学的世界观的中心，就是关于自然的绝对不变性的学说。依据这种学说，自然从开始存在之时起，直到现在都和原来的形态一样。例如恒星，永远沿着最初的轨道回转，它依靠普遍的引力保持自己，并在自己的地位上静止着。地球永远和古时一样，地球上的一切东西，都永远是同一的。动植物的种子，永远是不变的。现代社会和原始社会是一样的。形而上学虽然也承认运动，但认定运动是永远演着循环的运动，永久停止于同一状态，常是反复的产出同一的结果。如同生物学家林涅主张物种的不变性，力学家牛顿主张太阳系的永久性，即是一例。

所以形而上学的发展观，在本质上否定世界发展的原理。这种发展观，把发展解释为扩大或缩小，解释为同一事物之量的成长或反复；把任何事物的发展解释为在其极小的萌芽状态上存在了的属性或倾向之扩大与成长。这样的发展观，不能说明对象的复杂性的原因，不能说明新事物代替旧事物而发生的原因，不能说明运动和发展的原因。这样的发展观，不能理解运动之内在的源泉，它只能在运动的对象之外去探求运动的源泉，甚至把运动的源泉归着于超世界的精神。这样的发展观，不能理解认识辩证法的客观原理，不能结合发展的原理与世界的统一的唯物论的原理。

至于辩证法的发展观，却与形而上学的发展观不同。辩证法的发展观的特征，就是承认世界的运动性与可变性。辩证法承认：世界是永远运动的，永远变化的；一切运动形态都是转变的；一切存在物互相联系，世界各部分之间有极其复杂的相互作用。世界"任何事物，都不保持同一形状，不停止同一处所，不保存同一性质，常是运动着，变化着，消灭着，而各种相互关系及相互作用，都是无限的错杂着"。"所以关于全宇宙及其进化，人类的进化，以及那些进化在人类头脑中的严密的反映，只有依靠辩证法的方法，只有依靠于成长与消灭、进步的变化与退步的变化之普遍的相互关系作不断的考察，才能成就。"辩证法把任何事物或现象的发展，当作由其内的特殊性所规定的、从一种形态到他种形态的转变去考察的。换句话说，辩证法把事物的发展当做事物本身的自发的发展去考察，当做事物本身中所固有的必然的运动去考察，当做事物本身的自己运动去考察。

唯物辩证法认定：物质不但它全体有自己运动的能力，并且它的各个部分都有自己运动的能力。所以唯物辩证法，对于物质对象的全体，它的各个部分，都在其内的，独立的自发的运动上

> 当作自己运动的源泉看的对立物的统一及斗争

去认识。特定事物或现象的内在的自发的运动之发见，这是发展的唯物辩证法的证明的基础和前提。

但是事物的自己运动或自发的发展，究竟怎样构成的呢？换句话说，事物的自己运动源泉是什么？唯物辩证法主张自己运动的源泉，是一切存在物的内在的矛盾性。从原子起，到人类社会生活的最复杂的现象，到人类的思惟为止，一切事物或现象，都各具有其内在的矛盾。世界任何事物，都没有不具有内在的矛盾的。任何事物的内部，都具有种种对立的要素，这些对立的要素，是创造事物的矛盾性的东西。统一物之被分解为对立物以及充满着矛盾的构成分之认识——这是辩证法的精髓。

一切事物或现象，都是包含着对立的部分、方面、倾向等的复杂的全体。一切都是对立物的统一；一切东西的自己运动的源泉，都是内的矛盾。

运动是矛盾，是矛盾的统一。先就力学的运动举例说明。力学的运动，是作用与反作用，运动与静止的对立物的统一。力学的运动，是依据于作用与反作用的平衡法则而显现的。我们在测定运动时，借助于静止状态的总和而实行。静止是运动的尺度。运动可以在其反对物的静止上去表现它。

其次，物理学的运动，是阳电与阴电，阳磁与阴磁的统一；化学的运动，是原子的化合与分解。

再次，就生物学的领域来说。一切生命现象，都是生与死的统一。生命过程，与死的反对过程不可分离的联系着。"一切生物体，在各个瞬间，是同一物又不是同一物。生物体时时刻刻同化由外部所供给的物质，并分离其他的物质。在各个瞬间，他体内一些细胞死去，别的细胞从新生出来。因此不久他体内的物质完全更新，都由其他物质分子所补充。所以各个生物体常是同一物，又是别物。"

再次，进而说到社会的领域。社会现象的发展，如本书后半部所述，表现为许多的对立物的统一的实例。社会发展的内的根本矛盾，是生产力与生产关系的矛盾。阶级社会的发展是阶级的对立的发展。

以上所述，是客观的辩证法的根本法则。物质世界的这个客观的辩证法，反映于人类的思想上，就成为主观的辩证法，成为概念的辩证法。必然与偶然、绝对与相对、抽象与具体、一般与个别等一切概念的矛盾，都是物质世界的客观的矛盾之反映。由概念的矛盾，促进概念的运动。而概念的运动是适应于客观对象的运动的。

　　一切运动本身都是矛盾，一切自己运动的源泉都是运动着的东西的内的矛盾。观念论者把一切自己运动的源泉归着于超自然力的绝对精神，固然是荒谬绝伦，机械论者在运动的事物之外探求运动的原因，也是十分的错误。机械论者把事物的运动的原因归着于外的相互作用，譬如用社会外部的地理条件，用社会与外部环境相均衡的条件，去说明社会的发展，即是一例。这种从外的关系中考察事物的运动的形而上学的见解，当然不能认识事物内部的矛盾。唯物辩证法研究客体的自己运动时，当然不否认外的条件的作用。但外的矛盾与内的矛盾之间，有辩证法的相互作用。外的矛盾的作用，通过特定事物的内部矛盾，并由它而受曲折。只有暴露客观实在性的内的矛盾——自己运动的源泉，才能理解自然及社会诸现象的发展的本质。

　　形而上学和俗流的形式论理学，不理解客观现实性的内在矛盾，而主张矛盾只存在于我们的思惟之中。这种论理的矛盾，在形式论理学说来，是必须排除的东西。即是说，论理的矛盾，证明思想的不一致与思想路线的错误，因而妨害思想的正确发展。所以形式论理学把这种论理的矛盾看成不能解决的绝对不两立的对立物。但唯物辩证法认定思惟上的诸矛盾，是客观现实性的内的矛盾之反映；认定对立的两极是存在着，只有在其相互统一上才能理解。例如，偶然性是必然性的显现形态，必然性通过偶然性的秩序而实现；一般内包着个别的特质，个别内包着一般的特质，等等。在客观辩证法方面，一切的东西都依从于对立的统一法则，同样，在主观辩证法方面，也受同一法则所支配。恩格斯说，辩证法证明了"所谓理由与归结、原因与结果、同一与差别、存在与本质等固定化的对立物是不堪批判的；分析表示着一极已在他极中成为萌芽而存在的事实；在一定之点，一极推移于他极；一切论理都能从这些前进的诸对立物去说明"。

　　唯物辩证法，是在对象本身中探求其矛盾的力、倾向、方面及规定之内的联结的，即是在客观现实性本身中暴露它的特殊的并且推动它的矛盾。所以说："辩证法，在其本来的意义上，是对象的本质自身中的矛盾之研究"。

　　对立物的同一或互相渗透

　　对立物的统一，即是对立物的互相渗透，是对立物的同一。世间一切事物，都包含着内的矛盾。"矛盾是一切运动及生活性的根源。任何事物，只要它自身当中有矛盾，它就有自动的动力和运动"。如果没有甚么矛盾，没有甚么对立物的斗争，如果对立物之间没有甚么推移，那就会不能有甚么运动、发展、生命和动力。所以一切事物、一切现象、一切观念，都形成为对立的统一、即同一。在事物的统一过程中，内在的对立物不但互相排斥，互相否定，并且互相融合；不但互相融合，并且矛盾的诸契机（如各种规定、性质、特征、方面、属性等），都各由一种形态转变为别种形态，转变为它的反对物。

对立物的同一性、对立物的互相渗透、对立物的转变之理解，是理解辩证法的核心的最根本条件。在这种意义上，辩证法是关于对立物的统一或同一的法则的学理。

客观世界，表现着无穷无尽的对立的统一，这是在前面说明了的。对立物的统一的法则，是客观世界发展的根本法则，同时又是人类认识发展的根本法则。人类的认识，能够把任何事物分解为对立物，认识其矛盾的各成分及其相互作用，认识其转变过程，同时又能把对立物结合于统一或同一，反映出任何事物的发展过程。所以对立物的统一的法则，是在于说明客观对象是对立物的统一，因其内在的矛盾即对立物的斗争而运动而发展，由一种形态转变为别种形态。

但是对立物的统一是有条件的，是相对的，而对立物的斗争却是无条件的，是绝对的，因为世界的运动是绝对的。这里先说明对立的统一的条件性。

所谓对立统一的条件性，是说对立物在一定条件之下才成为同一并互相转变。例如前面所说，生和死两个过程，是在一定条件之下成为同一并互相转变的。生物体中"细胞的死灭是细胞更新的必然条件，是生命过程的必然契机。但生仍是生，不是死；生的要素，在这过程中征服死的要素，并且支配它"。又如社会之中的阶级的对立的统一，也和这相似。现代社会中两个基本的对立的阶级是布尔乔亚与普罗列达里亚，这两个阶级，在资本主义的经济构造中，互相反目，互相对立，却又互相结合形成为不可分的统一。一方的存在，以他方的存在为前提。任何一方如被否定，资本主义经济构造就会消灭。换句话说，前者因缺乏生产手段，不能不出卖劳动力于后者而替他生产剩余价值；后者因握有生产手段，能够榨取劳动力——这是决定资本主义社会的存在的统一的过程。但在这统一过程中，双方因阶级利害的冲突而引起的斗争，却是无条件的，是绝对的。

对立物的统一、同一或互相渗透，是有条件的、暂时的、相对的矛盾；成为发展源泉的对立物的互相排斥及互相否定，是无条件的、永久的、绝对的矛盾。唯物辩证法要在相对的东西中认识绝对的东西，即是要在对立物的互相渗透之中，认识对立物的斗争，才能认识现象由一种形态到他种形态的转变。

矛盾与敌对

事物的内的矛盾，必伴随着对立的斗争，因对立斗争而解决，而转变为新的形态。但是事物之因内在的矛盾与对立的斗争而发展，也有采取连续性的变化的，也有采取非连续性（连续性的中断、即飞跃）的变化的。在采取连续性的变化的场合，矛盾不至发展为互不两立的、拮抗或敌对的矛盾。反之，在采取非连续性（即飞跃）的变化的场合，矛盾就发展为拮抗或敌对的矛盾。所以矛盾和拮抗有相通点，却又互有区别。机械论者（如布哈林）把矛盾和拮抗看做同一，这是错误的。拮抗即是 Antagonismus。力学上把 Antagonismus 解释为采取反对方向的二力的冲突，即是二力的反拨；但在唯物辩证法的哲学上，Antagonismus 被解释为达到直接冲突状态、矛盾激化的阶段，即是拮抗或敌对。所以在辩证法的解释上，一切拮抗（或敌对）都是矛盾的发展阶段，而一切矛盾，不必都发展到拮抗的阶段。

矛盾有拮抗的矛盾和不带拮抗性的矛盾，两者都是对立物的斗争发展程度不同的阶段。任何事物或过程的矛盾，都由矛盾本身的发展而解决。这对于拮抗的矛盾也是妥当的。但就拮抗的矛盾的发展过程说，在其不同的阶段上，准备着解决这矛盾的前提。拮抗的矛盾本身，在各个新的阶段上，逐渐趋于尖锐化，但必须通过总解决的阶段。例如，资本主义的周期恐慌，虽是解决资本主义再生产的环境的矛盾的强有力的形态，但周期恐慌，对于整个资本主义生产方法的矛盾，只是促使解决这矛盾的前提（即阶段冲突）的尖锐化，并趋于成熟的境地。所以拮抗的矛盾，由飞跃而解决。这种飞跃，即是对立变为互相反撞的外的两极，而两极的共存引起直接冲突之时的飞跃，即是废除以前的支配的对立而设立新的矛盾的飞跃。即是说，拮抗的矛盾，必须通过飞跃才引起旧形态的死灭与新形态的发生。这种拮抗的矛盾，在自然和社会之中都是存在的。譬如飞跃，突变，连续性的中断，战争革命等的变化，都是拮抗的矛盾的解决之实例。

至于不带拮抗性的矛盾的发展，只通过部分的解决的阶段，矛盾的各个新发展阶段，就是矛盾的部分的解决的表现。自然或社会中凡属不采取飞跃的发展的变化，都属于这种场合。普罗列达里亚与农民之间的矛盾，就是这样的矛盾。又如，自然与社会，生产力与生产关系之间的矛盾，在未来极进步的社会中，也是存在的，但这种矛盾，决不发展为阶级的拮抗（因为阶级消灭了）。正因为有这种矛盾，未来的新社会才不断的向上发展。

唯物辩证法认定世界一切东西（自然、社会和思惟）都依从于对立物的统一及斗争的一般法则而发展，而由一种形态推移到他种形态。但是当着研究任意的事物或过程时，就必须依从这一般的法则，根据特定事实材料，去认识特定的自然或社会现象中所固有的矛盾的发展之具体的矛盾。即是说，唯物辩证法，要求研究自然，社会和思惟的过程中各种具体的矛盾。所以，唯物辩证法要求理解一切对象及其一切发展阶段所固有的一般特征，并要求理解特定对象的特定发展阶段上充满矛盾的发展的固有特征。唯物辩证法的任何原理都是具体的，不是抽象的，因而所谓超越时空而都妥适的矛盾解决的实例是决不能有的。例如由资本主义到社会主义的转变法则，和由封建主义到资本主义的转变法则，各不相同。双方的矛盾的解决的特殊性，只有在双方的具体的矛盾中去探求。

二 当作辩证法的核心看的对立统一的法则

> 对立统一的法则是辩证法的根本法则

对立统一的法则，是在自然，社会及思惟的过程中认识其互相排斥、互相否定的矛盾与对立的诸倾向及其由一种形态转变为他种形态的法则。任何对象中内在的对立的矛盾的诸倾向诸方面的互相渗透及斗争，规定对象的生命，成为对象的自己运动和发展的源泉。"对立物包含在统一之中，由统一的分裂而生。所以在其自己运动上、在其自发的发展上、在其生动的实在上去把捉一切世界的进行的认识条件，就是把他们作为对立物的统一去认识"。只有"对立物的统一的理解，才能提供我们一个锁匙去理解一切存在物的自己运动，才能使我们理解'飞跃'、'连续性的断绝'、'向反对物的转变'、'旧物死灭与新物发生'等等的变化"。实在的说来，自然和社会一切存在物的变化，如飞跃、连续性的断绝、向反对物的转化、由量到质和由质到量的推移，只有由对立物的统一法则去说明。所以自然和社会的一切现象，只有当作自己运动，即是当作在同一和互相渗透的界限以内的对立物的暴露及斗争，才能理解。

所以对立统一的法则，是辩证法的根本法则，是它的核心。这个根本法则，包摄着辩证法的其余的法则——由质到量及由量到质的转变法则、否定之否定的法则、因果性的法则、形式与内容的法则等。这个根本法则，是理解其他一切法则的关键。因为在对立物的统一发展过程中，所谓"飞跃"、"连续性的断绝"、"向反对物的转变"、"质量间的转变"、"旧物死灭与新物发生"，都是必然的形态，都是对立物的斗争的发展，都是由对立物的转变而显现，都是由对立物的统一去说明。

辩证法的这个根本法则——对立统一的法则，原是黑格尔首先叙述出来的。但黑格尔是观念论者，他把认识客体看做是精神的发展阶段，看做是思想上的抽象的对象，并不把它看做是现实世界中存在着的现实对象。因此黑格尔把对立统一的法则，只看做是思惟的法则，是离开现实的具体的发展的东西。在黑格尔看来，对立的互相渗透，只是思惟上的对立的互相渗透。他虽然列举了许多自然现象的实例，但也只是用以证明自己的论理构造，即是辩明客观辩证法是依从于主观辩证法。至于矛盾在什么条件之下解决？一种现象依着怎样特殊的方法而转变为它的反对物？黑格尔对于这些问题，只从抽象的思惟去说明，不能从现实运动的具体条件去说明，因此他把主观的恣意的概念的辩证法从外部嵌入于客观现实性之中。所以黑格尔虽然是首先叙述了对立统一的法则，但是在观念论的歪曲了的形态上去理解这个法则的。

唯物辩证法的创始者们，把黑格尔关于对立统一的那种观念论的学说，颠倒过来，用脚向下竖立，并在唯物论的基础上改造它，使它变为客观世界及其反映的思惟之一般发展法则。这对立统一的法则，贯串于创始者们的一切著作之中。往后伊里奇更力说对立统一法则的意义，在其典型的理论的形态上展开了这个问题，并确定了这个法则是辩证法的本质，至于其他一切辩证法的法则，都是这个根本法则的显现形态。

对立统一法则应用的范例

如上所述，对立统一的法则，是辩证法的根本法则，是认识任何事物的根本法则。当我们应用这个法则去认识任何对象时，首先要把这个对象当作一个发生、发展及转变的过程去考察。我们要把这个对象分解为许多互相渗透的对立物，在这许多对立物之中去发见一种最单纯最根本的对立物，或最单纯最根本的关系，即本质的矛盾。这本质的矛盾，必须是对象发展过程中的其他一切矛盾的萌芽。即是说，其他一切矛盾都是从这个本质的矛盾分化出来，并表现这个本质的矛盾的。我们抓住了这个本质的矛盾之后，就开始探寻这个本质的矛盾自始至终的发展的全过程、对象发展的全生涯。于是我们追求这矛盾的发展怎样准备解决矛盾的条件而变化为新的矛盾，出现为新的阶段，新的形态；追求过程的各阶段各方面的质的变化，充满矛盾的各方面的运动的相互的特殊的质，矛盾的各方面的互相渗透及互相推移；追求这对象在其内在的对立物的斗争的过程中如何转化为它的反对物的必然性，说明这必然性所由形成的全部条件及其可能性，并指出这种可能性如何转变为现实性，而由新的形态所代替。照这样研究，我们就能认识客观对象的发展法则，在思惟上再造出对象。

《资本论》是辩证法在资本主义社会的经济构造中的应用。《资本论》"首先分析布尔乔亚社会（商品社会）之最单纯的、最普遍的、最根本的、最经常的、最日常的、数十亿万次被目睹着的关系——商品交换。那种分析，在这最单纯的现象之中（布尔乔亚社会的'细胞'之中），暴露现代社会的一切矛盾（或一切矛盾的萌芽）。从那里开始的叙述，把这个矛盾的发达（成长及运动），这个社会的发展，在其各个部分的总和上，自始至终的指示出来。这必须是辩证法的一般的叙述方法或研究方法。"

恩格斯应用辩证法研究自然的一切过程时，也是把对立统一的法则做基础的。他主张最单纯的运动形态或复杂的运动形态，都必须作为对立统一的特殊形态去考察。"例如，热运动的具体形态，如不研究分子的引力和斥力就不能理解"。对立统一的法则，在光学上成为连续性与非连续性的统一而出现；在电学上，成为阳电与阴电的统一而出现；在生物学上，成为遗传与变化的统一而出现。

对立统一的法则，和唯物辩证法全体一样，都是行动及科学的研究之指导。科学的研究的任务，在于根据唯物辩证法的一般法则，依照事实的材料，去研究特定现象中所固有矛盾的发展的具体性。

第二节　由量到质及由质到量的转变的法则

一　质、量、质量

质

对立统一法则的一种显现形态，是由量到质及由质到量的转变的法则。根据对立统一法则的发展，在逐渐的量的变化的形式中显现；这种变化，结果引起飞跃的质的转变。质的转变显现之后，更依据于新质而再回到逐渐的量的变化。辩证法的这个法则，简称为由量到质及由质到量的转变的法则。

质是什么？这是首先要说明的问题。

质是区别事物、现象或过程并把它作为现存着东西的那样的规定性。一切事物的质的多样性，可由物质运动的种种形态去说明。所以事物的质，即是构成它的基础的运动种类的规定性。"适用于物质的运动，是变化一般"，而这变化一般，包含着具体的变化的种类无限的复杂性。例如力学的运动，是物体的单纯的移动，单纯场所的变更。但在超力学的领域中，运动就变质了。固体，液体，气体中分子的运动，决不还原于单纯的移动，而是具有其自身的质的特殊的合法则性的热。分子中原子的结合与分离，是质的特殊的化学过程。金属线中电的运动，是产出电流的运动。以太中的波动过程，是电磁的振动。至于有机体的生命活动，社会的发展，以及人类的思惟，又是质的特殊的运动过程了。

各种运动形态虽各有其特殊的质，却不是互相孤立隔绝的存在着，而是互相渗透的。由力学的运动到物理学的运动，到化学的运动，到生命的运动，到社会的运动，是顺次由单纯的低级的形态进到复杂的高级的形态的。比较复杂比较高级的运动形态，都包含着比较单纯比较低级的运动形态。例如，"化学作用，如没有温度及电的变化，就不可能；有机的生命，如没有力学的、分子的、化学的、热的、电的等的变化，就不可能"。

但是任何事物过程的结合之中，必常有特定运动形态；这特定运动形态包含其他许多运动形态，处于支配地位，而构成整个事物的特征。这特定运动形态是主要形态，其他许多受支配的运动形态是次要形态（例如生理的变化，是生命运动的主要形态，它表现生命的质；而生理变化中所包含的其他许多运动，只是次要形态，不能表现生命的质）。这主要运动形态，成为这事物的规定，表现这事物与其他事物的区别，构成这事物的安定性的基础（例如动物，如果在短时间之中呼吸中断，新陈代谢停止，就会死灭，即动物停止其所以为动物而化为腐败的蛋白质块）。

所以，事物的质，是构成它的基础的运动种类的规定性。这种规定性，是事物过程的结合中所不能除去的特殊的规定性。任何事物，因为它本身中有一种特殊运动形态，它才具有它所以成为它的质（反之，它就失其存在），它才能与其他事物相区别。我们研究任何对象时，首先要把握对象的质，即对象所固有的特定运动形态，才能进而暴露对象的发展法则。所以事物之质的规定，在认识论上具有很大的意义。

质有客观性。事物之质的规定性，与事物本身不可分离的结合着，并且离开我们的意识而独立存在，又为我们的思惟所反映。但是我们的思惟怎样能够反映事物之质的规定性呢？

> 质的相对性与事物的一般联系

质的范畴本身中，包含着一种质与别种质的相互联系及其差别。我们要认识一种事物的质，只有拿这种事物与别种事物相区别，才有可能。如不表明事物的差别，就不能规定事物。例如湖水与陆地是两种不同的质。我们规定湖水时，当然要把湖水周围由陆地围绕的事实，也包括在这个规定之中。又如我们讨论一个问题而陈述自己的见解时，如果不发表否定的意见，就不能表明自己的主张。所以在事物的质的一切规定中，主张与否定，是不可分离的结合着。斯比诺莎所说"一切规定都由于否定"，这话是正确的。规定中不能不包括特定的质对于别种质的种种关系及其区别。

但是，我们为要完全的表现事物过程之质的规定性，首先要从最单纯的判断出发。例如，行星是太阳系的要素，资本主义是社会的构成等，都是最单纯的判断。我们从这种最单纯的判断出发，即是从"个别是一般"的判断出发。各种的质，都因其特殊性，因其固有性而成为一般的一部分，并包含着一般。各种事物各有其质的固有性，在其质的固有性之中表现出全体，因而个别包含一般。行星在其特殊运动中，表现出太阳系的一般联系；资本主义在其特殊规定性之中，表现出社会的一般发展法则，表现出生产力与生产关系的矛盾的统一。

个别与一般形成对立的统一，两者互相渗透。这对立的统一性，可以在个别之中看出来。但个别是全体的一部分，只是不完全的表现出一般。在这一点就存有各个事物的矛盾。例如资本主义，在其特殊的质之中，表现出生产方法的一般法则；因此它能助长生产力的发展，同时在其质的特殊性之中存有限制性。资本主义达到一定发展阶段，就障碍生产力的发展。于是资本主义在社会发展过程中的特定历史的使命已告完成。为要理解资本主义的历史使命，就要把它和社会发展的全体联结起来，探求它与全体的联系。所以一般通过个别而存在，而个别只是一般的一方面，只是不完全的表现出一般。一个方面的一面性，由别的方面的一面性所补足。它们互为前提，互相补充，构成统一的全体的两极。

各个事物的质，正因其存有矛盾、内在的不完全性，所以不能孤立存在，它必须以别的对立的质的规定性为前提，并在其与对立物的统一中才能存在。行星正因为有太阳，才成为行星而存在。猛兽只在草食动物存在的处所才能存在。因此，具有一定的质的各个事物，并不是绝对的孤立存在的。各个事物都和其他一切事物有共通之点，常与别的事物有一定种类的客观的联系。我们当暴露各个事物的质的规定性之时，必须暴露一个事物与别的事物的深刻的联系，证明种种质的相对性及其互相渗透。

在一个事物与其他事物的联系上去暴露这个事物的质，这是从这个事物的内的规定性出发的。因为质的相互关系，并不是外在的偶然的关系，而是从内的性质发生的东西，是包含各种质的客观存在的全体的表现。例如直接或间接由植物供给养料的动物，植物的存在，决不是与动物无关的。行星以太阳为前提，资本家以劳动者为前提。所以事物间的关系，由其内在的性质发生。一切的质，在其存在与发展上，以一系列的别种的质为前提。

客观世界，处在永久发展的过程中。不但各个事物是变化的，是过渡的，并且它们的相互关系的变化，也和它们本身的变化相联系。不但各个动物有生有灭，并且动物一切的种也有生有灭。在社会方面，社会构成的变化，都是通过人类和他们的相互关系的变动而发生的。所以结成新联系的过程，形成新的一般的过程中的各个事物的改造，同时是破坏旧联系的过程，是消灭旧的一般的过程。个别和一般的发展的内在矛盾之理解，是理解质的变化、质的相互关系的变化及两者的相互联系的关键。

质与属性　为要更进一层的说明质的范畴，不能不进而说明质与属性的关系的问题。质是表明一定事物与其他事物有别并设立其界限的东西。但具有一定的质的事物又具有其本身所固有的种种属性。质存在于事物间的关系之中，而这种关系，是由各个事物所固有的性质发生的。由于自己矛盾的结果，一定事物不能不与其他事物结合而存在，而事物的属性，即是在它与其他事物的关系上的质的显现。属性，和质一样，同是事物的客观的规定性。质与属性之间，没有绝对的同一性。如黑格尔所说："质，首先主要的在它于外的关系上当作内在的规定性表现自己的意义上，即是属性。质具有无限的属性，但质表现特定的现象、过程或对象所固有的规定性，而属性却在（一定对象）与其他对象的关系上映出这个规定性。"例如当作元素看的金的质，是由其原子的内的构造所规定的。但金的属性，如可锻性、强韧性、重、光泽等，是由上述的构造所规定的。金这个元素，以其他化学元素为前提，金的化学的属性，是在金与其他种种元素的种种关系上显现的。

事物的属性，是在事物的运动中显现的。事物在其发展过程中展开的各种属性，表现出事物的各个方面。我们通过事物的属性，去认识事物的质。事物的一切属性，一切方面，我们固然不能无条件的完全都摄取出来，但在我们的感觉之中，可以反映出事物的一定属性和一定方面。我们依据实践，能够认识事物的许多属性，许多方面，暴露它们的内的统一，更深入的认识事物的质的规定性。

质与属性是统一的。但这个统一，是辩证法的统一，是充满矛盾的流动的统一。具有一定的质的事物，在其发展的过程中，通过种种不同的阶段。在各个阶段中，展开出种种的属性，这一定的质，必在种种属性中显现，并通过种种属性才能发展。各个阶段上所展开的属性中所显现的这一定的质，具有种种不同的程度，显出种的差别。但质与事物的存在是不可分离的结合着。在这事物存在的限度内，在这事物的发展过程未终结的限度内，这一定的质在各个发展阶段上虽显现出种种差别，而该事物仍当作该事物而存在，即一定的质仍是存在。反之，那一定的质如果消失，该事物就转变为别的事物，而另具有一种新质了。至于事物的属性，却有很多种类，有的在这一阶段上展开，而在另一阶段消失的；有的在前一阶段潜伏着而在后一阶段展开出来。但事物全体属性中某一部分的展开或消失，只是表明质的显现的方面的差别，而质的本体仍是存在的。例如，当作社会的构成看的资本主义的质，具有由它所规定的种种属性如竞争与独占等。竞争与独占是资本主义的发展的前后两阶段上所展开的两种属性，资本主义的质在竞争与独占中显现出来。但在后一阶段即帝国主义阶段上，竞争的属性虽然被独占否定了，而资本主义的质仍是存在着。所以，特定事物的属性的全体，决不是凝固的不变的东西。如黑格尔所说："事物虽然在它具有属性的限度内才存在，但它的存在却不与某种属性的存在相关联。事物如不失其所以为事物，而其属性中的某部分是能够消失的"。所以质与属性的统一，是在不断的矛盾的发展之中显现的。要理解这个统一，必须在其变化的全体中去理解事物。事物的发展方向，即是事物由一种形态到他种形态的转变。而这种转变，是由于事物在其自己运动上具有自己的能动性，并以属性为媒介而显现。

在说明了质与属性的关系以后，再说起质的界限的问题。如上面所说，凡是具有一定的质的事物，都具有内的矛盾。从一个方面说来，这事物具有全体事物的性质，即个别中包含着一般；从另一方面说来，这事物在自己的特殊性上是被限制着。正因为有这个矛盾，所以特定事物与其他事物相结合，与其他事物互生关系。但特定事物与其他事物的外的联结，并不解决它的内的矛盾。反之，质通过它与其他事物的联系而发展，因此完全暴露自己的有限性。例如，有机体越是完全的发展，就越发接近于死——即生命的界限；资本主义的生产方法越是发展，就越发尖锐的显出自己有限性。实际上，界限是质本身所固有的。如没有界限便没有质，便没有规定性，便没有一事物与他事物的差别。所以，旧事物的死灭是新事物的发生；某种质的界限，就是别种质。一切的质，由于发展其一切的可能性而暴露自己的界限，并引起新质的开始发生，即转变为别的质。

> 量

我们认识任何事物，单只暴露它的质的规定性是不够的。一切事物，除了质的规定性以外，还有量的规定性。例如，事物有大小，运动有快慢，温度有高低等，都是指事物的量的规定性说的。所以我们研究任何事物时，一面要暴露事物之质的规定性，同时要理解事物本身中所固有的量的规定性。

最初一看，事物的量与质是完全互相独立的。事物具有同一的质而能有增减。大小不同的事物能有同一的质；反之，同样的量的规定性，能存在于质不相同的事物中。例如，在资本主义国家，大小的工场都是资本主义的工业；而在社会主义国家，大小的工场都是社会主义的工业。工业之为资本主义的或社会主义的那种质，与它的大小无关系。质在表面上是离量而独立的。于是质与量，根本上互不相同。事物的质如果变了，事物就失其存在而转变为别的事物。但量的变化在其一定的限度内，事物的质不起变化。在这种意义上，量与质对立，而是事物的外的规定性。

我们认识事物时，先要把握它的质的规定性，然后才能发见它的量的规定性。只有在质的认识的一定阶段上，具体事物之量的研究才有可能。例如我们确定了资本主义的质以后，然后才能依据资本家企业所生产的商品量、资本的集积与集中的大小、资本主义国家尚未绝灭的小商

品生产的比重，去规定各国资本主义发展的阶段。从社会的相互作用的
种种复杂联系中，去抽象出相对的安定的质，我们才能有效的使用社会
现象的统计。

所以，我们要认识事物之量的规定性，首先要知道它的质的规定性
（否则事物之量的比较是无意义的），其次要在那些质的规定性之中，抽
象其差别而发见其共通的东西（即量）。在这一点，量是无差别的规
定性。

黑格尔说："质那种东西，一般的与后面所考察的量不同，是与存
在同一的直接的规定性。量虽也同是存在的规定性，但不是与存在直接
同一的东西，而是对于存在无关系的、外的规定性"。这里所说的"量
是对于存在无关系的外的规定性"，是限于在量的变化不引起质的变化
的界限以内，才是真理。量的变化一旦超出一定的界限，就引起质的
变化。

事物之量的规定性，和它的质的规定性一样，同具有客观的性质。
量的概念，即是事物本身所固有的量的关系在我们意识上的反映。对象
之量的规定性，不能离开质的规定性而存在。当我们考察质的发展时，
不能不顾虑到量的增减。量的变化的一定特殊程度，也表现一定的质的
特征。

纯粹的量，只是抽象的东西。客观现实性之中的一
质　　量
切量的规定性，都是具有一定的质的量的规定性。例如
用四、五等数字所表现的量，只是抽象的。现实的量，
必须是四本书，五本书；或四斤酒，五斤酒；或四吨铁，五吨铁之类。
同样，质也不能离量而独立存在。一切的质，必须是具有一定大小的事
物；一切质的规定性，在各个一定的瞬间，必须有一定的量的特征。例
如铁，必须有一定的大小、重量、硬度、温度等；树必须有一定量的
枝、叶及高低等；光线必须有一定的强度；一定的生产方法在各个地方
有不同的发展程度，等等。对于在发展的各个瞬间的各个事物，必须设
定它的特殊的量的规定，才有实际的和理论的意义。

但上述量与质的关联，多少带有外在的性质；各种特定的量，对于
质的一般特征，是偶然的。铁之为四吨或五吨，对于为化学元素的铁，
实是偶然的。又如，甲国有十个托拉斯，乙国有二十个托拉斯，而托拉
斯的数目，对于当作特定生产方法看的资本主义的质，并不能有所说
明。照这样，在各种个别方面，事物之量的规定，表现为事物之外的规

定，对于质好象是没有多大关系的。然而我们一旦在事物的发展上去观察事物时，我们就看到事物之质的规定与量的规定之间，具有深刻的内在的关联。

量受质所规定，质在量之中发展。质以事物之内的矛盾为基础而发展。质，在其发展过程中，必向着与一定运动形态上的质相适应的展开程度而前进。例如资本主义这种质的发展，以其内的矛盾——社会的生产与资本家的占有——为基础，这种矛盾的发展，必然向着机械技术的发达、市场的夺取、生产范围的扩大、小所有的绝灭、资本的集积与集中的方向前进。在这种意义上，质的发展，表明了质的规定性，对于量的规定性决不是外的关联，而是内的关联了。量的变化的极限，量的规定性变化的法则，其根据不在量本身之中，而在它与一定的统一即联系之中。

在另一方面，一切质的规定性，也有其内在的固有的界限；质的完全的展开，同时就是质的界限的表明（这是在前面已经说过的）。为要完全认识事物的质，必须确定它转变为别种质的发展最高阶段。例如要知道金属的质，必须确定它被融解的温度。所以要知道质的界限，就必须知道与这种质相适应的量的变化的界限。所以质与量形成为不可分的统一。在客观世界中，没有纯粹的质，也没有纯粹的量。一切的东西，都是具有质的规定性与量的规定性的事物。质与量的统一，即是质量。质量是种种对立的规定性的统一，即是对立的统一。世界一切事物，都是质量。质量表现出事物具有其特殊量的规定性的质的规定性。我们认识事物时，要把这事物当作一定的质量去认识，暴露其质的变化与量的变化的关联的法则。

二　由量到质及由质到量的转变

由量到质的转变

　　　　　　　　　如上所述，任何事物都是质量，而质量是质与量的对立的统一。所以任何事物在其发展过程中，由于内的质量的对立物的互相渗透，发生由量到质及由质到量的转变，而事物由一种形态转变为别种形态。

由量到质的转变的法则，是新事物发生及发展的法则。这个法则，表示着事物在其种种变化过程中如何的准备由一种质到别种质的飞跃。所以在说明各种新事物发生的一切理论中，这个法则是最根本的方法论的根据之一。

所谓由量到质的转变，就是说，事物在其发展过程中由于量的变化而引起质的变化。对象之量的变化，依据于与它相照应的一定的质为基础而发生，并在质的规定性之中发见它本身的界限。同样，质在一定的瞬间，也由对象之量的变化的界限所限制。对象之量的变化，影响于对象之质的方面。特定的对象，到一定瞬间为止，它仍是和原来一样的东西。但对象之量的变化，达到一定的阶段，就使特定的质发展到最后的界限，要求质的变化，使这特定的质转变为别种质。这就是说，量的变化，达到一定阶段，必然的引起事物之质的变化。

恩格斯说："自然界一切质的差异，都起因于相异的化学构成或运动（能力）的相异的量，因而起因于它的相异的形态，或（差不多在一切情形都是一样）起因于以上两者。所以，如没有物质的或运动的增加或减少，即是说，如没有各该物体的量的变化，就没有那物体的质的变化"。

宇宙间一切物体，据现在所知，是由九十二种原子构成的。从氢（H）到铀（U），原子总计虽有九十二种，但仅是由于中央阳粒子的荷电量与公转于它周围的电子数而生差别。所以如果把各原子依照它的原子量的顺序排列起来，把氢作为第一号，循序渐进，到铀为止，是第九十二号。照这样得到的原子号数，除了顺序之外，还有更深远的意义。即是说，构成某原子的阳粒子的电量，是与原子的号数为正比例的。这样的看来，由氢到铀，各原子各具有不同的质，而质的不同的原因，实由于中央阳粒子的荷电量与公转于其周围的电子数的差异而生的。这便是量的变化引起质的变化的最普遍的实例。象这一类的例子，在物理学上也是很多的。譬如水被热至沸点而化为汽，被冷至冰点而凝为冰，这是常被人们引用的例子。

至于社会现象方面，这种实例很多。例如单纯的商品生产和商品流通的私有转变为资本家的私有，也是由量转变为质的实例。因为在商品生产和商品流通成就充分发展的过程中，劳动力就不能不当作商品买卖。劳动力一旦成为买卖的商品，于是单纯的商品生产，便转变为资本家的商品生产，同时等价与等价的交换，便转变为一方剥削他方的无代价的价值之榨取。又如资本因集积和集中而增加起来，达到一定程度，便发生质的新转变，即转变为独占资本。

所以，量的变化，在一定的阶段上，不可避免的引起事物的质的变化。一切事物，成为一定的特殊的质而出现之时，就在其量上起变化。到量的变化的一定界限为止，事物的质仍和原来一样，但达到一定界限，量的变化就引起质的变化，新质代替旧质而出现。

辩证法要求在其质的特殊性之上去考察各个历史的阶段，同时又要求在它与先行阶段之历史的联系上去考察它。由量到质的转变的法则，是理解新质与旧质的历史联结之方法论的基础。例如，当作独占资本主义看的帝国主义，是前独占资本主义的发展的必然的结果。产业的成长，企业的扩大，这些都是资本主义所固有的量的变化，也是资本主义推移于质的新阶段的前提。达到了一定发展阶段的集中，是自行到达于独占的。新事物的发生，由旧事物的渐次的变化所准备。但这并不是说，由旧事物到新事物的推移，是渐次完成的东西。在前独占资本主义与帝国主义之间，不单存有量的差别，并且存有资本主义的质的旧阶段与新阶段的差异。在帝国主义的阶段上，资本主义的几个根本属性，转变为它们的对立物。例如"自由竞争产出生产的集中，而这种集中，在其发展的某一阶段上转变为独占"。自由竞争在新的阶段上虽也与独占一同存在，但独占的发生，却造出了资本主义的质的新阶段——最后阶段。

依据于质的研究，我们就推移于量的研究。

> 由质到量的推移

由质的研究推移到量的研究，是为了再深入的做质的研究才实行的。认识之辩证法的进行，是客观的发展法则之反映。在物质的现实性的发展上，质与量是不可分离的，两者互相推移，互相渗透。不单是量推移于质，并且质也推移于量。事物的质，规定量的变化的趋向、性质及速度。

自然界任何新质的出生，都是新量的长成，即质推移于量。就社会的事实举例，当小手工业生产推移于资本主义工场手工业之时，最初发生出多数手工业者在一个工场的单纯的结合，两者最初的差别，只是量的差别。但达到一定阶段，量推移于质。多数劳动者在资本主义企业中的协业，与小手工业有质的差别。"数人的协业，数人的力量融合为一个集合力量，造成了'新的强力'，这个力量，与各个力量的总计根本不同"。但这新的力量从什么地方发生的呢？劳动生产性增加的源泉在什么地方呢？这明明是依存于资本主义的质（即集合人类劳动的大生产所有的新质）。在这里，新质创造了新量，即质推移于量。

一定的质，创造出一定的量。在其发展过程中，量的变化，准备到新质的转变。质与质的程度之间的矛盾之解决，同是表示质的界限的矛盾之发展及尖锐化。于是这一定的质的发展程度越是增高，质的界限就越是明了，在其界限以内不能发展，而准备质的飞跃的新东西的前提和倾向就暴露出来。于是由量转变为质，再开始由质到量的推移。

质与量的二重的相互的矛盾的推移，表现出发展的永久循环。在这种循环中，事物经过其运动形态中的不断的发生与消灭，就不断的在新的运动形态、新的质之中把自己再生产出来。

所以，认识的任务，不单是设定事物之量的性质，也不单是发见事物的质。问题的核心，是在于质与量的相互推移。只有在各种对象之中暴露出这种推移的特殊性，才能在其自己运动上，在其生动的具体的发展上认识这个对象。

三　飞跃论

> 飞跃的辩证法

由一种质到他种质的转变是飞跃，而飞跃是由于进化所准备的。进化是渐进的变化，是连续性的变化，是一定的质的界限以内的变化；飞跃是突然的变化，是连续性中断的变化，是一定的质转变为反对物的变化。"现实的生活，现实的历史，都包藏这两个倾向。这恰如自然界的生活及发展一样，一同包藏着缓慢的进化与急剧的飞跃，渐进性的中断"。所以进化与飞跃，形成为对立的统一，两者互相结合而不能分离。现实的发展，是进化与飞跃的统一。

飞跃由进化所准备，并不是凭空发生的。在一切发展过程中，质的内在的必然的否定，由于质的展开与强化所准备。特定的质越是比较完全的展开，量的发展程度越是增高，这质的界限也比较明显的暴露，因而这质的内的必然的否定（即转变为别种质）也比较急速的显现。但由一种质到他种质的转变，是在连续的变化过程中被准备的。在这连续的变化过程中，最初就包含着飞跃的可能性；这种可能性，要等到必要的条件在各种场合进到充分成熟的程度之时，才能实现。

例如，水的温度上升，必然引起水的微粒子的急速运动。水的微粒子的急速运动，就准备了蒸汽微粒子的自由运动。但在温度未达到沸点时，水不沸腾，而微粒子的运动仍停止在旧的关联的领域中。温度一达到沸点，水就转变为蒸汽了。又如，资本主义领域中各个方面的变化，虽不使当作社会构成看的资本主义变化，却是创造了未来新社会的诸条件。

但是，所谓连续性的变化，在各个瞬间，并不是步骤同一，程度均等的。因为一定的质所包含的各个侧面，由于量的变化，通过其许多属性，形成许多局部的非连续性的变化（即部分的飞跃）。例如，由前独占资本主义到独占资本主义的转变，是资本主义展开的一般进行中的飞跃。这虽不是资本主义一般的飞跃的变化，却是从前占居支配地位的资本主义的企业的分配的组织形态的飞跃。同时，资本主义发展的这两个阶段以及这两阶段之间的推移，都包含着许多部分的侧面的飞跃的变化。恐慌与景气恢复，战争与和平，新市场的夺取与新殖民地的占有，阶级的斗争与休战等等，都可以说是全体资本主义发展过程中部分的质的飞跃。这些部分的飞跃，成为有机的联系而发展，达到一定的程度，就准备了整个资本主义的总飞跃。

任何的质，都由于内的矛盾而发展，而其矛盾的发展，暴露质的飞跃的界限，同时又表现出矛盾解决的时限。自然和社会的一切事物，其飞跃的形态及种类虽各不同，而其内在的矛盾，都通过飞跃而解决。质的界限的到达，即是矛盾的最深刻化的时限，同时是矛盾解决的始点。所以对立统一的法则，是理解"飞跃"、"连续性的中断"到"反对物的转变"、"旧事物死灭与新事物发生"的关键。

所以，质的转变是飞跃，这是自然和社会的一切历史所证实的命题。飞跃由进化所准备，新事物的发生，由旧事物的发展所准备。两者之间，有一定的关联和继承性。例如，幼虫——茧——蝶，种子——植物——花——果实，这一切虽都是质不相同的东西，却结合于发展的一个连锁。又如，原始社会、奴隶制社会、封建社会、资本主义、社会主义——这一切社会——经济的构造，虽结合于人类史的发展一般的连锁之中，而各种构造，都是特殊的社会有机体，先行的社会与继起的社会，都是质不相同的社会，都具有其特殊的发展法则。唯物辩证法认定各种低级阶段上的社会，是比较高级阶段上的社会的准备；对于比较高级的各发展阶段上的社会，一面要认识其质的特殊性，认识其特殊的发展法则，一面要认识其由低级阶段推移到高级阶段的各种特殊转变法则。

关于飞跃论的各种曲解

俗流进化论者拥护纯粹的进化的理论，否定飞跃的学说。他们的理论的基本公式，就是"自然界没有飞跃"。他们把发展解释为扩大、缩小或反复，主张世界一切的东西，都由于缓慢的变化而发展。一切改良主义、社会法西斯主义都固执这种见解。他们主张现代社会可以经由无限连续的、渐进的改良运动而达到于未来的新社会。

　　机械论者重视量的意义，忽视质的意义，因而主张连续的进化而否定飞跃。他们主张用"还原论"的方法去认识对象。所谓"还原论"，即是把物质的复杂形式还原于单纯的形式，把物质运动的比较高级的诸形态还原于低质形态。他们认定只有用这种方法，才能认识复杂的及高级的东西的基础及本质。机械论者把物质的种种运动还原于力学的运动，把质的差别还原于量的差别，同时又不理解质的客观性，所以必然的否定现实诸现象之历史的飞跃的发展。他们专从量的方面去规定对象，所以必然要把对象的发展归着于量的增减；他们专从力学的运动形态去说明一切复杂的运动形态，所以必然要把一切事物的发展还原于力学的法则。布哈林把社会发展法则还原于力学的均衡的法则，即是一例。机械论者由于站在"还原论"的立场，所以不能认识事物的发展，而否定飞跃的变化，即是否定由量到质的转变的法则。机械论者的这种理论，原是俗流的进化论。

　　其次，少数派观念论者对于飞跃论的曲解，与机械论者的曲解处在相反的方向。机械论者依据于"还原论"的理论，否定现实的诸现象之质的差别，而主张进化论。反之，少数派观念论者，承认质与量的统一，否定进化而主张飞跃。但少数派观念论者把质、量和质量的范畴，变为由现实界游离出来的抽象的公式，因而站在黑格尔的观念论的立场解释了由量到质及质到量的转变法则。并且，在这种解释上，质与量之间的互相推移，并没有时间性与空间性，因而一切具体的变化，都变成形式主义的。他们与机械论者不同，把飞跃的意义看得太重，把进化的意义看得太轻，差不多把一切变化都看做飞跃。但他们把飞跃解释为一刹那的现象，在本质上并无时间性。他们把飞跃弄成在时间以外显现的绝对的中断，新事物与旧事物之间绝没有历史的关联和继承性。譬如，托洛斯基主张社会主义的实现是瞬间的行为。他在新经济政策的初期就主张用整个的全盘的计划，铲除中农及富农，一举而实现社会主义。这完全是切断社会主义与资本主义的历史的联系，切断质的联络。现实上，所谓由必然的王国到自由的王国的飞跃，是需要相当的时期即所谓过渡期的。婴儿的最初的呼吸，当然是最初的生命活动的显现，但出生的作用并不还原于最初的呼吸，而是与产母的长期的阵痛的作用相结合的。同样，新社会的出生，也必然伴随着长期的阵痛，即是要经过激烈斗争的过渡期，才能成就。少数派观念论对于飞跃曲解，是由于切断质的联络而发生的。

第三节　否定之否定的法则

一　否定之否定的法则的意义

这个法则的意义

对立统一法则的更进一层的具体的显现形态，是否定之否定的法则。

如第一节所述，对立统一的法则，说明一切事物都含有对立的契机；而这对立的契机的斗争是特定事物自己运动的源泉，自己发展的原动力。事物之矛盾的发展，必然引起特定事物由一种形态转变为别种形态。这个法则的普遍的显现形态，是由量到质及由质到量的转变法则。这由量到质及由质到量的转变法则，说明发展过程本身的质的特殊发展阶段，说明旧事物死灭与新事物发生的过程，说明包含连续性中断及质量间连续的相互依存性的飞跃的发展过程。至于否定之否定的法则，把对立统一的法则更加具体化了。

一种对立到他种对立的推移，一种质到他种质的转变，事实上即是后者否定前者。但是发展的进行，有一定的继起性，通过种种阶段而运动，从新发生出来的质（新阶段），同样由于其自身的矛盾而转变为它自身的对立物（更新的阶段）。于是否定又由第二个否定所扬弃了。所以事物的发展的进行，是螺旋线的，不是直线的；发展所通过的前后各阶段，并不是演着同一的反复或循环，后起的阶段在较高的基础上描画螺旋线而发展。

事物在其矛盾的发展过程中，下级的发展阶段，准备它自身的自己否定的阶段，即准备转变为对立物的、新而较高的阶段。这就是后起阶段克服先行阶段的否定。这个否定，在这两个阶段间造出内在的联系，在后起阶段上保存先行阶段的积极的结果。但是第二阶段由于新的对立而推移到后起的第三阶段时，事物的发展，就把最初低级阶段的一定的特征和性质，再行重演，而在外观上这第三阶段好象再回到第一阶段。可是发展的过程因后来的发展，变得更为丰富，把那些重演的性质和特征在较高的基础上再生出来，于是当作全体看的发展过程，就描成螺旋线而发展。这样，第一阶段被第二阶段所否定，第二阶段再被第三阶段所否定。这第二的否定是否定之否定。这种采取否定之否定的过程而发展的法则，叫做否定之否定的法则。

实　　例

否定之否定的法则，如恩格斯所说，是自然，社会及人类思惟的最普遍最广泛的起作用的法则，是发展的各个过程所固有的法则。以下分别举例来说明它。

先就自然现象来说明这个法则。《反杜林论》中说："举例说，麦粒，无数粒的麦粒，被人磨碎、煮炊或作酒，以后就被人消费。可是如果这样的一粒麦，找得经常的条件，如果它落于适宜的土上，那么，在热度及湿气的影响之下，它就发生特有的变化：它发起芽来，麦粒的本身消灭了，被否定了；在它的地位上发生了植物、麦粒的否定。可是这个植物生活的经常循环如何呢？它生长、开花、结实，最后又产生麦粒，麦粒一成熟，麦杆即枯萎，而否定了自身。因这一否定的结果，我们又得到了原来的麦粒，可是并不只是一粒，而是加了十倍、二十倍或三十倍。麦的种类变化得非常的慢，所以现在的麦，差不多与上世纪的麦具同一的形式。可是如果举任何容易变形的装饰植物为例，如天竺、牡丹或兰花。如果我们用园艺家的技术，去培养种子及其所发生的植物，那么，因这一否定之否定的结果，我们不但得到更多的种子，而且得到能开最美观之花的更好的种子。这一过程的每次重复，每次新的否定之否定，都增加着这种完美的程度。如对于麦粒一样，这个过程，也完成于大多数昆虫，如蝴蝶之中，它们从卵发展出来，于是否定了卵，它们经过各个阶段，终于达到了性的成熟、交尾，而重新自行否定，即在配偶、产生无数之卵等等过程完成以后，自行死亡。至于在其它植物及动物中，过程没有这样的简单，它们在未死之前不是一次，而是多次的产生种子。产卵或产儿——所有这些对于我们是无紧要的，现在我们只要证明，否定之否定实际上发生于动物及植物的两个有机界中。再次，全部地质学，正是否定之否定的系列。正是旧的岩石破毁，新的岩石形成的前后相继之系列。起初，原来的，在液体冷却之后产生的地壳，为大洋、气象及风化等等作用所碎裂，这些破碎的物体，成为海洋之底的冲积层。有些地方海底之高出海面，重新又使最初的冲积，再受雨水、四季不同的温度、空气中的氧气及炭素等等的作用；从地心中冲发出来破裂地层，奔流于外而后冷却的岩石，也受到同样的作用。这样在数百万年间不断的形成的新的地层，大部分重新破毁，而又成为新的地层的构成资料。可是这一过程的结果，是非常积极的，它形成了种种化学元素所混成的土壤，能够处于机械的破碎状态之中，这样就使无数的各色各样的植物，可以繁荣起来。"

再就社会方面举例。"由资本家的生产方法所产生的资本家的独占方法，因而资本家的私有财产，是那以自己劳动为基础的个人私有财产的第一否定。但资本家的生产，又以自然过程发展的必然性，造出它自身的否定。这是否定之否定。不过这种否定之否定并不是私有财产的复兴，而是以资本主义时代所产生的协作，与由土地及劳动所生产的生产手段之共有化为基础，以创造个人的私有。"（《资本论》第一卷第二十四章）

又如"一切文化民族，都是以土地共有开始的。至于脱离了某种程度的原始阶段的一切民族，随着农业的发展，这共有就变为生产的桎梏。它（指土地共有）被扬弃，被否定，经过或长或短的阶段，就变为私有。但在因土地私有本身招致的农业之较高度的发展阶段上，私有反而变成生产的桎梏——这在今日，关于小规模的土地所有，或关于大规模的土地所有，都可以看出的。同样，要否定土地私有而把它再变为共有的要求，就必然发生出来。不过这种要求，并不是意味着原始的共有之复活，而是意味着共有的更高级的进化的形态之树立。它并不成为生产的障碍，反是最初打破生产的桎梏，而促使充分利用近代化学上的发见及机械上的发明的"。

又就竞争与独占的关系说。"竞争从封建的独占发生，这是我们都知道的事情。即就本源说来，竞争是独占的反对，而独占不是竞争的反对。所以近世的独占，不是一个单纯的反命题，反之，它是真的综合。

肯定——竞争的先行者之封建的独占；

否定——竞争；

综合——近世的独占。这个独占，在它以竞争的支配为前提的限度内，是封建的独占之否定；又在它是独占的限度内，是竞争的否定。所以近世的独占即布尔乔亚的独占，是综合的独占，是否定之否定，是对立的统一。"

又就资本运动的最一般的形态说。资本的一般公式如下：

$$G(货币)——W(商品)——G'(较多的货币)$$

"这就是说，一定额的货币，转形为商品，然后再转形为货币。在这种情形之下，第一段过程 G——W，便是第一否定。由这个过程，货币否定自己，转形为它的对立物即商品。第二段过程 W——G'，便是否定之否定。为货币之否定的商品，在这段过程中，否定它自己，转形为它的对立物即货币。这样，由否定之否定的结果，我们便再得到了货币。单就这一点说，我们好象是回到最初的出发点了，但在实际上，即就这个例子讲，我们并不是仅仅回到了最初的出发点。由这种运动所生的结果，我们最后所得到的，并不是 G，而是 G′，这就是说，我们最后所得到的是比最初的货币较为多额的货币。这就是所谓否定之否定。……资本的全生涯，完全是由这种否定之否定的连锁而成立的。"

末了再就思惟的领域举例。"古代哲学，是本来的自然形成的唯物论，它自身不能说明思惟对于物质的关系。但是为了说明这一点的必要，引起一种能够从肉体分离的灵魂的学说，引起灵魂不灭的主张，终于进到了一神教。即古代唯物论由观念论所否定了。然而哲学更向前发展，观念论已不能支持，而由近代的唯物论所否定了。这近代的唯物论——否定之否定——并不是古代唯物论的单纯的再现，而是在承续的基础之上，加上了哲学及自然科学二千年间的发展以及这二千年间历史的全部思想内容。这已不是哲学，而是单纯的世界观；它不是在特殊的科学之科学上被证明被实现的，而是在现实的科学上被证明被实现的。即哲学于是'被扬弃了'。换言之，'同时被克服又被保存着'。在形式上是被克服，在实际的内容上是被保存着。"

二　否定与否定之否定

否定之本质

为要更进一步理解否定之否定的法则，必须深入的说明否定与否定之否定之辩证法的意义。

我们知道，任何事物过程的发展，都在其内的矛盾的发展上发生的。矛盾的两个方面，成为对立物而互相渗透，互相补充。对立物的互相渗透，根本上是由于一极是他极的否定，是自身的肯定。肯定的契机与否定的契机，形成为暂时的相对的统一；由于这否定的契机发展起来，由于对立物的斗争，就引起特定统一的否定。例如种子之中，除了形成它的营养物（肯定的契机）以外，还含有未来植物的萌芽（否定的契机），这萌芽发展起来，种子便被否定了。又如，小商品生产者的私有财产中，包含着未来资本家的财产（否定的契机）的萌芽。资本家的财产发展起来，小商品生产者的私有财产便被否定了。所以，唯物辩证法当分析任何过程的发展时，首先要暴露其本质的矛盾，探求其否定性，由其内的矛盾之发展，说明否定之发生。这否定成为对立统一的契机而出现，同时又构成由一阶段到他阶段的转变之内的关联。先行阶段之肯定的内容虽被否定，而在否定过程中，先行阶段是后起阶段的前提，前者的生命力仍保存在后者之中。

所以，"辩证法的'契机'，要求指出'统一性'，即指出否定与肯定的关联，肯定中的否定之存在"。即是说，辩证法的否定，必须是能够表现过程的发展中的诸现象的关联的否定，决不是"单纯的否定，胡乱的否定，怀疑的否定"。

形式论理学，不理解过程内部的矛盾之发展，不理解过程的自己否定，把否定解释为"废弃"，为"打消"，即是把否定解释为外来的东西。例如考茨基在其所著的《唯物史观》中，对于由物质的自己运动而起的辩证法的否定，加以攻击。他主张运动的真源泉，是两个外力的相互作用；在这种相互作用之中，一力否定他力；例如环境否定有机体（否定），有机体又否定环境（否定之否定）。这样解释的否定，完全是外的相互间的否定。这种解释的错误，是由于完全没有理解对立统一的法则。

恩格斯说："辩证法的否定，决不是单纯的说否，也不是说某种事实不存在或任意破坏它。……并且否定的形式，第一由过程的一般性质所规定，第二由其特殊性质所规定。我不单是否定，还要再扬弃否定。所以我造第一否定时，必须使第二否定有可能或变为可能。然则要怎样去做呢？这要依据各种场合的特殊性质而定。我若弄碎麦粒，踩死昆虫，我虽完成了第一种行为，却使第二种行为变为不可能了。所以，各种事物具有着发展由否定造成的、特殊的、它本身所固有的方式。"

辩证法的否定，是过程的发展的一个阶段，一方面表现为旧物的克服，他方面表现为旧物的侧面的保存。这样的否定，叫做扬弃，不过要理解扬弃，必须研究现实的发展。扬弃是实在事物的扬弃，并不是概念的扬弃（如黑格尔所主张的）。扬弃的问题，对于社会发展的倾向之分析，具有显著的意义。

简括的说来，辩证法的否定之核心，可以归着于下述五个命题：（一）否定是过程的矛盾的内在发展的结果；（二）否定是对立统一中的契机；（三）否定同时是否定先行阶段的一个阶段；（四）否定在其自身中扬弃先行的阶段；（五）否定是过程全体的各种阶段中充满矛盾的关联。

否定之辩证法的理解，能够更深入的暴露否

> 否定之否定的本质

定之否定的辩证法。在否定之否定一方面，也和否定一样，表现客观事物发展的生涯，表现新的阶段与先行阶段之内的关联，表现诸阶段之内的关联的事物一定的方向的发展。这是理解否定之否定的核心。所以在否定之否定的法则上，必须力说客观对象发展的顺序的阶段之内的关联及其相互联系。就前段所列举的麦粒的实例来说，麦粒在其发展的全生涯，采取麦粒——植物——新麦粒——即肯定——否定——否定之否定的诸阶段，完成其各种新的生活的循环。这否定之否定，显现为过程的内的矛盾的发展的结果，显现为对立的统一的过程的契机，显现为在它本身中扬弃了先行诸阶段的过程发展中的特别阶段。这个特别阶段，即是解决基本矛盾的阶段，是发展的循环终结与新的对立的统一形成的阶段。

麦粒在其发展的循环上，否定的契机已包含于肯定之中，因为麦粒的发展，成为麦粒的否定而发展为植物。同样，否定之否定的契机也包含于否定之中，因为植物的发展，成为植物的再否定而发展为新麦粒。并且，否定之否定的阶段，在它当作一个循环的终结点而成为新的发展阶段的出发点之时，它又成为一个契机而包含于新的肯定之中。所以肯定、否定及否定之否定，必须当作现实过程的矛盾的发展及其解决的形态与阶段去考察。第一阶段是事物的本质的矛盾设定的阶段，是肯定中孕育着否定的萌芽的阶段；第二阶段，是事物的矛盾的发展的阶段，是否定肯定而又孕育再否定的阶段；第二阶段，是再扬弃否定的阶段，是由先行诸阶段的发展所准备的矛盾之相对的解决的阶段，是新事物的出现而又成为新事物发展的出发点的阶段。所以各阶段之间，具有有机的联系。任何阶段，都显现为推进力的矛盾的特别形态，分裂为肯定与否定，由否定之否定而完成自己的发展。所以否定之否定的法则，就是说明事物经过先行阶段的发展而转生为新事物的法则。

关于否定之否定的法则，还有一个侧面，应当提出来说明。在肯定——否定——否定之否定（例如麦粒——植物——新麦粒）诸阶段中，否定之否定这一阶段，在外表上好像与肯定的阶段是同一的，即新生的事物好像复归到旧形态上去，好像是"较低阶段的一定的特征、特性等等在较高阶段上的反复"。这种第三阶段与第一阶段的外表上的同一的问题，我们必须理解各种发展阶段之内的关联（低级阶段在高级阶段中的扬弃），才能明白的说明。

一切事物的过程，因其分裂为互相排斥的对立物及其矛盾的解决，发生出二重的否定。二重的否定，在自然和社会的充满矛盾的过程中，是一切事物的一般运动形态，是一切事物的对立统一的发展过程之完成。过程的终点所出现的新事物，在其外的形态上，仍旧复归到发展的始点。所以否定之否定，在其外的形态上，即是否定的扬弃，因而复归到最初的状态。但在其内容上说，否定之否定，包含着先行各发展阶段之积极的成果，即新事物比较旧事物是更高级的东西。自然界的发展（例如，麦粒——植物——新麦粒）是这样，社会现象的发展（例如，封建的独占——自由竞争——近世的独占）是这样，世界认识的发展（例如，自然发生的辩证法——形而上学——唯物辩证法）也是这样。新生的麦粒比较原来的麦粒是高级的，近世的独占比较封建的独占是高级的，唯物辩证法比较自然发生的辩证法是高级的（后者是在幼稚的自然科学及社会科学的知识上建立的，前者是在发达了的经验的自然科学及社会科学的基础上建立的）。上述诸过程中个别的阶段，因其内在矛盾的发展，分裂为部分的肯定及否定，最后在高级阶段上显现出提高全部发展的否定之否定。

所以事物的发展的全生涯中的终点与始点之同一，是外表的同一，不是内容的同一，是螺旋状的发展，不是机械的循环。在这种处所，表明了辩证法的发展观与形而上学的发展观的对立。

三　关于这个法则的曲解

黑格尔的三段法

唯物辩证法的否定之否定的法则，无疑的是从黑格尔的辩证法之中抽取出来，而在唯物论基础上加以改造并使其发展的东西。但是许多曲解这个法则的人们，往往把这个法则还原于黑格尔的"三段法"，妄加批判。依据黑格尔的三段法，发展的过程如次：事物的发展，最初出现为正命题；这事物产生出它自身的对立性即反命题；由于以后的发展，正命题与反命题结合起来，出现为合命题。任何事物的发展，都照这样的经过构成三段法的三阶段——正、反、合。黑格尔想依据这些命题，去确证通过对立性的斗争而发展的法则。这无疑的是包藏着关于发展的最深刻的思想。但黑格尔的辩证法是观念论的。黑格尔替三段法穿上神秘的服装，把三段法化成一个普遍的公式，并把自然的一切现象都嵌入这个公式之中。"由黑格尔说来，理念的发展，依从三段法的辩证法的法则，规定现实性的发展"。唯物辩证法把黑格尔的辩证法实行唯物论的改造，使否定之否定的法则，从神秘的形式解放出来。如恩格斯所说，否定之否定，"是极其单纯的、随时随地进行着的过程。这个过程，只要把旧观念论哲学掩蔽着它的旧装取去，就是三岁的儿童也能理解。"

事实上，如果把一切现象嵌入三段法的公式，是决不能说明发展的。黑格尔的观念论把否定之否定看做概念的自己发展的过程，必然的要建立概念的相互推移的纯论理学的基础。这种概念的推移的无理由的游戏，表现出概念的推移的人工性与空虚。这种当作纯论理的构成看的否定之否定，只能表现出否定之否定的法则的外的侧面。

唯物辩证法对于否定之否定的法则的理解，不在于说明那个三段法，而在于力说事物的发展、互相推移的诸现象之内在的关联，这是在前面已经说明了的。

米海洛夫斯基批判否定之否定的法则时，把这个法则还原于黑格尔的三段法。他以为现实的生活中，单只两个否定的存在是很少的。他引证恩格斯所举的例子，说麦粒发芽，开花，结实，是三个否定而不是两个否定，因而这是四段法而不是三段法了。米海洛夫斯基是爬行的经验论者，根本上不懂得：这个法则，并不在于否定的数目，而在于发展的全生涯包藏着它自身的否定及否定之否定的一点。过程的各阶段中多数否定之存在，决不排除辩证法的发展的一般性。否定之否定的法则，并不还原于三段法，这是很明白的。

机械论者与形式论者的曲解

机械论者与形式论者，对于这个法则，也有多少的曲解。机械论者把质的发展还原于量的发展，把辩证法的发展还原于机械的循环。机械论者把物质形态的发展，看做是依从于力学的法则进行的。他们从均衡论之中抽出三段法。例如波格达诺夫说："过程如果有始点，在始点以前，就不存有两个对立力的斗争，而是存有二力的均衡，这是很明白的。均衡在什么地方终结，二力的斗争在那时就消灭，而生出新的均衡，这是无疑的。这就是三段法的全部。即是从均衡——经过破坏它的二力的斗争——到新均衡"。布哈林的均衡论也和这相同。他说，"黑格尔理会运动的性质，把它在下述的形式中表示了。他把均衡的最初状态称为正命题，把均衡的扰乱称为反命题，把新基础上的均衡的恢复称为合命题（矛盾和解的综合状态）。嵌入于这三段法之中的一切存在物的运动的这种性质，黑格尔称为辩证法的性质"。布哈林的这种主张，把综合解释为对立的和解，这无疑的是折衷主义。

形式论者，也犯了同样的错误，把合命题解释为正命题与反命题之折衷的和解。例如德波林把辩证唯物论当作经验论与唯理论的综合，当作费尔巴哈唯物论与黑格尔的辩证法的综合去说明。德波林在合命题的问题上，转入于机械论的立场，这是很显明的。

第四节　本质与现象、内容与形式

一　本质与现象

从现象到本质的认识之推进

　　　　　　　　　　上面已经说明了，对立统一的法则、由质到量及由量到质的转变的法则与否定之否定的法则，是辩证法的三个根本法则。这三个法则之中，对立统一的法则是最根本的法则，是辩证法的核心，其他两个法则，可说是对立统一法则的不同的显现形态。所以对立统一的法则，实在是包摄着质量间互相转变的法则与否定之否定的法则。唯物辩证法，由于发见对立统一的法则，才能理解自然、社会及思惟的矛盾的发展的根源。可是对立统一的法则，不仅包摄着质量间互相转变的法则与否定之否定的法则，并且还包摄着其余的许多法则。在唯物辩证法的哲学上，除了质与量、否定与再否定那样对立的范畴以外，还有许多组对立的范畴。例如：本质与现象、内容与形式、必然性与偶然性、现实性与可能性之类。象这类对立的范畴，都是对立统一法则的具体化的形态。这些对立的范畴，在其互相渗透上，显现着辩证法的一般法则。

　　这里先提出本质与现象的辩证法来说明。

　　科学的认识的任务，在于发见客观事物的发展法则。可是，客观事物最初在我们的感官上，出现为外的现象。现象是在感觉上给与着的客观事物之运动的联结形态或联结的运动形态，它是非常错综复杂的混沌的东西。为要发现客观事物的发展法则，第一步的重要工作，就要在那种极其错综复杂的混沌现象之中，把捉其一般的、主要的、统一的东西、必然的合法则的联结，即是把捉现象之中的本质。因为现象之中的本质的发见，与法则的发见，是有极密切的关系的（法则是各种本质的联结或各种本质间的联结，说明见下节）。所以，我们对于客观事物的认识，在其发展过程中，要从外的联结推进于内的联结，从比较不深刻的本质推进于比较深刻的本质，渗入于过程的深处，比较其同一性与差别性，从中取出本质的诸矛盾、本质的诸联结。这样的去分析事物之内的联结、抽取其本质的矛盾，同时就发见事物的自己运动的源泉，发见其发展的法则。

　　可是，当我们认识客观事物时，本质并不直接出现于现象的表面，显出本质与现象的矛盾。例如，地球绕着太阳自动的事实，在现象上表现着太阳绕着地球运动而地球本身不动；月球非发光体的事实，在现象上表现着月球为发光体。又如，商品生产间的关系显现为商品间的关系；商品的价值显现为使用价值的交换关系；工资不显现为劳动力的价格而显现为劳动的价格，等等。像这样的现象与本质之间的矛盾，正是科学的认识之前提，如果现象真正与本质完全一致时，科学变为无用的长物了。所以，我们认识客观事物，不能停滞于它的现象的表面，而要深入于它的底奥，发见它的本质；同时，也不能轻视现象，而使本质转变为不能反映客观现实的法则的单纯抽象。我们要用思惟的能力，从反映于感觉上的现象之中，去发见客观现实的本质。从现象的背后去发见其本质，这是科学的认识的始点。

哲学史上关于本质与现象的范畴的理解之演进

关于本质和现象的关系的理解，在哲学史有许多不同的流派。古代希腊的许多哲学家，想在变动无常的现象的背后，去探求永久不变的本质，因而他们把水、火、气、土或原子等，当做本质看待了。这种见解，虽因为那时科学不发达，未免失于幼稚，却已经具备了唯物论的内容。

到了近代，实证科学渐渐发达起来，哲学家们就由中世纪以来各种神学及观念论所主张的虚假的本质的领域，转眼来注视于现象的领域，从此形成了经验论的流派。经验论者们只把在感觉上给与着的现象当作实在的东西，至于隐藏在现象的根柢中的本质，却认为是信仰或偏见的产物；因此他们认为一切客观的现实都只是现象，对于客观的认识即是现象的知觉。他们以为科学的认识的任务，在于简约现象世界的复杂关系，确定事物间的表面的关系，而不是探求事物之内的统一、内的联结，即不是探求事物之本质的联结。所以他们认为科学的方法，只是单纯的记述而不是说明。主观观念论从现象与本质的关联分离出现象来考察，这种见解，是从经验论产生的。主观观念论，把现象归着于现实的假象，并把假象看成一刹那的幻象，从假象本身夺去客观的现实性，因而怀疑现实的认识的可能性，而到达于不可知论。

其次，唯理论者从现象分离出本质，而在思惟上加以考察，并把本质看成不变的东西，唯理论者排除在感觉上给与着的现象，想靠概念的分析得到正确的认识。例如他们把数学和由公理引出认识的几何学，看做正确认识的范本。他们不能在生动的现象之中去探求本质的矛盾，而在思惟上把本质解释为最单纯的不变的关系。因此，他们把整个物质世界看做没有发生和发展的世界，把一切社会现象看做永久不变的现象。

经验论者拘泥于事物的现象，不探求事物的本质，把现象看做事物全体的法则；唯理论者蔑视现实的多样性，而提供永久不变的法则。这两种倾向，是互相对立的东西。康德的哲学，企图调和这种对立的倾向。康德一方面承认在现象的彼岸有当作本质看的"物本体"之存在，另一方面却又否认这种"物本体"的认识的可能性。他主张人们所能认识的东西只是现象，因而把认识限定于现象的领域，这是和经验论的主张相同的。康德这样的把物的本质搬到"物本体"的世界，把本质从现象分离出来，使两者变为形而上学的对立物。由于否定本质认识的可能性，康德的哲学就变成了不可知论。

至于把握了本质与现象的辩证法的统一的人，要推黑格尔。黑格尔克服了上述许多片面的偏见，严格的批判了康德分离现象与本质的学说。黑格尔确定了本质这概念的相对性，确定了本质与现象、本质与假象之间的密接的相互依存性。他指出了：事物之内的本质并不自行出现于现象之中，为要理解事物的本质就必须研究现象。可以说，他确是阐明了本质与现象之具体的内容。可是，黑格尔是客观观念论者，他虽然也承认现象是客观的存在的东西，却又把本质这个概念作纯观念论的解释。在他说来，现象和本质，对于我们经验的主观，虽是客观的，但两者都只是思惟的内容。所以他主张在思惟上把握了的本质，对于直接给与着的现象，是占居优位的。

现象与本质的辩证法

唯物辩证法建立了本质与现象之辩证法的关系，使本质的概念取得唯物论的内容。唯物辩证法主张本质与现象都是离我们意识独立而为意识所反映的客观的实在。现象是在感觉上直接的被反映出来的契机；本质隐藏于现象背后而要靠思惟能力才能发见、才能反映的契机。所以，现象与本质是被我们的感觉和思惟所反映的东西，并不是感觉和思惟所固有的东西。现象和本质这两个契机，并不是直接的同一的东西。但现象与本质互相推移，互相媒介。现象以本质为媒介而存在，本质通过现象而存在。没有离开现象的本质，也不能有不具本质的现象。现象是本质的现象，是具有一定的本质的现象；本质是现象的本质，是现象之内的源泉。这两者相互作用的基础，是在现象一方面。现象代表事物之绝对的运动，本质代表事物的安定。所以，现象的本质，就是现象之内的、相对安定的侧面。

科学的认识，在于"从现象进到本质，从第一秩序的本质进到第二秩序的本质"，因而暴露出客观现实的发展过程及发展法则。关于这样的认识的进行，我们可就《资本论》作为范例来说明。

我们知道，《资本论》是从布尔乔亚社会的细胞即商品开始研究的。商品是最单纯、最普遍、数十亿万次被目睹的现象。那种分析，在最单纯的现象之中，暴露了布尔乔亚社会的一切矛盾。商品这东西，在我们的感官上显现为使用价值（即现象），可是它的价值（即本质）却不浮现于表面，这是要靠思惟的能力才能发现的。《资本论》分析了千差万别的商品，发现了它们之间的共通的统一物。这共通的统一物，即是价值；而价值的基础是劳动，这是可以用社会的必要劳动时间去测量的。由于这共通的统一物的发见，一切商品就变为同等的东西了。《资本论》由于这种分析，在商品之中，发见了现象与本质之辩证法的统一。其次，价值这东西，在商品交换过程中出现为交换价值。交换价值是价值的现象形态，商品的本质即价值，通过各种现象形态而发展，到达于货币形态的阶段时，引起商品世界分裂为商品与货币。由于货币这种商品的出现，价值又出现为价格。随着商品交换的发达，货币就在商人手中积蓄起来，等到劳动力的商品化这个条件具备之时，货币就变形为资本。资本是产生剩余价值的价值。而剩余价值，在其现象形态上，出现为利润，一看好象是从交换过程中发生的，而实际却是从生产过程中发生的，是资本家剥削了劳动者的剩余劳动的结果。《资本论》照这样的顺序，由第一秩序的本质进到第二秩序的本质，阐明本质通过各种现象而发展，使本质现象（显现）出来，现象变为本质。

本质与现象之辩证法的统一的实例，《资本论》在其他许多经济的范畴中，也是同样的指示着。例如工钱的本质是劳动力的价格，而在现象形态上出现为劳动的价格。又如，资本论分析剩余价值率，在利润、地租与利息的现象的背后，暴露三者之中的共通的统一物，即是剩余价值，因而利润率这种现象中所隐藏着的本质，即是剩余价值率。

由于《资本论》的指示，我们可以知道，马克思对于资本主义社会的研究的进行，处处表示着"从现象进到本质、从第一秩序的本质进到第二秩序的本质"，以暴露布尔乔亚社会的发展法则的。

具体的现象，极其复杂，本质是当作复杂的

本质与假象的关系

现象的共通的统一物而存在，当作统一的契机而存在。所以，现象与本质的矛盾，在我们的意识中反映出来，就成为认识中的矛盾。我们只有理解现象与本质的矛盾的客观性，才能理解认识中的这些要素的对立性，理解现实的发展的过程。观念论者不能理解现象与本质的这种矛盾，反而断定现象对于本质是非本质的、不必要的东西。他们主张我们的感官是不完全的东西，因而断定现象是虚伪而不能信赖的东西，不能传达本质的真相。他们把这种所谓非本质的、非真实的、虚伪的现象，称为假象。这种见解，完全是错误的，这里特别提出本质与假象的关系的问题来说明。

在唯物辩证法说来，假象也是现象，和本质一样，同是客观的。现象是一个群团，一个总体，一个系别，一个过程。总体的现象中的一般的统一、必然的内的联结之表现，即是本质。在各种个别的、单独的、部分的、一刹那的现象之中，也隐藏着本质。所以特定现象的总体，与那些现象中所显现的本质相一致。可是，在个别的、单独的、部分的、一刹那的现象之中所表现的本质，与在总体的现象中所表现的本质，是有一定的距离的。就是说，我们单只观察个别的、单独的、部分的、一刹那的现象，只能把捉本质的一个方面，而不能把捉其全体。我们只有观察现象的总体、全系列、全过程，才能把捉通过现象而发展的本质。

假象这东西，是从现实事物的运动而出现的东西，它是现象的一部分或部分的现象，并不是由"无"而发生的东西。所以假象并不与本质相分离，它是本质的现象的一部分。如伊里奇所说："非本质的东西、假象的东西、表面的东西，它常常消灭，并不象'本质'那样'坚牢'的被维持，也不'坚固的停止'。例如河川的运动，上有水泡，下有深流。但水泡也是本质的表现！""假象的东西，是一个规定、一个侧面、一个契机中的本质。本质是当作这样的东西显现的。假象是本质在其自身中的显现"（这里所说"假象是本质在其自身中的显现"的意思，就是指明假象以本质为基础而表示本质的一个规定、一个侧面、一个契机的现象）。

基于上面的说明，我们可以知道：假象也是事物本身，是现象之中的一部分，是事物发展的一个契机中的本质的东西。所以假象也表现本质自身中的事物的运动、发展及变形。这种由本质到假象的运动，实是客观事物的自己运动，并不是"由无到无"的运动（如黑格尔所主张的"纯论理的运动"）。

假象既然是部分的现象，是表示本质的一个规定、一个侧面、一个契机的现象，那么，当我们要把捉对象的全本质时，就必须观察特定现象的总体、全系列、全过程，而发现全部现象中所隐藏的本质。我们不能拘泥于一部分、一刹那的现象即假象，而遗弃事物的本质。例如，法西斯主义者大呼打倒财阀，这是假象；如果为这种假象所拘泥，便会断定法西斯主义者也主张社会革命，而把金融资本所授意的法西斯主义台柱的小布尔乔亚的法西斯运动那种本质看遗漏了。又如，社会法西斯主义者也高唱科学的社会主义，这是假象；如果为这种假象所拘泥，便会承认社会法西斯主义者也是科学的社会主义者而把劳动阶级中的布尔乔亚的影响（即劳动贵族的利害）那种本质看遗漏了。又如，托洛兹〔斯〕基主义者提倡不断革命，这是假象；如果为这假象所拘泥，就会承认他们是彻底革命者，而把他们对于普罗列达里亚革命力量怀疑的那种本质看遗漏了。这些假象虽以本质为基础而表现本质的一侧面、一契机，而那些本质的全部，却不浮现于表面。这是假象与本质的矛盾。为要把捉那些派别的本质，只有就各派的理论及行动的一切表现加以考察，才能理解其本质到假象的运动。

总括起来说，本质与现象的关系，是对立的统一。但两者之间的矛盾，并不意味着两者的拮抗。现象与本质，也有是调和的、一致的；也能是非调和的、敌对的。现象与本质是同一，又不同一，现象与本质相适应，又不相适应。现象能完全的显出本质，也不能完全的显出本质。但穷其究竟，现象是由本质所规定的。

关于现实的认识之任务，在于理解现象与本质之对立的统一。我们不能离开本质而拘泥于现象，否则便陷入于公式主义（例如布哈林拘泥于欧战后资本主义虚伪的繁荣，而提出"有组织的"资本主义的问题）；也不能离开现象，而坚持抽象的本质，否则便陷入少数派色彩的观念论（例如哥尼克曼忽视社会的本质的发展，而主张历史唯物论应该探求一切社会经济构造所共通的法则）。我们当认识特定对象或问题，就必须就其现象的总体（包括假的东西、非本质的东西、表面的东西等等），加以考察，从其中抽出一般的统一、必然的内的联结，即抽出其本质；并且还要更进一步的考察现象的发展过程中的各阶段、各侧面，追求本质的发展。因为本质决不是死板的、抽象不变的东西，而是通过现象的发展而发展的东西。所以，为要正确的理解本质，就必须考察本质所表现的具体的诸阶段。简约起来，要理解各种现象的本质，必须在对象的全部联系上，在其运动上，在其发展的具体的阶段上去考察。这样，我们才能正确的认识现实的发展法则，才能免除那种分离本质与现象或把两者看成抽象的同一物的偏向。

二　根据与条件

在说明了本质与现象的对立统一以后，接着要说明根据与条件的辩证法。根据与条件的范畴，是对立统一法则的具体化的另一形态。

根据与本质，是同列的范畴。"根据是本质的关系的一个规定"。我们已经知道，隐藏于现象之中的本质，是事物之内的联结、必然的关系或矛盾。但是事物之内的联结或矛盾，可以有许多种类。在这些内的联结或矛盾之中，必有一种最根本的联结或矛盾。这最根本的联结或矛盾，是其他许多联结或矛盾由它发生、发展、并显现出来的始点。唯物辩证法把这种最根本的联结或矛盾，叫做根据；把其余的联结或矛盾，叫做由根据所规定的东西。例如，我们认识特定社会的过程时，首先要由现象透入于本质，发见其许多的内的联结或矛盾，如生产关系、政治关系、法律关系及其他意识形态上的关系等等。在这些关系之中，生产关系是最根本的关系。生产关系的总体，形成社会的经济构造，一切政治的法律的上层建筑，都树立在经济构造之上，而一定的社会的意识形态都与它相适应。这种特定发展阶段的生产关系（即生产力与生产关系的矛盾），即是根据，那些上层建筑，都由这个根据所规定。又如，苏俄社会主义社会中，同样有许多本质的关系或矛盾，在这些本质的关系或矛盾中，最根本最原始的矛盾，是社会主义的契机与资本主义的契机的矛盾，是社会主义契机克服资本主义契机的斗争，即是根据，其他许多本质的矛盾，都由这个根据所规定。我们当考察特定社会的过程时，只要能够分析的把握住它的根据，在根据的运动及发展上去考察，去追求，就可以知道这个根据的实现及其由萌芽状态到现象的发展，知道它出现为其他许多本质的矛盾的发展过程，因而发见发展法则。

根据与由根据所规定的东西之间，在其规定与被规定的这一点上，是相对的对立，但在由根据所规定的东西是根据的运动及发展的现象这一点上，两者却是同一的。在这一点上，由根据所规定的东西，能转变为别种本质的矛盾的根据。例如政治的上层建筑，虽由生产关系那个根据所规定，但政治是经济之集中的表现，并且也成为意识形态的根据。这样，由根据所规定的东西也转变为根据了。又如，苏俄社会主义大工业的发展，引起农业的集体化。这农业的集体化，虽是由社会主义社会化那个根据所规定的，但农业的彻底集体化的发展，出现为农村阶级关系的改造。而这农村阶级关系的改造，是由彻底集体化所规定的。于是彻底集体化就转变为根据了。彻底集体化与农村阶级关系改造的发展，能廓清资本主义的根源，两者又一同成为农村社会主义经济的实在的物质的根据了。只有照这样去追求根据的发展形态，才能够理解苏俄社会主义社会化的发展法则。

在说明根据及根据的发展的意义以后，再进而说明根据与条件的关系。根据由其萌芽形态到现象的发展，只有在一定的条件之下才能显现的。条件是根据的发展的最重要的契机，是在根据的发展过程中由根据所创造的东西。事物的发展，不单依存于根据，并且还依存于由那个根据所创造的条件。例如社会的生产与私人的占有的矛盾之发展，引起资本主义的发展，而这个发展的条件，即是劳动力的商品化。如果没有劳动力商品化这个条件，资本主义就不能存在。

条件有两种存在形式，即是本质的条件，与非本质的条件。凡是成为事物本身发展的条件，表现根据的发展的契机的条件，叫做本质的条件，否则叫做非本质的条件。这两种条件之间，有一定的联系。这种联系，由它们的发展所给与着的具体的客观的实在之联系所规定。在根据的发展上，非本质的条件转变为本质的条件，为发展的内容。例如，劳动力之有组织的集合，在苏俄第一五年计划实施以前，还不是本质的条件（因为当时分散的农村的劳动力很多），但到五年计划实施以后，大工业发展起来，它便变为本质的条件了。又如，生产的熟练工人之养成，在从前也不是本质的条件，但到五年计划施行以后，却成为本质的条件了。社会主义的工业，是社会主义国家的根据。这个根据的发展，变化了环境的状况，克服了旧条件，创造出新条件。如苏俄的领袖所述，这些新条件，分为下列六项：（一）自然放任政策之清算、集体农场的农村劳动力之有组织的集合、与劳动的机械化；（二）杜绝劳动力之自然的流出，工钱适应于劳动的质量；（三）重视个性，正确的劳动组织，劳动力的休养与责任的向上；（四）变更对于旧的知识分子、熟练工人的关系；（五）养成劳动者的生产技术的知识分子；（六）廓清无计划的经营，增加工业的蓄积。这六个条件，是社会主义经济建设的必要的本质的条件。

根据与条件，是对立的同一。在发展的过程中，根据转变为条件，条件也转变为根据。例如，封建社会的根据，是地主与农民的对立，至于后来发生的普罗列达里亚与布尔乔亚的对立，却只是封建社会发展的一个条件。但是随着根据的发展，布尔乔亚社会代封建社会而起，于是普罗列达里亚与布尔乔亚的对立，就转变为布尔乔亚社会的根据，而农民与地主的对立转变为布尔乔亚社会发展的条件了。又如，苏俄社会主义突击队，原为社会主义建设的条件，而在现阶段上却成为社会主义发展的内容（即根据）了。

关于根据与条件的范畴的曲解

　　关于根据与条件的范畴，在哲学史上有不少的曲解。形式论理学宣称不愿飘浮于事物的表面，想进一步探索事物发生的根据（即理由），因而在"同一律"、"矛盾律"、"排中律"之外，又添上了"充足律"，即所谓"理由充足的原理"。这个充足律，暗示着一切事物都是某种运动或发展的结果的理解。但形式论理学根本不理解运动和发展的源泉，基于抽象的同一性的原理（即"同一律"），把根据和由根据所决定的东西，看成抽象的同一，把探求根据（理由）的论理的进行，化为空虚的议论。例如说，植物生长的根据，是温度湿气与阳光；经济恐慌的根据，是金银缺乏。这便是所谓"充足律"应用的实例。形式论理学把现象的一个侧面的规定，当做全体的根据，这无疑是主观主义的、抽象的见解。

　　又如形而上学的唯物论，也是用形式论理学的方法去探求根据的。十七十八世纪形而上学的唯物论，在神秘的"物质"或"力"之中，探求自然现象的根据。例如说，热的发生的根据是"热素"，火的现象的根据是"燃素"。这种见解，并不曾说明现象的理由（根据），恰如所谓电的现象的根据是电气那种见解相同。又如，十八世纪的法国唯物论说，"人是环境的产物"，即是说人类本质的根据是社会关系。但社会关系的根据是什么？他们说，"意见支配世界"，这便是说社会关系的根据又是人类本质。这样的见解，是在社会关系与人类本质的相互作用之间，去探求两者的根据的。这也是形式论理学的方法。

　　对于根据做了深刻的解释的人，要推黑格尔。黑格尔主张社会关系与人类本质的相互作用的范畴是不充分的。他提出了表现相互作用的两个方面的根据的范畴。他以为人类本性与社会环境之间虽有相互作用，而人类本性与社会关系两者都是某种"第三者"的创造物，即两者都是某种特殊力的产物。黑格尔所说某种特殊力，就是人类本性与社会关系所依存的最后的根据。黑格尔这样的见解是完全正确的。可是黑格尔是观念论者，他把根据的"概念"认做相互作用的根据。他说："根据没有自对自的被规定了的内容，因而也不是自己活动的，也不能产生什么东西。如我们所见，只有概念才有那种即自对自的被规定了的、因而自己活动的内容"。黑格尔对于根据的理解，完全是观念论的，他把"概念"看做了现实的根据。

唯物辩证法在唯物论上改造了黑格尔的哲学，不在概念中去探求根据，而在现实中去探求根据，对于根据的概念给与了唯物论的内容。例如说，人类的本质是社会关系的总体，这社会关系总体的根据是物质的生产关系。唯物辩证法不但阐明了根据的客观性、物质性，并且还阐明了条件的客观性、物质性，同时建立根据与条件的辩证法——这是在前面已经说明了的东西。

现代机械唯物论者不知道从本质即内的联结或关系出发去理解过程发展的根据，不知道从相互作用的诸原因之中去引出根据，反而主张根据是不存在的。他们把发展还原于外的条件，并在外的条件中探求发展的原因。例如，他们考察诸力的作用所显出的机械的运动，就把诸力的合成力看做运动的根据。又如，他们探求社会发展的原因时，也不在社会内部去探求，而在外部自然环境中去探求，在社会与自然环境的外的关系中去探求，主张社会发展的原因，是社会与自然之间的均势、均势之破坏与再建。这是错误的。我们考察对象的发展时，固然不能单只探求对象本身发展的根据而忽视那根据的实现的条件，但若把根据还原于条件，就不能理解对象的自己运动的源泉。

少数派观念论者，另有不同的偏向。他们考察对象的发展时，只知道从对象本身抽出根据，却忽视根据的发展所必要的条件所演的作用。例如，托洛兹〔斯〕基在一九〇五年时提倡"建立劳动政府"的口号，忽视俄国数千万农民的作用及意义；在一九二六年时，提倡过度工业化的理论，也同样忽视农民的作用及意义。这种错误，完全是由于重视根据而忽视条件。根据要在外的条件上，才能得到具体的发展。例如，考察社会的发展时，固然要在社会本身中引出根据，即生产力与生产关系的矛盾，但这个矛盾的发展即社会的生产力的发展，要受外的自然的条件所影响，这是很明白的。所以考察社会的发展时，固然要从社会与自然之对立的统一出发，从内的过程与外的过程的统一出发，同时又要认识社会即内的过程之指导的作用，即确立根据与条件之辩证法的关系。

三　内容与形式

内容与形式的辩证法

这里，我们进而研究对立统一法则的具体化的另一形态即内容与形式的范畴。内容与形式的范畴，是认识的发展过程的一种表现，引导我们深入的去发见客观世界的发展法则。

本质与现象的范畴，在上面已经说明了。一切的本质，都在一定的形式上，当作一定的内容，在现象上出现，并给与于现象之中。一切现象，各有其不同的内容，各种现象的不同的内容，各由其所具的不同的形式相比较，同时又自以形式为前提。例如，物质存在的形式，是运动、时间与空间。在这一般形式之上，各种具体的物质的存在，各具有其特殊的形式。力学的、物理学的、化学的、生命的以及社会的种种现象，各具有其特殊的运动的物质的内容与运动的形式，而互有差别。而这些形式，都由其内容所产生，并且包含于内容之中。

内容与形式的范畴，是对立的范畴。两者的对立统一的关系，是客观的实在的内容与形式的关系在我们认识中的反映。任何事物，都具有一定的内容与形式。内容常是一定形式的内容，离开了这形式就不存在。形式常是一定内容的形式，离开了这内容就不存在。形式由内容产生，它是内容的某种外面的东西，又是内容的诸契机。内容向形式的推移是形式，形式向内容的推移是内容。所以内容与形式，虽是对立的，却是统一的，而两者形成为统一的基础是内容。例如生产力与生产关系，是特定经济构造的内容与形式，生产力与生产关系形成为不可分的统一，离开生产力没有生产关系，离开生产关系没有生产力。生产关系由生产力产生，包括于生产力之中，它本身也是一个生产力。生产力是生产关系向生产力的推移，生产关系是生产力向生产关系的推移。生产力与生产关系在生产力的基础上形成为统一。

形式虽从内容产生，但在发展过程中，形式决不是受动的。形式成为内容之本质的契机，对于内容的发展，具有能动的作用。形式对于内容的能动性，是发展过程的内容本身的能动性之一种表现。形式不但是内容之内的构造，又是它的外的构造。在其发展上，内的东西与外的东西，互相转变，互相推移。所以形式本身，对于内容能够成就其独立的发展。当形式由内的东西转变为外的东西时，就和内容相对立，变为内容发展的障碍。所以形式在其发展上，能促进内容的发展，也妨碍内容的发展。这是形式对于内容的能动性、积极性。例如，生产关系由生产力之内的构造而变为外的构造，对于生产力就取得相对的独立性。这样与生产力相适应的生产关系，能够促进生产力的发展。但生产关系的发展，往往追不上生产力的发展，终至于与发展了的生产力相冲突，而成为生产力发展的桎梏了。

但是形式由内容产生，由内容所规定，所以内容对于形式具有优越性。当形式的独立发展到了障碍内容之更一层的发展时，内容与形式的斗争，就引起"形式的逸脱与内容的改造"。内容之不断的向前发展的优越性，终于要冲破那成为障碍物的旧形式。在内容对于形式这种斗争中，内容克服形式的抵抗，并且废弃它，而要求适合于自己的发展的新形式。例如，当生产关系障碍着生产力的发展时，生产力就对生产关系斗争，终于废弃旧的生产关系而创造新的生产关系，使适合于自己的发展。内容结局规定形式，生产力结局规定生产关系的性质及其发展。

形式与内容的矛盾，在任何事物或过程的分析上，都具有重要的意义。形式与内容的范畴，和现象与本质的范畴，是同列的。前面说过，一切的本质，都在一定的形式上，当作一定的内容，在现象上出现，并给与于现象之中。内容与形式的矛盾，恰是具有一定内容的本质与具有一定形式的现象之间的矛盾。所以，当我们分析任何事物或过程时，必须暴露其一定形式的现象中的一定内容的本质。关于内容与形式的矛盾的暴露，《资本论》之中指示了许多范例。"《资本论》中分析了的商品、价值、货币、资本、剩余价值、地租等经济的范畴之辩证法的运动，是由人们的社会的（阶级的）诸关系所制约的"。人与人之间的生产关系这种内容，常采取物与物之间的物质关系那种形式而出现。科学的认识的任务，就在于暴露出内容与形式的矛盾，指示这些经济的范畴的发展。恩格斯在《经济学批判》的追忆记中这样写着："经济学不研究物，而研究人与人的关系，结局是研究阶级间的关系，这种关系，常与物相结合，并表现为物"。这便是说，经济学并不研究物与物的关系本身，而是研究那采取物的形式而出现的生产关系、阶级关系，并在物的形式的运动中，把握住社会关系的运动及其运动法则。所以，我们看到《资本论》所阐明的商品、价值、货币、资本、剩余价值、地租等等的辩证法之时，就知道《资本论》是研究着采取物的形式的社会的生产关系，并且知道，《资本论》所暴露的资本主义经济的运动法则，即是资本主义的阶级关系的运动法则。

分离内容与形式的
形式主义与机械论

任何现象都是内容与形式的统一。内容与形式，是互相渗透的对立物。内容与形式的运动及变化，由内容自身的发展所决定，由客观现实性的发展所决定（穷其究竟，由具有一定内容的本质中根据的发展所决定）。客观现实性的发展，决定着内容的发展阶段与形式的变迁，并且决定两者的互相渗透。当我们认识任何现象的内容时，首先要比较各种现象的形式，然后才能追求其内容的发展所通过的各种不同的形式，才能暴露其特殊的运动法则，由低级形式到高级形式的转变的法则。所以形式对于物质运动的规定性，是认识现实的重要的契机。所以科学的分类，必须确立物质运动的低级形式与高级形式的区别与联系，并且要在各种错杂混淆的形式中，抽出其具有特殊的独有的内容的特殊运动形式，作为每种科学的研究对象。如果忽视了各种运动形式的特殊性，而把形式还原于内容，或把形式与内容看做抽象的同一，就不能理解现象的矛盾，因而不能理解本质的发展中的形式与内容的发展的辩证法。

内容本身的发展，变更其形式，并通过各种形式而显现。如《资本论》所分析，价值的内容是社会关系，这种社会关系，经由单纯的形态到货币形态，通过四种形式而发展。又如地租的内容是土地所有者对直接生产者的农民的剥削，这种剥削，经由劳役、实物及货币的形态到资本主义的形态，通过了四种形式而发展。由此可知任何现象的内容，都表现于种种形式之中。内容的发展，表现于与其发展阶段相适应的种种形式之中。在现实认识的历史上，客观事物的发展，也有内容与形式的发展，常是不均衡的（这是两者的矛盾），因而有新内容与旧内容、新形式与旧形式互相错综的场合，或者旧内容在新形式中发展（如布尔乔亚专政的旧内容在法西斯主义的新形式中发展），或者新内容在旧形式中发展（如布尔乔亚政权在封建的君主政治的旧形式中发展）。此外，还有各种不同的内容，在同一形式中表现的（如无产者政党与有产者政党在同一布尔乔亚社会中表现其不同的内容）；也有同一的内容，在混合的形式中表现的（如苏俄二月革命的二重政权形式中所表现的民主革命的内容）。内容与形式之互相渗透，是极其错综复杂的，所以我们对于现实的认识，要"在这种错综之中，发现指导的形式之运动，指示形式与内容的发展的辩证法，指示新物怎样渗透于旧物，旧物怎样适合于新物，指示新物如何表现于旧形式之中，旧内容如何往往表现于新形式之中——这些工作，只有辩证唯物论才能做到"。偏重形式而忽视内容，固然是错误，但偏重内容而忽视形式，也与辩证唯物论无缘。

分离形式与内容，是一切形而上学与观念论的偏见。尤其是形式论理学，分裂形式与内容，把内容表现为没有形式的东西，把形式表现为没有内容的东西。形式论理学的概念，是没有内容的表面的形式，遗弃了现实的内容的一切财富。象这样离开了内容的形式，恰像是离开了存在的意识。这样的概念，只是现实的阴影，并与现实相对立。这种见解，是形式主义。康德主义与新康德主义，都是形式主义。新康德主义的形式社会学，是形式主义的社会学。这种社会学，当然不能认识社会的发展法则。

苏俄经济学者鲁宾一派，主张理论经济只研究生产关系这形式，而把生产关系的内容的生产力划分给技术学及工艺学去研究。他们不知道生产关系是生产力发展的形式，生产力是生产关系发展的内容，因而变成了新康德主义的代表，这种错误的根源，在于不理解形式与内容的辩证法。

德波林派偏重于形式而忽略内容，被称为形式主义者。他们的错误的根源，由于切离概念与物质的内容的关联，主张科学是研究某种的概念的东西。形式主义者，忽略了对于过程的具体的内容的研究，而把形式的概念作为研究对象，因而陷入于观念论的立场。形式主义，是观念论的特征之一。

反之，在机械唯物论者方面，认为形式对于内容是受动的东西，否认形式的积极性、能动性，否认形式对于内容的反作用，因而把形式溶解于内容之中，因而不能理解事物的运动的特殊诸形式的发展法则。例如，十八世纪法国唯物论者，把物理学的、化学的、生物学的及社会科学的各种物质的复杂的运动形式，都还原于力学的单纯的运动形式，把各种运动形式的物质的内容，都还原于分子之机械的相互作用。因此，他们不能理解内容的发展中形式的积极性的作用，把形式和内容看成抽象的同一物，以致不能理解各种现象的特殊发展法则。现代机械唯物论者们，也冒犯了同样的错误。例如布哈林派所主张的资本主义自然的转生为社会主义的理论、豪农经营平和的转生为社会主义的理论，就是从这种见解产生的。他们以为资本主义生产力的发展，会自动的变化其生产关系，而逐渐的变为社会主义的生产关系；并且以为农业生产力的单纯的向上，不问其为资本主义的形式或社会主义的形式，都自然的要彻底集体化，而使豪农经营变为社会主义的经营。这种见解的错误，完全由于不理解内容与形式的辩证法。

第五节　必然性与偶然性、现实性与可能性、法则与因果性

一　必然性与偶然性

> 哲学史上关于必然性与偶然性的理解之演进

从本节起，我们进而说明对立统一法则的具体化的其他形态。这里先说明必然性与偶然性的范畴。必然性与偶然性的辩证法之认识，正与本质与现象的辩证法之认识一样，具有相同的重要性。我们要认识任何事物或过程的发展法则，必先由现象透入于本质，在现象中发见其本质。这种从现象中去发现本质的认识，在别的方面说来，即是从偶然性中去发见必然性。为要从偶然性之中去发见必然性，就必须理解必然性与偶然性之辩证法的关联。

关于必然性与偶然性的关系的理解，在从来的哲学上，出现了形式上不同而本质上相同的两种形而上学见解——这是恩格斯在其《自然辩证法》的著作中指摘了出来的东西。

第一种见解，把必然性与偶然性表示为两极端的对立物。一种事物，一种关系，一个过程，不是偶然的，便是必然的，不是必然的，便是偶然的，决不能是必然又是偶然。必然与偶然，在自然世界中是并立的存在着。自然虽包括着一切的对象及过程，而在这些东西中，一部分是偶然的，他部分是必然的。这种见解，把能够采入于法则之中的东西和自己所知道的东西，当作必然的东西。把不能采入于法则之中的东西和自己所不知道的东西，当作偶然的东西。认为必然的东西，就当作科学上唯一有兴趣的东西去说明，认为偶然的东西，就当作不关重要的东西去舍弃。"照这样，一切科学都要完结。因为科学是应当阐明我所不知道的东西的。换句话说，能够采入于普遍的法则之中的东西是必然的，否则是偶然的。象任何人所知道的一样，这样的考察方法，正与所谓把自己所能说明的东西称为自然的东西，把自己所不能说明的东西归诸超自然的原因的那样科学，实是同类的东西。要把我所不能说明的原因命名为偶然，命名为神，这是对于事物漠不关心的事情。这两者都是自己的无知的表现。所以两者都不属于科学。科学在拒绝必然的关联时，就告完结。"（恩格斯）

第二种见解，只承认直接的必然性而否认偶然性。依据这种见解，自然是被单纯的直接的必然性支配着。譬如豆荚中含豆五粒，而不是四粒或六粒；蚤虱咬我，在清晨四时，而不是三时或五时。照这样，自然界和社会方面，都只有必然而没有偶然，而偶然是完全被排除的。一切事变，都由于原因与结果的不变的连锁而发生，由确实固定的必然性所引起。象这样的固定不变的必然性，依然不能超出神学的自然观的范围，只是一种空虚的抽象。这种见解，不知道从必然性说明偶然性，反而把必然性贬低为偶然性了。

黑格尔在观念论的立场，否定了上述两种形而上学的偏见，确立了必然性与偶然性的辩证法的关联。如恩格斯所说："和上述两种见解相对立，黑格尔提出了从来完全未曾听到的如次的诸命题。即，偶然的东西，有一种根据，因为它是必然的；同样，偶然的东西又没有什么根据，因为它是偶然的。偶然的东西是必然的，必然性把自己当做偶然性规定。在另一方面，那种偶然性，毋宁是绝对的必然性。"可是，黑格尔是观念论者，他虽然在其运动与发展上考察了必然性与偶然性的范畴，展开了关于两者的对立统一的思想，却主张必然的东西是概念而不是现实，并认定概念是真正的存在，结局把偶然性解消于概念的必然性之中，因而偶然的东西也是概念而不是现实。所以黑格尔把客观的必然性与偶然性，当作主观的概念。客观的偶然性与必然性的辩证法，在他看来，只是概念的辩证法的外现。

至于克服上述形而上学的两种偏见，发见必然性与偶然性的辩证法的哲学，只有唯物辩证法。

必然性与偶然性的辩证法

唯物辩证法认定必然性与偶然性（甚至外观上的偶然性即假象上的偶然性），都是客观的实在的东西。现实的必然性与偶然性，都在我们感觉上给与着，但我们感性的认识，只能把捉其偶然性，而潜藏于偶然性之中的必然性，却要靠我们的思惟能力，才能发见它，并不是用思惟的能力创造出必然性而把它嵌入于偶然性之中的东西。我们的思惟能力，只是发见在偶然性之中客观的给与着必然性而已。

所谓必然性，是由事物或过程的发展的根据而合法则的发生的东西，即是对于过程全体的发展所必然发生而不可避免的东西。所谓偶然性，是必然性的发现的形式及其补充，即是对于过程全体的发展不是不可避免的、并且也能是在过程以外的东西。任何事物或过程，都具有其内的必然性，但这种必然性的显现形式，却是偶然性。可以说，一切的现象，个别的都是偶然。例如，植物的种子被埋在土壤之中，在一定条件之下，经过一定时间，便变为植物。这是种子的必然性。但种子的发芽有迟速不同，并且由种子变成的植物，也有种种形状，这些都是偶然性。又如人的寿命，在其自然的生长上，有一定的期限，这是人的有机体的必然性。但人的一生是无常的，他受环境所规定，或者自杀，或者横死，或者因衰老而自然死，这些都是偶然性。这些偶然性，都是必然性所由显现的形式，都是必然性发展过程中的一部分。并且，偶然性即使遮断了必然性的发展过程，它仍然构成了必然性的发展过程的一部分（即偶然的东西是必然的）。

必然性发展的当然的顺序，引起一列的偶然性，并通过这些偶然性而发展。"当作必然的东西看的经济的运动，通过偶然性（即事物、事件之内的相互的联结非常隔离、非常不易规定，因而我们或者忘记它，或者以为它不存在，象这样的事物或事件）的无限的集合，打开自己的道路"。又如，当作必然的东西看的革命的战争，也是通过无数的偶然性而向前发展的。这种战争，依存于双方的经济的、政治的、军事的状态。在这些状态中，双方的组织力、作战计划、指导人物、阶级意识等无数的偶然性，发生作用，战争的过程，通过这些偶然性而展开；特定阶级的胜利的必然性，就通过这些偶然性而实现。这类的必然性，都是从这些偶然性的加减乘除的错综复合的总体而产生的。这些偶然性，都是必然性的发展所引起的东西，都包含于必然性的发展过程之中。

任何事物，在其发展过程中，经过无数的推移和转变，与其他许多种的事物的过程相联系。世界并不是完成了的事物的复合，而是无数的过程的复合。在这些过程中，事物不断的生成和消灭。这种生成和消灭的变化，在外观上常采取偶然性的形式。但在这偶然性的形式之下，潜藏着向前发展的必然性。所以必然性是偶然性的合成，而偶然性是隐藏着必然性的形式。科学的认识，固然是以暴露客观世界的内的联结的必然性为最初的前提，但那种内的联结的必然性，是通过无数的偶然性而实现，而由隐藏着它的偶然性合成的，因而科学的认识，就不能不研究偶然性。我们知道，科学的任务，在于发见对象本身的发展的法则。法则是事物本身的发展所暴露的必然的联结，即是在偶然性的形式上显现出来并贯串于一系列的偶然性之中的东西。例如，在商品经济之中，各个商品生产者把自己所生产的商品拿到市场去贩卖，他的商品能不能遇到购买者，并且用什么价格而出卖，大致由偶然支配着。即是说，当我们个别的考察各个商品的交换时，就看到那些个别的交换都是偶然的事情。但在这无数的偶然的事情中，却隐藏共通的必然性，并受这种必然性所支配。商品经济本身的发展所暴露的必然的联结，即是价值法则。所以研究商品经济的经济学的任务，就在于从商品交换的无数偶然的事情中，去暴露这价值法则。

偶然性是必然性的一种显现形式，是必然的一个契机。在客观世界中，偶然性的作用是很重大的。我们对于现实的认识，决不能忽视偶然性。"如果偶然性不起什么作用，世界史就会变为具有很神秘的性质的东西。偶然性当然进入于发展的一般的进程，而由他种偶然性相减杀。但是促速与延迟，大大的依存于偶然性。在这些偶然性之中，最初站在运动的前面的人们的性格那种'偶然的东西'，也起作用"。例如，一九一四年发生帝国主义战争，因塞尔维亚一青年刺杀奥皇太子一事而爆发，这是偶然的。但这个偶然，变成了帝国主义战争的必然性的发展的一部分。假使奥皇太子不在当时被刺，战争的爆发也会延迟，而战争的情势也会稍有不同的。又如，社会革命首先爆发于帝国主义战线脆弱的一环的俄国，这好象偶然的，俄国大革命得到列宁的指导，也是偶然的。如果俄帝国主义者不因前次世界大战而疲惫不堪，仍有维持其统治的实力，这革命也许不会在一九一七年爆发。如果当时不是有列宁做领袖，革命的胜利也不会那样迅速成就。

偶然性不但隐藏着必然性，由必然性所贯串，并且偶然性在其发展上，也转变为必然性。例如，原始的商品交换，最初是由于两个各有其特殊的剩余的生产物所引起的，这纯粹是偶然。但往后生产力向前发展，各共同体就为交换而生产了。并且由于社会的分业与私有财产的发生，这个商品交换，就成为必然的现象。又如，在近代社会中，最初各个劳动者对于雇主之个别的抗争，纯是偶然的，但到后来，这种抗争就取得大众的性质，对于全体劳动者阶级，就成为一个必然了。

所以，必然性与偶然性，形成为对立的统一，两者互有差别，却又互相渗透。我们对于过程的认识，必须把现实的必然性与偶然性的辩证法反映于概念之中，阐明两者的统一、转变与差别，并且指出必然性如何通过偶然性而实现，因而暴露过程的法则。

现代机械论与少数派观念论关于必然与偶然的问题之曲解

偶然性是与必然性相对立的范畴，它并不是与因果性相对立的范畴。但偶然性的本身，也是有原因的。在自然界和社会方面，任何现象，没有不具有其发生的原因，因而没有原因的偶然性，是决不会有的。一切的偶然的现象都由无数的原因和条件所媒介，都与其余世界全体相联系。不过各种偶然的现象的原因，不一定能够知道，因为它与现象的内的联结相隔离，不易加以规定，因而人们常常忘却它，而实际上它是客观的存在着的东西。后来的形而上学者，把偶然性的范畴和因果性的范畴对立起来，把自己所不能知道其原因的东西，当作偶然的东西去舍弃，这是大大的错误，前面已经述说过了。现代的机械论者，蹈袭了这种错误见解，提出了否定偶然性的主张。他们以为：一切现象既然都有原因，那就在现实上不能有所谓偶然的现象，因而所谓偶然性只是纯粹主观的范畴，只不过把我们还不曾理解其原因的现象在主观上命名为偶然而已。例如，布哈林说："严密的说来，偶然的、即没有原因的现象，一个也没有。现象，在我们没有充分知道的原因的范围以内，表象为'偶然的'东西"。他把因果性与偶然性对立起来，把偶然性看做无原因性，这是非常的谬见。偶然的东西本身是有原因的，它是从原因发生的必然的东西。不过它的发生，不是从特定过程的本质而来，它在这过程全体中并无根据。只有在这种意义上，偶然性才与在特定过程中有根据的必然性相区别，它并不与因果性相区别。所以，偶然性对于特定过程全体，是外的过程的必然性，而它自身在这外的过程中仍有其原因，即是必然性。例如奥皇太子被刺一事，对于帝国主义战争的过程全体是偶然性，但他被刺的一件事本身，仍是有根据的（因为他和他的父亲奥皇同是塞尔维亚的侵略者，并且抱了野心走到塞尔维亚，以致为塞尔维亚人所刺杀），仍是必然的。所以，因为不明白偶然性的原因而否定偶然性的存在这种主张，实际上简直是承认了绝对的必然性。

少数派观念论者，在另一方面，犯了与机械论相反的错误。例如，德波林派曾经批判了机械论者否定偶然的见解，主张偶然性是存在的，并且建立了偶然性是外力的结果那种命题。但是这种批判，虽然有相当的真理，同时却又含有错误。德波林主张偶然性是由外的条件所规定的东西。他说："由于从事物之必然的本性以外发生的纯粹外的条件所规定的一切东西，都可以叫做偶然的"。这里所说的"纯粹外面的条件"

那东西，在现实上是不存在的。在现实上，外的东西与内的东西，互相关联着。一种现象，对于这种过程是外的东西，对于别种过程就是内面的。我们在前面说过，任何过程，都通过无数的推移，与其余的许多过程相联系。所以一个过程，常与别种过程相交叉，而由别种过程所扰乱，所遮断。这两个过程的交叉点所发生的现象，在各过程的全体中没有根据，可以说是偶然的，即是所谓"外的必然性"。这样的偶然性，对于过程的发展，往往有决定的意义。例如，行人被汽车轧死，经济的繁荣因大地震而毁灭，这都是偶然的。这种偶然性就是所谓外的必然性。但这种外的必然性，在与它所交叉的另一过程说来，却是内的必然性。因而偶然性这个范畴，只是相对的。并且就是这样的偶然性，也仍然是特定过程的必然性的现象形态和补充物。德波林不明了必然性和偶然性的辩证法，主张偶然性只是"外的必然性"，并且还把必然性看做与"盖然性"相同的东西（例如他在所著的《辩证法与自然科学》中，把统计各种偶然现象的盖然性，看成必然性），这显然是错误。至于说把两个过程的交叉的契机看做偶然，这是蹈袭了普列哈诺夫的见解的。普列哈诺夫说："偶然性只出现于必然的过程的交叉点"。这样的偶然性，如前面所说，当然是存在的，但它只是偶然性的一部分的形式，并不是偶然性的一切形式。各种过程的内部都有偶然性（必然性的显现形式），这是很普遍的偶然的现象，并不一定单只在两过程的交叉点才有偶然性（如果这样，某一过程如不与别种过程相交叉就没有偶然性，因而这过程的必然性就没有显现的形式了）。普列哈诺夫与德波林这种见解，显然的把偶然性当做和必然性抽象的对立物了。

偶然性是必然性的显现形式和补充，是对于必然性而言的外的现象，这在上文已经说明了。我们对于这样的偶然性，不能看做绝对的东西，必须就各种具体的现象去考察偶然性与必然性的发展。现实的现象，极其复杂，我们当然不能一次的、完全的、绝对的把它的法则反映出来。所谓必然性与偶然性，只是现实的合法则性的一种显现形式，我们不能把两者嵌入于绝对不变的公式之中。

在讨论了必然性与偶然性的问题以后，还须提出对于这问题的实践的态度的问题。在解决这个问题时，有三个契机是必须理解的。这三个契机，是对象、条件与行动性。我们认识对象时，首先要把捉住对象的根据的发展的必然性，其次要考察：对象的必然性的发展，在什么条件之下显现于具体的偶然性的形式之中；在什么条件之下，积极的克服偶然性，通过偶然性的系列而发展，偶然性转化于必然性；并在什么条件之下，对象的发展，由一种形态转变为他种形态。这样，关于对象的认识，就能使我们成立科学的预见，决定实践的态度。例如，关于现代社会之具体的全面的研究，使我们预见到现代社会之必然的转变为未来社会，并决定特定阶级的行动性。

二　法则与因果性

法　则

一切科学的认识的终极目的，就是暴露研究对象的发展的法则。当我们认识特定的对象时，首先要依据对立统一的法则，从质与量的范畴出发，次第推移到对立统一法则的具体化的诸形态——否定与再否定、本质与现象、根据与条件、内容与形式、必然性与偶然性等形态，认识对象的诸现象的全面的联结，更进而发见诸"现象的更深刻的法则、联结、关系、媒介、源泉、自己运动的原因，阐明其发展的根本倾向"。

关于特定对象之科学的认识，要在对象的全面性上，在其一切的联结、媒介与运动上去把捉并反映对象的全体性。这样的工作，虽然是可能的，却是很困难的。但现实的全面的研究之要求，却警戒着"思想的硬化"，使我们在认识过程中不至离开"具体的真理"的原则。我们的认识，在种种的限制上虽然不能够绝对完全的把捉现实的全面性，而现实中内的法则，却是能够把它反映出来。所以一切科学的认识的任务，在于发见现实的内在的法则。

于是我们提出法则的概念来说明。

法则是事物本身所固有的、客观的、内在的诸现象的联结的发展的倾向之反映，是表现两个或两个以上的现象间之必然的关系的东西，是表现诸现象的本质自身所发生的联结的东西。所以法则是事物的发展过程中的本质的东西的反映，"法则是诸本质的、或诸本质间的关系"。

"法则与本质，是同种类的概念"。本质潜存于现象之中，所以当作本质的关联看的法则，是"现象中坚固的东西"、"现象中同一的东西"、"本质的现象"、"现象之静止的反映"、"运动中的本质的东西的反映"。所谓法则的认识，就是在现象间的复杂错综之中，发见其本质的关联、"静止的东西"。正因为法则是现象中的本质的关联、静止的东西的反映，所以法则比较现象是贫弱的。法则只能在大体上、近似的、不完全的把捉变动中的现象，不能摄取现象之无限的丰富的内容。因为本质的关联，在各种个别的现象中有种种的偏差，这些偏差就是各种个别现象的特殊性。当我们从现实的各种现象中抽取其本质的关联即法则之时，就不能不舍弃各种个别现象中的那些偏差或特殊性。所以法则比较各种具体的现象是贫弱的。即是说，一般的东西只包摄个别的东西的侧面，而个别的东西的内容比较一般的东西更为丰富。但是，从现实性之中抽取出来的本质的关联即法则，在现实的发展的倾向中，通过现象群而出现，而发展。在法则贯串于现象群而实现自己的这一点，法则的概念，却"比较各种个别现象更深刻、更正确、更完全的反映现实性"。即是说，一般的东西比较个别的东西，更深刻的反映现实性。所以法则的概念，一方面是现象之静止的反映，它比较变动中的现象是很贫弱的，因而是"狭隘的、不完全的、近似的"把捉现象群；另一方面，法则反映着现象群的静止的东西、本质的关联，它比较个别的变动的现象，更深刻、更正确、更完全的反映现实——在这一点，就存有法则这概念本身的内的矛盾。法则的概念这内的矛盾，是客观现实的发展过程中内的矛盾在认识上的反映，是现实中的本质与现象的矛盾在认识上的反映。

法则这概念，正因为含有其内的矛盾，所以它的本身，也是可变的，是发展的；它也和其他的概念一样，成为人们认识世界的一个契机，一个阶段。"法则的概念，是人类对于世界过程的统一及关联、相互依存性与全面性的认识的阶段之一。"（伊里奇）人类在其实践的过程中，不能一举而完全正确的把客观世界的全体性都反映于法则的概念之中。人类只有通过数千年物质的生产的实践，才能逐渐的、比较完全、比较正确的、近似的认识客观世界的法则。所以法则虽是现象之静止的反映，但所谓静止的东西的反映，也只是相对的，不是绝对的。法则本身，是可变的，是发展的。

唯物辩证法认定法则是变动的，不是永久固定的东西，它也有质的差别。法则的质的差别，由现实性的质的差别而生；法则的变质，由现实性的质的变化而起。法则的认识的发展，以人类的历史的实践为基础。就自然法则举例来说，例如古代人所发现的"摩擦生热"的法则，往后由于实践的发展，演进为"一切力学的运动借摩擦之助而转化为热"的法则；到了近代，这法则更普遍化起来，演进为"任意的运动形态，在一定条件下，转化为他种运动形态"的法则。又如，"温度相同时，气体的容积，与压力为反比例"——波依尔这个法则，往后经过列诺尔的实验，把这个法则改变为比较正确的东西，即发见了波依尔那个法则不能适用于由压力而变为流动液体的气体，并且在压力接近于液化点便不能适用。又如，牛顿氏的引力法则，近来演变为相对性法则。这是自然法则的历史的相对性的实例。再就社会法则举例。人类社会的各个历史的发展的阶段，各自具有其质的特殊性，各自具有其特殊的发展法则。又如，资本主义的法则，也有其历史的相对的性质，并不是永久不变的自然法则。并且，《资本论》所暴露着的资本主义社会的法则，如《资本论》著者所自述，也只是当作一种支配的倾向而实现的。例如他说："大概在资本主义生产方法之下，一切一般的法则，以极其错杂的近似的方法，只当做支配的倾向、当作决不能充分确立的、不断的动摇的某种平均而被实现的"。所以在各种具体的现实性之中，法则只是在纯粹的姿态上表现现象的本质，而近似的把捉其一般的合法则性。现实上，法则决不是以纯粹的姿态而实现，并且只是以不断的偏差为媒介而实现，当作克服不断的动摇和偏差的支配的倾向而实现。例如价值法则，是当作不断的背离于价值的动摇及偏差的平均而实现的。

所以，法则的规定，只是相对的，不是绝对的。任何法则，只有在严格规定了的条件之下才是妥当的。具体的条件变化了，那种现象的法则，也不能不起变化。这种具体的条件，和所研究的现象的运动一样，是历史的发展的结果，因而法则也是历史的。

一切的法则，虽然都具有历史的相对的性质，但法则的普遍性、即普遍化了的法则，仍是存在的，即反映物质的永远的运动、发展的法则，仍是存在的。例如唯物辩证法的诸法则、对立的统一的法则及其具体化的诸形态，就是普遍化了的法则，是绝对的永远妥当的法则。因为物质的运动是绝对的永远的，因而反映物质运动的绝对性永远性的对立统一的法则，是客观世界的一般发展法则，它本身是辩证法的，又是历史的。这是在科学及技术的发展过程中，在人类知识的全历史中所确证的客观的绝对的真理。法则的绝对性与相对性，是辩证法的对立，不是形而上学的对立，这正和绝对真理与相对真理之间的辩证法的关系是相同的。真理是具体的。法则的相对性与绝对性，要由人类之长期的实践的规准所检定、所证明。

形而上学的法则观，把现象的一断片当作绝对不变的东西，因而把法则看作绝对化物神化的东西；在另一方面，观念论的法则观，把法则作为主观的产物，作为悟性或理性的产物。这两种法则观，都是唯物辩证法所要积极的去克服的东西。

法则与因果性

由于法则的研究，我们不能不进而研究因果性的问题。法则原是因果关系的必然性。

一切的现象，都由先行现象而发生，又转变为后续的现象。一切的现象都有其发生的原因，它自身是那种原因的结果，同时又是后续现象的原因。原因和结果的这样的关系，叫做因果性。为要说明因果性，不能不先说明相互作用。

世界是无数运动的物质的过程的复合体。任一过程，由于物质的自己运动，发生现象的系列，这些现象间有无数的推移、联结和相互作用，这些由过程内部发生的相互作用，是内的相互作用。同时，任一过程，都与其他的过程相联结，相作用。过程与过程之间的这些相互作用，是外的相互作用。"当我们考察运动的物质时，首先映现于我们眼前的东西，是各个的运动、各个物体相互间的交互联结、相互制约性"。"相互作用，从今日自然科学的立场，在大体的考察运动的物质的场合，是我们最初所遇到的东西。我们看到，一切的运动形态、即力学的运动、热、光、电、磁、化学的化合及分解、凝集状态的推移、有机的生命——这一切都互相转化，互相制约。在这里是原因的东西，在那里就变为结果，并且那种场合，运动的总量，通过一切的形态变化而同一的被保存着"。"我们只有从这种普遍的相互作用开始，才到达于真实的因果关系。即，理解各个的现象时，我们要从全体的关系把它分离出来，并且孤立的观察它，在那种场合，相互的变化的运动，一方出现为原因，他方出现为结果。"（恩格斯）

所以我们认识客观世界时，不能单只考察其相互作用，而是要从物质的运动及其联结的过程，抽取原因与结果的关系，借以表现物质的运动及联结的法则。在物质运动的过程中，有起能动作用的运动。由于能动作用的运动，引起受动作用的运动。这能动作用的运动，可以看做原因，这受动作用的运动，可以看做结果。这两种运动，是从物质的运动的过程中抽取出来的东西，即是从一般的联结、相互作用中抽取出来的东西。例如考察特定对象的过程时，我们从中抽取先行和后续的两种运动，把前者称为原因，把后者称为结果，这样的去构成因果性的概念。我们凭借这样构成的因果性的概念，作为认识对象的一个阶段，去认识对象的普遍的联结的合法则性。

但是从全部运动过程中，从全部的相互作用中抽取出来的原因与结果，只是全部过程中的一个断片，一根链子中的一个环，一般联结中的一契机。因而因果性的概念，也只是相对的、一面的、不完全的东西，它只是相对的、一面的、不完全的反映现实的全过程中的一般的联结。所以我们所理解的因果性，只是客观的一般的联结的诸规定之一小部分。只有这样的去理解因果性，才能懂得因果性是认识现实过程的一般的联结的合法则性的一个阶段。

原因与结果，在相互作用的基础上，形成为对立的统一。在相互作用上，原因变为结果，结果又变为原因，两者互相转变，互换地位。例如，我们从任何物质运动过程中抽出任一现象而追溯其因果时，就知道这一现象是先行现象的结果，是后一现象的原因，同时又知道原因的现象更有原因，结果的现象更生结果。所以"在其与宇宙全体的总关联上去考察其个别的情形时，原因与结果就互相混乱，变为普遍的相互作用，两者无间断的互换地位，此时在这里是结果，在那里立即变为原因，反之，在这里是原因，在那里立即变为结果"（恩格斯）。再就某一过程中抽取先行和后续的两个现象而考察其因果关系时，前者是后者的原因，后者是前者的结果，但在反对的方面，后者也影响于前者，而成为前者的原因之一。例如就社会现象来说，经济构造是政治的上层建筑之决定的原因。但当作上层建筑看的政治，又反作用于经济构造，而成为经济构造的变化的原因之一。这样，原因与结果之间，存有相互作用，存有内的必然的联结。但原因与结果，虽有相互作用，而两者的相互作用的基础必须指明出来。若单只说起相互作用而不指出其基础，就变为循环论理。例如说起政治与经济的相互作用时，就要指出经济是基础；说起生产关系与生产力的相互作用时，要指出生产力是基础。只有指出这样的基础，才能认识现实的自己运动及其运动法则。

因果性的概念，虽然只是相对的、一面的、不完全的反映现实诸现象之一般的联结，但这个概念却是认识物质的运动过程的一般的联结的法则的阶段。从因果性的见地去考察现实的过程，固然是把现象弄得单纯化了，但因果关系的发见，却能使我们深入的去认识现实。因果关系是科学的认识之必然的基础。我们在实践上观察对象时，看到诸现象的相互作用，探求对象由于什么原因，在什么条件之下，由一种形态转变为别种形态（即结果）。这样的因果关系的发见，使我们能够预见对象的发展的倾向，而得到合目的的实践的行动的可能性。我们知道了对象的某种运动所由发生的条件，就能够在实践上造出那种条件，因而再造对象。这种实践的认识与认识的实践，在自然现象的认识领域中，在社会现象的认识领域中，都是必然的基础。所以人类的实践，不但造出因果性的表象，并且能成为证明因果性的规准。

唯物辩证法的因果观，与观念论及机械论的因果观截然不同。观念论者主张因果性是悟性之先天的形式；休谟主张因果性是思惟的习惯的产物；马哈主张因果性是以数学上的函数关系为模型的思惟方法——这些主张，完全否定了因果性的客观性。至于黑格尔虽然非常"深刻的丰富的理解"了因果性，而主张因果性是世界的一般联结的认识上的一个契机，可是他所说的世界，却当作绝对精神解释，因而他对于因果性的见解，仍是观念论的。所以观念论者即使承认了因果性，也仍然是主张思惟规定存在的。

机械唯物论者虽然也知道因果性的概念是物质关系的反映，却把机械的因果性看做因果性的一般形式。他们把物理学的、化学的、生物学的、社会的诸现象的因果关系，都还原于单纯的力学的因果关系。他们不知道从物质的自己运动形式之相互作用的观点去理解因果关系，却把原因与结果当作一过程与过程的外的相互作用去说明，因而把原因和结果看作固定不动的对立物，并且主张在外的相互作用中探求对象发展的原因（例如说社会的发展依存于自然环境）。这种见解，完全没有理解因果关系的辩证法。

目的的概念之科学的说明

人类的实践，证明了因果性的客观性，而反映着客观的因果关系的因果性的表象及概念，也是人类在实践的基础上构成的。人类在其实践上，发现了现实的现象的因果关系，就能够从事于合目的的实践的行动，而再造那种现象，因而改造世界。这种合目的的实践的行动，是人类认识客观世界的因果性的结果。

提起"目的"的概念时，我们不能不说明这个概念与"目的论"的见解的区别。目的是与原因相结合着的东西，即是说，合目的性与因果性是互相结合着的东西。因果性不与合目的性相对立，而与"目的论"相对立，这是要特别注意的事情。唯物辩证法并不否认自然现象及社会现象的"目的"的意义，尤其不否认人类的合目的的实践的行动，反而由因果的认识的见地去说明这个目的，这是与"目的论"那东西截然相反的。

"目的论"是与原因论相反的观念论哲学中的一种潮流或倾向。"目的论"的见解，在近代以前，特别是在中世纪时代，完全与宗教或神学相结托。那时的"目的论"者，主张世界一切存在物都是上帝以一定目的创造出来的东西，一切存在物之中都存有上帝所预定的目的，因而一切自然现象及社会现象都遵从既定的目的而显现。如恩格斯所说，在"目的论"者看来，"猫是因为吃鼠而被创造、鼠是因为供猫所吃而被创造的东西，并且自然全体是因为证明造物主的聪明而被创造的"。这样的"目的论"与神学合流的。到了近代，自然科学与技术逐渐发达，"目的论"却改变了形态，已不向事物外部探求上帝所设定的目的，而在事物内部去探求合目的性了。例如说，生物之内的合目的性，是生物有机体之合目的的构造。生物体的各部分的器官，由于那种合目的的构造，所以能够发挥其一定的机能，如目能视，耳能听，舌能尝，鼻能嗅，手能握，足能行等等，都是由于人体的合目的的构造的结果。这种改变了形态的"目的论"，也浸透于观念论的社会科学的领域，例如新康德主义的历史学说，排斥历史的因果性而主张探求历史的内的目的或最高价值，就是这种"目的论"的应用。

各种形态的"目的论"，现在都被唯物辩证法所克服了。在唯物辩证法看来，事物的合目的性，只是因果性的产物。一切事物或过程，都依从其内的因果性的法则而发展。就有机体的合目的性为例，如达尔文所主张，这是要由因果性的法则去说明的。生物有机体的这种合目的性，是数千万年的自然淘汰的因果性的结果。所以现象的合目的性，要由现象的因果性去说明，即一种现象"为什么目的"而发生的问题，与那种现象"因什么原因"而发生的问题，是互相结合着。就生产的劳动来说，劳动当然是一种合目的的东西，这就是所谓"合目的的劳动"。人类的这种"合目的的劳动"，是与动物形态的无目的的劳动不同的。人类的劳动，依着预定目的实行。"人不但变化自然的形态，同时还在自然物中实现他的目的"。但是人们如果不理解自然现象的因果性，就不能变更自然物的形态，使适合于自己生活上的目的。例如人们为了取得粮食的目的而经营农业，如果不知道植物种子在一定温度阳光与湿气等条件之下而发芽而滋长的因果关系，当然就不能实现自己的目的。并且，劳动的生理能力的支出与加工于对象时的变化之间，也存有因果关系。所以合目的的劳动，只有根据于自然的因果性的认识，才有可能。人们在社会中的一切实践，都追随于各种特定的目的，而一切合目的的行动，又都是由于认识各种社会现象的因果性的结果。所以，自然现象与人类行动的合目的性，都必须当作它自身的因果性、合法则性的特殊的显现形态去考察。

三　可能性与现实性

最后，我们进而说明可能性与现实性的范畴。可能性与现实性的范畴，是对立统一法则的

> 可能性与现实性的
> 两个概念的意义

更进一层的具体化的形态，反映着客观世界的更深刻的多面的联结。所谓现实性，意指着当作由先行的发展全体所准备的合法则的必然性而在实际上给与着的存在，它不仅是各个事物的事实上的存在，并且是比较外的存在还更深刻的东西。现实性的范畴，反映客观世界的全部联结，暴露客观世界的合法则性。现实性之中，包括着本质与现象、根据与条件、内容与形式、必然性与偶然性等等。因为这些范畴都反映着现实性的各种侧面，而现实性这范畴，是反映构成客观的实在的一切（内的及外的）契机的总体，反映一切侧面的相互关系的。正因为现实性这范畴反映客观的实在的一切侧面的总体，所以它是非常重要的东西，客观的具体的真理，是从"现实性的一切侧面的总体"构成的。

可能性也是客观的实在。某种事物的存在条件虽然存在着，而它的存在不能当作必然性主张的东西，叫做可能性。可能性是与现实性有区别的，两者不能看做同一的东西。现实性与必然性密切的结合着，它由必然性发生，并表现必然的过程。"现实性在其展开上出现为必然性"。但必然通过偶然性的形态而显现，所以现实性之出现为必然性，常因偶然性的情形不同，有采取不同的姿态的可能性。但是可能性仍是受限制的。特定的现实性，表现特定的必然的过程。这必然的过程的内的本质、根据的发展倾向，决定着在这过程的适应的阶段上发生的可能性。所以可能性也是实在的，它仍受根据的发展所决定，不过不能当做必然性主张而已。这样的可能性，是实在的可能性，是唯物辩证法上所研究的可能性，它是与形而上学所想象的抽象的或形式的可能性截然不同的。

抽象的或形式的可能性，是想象上的可能性，是形式论理的、排除了思惟上的矛盾的意义上的可能性。譬如说，太阳明天能与地球碰撞，桃树上能长出梨子，低能儿能变成哲学家，劳动阶级能变成资产阶级——这一切都是想象上的可能性。但这样的可能性是不能转变为现实性的。因为这些都不是基于现实性的诸条件的空想的可能性。所以形式的可能性与实在的可能性这两个范畴，不能不严格的加以区别。实在的

可能性，是在特定过程的适应的阶段上发生的东西，是在特定过程的根据的发展倾向中存在着的东西。反之，形式的可能性，却不具有这种性质。所以可能性虽能转变为现实性，而能够转变为现实性的东西，却只是实在的可能性。哲学上所说的，物质由一种运动形态转变为他种运动形态，就是意指着由一种现实性转变为他种现实性。而一种现实性到他种现实性的转变，即是前者的发展过程中的特定阶段上发生的可能性转变为他种现实性。譬如，资本主义社会的发展，转变为社会主义社会，这是必然的过程，但在这过程中的特定阶段上发生的社会主义革命，能促进这种必然性实现，这是社会主义的可能性。这种可能性的实现，即是社会主义社会（现实性）。所以可能性即是存在于现实性之中而往后能够展开为现实性的东西。

实在的可能性，能够有两个或两个以上，大概可以分为两个种类。因为如上面所说，实在的可能性是在特定过程的适应阶段上发生的东西，并受根据的发展倾向所决定，所以实在的可能性，是表现根据的发展的可能性。但任何根据，都包含矛盾的两方面，因而表现根据的发展的可能性，也分为两个种类（各种类之中，也不一定是一个）。例如，生物有机体，因其内的根据（即根本矛盾，如生与死）的发展，由于种种的条件的不同，或者生长，或者死亡，这是两种实在的可能性。又如，德国一八四八年的革命，也有两种实在的可能性，即布尔乔亚与封建阶级妥协而终结革命，或者普罗列达里亚为实现劳动阶级的解放而继续革命。这两种可能性都是实在的。在社会生活的领域中，实践的阶级，对于这两种可能性，是要善于选择的。

实在的可能性与抽象的可能性的区别，在上面已经说明了。但两者之中，由于实际条件的变化，也能互相转变的。例如空想主义所主张的，合作社能实现社会主义，这是抽象的可能性，但在苏俄的种种新条件之下，合作社是现实的转变农民经济的社会主义改造的唯一可能的道路。于是抽象的可能性转变为实在的可能性了。又如，先进资本主义国家，要通过社会革命，才有转变为社会主义的可能，这是实在的可能性。但在今日非常落后的非资本主义国家，却可以不通过社会革命而转变为社会主义。于是，实在的可能性转变为抽象的可能性了。不过，两者互相转变的问题，要由其具体的条件与发展的一般的进行所决定，并不是一切抽象的可能性都转变为实在的可能性，也不是实在的可能性常常失掉意义。

可能性之转变为现实性的三个契机——对象、条件与运动

可能性之转变为现实性，是在一定条件之下实现的。当我们考察可能性转变为现实性之时，必须观察一定的对象与它转变为他种形态时的一定的条件。对象与条件，都是现实的存在着的东西，它们的本身是现实性，并且是不断的变化着的东西。由于对象与条件的联结的运动及变化，可能性便转变为现实性。例如麦子（对象），在一定的土壤、温度、阳光、湿气等条件之下，有变为麦苗的可能性。由于麦子与条件的联结的运动，麦苗便生长出来，可能性便转变为现实性了。但是麦子在别的条件之下，也有变为啤酒的可能性。所以对象与条件的联结的运动，使可能性转变为现实性。但对象与条件的结合的运动，有种种的形态，因而可能性到现实性的转变，也能有种种的色调。就各个的场合观察对象与条件的结合的运动时，可能性就含有种种偶然性；当发展着的对象与其全部的条件相结合之时，可能性就成为现实性。所以黑格尔说："什么事是可能或是不可能，这依存于内容，即依存于现实性的契机的总体"。

可能性转变为现实性的条件的意义，固然是很重要的，但我们对于条件的意义，不能做过大的估价（否则就变成自然生长论者），也不能做过小的估价（否则变为盲目行动家），这是在研究根据与条件的问题时已经说明了的。但是单只说明可能性转变为现实性的条件之意义，还不能完全解决可能性转变为现实性的问题。为要完全解决这个问题，我们还得在对象与条件两个契机之外，再提出运动的契机来说明。所谓运动，即是物质对象的自己运动，是其内的根本矛盾的运动。这种运动，表现着物质对象的积极性。对象的根据之发展，克服偶然性，废除旧的条件，创造新的条件，于是对象就由一种形态转变为他种形态。所以物质对象的自己运动，规定着它自身所具有的可能性到现实性的转变。物质对象，由于自身的积极性，在一定条件之下，促进它的可能性转变为现实性。物质对象的自己运动、积极性，在一切自然现象及社会现象之中，都是存在的。

在人类历史方面，使可能性转变为现实性的运动，是有意识、有目的、有计划的社会的实践，穷其究竟，这就是在政治上集中的表现了的社会集团的实践。一切历史的现象，都是人类积极的活动的结果，人类的历史是人类自己所创造的。所以历史领域中的可能性到现实性的转变，必须通过人们的社会的实践而实现。例如，社会主义的可能性到现

实性的转变，需要一系列的条件，特别是一定经济的条件。但这类条件本身，并不能使可能性转变为现实性，为要促进这个转变的实现，进步的社会集团，不能不从事于实践的活动。为要从事于这种实践的活动，他们必须在实践中去认识现代社会的发展法则，认识并选择那些实在的可能性，积极的担负自己的历史的使命，获得指导实践的理论，严密自己的各种组织，在政治上集中自己的活动，只有这样，才能促使这个转变的实现。

由于上述的说明，我们可以理解客观情势与主观条件的问题。实际上说来，可能性实现的诸条件之中，包含着客观的条件与主观的条件。例如经济的诸条件即是客观的条件；而进步的社会集团的有意识有目的有计划的实践，即是主观的条件（进步集团的实践，原是现代社会的根据的发展的产物，在这种场合，根据转变为条件了）。所谓客观情势，就是那些客观条件与社会各集团间的势力关系的总称。进步的社会集团，只有分析客观情势，去发见并选择实在的可能性，尽量的把捉并利用客观的条件，努力的促进主观条件的成熟，使这可能性与客观的及主观的条件相结合，有意识、有目的、有计划的避免一切的迂路，努力促进所选择的可能性的实现。

关于两种实在可能性的选择的问题，是促速或延迟过程的发展的枢纽，是成功或失败的关头。这个选择，必须正确的分析客观的情势，估量主观的条件，注意于整个过程的发展的链与环的关系，把所选择的一种实在的可能性当作链子中的特殊的一环来确定。例如一九一八年的普列斯德媾和，就是当作链子中的特殊的一环而抓住的两种实在的可能性（媾和则新政权有维持的可能性，续战则新政权有崩溃的可能性）之一。又如，第一次五年计划进行的时期中"抓住技术"的口号，也是当作社会主义经济发展的链子中的特殊的一环而抓住的两种实在的可能性（如能于最短期间使技术赶上先进资本主义诸国，社会主义经济的建设就有可能性，否则有崩溃的可能性）之一。所以可能性的选择，要考察整个过程的发展的倾向，把所选择的可能性当作链子中的一环来确定，抓住这一环而接近于其次的一环，决不能因要抓住一个环而拆散整个的链子，不能因为目前的暂时的利益而牺牲后来的永久的利益。

如上所述，社会的实践，是可能性到现实性的转变的重要的契机，如果忽视这个契机，就会陷入于机械论的宿命论者的立场。机械论把可能性与现实性看成同一的东西，不理解可能性实现的诸条件，也不理解主观条件与客观情势之适应的统一，更谈不到两种实在可能性的选择的问题。他们认为可能性到现实性的转变是必然的过程。既然是必然的过程，它就是自然生长的东西，就不需要什么条件，也不需要人们的努力。如同月蚀是预见了的必然，人们当然没有组织月蚀促进会的必要；劳动阶级的解放也是历史的必然，人们当然也没组织要求解放的党派的必要。这种见解，就是所谓"自然生长论"。

第四章　当作认识论和论理学看的唯物辩证法

第一节　认识过程考察的根据、意识的生成

一　当作反映论看的认识论

认识过程展开的论纲

我们已经知道，辩证法，论理学与唯物辩证法的认识论，是同一的哲学。三者所以同是一个哲学的最重要的特征，是因为它们都是"从人类的历史发展之考察抽象出来的最一般的诸结论之概括"。这一哲学，把外界及思惟的发展的一般法则作为研究的对象。所以，这一哲学，把当作外界发展的一般法则之思惟的反映看的论理的东西（法则，范畴），根据认识的历史的发展去考察它，并在其相互关系上去考察它。为要完成这种工作，就必须依照科学之现代的水准及人类之先进的实践，把认识的历史（哲学史，科学史，一般知识的历史），作普遍化的概括。这样得来的论理的东西，与它所反映的客观世界的发展（即历史的东西）是相一致的。即是说，论理的东西与历史的东西相平行，论理的东西的总体反映历史的东西的总体；思惟的一般发展法则即是外界一般法则之写真。

但是，唯物辩证法不单是从认识历史的普遍化的概括的见地，去阐明反映外界发展法则的思惟发展法则，并究明两者的内的关联，同时还要站在历史主义的立场，去研究外界发展法则在人类思惟上反映的过程，并阐明这反映过程本身所固有的发展法则。即是说，唯物辩证法，不单要概括认识的历史，并且要研究认识的本身，研究认识过程的辩证法。

论理的东西之反映历史的东西，即是认识。人类的认识，是一个过程，并且是一个辩证法的过程。认识的过程，由实践出发，而复归于实践，其中包括着由物质到感觉及由感觉到思惟的认识的发展过程。这认识的发展过程，具有其本身所固有的特殊发展法则。唯物辩证法，必须阐明这认识本身所固有的特殊发展法则，才能正确的理解反映历史的东

西的论理的东西之历史的发展及其内的关联。

认识论即是辩证法。认识运动的过程，是辩证法的过程。"不单由物质到意识的推移是辩证法，并且由感觉到思惟的推移也是辩证法"。"认识是思惟对客观的永远的无限的接近。在人类思惟上的自然的反映，不可以当作'死板的东西'、'抽象的'、无运动的东西、无矛盾的东西去理解，而应该在永远的运动过程，矛盾的发生及解决的过程上去理解"。所以认识虽是人类对于客观事物的反映，但认识并不是单纯的、直接的、全体的反映，而是一列的抽象与概念、法则等的定式化及形成的过程，这概念、法则等（思惟、科学－论理的理念），正是有条件的、近似的把捉永远运动、发展的自然之普遍的合法则性的东西。

认识过程的运动，是自己运动，是内的矛盾与对立物的斗争。认识过程的自己运动，反映着客观世界的自己运动。认识过程的诸契机（如感觉、表象、概念等），原是客观世界的诸契机在思惟上的反映。所以认识的发展，反映着客观世界的发展。

论理的东西原是历史的东西的反映。"人类的实践，无数亿次的重复起来，当作论理学的定式固定于人类意识之中。这些定式，有先入之见的永续性，这样一来，就成为无数亿次重复的结果（并且只是它的结果），具有公理的性质"。这就是说，反映历史的东西的论理的东西本身，也是有其本身的历史。所以唯物辩证法当着分析论理的东西、认识的诸契机之时，也必贯彻其历史主义。

认识主体与认识客体的统一之基础　依据上述的论纲，我们当分析认识过程时，第一要阐明由物质到意识的推移的辩证法，第二要阐明由感觉到思惟的推移的辩证法。为要阐明由物质到意识的辩证法，就必须展开唯物辩证法的反映论。

人类的认识是物质世界在人类意识上的反映。但认识的人类，是社会——历史的人类。社会——历史的人类的认识，是物质世界发展的最高产物，是物质现实性的最高存在形态的属性。人类的认识过程，是物质世界的愈趋深化的运动的联系的反映过程。这种认识过程，只有在社会——历史发展的诸条件之下，才能发生。即是说，只有在社会——历史的物质的生产之下，才开始发生。随着社会——历史的物质的生产之发展，社会的认识就不断的反映出物质的现实性的新方面。正因为人类在其社会的历史的实践上不断的反映出物质现实性的一切新方面，所以为认识主体的人类决不单是生物学上的有机体，而是在特定发展阶段中从事劳动与斗争的人类。

从前一切形而上学的唯物论，把为认识主体的人类当作人类学、生物学上的人类来考察，因此切离认识过程与社会历史的实践的联系，不能根据历史的辩证法去理解认识与存在，主体与客体的统一。反之，唯物辩证法主张认识的人类是特定社会的人类，是阶级社会中的特定阶级的代表。唯物辩证法在社会历史的实践的基础上考察认识过程，去理解主观与客观、认识与存在的统一。在物质的生产过程中，人类之主体的活动，与外界物质的对象相结合。即是说，"在劳动的过程中，劳动常由活动形态推移于存在形态"（《资本论》）。"在劳动过程中，主体的活动，被包括于对象之中，加工于对象，而在其与对象的统一中出现"（库捷诺夫）。所以就物质生产的对象加以考察，我们就可以在它当中看出主体的活动形态推移于特定对象形态的、无数人类的世代绵延的社会的实践。但是，认识是实践的必然的契机。在物质的生产过程中，物质的生产的对象之认识，是对象的生产之必要的契机。所以，实践上自然之物质的对象，不但与人类的社会活动形成为统一，并且与人类的认识过程形成为统一。"在一切生产工具之中，体现出社会的实践与认识的特定历史阶段。近代的机械，不单是人类生产活动的现代的发展水准，并且也把与它有关联的二千年以上的科学的发展为前提"（库捷诺夫）。

这样说来，认识主体与认识客体的统一，是在社会历史的实践上实现的。所以，要理解人类的认识过程，必须在其与社会历史的实践的统一上去考察。

概括起来，唯物辩证法是以反映论为基础的论理学。正因为以反映论为基础，所以唯物辩证法又是当作认识论看的辩证法。为要究明认识过程的辩证法，就不能不展开唯物辩证法的反映论。

二 意识与人类肉体的关系

> 精神活动与神经系统的关系

基于唯物辩证法的反映论，意识是客观世界在人类头脑中的反映，即是说，意识是客观的实在的映像。

然则人类的意识究竟怎样生成的？这个问题的说明，是我们理解反映论的关键（以下所述，主要的根据了卢卡捷夫斯基的《无神论教程》第二章）。

依据现代科学的研究，人类的意识，以人类的神经系统之存在为前提。人类的精神活动，与神经系统有不可分离的关系。人类的神经系统，是分为许多部分的复杂的器官。神经系统分中枢神经系统与末梢神经系统两部。脑髓和脊髓，属于中枢神经系统，由脑髓和脊髓出发而到达于身体表面（皮肤、筋肉等）为止的神经，称为末梢神经系统。脑髓和脊髓由神经细胞和神经细胞枝组织而成。在这些神经细胞枝之间，有神经纤维介在着。所谓神经，正是由互相结合的神经纤维束形成的东西。

大脑司掌身体诸器官的运动。如果切断了由大脑通到某一器官例如手的神经，手虽然还是存在，而人却失掉运动其手的能力。因而我们所切断的那一神经，即是由手传达外界刺激于大脑的所谓知觉神经。所以这一神经如被切断，手的运动能力虽能保持，却不能感受外界的刺激。因而感觉与手足的运动，是脑髓得到神经之助，觉知神经所受的外界的刺激，并刺激器官的作用。

人类与高等动物的大脑，其构造极其复杂。大脑由神经细胞和神经细胞纤维构成。神经细胞的堆积，叫做灰白质，纤维的束也叫做灰白质。灰白质横布于成为劈绉的大脑半球的表面。半球象帽子一样，覆盖着大脑的其余部分。半球成为深沟，分为一系列的部分。前方为前头叶，上方为颅顶叶，后方为后头叶，侧面为颞颥叶。脑的表面，有许多褶襞。所以在很少的容积中有较多的面积。因此，有多量的神经细胞散布于表面上。

其次，再说明神经系统的其他部分的意义。如上所述，神经有运动神经与知觉神经。两种神经在有机体中的作用，各不相同。运动神经如被切断，四肢就不能运动；知觉神经如被切断，就丧失知觉。

神经系统有许多分枝，伸出于有机体的一切部分，能知觉外界或动物体内所显现的变化，改正由它所受的刺激，并传达于各器官，因而刺激各器官的作用。刺激首先是在各种感觉机关的末端被知觉的。

我们的眼张有网膜，膜的表面，是感觉神经的末端。当光线刺激于这些末端时，知觉神经就把刺激传达于神经系统的中枢机关。同样，鼻的粘膜中也有知觉神经的末端。空气中所撒布的物质最微小的分子一接触于这粘膜时，就刺激知觉神经，引起种种香臭的感觉。同样，外物刺激舌的粘膜的味觉神经的末端时，就引起味觉；刺激于内耳的听觉神经末端时，就引起听觉。此外，知觉神经的末端，又散布于皮肤的表面，当与外物相接触时，就引起触觉。

并且，有机体之中，还有所谓交感神经系统。它管理内脏的作用

（消化、分泌、血液循环等等）。这个系统，也具有固有的特殊的神经中枢和神经，但它隶属于中枢神经系统。

精神活动与脑髓及分泌腺

精神活动的主要器官是脑髓。精神活动依存于脑髓的事实，科学家曾用蛙与鸡做过种种的实验，得到了这样的结论：随着脑髓的毁坏，高级的精神能力就完全丧失。

精神活动与脑髓活动的密切的联系，在人类方面也可以实验出来。例如人因某种原因，头部遭受打击而忽然震动其脑髓时，他就丧失其知觉。又如醉人行动异常，是因为脑髓中了酒精的毒。酒精的毒中得越多，人就完全丧失其意识。不但是酒精如此，就是其他各种药品（如麻醉品等），也能毒害脑神经组织，使人们丧失意识，这是无待赘言的。

人的脑髓受了损伤，就引起一定的精神的变化，所谓"精神病者"，实在就是"脑神经病者"。科学家检验死后的精神病者的头脑，知道他所以害精神病的原因，是由于大脑质受了损伤，或者是由于内分泌腺的变调。又如白痴，其原因也是由于脑髓的发育不完全。总之，脑髓与精神活动密切的结合着。脑神经一部分受了损伤，就丧失一部分的精神活动，全部分受了损伤，就丧失全部的精神活动。这些都是科学上所已经证明了的事情。

但是有机体的精神活动，也不仅是专由神经系统所调剂。人和动物的身体中，还有造出有机体的生活所必要的各种化学的物质的特别器官。这些器官叫做分泌腺。分泌腺大别为两种：一是外分泌腺，一是内分泌腺。外分泌腺，是把液体流出于外部的腺，例如唾液腺（把唾液流入口中，因而润泽食物，助其消化）。至于内分泌腺，没有出口，其腺液通过血管壁而直接渗透于血液。内分泌腺所造出的化学的物质，叫做"霍尔萌"。各种内分泌腺，各分泌特别的"霍尔萌"。这些"霍尔萌"对于我们有机体的作用很大。"霍尔萌"和神经系统一同支配着我们身体的全生命。人类的发达、成长、营养、正常的性生活、外貌、性格等等，都依存于"霍尔萌"的作用。内分泌腺的疾病，能引起全身的残废或重病，并且破坏正常的精神作用。

人体中最重要的内分泌腺，是甲状腺与生殖腺。甲状腺的"霍尔萌"，维持并增进脑髓的活动。所以甲状腺对于人的精神的活动大有影响。人的甲状腺如被毁损，其有机体的正常活动就被破坏，其智力就趋于衰弱而变为白痴。白痴之由于甲状腺的发育不完全，这是人所共知的。

其次，生殖腺（在男子为睾丸，在女子为卵巢），对于人类有机体的发达，也有极大的影响。男女的生殖腺，双方同时以一定的部署活动，向外部分泌出适于生殖的性细胞（在男子为精虫，在女子为卵子），向内部（血液）分泌出调剂有机体的作用特殊"霍尔萌"。生殖腺的"霍尔萌"之调剂性的发达，这是人们所已经知道的事实。目前科学家正在从这方面研究着返老还童的有效方法。

所以，内分泌腺一类东西，由于分泌"霍尔萌"，调整有机体的作用，对于有机体的成长、形态、智能及行为等，给以很大的影响。我们理解了神经系统与内分泌腺的活动，就能够知道人类有机体的作用及其发达，是由这些机构所调整的。

三　动物的意识的生成过程

| 下等动物的反作用 |

基于前节的研究，我们知道意识是最高等的物质即神经系统的产物。最高等的神经系统，当然是属于人类所有的，但是人类以外比较低级的其他动物，也具有等级不同的神经系统，因而它们也是有意识的。我们既然知道人类是由动物发展而来的，当然不能否认人类的意识由动物的意识发展而来的事实（虽然人类的意识高出于动物的意识，其原因后段再说）。所以为要说明意识生成的过程，不能不由高级的意识追溯到低级的意识。但要追溯到低级的意识，又不能不更进一步的追溯到最低级动物的行为、对于刺激的反应。

在动物界的最低级阶段上，动物的行为，极其原始而简单，当然不能预想到意识的存在。先就单细胞动物的阿米巴的行为来说。依据实验的调查，若在阿米巴周围放置极微细的海藻，阿米巴就接近于海藻来摄取营养分。又如在阿米巴的队伍中放下少量的食盐，阿米巴就开始离开。阿米巴被放在少量淡水之中，就完全停止运动，变成圆块状。照这样观察起来，阿米巴受到外界的刺激时，就起反应，否则它就不运动。阿米巴的反作用，是由于外界的物理的——化学的变化所引起的。

其次，就组织简单的多细胞动物例如海绵来看。海绵的反作用，就是它的收缩与膨胀，与外界的水液的成分的变化相适应。因而组织简单的多细胞动物的反作用，正确的与外界的物理——化学的条件相适应。不过，意识作用在这类最简单的多细胞动物中，是不能有的。

再次，就腔肠动物（例如水母）来看。腔肠动物的反作用，比较海绵更为敏感。腔肠动物中已有神经系统的萌芽，外界的刺激，由它的有机体表面的特别神经细胞所知觉。因而腔肠动物，比较海绵有反应多种的刺激的能力。

与神经系统相关联的、对于刺激的反应，叫做反射运动。在这种意义上，阿米巴与海绵因为没有神经系统，所以没有反射运动。

再次就复杂的有机体（例如昆虫）来看。昆虫的反作用，比较腔肠动物更为完全。昆虫的神经系统比较复杂。在腔肠动物方面，一个一个的刺激，都引起一样的反作用。而昆虫对于刺激的各种反作用，都互相结合。每逢引起一种反作用时，接着就现出其他一系列的反作用。例如黄蜂的反作用——反射运动，像锁链一样，互相结合着。

反射运动的那种连锁性，是动物的本能。本能在高等动物中，也是有的。动物由于本能的作用，能够建筑住所，贮藏食物，并选择气候。本能是动物在一定生活时期内由于内脏方面的一定刺激的影响而自行显现的。例如海獭知道建筑住所，知道筑堤。这完全是本能的作用。依据实验的考察，若把初生的海獭养在笼中，使他发育成长。但它到了成熟之时，仍由本能的作用去建筑住所或实行筑堤（其材料由人所供给）。照这样，海獭已有住所，却仍旧筑堤，并且又不曾有老海獭教过它，可知这完全是本能的作用。

> 高等动物的意识、
> 无条件的反射运动
> 与条件的反射运动

现在更进而研究最高级的多细胞动物，即脊椎动物。按照复杂性增加的顺序，脊椎动物发展的顺序是鱼类、两栖类、爬虫类、鸟类，最后是哺乳类。哺乳类中最复杂的有机体是人类。

脊椎动物的神经系统，比较下等动物，其组织极其复杂。脊椎动物的反作用的复杂性，与其神经系统的复杂程度相适应。脊椎动物方面，已经显现出反作用的新类型，这是低级动物所没有的特征。

依据俄国学者巴威洛夫自己的研究，狗这种脊椎动物，除了先天的反射运动以外，还显现了狗的生活中所得到的新的反射运动。巴威洛夫用适当的方法，研究了狗的消化腺。他在狗的颈项上造出了人工的瘘管（即孔），另用橡皮管接连于这个瘘管，使狗的唾液通过瘘管而滴入于玻璃杯之中，借以观察唾液分泌的分量（此外骨骼、内脏及其他分泌腺，都可用同样的方法研究）。实验的结果，知道狗的唾液在食物进到口中时都同样的分泌出来。巴威洛夫把这样的反射运动，叫做无条件的反射运动。唾液及其他消化液的分泌，也和微尘进到我们眼中而立即转瞬的那样，很正确而且必然的发生出来。

巴威洛夫举行这种实验时，发现了狗除了先天的反射运动以外，还有新的反射运动。例如屡次打铃子给狗以食物，狗在就食时就流出唾液。这是狗的无条件的、先天的反射运动的作用。但是打铃给食物的实验经过数次以后，狗只要一听到铃声，即令没有食物，也同样的流出唾液。于是狗有了新的反射运动。巴威洛夫把这种反射运动，叫做条件的反射运动。这种反射运动，是在一定条件下的动物生活中出现的。

无条件的、先天的反射运动，是在脊髓及长椭圆形脑髓的神经系统的最下级部门的媒介之下显现的。至于条件的反射运动之形成，就必须有大脑半球，即较高级精神活动与它相结合的机关之存在。这条件的反射运动，必须常用练习去维持，否则就会衰弱或停顿下去。

巴威洛夫实验的结果，知道高级动物一经得到条件的反射运动，还可以由此而得到更新的反射运动。例如狗听到铃声而分泌唾液时，如果同时更给以别的刺激，狗就能得到更新的反射运动。如果打铃时又开亮电灯而给狗以食物，结果狗在开电灯时就开始分泌唾液。这就是第二次的条件的反射运动。依据这种实验的方法，还可以使狗得到第三次、第四次的条件的反射运动。

构成新反射运动的能力，使动物得到适应变化的环境的可能性。条件的反射运动，是在动物的生活中形成并蓄积的。这种条件的反射运动之形成并蓄积，实是使动物所以能制胜于生存竞争的原因。

从上面的说明看来，我们可以知道，动物的精神活动的复杂性，完全与其神经系统的复杂性相适应。

具有构成复杂的反射作用的能力的动物，就已经具有所谓心理的或精神的能力。例如就狗来看，我们可以说，狗也具有思考能力、愿望及性格，狗也有智狗与蠢狗的区别。概括起来说，在这些动物中，已出现了高级的神经作用。这高级的神经作用，即是意识。这高级的神经作用（即意识），只有在具有构成复杂的反射作用的能力与大脑的动物的有机体中，才能发生。但是人类的意识与普通动物的意识，究竟有什么差别呢？这是下面要说明的问题。

四 人类的意识的生成过程

条件的反射运动与人类的精神活动

如果反射运动构成动物的精神活动的基础，在这一点上，人类与动物之间，究竟有差异么？我们知道，人是由动物状态发展而来的，反射运动在人类的行为上，当然有很大的作用。人类带着一系列的先天的反射运动而出生。例如刚刚脱离母体的婴儿，有吸乳的反射运动。母亲的乳头一进到婴儿口中，他就用口唇开始一列的动作，当他感到不舒适或生病之时，他就用哭号来表示。这都是人类带着先天的反射而出生的证明。

不但婴儿有先天的反射运动，并且成人也还保存着先天的即无条件的反射运动。例如我们的眼睛遇到尘埃时，立即把眼睛闭住，这时并不曾意识到那是不是尘埃。又如鼻的粘膜受到外界的刺激时，就立即感到奇痒而喷嚏。这样的反射运动，多至不可胜举。

人类由于无条件的反射运动，可以发生条件的反射运动。柏克捷列夫教授曾经用成人做试验，表明了以无条件的反射运动做基础而发生条件的反射运动的事实。例如我们的手指触到电流的刺激时，立即把手向后撤退。又如在通电流之时而同时用声音去表示。这样经过数次的反复之后，人们即使听到不带电流的声音，也立即将手向后撤退。这便是条件的反射运动。不过这种条件的反射运动，必须随时练习，否则也会消失，但也会复生。

带着无条件的反射运动出生的婴儿，在其初生以后不久，就开始获得条件的反射运动。例如睡在摇篮中的婴儿，当感到饥饿或不快而哭叫之时，乳母立即摇动摇篮，或实行授乳。这样经过数次的反复之后，婴儿当哭叫时只要感到摇篮的摇动就立即收敛哭声。这是条件的反射运动。又如，婴儿出生数个月之后，能够辨认授乳的母亲，每逢饥饿而接近于母亲时，母亲即实行授乳。照这样经过数次的反复之后，每逢感到饥饿而哭叫之时，一见到自己的母亲就立即停止哭声。这样的经验上的积累，以后他只要见到母亲就感到舒适了。所以基于无条件的反射运动，能够发生一系列的条件的反射运动。

小儿所得到的条件的反射运动之量，逐渐的增加起来，而反射运动的本身也就愈趋于复杂，因而他的精神生活，也愈趋于丰富，逐渐的获得较高级的反射运动。于是他的经验日趋丰富，而识别事物的能力也逐渐增高，逐渐发展其为成人的行为的一切特征了。随着幼儿的成长，他的精神世界就由思想、感情、希望等所充实。于是幼儿的心理变成成人的心理。

所以，一切等级的复杂的反射运动之丰富的复杂的机构，是人类的心理生活之生理学的基础。

　　我们在前面引用了许多的实例或证明，说明了人类与动物的精神活动的类似性，然则在心理方面，人类与动物之间究竟有什么差异？人类意识高出于动物意识的特征，究竟是什么？

　　人类意识高出于动物意识的特征，首先是由人类的神经系统的构造所规定的。人类的大脑半球，比较动物有显著的发展。尤其是成就了很大的发展的东西，是半球壳，并且脑内的绉纹比较动物的绉纹更是多得异常。人类脑髓中的神经细胞和纤维的量，比较动物的脑髓也多得异常，达到百亿之数。又，人类方面的、支配手的动作的神经网部分，也发达到无与伦比的程度。通过咽喉、颜面、和口腔的筋肉的神经路，也成就了非常的发展。还有，脑腔之内，有支配言语运动的、微妙的组织的中枢部。

　　人类的神经系统的这一切特征，是数千百年的社会生活的产物。社会生活促进了言语机关的强有力的发达。社会生活的发达，促进了人类的脑髓机关的发达，使人类得到丰富的条件的反射运动。而这类条件的反射运动，是富于迅速适应环境变化的柔软性的。这样的脑髓机关，就是人类的特别的大脑半球。

　　社会生活的环境，对于人类的精神活动的发达，有很大的影响，这是不待言的。复杂的社会的生活之存在，是用有音节的言语说话并作抽象的思惟的那种人类能力出现的主要条件。随着言语的发生和发展，人们就能够造出事物的表象。当人们接触于无限的事物时，他们就得到无限的映象，就开始去认识它们。他们知道把一切事物和行为，加以分类，并用一定的言语表现出来，因而造出事物或动作的抽象的表象。例如"苹果"一个名词，就结合为一个有一定的色香味等的圆形物的表象。又如"动作"的名词，就结合为一种有某种的方向、速力、运动等物体的位置变化的表象。假使人类没有言语，他虽然得到关于事物的映象，却不能依据一定的特征实行分类，并适当的反映出来。所以言语对于人类的条件的反射运动的形成，具有很大的意义。当发出任意的言语时，表象的全连锁，就立即出现于我们的意识之中，这是很明白的。还有，条件的反射运动的全连锁，还能依靠言语，由一人传达于他人。所以一人的头脑中发生的新的表象结合，能变为许多人的所有物。由于这种事实，人类社会才得到急速发达的可能性。人类的言语，由共同劳动的事实而发生，又进而统制共同劳动，更进一步的组织这种劳动。劳动的经验，借言语的助力，由一代传到次代，把经验蓄积起来，造出一定的体系。各个人的精神生活的范围，因此扩张起来，个人的经验依靠集体的经验而增加。于是精神生活便趋于复杂而丰富。

所以，人类与其他高等动物的精神生活上的差异，就在于人类因独有反射运动最复杂最丰富的机关而具有抽象的思惟、抽象的概念构成的能力。但这种能力本身，虽是高等动物的心理发展到最高阶段的结果，而这种结果却是在人类社会的生产的实践过程中发生并发展的。换句话说，人类的意识、人类的思惟能力，是数千百年的社会生活的产物。

意识的生成之概括 基于前面的说明，我们可以知道，物质世界，在其发展过程中，出现了意识的人类。依据科学的证明，地球从前只有无机界的物质存在形态，往后才出现有机界的新的物质存在形态，再后才发生意识——用特殊方法组织了的物质的性质。

所以意识不是存在于物质之外的东西，不是与物质平行的第二个本源。意识依存于物质，并从物质发生。意识是具有复杂神经组织的有机界最高代表所具有的属性。神经组织是意识活动的必然条件。社会的人类是意识的最高形态的担当者，这种最高形态，与人类在其社会的实践中发展了的意识，是物质的一定发展阶段中物质生命的一种发现。

只有高等物质，只有动物的最高神经组织的物质，才能知觉在它内外发生的过程，才具有内的反映、知觉的能力。我们神经中枢中发生的客观的生理过程，唤起意识形式中的这个过程的主观的表现。其本身虽是客观的东西，虽是某种物质的过程，而就具有脑髓的生物看来，同时却是主观的心理的行为。意识本身，同样具有长期发展的历史。动物意识（本能）的下级阶段，虽与高等动物神经组织的发展相联系，但意识之更进的发展，却与动物到人类的推移相联系，与社会的劳动之发展相联系。因为这社会的劳动，造出了使人类脑髓发达的条件。

俗流唯物论，把意识看做脑髓的分泌物，正如胆汁是肝脏的分泌物一样。这种见解是错误的。意识不是可以测量可以分泌的东西。意识是运动的物质之内的状态，是反映在其中发生的生理过程的（不能与客观的神经作用分离的）特别属性，又和这生理过程不同。

意识的、思惟的物质，是有特殊性质的物质。这种物质，随着人类社会生活中言语的发展，发展到最高阶段。辩证唯物论承认物质组织的高级种类与低级种类的差别，却不否定思惟本体的意识与特殊性。辩证唯物论把意识当做物质的发展的形式及历史的产物去说明。意识的发展依存于物质的生产之发展，并与言语的发展相联系。

第二节　感　觉

一　当做认识的源泉看的感觉

感觉的形成

　　就认识过程的诸契机、诸形态发生的顺序说来，最初的契机、最初的形态，是在感官上反映客观现实性的感觉。人类的一切的认识，都是由感觉出发的，所以当考察认识过程时，首先要研究感觉。

感觉究竟是怎样发生的呢？

我们的认识活动，与所谓感觉系统和神经系统的存在及其机能相结合。属于感觉系统的东西，是视官、听官、嗅官、味官、触官等五种感官。感觉系统由于神经纤维而与神经系统紧密的相联系。这神经纤维的根本性质，是传达性——即是在自己的延长上传达外界所给与的刺激的能力。

神经纤维分求心性（或知觉性）与远心性（或运动性）两种。求心性纤维从身体表面把刺激传达于中枢神经系统；远心性纤维从神经系统把刺激传达于身体表面。至于构成末梢神经系统的神经，由神经纤维的末端，而通达于身体表面，于外部的感官。当这些外的感官（眼、耳等）接受外界的刺激时，求心性纤维就把这一定的刺激传达于脑的神经细胞，脑神经细胞就把这些刺激转化为感觉。例如，触官对于对象的接触，传达某种刺激时，这刺激就由求心性神经末端所通达的特殊触觉小体（特殊知觉细胞群）所摄取。这求心性神经，正是把刺激传达到中枢神经系统的东西。一经达到半球皮质的触觉中枢，刺激就转化为特殊的触觉。又如光线，顺次经由角膜、透明的水液、瞳孔、透明水晶体及玻璃体而接触于网膜，引起特殊的化学变化。这化学变化，对于神经纤维而成为刺激物。视神经把这样得来的刺激传达于脑，于是就转化为视觉。至于其他的感觉，也和视觉及触觉一样，有相同的形成过程。

与感觉的种类（视觉、听觉、味觉、嗅觉、触觉）相适应，在大脑皮质之中，具有这些感觉的形成与其存在相结托的一定的感觉中枢。大脑皮质的颅顶叶之中，存有所谓知觉中枢及运动中枢的领域。这是刺激转化为触觉及运动觉的场所，如实验及病理学所指明，大脑皮质中某一部分如受损伤，就丧失与它相适应的感觉。

依照上述的方法，我们的意识中就发生感觉。许多感觉合流在一起之时，就成为知觉。例如关于蔷薇的知觉，是形成为蔷薇的心象（知觉）的诸感觉（视觉、触觉、嗅觉）之结合。所以，当我们的身体接受外界对象的作用时，就得到这对象的知觉。就是在离开这对象之后，那种知觉的记忆，仍留存于脑海之中。关于这个感性的知觉的记忆，就是所谓对象的表象。而感觉的积累就是经验。

所以，"感觉是外物刺激于人体外部器官的结果，它依存于外物，也依存于人体器官的构造。外物形态的多样性与人体器官的多样性（因而又是脑髓的分化的活动），产生出感觉的多样性"。外物的各种方面是互相联系着，人体的各种感官，在其外的与内的方面，也是互相联系着，所以外物作用于感官，就发生出反映外物的内的联系的感觉。所以感觉是在认识上把我们和外物联络起来的东西，它是我们的认识的最初的形态，最初的契机。

> **感觉的发展与实践**

世间一切的东西都是发展的，同样，人类的感觉也是发展的。"感觉的发展法则，只是一般的发展法则之特殊形式"。

感觉的发展，与社会历史的实践有密切的关系。首先，就人类的感觉和动物的感觉比较来说明人类感觉的发展。人类的感觉和动物的感觉，确实是不同的。例如，人在黑夜中所能观察的明暗的区别，与枭和猫所能观察的明暗的区别不同；人的嗅官所能嗅的气味，和其他昆虫等动物所能嗅的气味不同；人的触官所感受的水的温度，和鱼类所感受的水的温度不同。并且就特定感觉的锐敏性来说，人有时不如动物，但人的感觉比较动物的感觉却是高级的。恩格斯说："鹫眼比人眼更能望远，但人眼观察事物，比较鹫眼能够识别很多的东西。狗比人具有很敏锐的嗅觉，却不能区别对于人类成为各种事物的一定标帜的香气的极小部分"。人的感觉所以高出于动物的感觉，这当然是根源于人的感官、生理构造的发展。而人的感官、生理构造发展的原因，是由于人是制造器具的动物，是从事于物质的生产的社会的动物。人在生产过程中，一面变革自然，同时又变革自己的性质，发展自己的性能与自然力，因而扩大自己感性的领域，使自己的感觉超出于动物之上。

其次，就野蛮人的感觉和现代人的感觉比较来说明感觉的发展。野蛮人的感官，不能精细的、正确的辨别外物的色味声香及形状等等，也不能感到极大、极小、极远的东西。现代人的感官，却是非常发达，感觉也非常复杂，并能够应用人工器械（如望远镜、显微镜、分光镜、测温器等等），感觉到肉体感官所不能感觉到的东西。现代人的感觉比较野蛮人特别显著发展的原因，无疑的是社会历史的产物。感觉的——人类的活动，随着生产手段的发达与生产技术的改良，逐渐的扩大起来。不断的发展起来的生产手段与生产技术，使人类的五官不断的发展起来，因而扩大了对于现实的感觉，丰富了对于世界认识的感性的材料。所以人类的感觉，具有深刻的历史的性质，我们研究感觉时，不能单从生理学的见地去理解，最重要的是贯彻历史主义。马氏说："五官的形成，是迄今为止的全世界史的业绩"。这是关于感觉的历史的见解。如果单从生理学的见解来考察感觉的发展，那就要归结于感官的生理构造的差异了。可是现代人的感官和过去人的感官，在生理的构造上是没有差异的，为什么感觉的发展程度却相差很远？这差异的最后原因，是在物质的生产手段及生产技术之中。

感觉之依存于外物与人体生理器官的构造，这是前面已经说过的。"比较发达了的感觉，一般的说来，以比较发达了的人体构造为前提"。人与人各不相同，生理的构造也各不相同。由于天禀与遗传等等的差别，就发生感官发展程度的差别。因此，有的人感觉特别敏锐，有的人感觉特别迟钝。感觉特别敏锐的人，比较具有做艺术家的资格，这是不容否认的。可是艺术家之所以能成为艺术家，不是个人的特殊生理的禀赋所能单独决定的，最主要的是受特定的社会条件及阶级关系所决定的。这种具有做艺术家资格的人，如果所处的社会条件与阶级关系，使他不能发展其特殊的禀赋，他不能不从事于与自己禀赋相反的工作。"愁苦的穷困的人们，对于很好的戏剧，没有什么感觉。宝石商人，只看到宝石的货币价值，不看到宝石的美丽及其特殊性质，即是说，他没有关于宝石的矿物学的感觉"。所以感觉的发展，由历史的发展水准所决定，由社会的人类之具体的实践所决定。

当作认识的出发点看的感觉

感觉是一切有形体或外界的映象，"是外界和意识之实在的直接的结合，是外部刺激的能力到意识的事实之变形。这种变形，是各人看见过几百万次，而且现实的一步步的看见着的东西"。当我们的感官接触于外界事物之时，外界事物的一切方面、联系和属性等之合法则的统一，都反映于我们头脑之中，即成为感觉。这感觉是人类认识的最初的阶段，是认识的出发点。

感觉是对我们启示客观真理的东西，它能使我们正确的明了外界事物的真相。如果感觉单只给人们以关于外物的歪曲的映象，人类与自然的斗争将成为不可能。视有如无，视无如有，以真为假，以假为真——有这样感觉的人，必不是健全的人或是狂人。全社会的人如果都是这样，社会就不能与自然相斗争，而社会也难于存在了。所以感觉是不欺骗人们的。固然，我们不能说，人类的感觉是绝对正确而没有错误的。外物在感觉上所给与的假象，有时是错误的。例如我们用肉眼眺望天空，觉到太阳比地球小，恒星比地球更小。这是假象。又如用肉眼眺望水中的木棒，觉得是弯曲的，这木棒如果原是直的，我们却视为弯曲的，这也是假象了。这种假象当然是错误。不过，我们不单用视官观察外物，并且还能用其他感官观察外物。不单用肉体感官观察外物，并且还能用人工方法延长感官去观察外物。这样，假象的错误就由实践订正了。但无论如何，假象也对我们"启示客观的真理"，因为太阳、恒星、木棒等物仍是离我们的意识而独立的客观的实在。

感觉的发展，是一个过程。感觉虽是客观世界的映象，却不能无条件的、完全的、正确的、一次的把客观世界都摄取出来。"世界是比较它所显现的那样更为丰富、更为生动、更为复杂的东西，因为科学的发展每一进步，在世界之中发现的新的方面"。所以我们的感觉只是近似的正确的反映客观的真理，只是客观世界的近似的正确的映象。

人类的认识过程，是在实践基础上由感觉起到思惟为止的统一的认识过程。客观世界之合法则的统一，都在感觉上给与我们。我们的思惟，把感觉作为材料，抽象出客观世界的发展法则。最初以某种程度在感觉上给与着的东西，就是思惟的全部内容。即是说，在感觉中未曾给与着的东西，在思惟中也是没有的。所以我们在世界的具体的认识上，都必须由感觉出发。从古以来，一切的科学，都是从反映外物的感觉出发的。思惟的高级认识形式，是从感觉的初级认识形式发生，两者具有不可分离的联系。"人类的认识，在怎样的形式上，经过怎样的途径，依从怎样的法则而发展——这件事情的严密的科学的分析，在理论上，在历史上，都必须由感觉开始"。所以说，"感觉是认识的源泉"。

但是，感觉是认识的源泉，不单是唯物论者这样认定，并且主观观念论者也是这样认定的。不过两者却有大不相同的地方。感觉是认识的源泉，这是认识论的第一前提。离开人类及其意识而独立的客观的实在，是在感觉上给与于人类的东西，即外物是感觉的源泉，这是认识论的第二前提。主观观念论虽然承认第一前提，却否认第二前提。主观观念论不把感觉看做是意识和外物的结合，而把它看做是从外物隔离意识的障壁，不把感觉看做是反映外物的映象，而把它看做是"唯一的存在物"。反之，在辩证唯物论者看来，感觉、表象及思惟，都是外物的合法则的统一性的反映。感觉是人类通达到外界去的渡桥。外物作用于感官而成为感觉，我们只有凭借感觉去认识外物的存在，并在意识中区别外物与自己。只有依靠这种区别，思惟才有可能。所以，"我们从感觉出发，可以走向到达于唯我论（物体是感觉的合成或复和）的主观主义的方向，也可以走向到达于唯物论（感觉是物体的、外界的映象）的客观主义的方向。就第一种见解——不可知论，或更进一步的主观观念论——说来，客观的真理那东西是没有的。就第二种见地即唯物论说来，客观的真理之认定，是根本的东西"。换句话说，唯物论认定反映外物的感觉是认识的源泉。

> 关于反映论的曲解
> 之批判

"观念的东西，是在人类头脑中被翻译了被加工了的物质的东西"（马克思）；"我们头脑中的概念"是"现实事物的反映"（恩格斯）；"认识是人类对于自然的反映"，"感觉是物体的、外界的映象"（伊里奇）——这些命题，是唯物论的反映论的古典的见解。依据反映论，客观的实在首先是在感觉上给与于我们的东西，这感觉即是认识的源泉，认识的端绪。

唯物论的感觉论，是以存在规定意识的前提做基础的。唯我论的哲学虽也从感觉出发，却是以意识规定存在的前提做基础的。这种哲学，根本上是与辩证唯物论相反对的。辩证唯物论不但反对一切观念的感觉论，并且也反对接受观念论或经验主义的影响的属于唯物论阵营中的认识论。这里先举出普列哈诺夫的象形文字论加以批判。

普列哈诺夫用象形文字论代替反映论，说我们的感觉只是象形文字，只是条件的记号，主张感觉与引起感觉的事物并不相似。这种见解，显然偏向于康德主义。普列哈诺夫的象形文字论，是从感受康德主义影响的自然科学家黑尔姆霍尔的蹈袭而来的。黑尔姆霍尔分离感性与思惟，对感性的经验表示怀疑。他企图就视觉证明感觉对于现实性的相对性。他认为人们对于色彩的知觉是各不相同。色盲的人把紫色看成青色，把黄色看成玫瑰色。甚至健全的人的视官，也有把对象作不同的反映的。例如对象的映象投到所谓"盲点"之时，那对象就看不见了，这时只有转动瞳孔才能看到它。黑尔姆霍尔由于这种视觉的相对性，就作出下述的结论：对象在我们意识上的反映，与对象本身全不相似，它只是在我们意识以外的某种对象的单纯的象形文字或记号。我们是知道这对象的存在的，因为感觉到这对象对我们所起的作用。但是我们却不能知道对象本身究竟是什么。我们只能主张客观对象的一些关系和变化是与各种感觉间的关系及互相作用相照应的。但这个对象本身究竟是什么？其中所生的各种变化的本质究竟在那一点？这是我们所决不能知道的事情。

这种象形文字论或照应论，无疑的是康德主义的不可知论。普列哈诺夫从黑尔姆霍尔所借用的象形文字论或照应论，决不能说是唯物论的。依据这种理论，存在规定思惟的问题以及外界认识的客观真理性的问题，便被涂抹了。并且所谓照应论，显然的把物质与精神看做平行的东西，这显然陷入二元论的错误。所以普列哈诺夫的象形文字论或照应论，其中隐藏着康德的二元论和不可知论，这是与反映论截然相反的。

普列哈诺夫的象形文字论，往后被机械论者所展开，形成了机械唯物论的体系。例如普列哈诺夫的弟子亚克瑟洛特，拥护象形文字论，反对反映论。她说，"如果感觉是事物的肖象或反映，我就要问：物究竟为什么是必要的呢？物在这种情形，就会变为绝对意义上的物本体。把感觉看成对象的肖象或反映，那就是再度在主体与客体间设立不可逾越的深渊"。亚克瑟洛特忽视思惟的能动作用，忽视实践之历史的发展，不理解主体与客体在实践基础上的统一。这种主张，与迂回的经验论相通，支持着象形文字论，必然的分离思惟与感觉，而把思惟还原于感觉。这正是机械论的认识的谬误的根源。

此外，形式论者德波林也有相似的谬误。德波林一面支持黑格尔的观念论，主张社会的认识之发展只是论理的认识一方面的发展，并不回顾感性的直接的认识；在另一方面，又为象形文字论作辩护，他说，"伊里奇反对象征论或象形文字论，是完全正确的。一般的说来，普列哈诺夫不曾站在象形文字论的见地；并且他承认了自己的用语不正确，这是读者所知道的。在普列哈诺夫一方面，问题只是用语，而不是问题的本质"。德波林在这里虽然没有直接拥护象形文字论，但对于象形文字论之康德主义的本质，却是不曾理解。他这种见解，与他的黑格尔色彩的观念论，不能说是无缘的。

二　感觉与思惟

感觉与思惟的关系

从物质到感觉，到意识的过程，上面大致已经说明了，现在进而说明由感觉到思惟的过程。

由感觉到思惟的过程，是认识的深化的运动过程。伊里奇在《黑格尔辩证法（论理学）的大纲》中这样写着"最初，印象。其次，某种东西出现。其次，本质（物或现象的规定）与量的概念发展。其次，研究与探索，把思想诱导到同一——差别——根据——本质（关于现象的），因果律等的认识。认识的这一切契机（进行，阶段，过程），由实践所检证，从主观诱导到客观，通过这检证而到达于真理"。由这一段话看来，人类对于客观世界的认识，要经过种种不同的契机，不同的阶段。简括起来，如伊里奇所说："从生动的直观到抽象的思惟，由抽象的思惟到实践，这是认识真理的辩证法的路程，是到达于客观的实在之认识的路程"。在认识的深化的运动过程中，感性与思惟是认识的两个契机，两个阶段，两者之间，具有辩证法的联系。

在由感觉到思惟的认识过程中，感觉是最初的契机，是初级的阶段；思惟是最后的契机，是高级的阶段。前者是感性的认识，后者是论理的认识；前者是直接的知觉，后者是被媒介了的知觉。两者不是各别的独立的认识，也不是独立的认识阶段。两者之间的差别，只是相对的，不是绝对的。两者互相渗透，其间绝对没有不可逾越的界限。

一切客观的事物都是对立的部分、方面、倾向等的统一。人类在其实践上，接触于在意识以外的许多事物，在感官上唤起感觉，即客观实在性的映象。所以"感觉也和一切认识形式一样，反映事物之质的方面与量的方面、现象与本质、物的属性与当作统一体看的物本身、单独的东西与普遍的东西"。在感性的反映上的事物的全体的知觉，是事物的一切方面、属性、关系、倾向等在其本身中成为"合法则的联系的统一的结果"。至于思惟，是依靠抽象的作用，从感觉所给与的无数偶然性的错综之中，抽出在感觉上所给与的外界事物之内的关联，并在其本质的形态上把它表示出来。思惟原是从感觉生长的，思惟的过程，原是感觉的明晰化的过程。在思惟的认识上，例如在同一性、对立性、因果性、必然性等观念上反映出来的客观事物的各种联系，"都已在感觉的诸现象的萌芽形态中表现了的。例如观察某种类似和差别，理解一种现象之后接着发生别种现象。我们看到昼与夜的交替，听到打击之后随着发生的声音。这一切都成为关于现实的各方面的规律性、因果性及相互依存性的推理的基础"。

客观对象的总体性，固然在我们的感觉上反映出来，但这种反映还是直观的认识。如要理解客观对象的各方面的规律性、因果性及相互依存性等等，单靠感觉是不够的。这种理解，是论理的认识，是比较直观的认识更为高级的东西，是比较直观更深刻的物质界的反映的高级阶段。例如《资本论》论述价值时，这样写着："诸商品的价值对象性，在不知道它的所在这一点上，与胡尔斯达夫的情妇郭克里寡妇不同。各个商品，无论怎样把它反复舞弄，依然不能抓住它的价值"。这就是说，我们的感官，虽然能把商品拿来观看，舞弄，而对于商品的价值，商品所有者之间的关系，却不能认识。所以，论理的认识，比较感性的认识，更加深刻的反映现实。

感性的认识与论理的认识，互为条件。人类在其社会的实践上，随着对于外物的感觉的发展，人类对于外物的理解就更趋于深刻；在另一方面，对于外物有了理解，就能更正确、更深刻的感觉外物。例如，当特定的自然现象或社会事变发生时，在没有科学素养的人看来，只能有浅薄的直观的认识；反之，在科学家看来，却能深刻的感觉到它。还有一层，在前面曾经说过，现代的人能用人工器械如望远镜、显微镜、分光镜等来延长生理的感官，使人们更深刻更精细的感觉到外界的事物。而望远镜、显微镜、分光镜等人工器械，原是人们在实践上理解外界事物的结果。所以，思惟与感觉，互相发展，互相丰富其内容。

由感觉到思惟的推移及其与实践的关系

由感觉到思惟的推移的问题，以及感觉在思惟中保存的问题，是在辩证法的认识论上占居主要地位的问题。

费尔巴哈说："在联系上去读感觉的福音书——这是思惟"。这种主张是正确的（虽然他不能现实的解决感觉与思惟的关系的问题）。思惟是在感觉的多样性之中去发见联系，不是自己去创造联系。由感觉到思惟的推移的认识能力之发展，在其根据中存有人类的实践，这是要特别说明的命题。

思惟和感觉，同是客观的实在在人类意识中的反映。感觉是直观的认识阶段上的反映，思惟是论理的认识阶段上的反映。但所谓意识是客观实在的反映，只是就"镜面性"的反映取义而言，并不是说人类的意识也和无知的镜面一样，常依从自己的某种不变的法则，千篇一律的去反映对象（只有机械唯物论者或唯物辩证法的敌人才作这样的主张）。人是意识体，是积极的能动的变造自然以维持其生存的动物，是从事于物质的生产的社会的动物。人类之实践的物质的能动性，在观念的形式上反映出来，就成为意识的能动性或认识的能动性。所以人类在意识上反映外物的那种反映，是能动的反映。这种反映的认识，正是历史的社会的实践之积极的契机。

当人们就感觉的材料稍微实行推理或稍微实行普遍化之时，就已经表现了主体的若干的能动性。向着比较深刻的联系推移的认识的运动，是预想到主体对于对象的能动的现实关系的。所以在由感觉到思惟的认识的深化的过程中，认识的能动性，就表现为创造的能力，把感性的认识提高到论理的认识。而认识的这种能动性，是社会历史的实践的契机。认识的深化的运动，也是在实践的基础上显现的。在实践的过程中，人们看到各种现象的反复，各种现象在实践上的再现，一种现象的消灭与别种现象的继起，物质的再生产过程中许多对象的综合，等等——这一切都是普遍化的进行，认识运动的基础。

例如，普罗列达里亚，在其发展的初期阶段上，对于资本主义的认识，只是直观的，所以他们只是"自在的阶级"，还不能对布尔乔亚作意识的斗争。但是随着资本主义的发展，他们所感受的压迫和剥削日益加重，他们的生活水准都被降低到饥饿线上，于是他们依据在奴隶生活条件下所得到的体验和知觉，不断的和布尔乔亚作日常的斗争（虽然不是意识的斗争）。基于多年斗争的经验和教训，他们就渐渐的把关于资本主义的直观的认识提高到论理的认识，而理解了资本主义的本质了。于是他们就具有阶级的意识而由"自在的阶级"转变为"自为的阶级"了。于是他们深刻的理解了资本主义的矛盾及其没落的必然性，并担负起扬弃资本主义的使命而企图实现新的社会理想了。这样看来，"普罗列达里亚对于资本主义的现实之认识的过程，最初从感觉、表象与对象的直觉阶段，进到对于现实的较高级的理解的阶段，其次再从这高级的阶段，进到革命的实践"的阶段。这是在实践的基础上由感觉到思惟的运动过程之实例。

再就人类的全历史来说明由感觉到思惟的推移的过程。在人类史的最初期阶段上，人类还不能从自然分离自己。由于与自然斗争的结果，他们才渐渐的从自然分离出来，但他们对于自然的认识，也只是感性的认识，直观的认识。并且，他们的感性的领域也是很狭隘的。随着物质的生产的实践之发展，人们的感性的领域逐渐扩大，而理解力也逐渐增加，于是逐渐的由感性的认识阶段推移到论理的认识阶段了。往后由于数千百年的社会的历史的实践，感性与思惟的互相浸透，不断的使社会的认识的运动更趋于深化了。所以，社会历史的实践，是人类认识运动的最深的源泉，决定的基础。

关于感性与思惟的关系的问题的许多异论

感性与思惟的关系的问题，在全部哲学史上，是哲学上的一个中心问题。"感性的经验与思惟，究竟那一方面是真的呢？关于这个问题的解决，在近世哲学史上，首先出现了两个不同的哲学流派，即感觉论（经验论）与唯理论"。

经验论或主观观念论，都切离感觉与外物的关系，只把感觉的表象作为认识的唯一对象。例如巴克列或休谟，承认主观的感觉或知觉是认识的唯一材料，但否认知觉中有内的必然的联系。这种联系，在他们看来，只是主体的心理的经验中的知觉中的种种结合。所以他们说，理论的范畴——因果性，相互作用等——对于认识之感觉的材料是主观的，是用以排列感觉的材料的图式。他们从感性的经验夺去一切客观的内容及规律性，结果却对感性的经验不相信。这是"从感觉出发而到达于主观主义的方向"的。

唯理论与经验论不同，主张人们只有直接依据思惟才能认识外界，并说明感觉是混乱而不能相信的东西。例如，斯比诺莎与笛卡儿，主张思惟应从感性解放出来，而停止在它自身的领域。他们说，只有思惟才能把捉对象的本质，而感觉却没有这种能力。唯理论认定科学的认识的根本特征，是它的结论的普遍性与必然性。但具有这种特征的东西，只是论理的悟性的认识，并不是感性的经验的认识。唯理论相信思惟的法则与存在的法则原是一致的，所以要从几个明白判定的前提出发，依据思惟本身的法则，把对象作思辨的构成。但那些前提，又是由别的许多观念，由意识中所固有的最一般最明了的观念构成的。所以唯理论的见解，是与关于先验的诸范畴及思惟法则的见解相接近的。可是唯理论还不能完全脱离感性的经验，譬如莱卜尼兹同时承认"理性的真理"与"事实的真理"（即观察与经验的真理）的存在，即其一例。

康德哲学，企图克服经验论与唯理论的偏向，建立了所谓先验的观念论体系。但康德哲学在二元论的、形而上学的、不可知论的立场，把感性与思惟对立起来，却又用先验的观念的图式来调和它们。他也承认外界事物作用于感官而生感觉，而认识是从感觉的经验出发。但他却主张感觉与唤起感觉的外物并不相似，因而感觉不能反映事物并说明事物。所以他主张物本体是人们所不能认识的。人们所能够认识的东西，只是现象的世界，只是主观的东西（即意识的内容、感性的形式、悟性的范畴），因而把科学封锁在纯粹主观的领域。这种不可知论的二元论，实际上没有超出观念论所解释的经验的界限以外，仍是不彻底的主观观念论。

黑格尔在观念辩证法上解决了感性与思惟的关系问题。他把感性作为认识的初级阶段，把思惟作为高级阶段，认识的运动是由感性到理性。但他认定物质是精神的产物，不把意识看做物质的映象，而只是在极抽象的形式上说明意识。他虽然承认感性是认识的最初阶段，但在观念论上蔑视物质的感觉，不能把感觉的丰富材料的改造作基础，去促进论理的东西之现实的发展。在他看来，认识越是上升到高级阶段，就越发远离于感性，并逐渐与"一切感觉的具体性"相分离，而思惟与感性的联系也不能保持了。所以，黑格尔的观念辩证法虽然对于论理的认识一阶段，发表过很贵重的思想，而其全体的方向，在根本上是错误的。

费尔巴哈复活唯物论，攻击黑格尔的观念论，再行提高现实认识的感性契机的意义。他说："在联系上去读感觉的福音书——这是思惟"。这种主张是很正确的。思惟是在感觉的多样性之中去发见联系，不是自己去创造联系。思惟依存于感觉，思惟的法则，依存于感觉的真理性。感觉不单是对思惟提供材料，并且是对于现实的理论的认识之基础。所谓只有依靠思惟才能理解对象的各方面的联系，并施行普遍化——这种观念论的命题，完全被费尔巴哈驳倒了。费尔巴哈这样提起问题的方法虽是正确的，但他把感觉只当作感性的对象去解释，不知道把感觉作为感性的人类的活动去解释。即是说，他缺乏实践的见地，只知道意识是受动的反映，不知道意识是能动的反映。所以他虽曾正确的提起了这问题，却不曾现实的解决这问题。

第三节　概　念

一　表象

| 表象的意义 |

由感觉到思惟的过程，即是有感觉到概念的过程。这个过程，又可以细分为两个过程，即是由感觉到表象，及由表象到概念的过程。表象可说是感觉与概念之

间的中间的阶段，中间的契机。

表象是关于对象的感觉的普遍化的最初特殊形式。前面已经简单的说起，对象的表象，首先是关于各个感性的知觉的记忆。我们的认识能力，把在知觉的记忆上残留着的各个属性、方面和特征等，放在一个形象上统一起来。这种统一的形象，就叫作表象。表象比较感觉，形式上虽然距离客观的对象较远，而在本质上却与客观的对象相接近。在俗流唯物论或迂回经验论的认识论上说来，由感觉到思惟的推移的过程，伴随着脱离感觉并使感觉贫困化空虚化的过程。但在唯物辩证法的认识论上说来，当构成关于客观事物的表象或概念之时，我们形式上固然远离于客观事物，但本质上却接近于客观事物总体性的合法则的联系之概括。

前面说过，意识是能动的反映。当客观事物作用于我们的感官时，我们就在关于客观事物的各个感觉上，必然的与客观事物的各个属性、方面和特征等相结合，并且能够把在感觉上给与着的客观事物的许多方面、特征、属性等统一为一个形象——即表象。

"科学的表象之任务，在于概括直观"。概括直观的方法，一方面是就关于过去对象的多方面的感觉之中，抽出其"共通的本质的特征"，尽可能的、正确的、客观的去反映它。同时，在另一方面，"给与关于对象之个别的全体的形象"。所以表象比较感觉，更能深刻的反映外界事物。通常我们对于外界事物，要感到它是很容易的，要表象它却比较困难。因为表象之形成，与人类的实践、头脑的创造力相关联。前面说过，意识的能动性，是人类的物质的生产的活动在头脑中的反映。这意识的能动性，在其本来的意义上，显现为头脑的创造力（头脑的创造力，原是"人类的实践的物质的能动性之观念的反映形式"）。所以由感觉造成表象，实是头脑的创造力最初发挥作用的结果。

> 表象之形成与实践

由感觉到表象的推移，是在实践的基础上显现的。人类在其实践过程中，不但观察事物的变化，并且观察事物变化的方向；不但看到一种现象之后有他种现象随着发生，并且能动的影响于事物，人工的再生产出某种现象所由发生的诸条件，诱发另一种现象。由于现象的反复以及实践上的各种现象的再生产，人们的头脑的创造力便发挥出来，就能够得到关于事物的内的联系的表象了。恩格斯说："我们不单看到对于一种运动有他种运动接着发生，并且看到，如果一定的运动，在自然中于某些条件之下显现，我们就能够造出那些条件，因而手造这种运动。不单这样，我们还看到，能够造出自然中所完全不发生的——至少不是以那样的形式发生的——运动（工业），并能给这些运动以预定的方向及其大小的程度。通过人类的活动，就形成了因果性的表象，即某一现象是其他一现象的原因的表象"（恩格斯）。所以对象的表象之构成，与人类的生活有直接关系。"例如，在农业上，只有在人类无数次耕作地面，伐倒树木，掘去树兜之时，人们关于地面的表象才发达起来"（米丁）。所以表象是从感觉发达的，并且是在直接的实践的活动的基础上发达的。

但是，认识的运动并不停顿在表象的阶段上。对象的表象，只是感觉的最初的普遍化，它虽能反映出对象的统一的形象，却不能把握对象的发展过程及发展法则。"客观的实在性，是运动的物质，或物质的运动，因而它在人类头脑中的反映，只是运动之观念的形态"。物质的运动的形态及其发展法则，固然要通过感觉，通过表象，而在概念上更深刻的反映出来。但是，单只在表象上，还不能理解客体的运动及其法则。伊里奇说："表象不能把捉当作全体看的运动，例如不能把捉一秒间三十万基米的运动（光），但思惟却能把捉它，并且必须把捉它"。表象虽能反映出光以那样的速度而运动，却不能指示光以一秒间三十万基米的速度而运动。因为光以一秒间三十万基米的速度而运动这种认识，是认识在实践的基础上更趋深化的结果。这就是比表象更为深刻的认识阶段。所以，"通常的表象，虽能把捉差别与本质，却不能把捉由一方到他方的推移"。可是由一方到他方的推移之理解，在认识上是"最重要的事情"。即是说，物质世界的一切方面的辩证法之认识，要依靠抽象的思惟才能达到。所以，"认识的头脑之从表象开始的这种内在的作用，在表象上不能完成。它只有在思惟上才能充分发达，即只有在概念判断与推理的运动、客观世界的最高认识形态之论理的认识上才能充分发达"。因此认识的运动，必须由表象的阶段推移到概念的阶段。

"表象是从感觉到思惟去的认识的推移、联结、运动，是由前者到后者的转变的过程。"

二　概念

概念的意义

"人们在感觉或表象的形式上，虽能知觉客观实在的对象之形象，却不能透入于对象的本质"。为要透入于对象的本质而认识对象之内的合法则的联系，认识的运动不能不从感觉和表象而上升到思惟的阶段。思惟与感觉的关系，上文中已经说明，思惟中所反映的东西，即是感觉或表象中所已经反映的东西。感觉和表象固然不能完全的反映出对象的现实性，而思惟中所反映的对象的本质，对象的合法则的联系，都已由感觉和表象反映了出来，不过由思惟的能力去发现它而已。

思惟是把感觉和表象造成更高级的普遍化的东西，它把在感觉和表象上给与着的"对象之具体的单独的存在形式，抽象出来，给以最一般的规定。人们只有把反映着客观现实性的感觉和表象实行普遍化，才能得到关于客观对象的概念（例如物质运动的概念，有机体成长的概念，社会发展的概念等）"。所以概念比较感觉和表象，在形式上虽然更加远离于客观对象，而在本质上却更接近于客观对象，更接近于客观事物总体性的合法则的联系之概括。

概念是认识的契机，是思惟的形式，是反映客观实在的形式。唯物辩证法的概念，与形式论理学的概念不同。形式论理学的概念，虽也是同样从表象或直观抽取出来的东西，可是舍弃了生动的直观及其中所包含的客观实在的内容。形式论理学的概念，"是恣意的，因而是主观的"。形式论理学的概念，关于对象的规定，只是列举对象之本质的标帜。但"其本质的内的标帜，不能把握运动源泉之对立的统一，不能把握运动本身。所以形式论理学的概念，是丧失运动的，它是死板的不动的东西，也不互相联系"。一切事物，都是对立的统一，但在形式论理学上说来，这种统一，"或被解释为抽象的同一性，或被解释为机械的集合。同样，所谓对立，在形式论理学上，也被解释为完全抽象的、死板的东西，对立物并不互相渗透。没有运动，也没有联系"。所以形式论理学的概念，是与客观的现实性相隔离的、抽象的、无内容的思惟形式。反之，唯物辩证法的概念，却是反映着现实世界的永久发展的有内容的思惟形式。在论理的概念反映客观现实性这一点说来，它是从这个反映过程分离出来的东西，是抽象的概念，因而它是主观的东西。但辩证法的抽象，能够比较深刻、比较忠实、比较完全的反映客观现实性。在这一点，概念是客观的。所以，辩证法的概念，包含着主观与客观，思惟与存在之对立的统一。所以，伊里奇说："人们的概念，在其抽象性分离性上，是主观的；但在全体性、过程、总计、倾向、源泉上，是客观的"。

客观世界的一切事物，都是联结着，同时又都是运动着，在运动中联结，在联结中运动。所以我们认识任何对象时，必须尽可能的从其一切侧面来研究它，从其一切的联结与媒介来研究它，即尽可能的把握对象内部各方面及其与外部各方面的一切复杂关系的全体性。在另一方面，同时必须把握这对象的发展过程及发展的生命，然后我们才能认识对象的发展法则。

所以反映客观世界的事物的一切概念，具有联结性与运动性。

一切事物都是联结着，这是概念的全体性、联结性的源泉。在思惟领域中，任何概念都与其他一切概念发生关系，发生相互作用，形成对立的统一。在概念间的这种对立同一上去考察概念，我们就能够发见现象与本质、形式与内容、偶然与必然、可能性与现实性、原因与结果等范畴的联结的法则。

同时，一切事物又都是运动着，这是概念的运动性、"柔软性"的源泉。在思惟领域中，任何概念都是运动的，发展的。任何概念，都依据对立统一的法则而运动，而发展。人类的思惟，对于客观现实性的认识，必须"在运动的永远过程中，在矛盾的发生及其解决的永远过程中去理解"。人类的思惟的运动的起动力，也是内的矛盾，对立物的斗争。思惟的运动，即是概念和范畴的对立统一的发展过程。在这个过程中，概念和范畴也分解为对立物，其对立的矛盾因斗争而解决。因而概念和范畴的运动与发展，也依从于对立统一的法则。譬如，商品在其运动中引起货币（特殊商品）和普通商品的分裂，由于货币与商品的斗争，达到一定阶段，就引起货币化为资本。其次，资本的运动更由于新的对立的契机，经过一系列的矛盾的发展，又引起资本的没落而转化为反对物，等等。又如，思惟在其运动中发生现象与本质、形式与内容、偶然与必然、可能性与现实性、原因与结果等范畴的对立及其互相渗透，互相推移。因而由这些范畴的运动，发见其发展法则。

所以"各种概念，是把客观现实性的某种本质的方面，当作全体的联结及运动的契机去反映的"。

概念的构成过程　　恩格斯说："现实上，一切实在的包括的认识，只在于下述一点：我们在思想上，把个别的东西，从其个别性抽取出来，把它移到特殊性，再从特殊性移到普遍性。换句话说，我们在有限的东西中发见无限的东西，在暂定的东西中发见永久的东西"。这种思惟的运动过程，同样是概念的形成过程。辩证法的概念，是具体的概念，是由于分析个别并抽象其普遍而构成的东西。在现实上，个别与普遍，同是客观的存在。离开个别就没有普遍，离开普遍就没有个别。普遍是当作个别的某种侧面而存在。概念就是反映着当作个别的某种侧面看的普遍。但这种普遍，是具体的普遍，是包含着个别或特殊的丰富内容的普遍。具体的普遍，包含特殊与个别，差别与对立的同一性。普遍，特殊与个别这三个契机，在概念之中，是不可分离的结合着。这样包括特殊与个别的全部丰富内容的概念，才是具体的完全的概念。关于对象之具体的认识，就是应用这样具体的概念，发见对象中的普遍，阐明对象中的普遍与特殊之辩证法的统一。

具体的对象，在我们的感性的表象中，出现为具有无限复杂的侧面和关系的总体。我们只有利用分析的能力，从这些侧面和关系中，抽象出最单纯的本质的规定即普遍，作为媒介，才能逐步认识那些侧面和关系，到达于对象的全面性的理解。但"普遍只是个别的一个部分、一个侧面或一个本质，只是近似的把捉一切个别的对象"，只是"死板的、不纯粹的、不完全的东西"，所以我们要依靠这个在对象中所发见的普遍之研究而完全无遗漏的去认识对象的具体性，却是不可能的。但在对象中所发见的普遍，却是接近于具体对象的认识的一个阶段。普遍与个别的这种矛盾，促进思惟的运动。在运动的过程中，"一切个别，由于无数的推移，与其他种类的个别的事物、现象、过程等相关联"。于是个别的丰富内容，不断的闯入于普遍之中，而我们的认识，就把个别提高到特殊，到普遍的阶段。由于个别到普遍的转变，而偶然就转变为必然，现象就转变为本质。因为个别是现象，是某种程度的偶然，而普遍是个别的本质，是某种程度的必然。所以，"在这里，已存有自然的必然性，客观的关联等的要素、端绪、概念。在这里，已存有偶然与必然，现象与本质"（伊里奇）。换句话说，普遍表现对象的无限复杂的侧面的关系的契机，而个别却是由于普遍的无限的总和而表现其内容的。在认识的历史上，"人们决不能完完全全的认识具体的东西"，但唯物辩证法，不断的要求认识之更进一层的深化和发展，要求认识与现实的发展相适应。因而"一般的概念、法则等无限的总和，给与具体物的全体"。

所以在具体的概念中，特殊与普遍，互相渗透而形成为同一。现象的一切特殊性，产生出具体的普遍，而具体的普遍，包含着特殊的丰富的内容。特殊之内的关系，显示着推移于普遍的可能，而具体的普遍又推移于特殊的内容。我们认识对象时，一面要发见对象中的普遍性，一面要抓住对象的发展过程中各阶段的现象的特殊性，抓住那表现发展的链子中的特殊的环。而这特殊的环，是普遍的本质，并且充实普遍，表现普遍。在这里，特殊转变为普遍，普遍转变为特殊。只有这样建立普遍与特殊之辩证关系的认识，才是具体的认识，才能获得具体的真理。

概念之发展与实践　　认识是实践的契机，实践是认识的基础。认识是客观的实在的统一性的反映，但是这种反映，是积极的能动的反映。人类在其实践的过程中，无数次的接触于外界事物，迎受外界事物的刺激，而成为感觉、知觉，这些感觉和知觉，在我们头脑中积累起来。由于头脑的创造力的作用，造出论理的轮廓。头脑的创造力，先把感觉普遍化起来，造出表象，更把表象普遍化起来，造出概念。所以"人类不单是实践上在一定的感觉和表象中积极的把捉物质世界，并且把那些感觉和表象积极的加工来造成思想或概念"。反映客观世界的认识，不是"单纯的、直接的、全体的反映，而是一列的抽象与概念、法则等的定式化及形成的过程。这样的概念、法则等（思惟，科学——'论理的理念'），正是有条件的，近似的把捉永远运动、永远发展的自然之普遍的规律性的东西"。

就人类的认识的历史与实践的历史考察起来，人类对于世界的认识，是一个发展过程，是逐渐由低级阶段推进到高级阶段的过程。人类的认识的发展，表现于论理的概念或范畴之中。唯物辩证法说明概念的联结和发展，反映着客观世界的联结和发展，说明概念随着现实的发展法则而发展，说明概念"在根本上反映现实与认识之历史的发展及过程"。所以，反映一切事物的联结及发展的概念本身，也是联结着，发展着。在这种意义上，"就有具备客观意义的概念的辩证法及认识的辩证法"（伊里奇）。

"人类的概念，不是不动的东西，而是运动的东西，是互相推移、互相汇合的东西。否则，人类的概念，就不反映生动的生命。概念的分析及其研究（《概念运用术》），常要求研究概念的运动，概念的联结，及其互相推移"。但是，概念的自己运动，"不是概念自身的纯论理的运动"，而是客观事物的联结及运动之反映，是客观世界与人类实践的客观运动之反映，是主观与客观、思惟与存在的对立统一过程的反映。并且，这种反映本身，也是一个发展过程。

客观事物的一切运动及联结的法则，不能够一次的、完全的、正确的、无条件的都反映于概念之中。概念中的这种反映，正和相对真理到达绝对真理的过程一样，是顺次由一个阶段进到高级阶段而到达于完全的反映的。所以概念之反映客观世界的发展法则，只是有条件的，相对的，近似的。人类在其实践上，不断的暴露出客观世界与主观表象之间的新矛盾和新联结。这新的矛盾和联结，同时又进到人们的丰富的感觉和表象之中，人们更就这样的感觉和表象实行论理的加工，造出比以前更为丰富更为深刻的概念，而更进一层的反映客观世界的发展法则。因而人类的实践，不断的使客观世界的新矛盾与新关联反映于概念之中，形成概念的新矛盾与新关联，促进概念的向前运动和发展，变化思惟的发展法则。

"论理学的最一般的概念或范畴之发展，与人类社会的历史全体，物质的生产的实践及生产的发展过程，不可分离的结合着。它与思惟的历史、哲学史联系着"。因为概念或范畴是世界认识的阶段，是"帮助认识世界的网的结孔"。概念的发展过程，即是认识的发展过程，他表现着认识的历史。例如就"物质"这个概念举例来说，"在十八世纪之时，物质的终极要素，是被看做物理学上的分子的。分子曾经是科学上的最后的名词。但是，也只有形而上学的，时代落后的思想倾向的人们，才在分子之中，去认定人类的知识的界限，并以为表象完全与事物相适应。实际上，知识达到了一定发展阶段时，对象就在经验中，把那用当时的知识所不能把捉的另一方面显现出来了。知识的对象，和那关于对象的知识，就起了矛盾。这个矛盾，促起知识的进步；而知识的进步，又必须顺应于对象的新现象而行。在一种新兴科学——化学——发生以后，起初关于对象的知识，变成了和知识的对象相对的适应着的东西。化学的现象，在我们的表象上起了一个变革，而原子之中能够认识的终极的物质分子被发见之时，能够发见出它的说明。对象与概念的矛盾，知识的动因，在相对的统一之中被解消了。但在这新的统一的内部，又生长了一个新矛盾。经验对我们指示了原子论所不能理解的种种现象。这新的矛盾，又成为一个统一而被解消了。即，电子的物理学，新的知识阶段，是现象的概念对于概念的现象的新反映。但这个反映，当然不是绝对的，也不是永久的"（卢波尔）。由此可知"物质"这概念，实是表现人类对于现实的物质世界的认识的发展阶段。"物质"这概念的发展的历史，概括了关于现实的物质世界的认识的科学史。至于"分子"、"原子"、"电子"等概念，又是表现"物质"这概念的发展的诸阶段，是反映现实的物质世界的诸侧面的契机。由分子到原子到电子的这些顺次出现的概念，是把现实的物质世界从一侧面到另一侧面顺次反映出来的东西。所以概念随着客观世界的发展而发展，不但旧有的概念的内容愈趋丰富，并且还产出新概念。

概念的发展之反映现实的发展，由《资本论》一书显示着很好的实例。"马氏论证了：资本主义内包着以前一切的发展史，单纯商品经济及货币经济等等。反映比较初期的发展阶段的概念（价值、货币、地租），在他对于资本主义社会的分析中，也同样的被发现出来"。所以"在《资本论》之中，资本主义的历史及简约那历史的概念之分析"，都被给与着。"他所把握了的东西，简直就是'简约'资本主义历史的概念。但是，他为甚么在《资本论》中所说的顺序（价值、货币、剩余价值等）上给与这些概念，而不在和这不同的顺序上给与这些概念呢？这不只是由于价值、货币等在资本主义社会中所有的意义、位置及其任务，才配置那些概念的。他那样的描出资本主义，就是在根本上照应于资本主义的现实上的历史发展过程。在实践的过程中，商品经济的初期的阶段，再行发展，也包含着当作商品经济的最高发展阶段的资本主义，而变成商品经济的较高阶段的基础"。所以对象的论理、对象的概念，反映着对象的历史。

（略）

第二篇　当作科学看的历史唯物论

第一章　历史唯物论序说

第一节　历史唯物论的对象

一　辩证唯物论与历史唯物论的关系

> 辩证唯物论与历史
> 唯物论的关系

唯物辩证法的大体的内容，在前篇之中已经说明了。从本章起，我们着手研究历史唯物论。但在研究历史唯物论的各种根本问题以前，我们先要解明下面三个问题。即：（一）辩证唯物论与历史唯物论的关系的问题，（二）历史唯物论的对象的问题，（三）关于形而上学及观念论的社会学说或历史理论的批判的问题。本节先说明辩证唯物论与历史唯物论的关系的问题。

根据前篇的研究，我们已经知道，辩证唯物论是世界观与方法的统一、理论与实践的统一。这个哲学的对象，是自然、社会及人类思惟的一般发展法则。而在唯物论的认识论上，思惟的一般发展法则是自然与社会的一般发展法则之反映，两者在其内容上是一致的。所以在认识论或论理学上研究的思惟的一般发展法则，是自然诸科学与社会诸科学的成果之普遍化的概括。因而辩证唯物论是"从人类的历史的发展之考察抽象出来的最一般的诸结论之概括"，是人类一切知识的历史之总计、总和与结论。

当作世界观看的唯物辩证法，当作自然科学与社会科学的成果之普遍化的概括看的唯物辩证法，其中包含着两个部分，两个领域，即唯物论的自然观（自然辩证法）与唯物论的历史观（历史辩证法）。唯物论的自然观，以自然现象的发展法则为对象，因而它是自然诸科学的成果的概括；唯物论的历史观，以社会现象的发展法则为对象，因而它是社会诸科学的成果的概括。在这种意义上，唯物论的自然观与唯物论的历史观，是唯物辩证法与自然诸科学及社会诸科学之间的媒介的环。所以唯物辩证法之与唯物论的自然观及唯物论的社会观，具有密切的不可分离的关联。德波林说："如没有唯物论的自然观及唯物论的社会观，就没有辩证法；如没有辩证法就没有近代的科学的唯物论"。这句话是很正确的（这句话与他的哲学的偏向无关）。所以，历史唯物论与自然辩证法，同是唯物辩证法之必然的构成部分。

当作认识方法看的唯物辩证法，其一般的法则、原理和范畴，都是从一切个别科学抽象出来的东西，都具有极普遍的性质，所以它不但适合于任何特殊现象的领域，并且适合于一切现象的领域。唯物辩证法在自然领域中具体的适用起来，就成为自然辩证法；在历史领域中具体的适用起来，就成为历史唯物论。所以唯物辩证法，是一切科学的方法论。一切科学只有依据唯物辩证法，才能正确的把握客观的真理。

基于上述的见解，辩证唯物论与历史唯物论之间，具有极密切的关联。历史唯物论如没有辩证唯物论，它本身就不能成立；辩证唯物论如没有历史唯物论，也不能成为统一的世界观。

所谓辩证唯物论与历史唯物论的关联，这句话的本来的意义，就是彻底的把辩证唯物论应用并扩张于历史的领域。只有彻底的把辩证唯物论扩张于人类社会或历史的领域，才能使辩证唯物论更趋于深化和发展，人们才能在世界变动的过程中去认识世界，改造世界。

"历史唯物论是科学的思想之最大的收获"。它给与进步的阶级以正确的历史观——社会观，以理论斗争的武器，使他们能够积极的担负起改造社会的使命。

历史唯物论之积极的意义，"只有阐明在辩证唯物论与历史唯物论之间的内的不可分的联系与统一"，才能得到正确的理解。从前，一切形而上学的唯物论者（连费尔巴哈包括在内），根本上不知道唯物辩证法与历史唯物论，也不知道两者之间的关联和统一；他们的唯物论，只是自然科学的唯物论，不知道把唯物论扩张到历史的领域，反而在历史领域中变成观念论的俘虏。

> 关于分离辩证唯物
> 论与历史唯物论的
> 见解之批判

恩格斯说："费尔巴哈说，单纯的自然科学的唯物论，'确是人类知识建筑的基础，不是建筑物的本身'，这句话完全是正确的。因为我们不单是生活于自然之中，并且生活于人类社会之中，后者也具有不亚于前者的自己特有的发展史和科学。所以，最重要的事情，是要使社会科学，即所谓历史哲学的科学总体，与唯物论的基础相调和，并在这个基础上重新建筑。但这件事情，不能期望于费尔巴哈，因为他在这方面尽管具有基础，却依然被束缚在传统的观念论的圈子里。这种事实，他自己也承认，他说：'退后说，我与唯物论者一致，但向前说，却不与他一致'"。

这段说明，是指出费尔巴哈的唯物论的缺陷，及其在历史领域中的观念论的性质，同时主张把唯物论彻底的扩张于历史领域的重要性。所以，辩证唯物论创始者们当时最大的注意，是向着历史的唯物论，在他们的著作中，"极力主张比辩证法的唯物论更为辩证法的唯物论，比历史的唯物论更为历史的唯物论。"[①]（伊里奇）

历史唯物论是进步的阶级的实践的理论斗争的武器，同时又是布尔乔亚的最大的敌人，所以布尔乔亚不能不集中注意去攻击历史唯物论。他们或者在认识论的领域中，赤裸裸的站在观念论的立场，从根本上去否认辩证唯物论，因而否认历史唯物论；或者用观念论的哲学去修正历史唯物论，把它改造为历史观念论。这种修正主义的策略，在战斗的唯物论者看来，比较从根本上否认历史唯物论的倾向更为险恶，而必须与它做无假借的斗争。例如修正主义柏伦斯泰因一派，否认辩证唯物论的意义，而用新康德主义来修正历史唯物论。他极力主张历史过程中的精神的契机的意义，否定了历史唯物论所主张的"历史的发展之物质的规

---

① 这段引文与列宁的原意有出入，应改为："特别强调的是**辩证**唯物主义，而不是辩证**唯物主义**，特别坚持的是**历史**唯物主义，而不是历史**唯物主义**。"（见《唯物主义与经验批判主义》，人民出版社 1972 年单行本第 330 页）——编者

定性"；用逐渐的和平的进化的理论，代替历史的飞跃的辩证法。

又如波格达诺夫，自称是历史唯物论的信徒，却用马哈主义代替辩证唯物论，因而毁坏历史唯物论。玛克时亚德拉也自称是历史唯物论的信徒，却用新康德主义代替辩证唯物论，因而修正历史唯物论。

还有，被称为"现代社会法西斯的罗马法皇"的考茨基，也努力表示着拥护哲学的唯物论与历史唯物论，承认"历史唯物论是适用于历史领域的唯物论"。可是他把哲学的唯物论当作认识的方法，因而"从哲学的世界观切离历史认识的方法"，而到达于"唯物史观与唯物论哲学无关"的结论。这种结论，引导他站立在分离世界观与方法、分离理论与实践的机会主义的立场。

现代机械唯物论者们，也不能理解辩证唯物论与历史唯物论的统一。他们主张用自然科学代替辩证唯物论的哲学，并用自然科学的法则和范畴，来解释历史，造出了社会的自然生长性的历史理论。

上述观念论者与机械唯物论者对于历史唯物论的曲解修正，是拥护历史唯物论的人们的攻击的目标。

> 社会的存在与社会的意识之关系

历史唯物论是把辩证唯物论适用于社会的认识的理论，这在上文已经说明了。辩证唯物论怎样的适用于社会的认识呢？关于这一层，伊里奇这样说明着："唯物论一般承认离人类的意识、感觉、经验及其他而独立的客观的实在的存在（物质）。历史唯物论承认离人类之社会的意识而独立的社会的存在。意识无论在那一方面，只是存在的反映，至多也只是存在之近似的忠实的（适应的、观念上正确的）反映。"他又说："唯物论总是由存在说明意识的东西。如果不是相反，那么，在人类的社会生活的应用上，唯物论要求由社会的存在说明社会的意识"。伊里奇这几句话，是简单的解释"社会的存在规定社会意识"这个论纲的。这个论纲，是历史唯物论的根本论纲，历史唯物论的全部内容，都是这个根本论纲的说明。

所谓社会的存在，是人类社会的现实的生活过程，是人与人在生活资料的生产过程中发生的相互关系。简单点说，社会的存在，即是社会经济的构造。所谓社会的意识，是一定的社会、阶级或职业等集团所具有的、非组织的、或稍稍组织化了的感情、情绪、思想或学说。简单点说，社会意识即是在意识中被反映了社会的存在。

所谓社会的存在规定社会的意识，就是说：我们人类生活在社会之中，第一件重要的事情，是取得物质的生活资料来维持自身的存在。所以人们在从事政治生活及其他各种精神生活之前，必要先满足衣食住等项的需要。这类生活资料的生产，以及一个时代的经济发展的阶段，就形成了社会的基础。其他国家机关、法律见解、艺术及宗教表象等，都是在这个基础之上发展起来的上层建筑。这些上层建筑都是要受那个基础所规定，所说明。

二　社会的基础

说明了历史唯物论的论纲以后，更进而规定历史唯物论的对象。但在规定历史唯物论的对象以前，我们不能不把社会构成的原理作为一个极简括的说明。

> 生产力

人是社会的动物。人的生活，是社会的生活。所以人是生活于社会之中的，一瞬间也不能离开社会而孤立。人类自有生以来，就结成社会而生活着。

人类社会为要继续维持其存在，第一件重要的根本的事情，就是要经常不缀〔辍〕的取得物质的生活资料。为要取得生活资料，就必须从事于劳动。人类当从事劳动时，首先要有劳动的工具即劳动的手段，才能使用其劳动力。有了劳动手段之后，还必须有加工的对象即劳动对象，才能造出生产物，供作消费之用。所以劳动力、劳动手段和劳动对象，是劳动过程中的三个要素。三者之中，如果缺少了一个，人类的劳动便不可能。但这三种要素，不能分散的各自孤立的存在着。它们必须互相结合起来，即是说，劳动力必须和劳动手段及劳动对象结合起来而一同运动的时候，人类才能开始生产。这三者互相结合而参加生产过程时发挥出来的制造物资的能力，就是生产力。

这里所说的生产，是社会的人类的生产，是社会上被规定了的人类的生产。所以生产力只有在特定的社会形态中，只有在特定的社会关系的框子中，才能存在。因而所谓生产力，只是由特定社会关系给以形式的生产力，即是在特定发展阶段上的社会的生产力。

> 生产关系

人们当生产之时，不但劳动力要和劳动手段、劳动对象结合起来，同时人与人也必须结合起来。人们"只有共同劳动，并互相交换其活动，才能生产"。所以人们"为要生产，就必须结成一定的关系，只有在这种社会关系之内，他们才能作用于自然，才能生产"。这种社会关系，即是人与人在生产过程中发生的相互关系，称为生产关系。

生产关系是被给与着的东西，在社会中生活着的人们，无论自己愿意与否，都必然要加入这种生产关系。

生产关系是与特定发展阶段上的社会的生产力相适应的。因为生产关系与生产力是不可分离的结合着，生产力是生产关系的内容，生产关系是生产力发展的形式。在生产关系与生产力之对立的统一过程中，生产关系常对生产力斗争，而生产力对于生产关系占居优位。

生产力是不断的向前发展的，适应于生产力的特定发展阶段，就成立特定发展阶段的生产关系的体系。

生产方法与生产关系

所以当我们说起生产力之时，是意指着特定发展阶段上的社会的生产力，而不是生产力一般；同样，我们说起生产关系之时，是意指着特定发展阶段上的社会的生产关系，而不是生产关系一般。

人类社会的发展，经历了许多发展的阶段，各个阶段上各有其特殊的生产关系的体系。各个阶段上的生产关系体系，是由各个阶段上的特殊的生产方法所规定的。所谓生产方法，即是劳动力与生产手段（即劳动手段与劳动对象）结合的方法。

说到生产方法，不能不提起财产关系。在社会发展的最初阶段上，生产手段是属于社会公有的。因而生产手段与劳动力结合的方法即生产方法，是平等的生产方法。由这种生产方法所决定的生产关系，也是平等的生产关系。但是到了生产手段被特殊的社会集团所独占以后，生产手段与劳动力结合的方法，就成为敌对的生产方法。由敌对的生产方法所决定的生产关系，就成为敌对的生产关系，如古代的、封建的、现代的生产关系即是。所以敌对的生产关系，又是社会集团互相对立的生产关系。

社会的经济构造

生产关系，是生产力的发展和作用的形式，是社会生产过程的形式。生产过程之中，包摄着四种过程：第一是生产过程，即是劳动组织和分业或共同劳动的过程；第二是生产手段、劳动力及生产物的分配过程；第三是生产手段、劳动力及生产物的交换过程；第四是生产手段、劳动力及生产物的消费过程。这四种过程之中只有第一种过程即生产过程是占居支配地位的，所以我们把四种过程的统一，称为生产过程。换句话说，生产过程是包摄了分配过程、交换过程和消费过程的东西。

　　因此，生产关系，又分为下述四大类：第一是人与人在生产过程中结成的相互关系；第二是在分配过程中结成的相互关系；第三是在交换过程中结成的相互关系；第四是在消费过程中结成的相互关系。这些生产关系，都是与特定发展阶段上的生产力相适应的。这些生产关系的总体，形成了社会的经济构造。这种经济构造，就是社会的基础。

　　三　社会的上层建筑

政治的法律的上层建筑

　　人类当生产他们的生活资料时，必须在一定的方法之下，共同劳动。因为共同劳动，就不能不维持共同劳动时的一定的规律秩序，并且不能不有维持这些规律秩序的指导者。可是在平等的生产方法支配着的社会的经济构造中，譬如在原始社会的经济构造中，生产手段是归社会所共有，人与人在生产过程中的关系都是平等的。所以这个时代的社会的经济构造及其规律秩序，完全依靠传统习惯去维持，并受种族中的年长而有经验的人所指导，没有用特别权力去实行压迫或强制的必要。因而政治权力那东西，在这样的社会中是不能想象的。即是说，在原始社会中，政治和法律一类的东西是不曾有过的。

　　然而进到敌对的经济构造中，情形就完全不同了。在敌对的各种经济构造中，一方面的社会集团独占着生产手段，另一方面的社会集团被剥夺了生产手段。前者利用生产手段的独占权，剥削后者的劳动而生活。于是这两种利害不同的社会集团，因为利害的冲突，就进到了互相对立、互相冲突的状态。因此，占有生产手段的社会集团，为谋维持社会上的安宁秩序，就创出了一种公共的强制权力，来镇压那丧失了生产手段的社会集团。这种公共的强制的权力，就是国家。国家的强力装置，是武力的种种组织以及种种强制他人意志服从权力的种种手段。于是占有生产手段的社会集团，通过国家这个机关，变成了支配者；同时丧失了生产手段的社会集团，变成了被支配者。所以国家是在敌对的经济构造之上建立起来的，是一个社会集团统治别个社会集团的工具。社会的各个发展阶段上的国家，依存于各个阶段上的经济构造，如古代的、封建的、现代的国家，是依存于古代的、封建的、现代的经济构造的。

　　支配者对被支配者实行支配时，单靠掌握国家权力，还是不充分的。支配者还得要组成政府机关，创制种种法律，对被支配者宣布关于权利义务的种种规定，关于保障财产及维持秩序的种种规定，然后才挟着强制权力，使被支配者奉行遵守。所以法律的主要作用是保障财产关系的，而财产关系是生产关系之法律术语的表现。

随着敌对的经济构造之发展，国家也随而发展，随而扩大其规模，凡属武力的组织、政党、教会、学校等及其他种政治机关，都包摄在内。

统括上述各项，总称为政治的法律的上层建筑。政治的法律的上层建筑，是社会的上层建筑之一。

意识形态的上层建筑

于是我们进而说到社会意识的领域。关于社会意识，如我们在前章中所说，社会意识是被反映了的社会的存在，而社会的存在是经济构造。

但照本章的说明，政治的法律的上层建筑，是从敌对的社会的经济构造中分化出来而建立于经济构造之上的东西，所以它仍然隶属于社会的存在。这样说来，社会意识是反映经济构造及政治的法律的上层建筑的东西了。

人类在其物质生活的生产过程中，依从于特定的生产方法，形成了一定的经济关系和政治关系；同时人们又依从于一定的经济关系和政治关系，形成了一定的社会意识。

但是社会意识，必具有种种的形式。社会意识的形式，即是意识形态。在形式与内容的相互关系上，不具形式的任何社会意识，是没有的，不具内容的任何意识形态，也是没有的。

各种意识形态，是按照社会现象的范畴，把社会意识的一定内容采取出来，实行抽象化、普遍化、系统化的精神生产物。这些意识形态，更分为法律上的意识形态，政治上的意识形态，宗教上的意识形态，哲学上的意识形态等部门。

社会意识与意识形态，是随着经济构造的变动而不断变化的，都是历史的、暂时的、无常的产物。

在敌对社会中，社会意识和社会意识形态也是敌对的。大体上，在特定的敌对的社会中，支配者的意识形态常占居支配的地位。这是支配的物质关系之观念上的表现。但是随着各个社会集团间的对立和冲突，被支配者的意识形态就成立起来，而与支配者的意识形态相对立。这种精神的冲突，实是物质的冲突之反映。

一定社会的意识形态，是一定社会的上层建筑。意识形态的上层建筑，是社会的上层建筑之二。

上层建筑对于基础的作用

如上所述，经济构造是社会的基础，政治的法律的上层建筑与意识形态的上层建筑，都是树立在这个基础之上并受这个基础所规定的。可是这两种上层建筑虽受基础所规定，而对于基础却又给以一定的反作用。在社会的发展过程中，政治的法律的上层建筑与意识形态的上层建筑，不单是受动的社会现象；两者互生作用，并影响于经济构造的发展而成为能动的社会现象。这就是上层建筑对于基础的反作用。但是上层建筑对于基础的反作用，从其发源与结果看来，是决不能与基础对于上层建筑的作用相同的。上层建筑反作用于基础的可能性，是由于上层建筑从基础得到的发展力量而来的。可是这些上层建筑的作用的结果，只在它没有和基础发展的倾向相矛盾之时，才能持久，才有意义。在相反的方面，反作用虽也能延缓并障碍经济发展的过程，却决不能变更这发展过程的倾向，而经济的必然性，结局是必须打开它的进路而前进的。以下分别说明各种上层建筑对于基础的作用。

先说政治的法律的上层建筑对于基础的反作用。

"政治是经济之集中的表现"，即是说，政治是在经济的基础之上成长起来，而表现经济的东西。政治对于经济取得了一定的独立性之后，就立即反作用于经济发展的进行。政治对于经济的发展，可分为两个方向：第一，当政治作用于合法则的经济发展的方向时，它和经济相调合，经济就能向前发展。譬如新建的国家，支配者厘订种种适合于经济的新法律制度，这确是能够助长经济的发展的。第二，当政治违背于合法则的经济发展的方向时，它和经济相冲突，经济的发展就被阻碍。譬如陈腐的国家，支配者为保持自己的利益而利用政权以苟延残喘，这确是能够障碍经济的发展的。所以政治权力的作用很大，它能促进经济的发展，也能破坏经济的发展。在这种情形，政治对于经济占居优势。但这种优势，仍是从经济发生，并受经济所规定。

总之，在阶级社会中，一切经济上的问题，要在政治的形式上，才能解决。阶级社会中，一切社会事变，都通过阶级的行动而出现，而构成这些阶级行动的顶点的东西，即是政治。所以历史唯物论，对于政治在社会发展上的积极的作用，是非常重视的。

其次，意识形态虽是反映经济构造及政治的法律的上层建筑的东西，同时它对于两者有很大的反作用。这样的反作用，也分为两个方向：（一）正确的反映了经济构造及政治的法律的上层建筑之意识形态，能够暴露出经济及政治的发展法则，使人们能顺应这些法则去改造经济与政治，以促进社会的进步。（二）如果曲解了经济构造及政治的法律的上层建筑的意识形态，那就曲解或否认政治与经济的发展法则，徒使人们陷于心理的游戏。这样的意识形态，至多也只是颠倒事实的真相，以为特殊的社会集团的利益说法，结果只能暂时阻碍社会的进步，而社会发展的必然性，终究要暴露出这种意识形态的反动性。

一切革命的学说、思想或哲学，只是当时社会的物质生活的矛盾、阶级的斗争等社会变动的事实之观念的反映。这种学说、思想或哲学，无疑的是革命的阶级的实践的契机，能够促进社会的改造。但是意德沃罗基这种促进社会改造的作用的原动力，仍然潜伏于社会的存在的根柢中。所以历史唯物论在考察社会的变革时，必须区别"物质的变革"与"意识的诸形态"，而主张意识形态"必须从物质生活的矛盾，从社会的生产力与生产关系的矛盾去说明"。

四　社会的发展法则

基于以上的说明，可以把社会构成的原理，

> 社会的构成形态及其发展

作下面的概括："人类在其生活之社会的生产上，加入于一定的、必然的、离其意志而独立的诸关系，即适应于物质的生产力的一定发展阶段的生产诸关系。这些生产关系的总体，形成社会之经济的构造，是法律的政治的上层建筑在它上面树立并有一定社会的意识形态和它相适应的现实基础。物质生活的生产方法，决定社会的、政治的及精神的生活过程一般。不是人类的意识规定他们的存在，倒是人类之社会的存在规定他们的意识"。

因此，社会的构成形态（即社会形态），就是处于特定生产关系总体以及由它所生的特定政治的法律的上层建筑与意识形态之下的社会。并且这个社会是一定历史的发展阶段上的社会，是有其特殊的、固有的特质的社会。因为"生产关系的总体，是构成称为社会关系，称为社会的东西"，所以社会形态就是当作特定的生产关系总体看的社会，譬如先阶级社会，古代社会，封建社会，现代社会，未来社会，就是这样的生产关系的总体。这各种的社会，同时又造成了人类社会全部历史上的各个顺序的特殊的发展阶段。

社会发展的各个阶段，如上面所划分的一样，共分为五种构成形态。但是各种构成形态都是继承先行的社会形态的积极的结果而发展起来的，同时又包含着种种复杂的经济制度。这些经济制度，是和构成形态有区别的。各种构成形态，是由特定的生产方法所决定。如封建社会的构成形态，受封建的生产方法所支配，现代社会受资本制的生产方法所支配。至于经济制度，可以在特定的构成形态中杂然并存。因为特定构成形态中的各种经济制度，除了占居支配地位的东西以外，有的是先行的构成形态的遗物，有的是同一构成形态内部的发展阶段。这些经济制度，都是特定构成形态的复杂的成分，不过这些成分，都受特定构成形态中的支配的生产方法所规定、所包摄，都是被支配的东西，是附属的东西。例如现代社会中，资本制生产方法占居支配地位，所以现代社会的构成形态是资本主义。但在这个构成形态中，仍包含封建的经济制度（如家长制的农民经济与小商品生产）的遗物。这就是经济制度与构成形态的区别。

> 社会发展的意义

所以历史唯物论所研究的社会，必须是特定的历史发展阶段上的社会构成形态，即是当作特定生产关系的体系看的社会。于是我们更进而说起社会的发展法则。

人类社会是不断的向前发展的。人类社会之所以发展，也和世界一切东西的发展一样，是由于它内部包含着矛盾。社会内部所包含的矛盾，是生产力与生产关系的矛盾（在敌对的社会中，显现为阶级间的矛盾）。由于生产力与生产关系的矛盾，社会就不断的往前发展。因为人类在其物质生活的生产过程中，不断的获得新的生产力。人类一日获得了新的生产力，就变更了劳动力与生产手段结合的方法，即成立了新的生产方法。由于新的生产方法之成立，就改变旧的生产关系而成立新的生产关系。于是新生产关系体系代替了旧生产关系体系，随着社会的基础之变动，那些树立在旧生产关系体系上的上层建筑，就或缓或急的随着变革。于是崭新的社会构成形态，起而代替了陈旧的社会构成形态。这是社会发展的最一般的意义。以下先说明各种社会构成形态内部的发展法则的特殊性，再说明由一种构成形态转变为别种构成形态的转变法则的特殊性。

> 特定社会内部发展
> 法则的特殊性

社会是一个发展的过程，社会的发展法则自身，也是一个发展的过程。在过程中的各个阶段上的社会形态各不相同，因而在过程中各个阶段上的社会的发展法则，也是各不相同的。各个历史的时代，各自有它特殊的法则。如同古代社会、封建社会、现代社会等各种社会的有机体，也和各种动植物的有机体一样，在根本上是互不相同的。一个阶段上的社会当发达到一定高度而转变到次一阶段时，就开始受另一种发展法则所支配。各时代的社会的发展法则所以各不相同的原因，从根本上说来，是由于物质的生产诸力不断的发展。人类间的生产关系，是和一定社会的生产力相适应的。人类依存于一定社会的生产力，造出一定的生产关系，同时又依存于那一定的生产关系，形成一定的原则、观念及范畴。因而一定社会的发展法则，就支配这一定的生产力和生产关系，支配着那一定的时代的社会。人类一旦获得了新生产力，生产关系就随着改变，因而那支配这新生产力和新生产关系的社会的新发展法则，就代替过去的发展法则来支配社会了。所以各个时代的社会发展法则，各自有它的特殊性，适用于过去的，决不能适用于现在。即是说，无条件的适用于一切时代而都妥当的社会的发展法则，只是一个抽象，实际上是没有的。

社会形态由低级到高级的转变法则的特殊性

依照前面的说明，人类社会全部历史的发展过程，可以列成下述各个顺次的发展阶段：（一）先阶级社会，（二）古代社会，（三）封建社会，（四）现代社会，（五）未来的新社会。这些社会各自有其内在的、固有的特殊发展法则，这是刚才说过的。现在再说到由低级社会形态到高级社会形态转变的法则。这些社会形态之间的转变法则，可以分为下述四种：（一）由先阶级社会到古代社会的转变法则；（二）由古代社会到封建社会的转变法则；（三）由封建社会到现代社会的转变法则；（四）由现代社会到新社会的转变法则。这些转变法则是互不相同的，是特殊的。

这些转变法则的特殊性，根源于各个社会的特殊发展法则，即根源于生产方法的特殊性，根源于生产力与生产关系的特殊性。例如由现代社会到新社会的转变法则，和由封建社会到现代社会的转变法则，是各自有其特殊性的。由封建社会到现代社会的转变，是封建社会母胎中孕成了的生产力与封建的生产关系相冲突的结果。由现代社会到新社会的转变，是现代社会中孕成的生产力与现代的生产关系相冲突的结果。譬如法国革命与俄国革命，都各有其特殊性。这两者的特殊性，可说是两种转变法则的特殊性之具体的表现。所以各种社会构成形态间的转变法则，是各有其特殊性的。

综合以上的说明，可以把历史唯物论的对

历史唯物论的对象
之规定

象，作如次的极简括的规定：

第一，历史唯物论是把社会当作适应于生产
力的特定发展阶段的生产关系总体去把捉，即是
把社会当作特定的历史发展阶段上的社会的生产有机体去把捉，阐明其
固有的机能与发展的法则；在敌对的社会条件之下，就说明这社会的各
阶级间的关系；于是更进而探索那些与这生产关系总体相适应的政治上
与意识形态上的上层建筑，说明其内的关联，以到达于基础与上层构造
的统一，以形成一定的社会构成形态之生动的形象。

第二，历史唯物论把社会当作客观的、合法则的、自然史的发展过
程去把捉，阐明各个特定阶段上的社会的特殊的发展法则，阐明社会由
低级形态到高级形态的特殊发展法则。

第三，历史唯物论把社会全部历史列为先阶级社会、古代社会、封
建社会、现代社会、未来社会的五个顺次发展的阶段，指出人类社会发
展的一般的进行与特定发展阶段上的特殊形态之统一，指出历史过程的
统一与联结，发现历史发展之一般的正确的法则。

就上述三项，再简约起来，历史唯物论的对象是：在最一般的大纲
上说明人类社会之历史的客观的发展过程及其发展法则，阐明各种社会
构成形态的特殊发展法则及由一种构成形态到他种高级构成形态的特殊
转变法则。

第二节　当作历史观与方法、理论与实践的统一看的历史唯物论

一　历史唯物论是社会发展理论与社会认识方法之统一

历史唯物论的对象既经规定，它的意义就容易理解。

历史唯物论究竟是什么？关于这一问题，有两种非正确的见解，这
里应当加以批判。

机械论者主张历史唯
物论是社会及其发展
法则一般的学说

第一种非正确的见解，是机械论的见解。
机械论者说"历史唯物论是关于社会及其发展
法则的一般的学说"。这就是说，历史唯物论
是关于社会一般的学说及关于社会发展法则一
般的学说，这种见解，明明是谬误的。这种见
解的主要的谬误，是用抽象的社会一般代替具体的社会历史，用抽象的
社会发展法则一般代替具体的社会发展法则。依据前章的说明，我们知

道，人类社会的发展经历了先阶级社会、古代社会、封建社会及现代社会的各种顺序的阶段。各个阶段上的社会，是互不相同的特殊的生产关系体系，各有其固有的特殊发展过程和固有的特殊发展法则。历史唯物论研究的出发点，是"一定历史的发展阶段上的社会"。历史唯物论把这"一定历史的发展阶段上的社会"，当作特定的生产关系的总体去把捉，由此以探求各阶段上的社会的特殊发展法则，及其转到高级形态的特殊转变法则。这样，才能阐明社会的这种多方面的矛盾的过程之客观的合法则性，才能在最一般的大纲上把握住全人类社会的客观的发展过程及其发展法则。照这样在最一般的大纲上说明了的社会的客观的发展过程及其发展法则，是具体的社会历史过程之正确的反映，是一般的全部社会发展过程与特殊的各阶段上的社会发展过程之统一。只有依照这样在最一般的大纲上反映了的社会的发展法则，才能理解这一般的发展法则在各个阶段上的社会中所显现的特殊形相。所以社会的发展，常是具体的，是一般进路与各个历史阶段的特殊性之融合。

但是如果依照机械论者的见解，全社会发展的具体的历史就在抽象的社会一般之中消失了，社会发展的具体的法则就在抽象的社会发展法则一般之中消失了。照这样，先阶级社会、古代社会、封建社会及现代社会的各种具体构成形态及其各种具体发展法则，都转化为"社会及其发展法则一般"，而丝毫没有具体性与特殊性存在。于是所谓社会一般，在论理上就归结到古往今来的人类社会同是人类的集合体。而所谓社会发展法则一般，在论理上就转变为没有空间性和时间性的永久不变的真理了。事实上，所谓"社会一般"和"社会发展法则一般"都是抽象的，而抽象的东西是不存在的。

形式论者主张历史唯物论是社会的方法论

关于历史唯物论是什么这一问题的第二种非正确的见解，是形式论的见解。形式论者说："历史唯物论是社会的方法论，是一种抽象的社会认识的论理学"。形式论者与机械论者相反，主张在历史唯物论方面必须"提倡这种方法论的内容和历史的内容"。形式论者所说的"方法论的内容"，即是"社会科学的方法论"的意思。至于所谓"历史的内容"，就是说，历史唯物论是在于"研究种种社会形态的种种法则"而"结合这些法则的一般的东西，就是这些法则的推移转变及这转变的研究方法"（这里所说的"研究方法"即是"方法论"）。

形式论者这种见解，在表面上好象和机械论者的见解相对立，而实际上却和它很接近。形式论者的见解的主要谬误，是把"社会的方法论"代替社会发展理论即历史唯物论，把关于互异的形态不同的种种社会现象的几个预定的抽象的前提代替社会的历史的发展之统一的全面的一般理论。依照这种见解，历史唯物论变成了抽象的方法论与关于历史过程的各个形态的经验论态度之特殊的结合。

我们知道，社会全部的历史过程是这全部过程中各个阶段上的特殊构成形态之具体的统一。全体离开部分不能存在，部分离开全体不能存在。形式论者主张历史唯物论只研究各个发展阶段上的社会形态的种种法则，而不能在最一般的大纲上说明人类社会全部的历史的发展过程及其发展法则。这样的见解，暴露出他们只知道各个发展阶段上的"种种社会形态"，不知道有统一的全面的社会发展过程；只知道有"种种社会形态的种种法则"，不知道有社会史的"一般的发展法则"。这种见解，在论理的进行上，势必用俗流实证论及迂迴经验论的精神，去解释各时代的历史的特殊性。这种见解，是形式论理学的见解：只看见部分，而不看见全体，"只见树木，而不见森林"。

如上所述，形式论者所"提倡"的"历史的内容"，只是断片的历史而不是整个的历史，是抽象的历史而不是具体的历史。因此，他们就从历史唯物论的内容抽离出与内容不一致的形式，从历史唯物论的对象抽离出与对象不符合的方法。于是，历史唯物论转变为只研究形式的抽象的"方法论"，转变为非从对象的分析得来的、完全抽象的前提之体系。

上述两种见解的异同

在上述两种见解之下，历史唯物论的本来的对象——社会的经济的构成形态的发展之历史的过程，就完全消失了。在机械论的一方面，抽象的、自己造作的"社会一般"的公式，代替了特殊的、异质的、社会形态的真正历史过程之研究。在形式论的一方面，关于特殊的、异质的、社会形态的几个先定的抽象前提，代替了一般的、统一的、社会的发展过程之理论。所谓社会的"方法"，在这种情形，就完全丧失了那物质的、具体的、历史的基础。这两种见解的差异之点，就是在前者一方面，所谓"关于社会的一般的学说，变成了机械的从外部嵌入于历史的永久不变的尺度。而在后者一方面，把历史唯物论解消于方法之中。后者是把前者所主张的'一般法则'化为同样抽象的论理的范畴之总体，主张用这种范畴去研究种种形态的特殊法则。在这种情形，看不到社会发展的历史过程"。

如果应用"社会一般"的学说来研究现代社会与过渡期社会的构成形态时，就不能理解这两者质的差异。而两者的特殊发展法则就变为抽象的同一的东西了。如果应用"社会的方法论"的学说来研究帝国主义的发展与过渡期的各种经济制度时，就必然要把两者的具体的研究，转化为内容空虚的"方法论"的抽象，把两者的特殊性转化为经验论的、主观主义的东西了。

> 科学的理论与科学的方法之统一

基于前面的说明，历史唯物论不是"关于社会及其发展法则的一般的学说"，也不是"社会的方法论"，而是社会发展的理论与社会认识的方法之统一。

历史唯物论是社会之理论的研究。社会之理论的研究，是社会史的反映，并且是社会史的普遍化的反映，是依从于指示社会发展的现实进行的法则的正确的反映。简明点说，历史唯物论是在最一般的大纲上，反映出统一的社会史的发展过程及其发展法则，反映出特殊的、异质的各种社会形态的发展及其转变的根本法则的理论。

在这种处所，一般与特殊之间，成立了正确的关系。因为历史唯物论是具体的社会发展过程的反映论，并不是抽象的、"超历史的"历史哲学的发展之公式，不是解决一切历史上的问题的万应膏。具体的发展过程，在其本身中统一着一般的进行的路线和各个发展阶段的特殊性，即是统一着整个过程的一般发展法则与过程中各阶段的特殊发展法则。这是一般与特殊的正确关系。社会的历史，自有其一般的发展法则。例如说：当生产关系障碍生产力的发展时，必引起社会革命——这就是社会的一般发展法则。可是这一般的法则，在种种社会的构成形态中，却有种种不同的具体的表现。所以只有从特定构成形态（如封建的或现代的等等）的特定历史发展条件之具体的研究出发，才能理解特定构成形态之质的特殊性，才能理解社会的一般发展法则在它当中所表现的特殊相貌。所以历史唯物论当是研究"特定历史发展阶段上的社会"。

只有从科学的认识论出发，我们才能理解历史唯物论所以能成为社会现象的认识方法即社会科学方法论的理由。历史唯物论只有在它正确的反映了社会的构成形态之自然史的过程与社会史的这种最一般的发展法则时，才成为科学的理论。只有当作科学的理论看的历史唯物论，才能成为方法论的理论，我们才能得到"社会科学上的方法的理论"，才能得到"唯一的科学的历史说明方法"。

当作社会科学方法论看的历史唯物论，其主要之点如下：

第一，在社会的存在与社会意识的正确关系上去理解各种历史的社会的现象。这就是说，要把特定构成形态的物质的生产关系，当作一切历史之现实的物质基础抽取出来。即是说，要把一切历史的社会的现象，当作与特定历史阶段上的生产关系相联系的现象去考察。

第二，在全体的关联上去理解各种社会的现象。如上所述，社会是包摄生产诸关系的总体、国家形态、法律制度以及一定意识形态的系统，而生产诸关系是这个系统的基础。同时，基础与上层建筑，上层建筑的内部，又有极复杂的相互作用。并且，敌对的社会是各个社会阶级之对立的统一，这种对立物的认识，是理解各种社会现象的关联性的基础。

第三，在发展过程上去理解各种社会现象。一切的社会现象都是发展的，一切社会现象的发展，都是内在的对立物的冲突，归根结底是生产力与生产关系的冲突。所以研究一切社会现象的发展时，必须深入的去暴露其发展的根本动力，由此以探寻其发生、发展及其没落的趋向。

所以历史唯物论的方法是具体的，是受研究对象的社会的规律的特殊性所限制的。它决不是抽象的社会的方法论。在这种处所，历史唯物论是社会发展理论与社会认识方法的统一，它决不与具体的历史相分离，也决不与其他社会科学相隔绝。它是反映历史发展之具体过程的科学的历史观，它是这种历史观之哲学上、理论上及方法论上之本质的内容。

历史唯物论指导经济学去研究各种社会经济构造的各种历史的特殊发展法则（广义经济学），研究资本主义的社会经济构造的特殊发展法则，克服布尔乔亚经济学的观念论的见解。它指示法与国家的理论，把法与国家当作建立于经济构造之上的上层建筑去理解，阐明法与国家是随着经济的构造之历史的发展而发展，而取得历史上所规定的特殊的形态，阐明其特殊的发展法则，使法与国家的理论，从一切布尔乔亚的法与国家的观念论的见解解放出来，得到真正科学的性质。在意德沃罗基的理论中，历史唯物论指示社会意识是社会的存在之映象，并随着经济构造的发展而发展，而意德沃罗基的发展法则，即是社会的存在的发展法则之映象，与社会的存在循着同一的法则而发展，由此以表明其阶级的性质，克服一切观念论及机械唯物论和俗流唯物论的谬论。

二　历史唯物论是社会的理论与社会的实践之统一

理论与实践的统一

"理论不是教条，而是行动的指导"。这个原则是象一根红线一样，贯串于历史唯物论之中。

社会发展的理论是社会的客观发展过程及其发展法则之正确的认识。但这种认识不是可以靠研究室的研究所能得到的，而是要在人类的活动的过程中，在社会的实践的过程中才能得到的。社会发展的理论的命题，在单只停顿在学究的理论的范围中，它只是根据于一种或数种事实而成立的原则。反之，各种理论的命题，如果移到于现实生活方面，并且根据它来改造现实生活之时，我们就把这种命题从特殊性或个别性移到普遍性。这样，在社会的实践中，社会的理论就消失了那学究的性质，它不但有普遍性的价值，并且有直接的现实性。在另一方面，社会的实践如果离开社会的理论，它是盲目的，是愚笨的。社会的实践是人们要变更社会的客观现实性而使它适合于自己的目的的种种有计划的行动。人们如果不去研究社会的现实性的法则，不理解社会的理论与社会的实践之统一，就不能改造社会，这是很明白的事情。

社会的理论与社会的实践，是不可分离的结合着。社会的理论中有社会的实践的成分；社会的实践中有社会的理论的成分。社会的理论由社会的实践而获得；社会的实践由社会的理论而贯彻。没有社会的实践的那种社会的理论，只是空洞的理论；没有社会的理论的那种社会的实践，只是盲目的实践。但是社会的实践，比较社会的理论，占居优位。社会的实践所以比较社会的理论占居优位的理由，可以分为四点：第一，社会的实践是人们对于社会的认识的出发点；第二，社会的实践是一切社会的认识之规准，是社会的理论的真理性之规准；第三，社会的实践是认识客体与认识主体两者间所必要的联结的规定者；第四，社会的实践不但有普遍性的价值，并且有直接的现实性。

哲学的任务不是各色各样的解释世界，而是变革世界；同样，历史唯物论的任务不是各色各样的解释社会，而是变革社会。

由历史的必然到历史的自由

"理论是解答实践的活动所提起的问题的"。理论从实践产生，又能指导实践。社会发展的理论反映出社会的发展法则。基于被反映了的社会的发展法则，人们就得到关于社会现象的预见的可能性。但是社会学的预见，不从社会现实分离，不从社会的实践分离。只有在理论与实践之有机的统一上，历史唯物论才能反映出社会的发展法则，才能预见社会的将来。因此，人们才能有计划的从事于社会的实践，而从历史的必然的领域进到历史的自由的领域。

依历史的必然与自由之正确关系来说，历史上的自由，即是历史的必然之认识。"自由是必然的洞察"。"只有在必然未经理解之时，必然是盲目的"。"自由并不存在于如一般所梦想的离自然法则独立的处所，而是存在于自然法则的认识之上，存在于与这法则一同发生而有计划的把它适用于一定目的的可能性之上"。所以自由是被认识了的必然。我们知道，水火风雷等大自然力，当人类还没有认识并处理它们的时候，它们作用于人类，完全是盲目的，是强制的，是破坏的。往往一场大水能够把人口牲畜田园屋宇都破灭，一场大火能够把人畜屋宇粮食都烧毁，一场大风能够把房屋农作都败坏，一场大雷能够把动物植物屋宇都打倒。这些都好象自然界的不可抗力，但当人类认识并处理了它们之时，就能够防卫它们，利用它们，而转祸为福了。我们现在不但知道疏水导河以治水，并且知道利用水力以造水碓水磨水车，现在还用来发电；不但知道防避火灾，并且利用火力以发动蒸汽机关；不但知道避风，并且知道利用风力以造出风车，行驶帆船；不但知道避雷，而且知道利用电力以应用于种种事业。于是这些大自然力，便由倔强的恶魔一变而成为忠顺的奴仆了。同样，生产力这种大社会力，当我们没有认识它并处理它的时候，它作用于人类，正和大自然力一样，完全是盲目的，是强制的，是破坏的。一次经济的恐慌，往往能够夺掉数百千万人的饭碗，损失若干万万的财产；一次帝国主义战争，至于把数百千万的穷苦人民化成少数帝国主义者的炮灰，把全世界的经济生活都陷在不可名状的混乱。这种大生产力，在现在好象也是一种不可抗的大自然力，向人类作用着。假若我们能够认识它，理解它的作用、它的方向和它的影响时，我们就可以渐渐的使它服从于我们的意志，而容易达到我们的目的。假使我们一旦了解了它的性质并依其本性而加以处理之时，它就会和在电信机中起作用的电力一样，就有益而无害了。即是说，假如我们能依着生产力的本性，把它放在协力的生产者手中，变生产手段之私人的所有为社会的所有，而生产依照社会的必要而被组织之时，人就会变为自然和自己的主人。到了这时候，人类就会以充分的自觉造出自己的历史；人类自己所发动的社会的诸原因，就会生产出自己所希望的结果。这即是从必然到自由的飞跃。

"各个人的有意识的自由行动，产生出他们所不能预料不能预见的结果。这种结果是与全社会有关系的，即是作用于他们的相互关系的总体的。所以人们从自由的王国转移到必然的王国。但是由人们之个人的行为产生而未经他们所意识的社会的结果，一旦引起社会组织的变革，就在人们的面前，产生出新的个人的目的。人们的有意识的活动，必然的使面目一新。人们就再从必然的王国转移到自由的王国"。所以人类的历史可以说是从必然到自由的历史。

历史唯物论在研究现代社会时，必须说明下述诸问题：现代社会是从怎样的社会发展的，并且循着怎样的发展途径？现代社会从它出生之时起到现在为止，经过了怎样的阶段？现代社会将转变为怎样的新社会，而这种转变的可能性如何推移于现实性，并受怎样的物质的客观条件所规定？又，担负改造现代社会为新社会的使命的主体，为什么必须是普罗列达里亚？历史唯物论必须研究上述诸问题，才能发见现代社会的发生、发展及其必然没落的法则。而现代社会的这种特殊发展法则，又是一切社会形态的一般发展法则之具体的形态。所以历史唯物论实是现代最进步的阶级即普罗列达里亚能动的推进现代社会发展的学说。

"人类的最高问题，在于把握一般根本路程上的经济的进化（社会的存在之进化）之客观的理论，而尽可能的、明白的、显著的、批判的、使人类之社会的意识和一切现代国家进步的诸阶级之意识与它（上述客观的理论）相适合"。

综合以上的说明，历史唯物论的意义，可作

当作理论、方法及实践指导看的历史唯物论

如下的概括：

敌对社会的领域中的具体的历史的研究，是在于暴露特定历史的生产方法中的内在矛盾、阶级的对立。但如上所述，历史唯物论并不单是这种矛盾之"客观的"证明。历史唯物论在特定社会形态的机能及发展法则本身中，阐明这社会形态的必然没落的法则，指出新社会制度起而代替它的必然性的根据。历史唯物论指出超过这特定社会形态而前进的路线，预见它的将来，在社会的实践上，说明前进的社会阶级的任务。简单的说，历史唯物论又必须是社会实践的指导。

历史唯物论是上述诸契机的统一，即历史唯物论是社会发展的理论，是社会的研究方法，是社会的实践的南针。

（略）

第三篇　社会的经济构造

第一章　生产力与生产关系

第二节　生产力

三　生产力发展过程中技术与科学的作用

技术对于生产力的
发达的作用

　　依据上面的说明，我们已经知道，社会的生产力并不被还原于技术。但在另一方面，技术对于社会的生产力的发展却具有重要的作用，这是不容忽视的。因为社会的生产力由种种复杂的事情所决定，即由（一）劳动者熟练之平均程度，（二）科学及其技术的应用之发达程度，（三）生产过程之社会的组织，（四）生产手段之规模与作用能力，以及（五）自然条件所决定。这五项事情，如果暂时离开其特定的社会形态去考察之时，社会的生产力之发展，是依存于技术的。因此，我们先把技术的作用加以考察，然后再说明与技术有关系的科学的作用。

　　技术是人类对于自然的积极关系，是人类能动的变造自然物的关系，是劳动者所使用的一切劳动手段及其被使用的方法之体系。技术对于生产力的发展的作用很大。因为生产力的发展过程，包含着生产力的诸要素的发展。而生产力诸要素的发展，是在技术发展的影响之下显现的。生产力发展的水准，由技术的水准所测定。所以说："劳动手段，不单是人类劳动力发展的测度器，又是劳动所由实行的社会诸关系的指示器"。

　　技术的体系具有其内在的发展法则。前一阶段的技术，是后一阶段的技术的准备。例如工场手工业生产的技术，是由手工业的技术所准备的。手工业技术的发达，准备工场手工业的发达，后者的诸要素，潜伏于前者之中。其次，机械工业的技术，是在工场手工业的技术发达到一定水准时开始发生的。工场手工业内部的细密的分工，以及各种操作的简单化，形成了把这些操作传达于机械的可能性，形成了使受着限制的人类劳动力得到自由的可能性。从此以后，近代的大工业发展起来，"造出了与它自身相适应的技术的基础，站定了自己的脚跟"。

　　生产力的诸要素的发达，依存于人类对自然的关系的合法则性——技术上的合法则性。这技术上的合法则性是技术学和工艺学的研究对象。本来生产诸力的发展是在这些要素上表现出来，但生产诸力却是更高级的运动形态，并不被还原于技术。生产诸力的发展具有其特殊的质，而依从于社会的生产过程的合法则性。因为技术上的改良进步，不但是由技术的一定发达水准所实现，并且要由一定社会的生产诸关系所实现的。所以我们必须注意技术发展的社会性。

技术是社会生产力的一个动因。当研究技术

〉技术是历史的范畴〈之时，决不可以忘记技术与特定社会经济条件的关系以及劳动者对于劳动手段的关系。从这一点看来，技术同是历史的范畴。技术之有意识的科学的应用，是不能在社会形态所造出的条件之外实现的。譬如机械工业的技术，不但与工场手工业的技术相结合，并且与现代社会的各种条件相结合。在这个时代，种种复杂的劳动形式已经创造出来，同时由社会必要劳动测定具体劳动的观念也发达起来，技术的过程也离开人手的直接作用而独立了。资本主义的经济矛盾在其发展过程中，要求劳动手段之更大的完成，要求技术过程的最大的独立性。这是现代社会所以不断的改良技术的原因。可是进到帝国主义的阶段，技术的应用又采取不同的性质了。

技术是经济的特征，而经济是技术的条件，这两者是不可分离的结合着。各个特定的社会的生产过程，各有其一定的技术的基础。而这一定的技术的基础，是在特定社会形态中造成的。蒸汽制粉机是现代社会的特征，不是封建社会的特征，因为蒸汽制粉机非在现代社会的经济组织之下不能产生。同样，计划的"全国的电化"是新社会的特征，不是现代社会的特征，因为计划的"全国的电化"非在新社会的经济组织之下不能产生。在技术由经济条件所决定的意义上，技术的基础，能成为社会关系的"指示器"。在社会的技术达到一定成熟的阶段时，为要成就更进步的发达，就要求一定的社会形态。所以经济的发展，它自身也成为技术发展的原动力。

技术在经济的发展上所演的作用以及经济对于技术的发展所起的影响，在现代社会中表现得非常明了。例如资本主义发生以后，由于市场的扩大与商品的大量生产的必要，就诱起了产业革命。而产业革命是从技术上的大变革开始的。往后，更由于劳资的冲突与资本内部的自由竞争，就不断的促进技术的改良进步。直到现在，所谓产业合理化都是资本主义的产物。可是现代社会中的技术的发展已受现社会制度所限制，同时又孕育了新社会制度之物质的技术的前提。

综合上面的说明，得到下述的结论：经济的诸关系，只有在它与社会的技术密切的结合之时，并且只有在以技术的应用做媒介之时，才促进社会的生产力之发展。于是更进一步去说明科学对于生产力发展上所演的作用。科学对于社会生产力的发展演着很大的作用。科学又称为"一般的生产力"，它和直接参加于生产过程的生产诸力有区别。为要使科学成为社会生产力发展的强有力的要素，就必须使科学参加于生产过程而在技术上去应用它。所以科学的劳动上，具有为特定经济构造所规定的社会性。例如在商品生产者的社会之中，科学的劳动，只有在它参加于商品生产时，才成为生产的劳动。科学上的发明及其技术的应用，在现代社会中，只为生产手段所有者的利益而服役；反之，在新社会中，就为全社会的利益而服役了。科学上的发明，如果没有在技术上利用它的经济的必要，它对于社会生产力的发展就没有什么作用。例如火药和印刷术，虽然很早就被人发明，而在当时却没有产业上的意义。又如蒸汽机关在第十七世纪末叶已被人发明，而在当时却没有引起产业革命。所以科学上的发明或发见，只有在它"与时间上的一般运动相一致"之时，才能影响于生产力的发展。

科学对于生产力发展上的作用

科学与技术之关系

科学与技术两者的发展有互相依存的关系，技术大部分依存于科学的状态，科学也依存于技术的状态。瓦特所发明的蒸汽机关，德布尔所发明的金线传电，拉姆潜所发明的煤制煤气，在生产技术上具有伟大的意义，这是一般人所知道的。在这种意义上，我们可以说，人类全部的历史是从原始人的火的发见到近代人的蒸汽机关的制造的历史。科学上的发见的这种意义，即在它不直接供技术的应用之时也是重要的。譬如迈尔等人所发见的能力不灭的法则，对于后来的技术的发达上仍具有莫大的意义。

但是科学上的发见与科学的理论，不是科学家或发明家的智力所自由创造的，而是由于技术的必要与从来的技术状态所引起的。例如几何学，在土地所有的发展过程中，是由于测量平地的必要发生的。又如钟表，对于科学的发展演着很大的作用，比例运动的理论都是依据钟表而建立的。又如制粉机，对于科学与技术的发展具有同样的意义。摩擦说与数学的形式之研究，都依据制粉机的研究而发展。

基于以上所述，我们知道：技术的状态，是自然财富及自然力应用的条件，是经济斗争的有力武器，是科学的发展之实现，是人类的劳动作用于对象的前提。所以技术是人类劳动力发展上的各个历史阶段的测度器，又是往后的经济发展的前提。

| 科学与技术的成果对于社会的关系 | 技术与科学的发展，能够促进社会生产力的发展，具有进步的意义。但科学与技术的成果在实际上被利用于生产过程之时，却因不同的经济构造而显现不同的社会的结果。例如近代生产过 |

程的机器化，使得社会的生产力成就了空前的发展，但机器之资本主义的利用，却变为使资本增殖的工具，变为使劳动苦痛的恶魔。反之，机器在新的经济构造下被全社会利用之时，就变为增进勤劳大众的幸福的工具了。所以科学和技术的成果，在现代社会中被利用于生产过程之时，使得无数的勤劳者的劳动从生产过程"游离"出来，必然陷于失业状态，引起贫困的增大和劳动条件的恶化。反之，科学和技术的成果，在未来社会中被利用于生产过程之时，就能缩短劳动日，造出良好的劳动条件，使劳动大众的生活向上。

所以当我们研究科学与技术对于生产力的发展的作用时，决不可忽略科学与技术对于社会形态的关系。即是说，科学与科学之社会的利用，技术与技术之社会的应用，是互有区别的。生产力之技术的方面与社会的方面，其区别的关键就在这种地方。

第三节 生产诸关系

一 生产诸关系之形成

| 生产关系 | 分析了生产诸力之后，接着分析生产诸力的发展及作用的形式，即分析生产诸关系。生产诸关系，是人类在其生活资料之社会的生产过程中结成的社会的诸关系， |

即是一定的离他们意志独立的，适合于生产诸力的特定发展阶段的诸关系。

当分析生产诸关系之时，可以就生产的总过程的诸方面来分别说明。

生产的总过程，即是综合的生产过程。这综合的生产过程可分为生产过程、分配过程、消费过程及交换过程四个方面。这四种过程，包摄于综合的生产过程中，形成为不可分立的统一。因之，生产诸关系可分为生产关系、分配关系、消费关系及交换关系。这四种关系，包摄于生产诸关系中，形成为不可分离的统一。下面分别说明这四种关系。先说生产关系。

上述的生产关系，是上述的生产过程中人们相互间的关系。这生产过程是社会的劳动的结合的过程，是社会的分工与协业的过程。任何社会，当生产社会生活资料时，都必须依据一定的生产方法，把社会各人员的劳动组织起来，实行分工与协业。所谓分工，广义的解释起来，可分为自然的分工、社会的分工、劳动的分工三种。自然的分工，即是性的分工。社会的分工，是农工商业各部门间的分工及各部门内部的分工。劳动的分工，是就制造一种生产物的劳动依照其顺序与种类分为许多种的劳动，使许多劳动者各担任一种劳动。自然的分工与社会的分工，是由无意识无计划的自然发展而来的。至于劳动的分工，是有意识的、有计划的分工，是在近代资本主义的产业出世以后才发达起来的。其次，所谓协业，是与单独劳动相对立的共同劳动，分为单纯协业与复杂协业两种。单纯协业，是许多劳动者共同参加于同一劳动。复杂协业，是多数劳动者分任共同劳动的一部分而完成一种事物，即是基于分工的协业。现代社会中的复杂协业，是基于劳动的分工的协业。分工与协业，在社会发展的过程中，各有其不同的性质与意义，但任何阶段上的社会，都必得依从于特定的生产方法，在劳动过程中，实行分工与协业，把社会人员的劳动结合起来，才能生产出生活资料。所以无论在任何社会中，人们必须依从于一定的生产方法，形成一定的劳动组织，结成一定的劳动关系。这些劳动关系即是上述意义的生产关系。

具体的说来，在先阶级的社会中，人们根据平等的生产方法，依照极原始的分工与单纯的协业，共同采集自然物或猎取动物，以取得生活资料。其次，在奴隶制社会中，奴隶所有者依据奴隶制的生产方法，依照社会的分工与比较复杂的协业，把奴隶的劳动结合起来，监督奴隶从事农工业的生产。再次，在封建社会中，封建的领主们根据封建的生产方法，依照社会的分工与比较更复杂的协业，使农民和工人在自己领地中各从事农工业的生产。再次，在现代社会中，企业主根据资本制的生产方法，应用劳动的分工与最复杂的协业，把劳动者们集合于工场之内，使按步就班的分任一部分的劳动，而从事于商品的生产。这些社会形态中的种种性质不同的劳动关系，都是基本的生产关系。

其次，说明分配关系。分配关系是社会的人员在分配过程中结成的相互间的关系。分配过程可以分为三个

分配关系

方面去考察。

第一是生产手段的分配。人们当依据一定的分工与协业的方法而劳动之时，必须有生产手段——劳动手段与劳动对象的分配，方能进行劳动。再则这生产手段是属于社会公有或属于特定集团所有，也是一个问题。当生产手段归社会公有之时，劳动的人们是分受公有的生产手段，而为社会即为自己而劳动的。当生产手段归特定集团所有之时，劳动的人们是使用所有者的生产手段而为所有者劳动的。但无论生产手段归属于社会或个人所有，而生产手段必须先行分配，人们方能在社会的劳动组织中去实行劳动。

第二是生产人员的分配。这生产人员之分配是与劳动组织相关联的。生产的人员，必须依照特定的劳动组织而被分配于一定的位置方能进行劳动。

第三是生产物的分配。上述两种分配已经完毕，然后才能制造出生产物，分配给社会人员消费。这生产物的分配方法，依从于生产方法而实行。因为分配方法是生产方法的反面，两者是互为表里的。例如在先阶级社会中，生产是共同实行的，生产物的分配是平等的。又如在敌对社会中，生产是社会的，而生产物是个人领有的。这生产物的分配，依从于奴隶制的、封建的或现代的生产方法而异其形式。劳动的人们所分配的生产物，与其劳动力的再生产所必需的价值相当。生产手段所有者所占有的部分，与直接生产者所提供的剩余生产物或剩余价值相当。

适应于上述的分配过程而结成的人们间的相互关系，叫做分配关系。即是说，社会的人员在生产手段的分配过程中，在生产人员（劳动力）的分配过程中，在生产物的过程中结成的种种社会关系，总称为分配关系。

| 消费关系 | 再次，说明消费关系。消费关系是社会人员在消费过程中结成的相互关系。消费过程也可以分为三个方面去考察。第一是生产手段的消费过程。人们从事于生产，必须消费劳动手段与劳动对象，使它们转化为生产物。在生产手段公有的社会中，生产者消费公有的生产手段，为社会并为自己生产生产物。在生产手段私有的社会中，直接生产者依从于各种敌对的生产方法，消费他人所有的生产手段，为他人生产生产物。第二是劳动力的消费过程。生产手段的消费，伴随着劳动力的消费，因为没有劳动力的消费，生产手段不能转化于生产物。但这劳动力的消费，即是劳动力的使

用——劳动。任何社会，都依从一定的生产方法而消费其劳动力。在非敌对的生产方法之下，劳动者为社会并为自己消费其劳动力；在敌对的生产方法之下，劳动者被逼迫着为他人的利益而消费其劳动力。第三是生产物的消费。这种消费，也是生产的消费。就生产手段一方面来说，这种消费再生产出生产手段；就生产物的方面说来，这种消费再生产出生产物；就劳动力方面说来，这种消费再生产出劳动力。生产物的消费，也因社会形式的不同而异其性质。

适应于上述的消费过程而结成的人们相互间的社会关系，叫做消费关系。即是说，社会的人员在劳动力的消费过程中，在生产手段的消费过程中，在生产物的消费过程中结成的种种社会关系，总称为消费关系。

最后，说明交换关系。交换关系是社会人员在交换
过程中结成的相互关系。交换过程可以分两个方面去考
察。第一是"在生产本身中发生的活动及能力之交换"。
这种性质的交换，"直接的属于生产，并且在本质上构成生产"，这是在前面所述生产过程中已经说明了的。第二是生产物的交换。这种交换，是商品的交换，是特定社会中分配生产物的形式。商品的交换之范围与形式，"由生产的发达与编制所决定"。因为交换以分工与财产为前提。在先社会的阶段中，经济只带有采集的性质，分工也只限于性的分工。人们还不知道贮藏物品，并且也没有多余物品供人们贮藏，因而也无所谓财产的存在。所以这时生活资料的分配，是直接实行的。往后进到氏族社会阶段，生产经济代采集经济而起，生产力比较发展，开始有了剩余生产物，而血族团体始有共同财产。并且，由于生产经济的专门化（即社会的分工）之发生，就引起了交换的开始。但这种交换，最初是团体间的交换，带有偶然的性质，往后由于私有财产的形成，分工的发展与阶级之发生，社会被推进到敌对的社会的各阶段，于是交换就由偶然的而变为扩大的，更变为一般的，最后采取货币的形态了。一般的说来，敌对的社会中，生产物的分配经常的采取货币交换的形态。直到现代社会，生产物之采取商品的形态已"不是例外的，单独的，偶然的，而是一般的"，是多量的，最日常的。所以，现代社会被称为商品——资本主义社会。因而在现代资本主义世界，全世界的人类，都不能不加入于这种交换过程。

适应于上述交换过程而结成的人们相互间的关系，叫做交换关系。即是说，社会的人员在劳动的交换过程中，在生产物的交换过程中结成

交换关系

的种种社会关系，总称为交换关系。

生产诸关系与生产关系

我们在前面所分别说明了的生产关系，分配关系，消费关系及交换关系之统一，叫做生产诸关系。

为什么把分配关系、消费关系及交换关系叫做生产诸关系呢？这是因为生产是一个总过程，而生产、分配、消费与交换是这个总过程的各个成分，"构成着一个统一体中的各种差别"。生产之与分配、消费及交换都有密切的相互作用，但四者之中，演着主导作用而能统制其他诸要素的活动的东西，只有生产。下面分别说明生产与其他各要素的关系。

就生产与分配的关系来说，分配是生产的里面。因为生产手段与劳动力的分配，明明是属于生产的。其次，生产物的分配，"虽然不就是生产，但这种分配确是完全依存于生产的一部分机能，所以它属于社会的综合的生产过程"。在另一方面，分配也影响于生产。"随着分配的变化，生产也起变化。例如，随着资本的集积，随着都市与田园间的人口分布的差异"，生产的规模也因而改变。但在生产与分配二者之间，生产仍演着主导作用。

其次说到生产与消费的关系。"生产，生产出消费的对象，消费的方法，消费的冲动。同样，消费，生产出生产者的本质"，"消费的欲望也决定生产"。但消费以生产为前提，没有生产，就没有消费。生产必须继续扩大，人们的消费才能随着扩大，这是很明白的。"过程常从新由生产开始"，由生产占诸主导作用，而消费决不能有这样的作用。

再次，说到生产与交换的关系。"交换也是包含于生产之中的要素"。社会人员的勤劳的交换直接的属于生产，这是显明的事情（例如认劳动力为物而作为买卖的对象，即劳动者出卖其劳动力于资本家）。还有，生产物的交换也是一样，"它本身即是包含于生产之中的行为"。"至于商人间彼此的交换，在其组织上，也完全由生产所规定，它自身也是生产的活动"。"所以，交换，在其一切要素上，显然是直接包含于生产之中，或由生产所规定"。

因为"生产的特定形态规定消费、分配及交换的特定形态，并且规定这种种要素相互间的特定关系。所以分配、消费、交换之与生产都称为生产的诸要素"，"构成着一个统一体的各个成分"，被统一于生产的总过程。

基于上述的说明，分配关系、消费关系、交换关系三者之与生产关系，所以总称为生产诸关系，其理由也就可以完全明白了。

上述意义的生产关系，是基本的生产关系或称为劳动关系。这是对于分配、消费与交换等的关系而说明的生产关系，也可说是狭义的生产关系。可是广义的解释起来，单数的生产关系与复数的生产诸关系，又是同义语。在广义上，生产关系实在就是生产诸关系。例如对于生产力而说的生产关系，或是说起"生产关系总体"时的生产关系，或是对于其他社会关系而说的生产关系，这都是意指着广义的生产关系的。

二　生产诸关系的物质性与社会性

生产诸关系的意义，在前段已经解释过了，现在更进而说明生产诸关系的物质性与社会性。

生产诸关系的物质性是什么？关于这问题，有许多人常常误解了。例如，机械论者们把生产诸关系解释为"时间空间中的人（活的机械）的劳动的配列"，从物理学的见地去观察生产诸关系的物质性。这种见解的错误的根源，是由于把哲学上的物质的概念和物理学或自然科学上的物质的概念看成同一的东西，因而把物质的社会现象还原于物理的或自然的现象。这是机械论的物质观。

"物质的唯一属性，是客观的实在的性质，是离开人们的意识而存在的性质"。生产诸关系的物质性，就在于这些关系离开人们的意识或意志而形成的这一事实之上。

关于生产诸关系离开人们的意识或意志而形成的这一事实，我们在这里分为三点，说明几句。

第一，先有生产诸关系，然后才有关于生产诸关系的意识。人生活于社会之中，为要取得生活资料而维持其生存，就不能不投入于社会的生产过程而容受一定的生产诸关系，这是与自己的意志或愿望无关的。例如就现代社会来说，人若是一个资本家，他必然利用资本，举办企业，雇用劳动者生产商品，以期取得利润，否则便不能成为资本家了。若是一个劳动者，他必然出卖其劳动力于他人，否则他便不能生活。若是一个地主，他必然把土地佃给农民耕种，收取地租；若是一个农民，他必然租种地主的土地，而以其剩余产物交给地主。至于其他不直接从事生产的一切人们，都必然要加入于交换关系，以取得生活资料。人们的这样加入于一定的生产诸关系，都是必然的，是离开自己的意志的。

第二，在商品生产的社会中，商品生产者们虽然都是有意识的从事于商品的生产，而这些生产商品的行为的总结果，却出乎他们的意料之外，而形成为一个必然。即是各个个人的自己的生产的行为虽是有意识的，而各个个人间的生产关系，却是离开他们的意识而独立的。

第三，社会的诸关系，复杂错综，不可名状，人们要想毫无遗漏的去把捉它们，那是不可能的。"在世界经济之中，各个生产者虽然意识到他在生产技术上曾经引起了种种变化，各商品所有者虽然意识到与他人互相交换生产物，但是生产者或商品所有者却没有意识到那些情形变化了"生产诸关系。现代世界经济中所发生的这些变化的总体，是极其分歧错综的现象，人们要想完全知道，那是绝对不可能的。"人们所能做到的事情，只是关于这些变动的法则，发见一个主要的根本原理，并阐明这些变动的客观的论理与历史的发展。"

概括起来，离开人类的意识或意志而独立形成的生产诸关系，是物质的社会现象。生产诸关系的物质性，就存在于这种地方。

生产诸关系的物质性，在某种意义上说，又是生产诸关系的必然性。生产诸关系的合法则性，是从这里产生的。生产诸关系的物质性、必然性与合法则性，在任何社会之中都各自在特殊的形式上表现出来。在无计划的生产的社会中，生产诸关系的法则盲目的作用于人们，支配着人们。反之，在有计划的生产的社会中，它被人们所意识，而服从于人们自身的统制之下。

其次，说明生产诸关系的社会性。所谓生产诸关系的社会性，就是说，生产诸关系是社会的生产过程中的人类间的关系，是一种社会关系。

生产诸关系的社会性

生产诸关系的社会性，与它们的物质性是互相关联的。因为社会关系是物质的关系与精神的关系之统一，而生产诸关系，即是物质的社会关系。所以生产诸关系的物质性，并不排除它们的社会性。同样，生产诸关系的社会性，并不排除它们的物质性。因而生产诸关系的社会性，决不是精神的关系，这是要特别注意的。

生产诸关系的这种社会性，是决定社会的发展的客观的实在。要理解生产诸关系的本质，最重要的事情，就是要理解它们的这种社会性。

前节说过，生产诸力包含着技术的方面与社会的方面，而生产诸力的本质，是存在于社会的方面的。基于这一点，生产诸关系，同样包含着技术的方面与社会的方面，而生产诸关系的本质，也是在于社会的方面的。因此，生产诸关系可分为技术的生产关系与社会的生产关系两种。所谓技术的生产关系，即是各个种类的劳动的结合与分割，是人类间的劳动机能的分担，是劳动组织的关系，是生产过程中人与物的配列以及两者之自然的物理的相互作用。所谓社会的生产关系，即是人类间的生产手段的分割，是生产手段所有者对于无所有者的剥削关系，用法律的术语说来，即是财产关系。这两种生产关系，是不可分离的统一着。一定社会的生产关系，以一定技术的生产关系为前提。一定技术的生产关系，必须在一定社会的生产关系的影响之下，才能成立起来。这样的技术生产关系的特征，才能成为生产诸关系的测度器。但是在这两者的相互作用之中，能够成为主导作用的东西，只是社会的生产关系。只有社会的生产关系能够表现生产诸关系的本质，能够显示社会形态的特定阶段。至于技术的生产关系，虽与社会形态的特定阶段相结合，而社会形态的特定阶段的本质，却决不存在于特定技术的生产关系之中。

就近代社会的生产诸关系举例来说明。例如近代（资本主义的）工场，确是现实的生产诸关系。近代的工场，是可以从技术的和社会的两方面去观察的。从技术的方面说，近代大规模的工场，包含着成千累万的人，各人都依从于一定秩序，被配置于一定场所，严格的实行一定种类的劳动。一切都好象钟表一样，布置得非常精密。这是基于劳动分工的协作，是劳动之科学的组织。这是近代工场之技术的生产关系。但是从社会的方面观察起来，近代工场，不单是为了要求成千累万的人实行有统制的协同作业，才举办的；并且这种协同作业，是由于资本所购买的集合的劳动力在"资本的命令"之下实行的。工场的目的，在于生产剩余价值，所以工场的基础，是建筑于生产手段从劳动力分离而被集中于企业者阶级这一事实之上。这是上述意义上的社会的生产关系。所以近代工场，确是现实的生产诸关系。而这现实的生产诸关系，是技术的生产关系与社会的生产关系两方面的统一。

所谓技术的生产关系与社会的生产关系之统一，是说明这两方面有不可分离的密切关联，不能抽取其一方面而舍去其另一方面，否则便都变为抽象的东西而不是具体的东西了。就上面的实例说，近代工场之社会的生产关系即资本与劳动的关系，是以近代之技术的生产关系为前提的。但是近代工场之技术的生产关系，是在近代社会的生产关系的影响之下，才能成立并发展起来。至于能够表现近代生产诸关系的本质的东西，是在资本与劳动的关系一方面，这是很明显的。这资本与劳动的关系，虽与技术的生产关系相关联，却不能用技术的生产关系去规定资本与劳动的关系。

因此，我们知道，所谓技术的生产关系与社会的生产关系之统一，是说两者互相结合，互相依存，但两者并不互相融合。即是说，两者的统一，并不是意指着两者的同一。这两者虽同是生产诸关系的成分，但两者互有区别，技术的生产关系并不就是社会的生产关系。因此，我们更可以知道，生产诸关系，并不还原于技术的生产关系。这与前面所说生产诸力不还原于技术的意思是相同的。同时，我们要加倍注意的，生产诸关系的社会性，包含于社会的方面之中。只有社会的生产关系显示社会形态的本质，决定社会发展的特定阶段。如果把技术的生产关系和社会的生产关系混同起来，而把生产诸关系还原于技术关系，那就会要把技术关系作为生产关系一般，而一切社会形态就会变为抽象的一般的东西了。机械论者对于生产诸关系的谬见，就是从这种处所发生的。

三 生产关系与生产方法

现在更进一步去说明生产诸关系之历史的规定性。生产诸关系，是历史上一定的诸关系。生产诸关系不是永久的不变的诸关系，而是变化的、消灭的、生成的诸关系，是在各个历史阶段上有其特殊的质的诸关系。

> 生产力与生产关系

各个历史阶段上的生产诸关系之特殊的质，由各个特殊的生产方法所规定。各个历史阶段上的生产方法，是各个阶段上的社会形态的质——最单纯的根本的规定性。所以说："物质生活的生产方法，规定社会的、政治的及精神的生活过程一般"。而各个历史阶段上的生产诸关系之特殊的质，由其特殊的生产方法所规定。

生产方法适应于各个阶段上的生产诸力的状态而形成。前节说过，特定社会的生产诸力，是特定社会中的劳动力与生产手段相结合所发挥的制造物质资料的能力。而这劳动力与生产手段两者的结合，是依存于一定的方法的。劳动力与生产手段相结合的方法，就是生产方法。所以生产方法，是劳动力与生产手段之特殊的历史的结合方法，是特定社会的生产诸力之内的构造。一般的说来，生产方法，又是人类获得生活资料的方法，是他们的生产活动的形式，是他们使用生产诸力的形式。在这种意义上，生产方法本身，也是一个生产力。

生产方法也具有其技术的方面与社会的方面。生产方法之技术的方面，是人的要素之劳动力与物的要素之生产手段相结合的方法，是两者互相结合的技术的方法，是人类怎样使用生产手段的方法。生产方法之社会的方面，是劳动力所有者与生产手段所有者相结合的方法，是决定两者的生产的社会关系的体制。技术的方面是生产方法之量的表现；社会的方面是它的质的表现。生产方法是技术的方法与人们结合的方法之统一，而生产方法的质，存在于劳动力所有者与生产手段所有者的结合之中。正因为这样，所以生产方法规定生产诸关系。

生产方法是生产诸关系的基础

生产方法是一切社会的生产诸关系的现实基础，即是说，生产诸关系是适应于生产方法而成立的。前段说过，生产以生产手段与劳动力的分配为前提。在生产手段公有的社会中，人人都从事于劳动（无论是肉体劳动或精神劳动），因而人人都是劳动者，都是生产手段所有者。这时，劳动力与生产手段相结合的方法，是平等的生产方法。基于这平等的生产方法，就成立了平等的生产诸关系。反之，在生产手段私有的社会中，劳动力与生产手段相分离，一方面是生产手段的所有者，他方面是被夺去生产手段而只成为劳动力的所有者。这时劳动力与生产手段结合的方法，是敌对的生产方法。基于敌对的生产方法而成立的生产诸关系，是敌对的生产诸关系。

例如现代社会的生产诸关系是资本主义的生产诸关系。资本主义的生产诸关系，是适应于资本主义的生产方法而形成的。资本主义的生产方法，与其他生产方法比较起来，有两个特征。第一，它是把生产物当作商品生产出来的，而生产物的商品化，对于生产物是支配的决定的性质。首先劳动力出现为商品，劳动力所有者出现为劳动力的贩卖者，出现为自由劳动者。因而这种生产方法，以劳动一般出现为工钱劳动一事为前提。第二，资本主义生产方法的特征，就是：剩余价值的生产成为生产的直接目的和决定的动因。资本主义生产过程中生产手段与劳动力的结合方法，表现出生产手段与劳动力的分配形式。劳动力所有者所以与对方的生产手段相结合，是由于生产手段离开他们而被对方所独占并化为剥削手段。这是资本主义的生产方法之本质。基于这种生产方法而结成的劳动者与资本家的关系，是基本的资本主义的生产关系，其他一切生产诸关系，都是由这种基本的生产关系而形成的。

生产关系之历史的形态

生产诸关系是适应于生产诸力的发展阶段而变化的。因为生产诸力的发展过程中，包含着生产方法的变化。生产诸力由一个阶段发展到另一个阶段，生产方法也随着由一个阶段发展到另一个阶段。因而生产诸关系就适应于生产诸力的发展，适应于生产方法的发展而变化。所以"人类一旦获得新的生产诸力，随着就变化他们的生产方法。随着生产方法的变化，他们就变革一切的经济关系——只是特定生产方法之必然的关系"。这种变化，可用"生产诸力→生产方法→生产诸关系"一公式来表现它。

人类的历史，直到现在，经历了四种本质不同的生产诸关系的体系。而这四种生产诸关系的体系，是适应于四种本质不同的生产方法而形成的。就其发展的顺序说，可以要约如下：

第一是适应于原始社会的生产方法而形成的生产诸关系的体系。原始社会的生产方法是平等的，因而生产诸关系的体系，也是平等的。

第二是适应于奴隶制的生产方法而形成的生产诸关系的体系。奴隶制社会的生产方法，是奴隶的劳动力与主人的生产手段相结合的方法，奴隶本身是主人的所有物。这种生产方法，是历史上第一种敌对的生产方法，因而人们间生产诸关系的体系是历史上第一种敌对的体系。

第三是适应于封建的生产方法而形成的生产诸关系的体系。封建制的生产方法，是农奴的劳动力与领主的土地、职工徒弟的劳动力与店东的生产手段相结合的方法，其剥削的形态，主要的采取劳役地租、实物地租或货币地租等形态。这是历史上第二种敌对的生产方法。因而人们间的生产诸关系，是封建的生产诸关系，也就是历史上第二种敌对的体系。还有，成为封建的生产方法之变种而出现于历史舞台的，是所谓亚细亚的生产方法。这亚细亚的生产方法，本质上仍是封建的，不过附加几个特殊条件而已，所以这样形成的所谓亚细亚的生产诸关系，仍然是封建的体系。

第四是适应于资本制的生产方法而形成的生产诸关系的体系。资本制的生产方法是历史上最后的敌对的生产方法，因而资本制的生产诸关系，是历史上最后的敌对的体系。

还有，在目前世界中，有适应于所谓过渡期的生产方法而形成的生产诸关系的体系。这过渡期的生产方法，是社会主义的生产方法。这种生产方法是从资本主义社会到未来新社会的过渡期的生产方法，虽然仍旧含有敌对的性质，但因主要生产手段已移归社会共有，而变为社会主义的了。不过这种生产方法，因为还是过渡期中的东西，还不能称为未来新社会的生产方法。同样，适应于这种生产方法的生产诸关系，是社会主义的体系。

以上是生产方法与生产诸关系之历史的顺序。关于它们的具体的发展及其转变的说明，留在下章讨论。

生产关系与阶级
关系

上面说过，生产诸关系的本质存在于它的社会方面。这便是说，本质的生产关系是生产手段的分割的关系，是财产关系。这一层是理解生产关系的社会性与历史性的关键。当生产手段属于社会全体时，人们间的生产关系是没有阶级性存在的。反之，当生产手段属于私人所有时，人们间的生产关系是不平等的，是阶级的。所以在敌对的社会中，阶级关系（或剥削关系），是基本的生产关系。例如奴隶制社会中主人与奴隶间的关系，封建社会中领主与农民、店东与职工徒弟间的关系，现代社会中资本家与劳动者间的关系，都是基本的生产关系。其他一切经济关系，都依存于这种基本的生产关系。所以，要理解特定社会中的生产诸关系的性质时，首先要把捉住这种基本的生产关系。

第四节　生产力与生产关系的统一

一　生产力是生产关系运动的内容

当作内容与形式的
统一看的生产力与
生产关系的统一

生产力的状态与生产关系的形态，是社会的经济构造之构成的要素。社会的经济构造，即是生产力与生产关系之对立的统一。

生产力与生产关系的这种统一，必须当作内容与形式的统一去理解。前面说过，生产力只有在特定社会形态之中，在特定生产关系的体系之中才能存在。所谓生产力，一般那种东西是不存在的，而存在的东西，常是由特定生产关系赋以形式的生产力。同时，生产关系没有生产力，也不能存在。生产关系是与生产力不可分离的结合着。所以生产力与生产关系形成为一个统一。生产关系是生产力发展的形式，而生产力构成生产关系的内容。在形式与内容的这个统一中，生产力与生产关系，形成社会的生产过程，形成社会的经济构造。

形式（生产关系）与内容（生产力）是互相对立，互相矛盾的。形式与内容的矛盾，是社会发展的发条。两者的矛盾，并不排除两者的统一，而以两者的统一为前提。形式常是有内容的形式，离开一定的内容，形式便不存在。内容常是有一定形式的内容，离开一定的形式，内容不能存在，也没有发展。所以当考察形式与内容的对立时，必须知道内容是有一定形式的；而形式同时又包含于内容之中，并且对于内容又是外在物。内容与形式，互相渗透，却又互相排斥。

但是内容与形式的统一，并不转化为同一。形式与内容，互有差别，形式不还原于内容，内容也不还原于形式。在另一方面，两者又不能互相隔离。两者是存在于一个统一之中。

形式与内容不单是互生作用，并且两者的相互作用之基础，是在于内容一方面的。形式由内容所规定，并适应于内容而成立。同时，形式也是内容的一部分。在这一点上，内容对于形式，具有优越性。

但形式对于内容，不单是一种外在物，它并且具有能动性。形式不单是内容之受动的外被，并且是内容之能动的外被。内容只有通过形式而发展，只有以形式为媒介而发展，并且这种发展，只限于在一定的具体的历史的时期。一旦超过这个限度，由形式所发展了的内容，就与那个形式不能两立而把它否定。只有基于内容本身的发展而发生的新形式，才形成它往后发展的条件。

以上是形式与内容的统一之一般的基础，只有在这个基础上，才能正确的理解生产力与生产关系之对立的统一。

生产关系的一定体系一旦发生以后，它不单是生产力在其中运动的受动的外被，并且是生产力（内容）的运动的形式。所以特定生产关系，是在生产力的特定发展阶段上发生的。同时，生产力的发展，也只有通过生产关系的运动而实现。这是生产力的发展之内在的特殊的历史的发展法则。

生产力是生产关系的内容

现在更进一步，详细考察生产力与生产关系的关系。上面说过，生产力与生产关系的统一，是内容与形式的统一。在这个统一中，具有规定的意义即所谓优越性的一方面，结局就是生产力。因此，先分析所谓生产力的优越性。

所谓生产力的优越性，就是说：（一）生产力是生产关系的内容，（二）生产关系适应于生产力而形成。这里分别加以说明。

基于前面的研究，我们是从生产过程及其社会形态的统一出发，来理解生产力与生产关系的相互作用的。我们在本章的第一节，首先把劳动过程当作一般的劳动过程与特定社会的劳动过程之统一考察过了。基于这点，在研究生产力和生产关系之时，也是把两者作为技术方面及其社会形态之统一去考察的。这种考察方法，就在于说明生产力是生产关系的内容。

一般的劳动过程和社会的劳动过程，形成为具体的统一的劳动过程。一般的劳动过程，离开了它的特殊社会形态，不能存在。所以在研究方法上，首先考察了劳动过程的一般性质，而这一般的性质，在一切历史上，是表现人类对于自然的积极作用的。例如农业劳动，无论是由原始人用木器石器去开挖的，或是由古代社会的奴隶用犁锄去耕种的，或是由封建社会的农民去耕种的，都各自具有其一般的特征。因此，这种劳动，成为一定具体的劳动种类——农业劳动。但是把同一的劳动过程当作特定社会的劳动过程而研究其特殊的特征之时，就发见这特殊的特征，只有在历史的一定发展阶段才能发生，它并且表现人类间的历史上特定的关系（在原始社会中，这关系是平等的；在奴隶制社会中，这关系是主人剥削奴隶的关系；在封建社会中，这关系是领主剥削农民的关系）。而这种特定的关系是适应于特定的生产方法而形成的。所以在一定的生产方法之中，就看出特定社会的生产关系之生产及再生产的过程。

劳动过程之一般的性质及其社会形态之统一，是理解社会形态由低级阶段进到高级阶段的关键，是区别"真的社会的"生产及其暂时敌对的形态之标准，是区别未来无阶级社会的生产力与基于劳动的榨取的社会的生产力之标准。

劳动过程的上述两方面之统一，显现于生产力与生产关系的统一之中。在这一点上，生产力是社会的生产全体的内容和基础。而生产关系，是这同一的生产过程之特殊的社会的形式。因而生产力是生产关系的运动的内容。

生产关系适应于生产力的发展

其次，特定生产关系常是以生产力的特定发展水准为基础而发生——生产力的优越性又在这一点显现出来。这就是说，生产关系必须适应于生产力的特定发展阶段。

人们是不能自由选择其生产力的。任何时代的人们都"发见先行时代已经获得的生产力。这种生产力，对于这个时代，能供作新生产的材料。由于这种事实就发生人类历史的联络，形成人类的历史"。一定时代的人们，为要保存这已经获得的生产力，就不能不变革从前传下来的生产关系。例如，当原始社会的生产力发展到能够产出剩余生产物，能够产出私有财产而劳动力感到缺乏之时，就需要找寻劳动力，而奴隶与主人的最初的阶级分裂就出现于历史舞台。于是就适应于当时的生产力而变革从前的原始的生产关系，而形成新的奴隶制的生产关系了。后来，奴隶制社会的生产力发展到它的顶点而开始下降之时，奴隶制的生产关系，就不适应于当时的生产力，而由与它相适应的封建的生产关系所代替。封建的生产力发展到一定阶段时，封建的生产关系不与它相适应，通过斗争而转变为现代社会的生产关系。现代社会的生产力，已成就了空前的发展，而现代的生产关系不与它相适应，也达到了成熟的境地，而将由与它相适应的新生产关系所代替。

因此，可以知道，生产力实是生产关系运动的内容。例如，封建的生产关系，以封建的生产力状态为内容，即以农奴在地主的土地上从事农业劳动的生产力为内容。又如，资本主义的生产关系，以资本主义的生产力状态为内容，即以工钱劳动者在工场中从事劳动的生产力为内容。社会主义的生产关系，以具有社会主义的质的生产力为内容。

生产力对于生产关系的优越性，具如上述。

二　生产关系是生产力发展的形式

生产关系促进生产力的发展

生产力的优越性并不是意指生产关系的受动性。生产关系决不是生产力之受动的反映。适应于特定生产力的状态而形成的生产关系，在其发展上，获得相对的独立性，获得它本身发展的相对独立的内在法则。生产力对于生产关系虽占居优位，而生产关系对于生产力却是本质的东西，具有能动的积极的作用。生产关系的这种能动性、积极性，存在于生产关系对生产力的矛盾之中。生产关系，在一定时期，能促进生产力的发展，给生产力以发展的余地；在另一时期，却成为保守的东西，障碍生产力的发展。所谓生产关系的能动性就在这种地方。先就生产关系促进生产力发展的情形加以说明。

就资本主义的生产关系助长生产力发展的过程举例来说，我们知道，资本主义生产方法的绝对法则，是剩余价值的生产。资本主义下的生产力的发展，就依从于这个法则。资本家为了增殖资本的价值，不惜用一切手段，来促进社会的生产力之发展，造出自由竞争的社会形态之物质的基础。资本主义的生产方法的绝对法则，强制着支配着一切资本家，使他们不能不在自由竞争中去增殖其投在产业企业中的资本。如果他们不能继续的扩大其资本，就会因竞争失败而崩溃。但是他们要想增殖其资本，只有利用累进的积蓄一个方法。

资本家为要累进的积蓄其资本，只有设法发展生产力。资本主义生产的运动机构，正是强制资本家去发展生产力的东西。所以资本家扩大生产规模的动机，是占有剩余价值，是在增大的规模上占有剩余价值。我们知道，在采用了进步技术的企业一方面，个别价值比较市场价值低廉，其企业主能够得到超越利润。资本家为了追求这种超越利润，就设法改良技术，因而促使社会的生产力的发展。

资本主义的生产方法不但驱使贪图剩余价值的资本家去扩大生产，改良生产技术，并且使资本家把改良技术扩大生产，奉为竞争的绝对法则。商品廉价，是自由竞争的重要武器，所以在这个条件之下，生产的改良与扩大，出现为各种企业的存在条件。资本家在生产事业的改良与扩大一方面，如果一旦落在他人之后，他就立即要受莫大威胁。并且，由于自由竞争，一部分的企业如果扩大起来，他部分的企业，为了自身的存在，也不得不随着扩大起来。因此，资本主义下的生产力就通过资本主义生产关系的运动而大大的发展起来。

> 生产关系也障碍生产力的发展

但是资本主义生产的扩大就引起资本的有机构成的高度化。而资本的有机构成的高度化，又引起利润率降低的倾向，于是在资本主义的生产方法之下，生产力发展的矛盾性，就在表面上显露出来。这种矛盾，"完全概括的表明出来，就存于下述一点：即资本主义生产方法本身——暂时把价值及其所包含的剩余价值，与资本主义的生产借以实行的社会关系，搁着不提——包含着绝对的使生产力发展的一个倾向；同时，另一方面，又以保持已存的资本价值并尽可能的使它增殖（即不断的促进价值的增殖速度）为目的"。但是社会的生产力之无限发展的这种手段，与已存资本的价值增殖的这种有限的目的，是不断的相矛盾的。"于是，资本主义的生产方法，变为使物质的生产力发展并造出与它相适应的世界市场的历史的手段，同时又变为这种历史的任务与适应于它的社会关系之间的矛盾"。这种矛盾在恐慌期中最明白显现出来。最近世界恐慌发生以来，无数的劳动者失业，无数的工场停业，这就是证明资本主义的生产关系不能合理的利用人类主要的生产力——勤劳大众的劳动力。对于生产手段也是一样。许多技术上的发明，都不能供生产上的利用。做一句话说，资本主义的生产关系，已是

"由生产力发展的形式转化为它的桎梏"。

资本主义生产关系之"由生产力发展的形式"而转化为它的桎梏——这是生产关系的积极性、能动性的证明。

所以生产力对于生产关系虽具有优越性，而生产关系对于生产力却具有能动的作用。社会发展的起动力，即是生产力与生产关系之内的矛盾。

生产力本身的发展的原因就存在于生产力与生产关系之内的矛盾中。生产力常在一定社会形式之中，受这形式所影响，在它与社会形式的矛盾中发展，这正与社会形式在它与生产力的矛盾中发展是同样的。生产关系规定生产力的发展及其发展速度。因而生产力在生产关系之中具有其运动形式，具有其内在的固有的社会的发展法则。这就是说，生产力在各种社会的构造之中，依从于特殊的法则而发展。

特定生产关系的能动性与特定生产方法的内容

历史上特定的生产关系的积极性必须从特定生产方法的内容去考察，在敌对社会中，生产关系之助长或障碍生产力发展的作用，必须从敌对的生产方法之社会的方面即阶级的内容去考察。关于这一层，可就现代社会的实例去说明。

资本主义生产的最初的规模，是工场手工业。工场手工业的劳动的协业，是一个资本主义的生产关系。这种生产关系是一个生产力。因为在工场手工业的劳动协业的形态之下，"创造出它自身在本质上是集合力的一种新生产力"。这就是说，生产方法与人类的一定共同劳动的方法，是不可分离的结合着，而"共同活动的这种方法，它自身是一个生产力"。在这种意义上，新生的资本主义的生产关系，能助长生产力的发展。但这种生产关系，同时是阶级关系，这是我们在前面说过的。并且，工场手工业的协业，是在资本制的组织之下实行的，是资本家为了取得剩余价值而实行的。因而这种生产关系之助长生产力的发展，与阶级的内容有密切关系。当机器工业代替工场手工业而出现之时，还经过一番阶级的冲突，如劳动者破坏机器的运动，就是一个显著的实例。

所以在资本主义之下，生产力之通过生产关系而发展，包含着阶级冲突的过程。在初期时代，近代工场是榨取绝对剩余价值的生产关系。往后，由于劳动者的长期的经济的斗争，这榨取绝对剩余价值的关系，就变为榨取相对剩余价值的关系了。所谓相对剩余价值，是靠缩短必要劳动时间延长剩余劳动时间而得来的剩余价值。其唯一的方法，就是发展生产力，而提高劳动的生产性。最近，资本家所实行的所谓科学的管理法，所谓产业合理化以及所采用的许多新生产技术，都是在对付劳动运动的过程中所获得的新的榨取手段。这些都是生产关系促进生产力发展之阶级的内容。

现在，资本主义下的生产力，已经发展到超过资本家所能利用的界限，而不能再向前发展了。这完全是因为受了资本主义的生产关系所障碍。而资本主义的生产关系，是资本剥削劳动的阶级关系。所以，只有依据资本主义的生产方法之阶级的内容，才能理解资本主义生产关系对于生产力发展的积极性，才能理解后来的新生产关系发展生产力的新内容及其发展的新条件，才能理解直接生产者阶级能担负这种新的使命。

三 生产力和生产关系的矛盾与经济结构的变革

> 生产力与生产关系的矛盾是社会发展的原动力

生产力和生产关系的矛盾是社会生产力的发展的最一般的法则，是社会的经济构造变革的最一般的法则。不过这最一般的法则，在各个具体的历史阶段上的社会中显现出来，就带有各个阶段上的固有的特殊性。生产力与生产关系的矛盾，是一切历史的生产方法之推进的原理。这种矛盾，在一切社会的构造中，不论是在非敌对的社会或敌对的社会中，都是存在的。不过，在敌对的社会中，这种矛盾带有颉颃的性质，而在非敌对的社会中，矛盾不至发展为颉颃。因为在非敌对的社会中，生产手段公有，一切劳动力的所有者同时都是生产手段的所有者，因而生产力与生产关系的本质中，绝不含有敌对性。但是生产力与生产关系的矛盾却是存在的。例如，原始社会的生产关系虽不含有敌对性，但到了获得新的生产力而原来的生产关系不能与它相适应之时，这生产关系必然随着改编。这样的生产关系的改编，只要人们意识到它与生产力的矛盾，就可以实现，决不伴随着人与人之间的冲突，因为这时的生产关系，并不是财产关系，只要是能够促进生产力的发展，就可以随时改编，决不至有人出来反对。

又如，在未来的新社会中，生产力、生产方法与生产关系虽都是平等的，而生产力与生产关系的矛盾依然存在。例如制造生产物的工场，一旦获得了新的生产手段，或发见了使用生产手段的新方法之时，原来的劳动组织当然不能与它相适合而非随着改编不可。并且，人们之间的生产关系是极其复杂的，一旦被人们所意识之时，要加以改编并不会发生什么阻力，即是说，并不含有一部分人去反对而另一部分人去拥护的事情。所以，生产力与生产关系的矛盾，正是社会发展的原动力。如果没有矛盾，那就没有发展了。

但是在敌对社会中，生产力与生产关系的矛盾，就发展为不可调和的冲突，引起特定敌对的经济构造的变革。在敌对社会中，这种矛盾只是阶级间的矛盾的表现。非生产阶级代表生产手段的旧的分配方法；生产阶级代表社会的一切生产力。前者拥护着障碍生产力发展的旧生产关系，后者反抗旧生产关系而促进生产力的发展。在特定生产方法及其物质前提的一定成熟阶段上，双方利害的矛盾，发展为双方的直接的冲突。冲突的结果，生产阶级为取得胜利，就变革旧生产关系而形成新生产关系，把从前的或新生的生产力，实行质的改造。于是特定经济构造就由低级阶段进到高级阶段。随着经济构造的变革，那庞大的上层建筑也或缓或急的随着变革。

现代社会的生产力与生产关系的冲突

在敌对社会中，适应于生产力而形成的生产关系发展到一定程度，就由助长生产力发展的形式而转化为它的桎梏。这是前面说过的。所谓生产力与生产关系的冲突，就是生产关系障碍生产力发展的状态。这种冲突，是表现为阶级的冲突的。就现社会说，资本阶级拥护资本主义的生产关系，而劳动阶级却反抗这种生产关系以力谋生产力的发展。

资本主义的生产方法包含着社会的生产与个人的占有之本质的矛盾。社会的生产，显现出资本主义的生产力；个人的占有，显现出资本主义的生产关系。生产力与生产关系的矛盾，即是社会的生产与个人的占有之矛盾。这种矛盾发展起来又变为冲突。这种冲突首先表现为劳动与资本的冲突，其次表现为工场的有组织性与生产的无政府性的冲突，再次表现为占有的条件与剩余价值实现条件的冲突——即是恐慌。

生产力与生产关系的冲突，在恐慌的过程中表现得特别的明了。恐慌显现得劳动力与生产手段以及一切生活资料都是"过剩"的东西，连生产力本身也是过剩的东西。但"这种过剩，变为贫困与缺乏的源泉"，因为这种过剩是妨碍生产手段与生活资料转化为资本的。而在资本主义的机构中，生产手段如不能化为资本，是不发生作用的。于是生产过程之物的要素与人的要素，就被资本主义方法所妨碍，而不能结合了，即是生产力的发展，陷于停顿状态了。于是生产关系暴露了它自身成为生产力发展的障碍物，而生产力本身，却是强有力的向着解放的方向迈进。一系列的螺旋状运动的恐慌，使得代表生产力与生产关系双方的冲突尖锐化，而资本主义的经济构造就走上崩溃的前途。

> 关于经济构造变革
> 的普遍性与特殊性

关于生产力与生产关系的冲突引起经济构造变革这个问题，须就其普遍性与特殊性加以正确的考察，以建立普遍与特殊的正确关系。

就一般的原则说来，生产力与生产关系的冲突，伴随着生产阶级与非生产阶级的冲突，必然的引起经济构造的转变。这种冲突，当旧的所有关系变为"桎梏"，而障碍生产力诸要素的发展时（即障碍生产之技术的可能性与劳动力之肉体的精神的能力之发展时），就勃发起来。从来的所有关系，既然障碍生产力的发展，同时生产阶级的生活水准势必降低，以至不能生存下去。这时候，生产阶级觉得到阶级的利害，而形成阶级意识，而担负起经济构造变革的任务了。生产者阶级能够担负这种任务的时候，必须是新的生产力在旧社会秩序不能完全供社会利用，不能有更进的发展的时候。换句话说，新经济构造的发生，必须是"物质的条件已在旧社会母胎内成熟"，"至少也必须在发生的过程中"。但是，障碍生产力发展的历史界限与生产阶级的阶级意识之成长，这两件事是不可分离的契机。生产阶级之能够形成为阶级，并且发展到能够担负改造经济构造的任务，这便是表明：解决这种任务的必要的客观物质条件，已经发生或正在发生了。所以当现代社会发展到障碍生产力发展的帝国主义时代，正是非生产阶级"不能照旧生活下去"而生产阶级"不愿照旧生活下去"的时代。这就是现代社会的经济构造已届转变的时代。

以上是经济构造转变的普遍法则。但是这个普遍法则在各个具体的经济构造中的表现，却采取特殊的形相。所以，当研究各个特殊阶段的经济构造时，必须抓住那历史发展的连锁中的最重要的特殊的各环，然后才能知道它们各各受着特殊的法则所支配。而这特殊的诸法则，又和前面所举的普遍法则是统一的。这样，特殊和普遍之间的正确的具体的关系便树立起来了。

就普遍性说来，由封建社会到现代社会，由现代社会到新社会，是循着一定程序而前进的。即是说，物质的条件如不具备，经济构造的变革是不能实现的。但是历史的发展的法则之普遍性，并不是把特殊的发展形相除外的，它反而是拿特殊的发展形相作前提。"一切国民都将到达于社会主义，这是一个必然。但是它并不是一切都精密的循着同一路线而到达于社会主义的"。这种必然性的实现，因为各个国民的经济的政治的种种特殊性，就会各自刻印着各自的特色。

本章已经说明了社会的经济构造——生产力与生产关系的统一——之一般的原理，在下章再说明经济构造之历史的状态。

（略）

李达年谱简编

1890（光绪十六年）1 岁

10 月 2 日，诞生于湖南省零陵县岚角山镇（今属永州市冷水滩区）一个佃农家庭。

1897—1904（光绪二十三年至三十年）8～15 岁

随义父胡燮卿在零陵、江华、嘉禾等县读私塾。

1905—1909（光绪三十一年至宣统元年）16～20 岁

在湖南永州中学读书。

1909—1911（宣统元年至三年）20～22 岁

1909 年秋考入北京京师优级师范（北京师范大学前身），两年后，因辛亥革命爆发，京师优级师范暂时停办，回到家乡。

1912（民国元年）23 岁

上半年在祁阳县一个中学教书。暑假后，考入湖南工业专门学校，两个月后转入湖南高等师范读书。

1913（民国二年）24 岁

以优异成绩考取留日官费生，东渡日本。

1914—1916（民国三年至五年）25～27 岁

因患肺病辍学回国，在湖南老家养病，同时与人合作开设"博记药店"。

1917（民国六年）28 岁

年初，再次东渡日本，考入日本第一高等学校（即帝国大学预科），毕业后入帝国大学理科。十月革命爆发后，开始学习和研究马克思主义理论。

1918（民国七年）29 岁

5 月，同黄日葵、龚德柏、阮湘等率领留日学生救国请愿团回国，抵达北京，并与北京大学邓中夏、许德珩等爱国学生领袖联络，共同发起抗议段祺瑞政府的示威请愿运动。

6 月，救国请愿失败后，回到日本东京，毅然放弃理科学习，专攻马克思主义。开始翻译郭泰（即荷兰社会民主党左派领袖格尔曼·果特）的《唯物史观解说》、柯祖基（即考茨基）的《马克思经济学说》[①]和高畠素之（马克思《资本论》的日译者）的《社会问题总览》等介绍马克思主义的著作。

1919（民国八年）30 岁

6 月 18、19 日，在上海《民国日报》副刊《觉悟》发表《什么叫社会主义?》、《社会主义的目的》，署名鹤。阐述了社会主义同共产主义、无政府主义的区别，指出"社会主义有两面最鲜明的旗帜，一面是救济经济上的不平均，一面是恢复人类真正平等的状态"。是中国最早公开发表的介绍科学社会主义的文章。

6 月 24 日，在上海《民国日报》副刊《觉悟》发表《陈独秀与新思想》，署名鹤。

6 月 20、21、22、23、26、30 日，7 月 1、2、3 日，在上海《民国日报》副刊《觉悟》发表系列短文《战前欧洲社会党运动的情况》，署名鹤。

10 月，在《解放与改造》第 1 卷第 3 号发表《女子解放论》，署名李鹤鸣。

1920（民国九年）31 岁

8 月，怀着"回国寻找同志干社会革命"的目的，从日本回到上

---

① 见本书"导言"第 2 页注释①。

海，旋与陈独秀、李汉俊、陈望道、沈玄庐、施存统、俞秀松等发起组织上海共产党（即中国共产党上海发起组）。回国前，完成了对《唯物史观解说》、《马克思经济学说》、《社会问题总览》的翻译。

9月，《新青年》从第8卷第1号开始，改为中国共产党上海发起组公开发行的机关刊物，李达参加该刊的编辑工作。

11月7日，《共产党》月刊创刊，任主编。在该刊第1号发表《第三国际党（即国际共产党）大会的缘起》，署名胡炎，详细介绍了共产国际成立的情况。同日，在上海《民国日报》副刊《觉悟》发表《张东荪现原形》，署名江春。28日，在《劳动界》第16号发表《劳动者与社会主义》，署名立达。

12月1日，在《新青年》第8卷第4号发表《劳工神圣颂》，署名H·M。7日，在《共产党》第2号发表《社会革命底商榷》，署名江春。

1921（民国十年）32岁

1月，在《新青年》第8卷第5号发表《马克思还原》，署名李达。

2月，主持中国共产党上海发起组工作，负责中国共产党第一次全国代表大会的筹备工作。

3月，同陈独秀、李大钊、李汉俊、陈望道、沈雁冰、夏丏尊等创办新时代丛书社，编辑出版《新时代丛书》。

4月，所译高畠素之的《社会问题总览》、考茨基的《马克思经济学说》由中华书局出版。

在《新青年》第8卷第6号发表《俄国农民阶级斗争史》（佐野等著）、《劳农俄国底结婚制度》（山川菊荣著）的译文，署名李达。

在《共产党》第3号上发表《全欧共产党及独立社会党之联席会议》、《劳农俄国之劳工会议》等30则报道国际共运的消息，均署名江春。

5月，在《新青年》第9卷第1号发表《讨论社会主义并质梁任公》和《从科学的社会主义到行动的社会主义》（山川均著）的译文，署名李达。

在《共产党》第4号发表《无政府主义之解剖》，署名江春。

在上海《民国日报》副刊《觉悟》发表《五一运动》，署名江春。在《少年中国》第11期发表《唯物史观的宗教观》（Hermana Gorter

著）的译文，署名李达。

所译郭泰的《唯物史观解说》一书由中华书局出版（至 1936 年 8 月共印行 14 版），署名李达。

6 月，在《新青年》第 9 卷第 2 号发表《马克思派社会主义》和转译的《列宁的妇人解放论》，署名李达。月初，与李汉俊同共产国际代表马林、共产国际远东局书记处代表尼克尔斯基洽谈，并与陈独秀、李大钊商议后，决定及早召开党的全国代表大会，李达担负了大会的筹备和组织工作。

7 月，出席中国共产党第一次全国代表大会，并负责大会的会务工作。当选为中央局成员，任宣传主任。

在《新青年》第 9 卷第 3 号发表《劳农俄国底妇女解放》（山川菊荣著）的译文，并由商务印书馆出版《女性中心说》（堺利彦著）译著，均署名李达。

9 月，在上海创办并主持人民出版社，亲自担任撰稿、译稿、组稿、编辑、校对和发行工作，这是中国共产党创办的第一个地下出版社，社址实际设在上海，因为是秘密出版的，为确保安全，编辑出版的书籍标明由"广州人民出版社"出版，社址写作"广州昌兴马路二十六号"。

在上海《民国日报》副刊《妇女评论》发表《告诋毁男女社交的新乡愿》，署名鹤鸣。

10 月，和陈独秀商定筹办上海平民女学。

在上海《民国日报》副刊《妇女评论》第 10 期、第 11 期发表《社会主义底妇女观》（山川菊荣著）的译文和《介绍几个女社会革命家》的文章，均署名鹤鸣。

1922（民国十一年）33 岁

1 月，在上海《民国日报》副刊《觉悟》发表《李卜克内西传》，署名李特。在《先驱》第 1、2 期发表《俄国的新经济政策》，署名李特，此文与 8 月编译出版的《劳农俄国研究》一书，较全面地介绍了苏维埃俄国的情况。

2 月，成立上海平民女学，任校长。

3 月，在上海《妇女声》第 6 期发表《平民女学是到新社会的第一步》、《说明本校工作部之内容》，均署名李达。在《妇女杂志》第 7 卷第 6 号发表《绅士阀与妇女解放》，署名鹤鸣。

5月，应毛泽东的邀请到湖南自修大学讲授马列主义。在《先驱》第7号发表《对于全国劳动大会的希望》。

7月16日至23日，出席在上海召开的中国共产党第二次全国代表大会。

7月，在《新青年》第9卷第6号发表《评第四国际》，署名李达。此文围绕要不要党的指导、退不退出黄色工会、参加不参加资产阶级议会、应不应当联合农民、如何看待俄国的新经济政策等问题，对国际极左思潮的错误理论与策略作了系统的批判。

8月，编译的《劳农俄国研究》一书由商务印书馆出版发行，署名李达。

9月，在上海《民国日报》副刊《觉悟》发表《劳动立法运动》，在《向导》周刊第1卷第1号发表《日本政党改造之趋势》，在上海《民国日报》副刊《妇女评论》第59期发表《妇女运动史》，均署名李鹤鸣。

10月，在上海《民国日报》副刊《妇女评论》第61、63、64期连载《妇女运动史》，署名李鹤鸣。所译《产儿制限论》（安部矶雄著）一书由商务印书馆出版，署名李达。

11月，应毛泽东函邀，到长沙担任湖南自修大学学长，在此期间发表的《湖南自修大学创立宣言》，要求"学生不但修学，还要有向上的思想，养成健全的体格，煎涤不良的习惯，为革新社会作准备"。11月1、8、15、22日在上海《民国日报》副刊《妇女评论》连载《女权运动史》，署名李鹤鸣。

1923（民国十二年）34岁

4月，与毛泽东创办自修大学校刊《新时代》，并任主编。在创刊号上发表《何谓帝国主义?》、《为收回旅大运动敬告国人》两文以及《德国劳动党纲领栏外批评》（即《哥达纲领批判》）的译文，均署名李达。该译文是《哥达纲领批判》最早的两个中译本之一（另一译本是北京《今日》杂志1922年5月第1卷第4号所载熊得山译《哥达纲领批评》）。

5月，在《新时代》第1卷第2号发表《马克思学说与中国》，署名李达。

7月，在《新时代》第4号发表《中国商工阶级应有之觉悟》、《旧国会不死，大盗不止》两文，分别署名李达、达。这两文与4月间发表的《何谓帝国主义?》、《为收回旅大运动敬告国人》，围绕着"帝国主义如何打倒，武人政治如何推翻"两大问题，阐明了中共二大宣言的基本精神，得出马克思主义学说在中国已"由介绍的时期而进到实行时期了"的结论。

暑假后，从长沙到上海同陈独秀商谈国共合作问题。陈独秀主张共产党以整个团体加入国民党，李达则主张共产党员以个人身份加入国民党，保持共产党的独立性，二人发生激烈争吵。回长沙后中断了与陈独秀主持的中央的联系，随后离开了党的组织，但仍继续从事马克思主义理论的宣传和研究工作。

8月14、15、17、19、21日，在长沙《大公报》副刊《现代思想》发表长文《社会主义与江亢虎》，署名李达。阐明科学社会主义的理论根据、实行方法、具体主张，社会革命的涵义及其实现步骤，体现了战斗唯物主义的精神，表达了对社会主义的坚强信念。

11月，在《湘报》发表《评江亢虎的中国社会党》，署名李达。

1924（民国十三年）35 岁

10月，译著《中国关税制度论》（高柳松一郎著）由商务印书馆出版，署名李达。

1925（民国十四年）36 岁

5月21日，在上海《民国日报》副刊《觉悟》发表《致友人论入社会学系事》，署名鹤鸣。

1926（民国十五年）37 岁

6月，所著《现代社会学》由湖南现代丛书社出版，署名李达。1928年上海昆仑书店出版了该书的修订版，至1933年4月共印行14版。这是"中国人自己写的最早的一部联系中国革命实际系统论述唯物史观的专著"。

冬季，应邓演达（时任国民革命军总司令部政治部主任）之邀，由长沙到武汉，任中央军事政治学校政治教官，并兼任国民革命军总政治部编审委员会主席。

1927（民国十六年）38 岁

年初，国民革命军总政治部成立农民问题讨论委员会，被聘为该委员会的常务委员。

3月，应聘在毛泽东主办的中央农民运动讲习所讲授社会科学概论课。月底，回长沙与谢觉哉、夏曦、郭亮等筹办国共合作的湖南省党校，任教育长。

5月，马日事变爆发，转移至家乡零陵。

9月底，应李汉俊之邀，到武昌中山大学任教。

12月，李汉俊被反动军阀杀害后，被迫潜往上海。

1928（民国十七年）39岁

5月，在《现代中国》第1卷第1期发表《民生史观》、《日本代议政治的破绽》，署名平凡。在《现代中国》第1卷第2期发表《土地所有权之变迁》，署名平凡。

6月，在《现代中国》第1卷第3期发表《日帝国主义底海陆军现势》，署名李平凡。在《现代中国》第1卷第4期发表《民生史观和唯物史观》，署名李平凡。

7月，在《现代中国》第2卷第1期发表《佃租论》（上），署名李平凡。此文是最早运用马克思主义地租理论分析中国土地问题的文章。

8月，在《现代中国》第2卷第2期发表《中国所需要的革命》，署名李达。

9月，在《现代中国》第2卷第3期发表《佃租论》（下），署名李平凡。

在《双十月刊》第3期发表《土地问题研究》，署名李平凡。在《双十月刊》第4期发表《革命过程中的民主革命》，署名李达。

10月，在《现代中国》第2卷第4期发表《现代中国社会之解剖》，署名李达。此文是李达参与中国社会性质论战的重要文章，文章依据马克思主义的社会形态学说，清晰地勾画出中国近现代社会的形态，正确地估计了中国资本主义的发展程度，有力地批判了新生命派、动力派关于中国社会性质的错误观点。

入冬，与友人熊得山、邓初民、张正夫、熊子民合作创办上海昆仑书店，出版马克思主义理论书籍和革命书籍。

11月，所译《法理学大纲》（穗积重远著）一书，由商务印书馆出版，署名李鹤鸣。

1929（民国十八年）40 岁

1 月，所著《中国产业革命概观》由上海昆仑书店出版，署名李达。此书被认为是中国人用马克思主义观点比较系统地阐述中国近代经济史的第一部著作。

所译《妇女问题与妇女运动》（山川菊荣著）由上海远东图书公司出版，署名李鹤鸣。

3 月，与钱铁如合译的《社会科学概论》（杉山荣著）由上海昆仑书店出版。

4 月，所著《社会之基础知识》由上海新生命书局出版发行，署名李鹤鸣。书中提出了"社会的系统观"思想，指明"中国的出路"在于"为求中国的生存而实行的中国革命，一面要打倒帝国主义，一面要铲除封建遗物，前者是民族革命的性质，后者是民主革命的性质，其必然的归趋，必到达于社会革命，而与世界社会进化的潮流相汇合"。

9 月，所著《民族问题》由上海南强书局出版，署名李达。该书提出："民族问题，是世界革命的根本问题之一，也是中国革命的根本问题之一，要了解世界革命和中国革命的理论和策略，就必得研究民族问题。"这是中国第一本运用马克思主义民族理论研究民族问题的著作。

译著《现代世界观》（塔尔海玛著）由昆仑书店出版，署名李达。

1930（民国十九年）41 岁

1 月，所译《农业问题之理论》（河西太一郎著）、《政治经济学批评》（即马克思著《政治经济学批判》）由上海昆仑书店出版，均署名李达。《政治经济学批评》是《政治经济学批判》最早的中译本①。

4 月，所译《经济学入门》（米哈列夫斯基著）由上海乐华图书公司出版，署名李达。

6 月，与王静、张粟原、钱铁如、熊得山、宁敦午合译的《马克思主义经济学基础理论》（河上肇著）由上海昆仑书店出版。

暑假后，到上海政法大学任教授，兼任社会学系主任。

秋季，应聘到暨南大学任教授。

10 月，译著《理论与实践的社会科学根本问题》（卢波尔著）由上海心弘书社出版，署名李达。与陈家瓒合译的《土地经济论》（河田嗣

---

① 见本书"导言"第 7 页注释③。

郎著）由商务印书馆出版。上述译著的出版，有助于中国广大群众学习马克思主义特别是学习唯物辩证法，更好地认识中国革命。

1931（民国二十年）42 岁

3月，在《旅行杂志》第 5 卷第 5 号发表《自故都到英京》，署名立达。

秋，出任暨南大学社会历史系主任。

1932（民国二十一年）43 岁

年初，创办笔耕堂书店，出版马克思主义理论书籍。

2月，被暨南大学反动当局解聘。

4月，与熊得山合译的《政治经济学教程》（拉比拉斯等著）一书，由上海笔耕堂书店出版，全书长达 31 万字，是李达译著中篇幅最长的一本，对于推动马克思主义政治经济学在中国的传播有着重要的意义。

5月，受中共党组织委托，到泰山给冯玉祥讲授列宁主义和唯物辩证法，为期两个月。

8月，应聘担任北平大学法商学院教授，兼任经济系主任，讲授社会学、社会进化史、社会问题和英文政治学选读等课程。

9月，与雷仲坚合译的《辩证法唯物论教程》（西洛可夫等著）一书，由上海笔耕堂书店出版，该书三分之二由李达所译。这是一部系统阐述辩证唯物主义的教材，对中国思想界影响深远，在中国传播辩证唯物主义过程中，起了重大的历史作用。据说该书是毛泽东"批注文字最多"的一本著作，毛泽东曾致信中央研究组及高级研究组，建议将该著第六章"唯物辩证法与形式论理学"作为理论学习和研究思想方法的参考材料。

1933（民国二十二年）44 岁

2月，应聘出任北平大学法商学院研究室指导委员会委员。

5月，再次受中共党组织之托去张家口为冯玉祥及其研究室讲学，说服冯玉祥联共抗日。

6月，应邀兼任私立中国学院（后改为中国大学）、朝阳大学经济系名誉教授，并一度兼任中国大学经济系主任。

1934（民国二十三年）45 岁

3 月，在《道德月刊》第 1 卷第 3 期发表《慈飔》，署名李平。

4 月 20 日，以中华民族武装自卫委员会筹备会的名义，作为十名领衔签名者之一，发表《中国人民对日作战的基本纲领》。

4 月，为吕振羽的《史前期中国社会研究》（即《中国社会史纲 I》）一书作序，并推荐给人文书店出版。

6 月，在《论语》第 35 期发表《我读论语》，署名平凡。

1935（民国二十四年）46 岁

5 月，在北平大学法商学院《法学专刊》第 3、4 期合刊发表《中国现代经济史之序幕》，署名李达。

7 月，为谭丕模的《宋元明思想史纲》作序。

9 月，在《法学专刊》第 5 期发表《辩证逻辑与形式逻辑》和《中国现代经济史概观》，均署名李达。《中国现代经济史概观》属于未完成著作《中国现代经济史》的一部分，运用史学研究的描述和论证，深刻揭示了中国陷于半殖民地半封建社会的历史过程。

10 月，被聘为北平大学法商学院政治经济研究室指导教授，兼任《法学专刊》编辑委员。

11 月，上海"七君子"事件发生后，与许德珩、沈志远、邢西萍、许寿裳等 109 位知名人士联合签名，并致电南京国民党政府，要求释放爱国"七君子"。

同年，完成《社会进化史》、《社会学大纲》的写作，由北平大学法商学院先作为讲义铅印。《社会进化史》是中国学者以马克思主义为指导写作的第一部世界通史。在《社会学大纲》第一编第一章中引用了马克思《1844 年经济学哲学手稿》的观点，这是《1844 年经济学哲学手稿》在中国最早的传播。《社会学大纲》后由上海笔耕堂书店于 1937 年 5 月正式出版。1948 年 2 月香港生活书店将该书的历史唯物论部分（第二篇至第五篇）以《新社会学大纲》的书名出版。1948 年 7 月新华书店又将该书分 5 册翻印出版。该书是 30 年代研究马克思主义哲学最重要的富有代表性的理论成果，是中国马克思主义哲学理论体系形成的标志，被毛泽东评价为"中国人自己写的第一本马克思主义的哲学教科书"。

1936（民国二十五年）47 岁

3 月，在《法学专刊》第 6 期发表《唯物辩证法的对象》，在第 7 期发表《辩证法的几个法则》，均署名李达。

6 月，在《苏俄评论》第 10 卷第 5 期发表《现阶段反苏阵线与反苏阵线的动态》，署名立达。

7 月，在《中山文化教育馆季刊》第 3 卷第 3 期发表《逻辑大意》，署名李达。

在《燕大周刊》第 7 卷第 2、4 期分别发表了《辩证法的逻辑》、《辩证法的逻辑（续第二期）》的系列讲义，均署名李达。

在《苏俄评论》第 10 卷第 6 期发表《英苏海军谈判之探讨》，署名立达。

8 月，在北平大学法商学院《法学专刊》第 6 期发表《唯物辩证法的对象》，署名李达。

在《苏俄评论》第 10 卷第 8 期发表《泰洛夫的道路》，署名立达。

10 月，在《苏俄评论》第 10 卷第 10 期发表《五年来之苏联戏剧》，署名立达。

同年，完成《经济学大纲》和《货币学概论》的写作，由北平大学法商学院先作为讲义铅印。《货币学概论》于 1942 年在香港正式出版发行，后由生活·读书·新知上海联合发行所于 1949 年 7 月发行新 1 版，这是中国第一部系统地阐述马克思主义货币理论的著作，是马克思主义经济学理论在中国的运用与发展新的里程碑。《经济学大纲》后由香港生活书店于 1948 年 1 月出版其第 1 分册《先资本主义的社会经济形态》，1985 年 9 月由武汉大学出版社正式出版。它是中国最早系统阐述马克思主义政治经济学原理的重要著作之一，是中国人自己写的最早的马克思主义经济学教科书之一，对马克思主义政治经济学在中国的传播做出过重大贡献。

1937（民国二十六年）48 岁

3 月，所著《经济问题之处理方法》一文收入《政治经济问题之处理方法》一书，由北平大学法商学院刊印。

4 月，在《磐石杂志》第 4 期发表《科学家与天主教》，署名李鹤鸣。

在《广东经济建设月刊》第 4 期发表《征收遗产税问题》，署名平凡。

5月，专著《社会学大纲》由上海笔耕堂书店正式出版，署名李达。在《广东经济建设月刊》第 5 期发表《我们对复兴农村的意见》，署名平凡。

7月，所著《辩证法的唯物论问答》由上海进化书店出版，署名李达。这是一本马克思主义哲学的辅导读物，在对马克思主义哲学有关内容的阐述上不仅具有明晰、鲜明和深入浅出的特点，同时也具有一定的理论深度。

9月，在北平大学法商学院《法学专刊》第 7 期发表《唯物辩证法的几个法则》，署名李达。

1938（民国二十七年）49 岁

春，被聘为广西大学经济系教授，并兼系主任。

6月，在《新南星》第 4 卷第 6 期发表《天津工商学院的公教生活》，署名鹤鸣。

8月，在《战时教育》第 2 卷第 4 期发表《开什么学》，署名李特。

冬，被聘为广西建设研究会名誉研究员，该会是当时团结各方面进步民主人士（包括一些知名的共产党员在内）的组织。

1939（民国二十八年）50 岁

1月，抵达重庆，为冯玉祥及其研究室讲授辩证唯物主义。

3月，在《读书月报》第 1 卷第 4 期发表《唯物辩证法三原则的关系》，署名李达。

8月，在《理论与现实》第 1 卷第 2 期发表《形式逻辑扬弃问题》，署名李达。

9月，离开重庆，返广西大学任教。

冬初，桂林八路军办事处负责人曹瑛受周恩来之托去看望李达并给以经济上的接济和政治上的关怀，李达多次被邀请给办事处的工作人员讲授唯物辩证法。

1940（民国二十九年）51 岁

春，回到故乡零陵。

2月，在《复兴旬刊》第 29、30 期发表《抗战外史鳞爪（一）：田胡子智赚敌军火》、《抗战外史鳞爪（二）：扫雷艇卷入封锁阵》，均署名平凡。

3月，在《战时南路》第10期发表《第五保育院的概况与展望》，署名李特。

秋，应聘到广东中山大学任教。

1941（民国三十年）52岁

1月，在《新动向》第1、2期发表《中国青年的时代使命》、《东亚联盟与青年运动》，均署名平凡。

3月，在《新动向》第6期发表《民族意识与民族复兴》，署名平凡。

7月，被国民党教育部解聘，返回家乡零陵居住。

9月，在《文化杂志》第2号发表长篇论文《中国社会发展迟滞的原因》，指出中国社会长期滞留于封建阶段的主要原因在于沉重且愈演愈烈的赋税负担、商品需求和原始积累的动力的不足、逐渐恶化的人地矛盾、科学的不发达等。署名李达。

1942（民国三十一年）53岁

失业居家，在反动当局与特务监视下，坚持著述。

7月，在《县政研究》第4卷第4、7期发表《什么是富国利民的县政？》，署名立达。

同年，所著《货币学概论》在香港正式出版发行。这是中国第一部系统地阐述马克思主义货币理论的著作。

1943（民国三十二年）54岁

失业居家，坚持读书和研究著述。

3月，在《战干》第202期发表《交友之道》，署名立达。

1944（民国三十三年）55岁

8月，零陵沦陷于日军铁蹄之下，避居湖南永江河胡家栋大马槽（今属湖南省双牌县）。在《申报月刊》第2卷第8号发表《上海经济的动态》，署名李达。

11月，在《青年与科学》第1卷第6期发表《怎样建筑一个完美的飞机场》，署名鹤鸣。在《申报月刊》第 2 卷第 11 号发表《物价管理与强化金融统制》，署名李达。

1945（民国三十四年）56 岁

8 月，日本投降后返回老家零陵居住，受到国民党特务的监视，没有行动自由。在《新中华》副刊第 3 卷第 7 期发表译文《如何处置日本》（美国威廉庄斯东撰），署名李平。

9 月，在《新中华》副刊第 3 卷第 8 期发表译文《如何处置日本（续）》（威廉庄斯东撰），署名李平。

1946（民国三十五年）57 岁

在家乡灌塘口创办辅仁小学，亲任校长，学生一律免费入学，实行新式教育。

12 月，在《读书与生活》第 1 卷第 2 期发表《杜鲁门声明的本质》、《一年来国内局势的总结》，均署名李平。

1947（民国三十六年）58 岁

1 月，在《读书与生活》第 1 卷第 3 期发表《一年来的美国对华政策》，署名李平。

2 月，受聘担任湖南大学法律系教授。

6 月，在《陕政》第 8 卷第 9—10 合期发表《推行二五减租》，署名李鹤鸣。

暑假，完成《法理学大纲》的写作，由湖南大学作为教材分上下两册刊印，现仅存上册，后由法律出版社于 1983 年 11 月正式出版。在这部著作中，李达强调科学的世界观是建立科学的法理学的基础，阐明了法理学的对象、任务及其研究方法，论述了法律与国家的关系、法律的本质与现象、内容与形式诸问题，还对西方从古希腊到近代各个法学流派作了深刻批判。这是我国第一部运用马克思主义观点系统地阐述法学理论的专著。

在《现代妇女》第 8 卷第 6 期发表《三个职业妇女的叙诉》，署名平凡。

1948（民国三十七年）59 岁

1 月，旧著《经济学大纲》第 1 分册以《先资本主义的社会经济形态》为书名，由香港生活书店出版，署名李达。

2月，将《社会学大纲》的第二篇至第五篇历史唯物论部分修改为《新社会学大纲》，由香港生活书店出版，署名李达。

5月，在《纺织年刊》发表《正视纺织技术人员的就业问题》，署名李平。

7月，所著《社会学大纲》由中原新华书店翻印在解放区发行，署名李达。在《燕京新闻》第14卷第14期发表《现实：略论自由主义者》，署名李平。

暑假期间，湖南大学进步学生举行新民主主义座谈会，应邀到会作了《中国非改革不可》的长篇发言。

11月，在《中坚》第4卷第2期发表《关于美国援华问题》，署名李平。

1949（民国三十八年）60岁

4月16日，秘密离开长沙，于20日抵香港。

5月14日，抵达北平。

6月15日至19日，出席新政治协商会议筹备会议。

6月，出任中国新法学研究会筹备委员会常委（后任中国新法学研究会副会长）。

7月，被推举为中国新哲学研究会筹备会主席（后任中国哲学学会会长）、中国社会科学工作者代表会筹备会副主席。

旧著《货币学概论》收录进"新中国大学丛书"，由三联书店出版新1版。

8月，中国政法大学在北平成立，任第一副校长。

9月21日至30日，作为社会科学界代表出席中国人民政治协商会议第一届全体会议。

10月，被任命为中央人民政府政务院文化教育委员会委员和法制委员会委员兼副主任。

在《报学杂志》第1卷第10期发表《巴黎的各国新闻纸》，署名平凡。

11月，在中国政法大学作《学习马列主义的国家观》和《从共同纲领推测新宪法的轮廓》的学术报告。

12月，由毛泽东、李维汉、张庆孚作历史证明人，刘少奇作介绍人，经中共中央批准重新入党。

被中央人民政府任命为中南军政委员会委员、文化教育委员会副主任、湖南大学校长。

1950　61 岁

2月，由北京回到长沙，正式就任湖南大学校长。

3月，组织湖南大学校务委员会。在《人民湖大》创刊号发表《湖大人工作的方向》，署名李达。

主持设立政治大课委员会，组织师生员工学习"社会发展史"等课。

亲自撰写《社会发展史·绪论》，主编《社会发展史》作为讲义由湖南大学刊印，署名李达。

在《人民湖大》第2、3期发表《做一个光荣的劳动知识分子》、《自然科学与政治》，均署名李达。

5月，分别在《人民湖大》第5、6期发表《继承"五四"的革命传统》、《如何研究马列主义》，均署名李达。

10月，在《人民湖大》第25、27、28期发表《改进我们的教学工作》、《办好毛泽东故乡的大学是我们最光荣的任务》、《在湖南省首届各界人士代表会议上的讲演词》，均署名李达。

12月，在《新湖南报》发表《拥护伍修权在安理会上的发言》，署名李达。

1951　62 岁

1月，在《人民湖大》第38期发表《在现有的学习基础上胜利前进》，署名李达。在《学习》第5卷第2期发表《关于大学教师的思想改造问题》，署名李达。

2月，在《新建设》第3卷第5期发表《〈实践论〉——毛泽东思想的哲学基础》，署名李达。

3月，在《新建设》第3卷第6期发表《〈实践论〉解说（一）》，署名李达。毛泽东致信表示："这个《解说》极好，对于用通俗的言语宣传唯物论有很大的作用。""应当出一单行本，以广流传。……关于辩证唯物论的通俗宣传，过去做得太少，而这是广大工作干部和青年学生的迫切需要，希望你多多写些文章。"

在《人民湖大》第 49 期发表《协助政府贯彻实施〈惩治反革命条例〉 巩固人民民主专政》，署名李达。

4 月，在《新建设》第 4 卷第 1 期发表《〈实践论〉解说（二）》，署名李达。

5 月，在《新建设》第 4 卷第 2 期发表《〈实践论〉解说（三）》，署名李达。在《人民湖大》第 56 期发表《纪念五四与订立爱国公约》，署名李达。

6 月，在《新建设》第 4 卷第 3 期发表《〈实践论〉解说（四）》，署名李达。在《新文萃》第 6 期发表《帮助学习党史的几篇重要著作》，署名李达。

7 月，在《新建设》第 4 卷第 4 期发表《怎样学习〈实践论〉》，署名李达。

在《人民湖大》第 63 期发表《毛泽东思想的伟大胜利——为纪念党成立 30 周年和〈论人民民主专政〉发表二周年而作》，署名李达。该文还分别在《长江日报》（1951 年 7 月 2 日）、《人民日报》（1951 年 7 月 13 日）刊发。

《〈实践论〉解说》单行本由三联书店出版，署名李达。

8 月，在《人民湖大》第 66 期发表《〈实践论〉学习提纲》，署名李达。在 30 日《人民日报》发表《读毛泽东同志 1926—1929 年的四篇文章》，署名李达。该文亦在《新建设》1951 年第 5 卷第 1 期刊发。

9 月，在《新建设》第 4 卷第 6 期发表《怎样学习党史》，署名李达。

10 月 3 日，为湖南大学社会科学学院学生作《怎样学习马克思列宁主义毛泽东思想》的报告。

11 月，湖南大学成立党史学习委员会，兼任主任委员。9 日，在《人民湖大》第 74 期发表《我们为什么要学习党史》，署名李达。

12 月 7 日，在湖大第 6 次扩大校务委员会会议上作《努力思想改造积极参加土改》的报告，《人民湖大》第 78 期发表了这篇报告的摘要，署名李达。

1952　63 岁

1 月，在武汉《新青年报》第 127、128 期发表《读〈为争取千百万群众进入抗日民族统一战线而斗争〉》，署名李达。《人民湖大》第 81

期亦刊发此文。

2月，16日，向湖南大学教职员作《学习〈毛泽东选集〉》的报告。25日，在《人民湖大》第36期发表《声讨美帝国主义者散布细菌的兽行》，署名李达。

3月，在24日《长江日报》发表《高等学校的三反运动必须结合思想改造》，署名李达。

4月，在《人民湖大》第87期发表《关于开展思想改造和三反运动》，署名李达。该文是4月11日在湖南大学全校师生员工大会上所作的动员报告。

5月，在《人民湖大》第98期发表《从湖大三反运动的进展说到思想改造》，署名李达。

6月，在《人民湖大》第103期发表《纪念"六·二五"两周年》，署名李达。

7月，在《新建设》7月号发表《〈矛盾论〉解说（一）》和《读〈大量吸收知识分子〉》，在《人民湖大》第104期发表《纪念"七一"，谈知识分子思想改造问题》，均署名李达。

8月，在《新建设》8月号发表《〈矛盾论〉解说（二）》，署名李达。

9月，在《新建设》9月号发表《〈矛盾论〉解说（三）》，署名李达。17日，毛泽东致函李达，告知《矛盾论》第二章原文中有一处做了修改，请李达在撰写《〈矛盾论〉解说》时注意。

10月，在《新建设》10月号发表《〈矛盾论〉解说（四）》，署名李达。

11月，在《新建设》11月号发表《〈矛盾论〉解说（五）》，署名李达。中央人民政府政务院第19次会议批准任命李达为武汉大学校长。

12月，在《新建设》12月号发表《〈矛盾论〉解说（六）》，署名李达。

1953　64 岁

1月，在《新建设》1月号发表《〈矛盾论〉解说（续完）》，署名李达。

2月，离开湖南大学，到任武汉大学校长。

3月，建立武汉大学马列主义教研室，亲自兼任教研室主任。在16

日《长江日报》发表《高举着斯大林旗帜前进——悼伟大的导师斯大林同志》。

5月9日，在《光明日报》发表《在武大教师开展学习马列主义动员会上的报告》，署名李达。

7月，《〈矛盾论〉解说》单行本由三联书店出版，署名李达。此书后成为学习和研究毛泽东哲学思想的重要理论读物。

11月，在《新武大》第99期发表《怎样学习〈矛盾论〉》，署名李达。

1954 65岁

1月，在1日《长江日报》发表《国家在过渡时期的总路线——高等教育工作的灯塔》，署名李达。

6月，在《新建设》6月号发表《谈宪法》，署名李达。后由中南人民出版社出版了该文的单行本。在《新武大》第123期发表《学习宪法，拥护宪法》，署名李达。

7月，在26日《长江日报》发表《学习〈关于加强党的团结的决议〉及有关的几个文件的体会》，署名李达。

8月，在2日《人民日报》发表《我国宪法是人民革命胜利的保障和为社会主义斗争的旗帜》，署名李达。

9月，出席第一届全国人民代表大会第一次全体会议。

10月，在《新建设》10月号发表《学习中华人民共和国宪法》，署名李达。

11月，创办马列主义夜大学，并亲自负责哲学课的讲授，撰写《马克思主义认识论》、《马克思主义辩证法》、《真理论》等讲义，由武汉大学刊印。在15日《长江日报》发表《向社会主义社会前进的里程碑——出席第一届人大的感想和体会》，署名李达。

12月，出席全国政协第二届第一次全体会议。

在《长江日报》发表系列文章《维护欧洲和平和安全，反对复活德国军国主义》。12月4日：《一、复活德国军国主义是对欧洲和世界和平的最大威胁》；12月6日：《二、对德问题上的两条路线的斗争》；12月8日：《三、德国人民争取和平统一反对军国主义化的斗争》；12月10日：《四、复活德国军国主义的伦敦协定和巴黎协定》；12月11日：《五、建立欧洲集体安全体系，保卫欧洲和平》，署名"白鸽"。

在《长江日报》发表系列文章《反对美蒋（条约），坚决解放台湾》。12 月 24 日：《一、美蒋（条约）是一个露骨的侵略条约》；12 月 25 日：《二、美蒋（条约）严重威胁亚洲和世界和平》；12 月 28 日：《三、美蒋（条约）破坏了联合国宪章》；12 月 30 日：《四、驳斥一切为美国侵占台湾张目的谬论》；12 月 31 日：《五、只有抗争侵略才能保卫和平》，署名"白鸽"。

在 12 月 31 日《人民日报》发表《胡适政治思想批判》，署名李达。李达曾将《胡适政治思想批判》和《胡适思想批判》两篇寄呈毛泽东审阅，毛泽东给李达回信说："两篇文章，收到看过了，觉得很好。特别是政治思想一篇，对读者帮助更大。"

1955　66 岁

1 月，《胡适反动思想批判》由湖北人民出版社出版，署名李达。在《新建设》1 月号发表《胡适思想批判》。

2 月，决定创办《武汉大学人文科学学报》和《武汉大学自然科学学报》，兼任学报编委会主任。

3 月，《哲学研究》创刊，任编辑委员会委员。

4 月，在 8 日《人民日报》发表《列宁是苏联和平外交的缔造者——庆祝列宁诞生 85 周年》，署名李达。在《新武大》第 152 期发表《论共产主义道德》，署名李达。

5 月，任中国科学院学部委员，后被选为哲学社会科学学部常务委员会委员。

6 月，在 30 日《长江日报》发表《提高警惕，认识过渡时期阶级斗争的复杂性和尖锐性》，署名李达。

7 月，在《长江文艺》7 月号发表《提高警惕，对一切反革命派作坚决的斗争》，署名李达。

8 月，在《党史资料》发表《中国共产党的发起和第一、第二次代表大会经过的回忆》，署名李达。

12 月，在《哲学研究》第 4 期发表《实用主义——帝国主义的御用哲学》，署名李达。

1956　67 岁

6 月，在 13 日《长江日报》发表《百家争鸣》，该文亦载于 14 日

《湖北日报》，署名李达。

7 月，《实用主义——帝国主义的御用哲学》由湖北人民出版社出版单行本。

9 月，在 3 日《长江日报》发表《在百家争鸣的政策下怎样对待资产阶级的哲学和社会科学》，署名李达。

主持恢复武大哲学系，亲自兼任系主任。先后编写《唯物论与唯心论的斗争》、《物质第一性与意识第二性》、《世界的物质性》、《唯物辩证法是彻底的物质一元论》、《唯物辩证法是共产党的世界观》、《马克思主义辩证法》、《反映论》等专题讲稿。

11 月，《中华人民共和国宪法讲话》由人民出版社出版。在《武汉大学人文科学学报》第 1 期发表《发刊词》和《胡适反动思想批判》，均署名李达。在《新武大》第 215 期发表《纪念伟大的孙中山先生》。

12 月，在 12 日《长江日报》发表《关于工人阶级与资产阶级矛盾问题的讨论》，署名李达。

1957　68 岁

5 月，在《新湖南报》发表《怎样做一个社会主义的大学生——给应届高中毕业同学的一封信》，署名李达。

11 月，在 4 日《湖北日报》发表《中国革命是十月革命的继续》，署名李达。在《学习》第 21 期发表《十月革命与中国知识分子》，署名李达，该文亦载于《武大学习简报》第 70 期。

1958　69 岁

1 月，湖北省社会科学联合会主办的《理论战线》创刊，任该刊编委会召集人，并为该刊撰写题为《开辟哲学社会科学战场》的发刊词。在创刊号开设历史唯物主义讲座专栏，发表第一章《历史唯物主义序论》，署名李达。

中国科学院武汉分院筹委会成立，任主任委员，后任分院院长，兼湖北省哲学社会科学学会联合会主席暨哲学社会科学研究所所长。

3 月，在 8 日《光明日报》发表《干劲加钻劲，科学大跃进》，署名李达。在《理论战线》第 2 期发表《社会主义革命与社会主义建设》和历史唯物主义讲座第二章《历史唯物主义的对象》，署名李达。

5 月，在《理论战线》第 3 期发表《整风运动的辩证法》和历史唯物主义讲座第四章《生产力和生产关系》，署名李达。

6月，在《学习》第12期发表《我国现阶段的上层建筑与经济基础的关系》，此文后收入中国青年出版社出版的《正确处理人民内部矛盾》一书，署名李达。

7月，在《七一》创刊号发表《七一回忆》，署名李达。

8月，在《理论战线》第5期发表《反对现代修正主义》和历史唯物主义讲座第四章《生产力和生产关系（续）》，署名李达。

9月，《整风运动的辩证法》由湖北人民出版社出版，署名李达。在《理论战线》第6期发表历史唯物主义讲座第五章《世界无产阶级社会主义革命论》，署名李达。

10月，《社会主义革命与社会主义建设的共同规律》由湖北人民出版社出版，署名李达。在《理论战线》第7期发表历史唯物主义讲座第五章《世界无产阶级社会主义革命论（续）》，署名李达。

11月，在10日《人民日报》发表《学习毛主席理论联系实际的科学作风》，署名李达。在《哲学研究》第7期发表《认真学习毛主席著作　改正学风、教风和文风》，署名李达。在《理论战线》第8期发表历史唯物主义讲座第三章《资产阶级社会学说的批判》，署名李达。

12月，在《理论战线》第9期发表历史唯物主义讲座第三章《资产阶级社会学说的批判（续）》，署名李达。

1959　70岁

1月，在《理论战线》第1期发表历史唯物主义讲座第六章《中国共产党的中国革命论》，署名李达。在29日《光明日报》发表《正确认识由社会主义到共产主义的过渡问题》，署名李达。在《新武大》第292期发表《共产主义社会的两个阶段》，署名李达，该文亦载于《武汉大学人文科学学报》（哲学社会科学专刊）1959年第1期。

2月，在《理论战线》第2期发表历史唯物主义讲座第六章《中国共产党的中国革命论（续）》，署名李达。在《武汉大学人文科学学报》第1期发表《共产主义社会的两个阶段》，署名李达。

3月，在《理论战线》第3期发表历史唯物主义讲座第七章《由民主主义革命到社会主义革命》，署名李达。在15日《湖北日报》发表《关于我国由社会主义过渡到共产主义的问题》，署名李达，该文亦载于《七一》杂志第3期。

4月，在2、3日《人民日报》分别发表《关于脑力劳动和体力劳动的分工问题》、《脑力劳动和体力劳动从分离必然走向结合》，均署名李达。在《理论战线》第4期发表历史唯物主义讲座第七章《由民主主义革命到社会主义革命（续）》，署名李达。出席第二届全国人大第一次全体会议，并在大会上作《哲学社会科学工作者努力的方向》的发言。在《中国青年》第8期发表《"五四"以来我国知识分子的道路》，署名李达。

5月，在《理论战线》第5期发表《积极发展哲学社会科学的理论研究工作——为纪念五四运动四十周年而作》。

6月，在《江汉论坛》第6期发表历史唯物主义讲座第七章《由民主主义革命到社会主义革命（续）》，署名李达。在《新华半月刊》第12期发表《哲学社会科学工作者努力的方向》，署名李达。

7月，在《七一》杂志第7期发表《掀起理论学习的高潮》，署名李达。该文亦载于《新武大》第319期和7月10日《人民日报》。

8月，在《理论战线》第8期发表历史唯物主义讲座第八章《从社会主义到共产主义》，署名李达。

11月，在《武汉大学人文科学学报》第9期（哲学专号）发表《沿着理论联系实际的方向前进》，署名李达。该文亦载于《新武大》第339期。

1960　71岁

1月，在《新武大》第341期发表《高举毛泽东思想和总路线的红旗前进》。在4日《人民日报》发表《努力学习、学以致用》，署名李达（《新华半月刊》第3期转载此文）。在《武汉大学人文科学学报》第1期发表《怎样学习毛泽东思想》，署名李达。

1961　72岁

7月，在《中国青年》第13—14期合刊发表《沿着革命的道路前进——为纪念党成立四十周年而作》，署名李达。

9月，在武汉大学组建毛泽东思想研究室，决定改写《社会学大纲》，重新主编一本《马克思主义哲学大纲》，计划分为上下卷，上卷论述唯物辩证法，下卷论述唯物史观。

10月，参加中国历史学会在武汉举行的辛亥革命五十周年学术讨论会并致开幕词，这篇讲话整理发表于《江汉论坛》第 4 期。

是年冬，率助手赴广东从化开始编写《马克思主义哲学大纲》。

1962　73 岁

7 月中旬至 9 月中旬，带领助手到湖南南岳编写《马克思主义哲学大纲》。

11 月 18—26 日，出席湖南、湖北两省哲学社会科学学会联合会共同主办的纪念王船山逝世 270 周年学术讨论会并致开幕词，后发表于《江汉学报》第 12 期，署名李达。

1963　74 岁

1 月，在《新武大》第 371 期发表《团结一致，增强信心，鼓足干劲，迎接新的胜利——1963 年元旦广播讲话》，署名李达。

11 月 15 日，在武汉大学校庆大会上作题为《贯彻党的教育方针，办好社会主义大学》的主题报告。主张在提高教学质量的同时，要活跃学术研究空气，要把提倡新学术的风气作为校风，在学术上要提倡百花齐放，百家争鸣。

1964　75 岁

领导毛泽东思想研究室编写《马克思主义哲学大纲》。

1965　76 岁

下半年，《马克思主义哲学大纲》上册（即后来出版的《唯物辩证法大纲》）脱稿，铅印十六开的少量稿本，并送毛泽东和中共中央其他领导同志征求意见。

1966　77 岁

春，在武汉大学准备编写《马克思主义哲学大纲》下册《历史唯物论大纲》。

6 月，被诬陷为武汉大学"三家村黑帮头目"、"反党反社会主义反毛泽东思想的资产阶级代表人物"，并被戴上"地主分子"、"叛徒"等帽子。

8 月，1 日，被非法开除党籍。24 日，被迫害致死，享年 77 岁。

1978

6 月，《唯物辩证法大纲》由人民出版社正式出版。

1979

3 月，《〈实践论〉、〈矛盾论〉解说》合订本，由生活·读书·新知三联书店出版。

1980

7 月，《李达文集》第 1 卷由人民出版社出版。

10 月，中共中央书记处决定为李达彻底平反，恢复党籍、恢复名誉。

1981

2 月，《李达文集》第 2 卷由人民出版社出版。

1983

11 月，《法理学大纲》由法律出版社出版。

1984

9 月，《李达文集》第 3 卷由人民出版社出版。

1988

9 月，《李达文集》第 4 卷由人民出版社出版。

后　记

　　中国人民大学出版社选编出版"中国近代思想家文库"是中国学术史上的一件盛事。李达作为中国共产党的主要创始人和 20 世纪中国杰出的马克思主义理论家，在中国近现代思想史上具有重要的地位。中国人民大学出版社委托我们来负责《李达卷》的选编工作，作为老校长李达生前工作过的武汉大学的教师，承接这一任务，我们既感到光荣，更感到责任重大，从 2012 年 5 月开始工作，用了两年多的时间才完成了相关文献的选编、校对、注释等工作。

　　李达卷收录文献篇目由宋镜明教授和宋俭教授讨论确定，在确定入选文献后，最繁重的工作是文献的校对。扫描后的电子文献存在较大的误差率，需要逐字逐句地校正，武汉大学马克思主义学院中共党史专业博士研究生杨安妮、中国近现代史基本问题研究专业博士研究生张瑞岚、朱妍，中共党史专业硕士研究生熊延昊、魏唯，中国近现代史基本问题研究专业硕士研究生王珊珊参加了文献的校对工作，特别是杨安妮和张瑞岚为文献的校对工作投入了大量的时间和精力。李达年谱简编由中国近现代史基本问题研究专业博士研究生朱妍提供初稿，宋俭教授修改定稿，中共党史专业博士研究生虞志坚也为年谱的撰写提供了部分资料，导言由宋俭教授撰写。在《李达卷》的选编过程中，得到了武汉大学人文社会科学领域资深教授陶德麟先生、武汉大学哲学学院汪信砚教授的指导和帮助，中国人民大学出版社编辑王琬莹女士在两年多的工作中一直提供无私的帮助，在此一并表示衷心的感谢。

编　者

2014 年 12 月 13 日于武昌珞珈山

中国近代思想家文库

方东树、唐鉴卷	黄爱平、吴杰　编
包世臣卷	刘平、郑大华　主编
林则徐卷	杨国桢　编
姚莹卷	施立业　编
龚自珍卷	樊克政　编
魏源卷	夏剑钦　编
冯桂芬卷	熊月之　编
曾国藩卷	董丛林　编
左宗棠卷	杨东梁　编
洪秀全、洪仁玕卷	夏春涛　编
郭嵩焘卷	熊月之　编
王韬卷	海青　编
张之洞卷	吴剑杰　编
薛福成卷	马忠文、任青　编
经元善卷	朱浒　编
沈家本卷	李欣荣　编
马相伯卷	李天纲　编
王先谦、叶德辉卷	王维江、李鹜哲、黄田　编
郑观应卷	任智勇、戴圆　编
马建忠、邵作舟、陈虬卷	薛玉琴、徐子超、陆烨　编
黄遵宪卷	陈铮　编
皮锡瑞卷	吴仰湘　编
廖平卷	蒙默、蒙怀敬　编
严复卷	黄克武　编
夏震武卷	王波　编
陈炽卷	张登德　编
汤寿潜卷	汪林茂　编
辜鸿铭卷	黄兴涛　编

图书在版编目（CIP）数据

中国近代思想家文库. 李达卷/宋俭，宋镜明编. —北京：中国人民大学出版社，2014.10

ISBN 978-7-300-19901-6

Ⅰ．①中… Ⅱ．①宋…②宋… Ⅲ．①思想史-研究-中国-近代②李达（1890～1966）-思想评论 Ⅳ．①B250.5

中国版本图书馆 CIP 数据核字（2014）第 215771 号

中国近代思想家文库
李达卷
宋 俭 宋镜明 编
Li Da Juan

出版发行	**中国人民大学出版社**				
社　址	北京中关村大街 31 号		**邮政编码**	100080	
电　话	010－62511242（总编室）		010－62511770（质管部）		
	010－82501766（邮购部）		010－62514148（门市部）		
	010－62515195（发行公司）		010－62515275（盗版举报）		
网　址	http：//www.crup.com.cn				
经　销	新华书店				
印　刷	涿州市星河印刷有限公司				
开　本	720 mm×1000 mm　1/16		**版　次**	2015 年 4 月第 1 版	
印　张	35 插页 1		**印　次**	2025 年 1 月第 3 次印刷	
字　数	563 000		**定　价**	126.00 元	